安徽大學『雙一流』建設項目
安徽大學方以智研究中心項目
安徽省古籍整理出版辦公室
資助

安徽古籍叢書

黄山書社

明太祖集全編

上

〔明〕朱元璋／撰　諸偉奇　孟凡勝　周挺啓／校點

圖書在版編目(CIP)數據

明太祖集全编/(明)朱元璋撰;諸偉奇 孟凡勝 周挺啓校點.--合肥:黄山書社,2024.5
(安徽古籍叢書第二十八輯/安徽古籍叢書編審委員會編纂)
ISBN 978-7-5737-1262-2
Ⅰ.①明… Ⅱ.①朱… ②諸… ③孟… ④周… Ⅲ.①朱元璋(1328－1398)－文集 Ⅳ.①Z424.8

中國國家版本館 CIP 數據核字(2024)第 074471 號

安徽大學“雙一流”建設項目
安徽大學方以智研究中心項目　資助
安徽省古籍整理出版辦公室

明太祖集全編　　(明)朱元璋撰
MINGTAIZUJI QUANBIAN

出品人　葛永波
選題策劃　胡中生
責任編輯　束　莉
裝幀設計　李　軍
責任印製　李　磊
出版發行　黄山書社
地　址　安徽省合肥市蜀山區翡翠路 1118 號出版傳媒廣場 7 層　郵編:230071
印　刷　合肥華苑印刷包裝有限公司
版　次　2024 年 7 月第 1 版
印　次　2024 年 10 月第 2 次印刷
開　本　880mm×1230mm　1/32
字　數　902 千字
印　張　48.875
書　號　ISBN 978-7-5737-1262-2
定　價　220.00 圓(全三册)

服務熱綫　0551-63533706
銷售熱綫　0551-63533761
官方直營書店(https://hsss.tmall.com)

安徽古籍叢書編印緣起

我國歷史悠久，典籍豐富。我省地處南北之交，學術尤擅其盛。數千年來，哲學、史學、文學、藝術、語言、科技，作者輩出，著述如林，或自名一家，或蔚然成派，多爲中華民族文化之菁華，有裨於社會主義文化之建設。允宜及時整理，以廣流傳。

粤自明清，以至近世，南北郡邑已有涇川叢書、龍眠叢書、貴池先哲遺書、南陵先哲遺書諸刻。一九三一年，復有安徽叢書之編刊，所收皆皖人著作，分期影印。出至第六期，以抗戰軍興而中止。盛業未竟，論者惜之。

今者，中央倡導整理古籍，我省領導對此尤爲關心。省古籍整理出版規劃委員會幾經商討，決定編纂安徽古籍叢書。編纂宗旨是在歷史唯物主義指導下，批判繼承，古爲今用，弘揚民族優秀傳統文化，爲建設中國特色社會主義服務。最其體例，約有數端：

一、所收皆爲歷代皖人著作，時間一般以辛亥革命之前爲限，内容以文、史、哲爲主，分類成輯。尤其注意稿本、稀見本之搜輯與傳布。

二、整理方式包括輯、校、標點和注釋、今譯。校勘，力求採用善本爲底本，校以他書，或加補輯、編次。標點，採用新式標點。注釋，務求精確，但不作煩瑣考證。整理中，儘量吸收國内外研究的新成果。

三、先秦、兩漢著作及語言、文字之類，皆用繁體字，其餘則酌用簡體字。版皆竪排，以期一律。

四、凡熱心於本叢書編印及捐貲助刊者，得於書内題名。

安徽古籍叢書編審委員會

明太祖集全編總目

明太祖集全編上册目次

卷三

制

誥

卷四

誥命

卷五

書

卷六

敕

卷七

敕

卷八

敕

卷九

敕命

卷十

策問

論

卷十一

樂章

卷十二

樂歌

卷十三

文

卷十四

碑

記

卷十五

序

説

卷十六

雜著

卷十七

祭　文

卷十八

祭文

卷十九

古　詩

歌　行

卷二十

五言律詩

五言排律

七言律詩

五言絶句

七言絶句

整理説明

明太祖朱元璋（一三二八——一三九八），幼稱重八，初名興宗，後改元璋，字國瑞，又名元龍，濠州鍾離（今安徽鳳陽）人。出生於貧苦農民家庭，幼年曾讀書數月，略識文字。十七歲時，濠州『旱蝗，大饑疫』（明史太祖紀），父、母、兄相繼歿，貧不克葬，得里人劉繼祖與之地，方落葬。孤苦無依，乃入皇覺寺爲僧。入寺五十餘日，被迫各地化緣求食。三年間，他遭受了很多磨難，走遍了皖西、豫東八九個郡縣，深刻瞭解了當時社會的弊端和百姓的苦難，增長了見識，開拓了眼界，結識了江湖朋友，既磨煉了勇敢堅毅的性格，也種下了性格中冷酷、猜忌的成分。

元至正十二年（一三五二），他參加了郭子興的紅巾軍，因作戰勇敢而獲其信任，並妻以養女馬氏，此時方起名元璋，字國瑞。因善於謀略，能打勝仗，富有領導才能，幾年間他便從步卒、親兵成長爲領兵統帥。在這個過程中，他高瞻遠矚，建立了以徐達、湯和、常遇春等勇將和李善長、馮國用等謀士爲班底的『淮右集團』，並在其後的征戰中，倡仁義，收人心，重視招納知識分子，先後重用了劉基、陶安、葉琛、章溢等江南士人。

至正十五年（一三五五）六月，朱元璋進軍江南；次年三月，攻破集慶（金陵）。此後，他遂以集慶爲根本，十餘年間相繼擊敗陳友諒、張士誠、方國珍等軍事集團。至正二十七年（一三六七）十月，他命徐達、常遇春統率二十五萬大軍北伐，先打山東，後打河南，然後取河北，於次年（一三六八）攻入大都（北京），結束了元朝的統治。這一年的正月元旦，朱元璋在應天（南京）稱帝，建立明朝，年號洪武，史稱明太祖。

明太祖建國後，很快平定了之前尚未歸屬的山西、陝西等地武裝；又派重兵深入沙漠，征討頗具實力的蒙古殘餘勢力；並先後平定了四川的夏政權（明玉珍、明昇）和雲南的梁王政權，消滅了元朝在東北地區的餘部，從而完成了全國統一。

爲了明王朝的長治久安，明太祖借鑑歷朝特别是元朝興亡的歷史教訓，對政治制度進行了一系列重要改革，以加强專制統治。

廢中書省和丞相制，將中書與丞相的權力分予六部，六部尚書直接對皇帝負責。改監察機構的御史臺爲都察院（長官爲左右都御史）；設立大理寺，與刑部、都察院合稱『三法司』；創設通政使司，管理官署上奏，參預『議大政、大獄及會推文武大臣』（明史職官志）；設置錦衣衛，下設鎮撫司，有監獄和法庭，以加强對官員的監管。

在行政區劃上，除南京直轄區外，全國設浙江、江西、福建、湖廣、廣西、廣東、四川、山東、河南、陝西、山西、北平及雲南十三個布政司，稱行省，簡稱省；省下分爲府、縣二級，以使政令的運行更爲便捷。

爲了加强軍隊建設和國家防務，朝廷實施軍衛法，在軍事要地設衛，次要的地方設所，洪武二十五年，全國共有軍隊一百二十餘萬，精鋭軍隊多駐扎在京師。軍士另立户籍，身份世襲。

加强各級管理，建立並運轉龐大的官僚機構，都需要大量官員，於是明太祖採用了薦舉、學校和科舉三種途徑來選用官員。在奪取政權時期，朱元璋就特别注重人才的發現和任用。每到一地，他就訪問賢才，破格録用，如宋濂、劉基、章溢、葉琛等都是直接擢用的。稱帝後，明太祖更是求賢若渴。爲了保證舉薦人才的數量和流品，政府制定了各類人才的標準、條件及執行規定。洪武年間，吏部薦舉、任命的官員『多至三千七百餘人，其少者亦至一千九百餘人』（明史選舉志）。

明初官辦學校十分發達。在中央的學校稱國子學，也叫太學、國學，後改爲國子監。國子監的學生稱監生或太學生。洪武二十六年，監生達八千一百二十四名，是當時世界上最大的學府之一。地方學校稱府學、州學和縣學，由府、州、縣推薦到京師國子監去學習的生員稱貢生。在監生中選拔人才是政府選任官員的重要措施，尤其在明初停止科舉時期，往往從貢生中直接選拔授官。

明初科舉制度經歷反覆。洪武三年，政府正式建立科舉制度，規定以八股文取士，專取四書五經命題。洪武六年，明太祖斷然決定停止科舉：『今有司所取，多後生少年，能以所學措諸行事者甚寡……非朕責實求賢之意也。』（明太祖實録卷七十九）數年後，隨着薦舉制弊端的出現和士子對科舉的需求增加，太祖經過反復權衡，於洪武十五年下令恢復科舉，責成禮部制定頒行新的科舉規章制度，於洪武十七年（一三八四）正式開科取士。從此，科舉制逐漸取代薦舉制，成爲國家選拔人才的基本制度，且由明至清延續了五百餘年。

在建立明王朝，强化封建秩序的過程中，明太祖非常重視法律的制定，認爲『紀綱法度，爲治之本』（明太祖實録卷二十一）。稱帝前一年，他命李善長等擬定律令，並親自參與講論，撰成律令直解，其中令一百四十五條，律二百八十五條。洪武六年（一三七三）刊律令憲綱。其後，他投入對大明律的反復研議和精心編修，直到逝世前一年的洪武三十年（一三九七），方正式頒佈大明律。全律共三十卷，四百六十條。在大明律編修期間，爲了解釋律條，完善律令的執行，明太祖又主持撰修了大誥、大誥續編、大誥三編及大誥武臣，爲明初新政的建立打下了重要的基礎。其中尤以諭旨的形式告誡臣民，凡是對抗朝廷的事決不可做。御製紀非録則列舉歷代藩王爲非作歹的典型，告誡皇室子孫哪些事必須禁止。皇明祖訓分『持守』『嚴祭祀』等十二事，告誡後代應如何守住朱家皇位。資世通訓採用他自己與『謁者』對話的方式，共列『君道章』『民用章』等十三章内容，以求全面闡述自己的治國之道。

由於長期戰亂和災荒，剛剛建立的明王朝面臨着嚴峻的困境：社會經濟殘破，人口鋭減，土地荒蕪，民生凋喪。明太祖深知民間疾苦和社會所遭受的巨大破壞，問政之初即採取了一系列旨在恢復和發展社會經濟的政策和措施：一是免除税賦，蠲免徭役。僅在其文集中，此類誥文就佔了很大篇幅。二是整頓田畝賦税，編制全國户籍册。規定凡一百一十户爲一里，每里十甲，每甲十户，設里長、甲長任事。户籍的編定與田畝的清查，爲農業生産的發展提供了先决條件；里甲制的施行，使明政府的管理深入到最基層。三是移民、屯田，奬勵墾荒。四是興修水利。五是鼓勵種植桑麻、果樹等經濟作物。六是在實施重農抑商政策的同時，對商業課税進行了清理。洪武八年（一三七五），曾發行大明寶鈔貨幣，規範了對工匠的管理，提高了他們的勞動積極性。經過三十年休養生息，社會生産力得到了迅速的恢復和發展。僅墾田就從洪武元年（一三六八）的一百八十餘萬畝，增至洪武二十六年（一三九三）的八百五十七萬七千餘畝；糧食生産洪武二十六年是三千二百八十七萬九千石，比元代的一千二百一十一萬石增加了近兩倍；人口洪武二十六年達一千五百零三餘萬户、六千零六十五餘萬口，比元朝極盛時增加了三百四十萬户、七百萬口。

整肅吏治，嚴懲貪腐。無論是爲了國家利益，還是出自個人的經歷和情感，明太祖都極其反對貪官汙吏，一旦發現貪腐行爲，均嚴懲不貸。他連續發佈大誥及其續編，宣稱要對貪官汙吏及種種危害百姓的行爲處以極刑。他規定官吏貪汙錢財六十兩以上的，即斬首示衆，且剥皮實草。對勳臣國戚也不手軟，曾以犯酒禁爲由而手刃胡大海之子，以犯私茶之禁而處死駙馬都尉歐陽倫。正是在這樣的嚴刑峻法下，洪武一朝成爲中國歷史上反貪治腐鬭争最激烈的時期，也是殺戮貪官汙吏最多的時期。

朱元璋一生最爲後世詬病的是誅殺功臣。他爲了確保明王朝的永久統治，翦除足以威脅其皇權的敵對勢力，對那些助其取天下的功臣進行了駭人聽聞的屠殺，並殃及無辜，其實那些謀反之罪不少是疑似之迹或子虚烏有。洪武十三年（一三八〇），他以『擅權植黨』的罪名殺了丞相胡惟庸，趁機取消了中書省。胡案族誅三萬餘人，其中公、侯爵二十餘人。洪武二十六年（一三九三）又興藍玉大獄，族誅一萬伍仟餘人。數十年中，開國元老、功臣宿將如李善長、宋濂、廖永忠、陸仲亨、朱亮祖、周德興、王弼、馮勝、傅友德等均遭冤死，連南征北戰、屢建大功的侄兒朱文正、外甥李文忠都未能倖免，開國第一功臣徐達的暴斃亦疑其所爲。在誅殺功臣、禍及無辜的殘暴上，朱元璋爲歷代開國皇帝之最，正如趙翼所説：『明祖藉諸功臣以取天下，及天下既定，即盡舉取天下之人而盡殺之，其殘忍實千古所未有。』（廿二史劄記卷三十二）功臣宿將的大批屠戮，削弱了中央政府的軍事力量，朱棣在太祖死後敢於發動『靖難之役』，這也是原因之一。

朱元璋還是明朝文字獄的始作俑者。他一方面崇儒重教，一方面又極盡猜忌之能，常常將文人、學士言論或詩文中一些似是而非的東西，牽强附會，羅織罪名，妄加誅殺，製造了一批文字獄冤案。發生在洪武朝的這些文字獄有着很大的隨意性，但卻有着極爲嚴重的後果，它對當時及之後的文化思想産生了惡劣的窒息作用，嚴重影響了明代文化、學術的發展。

就在藍玉大獄的第二年，曾經在御製大誥後序中驚呼『大哉皇言乎！一哉皇心乎！』極擅逢迎的翰林學士劉三吾秉承明太祖意旨，於洪武二十七年（一三九四）十月，奏上孟子節文，以『抑揚太過』爲由，將孟子全文二百六十章删掉八十七章（孟子節文題辭計爲八十五章）。其中：梁惠王上凡七章，删除第一、二、四、五、六、七章共六章；梁惠王下凡十六章，删除第一、二、四、五、六、七、八、十、十一、十二、十六章共十一章；公孫丑上凡九章，删除第一、二、三、四、九章共五章；公孫丑下凡十四章，删除第二、五、六、十一、十二、十三章共六章；滕文公上凡五章，删除第三章；滕文公下凡十章，删除第四、五、六、七、八、十章共六章；離婁上凡二十八章，删除第一、二、三、五、六、七、八、九、十三、十四、十六、二十章共十二章；離婁下凡三十三章，删除第三、四、五、九、十七、二十二、二十四、三十二、三十三章共九章；萬章上凡九章，删除第二、三、五、六章共四章；萬章下凡九章，删除第一、三、四、六、七、九章共六章；告子上凡二十章，删除第九章；告子下凡十六章，删除第四、八、九、十四章共四章；盡心上凡四十六章，删除第八、三十一、三十五、四十三章共四章；盡心下凡三十八章，删除第一、四、七、八、十一、十二、十三、十四、二十、二十七、三十、三十四章共十二章。並規定，凡删除的内容，『課試不以命題，科舉不以取士，壹以聖賢中正之學爲本』（孟子節文題辭）。

檢視所删諸文，皆孟子主張施行仁政，重視民本民生，反對征伐無度、横徵暴斂等内容。明太祖刊佈孟子節文的目的，就是删除孟子中不合己意的論述，强調老百姓不能與皇家平等；不能反對暴君汙吏，更不能革命造反；連應有的生存權利也不能强調，連『有恒産者有恒心，無恒産者無恒心』『賢者在位，能者在職』這樣顯示各類人（當然包括君王）責任的文字也必須删，以達到他『天下一君，四海一國，人人同一尊君親上之心』的願望（孟子節文題辭）。

作爲一代雄略之主，雖然朱元璋僅在早年粗識文字，但他運籌帷幄、決勝千里的軍事才能，治世理政、開拓新局的規模和器局，無不透露了較高的文化素養。究其原因，全在於他對文化學習的高度重視，無論鞏雄鏖戰之時，還是登基理政之後，都一以貫之。其學習方法主要有兩種：一是向有學問的人求教，二是通過書本學習。按時間先後，朱元璋向其求教或受其影響的讀書人主要有：毛騏、馮國用、馮國勝、范常、胡惟庸、郭景祥、陶安、李習、汪廣洋、夏煜、楊憲、孫炎、秦從龍、朱升、劉基、宋濂等，其中李善長、劉基、宋濂、秦從龍對他的影響較大。

明太祖對典籍的涉獵十分廣泛，諸如兵書、四書、五經、老子、史書等無所不讀。作爲傑出的軍事家，他十分注重對孫子兵法等古代兵書的學習領會，並學習與兵法密切關聯的天文星占知識。他尊崇儒學，認爲：『仲尼之道，上師天子，下教臣民，始漢至今，曾有踰斯道而久於世者乎？』（高皇帝御製文集卷八）他還高度重視論語，以之爲治國之良規：『吾每於宫中無事，輒取孔子論語觀之，如「節用而愛人」「使人以時」，真治國之良規。孔子之言，誠萬世師也。』（明太祖實録卷二十）尊孔讀經，是他執政的思想文化基礎，科舉取士專以四書出題，平時談話、撰文亦多引用。他對孔氏後裔也極尊重，衍聖公孔希學至京朝覲，他下敕要禮部『用心禮待』，連『所有隨行者，皆要歡心，勿使有缺』（高皇帝御製文集卷七）。

明太祖重儒學，但對釋、道二家也不偏廢，認爲：『天下無二道，聖人無兩心。三教之立，雖持身榮儉之不同，其所濟給之理一。然於斯世之愚人，於斯三教，有不可缺者。』（高皇帝御製文集卷十）對道德經一書，他接觸可能較晚，但十分喜愛，覺得『數章中盡皆明理，其文淺而意奥』，稱贊『斯經乃萬物之至根，王者之上師，臣民之極寶，非金丹之術也』（高皇帝御製文集卷十五）；推崇老子『宜哉千古聖人』（高皇帝御製文集卷十六），並尋得不同注論版本，親自予以注釋：『故悉朕之丹衷，盡其智慮，意利後人，是特注耳。』（高皇帝御製文集卷十五）

除經、子之書外，他還注重讀史。他在閱讀中尤重興亡演革、戰史戰例、人物臧否，並引據史事，教育臣下。如談到史書中的祥瑞志、五行志時，他命中書省，『自今凡祥瑞不必奏，如災異及蝗旱之事，即時報聞』（明太祖實録卷六十七）。

作爲開國之君，凡事又好親力親爲，除上文所言大誥四編由其親自參撰外，平時一些公文牘劄，朱元璋亦多喜親自構撰。宋濂恭題御製文集後稱，陛下『當萬機之暇，時御翰墨，多不留稿，見於侍臣之所録者，得若干篇』。由於『不留稿』，所以收入文集的文章，難免含有廷臣的修潤加工。

明太祖文集，最初刻於明洪武七年（一三七四），名御製文集，凡五卷，由翰林學士樂韶鳳等編集。書後有劉基、郭傳、宋濂後序各一篇。此本已佚。今存明初刻本御製文集甲集二卷，乙集三卷，丙集文十四卷、詩一卷，丁集十卷，合三十卷，未編年，亦未分文體，或係陸續編成，簡稱明初本。嘉靖八年（一五二九），唐胄重編高皇帝御製文集二十卷，刻於雲南，簡稱唐胄本。嘉靖十四年（一五三五），徐九皋、王惟賢重刻高皇帝御製文集二十卷，簡稱嘉靖本或徐王本，書後有徐九皋跋文。徐時任巡按直隸監察御史，理鹽維揚，王爲江都知縣。該本據明初刻本有所增補，合六百七十二篇，校刻較精。此後，萬曆十年（一五八二），姚士觀、沈鈇校刻高皇帝御製文集二十卷，簡稱萬曆本，較嘉靖本略有增補，合六百八十七篇。卷首目録下有姚士觀識語，卷末有沈鈇跋文。萬曆間復有王弘誨刻本，所收與姚沈本同。萬曆本收文較多，流傳亦廣，清乾隆四庫全書本即據以抄録。一九九一年胡士蕚先生點校的明太祖集由黄山書社出版，列入安徽古籍叢書。一九九二年上海古籍出版社出版全明文第一册，該册收録朱元璋各體文章凡三十四卷，由吴格先生校點。感謝他們的工作成果，本書輯校從中獲益甚多。

本次整理的明太祖集全編包括正編、補編及外編。

正編即高皇帝御製文集，二十卷，以嘉靖本爲底本，補入萬曆本所增之文，校以明初本、萬曆本及四庫本。部分篇目標題下的撰寫時間據明太祖實録補入。嘉靖本單葉十行，行二十字；白口，無尾，左右雙邊；版心依次標書名『御製文集』、卷數、葉碼。

補編包括三大部分：

第一部分輯録明太祖實録自元天曆元年（一三二八）至明洪武三十一年（一三九八），共計七十一年二百五十七卷中所載朱元璋之詔、誥、敕、書、祝文等，以及高皇帝御製文集、相關史料未收的太祖之作。明太祖實録，是記載明太祖的活動及洪武朝國政的史料編年體史書，建文帝朱允炆時初修已成。明成祖朱棣又二次重修，大學士胡廣等任總裁，永樂十六年完成，計二百五十七卷。爲避重複，在所輯實録中，删去與本書他編中内容基本相同者，共輯文七百三十二篇，釐爲十一卷。本次輯校，以臺北『中央研究院』歷史語言研究所校印本明太祖實録爲底本。該本由原藏於國立北平圖書館清初國史館抄本影印而成，單葉十行，行二十字，四周單邊。輯録之文，據明太祖實録擬定篇題，並標明撰寫或發佈的日期和所在實録的具體卷數。明太祖實録另有廣方言館本、嘉業堂本、抱經樓本等數個版本，本次整理我們將其作爲主要校本。

第二部分是從明清各類典籍中輯録的明太祖文章，包括詔、誥、敕、書、序等多種文體，共一百九十七篇，不分卷。文獻出處及所據版本皆隨文標注，此不贅述。

第三部分爲上述文字之外明太祖所撰或參撰之作。即御製大誥、御製大誥續編、御製大誥三編、大誥武臣、御製紀非録、皇明祖訓、資世通訓。

這些書的版本如下：御製大誥一卷，有明洪武十八年、十九年内府刻本，另有洪武二十年刻本、明初刻本及明抄本；續編一卷、三編一卷，有洪武十九年内府刻本，另有洪武二十年刻本、明初刻本；大誥武臣一卷，有洪武二十年刻本、明初刻本、嘉靖十二年張惟恕刻藍印本。本次整理，大誥四編以上海古籍出版社續修四庫全書影印明洪武二十年刻本爲底本。該本單葉十行，行二十字；黑口，雙尾，四周雙邊；版心標書名、葉碼。

御製紀非録一卷，有清抄本及丁氏八千卷樓抄本，本次整理以清抄本爲底本。皇明祖訓一卷，有明洪武禮部刻本、清康熙間内府抄本，另，明萬曆間高皇帝御製文集本有祖訓一卷，本次整理以齊魯書社四庫全書存目叢書影印明洪武禮部刻本爲底本。資世通訓一卷，有明刻本、清抄本，本次整理以續修四庫全書影印明刻本爲底本。

外編收録明太祖編著或參編之作，有御注道德真經二卷、孟子節文七卷。前者有明正統道藏本、明抄本、清康熙六年刻本等，本次整理以道藏本爲底本。後者有洪武二十七年刻本，本次整理即以之爲底本。另外，附録部分收録了歷代書志所記載的明太祖撰述目録。

最後談一下本書的輯校始末。一九九八年秋天，中國明史學會和鳳陽縣政府聯合召開第一届朱元璋國際學術研討會，魏老（心一）受邀出席了會議。會議期間他對我説：一九九一年出版的明太祖集可能只是朱元璋的部分著作，要出一個全一些的明太祖集，列入安徽古籍叢書。之後我就打算做這件事，把黄山書社一九九一年版明太祖集讀了一遍，記下了疑誤之處。但是，當時實在太忙了，有很多事亟待去做，這事就這麽因循下來。再者，隨着全明文、全明詩和續修四庫全書等書出版，明太祖著作文獻已經不難尋獲，而編纂明太祖全集的事也就不那麽迫切了。不過心裏還是覺得放不下，有負魏老當年的囑咐。

又過了些年，一次與周挺啓、孟凡勝兩位博士談到此事，他倆都覺得這事應該接着做。於是三人搜集文獻，確定内容，製訂體例，我負責上册高皇帝御製文集的整理，孟凡勝負責中册明太祖文集補編，周挺啓負責下册明太祖文集輯佚等十個子集，各有側重，前後歷時整整五年。輯校開始之際，正是方以智全書付梓之時，其後安徽大學方以智研究中心成立，本書亦忝列中心研究項目之一。作爲八秩之人，要感謝本書合作中兩位年輕人對我的照顧，凡是用眼費力的事（如校對書稿）都不讓我做，『髒活』、累活他們搶着幹。本書前言雖由我執筆，亦理當同署。安徽省古籍整理出版辦公室胡中生主任、李霜琴主任、彭君華編審，對本書出版給予了大力支持；責任編輯束莉女士認真細緻，提出了不少好的建議。對於關心本書輯刊的諸位同仁，恕不一一道謝。惟此時此刻，更加懷念爲新時代安徽省古籍整理出版做出不朽貢獻的魏心一先生！

諸偉奇　孟凡勝　周挺啓

二〇二三年十一月

明太祖集全編之一

高皇帝御製文集

諸偉奇　校點

高皇帝御製文集卷一

詔

即位詔 洪武元年正月

朕惟中國之君，自宋運既終，天命真人於沙漠，入中國爲天下主，傳及子孫，百有餘年，今運亦終。海内土疆，豪傑分争。朕本淮右庶民，荷上天眷顧，祖宗之靈，遂乘逐鹿之秋，致英賢於左右。凡兩淮、兩浙、江東、江西、湖湘、漢沔、閩廣、山東及西南諸部蠻夷，各處寇攘，屢命大將軍與諸將校奮揚威武，已皆戡定，民安田里。

今文武大臣、百司衆庶合辭勸進，尊朕爲皇帝，以主黔黎。勉循輿情，於吴二年正月初四日，告祭天地于鍾山之陽，即皇帝位于南郊，定有天下之號曰大明，以吴二年爲洪武元年。是日恭詣太廟，追尊四代考妣爲皇帝、皇后。立太社、太稷於京師。布告天下，咸使聞知。

農桑學校詔 洪武五年十二月〔一〕

農桑，衣食之本；學校，道理之原。朕嘗設置有司，頒降條章，使敦篤教化，務欲使民豐衣足食，理道暢焉。何有司不遵朕命，往往給由赴京者皆無桑株數目、學校緣由，甚與朕意相違。特敕中書令有司：今後敢有無農桑、學校者，論擬違制杖降罰，歷三年後注以吏事出身。民有不奉天時而負地利者，如律究焉。於戲！彝倫不整，實君師之過，坐享民供，亦豈職分之當爲？斯言既出，臣民聽行，永懷多福。故兹詔諭，想宜知悉。

赦汪東朵兒只詔

朕自起兵以來，伐强暴，官賢能，人皆樂從，不十年之間，中國安寧。惟爾汪東朵兒只棄慈母之恩，抗兄不弟；其趙朵只巴助惡不仁，苟安内地，輒敢跳踉。朕將發副將軍率兵以加之，爾乃遣子入侍。今憫其革心向化，特命人齎詔，釋爾前罪，詔至來朝。

求言詔 洪武九年閏九月〔二〕

朕本寒微，因元多事，試與羣雄並驅，十有七年，艱難萬狀，方得偃兵息民，稱尊海内，紀年洪武，已九春秋矣。邇來欽天監報五星紊度，日月相刑。於是静居日省，皆古今乾道變化，殃咎在乎人君。尋思至此，惶惶無措手足。惟詔告臣民，許言朕過。於戲！於斯之道，惟忠者仁人之心，能鑑朕之不德；假公營私者，又非賢人君子。

諭暹國王詔 洪武十年九月〔三〕

君國子民，非上天之明命、后土之洪恩，曷能若是！華夷雖間，樂天之樂，率土皆然。若爲人上，能體上帝好生之德，協和人神，則禄給世世無間矣。爾哆囉禄自嗣王位以來，内修齊家之道，外造睦鄰之方，況數遣使中國，稱臣入貢。以方今時王言之，其哆囉禄可謂賢德矣，豈不名播諸番？今年秋，貢象至朝。朕遣使往諭，特賜暹國之印及衣一襲，爾當善撫邦民，永爲多福。故兹詔諭，想宜知悉。

免北平燕南河東山西北京河南潼關唐鄧秦隴等處税糧詔 洪武二年正月

朕本淮右布衣，因天下亂，率衆渡江，保民圖治，今十有四年矣。荷天眷佑，西取陳友諒，以安荊楚；東縛張士誠，以平三吴；遂至八番，直抵交廣，以極于海，悉皆戡定。

重念中國本我華夏之君所主，豈期胡人入據，已及百年，天厭昏淫，羣雄並起，以致兵戈紛争，生民塗炭。是用命將北征，免北平燕南河東山西則云〔四〕：兵渡大河，齊魯之民歡然來迎，餽糧給軍，不辭千里。朕思其民當元之末，疲於供給，今既效順，何忍復勞！ 朕爲天下之主，深用憫焉。已將山東行省洪武元年税糧免徵。不期天旱，民尚未甦，其洪武二年夏秋二税再行蠲免。近者平燕都，下晉冀，土地疆宇盡爲國家所有。其民久被兵殘，困於徵斂，尤甚齊魯之民。其北平、燕南、河東、山西新附地面，可將洪武二年税糧亦與蠲免一年，有司更加存撫，以副朕懷。 免北京河南潼關唐鄧則云：兵渡大河，齊魯之民歡然來迎，餽糧給軍，不辭千里。朕思其民當元之末，疲於供給，今既效順，何忍復勞！ 朕爲天下主，深用憫焉。已將山東行省洪武元年税糧免徵，不期天旱，民尚未甦，其洪武二年夏秋二税再行蠲免。近者平燕都，下晉冀，土地疆宇盡爲國家所有。其民久被兵殘，困於徵斂，尤甚齊魯之民。其北平、燕南、河東、山西新附地面，洪武二年税糧亦與蠲免〔五〕。河南諸郡歸附以來，久欲惠之，奈西北未平，則出師所經，擬資糧餉，是以未遑。今晉冀平，大軍已入矣。其北京、河南所轄滁、徐、宿等州已免税糧外，西抵潼關，北界大河，南至唐、鄧、光、息，洪武二年夏秋税糧盡行蠲免，以遂朕之初意。 免秦隴等處則云：平定中原，朕思其民，當元之末，疲於供給，今既效順，何忍復勞！ 朕爲天下主，甚用憫焉。已將山東、北平、燕南、河東、山西、北京、河南，西抵潼關，北界大河，南至唐、鄧、光、息，洪武二年夏秋税糧盡行蠲免。今大兵所克秦隴等處新附地面，雖嘗設官署理，重念其民久被兵殘，困於徵斂，洪武二年夏秋税糧一體蠲免，以遂朕恤民之意。 故兹詔示，想宜知悉。

免寧國府稅糧詔 洪武二年正月

朕自淮右渡江，駐兵太平，開基建業；繼克鎮江，下宣城；賴天之靈，將士之力，西征北伐，罔不平定。朕念創業之初，軍國所給皆取辦四郡，供億繁重，未嘗一日忘之。今天下之勢十定其九，南北混一有期，朕欲四郡之民次第甦息，故先太平，次及應天、鎮江，俱已蠲免稅糧一年。其寧國府洪武二年夏秋二稅，亦與蠲免。有司其體朕意，益加存恤。故茲詔示，咸使聞知。

再免應天太平鎮江等處稅糧詔 洪武二年正月

朕本布衣，率衆渡江，首定太平，次居建業，肇興丕基。其鎮江、太平、宣城、廣德爲京師之翼郡，至如興師旅，定羣雄，六合一家，軍需錢糧，供億浩繁，止此數郡，以足我用。子孫百世，何忘江左之民！朕心拳拳，舊歲曾免稅糧。忽遇天旱，免無可收，縱使不免，亦無可徵。雖惠不及，於心有慊。其洪武二年夏秋二稅，宣州已行詔免；應天、太平、鎮江再免一年〔六〕；及廣德、滁、和、無爲，今歲稅糧亦與蠲免，以甦吾民，稱朕意焉。故茲昭示，想宜知悉。

免應天等府山東河南北平税糧詔 洪武三年三月

蓋聞自古帝王之興，必有賴於武功；成武功者，必有資於民力。矜恤之道，理所當先。朕自即位以來，于今三年，深欲與吾民同樂於天地間。奈緣守帥新成於邊陲，大將率師於吐蕃，轉運之勞，猶未能已。然各處郡邑供給有先後，豐歉有不同，雖嘗免其税糧，猶慮凋弊之餘，未能蘇息。其應天、太平、鎮江、寧國、廣德、滁州、和州，當創業之初，錢糧供給實爲浩繁，止此數郡，以充國用，遂至平定四方。念其勤勞，何時忘之，深宜優恤。

應天、太平、鎮江已嘗免其税糧二年，寧國、廣德、滁、和已免一年。今此七處，洪武三年夏税秋糧再行蠲免。其徽州、嚴州、金華、衢州、處州、廣信、池州、饒州、廬州，皆以次歸附，供給亦爲煩勞。今此九處，洪武三年夏秋税糧亦與蠲免。其河南、北平近入版圖，重念其民久罹兵革，疲困爲甚。山東與河南地方相接，其民宜加培養，庶使河南之民得以相資爲生。山東已嘗與免税糧二年，河南、北平已免一年，今此三處，洪武三年夏秋税糧再行蠲免。

朕以布衣起，知黎庶之艱難，糧税從寬，必先郡邑之凋弊。所在有司，其尚謹於奉承，以體朕恤民之意。故兹詔示，想宜知悉。

免江西税糧詔 洪武四年五月

朕本農夫，深知民間疾苦；及至親率六師，南征北伐，備知將士之勞。方今天下一統，東戍遼海，南鎮諸番，西控數種戎夷，北屯沙塞。朕以中國精鋭駐守遐荒，豈但風俗之殊，亦有寒暑之異，艱難萬狀，朕不忍言。然欲鎮安吾民，必資守邊之力，其於科徵轉運，未免勞民，理勢相須，蓋不得已也。

念爾江西之民，未歸附時，土豪割據地方，狼驅蠶食，貲財一空。歸附之後，供給繁重，已經九年。其爲困苦，朕甚憫焉。今年秋糧，盡行優免。於戲！四海蒼生，皆吾赤子，愛念之意，旦暮不忘。緣事有緩急，故恩有後先，咨爾人民，體朕至懷。故兹詔示，想宜知悉。

免兩浙秋糧詔 洪武四年五月

朕本農夫，深知稼穡艱難；及至躬率六師，征討四方，尤知將士勞苦。重荷上天眷佑，平羣雄，一天下，東際遼海，南定諸番，西控戎夷，北靖沙漠，皆以精鋭屯此邊要，用安黎庶，未免科徵轉運，供給繁重，事豈得已。

惟爾兩浙之民，歸附之後，民力未蘇，兼以貪官汙吏害民肥己，四載于兹，朕甚憫焉。

今既掃除姦蠹，更用良善，革舊弊而新治道，以厚吾民。其洪武四年合納秋糧及没官田租，盡行蠲免。於戲！食惟民之天，民乃邦之本，一視同仁，皆吾赤子。然恩之所及，時有後先，咨爾民人，各安生業，共享昇平。故兹詔諭，想宜知悉。

免應天太平鎮江寧國廣德五府秋糧詔 洪武五年十月

嘗聞國以民爲本，民以食爲天，此有國家者，所以厚民生而重民命也。朕乘羣雄鼎沸之時，率衆渡江，兵屯建業，十有八年。其間高城壘，深濠塹，軍需造作，凡百供給，皆爾近京五府之民率先效力，濟我時艱，民力繁甚，朕心不忘。

天下一統，今五年矣。雖嘗蠲免四歲税糧，然猶未足以報前勞，是用申敕有司：其應天、太平、鎮江、寧國、廣德五府，洪武五年合納秋糧，除頑慢刁狡、不行蓋倉完備，及多科害民糧長，本户秋糧不免外，其所管人民秋糧盡行蠲免，有司不許徵收。

於戲！朕欲使爾民優游快樂於田里，此朕之心也。然以國家之大、供給之繁，有必需而必興者，其勢似不容已，爾其服勤畎畝，以稱朕意。故兹詔示，想宜知悉。

免河南等省揚州池州安慶徽州税糧詔 洪武九年三月〔七〕

前者兵征四方，軍需甲仗，吾民備之。即今天下平定，正當使民樂其樂而生其生，實朕之本意也。奈何工匠之徒厭鎮宫殿，致是土木之工復興，愈勞繁重，内郡多被艱辛，其餘外郡轉運尤難。

朕於今年三月二十五日，敕中書下户部，使之度出幾何，量入幾何。對云：官軍足食，可三二年。於是詔令河南、北平等省，直隸、揚州等府，悉將今年民間夏秋税糧盡行蠲免。所有事宜，條列于後云云。

於戲！從吾化者撫之，外吾化者繩之，惟爾臣民，日省月新，共享無窮之福。故兹詔示，想宜知悉。

免山西陝右二省夏秋租税詔 洪武九年三月

山西、陝右，地居西北，山河壯麗。昔我中國歷代聖君，皆都此而號召萬邦。曩因元主華夏，民無的主，已經百年矣。朕自丁未年復我中土，繼我聖人之位，建都炎方，于今九年矣。其間西征燉煌，北討沙漠，軍需甲仗，民人備之。外有轉運艱辛，内有秦晉二府宫殿之役，愈繁益甚。自平定以來，民勞未息，今者方寧〔八〕，正當與民同享太平之福。朕於今年三月二十五日，勑中書，度倉庫，軍有餘糧，特將山西、陝西二省民間夏秋租稅盡行蠲免，以醒吾民。

於戲！民省君艱，則天下大治；五常如令，則風雨乃時。惟爾臣民，想宜知悉。

免姑熟金陵京口等處六州四縣秋糧詔 洪武十一年八月

賞功罰罪，在昔帝王必斯二事之先。曩因率兵東渡江來，姑熟、金陵、京口、宣城、廣德、徽州、長興、安吉、宜興、江陰，相次不逾三年，盡入版圖。當時天下豪傑互相雄長，殊聲異教，若欲平之，非甲仗之餘、供給之盛，豈能平禍亂、一寰宇而爲人主者耶？今禍亂已平，朕居大位，十有一年。嘗思六州四縣之民久勞於前，雖我子孫，累世不忘。特以今年秋糧，盡行蠲免。

於戲！興王定亂，肇福天下，惟思民之勞先。故兹詔諭，想宜知悉。

護持朵甘思烏思藏詔

大矣哉，大覺金仙。行矣哉，出無量，歷阿僧，下兜率，生梵宮。異哉雪嶺之修，世人過者乎？天上人間，經劫既廣，忍辱愈多，方成佛道，善被人世，法張寰宇。人有從斯道者，天鑑神扶，身後同游於佛境。若違斯道而慢佛者，則天鑑神知，羈因地獄，與鬼同處，直候拂石劫盡而方生。其斯憂乎？苦乎？一念同佛，則百禍煙消，化爲諸福。

今朵甘思、烏思藏兩衛地方諸院上師，踵如來之大教，備五印之多經，代佛闡揚〔九〕，化兇頑以從善，啓人心以滌愆。朕謂佛爲衆生若是，今多院諸師亦爲佛若是，而爲暗理王綱，與民多福。敢有不尊佛教而慢諸上師者，就本處都指揮司如律施行毋怠。

諭西番罕東畢里等詔 洪武十年六月二十四日

奉天承運的皇帝教説與西番地面裏應有的土官每知道者：

倡將一切强歹的人都拿了，俺大位子裏坐地，有爲這般，上頭諸處裏人都來我行拜見了，俺與了賞賜名分，教他依舊本地面裏快活去了。似這般呵，已自十年了也。止有西番罕東畢里、巴一撒他每這火人，爲甚麽不將差發來，又不與俺馬匹牛羊？

今便差人將俺的言語去，開與西番每知道：若將合納的差發認了，送將來時，便不征他；若不差人將差發來呵，俺着人馬往那裏行也者。教西番每知道：俺聽得説，你每釋伽佛根前，和尚每根前，好生多與布施麽道，那的是十分好勾當。你每做了者，那的便是修那再生的福。有俺如今掌管着眼前的禍福俚，你西番每怕也那不怕？你若怕時節呵，將俺每禮拜著，將差發敬將來者，俺便教你每快活者，不着軍馬往你地面裏來，你衆西番每知道者。

校記

〔一〕題下注文原無，據明太祖實録卷七七補。
〔二〕題下注文原無，據明太祖實録卷一〇九補。
〔三〕題下注文原無，據明太祖實録卷一一五補。
〔四〕萬曆本無此句，且以下『兵渡大河』至『以副朕懷』皆作大字。
〔五〕『兵渡大河』至『亦與蠲免』一百四十一字與上文重複，萬曆本悉數删去。
〔六〕一年　萬曆本作『一半』。
〔七〕題下注文原無，據明太祖實録卷一〇五補。
〔八〕今者　萬曆本作『今始』。
〔九〕代佛　萬曆本作『代謂』。

高皇帝御製文集卷二

詔

諭靖江王府文武官詔 洪武九年十二月[一]

洪武九年十二月二十日，典寶副林清齎到從孫守謙表，知已達長沙矣。朕歷覽表之副本，文辭妥帖，誦之忽思從孫之遠行，不覺淚下而又沾襟。

今進表使歸，朕特諭爾王府文武衆官：即今守謙未壯，志若孩童，既出鎮於西南，必文武之臣爲守謙之已能，若倚之而不謀，縱之而不導，又非賢人君子。然孫幼而戇，凡導以仁王之理，少有不從，從容必以歲月而成其德。守謙本幼，朕輒敢令行者爲何？蓋謂所保者文武是也。諭至，爾諸人恪恭朕意，日夕毋怠。

諭福建承宣布政使司參政魏鑑瞿莊詔 洪武九年八月〔一〕

今年仲夏，敕卿南行，又抵仲秋，而彼中政令得失杳無知者。卿，郡之籍民也，如民焉，殊於民者何？至於學焉，而閭里曰儒，如儒焉已而，超於儒者云何？乃至於尚志焉，故官於朝。然不及考而遷調之，於功未見惟志，於業未見惟勤。即今職於炎方，其所轄者甚衆。且八閩之地，利盡南海，勢控諸番。古今居是者，君子焉，小人焉，弊瞞焉，人情焉，珠玉焉，翡翠焉，金銀焉，束帛焉，子女焉，賢人焉，非人焉，忠君焉，愛民焉，修身焉，篤孝焉，高名不朽焉，没身絶嗣焉，其言殊焉，而又同焉。卿其審擇焉，力行焉，功名遂而身家全矣。

又 洪武九年九月〔二〕

朕觀上古天下之治亂，在於君臣能馭不能馭耳。若君能則馭臣下以禮法，臣能馭吏卒以體上，故治由此矣。若君罔知所以馭臣下，臣亦無知以繩吏卒，故亂由此而始矣。

或云：吏卒小人，其於治亂何干？然雖小人，凡施小詐，動傷國政，所以爲亂始。若吏卒守分，民無枉擾，則民安矣。所以朕嘗下令入於條章者，正欲使上官馭吏卒動以禮，次嚴之以法。若吏卒之徒背理而違法者，繩以死地無論。此令已入條章久矣。人皆貪官，動爲下人所持，縱有吏卒縱横，安敢誰何？所以國政無施，天下之民受枉，治愈弛而亂愈生，由此也，朕嘗切恨。若爲官布政，權無馭吏卒之威，則諸事不成。蓋吏卒能爲股肱爪牙，若馭以得法，諸事辦集。方今有職者，孰能爲此？

忽九年秋，丞相奏，福建兩參政致極刑於一老吏。朕聞當哉。若不如律者，數如捶死，有何他論？故往諭之：今後凡有不如律者，如是近行者，尤加急治，勿令欺侮，方稱是官。

諭山東承宣布政使吴印詔 洪武九年十月〔四〕

嘗聞殷高宗思治，夜有賢人入夢，日以求之，得傅説於版築，委任用之，海内咸安。周文王起磻溪之釣，遂興周八百。朕思古有是君，亦有是臣，自是之後，列聖相傳，名臣相繼，如斯君臣者鮮矣。

昔者，天厭元之不德，朕乘羣雄並起之秋，摧强撫順，偃兵息民，綱維海内，以主黔黎，律施令布，惟務安人，已九年矣。其間，阻律犯令者不知其數，欲的以五刑決之，又恐没身者衆，特姑存憲章，權以役代，又三四年矣。俄而天變於上，致心惶惶。於是詔告臣民，許言朕過。閏九月初九日，詔令既行，布滿天下，中外寂然，無有言者。獨卿敷露肝膽，備陳國事，雖的否中半，豈不盡己之謂忠哉！所言中者，即時施行；其餘未至者，權且勿論。

朕以至意諭卿，卿若日夜如斯，爲國爲民，則神天鑑焉。

諭山西布政使華克勤詔

朕每觀前代名臣傳記，人各設施，皆以律身保命爲務，然後孝於親而忠於君者矣。吁，志哉，所以名於世者爲斯。

今朕起草萊，定羣雄，平禍亂，君主華夷，凡我中國之人，但知有才藝者，未嘗不使至於朝。雖曰至於朝，若欲別賢否而授之以官，則又不然。云何？蓋謂人之才藝可知，其於賢不肖，雖在帝堯，猶且難之，所以不能盡測人心也。

朕本無知，不敢的以人爲賢否定用，故特以事試之。凡受試者當此之際，事役其形，財惑其志，欲動其心，其於孝親忠君、律身保命，雖千百人中欲求一士如斯者，鮮矣。所以昏愚之徒難保身命，孝親忠君者無他，但爲役形者勞，其苦不禁；財盛者富，飲用而且豐；欲動其心，色窈窕而妖。故非誠志君子，不能立命於天地間。所以事不能忠君，身不能孝親，往往覆命者若是。然有等悠悠之徒，雖曰心淳，臨事而不果，倒持仁義，乃有後艱於斯之道。

朕嘗命官往事，數以是事諭之。而職事者視以常談，爲官者雖簿書之徒、皂隸之輩，亦莫敢誰何。朕嘗切齒忿恨，丈夫之爲無英決嫉惡之心，乃爲小人牽制，於戲，惜哉！而不悟何也？俄洪武十年夏五月，山西布政司奏云簿書之徒無端之狀，朕敕中書以考其人，人皆累犯不*悛前過之徒，已入屯所。朕憐一才一藝，特脱彼艱難，使革心臨事，而又爲非勝常。當月特以敕往令刑之，其符到山西布政司，即如朕命而刑之。此可謂除姦去僞者歟？公私咸遂清寧者歟？其布政司官當方面，承朕命，宣教化，布威德，若肯除姦去僞，豈慮孝親忠君之道不至哉，豈不如前代名世者乎？

諭元臣納哈樞詔 洪武十一年八月〔五〕

人生天地間，機變造化得宜、時勢不失者，乃爲傑丈夫。古人有云：活千人者，其後必封。爾爲元臣，忠則忠矣，何苦違人事而失德有若是耶？

昔者爾被獲於江東，朕特生全爾歸，此朕順人心之所好。所以好者，人人凡有患難，誰不欲脱患難而身安者乎？當時在俘囚之中，果願死乎？生乎？若以爾己心度之，凡兩軍之間，有力不及爾者，被爾拘囚，而乃盡殺之甚不少。當是時，若以己受患難之心推及俘囚者，爾必大昌，福及後嗣，必有日矣。如去年冬，爾將兵寇我遼界，彼回軍之日，凡棄下者皆生全於我處，朕未嘗輕殺一人。

曩者黄紬萬户奉朕命令而往爾處，非己願行，實差不由己也。本人於爾，頗有恩惠，何期爾不思好生惡死之情，一旦殺之。其爾之患難，爲黄紬所生；其黄紬之命，爾獨故意殺之，天心神鑑，禍將歸焉。

今爾與朕守邊將士旌旗相望，略較勝負，則彼勝我負，已兩經矣。爲爾所害者，將及八千人，皆無生全，誠可惜哉！然已往之事不咎，未來者可不思乎？自今以後，若能與我通一介之使，則前日之讎必成冰解火焚矣。諭至之後，不然朕言，彼必就縛，生見朕面，恐無言可對，爾思之。

諭元丞相哈剌章蠻子驢兒納哈樞等詔 洪武十一年十二月〔六〕

自有元多事，羣臣有棄君親而自生者，有抗朝命而自爲者，目擊耳聞，實非一人。獨卿等奮忠仗義，衛君深塞，歲月如流，倏經十有一年。邇聞所衛之君因疾已崩，在卿等可謂有始有終，良臣之名播矣。然昔爲人臣，今則盡矣。或聞欲立新君，其親王者有三，卿等正在猶豫之間。

朕觀三者，誠可再思。凡此三人，皆元親孫嫡派，不過遥分叔伯而已。卿等若欲堅忠貞之意，毋顛尊而扶卑，理應自長而至幼，無乃人倫正而天道順也歟？若有賢愚之别，理難備拘，從賢則吉。彼至尊既崩〔七〕，卿等能推派以立之，不絶有元之祀，當此流離之際，爲臣者尚能竭力爲之，美聲盈人耳目，豈不艱哉！若或不然，或尊或卑，但以立君爲名，内有自專生殺之威，則非人臣之道，恐累嘉名，况日生頡頏，彼此疑猜。當此之際，富貴若風中之燭，命如草杪之霜，甚不難矣。故兹詔諭，想宜知悉。

諭安南國王詔

前者朕令安南來見，期以三年遣使一朝，所貢之物，惟是表意而已。若事大之心永堅，何在物之盛。今年使者黎公等至，仍前遠貢豐物，何不遵朕至意？豈彼中紊亂紀綱，更王易位，有所疑猜而如是乎？然君臣之分本定，奈何昔王荒昏於上，致令如斯，豈非天假手歟？

朕又聞方今之王，亦族中人爲之，或者可吁。中國聖人有云：將欲取天下而爲之，吾見其不得已。天下，神器也，不可爲也，爲者敗之，執者失之。今陳煓奪位而爲之，必畏天地而謹事神，恤及黔黎，庶膺王爵。儻或慢天地而虐庶民，又非久長之道。且安南限山隔海，遠居蕞爾，天造地設。帝命王於彼者以主生民，中國有道之君必不伐，尚强無知者必征。今朕統天下，惟願民安而已，無强凌弱、衆暴寡之爲，安南新王自當高枕，無慮加兵也。

諭安南國王陳煒伯陳叔明詔 洪武十二年十二月〔八〕

朕聞春秋諸侯之國，皆自喪其福，然後相繼而滅亡者，云何？蓋謂逆君命而禍黔黎，故天鑑若是，有不可逃其禍也。假使當時之諸侯，惟天王之命是從，豈不同周之固？何期捨長富貴而貪高位，致富貴若草杪之朝露。賢不云乎：毋爲禍首，毋爲福先。

爾叔明自臨事以來，國中多事，民數流離，此果爾兄弟慕福而若是耶？抑民有愆而致是耶？然固往者不可諫，豈不知來者之可追。易不云乎：『積善之家，必有餘慶；積不善之家，必有餘殃。』斯言若行，則天意可回。且天地之廣，掌民者衆。若邦有道，固封疆勿外求，則世爲永福。若越境而殃他民，則福命未可保也。

爾安南與占城忿争將十年矣，是非彼此，朕所不知，其冤未伸而讎未解，將如之何？爾叔明如聽朕命，息兵養民，以遂天鑑，後必無窮之福矣。若否朕命而必爲，又恐如春秋之國，自取之也。聖人有云，以道佐人主者，不以兵强天下。何也？其殺伐之事好還，故知者不爲。爾其圖之，鑑春秋之失，豈不美乎？

諭元丞相驢兒詔〔九〕 洪武十一年六月〔一〇〕

天地惡盈而好謙，其德好生而惡死。此非時人新造之言，乃亘古至今明驗也。朕云如是，蓋謂卿等當元天更運命之時，卿帥騎步，堅忠貞之節，捍禦邊陲，已十一年矣。每嘗遣人通問，未得回報。今再差人詣所在，以禦寒之衣作微禮。卿能受賜不傷人命，以修後嗣之德，豈不智人也哉！朕言至此，惟卿以智量之，勿爲愚者所迷。書云：『作善降之百祥，作不善降之百殃。』惟順理則吉，故茲詔示，想宜知悉。

諭高麗國王詔 洪武七年五月〔一一〕

使者至，貢陳其禮，敷王極情。朕既聽之，事大之心甚矣。表云：『守侯服於東隅，祖朝鮮之苗裔，自五季已事中華。』言無不當。然朕觀上古之君，自甸侯綏服之外不治其令，土人主之。大概聖人之心，體天道以行仁，惟欲民安耳，未嘗誇侈，所以不寶遠物，不勞夷民，聖人之心弘哉！

今朕雖不才，敢不寶王之臣忠、卻來誠之美貢？若漢唐之夷彼，隋君之伐東，在朕之今日，非詐侮於我，安敢違上帝而勞擾生民者乎？若或不守己分，妄起事因，其天災人禍必有至者，王其審之！自今以後，薄來而情厚則可，若其厚來而情薄，是爲不可，王其思之！

諭雲南詔 洪武七年八月〔一二〕

朕聞順天者昌，逆天者亡，古今定論，禍福常理也。朕起自草萊，削平羣雄，戡定禍亂，今已七年。中夏既安，四夷多附，絶無强凌弱、衆暴寡，所以臣順於我者得遂其生，共享和平之福。

惟爾雲南王某，乃元君遺派，受封西南，孤處遐荒，猶未臣服。以若所爲，非貽禍于大理之民，必自致喪身滅姓于大理之手。一禍之機，必有其一，不可逃者。何也？蓋雲南土地人民，本大理所有，自漢通中國，稱臣朝貢，至唐宋皆受王封，其來久矣。昔因爾元滅其王而統其地，及今百年，無有復其故物者。邇來元祚傾覆已盡，爾尚力據其地，不還大理自王，果欺人乎？欺天乎？人雖可欺，天不可欺。禍患之報，將不旋踵至矣。

今特遣爾親族威順王親往開諭，如果上順天理，下契人心，即奉貢來庭。不然，朕當别遣使者，直抵大理，仍賜唐宋所封舊號，令彼爲王，合兵加討，悔將何及？於戲！胡虜無百年運，今已足信。人心轉移之機，在人自審而已。時不可失，爾其思之。故兹詔示，想宜知悉。

諭大理詔 洪武七年八月〔一三〕

始因有元失馭，海内雲擾，華夷無主，朕近自洪武元年戊申秋八月羣雄盡平，復我漢人故國，統一中夏。今經七年，四夷諸國皆已通報，無不稱臣入貢。惟爾大理，不見國王名號，未嘗遣使。

今年秋，翰林承旨詹同奏：『盡閱羣書，方見西南大理，昔在唐宋受封王爵，爲元削去國名，止稱土官，其國乃元君遣派梁王者主之，至今未得爲王。』朕會臣僚議，依唐宋所封，以爾段氏爲大理國王，未知信否，故特遣官先行往諭。如果遵依朕命，使回，即再遣使者專齎寶印誥命，令爾君臣開設國事，同享承平之福。如果不然，他日兵會雲南，未知勝負何如。爾其審之。

賜西番國師詔 洪武七年八月〔一四〕

佛教興於西土，善因博被華夷，雖無律以繩頑，惟仁心而是則。大矣哉！妙覺難窮。昔從斯道者頓悟三空，脱塵輪而出苦趣，永離幽冥，使生者懷而死者慕，豈不聖人者歟！

邇來西番入貢，有僧公哥監藏巳藏卜，乃昔元八思巴帝師之後。人云踵師之道，深通奧典，獨志尤堅，化愚頑以從善，起仁心以滌愆。雖是遥聞，特加爾圓智妙覺弘教大國師，統治僧民，名當時之善人，永爲教中之稱首。於戲！寂寞山房，儔青燈而讀誦，觀皓月以吟風，疊膝盤陀之上，草衣木食，方契善符。

赦宥詔 洪武七年十一月〔一五〕

詔曰：釋罪宥愆，昔者未嘗輕發，發則精詳至甚，豈有罪重而脱僥倖以自歡，致冤深而含忍無訴者？故有『眚災肆赦，怙終賊刑』，載之於書，至今明焉。漢唐及元，懦君承祖業，權由姦佞所持，因有大赦之説。雖脱君子之微差、善良之誤失，則姦頑得爲漏網之魚，鬱含冤於滿地。朕德薄才疏，失仿聖人之道，相繼行之，是致五星紊度，黎庶匪寧。若悖理乖仁，非朕者誰？今不敢不察。若概脱兇頑於僥倖，致良善以無伸，豈聖人恤刑者歟？特命中書條陳，若果真犯，雖笞罪以上俱各不原；其餘詿誤，因人致罪過失者，盡在赦下。所有條畫，開列于後云云。

於戲！肆赦於眚災，爲良善者圖；賊刑於怙終，實王綱而治惡。凡吾臣庶，律己修仁，勿干刑憲。故茲詔示，想宜知悉。

存恤詔 洪武七年八月十二日〔一六〕

詔曰：曩因天下大亂，死者不可勝數，生者備歷艱辛，已有年矣。朕起布衣，削羣雄，定禍亂，改元洪武，今紀七年。但才疏德薄，日夕慮上帝有責，思之再三，惟兵後苦殃者，朕失撫養存恤。蓋軍士爲朕開拓疆宇，奮不顧身，殁於戰場，屍不至家，魂無所依；父母年高，妻寡子幼，一旦抛棄，至今不能存活：此朕之過也。民間經兵避難，父南子北，至今不能會聚奉養者有之，或子殁親老而無養，親殁子幼而無依者有之，亦朕之過也。興言至此，實可憫傷。今詔天下有司，各各具名以言，朕當會居存養，使不失所。所有存恤事宜，條列于後云云。

命丞相大夫詔

於戲！君天下者，所以爲民也。但君思治而民乖，民欲樂而君昏，臣稀賢而不法，君或懦而臣剛，此古今所難也。所司奉行者，勿以仁爲弊，以干刑憲。故兹詔示，想宜知悉。

朕聞古帝王之治天下，君爲元首，臣爲股肱，上下相資，同心一德。於斯之時，民安物阜，萬邦來庭，皆由德政所致，非昏君邪臣所能及也。

朕平天下之初，數更輔弼，蓋識見淺薄，任非其人。前丞相汪廣洋畏懦迂猾，其於伸冤理枉，略不留意，以致公務失勤，乃黜爲嶺南廣省參政，觀其所施，察其自省。今中書久闕丞相，御史臺亦闕大夫，稽古揆今，誠爲曠典。特命左丞胡惟庸爲中書右丞相，中丞陳寧爲右御史大夫。且惟庸與寧自廣洋去後，獨署省臺，協誠匡濟，舉直錯枉，精勤不怠，故任以斯職，播告臣民。

於戲！皇天無私，福善禍淫。惟爾二臣，當寅畏天地，恪恭朕命，勿以怠爲先，以勤爲後，各盡乃心，以臻于治。欽哉，欽哉！故兹詔示，想宜知悉。

免北平夏税秋糧詔 洪武十二年五月〔一七〕

古今民之休息長養，惟君主之。其於水旱災傷，在有司飛報以聞，君親調之。邇者廣平馳驛來奏，所屬郡邑，天久不雨。朕思爲民立燕，藩屏中國，保障吾民，命工肇造宮殿，軍民共成。何期有司差役不均，有傷和氣，致令民艱種樹。除將布政使薛祥等見行取問，其北平所屬地方，洪武十二年夏税秋糧盡行蠲免。

廢丞相大夫罷中書詔 洪武十三年正月〔一八〕

朕膺天命，君主華夷，當即位之初，會集羣臣，立綱陳紀，法體漢唐，略加增減，亦參以宋朝之典，所以内置中書、都府、御史臺、六部，外列都指揮使司、承宣布政使司、都轉運鹽使司、提刑按察司，及府、州、縣，綱維庶務，以安兆民。朕嘗發號施令，責任中書，使刑賞務當。不期任非其人，致有丞相汪廣洋、御史大夫陳寧晝夜淫昏，酣歌肆樂，各不率職，坐視廢興，以致丞相胡惟庸構羣小夤緣爲姦，或枉法以惠罪，或執政以誣賢。因是發露，人各伏誅。特詔天下罷中書，廣都府，升六部，使知更官定制，行移各有所歸，庶不紊煩。

於戲！周職六卿，康兆民於宇内；漢命蕭曹，肇四百年之洪業。今命五府六部詳審其事，務稱厥職，故兹詔諭。

免天下秋糧詔 洪武十三年十二月〔一九〕

朕荷上天眷佑，山川效靈，祖宗積德，君主華夷，十有三年。倉廩盈，府庫充，皆民之所供。今民力未甦，詔告有司：洪武十三年天下秋糧，盡行蠲免。其放回事故官員，自思情無實犯，則親自來朝，仍授以職。於戲！欲消愆而弭禍，非致吾民於仁壽之鄉，將何以答天心之永顧！故玆詔諭，想宜知悉。

諭日本國王詔 洪武十三年十二月〔二〇〕

曩宋失馭，中土受殃，金元入主，二百餘年，移風易俗，華夏腥膻，凡志君子，孰不興忿。及元將終，英雄鼎峙，聲教紛然。時朕控弦三十萬，礪刃以觀；未幾，命大將軍律九伐之征，不逾五載，戡定中原。蠢爾東夷，君臣非道，四擾鄰邦。前年浮辭生釁，今年人來否真實，非疑其然而往問，果較勝負於必然，實構隙於妄誕。於戲！渺居滄溟，罔知帝賜奇甸，傲慢不恭，縱民爲非，將必殃乎！故玆詔諭，想宜知悉。

免秋糧詔 洪武十四年十月〔二一〕

朕荷天地祖宗護佑，山川百神效靈，在位十有四年。思昔創業之初，軍需甲仗，惟江左五郡之民，其勞甚矣。特以洪武十四年秋糧，太平、應天、鎮江、廣德、寧國五郡，除官田減半徵收，其民田盡行蠲免。於戲！立法以繩頑，施恩以撫善，斯仿前王之道，非朕己能。故茲詔諭。

平雲南詔 洪武十五年二月〔一二二〕

朕荷上天眷佑，海嶽效靈，祖宗積德，自即位以來，十有五載，寰宇全歸於版籍。惟西南諸夷爲雲南梁王所惑，恃其險遠，弗遵聲教。特命征南將軍潁川侯傅友德〔一二三〕、副將軍永昌侯藍玉、西平侯沐英，率甲士三十萬，馬步並進，罪彼不庭。大軍既臨，渠魁盡獲，雲南已平，詔告天下臣民共知。

於戲！福民永已，聖賢之爲。逆天違命，根禍殃民，身家被罪，惟西南諸夷應之。故茲詔諭。

諭雲南詔 洪武十五年正月〔一二四〕

曩因元政不綱，豪傑縱横，朕提師旅，與之並驅，十有二年。然後命征虜大將軍平華夏，諸將四征五年，中原是平，萬姓寧家，紀年已十五年矣。惟爾烏撒、烏蒙、東川、芒部、建昌等處抗命弗庭。況雲南梁王誘我邊士，因是發征南將軍潁川侯傅友德、副將軍永昌侯藍玉、西平侯沐英率三十萬衆，問爾西南諸夷之罪。十五年正月初一日，將軍潁川侯等報至，言雲南等處盡行剋復。今特遣使齎詔，諭爾雲南烏撒、烏蒙、東川、芒部、大理、建昌、水西、普定等處人民：今後敢有不遵教化者，加兵討平之。所有事宜，開列于後云云。於戲！春秋之義，罪重者，釋有罪而納逋逃。爾雲南王及諸夷酋長，宜其然乎！故兹詔諭。

免秋夏税糧詔 洪武十五年四月〔二五〕

嗚呼！惟皇上帝，眷我生民，自統一以來，雖暫有雨暘之愆，終未凶荒。然朕豈不知江左之民減衣薄食，助我興王，供給浩繁，安無貧窘？特以洪武十五年秋夏税糧，除官田減半入官，不爲常例，民田税糧盡行蠲免。其江西、浙西雖次第歸附，爲首定中原，民人爲我供給，越大江，入河淮，抵北平，而漕河南，其勞甚矣。

邇年以來，江東、浙西、江西及直隸府、州官吏糧長，不行優恤小民，已行問罪，亦以今年秋夏税糧，除官田減半入官，不爲常例，民田税糧盡行蠲免。所有河南、山東民人淳實，無巧以取愚，無强以凌弱，篤力於田畝。且山東之民，東供遼左，北給北平，惟山東民資皆至焉。北供山西，西入關中、河南，民資歲常助關內之民以供官。斯二布政司民糧，今年秋夏亦盡行免之。

嗚呼！爲民上而不爲民便，豈有不罰者乎！自今以後，任事官民毋蹈前非，虐我良民。故兹詔諭。

諭雲南詔 洪武十五年十一月〔二一六〕

自有元失馭，羣雄並起，聲教異爲，烝黎各擅，是致廢興疊疊，民不聊生。朕秣馬厲兵於江左，控弦三十萬以觀諸雄。久之，羣雄弗成，乃命征虜大將軍平元都，肅靖華夏，奠安黎庶。

邇年以來，士不彎弧，馬牧平野，農耕有餘，人皆樂福。惟爾西南諸夷，密邇聲教，恃險弗庭，納逋逃，匿有罪，坐受四川之任肆侮中華，凡我朝臣，孰不奮恨！是以特興問罪之師。

今雲南既平，諸夷服從，故詔諭以更生之恩，所有事宜，條列于後云云。於戲！知天命者福臻，昧天理者禍至，信如四時，速如影響。播告諸夷，想宜知悉。

赦工役囚人

奉天承運，皇帝制諭爾故違憲章官吏人民：

曩者命禮曹布令于天下，朕仿古制，以禮導人，後以律至諸司，是繩不循軌度者，斯乃行刑也。且刑，聖人不得已而用者，爲良善弗寧故也。

今朕一寰宇而兆民衆，如爾等官貪吏弊，民縱姦頑，詐良侮愚，若不律以條章，將必仿效者多，則世將何治？爾諸人所犯，若論以如律，人各盡本犯而後已。奈何工已久矣，構成樓閣以居大覺金仙，塔就而志公之神妥其下，因是將爾等罪無輕重，一概宥之。

於戲！君子非善，何以永世？志人非功，何以名書？釋迦志公已逝數千百年，猶能生爾等衆，其善正之道，志者可無覺乎？故兹制諭。

校記

〔一〕題下注文原無，據明太祖實録卷一一〇補。
〔二〕題下注文原無，據明太祖實録卷一〇八補。
〔三〕題下注文原無，據明太祖實録卷一〇八補。
〔四〕題下注文原無，據明太祖實録卷一一〇補。
〔五〕題下注文原無，據明太祖實録卷一一九補。
〔六〕題下注文原無，據明太祖實録卷一二一補。
〔七〕既　萬曆本作『已』。

〔八〕題下注文原無，據明太祖實録卷一二八補。

〔九〕驢兒　四庫全書本作『魯爾』。此類以下不再出校。

〔一〇〕題下注文原無，據明太祖實録卷一一九補。

〔一一〕題下注文原無，據明太祖實録卷八九補。

〔一二〕題下注文原無，據明太祖實録卷九二補。

〔一三〕題下注文原無，據明太祖實録卷九二補。

〔一四〕題下注文原無，據明太祖實録卷九二補。

〔一五〕題下注文原無，據明太祖實録卷九四補。

〔一六〕題下注文原無，據明太祖實録卷九二補。

〔一七〕題下注文原無，據明太祖實録卷一二四補。

〔一八〕題下注文原無，據明太祖實録卷一二九補。

〔一九〕題下注文原無，據明太祖實録卷一三四補。

〔二〇〕題下注文原無，據明太祖實録卷一三四補。

〔二一〕題下注文原無，據明太祖實録卷一三九補。

〔二二〕題下注文原無，據明太祖實録卷一四二補。

〔二三〕潁川　原作『穎川』，據萬曆本改。下同。

〔二四〕題下注文原無，據明太祖實録卷一四一補。

〔二一五〕題下注文原無，據明太祖實録卷一四四補。

〔二一六〕題下注文原無，據明太祖實録卷一五〇補。

高皇帝御製文集卷三

制

答太師李善長等表請御正殿制 洪武十三年六月〔一〕

朕聞堯舜之君，德備天地；禹湯之治，大洽民心。朕本才疏德薄，惟知圖治，弗克行仁。乖上帝后土之好生，負海嶽之呵護，累祖宗於地下，致五雷奉命，著迹於殿廷。雖不遑寧處於斯時，甚畏無知於悠久。昨卿等請御大朝，故不違羣情，朝臣民於正殿。賴爾臣僚，毋隱匡輔。

答太師李善長等表請上壽制 洪武十三年七月〔二〕

父母劬勞之恩，昊天罔極。當生之日，思無上報，痛心無已。所以奉祀清晨，静居終日，毋敢歌歡。邇來卿等數云太平，以朕年高，固請稱賀。今不違羣情，許卿等依期來朝，毋致過奢，惟儀肅禮當。故兹詔諭。

誥

西安衛都指揮使葉昇林濟峯誥

握乾符，君天下，惟陳紀而立綱，施以當時，取法後世，所以爲王者也。朕受上天明命，履前王之規，發號施令，但有賞善罰惡耳。所以内有中書、都府、臺察，外有行省、都衛及指揮使司，皆重任所在，以居功德者。然而都府係總天下之雄師，都衛亦總方面之勍兵，若居是職者，選非輕易，任非薄功。

邇來西安衛都指揮濮英等惰事弗勤，不謀怯敵，是致歸者失於撫勞，逃者終不復還，爲斯官不稱任，難居重位，詔令還朝，送付法司，責問難易。其西安所在，機務甚重，不可一時缺官。今特内調都府僉事葉昇、林濟峯前往署事，以長兵戎。爾昇、濟峯當夙夜勤勞，雄鎮番胡，使遠人入貢，庶稱朕懷。

於戲！深高城隍，實邊戍之首務，列旌旄而張赤幟，必壯軍威。爾惟懋哉！

飛熊衛指揮使司僉事郭洪誥 洪武七年六月〔三〕

昔之君天下者，非忠義之士弗成，故所以漢高帝美雍齒而斬丁公者是也。曩者郭雲出自農家，因元國亂，帥義旅，保鄉里，受元平章事。彼時中原皆爲吾所有，其雲獨保裕州，疊諭不服，累戰不屈，必欲有爲。奈何勢孤援絶，陣敗被獲，終無善言，自將必盡，爲所守者慎羈，不能自爲，解至朕前。

當是時，朕嘉其忠義，撫以存生，授以有司之職，以觀施設。是後不終任而民稱頌，方知才兼文武，特授南陽衛指揮職事，命還鄉里戢兵，備禦南陽。到任之後，軍民樂業，深體朕懷。奈何一疾長往，惟存長男郭洪，年方十有三歲，性頗聰明。其郭雲雖無開國之功，難以世襲，次有撫安之道，加以忠義凜然，今既去世，可以子洪入開國功臣之列，授以宣武將軍僉飛熊衛親軍指揮使司事，世襲其職。宜令中書奉敕毋稽，早爲到任。爾洪毋狎小人，勤習武事，以備長城，庶稱朕委任之意。爾惟懋哉！

李世昌誥

昔君天下者，賞有功而官有德，聖人之心明焉。歷代相承，永爲模範。

爾李世昌年雖未冠，而授兵衛之職者何？蓋爲爾父遭時大亂，能率衆以保關內，是以民安而地闢。及至胡人退，諸雄有無知者，以漢人棄父母之邦，遺丘隴，從胡人，復爲我中國仇讎，皆無所成。惟爾父效竇融之事，帥二萬騎及步兵之衆，助朕成功，至今關內之民時思之。爾當習將之籌謀，以待成人而備侮。特授爾某官，永爲世襲。爾惟懋哉！

信國公湯和誥 洪武十一年正月〔四〕

古者哲王立綱陳紀，賞有功，罰有罪，執此道而天下安。朕起草野，賴諸將扶持，得平羣雄，定禍亂，君主華夷。當定功行賞之時，爾湯和雖居舊將之行，惟守毗陵，於忠少欠，雖未彰顯，其情在心，然終未實爲。朕念相從之久，泯前過而封見功，爵以中山侯。今者朕復念前功，爾功東平越地，南下八閩，西擒察罕腦兒酋長，下巴蜀，頗有其功。今朕特釋爾過，報昔勤勞，授以信國公之爵，永爲子孫世祿。

於戲！人臣無將，可謂忠矣；威福不專，可謂智矣。爾其慎守斯道，以訓後世，宜哉！

西平侯沐英誥 洪武十年十月〔五〕

德懋懋官，功懋懋賞，昔帝王之定制也。思親戀舊，實人事之常。朕觀人之處世，易難之兩端，往往目擊耳聞。且爲人者，易於衣食起居，不亦樂乎！有艱於度歲月者，不亦嗟乎！

曩者朕於擾攘之時，年已二十有五，尚未生兒女，爾沐英因兵受厄，父母不可復會。爾當是時，八歲而逢難，罔知存活。朕憐其孤而且幼，特撫育如兒，夜臥同榻，數番鼾睡於朕懷。後因吾有諸子，爾亦長成，以人情天理度之，不晦爾名，使從爾姓，祀爾祖宗。

嗚呼！推仁窮理，特釋患以提攜，今也不忘爾孩童之狀，以吾無異於爾父，蒙蒙儇頑於左右。俄而思起若是，猶動首育之心。念昔以爾爲子，今有微勞，特貴爾爲西平侯。爾當思幸逢之初會，休忘釋難之恩，夢寐神交，則鬼神知報矣。嗚呼！扶顛持危，惟仁者之爲；知報不忘，獨君子之道修。其若究心利濟，永爲多福，吉哉！

駙馬都尉李祺誥 洪武九年七月〔六〕

夫婦之道，人之大倫；婚姻以時，禮之所重。帝女下嫁，必擇勳舊爲姻〔七〕，此古今通義也。朕今命爾李祺爲駙馬都尉。爾當堅夫道，毋寵毋慢，永肅其家，以稱親親之意。恪遵朕言，勿怠。

大都督府僉事陳方亮誥

曩者天下兵久，邇來既偃以息民。朕嘗設都督府以總内外諸軍事。其任官也，非勳舊有功德者，安能職焉！爾陳方亮，乃兄隨朕渡江，有勞於前，遺功在册。爾亦服勤，足稱委令，及從征有功，職昭勇將軍羽林衛指揮使。今特授奉國將軍，僉大都督府事。既承朕命，夙夜毋怠，以稱斯職。爾惟懋哉！

駙馬都尉黄琛誥 洪武四年正月〔八〕

朕稽古典，昔帝王之女，别之以三：一曰帝之姊，或帝之妹，皆稱大長公主；若帝之親女，曰公主；其餘兄弟之女，則曰郡主。此所以别尊卑、明嫡庶，斯彝倫之大端也。爾黄琛本朕房兄蒙城王之壻，於理以職事稱之，其侄女則當名之以郡主。曩因草創之時，未暇考究，概稱駙馬。禮部乃執禮以奏，特去前名駙馬之稱。朕思止有侄女，不忍去其前名，故仍稱公主，無公主之食禄；爾琛亦仍稱駙馬，不與駙馬之門庭，其禄止食前官指揮使俸。然公主見食五百石，已過漢唐郡主之禄多矣，爾其知分限，勿驕傲，永保富貴，吉哉！

翰林承旨宋濂誥

昔君天下者，官有德而賞有功，世之文武莫不雲從。爾濂雖博通今古，惜乎臨事無爲，每事牽制弗決。若使爾檢閲則有餘，用之於施行則甚有不足。然方今儒者，以文如卿者甚少，朕念卿相從久矣，特授卿翰林學士承旨。爾宜懋哉！

光禄卿徐興祖誥

昔漢治天下，官不技藝，商不乘馬，錦繡不得衣。於戲，禁哉！朕統御以來，隨所善而應是職，使有知而不妄，其前代必欲以無知而役有知，朕不知何。且帝王之飲食，非精於烹調者，孰敢易爲之？故選官，必擇忠勤慎德之士而爲之職焉。

爾興祖世業烹炰，其於五味之施，皆無過不及，可謂能矣、善矣。朕已就爾善此而用之，自下而升，已幾轉矣。然當在微職時，其所爲爾司之者，人莫敢過而輕之，何也？以其心誠而志篤，他僞不作。

邇者彼司有犯憲章者，法司究其源，朕將謂爾或若是乎？其犯者詞盡而爾無所干。朕謂法司曰：『官首無知乎，有知乎？』曰：『犯者爲密而機深，首者不得而察，無知。』吁，難哉！於斯之際，可僞而不爲，安得不誠志乎！今命爾爲光禄司卿，爾尚益盡乃心，潔涓食飲，五味均調，慎始慎終，毋怠。

吏部尚書王敏誥

昔君之用人也，善用而無疑非也。非獨君能無疑於臣，實由臣不致疑而能成賢者矣。朕統寰宇，設官分職，惟吏曹爲六卿之長，可不精其選而索其人焉？爾王敏雖周旋左右未久，見其施設，誠爲允當，今特授吏部尚書。

追封隴西王李貞誥

昔君之典禮，謂人臣有功勳者，制有生封死贈；其骨肉之親有功勳者，甚有褒焉。特進榮禄大夫駙馬都尉右柱國曹國公李貞，前因朕之姊貴，遂爲駙馬；今因兒貴，至列公班。邇來長往，當贈以王爵，受之於冥冥，封隴西王，謚恭獻。爾中書如敕施行。

追封寧河王鄧愈誥

人臣於世，死而不亡者有二。何謂死而不亡者二？其一者，謂生秉忠義，磐石國家，雖死之後，君不忘其忠，國人不忘其正，功播史册，名垂千萬年之不朽，雖死，是謂不亡也。其二者，謂生不忠於君，而蠹政害民，將危其國，禍及其家，雖殺身之死，君尚不忘其姦，國人怒其惡，致姦頑名於書史，與忠良之名同流傳於後世，永不能泯滅者，亦謂不亡也。所以忠良者，千萬年稱忠良，福及其家。其姦頑者，千萬年刃及其項，禍及其家，亦如之者。今爾衛國公鄧愈，生秉忠良，將歿而復建戰功。朕昔行賞，與爾有誓：生封公，死封王。朕思前勞，特追封爾爲寧河王，謚武順。於戲！名傳天下，福及其家，可謂死而不亡者乎！千萬年不朽者乎！爾當正直於冥冥，宜哉！

追贈義惠侯劉繼祖詔

朕昔寒微，生者爲衣食之苦，其死者急無陰宅之難，吁，艱哉！爾劉繼祖發仁惠之心，以己之沃壤慨然惠朕。朕得斯地，樂葬皇考妣於是，至今難忘，朝夕懷之切切。今懷之極切，特贈爾繼祖爲義惠侯，乃爵於冥冥。爾其有知，服兹寵命。

追贈義惠侯夫人婁氏誥 洪武十一年九月〔九〕

人之處世，家道興隆，必夫婦之良德而然後昌，其内助之功尤大。義惠侯劉繼祖妻婁氏，非獨夫之仁惠外施，實由内助之功曠闊。

曩者朕寓居是方，家遭流疫，父母俱亡，無地可葬。因爾夫婦憐憫困苦，樂惠斯地，以致朕皇考妣陰宅於是，至今難忘。特贈爾婁氏於冥冥爲義惠侯夫人。爾其有知，服兹寵命。

贈翰林承旨宋濂祖父誥

昔者聖人君天下，凡名臣之善，非崇一己之善，必惠及至於祖焉。爾濂學通今古，性淳而朴實，有古人之風，撓之而不怒，静之而不肆，豈不如淵之澄清者乎！夫淵之澄清，攪之而不濁，静之而不清。朕觀濂之性有若是焉。

今者公卿等皆有祖宗封號，爾爲文章之首臣，祖亦有贈焉。朕敕中書下吏部，特贈爾濂祖德乂爲大常少卿，父文昭爲禮部尚書〔一〇〕。故諭卿知之，奉迎前去，以爵冥冥者也。

封康鑑母朱氏誥

昔君天下，必崇德以報功，使勇者安而德者懷，社稷悠久，黎庶咸寧。前都督蘄國公康茂才，助朕興邦，事將成而中道忽疾而逝。朕念前勞，特以嫡出次子鐸授封侯爵，正妻田氏已禄夫人；惟長子康鑑雖係庶出，已長成人，因前人有勳，夢寐難忘，授明威將軍廣西護衛指揮僉事。其母因子貴，今以朱氏爲德人。

安慶侯仇成誥文 洪武十二年十一月〔一一〕

昔者聖君定賞報功，惟賢能受之。朕觀古制，漢封最多，然侯之名則同，其食禄世守者各有等差。爲功有先後，業有巨微，所以食禄有等，階級有序，以辨輕重也。

爾大都督府僉事仇成，從朕渡江，所向皆戰，每必當先，爲敵衆而我寡，爾效力於當時，後彭蠡之戰，爾巨有功。今已年邁，朕思前日之勞，特封爾爲開國輔運推誠宣力武臣榮禄大夫柱國安慶侯，食禄二千石，以貴其身，子孫仍襲指揮原職。爾宜懋哉！

永昌等侯誥文 洪武十二年十一月〔一二〕

昔者聖君定賞報功，惟賢能受之。朕觀古制，漢封最多，然侯之名則同，其食禄世守者各有等差。爲功有先後，業有巨微，所以食禄有等，階級有序，以辨輕重也。

去歲命將西征，以平羌戎。今歲獲功已歸，雖首惡未擒，其部落已經剪除，所有孳畜盡行拘入，勢孤力寡，將自消矣。今特封某官爲開國輔運推誠宣力武臣榮禄大夫柱國某侯，食禄二千石，以貴其身，子孫仍襲指揮原職。爾中書如敕奉行。

中國公鄧鎮誥文 洪武十三年三月〔一三〕

朕聞昔列聖之馭宇，必賢能以輔之。所以賢能輔之者，在禦大災而捍大患，斯守昇平之良臣也。至於創業垂統，摧堅撫順，忠君澤民者，生則振威華夏，殁則名彰後嗣，雄哉。嗚呼！斯善成於前者也。

朕初帥師東來，爾鎮之父，年雖居幼，體態英邁，肩羣將之列，耀武揚威，轉戰豪雄，神風凜然。立俘囚於麾下，每戰有之。所以行賞驗功，亦同乎最。故生受公爵，死後王封，此實朕法先聖之典。

今洪武十三年服制已終，朕思愈勞，命爾襲封。爾恪守前業，毋晦勳勞，是成於後者也，庶不負朕體哲王之道。欽哉欽哉！

致仕官誥敕文

朕觀古今賢能者，遇君有遲速，名彰有先後，奈何時運之不齊，壯衰之相臨；何謂？壯志貞而名未出，君將知而暮年垂，雖有賢能，爲斯所艱。

爾某 久歷諸司，久司某事。每稽無疵，特命中書下吏部召見轉官，而乃蒼顏皓首，縱有自强之志，終是年高，故加陞品，以養老於家。今授爾爲某官致仕，爾往欽哉！

真人張宇初誥文 洪武十三年二月〔一四〕

朕聞上古之君天下者，民從者四，曰士、農、工、商而已。始漢至今，率民以六，加釋道焉。所以道萌者，由爾宇初之祖通神善幻化，能忽恍升太虚，冒廓落之剛風，吞宇宙之浩氣，以是利濟羣生，功著歷代。所以法傳之久，香燈之永，蓋謂行深願重，德敷上下，精神愈靈。

今前真人既往，爾當世嗣。特遣使詣府，命爾爲正一嗣教道合無爲闡祖光範真人，領道教事。爾其慎哉，欽哉！

曲阜知縣孔克畓敕文 洪武十五年三月〔一五〕

朕聞古人有必報而不忘者，先師也。蓋謂傳德明道，終身不受禍患，固報之。朕與臣民同世於斯時，方知大成至聖文宣王當世之先師。時人去古既遠，有失報禮。稽諸古典，報則有光，其光之顯揚，師徒共之。若果誠能報之，則益而無損。

洪武十四年，吏部奏，爲襲封衍聖公長逝，生前因曲阜知縣孔克伸卒，其官係孔氏子孫世職，昔衍聖公已薦族人孔克畓爲知縣。朕思衍聖公逝後方奏，慮恐不實，以族中長者悉至京師，論賢排嫡。族人既至，宗派分明，以爾克畓爲賢。特命爲曲阜知縣，以報先師。爾當敬事以在公，而信以來庶民，儉使人效，勤問民艱，用力以時，以揚先師聖德。於戲！陰騭流芳，萬世不泯，英靈常存，子孫承之。爾宜懋哉！

建昌衛指揮使月魯帖木兒誥文

建昌之境，密邇四川，番漢同居，諸夷樂土。官守是方者，必仁智之兼，義勇之備，方安諸種而世禄者也。

前平章月魯帖木兒祖世守斯土，傳至月魯帖木兒，軍民懷澤，已有年矣。曩者朕命將西南，經理其地，而月魯帖木兒順天地之革命，弗驅兵民以禦敵，乃率僚屬以歸，格上下之鑑見，昭境內之民安，斯爲至福矣。爾兵曹具由中書，中書筆誥，授以昭勇將軍建昌衛指揮使封印，仍統舊部，以報來誠。如敕無怠，往欽哉！

貴州宣慰使宋誠誥文

黔中之地，諸夷雜處，漢姓同居。禦其方者，非德足以化頑，勇足以捍侮，則官守不宜。況歷代命世守者，必初從之義篤，竭忠之勤不辭，方膺是任。如或不然，曷能居其地、馭其民？

爾宋某之父，當朕命將西南，經理斯土，首以義從，固膺斯任，永保世禄。今命爾襲父前勳，當撫恤諸夷，選能禦侮，以安是方，則於爾嘉。

普定府軍民知府者額誥文

西南諸夷，雜處羣居，古至于今，雖稱每以事大之禮以尊中國，其間能幾人誠敬而始終者耶？

朕統寰宇，經理西南，惟邏邏氏者額者，平日習讀漢書，善云華夏之言，以理道深長論之，篤於正一之道，斯奉神之心弗怠。若與講明安民之理，亦有大善。今授以普定府軍民知府，仍統舊部，撫民練兵，以聽朕命。爾吏曹速爲施行毋怠。往欽哉！

參軍府參軍誥文

馭兵之道微，司所以者，機無暇時，謀出萬全，智人不測，觀静識動，察姦料僞，在知人於顯微之初，制之於首萌之際，斯可謂馭六軍動静而有方。所以歷代設兵政而或參軍，實助君之慎密也。若得其人，則京衛寧謐，致九重無宵衣之憂，宗社磐石之安；非其人，不獨失機悮事，而軍士强弱之不分，混淆難用，賞罰不精，月支無别，弊出多端，斯罪之大者也。今特命爾某爲五軍十衛智人職此，時謀日慮，知機於機人之先，料出姦頑之上，則稱職矣。參軍府參軍。爾往欽哉！

諫官誥文

語善興邦，仁君澤民，大賢以爲易，中志以爲艱，所以今古名世者罕，爲此也。然朕嘗命儒者誦諸通鑑，欲本於心、善於言者，鮮矣。若商之伊尹、傅説身心寅畏，故以格神之詞而敷奏，仲虺佐新運而明革命之道，未嘗不以幽明之理表正人君。今則不然者何？心非精一之誠，智非通古之才，事務一臨，泛應恍惚，頃刻乖違，所以不易而艱。上志之士，精誠無二，動合神人，辨是識非，去惡優善，君心格而神明知，四時序而陰陽和，斯非艱而易，實誠志之所協也。今朕司言者命爾某職之，特授某官，兼某官，當體先賢而慎神人，則永昌於後，名於世。吉哉！

文淵閣大學士宋訥誥文 翰林典籍吴沉敕文同

朕觀古今賢能者，遇君有遲速，名彰有先後，奈何時運之不齊，壯衰之相臨。何謂？蓋壯志貞而名未出，君將知而暮年垂，雖有賢能，爲斯所艱。然昔望於磻溪，亦老而已，猶有非熊之兆，而乃興周八百。爾某年雖高邁，特授某官。宜往欽哉！

華蓋殿大學士劉仲質誥文 武英殿大學士吴伯宗誥文同。又與東閣大學士吴沉誥文同。

朕閲宋書，見尚文之美，崇儒之道廓焉。且當時諸儒，皆本賢之德，所以輔景運三百有奇，未嘗文辱君命，事體滯行，可見文華君子之賢，君子行文之盛。

今特仿宋制，以諸殿閣之名，禮今之儒，必欲近侍之有補，民同宋樂，文並歐蘇。然久未得人，朕甚歉焉。邇來朕觀前某官某才頗稱任，授以某殿某閣大學士、奉議大夫，爾吏曹速爲施行毋怠。往欽哉！

襲封衍聖公孔訥誥文 洪武十七年二月初二日〔一六〕

三皇五帝之道，明陳攸敘，大展彝倫，協天地陰騭定民居者爲此也。至周，文繁於三墳，道迷於五典，兼八索、九丘之泛，而諸家之説並生，是致道縱途横，雖欲馳之，莫知所向。獨先師孔子明哲心，樞睿智，定真析僞，以成詩書。其修道之謂教，可謂至矣；率性之謂道，可謂堅矣。由是天鑑善德，血食之祀萬世，子孫弘衍於今，耿光而弗磨者，因幽明之誠無間，感通上下，故若是也。

前衍聖公某嬰疾長往，嫡長子訥服闋來朝，令襲其爵，以奉先師。爾吏曹如敕毋怠。往欽哉！

建昌衛指揮使安配誥文

歷代先聖，賞有功，官有德，相傳至今。凡有天下國家者，未嘗異此道而能服海内之民。朕統寰宇，務體前王之道，官德賞功。

前宣慰安配建功有年，今勤勞於建昌地方，宣朕所以，可爲至功矣。特授建昌衛指揮使，右封印署事，爾兵曹速爲施行毋稽。往欽哉！

刑部尚書開濟誥文 洪武十六年二月〔一七〕

制刑之道，始至聖，發大仁；及其行也，才非王佐，衷非惻隱，何克先聖賢之制？斯非貪愚要名者善知。若官得其人，海岳無震湧之災，天無紊度之曜，百川循流，四瀆弗溢，商樂經營，農樂種樹，百工技藝無不美其仁，所以盡寰宇人皆居於壽域之中，是蓋謂官掌刑者當，致有彝倫不整而自倫，攸敘不理而自敘，是皆刑當其罪也。仁惻於仁人，至聖之道行焉。

朕嘗命官職古司寇之任，必欲仁有施而法中罪。何小人無知，倒持仁義，法加善良，病國殃民，愈治愈亂，已多年矣。

朕觀爾開濟至智之士，特授以司寇之職，資善大夫刑部尚書，但願明理條章，仁法並施而允。書不云乎：『欽哉欽哉，惟刑之恤哉！』朕不簡辭，特意不二，以誥諭之。汝往欽哉！

校記

〔一〕題下注文原無，據明太祖實録卷一三二補。
〔二〕題下注文原無，據明太祖實録卷一三二補。
〔三〕題下注文原無，據明太祖實録卷九〇補。
〔四〕題下注文原無，據明太祖實録卷一一七補。
〔五〕題下注文原無，據明太祖實録卷一一五補。
〔六〕題下注文原無，據明太祖實録卷一〇七補。
〔七〕姻　萬曆本作「期」。
〔八〕題下注文原無，據明太祖實録卷六〇補。
〔九〕題下注文原無，據明太祖實録卷一一九補。
〔一〇〕「祖德乂」至「尚書」原爲小字，據萬曆本改。
〔一一〕題下注文原無，據明太祖實録卷一二七補。
〔一二〕題下注文原無，據明太祖實録卷一二七補。
〔一三〕題下注文原無，據明太祖實録卷一三〇補。
〔一四〕題下注文原無，據明太祖實録卷一三〇補。
〔一五〕題下注文原無，據明太祖實録卷一四三補。
〔一六〕題下注文原無，據明太祖實録卷一五九補。
〔一七〕題下注文原無，據明太祖實録卷一五二補。

高皇帝御製文集卷四

誥命

中書左右丞相誥 左丞右丞相同

朕聞賢者輔君，則君德備倍焉。何哉？蓋冢宰之職，出納王命。若使出納非宜，則君德虧矣；出納合宜，則君德張矣。然何止出納王命而已矣，其進退庶職，亦爲重要。所以庶職爲重要者，爲分理天下之多務，若多務理，則民之樂苦曉然矣。既知民瘼之艱辛，必使之無艱辛矣。於斯之道，豈不君德備倍焉！若爲人臣，異此道而他强爲，則衆職臧否不分，事多繁而不律，則君德虧矣。然用人爲易，惟得人爲難，若欲必得其人，使見之於行事。

今爾某國之舊臣，施設諸事已有年矣。今特命爾爲中書某官，當夙夜奉公，上美皇天之昭鑑，下契黔黎之仰瞻，使陰陽和而四時序，均調玉燭，海内晏然，蠻貊來賓。朕與卿等同閲熙熙皥皥之年，豈不偉歟！今承朕命，當崇乃功、廣乃業，爲邦之柱石，亦爾嗣之陰騭，安得不賢智者歟！爾宜懋哉！

左右都督誥 同知與僉事同

朕惟馭兵者，必機樞而智圓，謀出不測；氣果而剛，心勇而斷，忠義凛然；務他不及之算，懷仁人以觀勞苦；令三明而復五申，信衆而無惑；臨事之際，功必賞，罪必誅。若將者能備此五事，所向孰敢當先！

然將之道，不但行營於敵如是，其守承平之將，尤爲難之。夫行營於敵，乃兩軍相加，謂形影俱見，不難也。若禦侮防姦於承平，其事密，其機隱，非慎忠時刻，機心無罅，觀形察色，以辯朝野，何足以掌内外之兵！若居是職者，知貴而忘忠，知忠而忘備，知備而忘機，知機而忘斷，知斷而忘謀，雖知謀而忘算，縱事有成，猶謂僥倖。若加以酣歌夜飲，以士則失教諫之方，以隊則無知虚實之數，設若有警，則五事靡矣。若堅五事，夙夜匪懈，則朝野之姦，縱有之亦當斂迹。

朕於斯之大用，掌天下之兵，必欲兵期于無兵，豈輕授職事於無智者？爾某祖有開拓之功，兼爾韜謀頗達。特命爲大都督府某官。爾惟懋哉！

御史左右大夫誥 中丞同

君居九重，上古之君無，中古之君置之。然上古之君無九重之隔，故有易於耳聰目明，而乃天下治。其中古之君，禮有出警入蹕之威儀，及其居則九關之要禁，似乎幽遠，人莫可易見，卻乃天下之事達，於國事則明修而刑政。自後之君，法九重之制而居之，兼九關之要禁備，果幽遠而罕見也。天下之事，雲屯霧集於外，内不可得而達，所以天下未真。於斯三等之君，皆有説焉。

且上古之君，出入無警蹕之威儀、九關之要禁。何哉？於戲！當斯世之時，元首之明，股肱之良，亦由民淳風厚而若然。

其中古之君，起居否上古之君制，威儀險要，亦事理而天下康寧，因何務而然也？蓋爵人以官，寄之以耳目，如天之執法也。所以施行者何在？繩愆糾謬，申綱理目，使彝倫攸叙，井井繩繩，所以天下康寧，爲斯道之立。

今朕有天下，其制禮如前。朕之德薄才疏，與古哲王甚相遠矣。然惟在設官，若官爵得人，則九關爲通衢之事進，天下之事達矣。若爵以非人，則假九關爲虎豹之縱横爲由，則上下閉塞矣。於是廣訪多搜，他無賢良，獨爾某非愚下之才，特命爾爲御史臺某官。爾惟懋哉！

太常卿誥 少卿同丞敕亦同

祀神之道大，所以古人於此虔恭寅畏，特專職以典掌之，使壇場浄，牲牢潔，不敢有怠，備奉上下也。

今之設官，與漢唐同，官職太常，所供之事，其理亦然。凡達人智士居是職者，自以爲萬千之幸而至斯地焉，故夙夜在公，必欲周旋於上下，神祇之左右，又必欲使神悦，福及將來。何故？以其大祀無如國之祀，至尊者惟天地是也。人於世若敬之，豈不萬幸者也。若愚而不知者，將以爲泛常，無夙夜在公之心，以神明目無視而爲無，怠多而敬少，非獨一身而不福，又必將來不佳。於斯之道，可不慎選其人而責任之？今爾某明習禮儀，恪勤匪懈，故命爾爲太常某官。爾其懋哉！

户部尚書誥 侍郎同

昔君天下者，首建倉廩府庫。於斯建者，備精糧，藏金帛，以待禄給庶職者也。然而必設官以司之，且古稱天子富有四海。斯言既出，永世人云，可謂患驕愚之君臣。何哉？蓋斯言似理而實阿，以其德隱而道微故也。

言富有四海，而爲四海用，所以民爲命而供君，君爲民而集給，此所以道德也。其似理者何？以其盡海内以供之，豈不臣有者乎？此言富之理也。實阿者何？所以姦人若至君之左右使掌之，動以富爲首言，則君悦富而妄費，不問民瘼之艱辛。若賢臣必欲致君知民瘼之艱辛，當敷奏府庫之儲集，乃曰：民脂民膏，若妄費則道德虧矣。若奏以艱難，謹以出納，則府庫倉廩有餘，庶職禄備而軍足食，民無横科，則國之常經定，大道張，君德美矣。於斯之職，古今慎選賢能以職掌之。天下户口之增減，尤當備知而册。朕於此職，可不重乎？今特命爾某爲户部某官。

於戲！量入度出，毋復擾民，至公無私，永懷朕命。爾宜懋哉！

禮部尚書誥 侍郎同

昔聖人之馭天下也，必先彝倫而攸敘，立條置目，綱以張維之，册書曰令，頒布臣民，使遵守之，則富貴貧賤有别，長幼咸安。若去此道，而欲天下安，未之有也。故重其禮者，蓋爲國之治道，非禮則無法，若專法而無禮，則又非法也。所以禮之爲用，表也，法之爲用，裏也。

昔漢初，會中有以劍刃柱者，因是而叔孫通以緜蕝而制周旋，使百辟皆循軌度，以成列方，乃儀表上下。朕法前代，特設官備禮，協和人神，務得通今古、博羣書〔一〕、明於禮而善周旋者，乃爲是任。今朕命爾某爲禮部某官。爾勤點諸儀，使不失其節，則汝佳焉。

兵部尚書誥 侍郎同

兵始黄帝，列聖繼之，而君軍六，諸侯軍三。軍大將率之，左右副將副之，裨偏二將參贊之，其諸戰將則爲隊長之。於是乎張九伐之威，天下定，民樂康。

然將之職，有警則命行者也。其軍之資給，功過之等第，必有屬焉，故立兵曹，以總繁務。所以務者，甲仗精，旗幟明，刃必利。兵行，糧草爲之先，橋梁舟車爲之堅，前期使道清，傍無襲人，則軍士神清氣爽，勇倍且雄。於斯之設，非忠良之士奚稱？此曹之任若忠良之士，必以軍爲國之大事，凡皆有備而無用，然略無因公託私、肥己害民之僞。如他非忠良者，必假軍務爲重事，假公營私，一日干犯憲章，伏罪而瞑目，身家及焉。致於軍國之事，非失機則誤矣。故於兵曹之任人，不可不重擇也。若得其人，兵備修明，使天子威加海内，奠安黔黎，必得人而後已。朕今法古，以爾某爲兵部某官。

於戲！識山川之險易，辯地理之邇遐，嚴烽燧之分明，豈不慮危於居安之道哉！爾精勿怠。

刑部尚書誥 侍郎同

於戲！ 昔聖人以德化天下，則民樂從者衆，否從者寡，天下治矣。 然聖人之心，必欲使天下人皆爲善而無患，共樂天之樂。 其思治之心切，故又張刑制具以齊否從者。 既而法行，則賞當其功，罰當其罪，則民從善愈臻，否善者無。 於是乎上曰君聖，中曰臣賢，下曰民良，寰宇氣和，天地清寧，可謂咸亨。

於戲！ 相繼之君臣，罔知大道，務小惠而傷大德，特簡刑以治之，法不如前，故姦者得以恣肆，良者含冤而受暴。 是後，歲月彌深，不法者衆，如法者鮮矣。 欲必治之，不可得而速成也。 若以斯君臣言之，心非不道，蓋慮淺而見薄，亦欲天下治耳，不期倒治也。 然於此可爲世之大病，於國可以沽名，於當時之一氣耳。 斯在聖賢不若是，於己必濟之以世，雖萬古可爲也。 非聖非賢，小人姦人，則不然矣。 何也？ 若非聖賢，必見淺而識薄，所謂謬矣；小人姦人，則是非非是，其害於家國，身及焉。 所以及家國身焉者何？ 謂以是非，則君與民良者受謗而禍。 所以受謗禍者何？ 謗者謗君，禍者禍民。 身家者，謂執法者不法，干憲而伏非，身覆而家喪，此所以身家者也。

又，國有大病而可畏者一。所謂病者，謂愚仁人者也，愚名名者皆是也。云何？蓋愚人仁不仁，愚名沽名名，斯所以爲國大病，莫甚於此者矣。故治國者，必擇人以治刑。朕於此，欲必以人而執法。若非仁人執法，則國務繁由此而生，必仁人則可。爾某僉曰可，今特授爾爲刑部某官。爾敬慎體道哉，毋僞焉。

工部尚書誥 侍郎同

昔聖人也樸，民俗亦厚，制不飾華。六曹之設，内工官居數中之一耳。其所司之工者，皆無異伎，國無奇役，然而工務雖簡，其成也必精，其廢也必當。故一舉而無再爲，一廢而無復造，所以民逸者多，勞者少，因是而官賢，稱君聖德。

今之人受職任事，則又不然矣。凡臨事之際，必因公而役私，因私以弊上，於國則不利，與民爲害，是有人神共怒，禍及身家，往往有之，未嘗有福臻而愆消者也。然罪者已往，存者復爲，是不隔禽獸也。所以古人重其事，而選人在福民之福，固國以奉天地。是以前賢能體君心，而以務事工，得家保而國昌。

今朕設工部，實法古制。特以爾某爲工部某官，當敬事信工無弊，上下咸合。汝貞良哉！

欽天監令誥 少監同。又與言監丞敕亦同。

兩儀奠安，中含萬物，惟人最靈。天有日月星，地有山河海，君於其間，則父天母地。然人之父母，言能教之，獨天地不言，以垂象告之，則人君欽畏之。所以黄帝立人以司之，宵晝仰觀俯察，不匿而報。若忠君愛民之臣，斯稱厥職。若非其人，則君失欽若昊天之道，警誡無所知，此其所以重在任人。然非曆數之精專，識氣候之否泰，尤爲難之。於斯之道，必熟於算者可，異於常術者佳。特授某爲某官。於戲！罷寢而露月星，非蓋而暴赤日，機察九泉而俯厚坤，力雙睛以目霄漢。慎哉毋怠。

翰林承旨誥 學士、侍讀、侍講、直學士、侍制同。修撰、應奉、編修敕俱同。

自漢以來，惟賢志者得與君同游，稽其所任之事，則宰國朝之典章。凡侍左右，必慎容儀，致禮節於上。若言，則闡先聖之威德、堯舜之道統，無稽之言不語，故職名曰五經博士。以今言之，則翰林院官之職是也。

於斯之職，非博通今古，己身已修、己家已齊，善惡之人美惡，口無擇言，行無頹迹，古人以此數事而能之，乃得陞是任，而輔君弼仁，以踵先聖先賢之事。若否，安得居此任而同君游乎？朕今特以爾某爲翰林某官，爾當一前人之道，助朕未知，則揚名者矣。

國子祭酒誥

太學之設，無知古稱，但始自漢唐。所以設此，而教君之嗣、責臣之子，故立名曰太學。既立之矣，則爵官以司之，以專文學，乃曰師。師乃泛稱。又官稱，官稱曰何？曰祭酒、司業、博士、助教，皆有肄焉。斯官之首者，不獨教生徒而已，其職亦首在祀事也〔二〕。

吾説似非而有理焉。且仲尼昔人，於世務德仁人，無疆暴而不觳，凡出弟入孝，謹以事君，流今皆經而書，歷代崇其德而先師焉。然王者親祭必寡，故設官以代祭之，其名曰祭酒。所以祭酒之職，潔牲牢，浄廚竈，精籩豆，祭不失時，則禮焉。或云，爲飲之長而先奠之，曰祭酒。吾甚愧而不通斯説，未然，今必以奠先師而名，吾方諾，不然則非也。況子曰：『祭神，如神在。』所以祭必謹之。若以孔子生之禮祭，則相去既遠而莫可考；以今時之禮，孔子之如生，又非仲尼之生。禮，不過時宜而已矣。然不可不謹以時宜，依期而奠焉。

今特授爾某爲國子祭酒。爾尚竭乃恭而臨祭，静乃神以對神，則冥冥鑑知，庶不負委令之意。爾惟懋哉！

太僕寺卿誥 少卿同。與丞敕亦同。

昔人問國之富，即數馬以對者何？蓋事在戎。其戎始軒轅。其馬載甲士，代涉勞，備邊禦侮，足折衝，斯力之大，斯功之美，可不愛育乎！所以古人先馬而後錢糧，故數馬而對。馬之功不但備戎事耳，若使君有道，則馬之力牽犁耜，駕糞車，闢土沃田，其利甚焉，所以古重之者爲此也。

歷代相沿，皆設置長養者，使擇地利之可牧，節水草之多寡，必寒暑縱放以時。其羣媾之際，必健健而配，弱弱而應，色辯毛而歲明齒，使强弱異處，羣飾以名，則君用無選擇之難。官於斯，務此道者，豈不智者乎！若縱放不以寒暑，牧養不節水草，失調而致嬌，乘不遠而乏，齒毛不辯，强弱混淆，及其用也，誤事失機，其官可謂得罪莫大矣。

今朕羣馬既多，公廳曰寺。爵官首者，爲寺卿、少卿、寺丞等，欲備前理道之事而牧養之。以爾某職某官。爾夙夜毋怠，以稱朕委令之意。爾惟懋哉！

漕運使誥 同知與副使同。判官敕亦同。

漕運之設，啓國名家之良法也。何以知其然？民有已供入府庫者，官欲他給而移之，則漕運者行焉。若江海者，必帆巨舟，假天風，可刻期而抵所在。若道由河淮，則操輕舟，用便楫，假天風，加人力半之，亦期而可至其所。於斯之設，豈不便於國事而興起焉。若居是職，身律法張，於上無瞞，於下無虐，身立而名家出矣。朕所謂良法也，謂用力少而致重多，故如是而言。何也？假以陸路轉運，較之於舟楫之舉，則百夫可代陸路十千人之艱辛，其所擾者少，其所安者衆，生民得遂其生，豈不良法也？凡任此者，非忠君愛民之士，不可使之行。

今朕將欲用人而求之，惟爾某僉曰可。今特授某官。爾往毋怠，以政來聞，則功録焉。

尚寶卿誥 少卿同。與丞敕亦同。

寶乃乾符也。昔列聖握而統寰宇，故爲神器，特謹以示信。然非忠勤無僞之士，安可職於尚寶者耶！今命爾某爲朕尚寶某官。爾當宵晝慎恭，使事密而隱，機潛而深，方可周旋於左右。爾其敬哉！

内外衛指揮司誥 使、同知、僉事、千户、百户同。衛鎮撫、所鎮撫敕亦同。

軒轅平蚩尤以制兵，列聖相傳而有軍職焉，所以軍職者禦侮防姦。朕雖薄德，敢不效先聖而安衆庶？爾某職某官，今特授某官。既承朕命，夙夜毋怠，以稱斯職。爾惟懋哉！

功臣庶子誥

古者賞有功、官有德，則爵分五等。其於世食禄者，必宗子承之，庶子則庶人也。朕於洪武三年定功行賞，法前王之制。已後於洪武七年，朕於暇中秉鑑窺形，貌已蒼顔皓首矣。静思曩者髮烏氣壯，當羣雄擾攘之秋，披堅宵晝，提三尺之鋥鋒，帥六軍而四出，其野宿風飡，與諸功臣立命於白刃之杪，鏖戰於猛士叢中，其患難之苦，朕備知之。且朕有天下，諸庶子皆封王爵，立國方隅，惟功臣庶子未有所得。古者宗子承之而食禄，其後庶子無所存活者有之。所以朕爲諸功臣庶子恐後無依，故敕中書都府，皆爵以流官，儻後有能捍大患而禦姦侮，則功入世襲，不在流官數内。或不恭而怠事者，則律如憲章。果能慎守律於承平，若或遇國之患難而忠義凜然，威風大張，則功並己之尊長者，其享福之期必與國同堅。

今以某官某庶子某爲某官，使知前人受賞功之由，而夙夜在心，方稱任焉。欽哉欽哉！

都指揮使誥 指揮使與同知、僉事同。

昔聖人制兵禦侮，職其人者，非忠果之士不用焉。所以用斯者，近鎮腹裏，遠守四夷。其當時之將，與士卒同苦樂，冬不圍爐，夏不紈扇，料敵制勝，機無暇時，故有中國奠安，四夷賓服。所以爲士卒者樂於戎行，以其教養如法也。

所以教養如法者何？夫教明旗鼓，知角金，使進退熟而刺劄便，弓之弛張，箭之端曲，甲堅兵利，騎勤習而知戰，此其所以教之能者也。養者何？養謂不奪其給，不己勞而勞，不閒而閒，使有而有，不致遠禁，此養之道也。或云當時之將，居邊陲而臨重地，先知地理之易難，布斥候於要害，專烽燧而告部下，備内姦外出，外姦内入，毋中敵間。斯數事周密，雖與敵旌旗相望，彼安可輕得利而歸？曩者之將備若此之爲，方磐石國家。

今朕一寰宇，仿古人法，守在四夷，設都指揮使司，總方面之兵，非如前人，豈稱委令！爾某父兄前功在册，今特授爾某處都指揮使司某官。爾往欽哉！

承宣布政使誥 參政同

昔者二帝三皇之設官也，爵分五等。列國天下，使守其土，子其民，世世禄給焉。惟周諸侯不法，爲秦所有。秦監周事，遂罷列國，爲郡縣而治之。斯法也、制也，自漢承而行，唐宋皆然。元蹈中國，體之然也。郡縣之多，寰宇之廣，其中書不能一一總其事，又設方面大臣，流其職，理方隅之務。所職之名，漢曰州牧、刺史，唐因之，宋改而曰安撫，元亦改名曰行省，此皆歷代總郡邑而專方隅者也。

邇來朕有天下，更行省爲承宣布政使司。所以承者，朕命也；宣者，代言之也；布者，張陳之也；所以政者，軍民休戚，國之利病；所以使者，必去民之惡而導民之善，使知有畏從。於斯之職，可不重乎？若非其人，則方隅之軍民失所仰瞻；若得其人，則方隅之事，軍足食，民樂耕，其鰥寡孤獨不失其所焉。不但如是而已，則朕雖菲才，德必張矣，國家磐石矣。朕於斯，廣訪多搜，人皆愚下之愚，稱朕之意者杳然。今某處承宣布政使司缺某官，爾某歷事有年，僉曰可。朕特授以某處承宣布政使司某官。往欽哉！

王府武相武傅誥

古者諸侯王居方隅，列土雖有多少之不同，其設官匡政則有大夫、相、傅之職，職必文武備之。所以用文武者，文以臻善啓德，武以耀武揚威。然居安之時，武相或傅，則不專操其兵事，在衛官若入宿值日，其士卒之數有無，或如否常法，則相、傅點閘分明，毋使晝勤而夜惰。其相、傅如忽有警，則出爲主將，傅與指揮副之，入不預兵，止懷韜謀，以控姦頑，是謂設武相、傅之道在斯。若非忠良而毅果，豈稱是任？爾某從征多戰，開拓有功。特以爾爲某國相、傅，當精衛護之道，永王國，昌爾家。慎哉！

提刑按察使誥 副使與僉事同

古者致太和於寰宇，遂生民之休息，政在列國。天下爵分五等，授法諸侯，使世守而繩不律，則天王以時而狩，兼考政也。當時事簡民安，故獄無因滯之徒，野無怨聲。自秦併之後，設郡縣以治民，官無世守之心，乃有削剥之貪。因若是，自漢、唐、宋以來，皆設糾察之職，分道以鎮覈之，若比古則不如，然得人以任，猶爲美治。今按察司之設，豈輕授非人，以静方隅而振綱紀也。斯必得人，使權豪歛迹，姦宄潛蹤，是其人也。朕今以爾某爲某處提刑按察司某官。爾其敬慎無私，公被一道。吉哉！

各處知府誥 同知與知州同

昔君之育民也，體天地之造化，欲萬物得其所咸亨，故列土以官之，使有德者永世禄及子孫。於戲！當時之君，天地之德，日月之明，得聖人稱，謂德相稱也。然當時之臣，自列士之後，人不人，賢非賢，昭然矣。何以見之？且列土者使子其民，禄及世世，而稱小國之君。無乃不才者，非其所有而有，歛取無厭，有十年而削土者有之，有三十年而泯號者有之，有二十年而覆命者有之，有五十年而禄及者有之。當斯之際，賢不肖曉然矣。

自周以下，秦併六國之後，罷列土爲郡縣，歷代因之。其司牧之官，無永守之條，故有銓選，連年又未得人。然非君不得人，由人負天、君、民也。所以君知報而君天下，臣知報而名賢天下，民知報而樂於天下。若君知報，報天命也，所報者立法治民；若不知報，非君天下。如臣知報，報君命而又特報民也。臣所以特報民爲何？謂禄出於民。若爲臣而不知報君，則非臣天下；若不知廪禄出焉而報民，則非爲民上於天下。若不知報君，而未審何功而官；若不知報民，亦未審何勞而食禄；若功勞俱無，卻乃官禄其身：古今未之有也。

今命爾某爲某官，當立身務政，必欲知報，以格皇天之昭鑑。往署毋怠。

校 記

〔一〕博 原作「傅」，據萬曆本改。

〔二〕祀事 萬曆本作「祭祀」。

高皇帝御製文集卷五

書

與元幼主書

皇帝特問元幼主曰：

自伊父子北往，至今每有人來，皆稱流離無寧，衣食艱辛，未知是否？誠如是，當較之於知命者，方乃可全。不然，東趨戰而西殃民，喪已成之士馬，圖不可得之資，非善保者。果若不信，昔者彼居和寧，朕發六軍，捲甲趨三千里之戰，果曾獲利乎？以此觀之，當爲己戒而自存可也。朕與彼，本爲勍敵，何以書教之，莫不似乎有詐？不然。古人得天下，豈盡滅人祀？決不如是。所以繼絶世、舉廢國是也。曩因彼先皇知天命而北往，遂得善終。且中國實漢朝之故地，胡本不可久居。今我朝炎運方興之時，若違天命而來犯，恐自就囚也。即目買的里八剌，非昔日買的里八剌，近二年以來，語言自能，發潛民間，見爲牧童。彼若來取，即當發還，誠不有謬。今遣使特問，至當審之。

與元臣禿魯書〔一〕洪武七年八月〔二〕

大明皇帝記問元臣禿魯曰：

上古君天下及名世者，至今歷數興亡，又非止一人。前者元失其馭，羣盜暴作，爾元君昏臣權，終不能定，朕乃平之。以致更元社稷，鼎治黔黎，今已七年，中國頗安。且曩者兵戍北塞，遣將安邊，不期耿指揮好殺貪汙，是致同人而異志，乃有小雪千等畏死北往，實朕用人不當，非來歸者不誠。今耿指揮累受刑責，法尚未已，爾諸人還曾知否？只此可見朕之本情何如。

昔者朕被妖人逼起山野，不過匹馬單戈，那有百萬之衆？今也諸番入貢，朕擅中國之富，戍兵百萬，軍民樂用。以此觀之，朕非誠可動神人乎？爾聰明，宜詳審。達者識之，天命有歸，人不强違，此順天者也。今遣使記問，餘不多及。

與元臣乃兒不花書〔三〕洪武七年八月〔四〕

大明皇帝記問元臣乃兒不花：

爾遣人大同來言，欲於平地駐扎，意在臣順於我，卻慮前日犯擾邊民，又恐不容。朕思果有此論，是何言哉？孰不知古人之治天下，惟是安民而已，豈有懷私讎以傷物命？且爾等本元之臣，彼幼君流離沙漠，餘氣尚存，爾不得不聽命。爾前日犯邊，各爲其主，爾何慮哉？去就之機，在乎識時。今者入國觀光，誠與不誠，亦在於彼。記至彼中，若有知運者，使上觀乾象，下察人事，自取避凶趨吉之道，不亦美乎？爾其圖之。

諭元幼主書 洪武七年九月〔五〕

大明皇帝記諭大元幼君曰：

順天者昌，逆天者亡，古今通論如是，非新造之語。自古無千載國家，亦理之常也。且君之父子當主中國之時，兵多將廣，尚不能自持其權，以致上等兵多者，意在莽、操、懿、温；中等者頡頏，日廢生民；下等者東送款、西歸降，剥民以供上下。君之父子曾一敕令而誰何者歟？

以今日之事，君尚迷如酒酣，昏若重寢，所以不省者何？蓋在至正之間，兵多將廣，尚不能駕馭，又被逼挾。今之衆壯弱不過二萬，流離邊境，意圖中興，君之神謀，予不知何如耳。君能自度今時之權，比至正時低昂若何？以此觀之，豈不愚哉！君以萬騎或八千騎，欲與全中原相抗，予又不知輕重若何？

予謂君明天理，若能悟我所言，必得一族於沙漠中，權時自爲，或得善終。何以見之？君之祖宗，有天下者一百餘年，養育之久，生齒之繁，以此恩此德觀之，未必至於便終，此亦天理之常也。君若不悟，不效古人之事，他日加兵於彼，禍福有不可測者矣。昔君在應昌，棄下皇子，南來已經五年，潛養鄉野。今聞奥魯去全寧不遠〔六〕，念君流離沙漠無寧，儲嗣未有，故特遣咸禮等護送前去，庶不絶元之祀。君其審之，如不答而不省，禍將不遠矣。

與元臣秃魯書

大明皇帝記問元臣秃魯：

近者聖保自爾營中歸，所云爾心意在不屈而不順，將以爲守中道而爲良臣。吾不知果然乎？若如其云，爾不成者有四，又將不得其死，甚不遠矣。何以見之？

且爾素爲元臣，累效力於王家，釁隙一生，君臣彼各，又將三年矣。以人臣論之，凡爲人臣，君有難，爲臣者不守君而自處遠方，此臣耶？逆耶？此不成之一也。方今彼元運終，天命不留，幼君昏而邪正莫可知，爾若固相而不離左右，久之非爲讒所殺，其流竄遠方，有不可逃。不成之二也。即目孤處沙塞，步騎不滿萬數，部下者口無充腹之飡，體無禦寒之衣，人將散而爾獨不能居。不成之三也。若嚴號令，律士卒，使饑寒逼身，不敢旋足，吾又恐爾爲部下所戮。不成者四也。

果如吾言，不得其死明矣。當此之時，不知勒石於何庭，垂名於何冊？以此觀之，則忠順兩亡，其爲丈夫之志歟？小人之迷歟？有此者，悔之晚矣。若以吾所言，以爾所自度，力不及，他無往，則開心助我，豈不待爾如勳？問不多及。

與驢兒書 洪武四年六月〔七〕

記諭元臣驢兒：

三月間罕帖木兒火者歸，言爾見於長峪駐扎，又起營東北。然此將軍果能終身事爾幼主，乃世間之美事，忠臣之道，人神共願者。朕恐爾事有不得已，若入人彀中，奈何？當此之時，忠不能顯，乃枉姦惡之名，惜哉！

今爾所守疆封，與吾邊將旌旗相望，甚不多遠。若不通一介之使，則恐將軍他日有進退兩難，是爲丈夫於世，似乎無機。若通信使，進退自由，則有無窮之樂。若不從吾言，他日幼主一失，爾羣臣中强者自立，弱者從之，即爲臣下之臣。以英名論之，美耶辱耶？不然，强者自立，有不服者必驅兵以并，若乃力不及，兵爲人所有，命爲人所害，妻子星散，身膏草野，比通一使，進退自由，吾不知此孰丈夫之智耶愚耶？將軍若聽吾所言，則結我爲後着，他日遇難則來依，是其時也。

校　記

〔一〕禿魯　四庫本作『圖嚕』。下同。
〔二〕題下注文原無，據明太祖實録卷九二補。
〔三〕乃兒不花　四庫本作『鼐爾布哈』。下同。
〔四〕題下注文原無，據明太祖實録卷九二補。
〔五〕題下注文原無，據明太祖實録卷九三補。
〔六〕奥魯　四庫本作『鄂囉』。
〔七〕題下注文原無，據明太祖實録卷六六補。

高皇帝御製文集卷六

敕

諭太師韓國公李善長江夏侯周德興江陰侯吴良等

古有移民之道，爲産少而食多，所以狹鄉之民，産少業薄者，被遷至所在，使得其安，生理且厚，可見昔君養民富國如是，誠爲良法也。前者胡運衰，豪傑起，蕩廢中土，民不聊生。朕與卿等帥六軍，東保江左，二十有一年。立綱陳紀，平荆楚，定吴越，中原席捲，將如律，民無犯，華夷一統。惟淮甸沃壤，盡爲蕭疏。前者移江南民十有四萬詣鳳陽，使各農田而實地，以壯京畿。恐斯民之衆，下人不能馭，特留卿等督責其事而提調之。

近聞南安侯俞通源惰事弗勤，闢田之役，擬作三月通算，日工一夫，止闢四分，皆不及半畝。於斯情狀，未審何如？ 方今霜天在邇，正當二麥種下之時，若一夫不及十畝，則通源有異方之行，必遼海之外，未知悦乎？卿等開國老臣，特示以利害，惟卿督責之是便。

諭岐寧衛經歷熊鼎知事杜寅西涼衛經歷蔡秉彝甘肅衛經歷張訥等

敕爾西行，務持漢案，以便來聞。其餘蒙古行移，從其自擇。近知彼中事簡，文案不繁，爾甚清閒。即目秋高露墜，結而爲霜，衰草連天，又將飛雪蔽野，若不諳練，暴入其方，則肌膚爲之折裂。若欲樂是方度酷寒，惟狐裘可禦，然此物塞地胡人之常服也，卿奉敕塞外，未及備行。今遣使馳驛，齎衣往賜，作禦寒之用。設若備寒不固，又不可輕取上下，紊亂憲章，貽笑後世。卿當篤聽朕言，善保歲寒。九年春交者至，爾歸面聞。

諭征虜將軍曹國公李文忠副將軍濟寧侯顧時及諸侯等

前者孟秋，敕爾舟行，代將軍潁川侯等歸，以解風霜之勞。八月，潁川侯已還。自爾去後，至今又三月矣。即目季秋將盡，彼中動静尚未知，亦不見曾無的知胡人消息否？若未知胡人情狀，當差的當人有機變者，跨輕騎數十，潛形深入，獲彼之人，務知端的，不致疑惑。古人之用兵也，惟務知彼知己，以爲上策。

以朕細料，幼胡今年得種，羊馬頗牧，彼中有達者，安得不以爲苟延殘喘之上計，且得養力休息。設若彼中無識者，捨休息之上計，馳疲乏之軍，廢漸少之騎，來寇邊境，爾等慎督三軍，一鼓可俘獲其盡。若彼不來，爾當堅諸隘，謹斥堠，潛形獲訊，以靜朔方。

勞遼東都衛指揮

滄海之東，遼爲首疆，中夏既寧，斯必戍守。朕功未暇，乃有蓋州諸將共意來庭，固守其地，以待朕命。於是整舟楫，特命指揮馬雲、葉旺等帥精兵東渡深、高、金、湯、蓋、遼陽，以安黎庶。

北夷罔知天命，屢害生民。舊歲冬十二月寇我金州，指揮某某，苦同士卒，戰在當先，以寡敵衆。遼蓋諸將，深謀扼險。惟爾遼東諸將忠義干天，得獲渠魁，不負委託，宜鎮方面。

於戲！練兵保民，在歷代之必先；祀天地以會百神，欲人之多福。北虜無知，尚强虐善，豈宜道哉！

勞大同都衛指揮

古之守天下者，君憑臣能，故忠義之士，不待君督其事而自勤，是故功著史册，垂名不朽。

今朕有天下，封疆四際遐荒，各以臣守。卿當北鎮，身被酷寒，晝驅馳於戎馬，夜慮擒謀，心神俱勞而無息，朕甚憫焉。今者首春氣和，堅冰漸薄，塞草將萌，胡馬瘦而弓弛。卿當解甲以候薰風，整雕鞍以待秋至，控弦執矢，觀釁而動，卿其慎之以制人。

勞西河衛都指揮

卿守西疆，今已九年矣。恩威懷播於戎羌，號令嚴明於壯士，忠心昭著於朝野，朕甚嘉焉。時當初夏，特遣人往勞，卿宜慎恤邊戎，晨昏毋怠。

勞海南衛指揮

南溟之浩瀚，中有奇甸，方數千里，歷代安天下之君，必遣仁勇者戍守。地居炎方，多熱少寒，時忽瘴雲埋樹，若非仁人君子，豈得而壽耶？今卿等率壯士連歲戍此，朕甚念之。今差某往勞。

賜誠意伯劉基還鄉

朕聞古人有云：君子絶交，惡言不出；忠臣去國，不潔其名。爾劉基，括蒼之士，少有英名，海内聞之。及元末羣雄鼎峙，孰辨真僞者誰？歲在戊戌，天下正當擾亂之秋，朕親帥六軍，下雙溪而有浙左，獨爾括蒼未附，惟知爾名耳。吾將謂白面書生不識時務，不久而括蒼附，朕已還京。何期仰觀俯察，獨斷無疑，千里之餘，兼程而至，謁朕陳情，百無不當。至如用征四方，摧堅撫順，爾亦助焉。不數年間，天下一統。當定功行賞之時，朕不忘爾從未定之秋，是用加以顯爵，特使垂名於千萬年之不朽，敕歸老於桑梓，以盡天年。

何期禍生於有隙，至是不安。若明以憲章，則輕重有不可恕；若論相從之始，則國有八議。故不奪其名而奪其禄，此國之大體也。若愚蠢之徒，必不克己，將謂己是而國非。卿善爲忠者，所以不辨而趨朝，一則釋他人之餘論，況親君之心甚切，此可謂不潔其名者歟？惡言不出者歟？卿今年邁，居京數載。近聞老病日侵，不以筋力自强，朕甚憫之。

於戲！禽鳥生於叢木，翎翅乾而颺去，戀巢之情時時而復顧。禽鳥如是，況人者乎？若商不亡於道，官終老於家，世人之萬幸也。今也老病未篤，可速往括蒼，共語兒孫，以盡考終之道，豈不君臣兩全者歟！

賜署令汪文敕劉英敕〔一〕

古今名爵奔走天下豪傑者，愚夫未達，以其不知其志，罔識其意焉。朕本農夫，家貧喪父母，身當幼沖，百無所措，幸鄰人汪姓者保護之。及壯，可以作爲。元天下亂，乘時得人，歲久衆集，所以定羣雄，平禍亂，臣民推戴，爲天下君。上尊四代爲帝，墳稱皇陵，以報劬勞，此歷代必然之理。其設官尤重，所以重者，保山陵，奉香火也。於此之職，朕猶未官。今汪劉姓者，見勤農於鄉里，其人尚未立名，特賜之以名曰文英，敕授從仕郎，署令衛護皇陵。

於戲！古者帝王以六行教人，爾善其一，尚逢如是，況備行者乎？爾文英可謹遵朕命，以傳永久，以勵後人。宜令准此。

命功臣祀嶽鎮海瀆敕 洪武十年六月〔二〕

朕聞天生民而立君，君爲民而立命。所以謹百神之祀，乃國之先務也。朕與卿等，當羣雄角逐之時，戰勝攻取，非上天后土之眷命，嶽鎮海瀆之效靈，安能如是！

今者新秋在邇，嶽鎮海瀆之祀，理當報謝。古者君狩方隅，詣祠而祭。朕爲新造邦基，民生方始，未獲親往，特命卿等代朕以行，奉犧牲祝帛於神所。故兹敕諭。汝往欽哉！

諭晉王敕

世之有血氣者，未嘗不以飲食爲命。在常人則常之；在人上者，於飲食必重其事而精調之，庶無患矣。然飲食固爲人立命，其飲食非操饍者，亦不能成其饍矣。若欲美而不傷，非精調者不可。

前者命爾之國，聞道中忽責操善者，吾甚驚之。且吾氣雄而志壯，率羣英，平禍亂，未曾姑息。凡人有犯，輕重必使各得其所以。然惟操饍者，小過釋之，大過詳審而議之，若非犯分則又赦之，果犯分則罪而棄之弗用，若罪而復用之則禍矣，蓋爲保命之要也，故不輕易。

爾知吾操饍者否？止一徐興祖者，操吾饍二十有三年，輕易不辱之。吾平昔甚不忍于事，於操饍切記忍之，保命也。爾當蹈吾所爲，勿輕易，吉哉！

諭中書天象敕 洪武十年十月〔三〕

洪武十年十月初十日，熒惑犯輿鬼，主冢宰凶，貴人當獄死，不爾則火災。

朕嘗切思上帝好生，故愛德人而象之，使省不覺之過，改故爲之愆。特敕中書，使諸大臣皆知，務以德禳災。就中亦爲兵事正在西番，教河州嚴備禦，恐無知肆侮。

命中書議律敕

刑部尚書奏：卿等衆議，有司三考，若過不及，則律皆一百，徒三年，衆議曰未當。聞改同貢舉非人律，罪止八十。朕知卿等於律詳明矣。

尚書復云：市村小民行使僞鈔，元律杖一百，倍追。今卿等欲以太重，將輕之。朕恐因小惠有大患，他日鈔無用矣。以朕深思熟慮，律合如前，不許別議。其倒印鈔而無律，欲收入漏印律，當哉！

命中書免溂西秋糧敕 洪武十年九月〔四〕

洪武九年，溂西水災，民人缺食，朕遣官驗户賑濟。至洪武十年，雖是時和歲豐，卻言小民九年缺食，借利太重，既還之後，仍復生受。荷天憐憫，今年好收。若不將九年被災之民全免今年秋糧，不足以救艱難。爾中書下户部如敕奉行。

命中書誅户部主事趙乾過期賑濟敕 洪武十年五月〔五〕

國以民爲本，民以食爲天。去秋，荆蘄等處水災，特差户部主事趙乾前去，早爲賑濟。何期抵所在，不念民瘼之艱難，卻乃爲一己部事之繁，假公在外，坐食廩禄。自洪武九年十二月，至今五月將終，方纔賑濟了畢，以致過期，饑民餓死者衆。詳情度理，法所難容，雖經斷決，亦合處斬。

命中書賞賜北平等處軍士敕

朔漠多寒，未秋勁風先至，朕戍邊將士必挾纊以重裘，方度歲寒。其北平、永平、大同、山西、陜西各處官軍禦寒之衣，早爲之計。今六月將至，比使抵所在給與之，則草木黄落，雁南賓矣。上、中、下賞賜，火速發行毋稽。

命中書整理甲胄敕 洪武七年七月〔六〕

甲胄之成，非易爲而速得也，比成鐵而成器者，艱哉！且鐵之成，刳山取礦，鍊石成汁，凝精爲鐵，然後入良工之手，千槌萬剪，方乃甲胄成焉。若不時時整理，恐廢前功。

今陝西之甲，其數甚廣，差人前去，將見在水磨者，務要常川鮮明，有線穿者當以皮穿，或臨期而用，以便壯士俘囚肆侮者。

命中書誅知縣高翼敕

朕聞天爲民而生君，君爲民而職臣，臣體君心而問民瘼，宜乎職焉。邇聞潁上縣知縣高翼，視民不如犬馬，既無察民之疾苦，而層檐峻宇於郵亭，若不就縣誅之，恐神有怒。餘者杖斷役之。法司如敕而往決之。

命中書諭止安南行人敕

使者自安南歸，即日奏陳安南人情禮意，其彼中動以侮詐爲先，非以小事大之誠，乃生事之國，不可數令人往來。近有歲貢將期，爾中書速遣人至臨境，止行人歸，毋尚虛禮，令安南國王省己修仁。

命中書勞苗人敕

治國之道，在禮君子，安野人，正所謂無野人不養君子，無君子不顯野人。

方今平定之初，往年來庭之人，當此之際，或畏威而至，或懷惠而來，日漸有之。朕恐三衙大臣失勞問，罔知緣由，使觀光者素手而歸，則恐禮君子之道未當。且三苗之爲民也，昔在堯舜之時，尚未欽服，雖有來格之云，不過暫朝而已。昨日潁川侯將至，苗人首目及解侯王來者，幾乎輕易發行，理合重勞加賞，然後遣歸彼方，必將來得人。

校記

〔一〕劉英　原缺，據萬曆本補。
〔二〕題下注文原無，據明太祖實録卷一一三補。
〔三〕題下注文原無，據明太祖實録卷一一五補。
〔四〕題下注文原無，據明太祖實録卷一一五補。
〔五〕題下注文原無，據明太祖實録卷一一二補。
〔六〕題下注文原無，據明太祖實録卷九一補。

高皇帝御製文集卷七

敕

命中書西河等處中糧

嘗聞凡有中國者，利盡南海。以今觀之，若放通海道，納諸番之微貢，從其來商，市舶之所，官得其人，取合古徵，則可比十州之曠税。

朕新定華夏，邊戍勞民，西番之地中鹽所得之供甚薄。邇來三佛齊胡椒已至四十餘萬，即今在倉椒又有百餘萬數，可輕定價錢，出榜令好利者往西河及梅川兩處中糧，可免腹裏之民轉運艱辛。若果可行，作急爲之。

命中書勞襲封衍聖公孔希學

先師孔子孫襲封衍聖公孔希學至京朝覲，爾中書下禮部用心禮待，所有隨行者皆要歡心，勿使有缺。故敕。速行毋怠。

諭中書卻高麗請謚 洪武十年正月〔一〕

朕起寒微，實膺天命，代元治世，君主中國。當即位之初，法古哲王之道，飛報四夷酋長，使知中國之有君。當是時，不過通好而已。不期高麗國王王顓即稱臣入貢，斯非力也，心悦也。其王精誠數年，乃爲臣所弑，今又幾年矣。彼中人來，請爲王顓謚號。朕思限山隔海，似難聲教，當聽彼自然，不干名爵。前者弑其君而詭殺行人，今豈遵法律、篤守憲章者乎？好禮來者歸，爾大臣勿與彼中事。如敕施行。

命中書諭高麗 洪武十年十二月〔二〕

自高麗國王王顓奉表入貢稱臣，其表云『子孫世世願爲臣妾』。何期數年之後，王被姦臣所弑。弑後疊差人來，來文皆言嗣王之使，爲未知王之端的，拘使詢由，又三年矣。朕不忍使者父母妻子懸望，特敕歸還。未幾，復差使至，卻之不納，使彼自爲。人回，不逾數月，止稱賀正貢馬爲由而又使至，稱臣措表，皆嗣王之稱，如此者五次矣。若卻之不納其表，皆云嗣王之所爲也。

然朕觀高麗之於中國，自漢至今，其國君臣多不懷恩，但廣詐交而搆禍。在昔漢時，高氏失爵，光武復其王號，旋即寇邊，大爲漢兵所敗。唐有天下，亦嘗錫封，隨復背叛，以致父子受俘，族姓遂絶。迨宋之興，王氏當國，逼於契丹、女真，甘爲奴虜。元世祖入中原，嘗救本國於垂亡，而乃妄懷疑貳，盜殺信使，屢降屢叛，是以數遭兵禍。今王顓被弑，姦臣竊命，將欲爲之首，搆讎怨於我，納之何益？以春秋論之，亂臣賊子，人人得而誅之，又何言哉？奈何前後五次，皆云嗣王之爲，陪臣奉之。爾中書差人詣彼，問嗣王之何如，政令之安在？若政令如前，嗣王不被羈囚，則當仍依前王所言。

今歲貢馬一千，差執政陪臣以半來朝。明年貢金一百觔，銀一萬兩，良馬百匹，細布一萬，歲以爲常。仍將所拘遼東之民，無問數萬，悉送回還，方乃王位真而政令行，朕無惑也。設若否此，必弑君之賊爲之，將後多詐並生，必肆侮於我邊陲，搆大禍於高麗之生民也。

朕觀此姦之量，必恃滄海以環彊，負重山固險，意在逞兇頑以跳梁，視我朝調兵如漢唐。且漢唐之將，長騎射，短舟楫，故涉海艱辛，兵行委曲。朕自平華夏，攘胡虜，水陸通征，騎射舟師諸將，豈比漢唐之爲然？且遣使往觀，問嗣王安否。如敕施行。

大祀禮成諭中書 洪武十二年正月〔三〕

立綱陳紀，治世馭民，斯由上古之君立，至今不過相承而法則焉。凡有國者，必以祀事爲先。然祀事之禮，嘗聞起於聖王，所以有周旋上下，稽首鞠躬，或進或退，獻牲致帛，酹酒奉羞，甚爲慇懃之至矣。若以朕親行聖王之禮，法依奠位之儀，其於敬神之道，無乃褻瀆而華餙之過乎？是反不誠也。

且人不誠者廣，暫誠者有，永誠者少。若措禮設儀，餙過事生，禮繁人倦，而饗祀之神弗安，非禮也。昔孔子有云：『禘自既灌而往者，吾不欲觀之矣。』斯昔禮過而且繁，所以仲尼特發是言。朕因周旋神所十有一年，見其未當，於是更儀殊式，合祀社稷，既祀，神乃歡。今洪武十二年，合天地而大祀，上下悦。若不敕中書下翰林，令儒臣紀其事而文之，何足以知上帝皇祇來歆來饗，福及黔黎者也？

諭秦王府文武官 洪武十一年六月〔四〕

王府設官，本古之道，惟文章之士，以匡王之性體，務欲端方。朕封諸子，頗殊古道。内設武臣，蓋欲藩屏國家，備侮禦邊，閑中助王，使知時務。所以出則爲將，入則爲相。

因靖江王府官與指揮耿良不和，甚有欺凌指揮之意。於是令武相：若有警，出則爲將護衛，指揮副之；歸則不管軍馬、錢糧、刑名，其軍情事務，文武議之，但則開中導王以善。其中書省草茅行移，是致錯朕旨意，難爲聽命者。今後，如敕施行。

諭丞相枉序班敕

傳曰：『刑罰不中，則民無所措手足。』今日序班奏，昨晚一使自山西至，一使自太倉來省。引進將至，與名姓，且曰：『郎中教只於此處候丞相提奏引見。』已而終不見郎中復唤，於是不敢引見。是有丞相怪責，不由分訴，刑及二十而膚開，甚枉之。因序班奏枉，試詳之。若爲上者教人止其事而後罪人，不行其事，此果刑罰之中乎？

諭山東布政使吴印敕

洪武十年六月二十日，御史臺奏山東按察司副使張孟兼言布政司倒换錢鈔事來，云以民倒不許軍倒，軍倒不許民倒。若以如此爲之，是布政司官有所作爲，特與軍民便利，誠可嘉尚。比之其餘布政司官，坐視不問民瘼之艱難，意思如何？

今張孟兼輕薄小人，必是妄自尊大，以致布政司官觀透所以爲人，少有笑慢，以致此等小人不顧生死，阻壞公政之事，特來誑聞。今敕御史虞泰前去，將張孟兼杖訖六十，就鎖項前來，再行問罪。敕到奉行。

又

易云『開國承家，小人勿用』，用則『必亂邦也』。朕不聰明，以小人居大位，使當要害，致是小人恃要害，侮君子，害忠良。今觀此徒，誠然有犯古聖人忌避不才之者。洪範亦云臣下無有作威作福者。其無知之徒，擅敢大作威福，以致滅亡。然自今已後，卿等獨守前誠，爲國爲民，神天必昭鑑焉。朕更謂卿等言：勿畏强而自弱，勿恃大而眇小。於斯慎守，吉哉！

諭太師韓國公李善長等

世人之於世，雖聰明智慧得之於天性，然成人之際，若不教習而經歷其事，恐於事未穩，縱使發行之後自覺其非，急爲之改，又恐不便。

前者，朕特令東宫躬親朝政，以練其心志。近者，朕恐事不穩當，又行親理，已數日矣。朕與卿等議：今後諸衙門一應事務，必合經由東宫與爾羣卿等決可否，然後聞奏，庶得嗣君將來作有道之主。卿其依朕命而行之。

命知衢州府事文輻

爾文輻承朕命知衢州府事，奉公子民，毋造後愆，則汝嘉焉。

諭山西布政使華克勤

嘗聞歷代爲官署政者，多被姦吏所侮，亦能作弊，互相陷害忠良，有乖國事。朕每聽之，切齒忿恨。

近於六月十四日，山西布政司實封到來，内云姦吏無狀。今就令布政司官明白省會緣由，於市曹中典刑，毋得猶豫不決，敕到施行。合殺者徐瑗。其唐禮、吴鼎、任瑀、袁文禮四名，若可殺時，就便典刑。

賜文學趙晉致仕 洪武四年四月〔五〕

孔孟之道，卿幼學壯履，雖在有元，君不卿用，惜哉空懷抱而未舒也。及朕繼大統，物求方正，惟卿名播中土，特遣使召至，以輔儲嗣。朕觀周旋未嘗失儀，啓沃之道諄諄，皆二帝三王之制。若此以輔君，君非仁人，未之有矣。

朕自得卿，宵晝有不勝之喜。奈何年已七旬，邇來聞苦老疾，誠爲可憐。嘗聞人鳥將終，言善鳴哀；況去家數千里，俄而有疾，豈不眷屬之思乎？因如是，令卿歸。於戲！孔孟之道，卿能體而導人，名彰今後，亦此道之力焉。既行，當詳審調理，釋結自由，惟智人爲之。吉哉！

命桂彦良職王傅 洪武十一年三月〔六〕

孔孟之爲人也，乃一聖一賢。所以稱聖賢者，自漢唐以來則稱之。所以然者何？蓋謂務懷才而抱仁，專博濟以善天下。其爲聖賢之稱，非人强稱，由陰騭厚而天地鬼神使然也。何當時無聖賢之稱，而乃後世稱之？此所以陰騭也。且孔孟之賢聖也，當時奔走天下，志在助德者，以安生靈，使二帝、三王之道興。何期事在七國縱横之秋，不能行矣。

朕觀當此之際，雖聖與賢，猶不得其位。如爾桂彦良心淳而不詐，本固執而不變，其爲人也善，其爲學也篤，使其通達變化，則無所取焉。若校之愚人及作聰明者，爾尚猶爲能士也。

今晉無王傅，特命爾往職之。豈不思一聖一賢在當時，切於入仕，卻乃不得其王佐之位乎？爾既往而至，其王府之事所以專者，祖訓録爲規，毋作聰明，務欲静安，毋干有司事。其助王之道，務揚善而使之以由善，常論不德之人，當使不履其蹤，避其險惡也。於此切記在心，則王佐之才足矣。汝往欽哉！

勞翰林承旨宋濂 洪武十年四月〔七〕

卿去此數月，朕常思之。今卿來此，已一復時矣。朕恐失顧問少勞勞，特遣禮部致食糧及酒肴抵所在。卿當引觴而自酌，美食肉以養神，方稱朕報勞之意，未審悦乎？

又 洪武十二年二月〔八〕

以臣事君之道，固宜虔恭不怠，然得休官於家者，今古幾人？況致仕者，非壽高尋常，德邁羣職，安有是耶！

卿福膺永壽，精力愈加，自致仕之後，每歲來朝，甚感。朕心不忍使驅馳數千里而來覲，已敕禮部賜食米肴醴，卿當自育高年。故兹敕諭。

諭遼東備禦 洪武五年六月〔九〕

兵戍遼海，已有年矣。雖曰農戰交修，其航海之運，猶且連年未已。近者靖海侯率舟師，廣重載，揚帆東往，所運甚大。昨晚忽聞納哈樞正欲整兵來哨，已被葉旺中途阻歸。因此而料彼，前數年，但凡時值暑天，胡人必不策馬南向。今將盛暑，彼有此舉，大運既至，當火速差人星夜前去，云以備禦，然後上糧則無憂矣。

諭羣卿督工 洪武十一年九月〔一〇〕

爾羣卿等督工已有日矣，工將成就之期，更當善撫梓人，早爲完備。明旦實朕父母劬勞之時，前人皆稱萬壽節日。往年爲有司因此而擾民，已下令止之。爾諸人來日勿以此而怠務，是謂不可。明日皆不許離工作所，猶當謹之毋怠。

諭寧夏衛指揮耿忠 洪武十一年四月〔一一〕

人居天地間，凡智者，必慎修天爵而勤於人爵，則禍無門而入，福可得悠久也。洪武十一年四月二十九日，西安都司報寧夏地震且久，時刻數之，將過半日，其所災者頹城壞屋，於災異可謂甚矣。

爾耿忠乃功臣之子弟，前者爲不循軌度而有罰焉，今降職敕守極邊，所統者皆非慣戰之人，亦非忠良之士。爲首帥者，若恩威有歸着，則必事乃成功業就；若恩威謬有歸着，則恐有變。切防此等陰搆外寇，宜密察之。方今天下大定，爾所統軍内多有小巧智術者，當秉心以正，毋爲所惑，則無患矣。故敕諭之。

勞臨洮衛指揮趙琦

西戎北虜，頑不遵化，每調兵討，皆俘獲來獻。雖節次總兵官運謀籌算，及諸舊將用命，以致如是。其指揮趙琦世爲藩將，累朝皆有勳而致名。今琦自歸附以來，奮身將隊，北征刹罕腦兒〔一二〕，西征甘肅，又西南追伐朵兒只巴於安定王地方〔一三〕，今遍南征川藏，皆從征勤勞。特差内官前去，有官羊所在，令留二百羫賜與之。所司奉行毋稽。

諭辰州衛指揮楊仲名 洪武十一年十月〔一四〕

兵以恤民爲重，伐暴當先。三苗不遵教化，朕命爾楊仲名帥兵討之。但知兵行日期，其所到去處，至今未審何處。特差内臣吴誠詣軍前觀兵説話，爾其遵守施行，的當消息，令人來報。

又 洪武十一年十一月〔一五〕

三苗種類不仁，自古帝王多撫而不能遵化，以致累世爲良民害。今年朕特遣爾楊仲名率兵進討，果有韜略。十一月初一日飛捷至京，不覺朕心歡悦，是命内臣尚履奉御吕王親詣軍前觀兵閲勝。爾其用心以制人勿怠。吉哉！

又

三苗無道，負險重山，既不同於人事，甚不奉於天時，屢起盗心，久爲民患。今命爾楊仲名爲總兵官，率辰沅等處官軍及土着隘丁兵夫人等，相機進取，以消民艱。爾其深制人之韜，以稱朕意。其辰沅等聽調官軍，悉遵節制，違者以軍律施行。

諭安南使臣阮士諤

爾阮士諤入貢來朝，久馳山川，其勞甚矣。今命爾歸，復達爾邦，當與叔明言：昔者安南國君陳日熞荒昏，以致滅亡。然既亡之後，國中多事連年，今王若不德勝前王，又恐宗社不安。若欲久安之道，務以仁治國，毋以虐爲政。儻有小愆，當自省修德以釋，則可回天意。

諭元丞相驢兒 洪武十一年十月〔一六〕

洪武十一年六月、七月、九月，三次遣人北行，兩爲弔祭，一爲與卿等行禮。自去至今，杳無歸者。正念不知存亡，忽十月二十四日邊將送至平章完者不花〔一七〕。朕於邊將甚是可怒，見遣使道經本處，而乃擅將平章取來，豈不失信鄰邦？爲此，令平章完者不花回。恐路途有阻，特差内臣一名同行，直抵丞相下處見了，纔方是好。且内臣存亡，或送北行，或就彼誅戮，或使南來，卿以智量之。

勞襲封衍聖公孔希學 洪武六年八月〔一八〕

卿家昭名，歷代不朽，富貴永彰天地間，乃由陰騭之重。云何？以其明彝倫攸敘之精微，表萬世綱常之不泯也，故若是。卿常思祖道，可動人天。

朕聞卿來朝，已敕中書下禮部，使所用如意。未知給否？雖從行者，務要歡心。故兹敕諭。

諭年幼承敕郎曹儀及給事中等省親 洪武十三年十二月〔一九〕

朕聞上古至智之士，所患者五焉：患同庶人而不超於庶人，患無學；及學，患不齒於志學者；雖齒於志學，患無官；及官，患不忠於君；既忠於君，患不能盡孝於二親。昔智人患此而豁然無患矣，此其所以智也。

爾承敕郎曹儀等，初，有司以生員選入國學，已異常民之子矣。未及數年，授之以官，不止齒於志學，又出於同學者矣。今各言歸由，有云省親者，有云家無尊長，往挈妻帑而來居者〔二〇〕。斯二者，人之大倫也。前五患已畏而行其三矣，惟志與忠未審若何？果必欲患其志，則當思孟軻三五鼎之厚薄也。民之享也，無鼎乃微；官之享也，有鼎乃貴。智士既知有鼎食而貴，則必遠寒微而忠君矣。爾往省悟之。吉哉！

賜魏鑑等守服家用

朕嘗思之，昔古創業之君，必由羣英而興，又必以賢能而治。爾魏鑑曩職炎方，雖歲月未久，亦不見贓私以干憲章，縱使古之賢潔者，不過如是而已。○爾臧哲曩職桂林，雖歲月未久，亦不見贓私以干憲章，然嘗聞飲酒太過，每有失焉。且古人欲全其身名者，若一德不備，則日省月修，必備而後已，所以賢能也。卿年幼，以其無酒，施設一應事務，已能者矣。○爾徐中囊守案牘，雖職事之微，而乃身居勢要，未嘗以勢要臨人，亦不見贓私以干憲章。縱使古之賢潔者，不過如是而已。自卿守服至今，朕未忘也。倏經許時，恐所用艱辛，特差人賜卿魏鑑、臧哲米六十石，鈔二十五錠。○徐中米五十石，鈔二十錠。爲守服用，卿當恪恭以孝，服滿來朝，分理庶務，爲生民福。故兹敕諭，想宜知悉。

諭高麗使回 洪武十一年十二月〔二一〕

爾來者承姦之詐，不得已而來誑。今命爾歸，爾當謂高麗禍首，言朕所云：其殺無罪使者之讎，非執政大臣來朝，及歲貢如約，則不能免他日取使者之兵，豈不知滄海與吾共之？若不信吾命，則以舳艫數千、精兵數十萬，揚帆東泊，特問使者安在？雖不盡滅其黨，豈不俘囚太半，果敢輕視乎？

諭曾秉正等

孔子有云：『致知格物，物格而後知至。』所以累朝名臣及士夫君子，能成其名者，皆因履此道而不妄，故美矣。

今爾曾秉正等，職專詳審内外文書當否，奏聞行止，是其務也，别無相干行移。其正官、首領、官吏、皂隸皆應設之人，已有員數，其奏差之設，非所宜也。且奏差之職，奔走四方，傳遞公文，方是用而展其功，今不當有而有，影射頑民，不當差役。況使居幸位，食廩祿，非助君之道。故敕臺以問之：非君命而爲理乎？職專可否而已非，道乎？

諭罪人曾秉正 洪武十五年十二月〔二二〕

朕觀昔帝王之用臣也無疑，而臣有姦者，奉君多智，是有作聰明之舉，探人主之意，因是罔知所以，是非喋出，離間親親，斯古人所以陷身殁姓由是。

爾曾秉正性資聰敏，幹辦且能，方今出庶民，習儒業，果若是者罕矣。所以爾在職時，凡有言計，朕嘗聽從。何其計出多端，自欲深根後程，乃有效古殺身之姦，豈不愚哉！

且鰥寡孤獨，古聖王恤此以爲先。爾誦聖人之德，學賢人之心，其是非曉如黑白，卻乃不守所學，而搆殃於身。朕向憐才，能免死免竄，使還鄉里。爾鬻四歲小女，聲曰爲資以歸，是其心之正也乎？於此之際，不才之機可見矣。所以昔人有云：『君子交絶，不出惡聲；忠臣去國，不潔其名。』爾何如也？今爾既不能爲人之父，實難種於世，故閹之，不致生人陷人，是其罰也。

諭中書賑濟京城孤老 洪武十二年二月〔一一三〕

今春雨雪霏霏，經旬不止，嚴凝之氣切骨。朕思昔居寒微時，當此之際，衣單食薄，甚是艱辛。此時居九重，衣貂裘，覺寒若是，其京城孤老又不知以何度日。爾中書下府尹，令各三等給鹽，以十觔爲上。如敕施行，毋稽。

勞河南府守戍陸齡

西崤函，東虎牢，龍門襟其前，黄河帶其後，四險固其守疆，不言可知矣。然卿戍此地，勿以四險爲必然，晝當勤率軍於屯所，夜則慎守城隍。身心雖勞，必終世而無患，可爲全人矣。敕至，嚴號令，遠小人，親君子，勿蔽下人功。

諭太師李善長敕

爾太師韓國公李善長，昔當擾攘，挈家草莽，倉皇奔走，顧命之不暇。時朕帥師東入滁陽，爾迎道以從事，待以腹心，用如手足。朕無上智于爾，爾或小疵，置之不問，遂成名世之英才。無乃朕忘相從之久乎？非也。朕報功之誠，惟人神共知。

今卿年邁，故精力之爲可期。不審爲何同小吏而枉功臣，而乃夤昏定擬詭語，符同朝奏？此非臣下之當爲。傳不云乎：人臣無將。況國有定律，奏對不實者杖，以心欺誑者斬。卿謀欺誑，法當斬首，然行賞有誓，爾當三免極刑。今無患矣，止削禄一千四百石。爾其聽之，克謹後誠，庶有嘉貞。故兹敕諭。

又

昔者人臣修身潔己，静性存公，確言行之相孚，端表裏之如一，然後匡君未善，以治生民。未聞符同小吏，搆詞飾非，惟以欺誑。及至事覺，意在捨身受責，恃頑强巧，而面對無知，此豈智人之所爲？朕若懷猜篤疑，思古姦頑之不善，務要防微杜漸，爾何生焉？前本降敕，釋爾所犯，爲爾冥頑，復加若是。今聞認己之非爲，朕憫相從之久，思姻親之重，枉法以恕，爾其懷之，故兹敕諭。

勞江陰侯吴良 洪武十二年十一月〔二一四〕

昔者朕與羣雄争命，卿藩東鄙，既而往戍，高深城隍，沃野開闢。當是時，朕用事於荆楚，樂無東顧之憂，遂滅荆楚之妖。雖諸將效力於西，卿保東藩爲重，終首尾内姦無出，外姦無入，可謂智矣。天下平，卿爵侯封，乃朕報功也。前者第七子榑封爲齊王，特與卿結姻，就命卿如齊肇造宫殿。今將新年，遣人賜酒禮以勞。齊王幼而無知，亦也專人行禮，若體之歡心，則英豪之氣暢矣。故兹敕諭。

勞致仕承旨宋濂

卿多積德，以致高壽康寧。雖居致仕，戀闕之心甚切，不畏嚴寒，年必斯時而至，特賜日用。故兹敕諭。

諭翰林修撰劉泰

朕聞孔子之論孝也，親在，游必有方，斯可謂孝矣。其人子之道，仲尼明之。朕昨與卿暇游東苑，與之語。詢及尊長眷屬之幾，卿對昔之族屬甚廣，因兵太減，親戚杳然，獨存卿與老母，老母方今八十有奇，除卿外别無侍養，見居淄川。卿云至此，朕心有警。吁！『哀哀父母，生我劬勞。』今雖君天下，育萬民，二親已逝，恨不生全，得奉温凊，夢寐於心戚戚。卿母年邁，云無他養，豈不動孝者之情？因是敕卿自意，若欲奉來就養，或棄職往侍，皆從所由勿拘。故兹敕諭。

命太醫院官代職

醫善七表八裏及觀聽而診視者，尤不如時運之亨泰，病者之命堅。若禦輕疾而捍浮疫，則醫之善也，民知醫之妙也。或醫之運蹇，縱是輕疾，亦不能愈也，必待他醫而方痊。審斯醫者、病者，安得不有數焉？然或有回生者，亦不可知，蓋出乎尋常之外，則人莫知其所以然也。

前院判郝志才醫行濠梁時，朕病篤，其郝志才針以調其氣，藥以理其中。以當時之言，不過回一微命耳，今則君命也。此果醫者能耶？朕命堅耶？不然，彼醫與朕，必合乎天理而有是焉。故職醫官數年。今壽高，筋力不能自强，特敕子代，令其致仕。

未幾，院使葛景山、院判鄭德亦以年邁，皆以子代。然官於位者，以三年爲滿。今葛景山職上官十餘年矣，今以子居左判而代其職。其郝志才之子陞院使，鄭以子襲其位。其劉李雖勞已深，正居壯年，弗代。餘有老醫林陳者，未有深功，年雖有壽，弗代。中書、吏部如敕奉行。

命道士祭嶽鎮海瀆

嶽鎮海瀆之祀，今年秋報之禮，特命爾效仙人等詣神所在，奠以牲醴祝帛。爾其一乃心志，必欲神交。汝往欽哉！

命使齎帛祭歷代先聖

朕惟歷代先聖立綱陳紀，相繼爲君，朕制祀禮，已有常規。今秋在邇，特遣爾奏差某等，體朕至意，齎帛各詣陵所，命有司涓潔致祭。汝往欽哉！

命中書召李思迪 洪武十二年二月〔一二五〕

前丹徒知縣李思迪，爲牧守縣治而乃不仁，死於非命者而縱兇惡。法司究其由，而無贓私，一謂迂所悞，一謂貪吏之所侮，無干償命之條，而當失入之法，杖貶炎方，已數年矣。中書差人特敕召還，職國學以訓生徒，使終天年。如敕毋怠。

命中書禮部訪求卜士 洪武十二年十二月〔二一六〕

昔在列聖之時，羣賢濟濟，皆耳聰目明，日究方寸，惟治世安民。閱册之所載，覩歲月之所行，甚哉！以勤之所以，以公之所以，終日乾乾，履道不息，無不及也。凡興民之利，除民之害，雖耳聰目明，下愚有所不及，猶謂恐之而且見疑，斯所以聖賢亦不自恃其能。特設無上之誠，幽通鬼神，決興息以福民。書不云乎：『七，稽疑，擇建立。』斯用卜筮者也，斯所以欽天畏地，意在幽通而默相之，此其所以用天理者也。朕當大位，缺斯卜筮，以決惑疑。爾中書、禮部行諸布政使司，廣訪多求，至朝驗用。故兹敕諭。

問中書禮部慢占城入貢敕 洪武十二年九月〔二一七〕

九月二十五日午時，直門内使報：占城國王所進象馬至於承天門，合無發付何該。朕聞知，甚難容輔弼者。且朕居中國，撫四夷，若夷有誠從者，必以禮待之；若肆侮者，必異處之。

前者爪哇非禮，所以貢物不以禮受，但拘收而已，使者囚之。其占城來貢甚誠，王非侮我，行人方物既至，則當陳設晨朝，以禮而進。今不令使者進獻爲何？宰相之職，出納朕命，禮接百僚。今以重事視爲泛常，豈不法所難容？特敕爾等自思，果何理道哉？

又

敕問中書、禮部，必欲罪有所歸。古有犯法者，犯者當之，此私罪也。今中書、禮部，皆理道出納要所。九月二十五日有慢占城入貢事，問及省、部，互相推調。朕不聰明，罪無歸着，所以囚省、部，概窮緣由。若罪果有所歸，則罪其罪者。仍前推調，未得釋免。

廢丞相汪廣洋

敕諭怠政坐視廢興丞相汪朝宗：

雖相從之久，初務事軍中，凡有問，則頗言是非；不問，則是非默然不舉。既入臺省，疊至兩番，公政不謀，民瘼不問，坐居省臺，終歲未聞出視。興造役民處所，工之巨微，茫然無知，有問無答。奉祀諸神所在，略不究心。自居大宰之位，並無點督之勤，公事浩繁，惟從他官剖决，不問是非，隨而舉行。數十年來，進退人才，並無一名可紀，終歲安享大祿。昔命助文正於江西，雖不能匡正其惡，自當明其不善，何其幽深隱匿，以致禍生。前與楊憲同署於中書，憲姦惡萬狀，爾匿而不言。觀爾之爲也，君之利乃視之，君之禍亦視之，其興利除害，莫知所爲。以此觀之，無忠於朕，無利於民，如此肆侮，法所難容。差人追斬其首，以示柔姦。爾本實非愚士，特賜敕以刑之，爾自舒心而量己，以歸冥冥。故茲敕諭。

召前按察副使劉崧職禮部侍郎

姦臣弄法，肆志跳梁，擬卿違制之責。邇者權姦發露，人各伏誅。卿來，朕命官禮部侍郎。故茲敕諭。

召山西左參政偰斯職吏部尚書

保身固位，無補於君者，甚非良臣。卿前朝之名家，今事於朕，已有年矣。於事未見剛明，邇來露其過。若欲究之，慮恐可惜。特赦爾過，取任吏部尚書，馳驛前來毋稽。故茲敕諭。

命户部定俸禄 洪武十三年二月〔二八〕

稽古建官，略知等第，其於品級次序，自漢以上，未聞有是。所以漢官之制，以食禄列等差。其品之禮，始於魏，唐因之，以辨服色。禄之重輕，亦法品賜食之。朕觀古之無品也，則以禄爲式，是尚質也。惟魏之定品，是尚文也。其於文質之道，雖華朴之有殊，亦模範之可經，守之不紊，履之不煩。今也任官惟賢，食禄法品，勒石昭示，命户曹司之，毋紊輕重之條，依期而給與之，斯至公之良哉！故兹敕諭。

賜翰林編修張美和致仕 洪武十三年四月〔二一九〕

朕觀古之至賢之士，修己行仁，以爲時君之用，否則獨善其身而終天年。或爾著書立言，傳之永久，以訓愚頑。斯若是者，雖不顯於當時，而光於後載，以其德重而意純，故不磨也。

爾美和歷多難而無易從，篤先聖先賢之至善，斯非泛泛之可比、愚下之可知。云何？蓋昔元綱之方弛，英雄角力於江右，他非至智者，朝東趨而暮西就，殺身者衆，苟全者寡。方今在學職師者羣然。邇來命有故者京師弗居，許以自實，不旬日間，各言因由者甚廣。朕命弗留，十去八九，獨卿侍朕左右，日與同游。正欲詢問古今典禮，以沃朕心，然觀其所以，終是年高，不能自强。何以見之？因首步同童，不忍任之以周旋，以卿歸老。然卿去此，朕將誰從？

於戲！千載一遇，古今之通言，全於善解者罕之。今卿始也良，終也善，不亦美乎！

賜吏部尚書劉崧等致仕 洪武十三年五月〔三〇〕

君子之生也，莫不由父善良而母淑德，專慈愛以訓成。已而壯矣，則志於四方，若或時運之應期，致君垂拱，利濟羣生，斯一仲尼之道。其先賢者，豈獨名於千古。卿等學問過人，善備剸繁治劇之能，今各年高，或當智盛者，正宜助朕措安。奈何昔新造之初，綱維紊亂，誤罹憲責。邇者人神有變，朕於寢食不安，命卿致仕。於戲！克己消愆，君子道長；匿禍含冤，小人罪甚。卿等去朝，必坦懷而端志。故兹敕諭。

命王珪職翰林典籍

昔者哲王，善由賢出，智由能生，所以禮賢待儒，正欲論道經邦。前者御史吴興宗以爾王珪學問優長，德行兼備，内外如一，朕允所奏，差人詣舍，以禮來朝。珪今至斯，年已六十有八。比吕望之興周未老，較之公孫弘助漢正壯。然朕觀珪之精力，若與之同游論道，登眺佳景，游目騁懷，則決不能同往；若職以翰林典籍，坐院中，有宣則至，或問則答，是其宜也。珪職雖小，朕命東宮賜坐，閒中講道，悉爾丹衷，沃我儲嗣，於斯可乎？果如朕命，汝往欽哉！

命御史審決罪囚

西風墜露，肅氣當權，凋宜其所凋，榮宜其所榮，斯二儀之常經，亘古今而不異，未嘗倒置者耶。今以爾監察御史某出巡審視，以決棄市者。爾慎法凋榮，毋獲罪於人神。故兹敕諭。

又

風摇木落，露結將霜，斯化機之權，由此而當時。故所以顯榮枯，應節候，孰物能背是理而久長者乎？必當理而承候，棄市者決焉。今命爾某於某處審實干憲章者。爾慎法天時，則陰騭焉。汝往欽哉。

勞致仕營田使馬世熊敕

卿州里長者，本朕鄉人。昔於擾攘之秋，孰知天命何如，所以無知者異志，或從張，或他往，斯人輩雖皆鄉里，意不我從，皆已滅矣。當是時，惟卿與單、夏、胡四翁，獨不棄鄉里之寒微，挺身合意，率衆來從，朕甚嘉焉。

嘗聞福壽康寧，邇者忽聞微疾，未知痊愈否？特遣内使勞爾羊酒，爲成穆貴妃以報生前之恩。卿其樂之，永爲多福。故兹敕諭。

命羣儒議建言事敕

昨忽聞沙門上言，自云爲教門事，朕弗許而囚禁之。少時開書視之，實爲本等宗門所以，言僧多不奉教，汙處其俗。況僧寺田糧役重，特上干朝堂，意在免僧寺道觀稅糧差役。有此無知，令左右究其所以。

是僧昔職運司典吏而上言，朕欲進人言，擢爲縣牧。而乃不循軌度，居徒役，遇宥而歸。其人志不力田，業不商賈，窘於鄉里，於是乎去鬚髮作沙門。所以特與僧便，因是朕責之。且本僧昔役運司，而不能清煮海之課；過擢爲縣牧，既不詢民瘼而干憲章，僥倖遇宥。觀斯情況，補朕之功甚少，蠹政害民之心如淵泉焉。令收入禁。何如處之，請決。

諭王本等職四輔官 洪武十三年九月〔三一〕

朕觀上古君臣，必正直無私，心同氣合，方乃上悦天心，下忻地祇，致海嶽效靈，於是乎經邦論道，永安社稷，利濟生民，臣亦昌焉。

朕本寒微，遇天更元運，偶與諸雄並驅，逢多難，遇深艱，率英俊，自中土渡江東來，造基於是，君天下，子庶民，十有三年。朝無輔佐良臣，以致道乖政靡，弗獲太安。於是訪近臣而求士，得爾諸儒來朝。朕欲洗心滌慮，與賢者志同，永安寰宇。今將旬有餘日，彼情難知，丹衷無究，若或用之，儻心懷異志，無利濟之誠，則昊天昭鑑，加以禍淫，又何救焉？故敕爾羣儒等，若果心無異志，誠可會神，與朕同游，以安天下。故兹敕諭。

又 洪武十三年九月〔三二〕

昔有莘耕者爲政，社稷永安；傅巖之野者在朝，君仁民康。斯二賢疊出於殷商，致君六百年之大業，是賢者雖處同出異，其忠君濟民之道一然。

朕政未施，訪近臣而求士，如爾王本等來朝，命爲四輔之官，兼太子賓客，位列公侯都府之次，必欲均調四時，德合人天。卿等慎之，同安盛世。故兹制諭。

又 洪武十三年九月〔三三〕

卿等受斯重任，朕與卿等民生繫焉，可不重乎！且卿等昨爲庶民，今輔朕以掌民命，出類拔萃，以顯父母，豈不天人交慶？於戲，慎哉！二儀之敬，事理無乖，心常格神，言常履道。故兹再諭，想宜知悉。

諭四輔官王本毋陪祭敕

祀神之道，非會人也。古法，刑喪不預。禡旗之祭在邇，卿極刑，毋列班。

問斷事官敕

五常之道重，莫重於君臣父子。然而夫婦之道，猶爲甚焉。邇來關中、漢中民人告失妻，於妻家數告，有司不理。其夫親捕姦夫，今有司止將姦夫作私茶爲由解赴京師，不以略人妻女爲重。朕特命爾理，今不見來聞，果何詢焉？敕至，晚朝來奏。

命方常職御史敕

朕聞昔人懷才滿腹，抱道衷盈，一時志不能伸，致是窘於衣食，困於羈旅。一遇君者用之，竭忠報效，務公無私，終世不忘其恩，特致君稱仁於海内，固爲賢者矣。

爾方常自云窘於生理，來朝，今命爾爲守院御史，出納一道之務，深察幽微，敷奏毋隱。

諭祭酒樂韶鳳敕

洪武十二年三月〔三四〕

文廟之設，是尊先師也，因之而國學焉。所以歷代以之而訓君嗣，教公子也。觀斯所以，不爲不重。故哲王必選名儒以導學者。

今朕法前代，命爾樂韶鳳承是師範，闡揚博通，使幼者記，壯者解，毋怠寸陰之工。不但稱此職任，甚有補於朕政，若此必後賢之濟濟焉。汝往欽哉！

諭國學師徒

洪武十二年三月〔三五〕

古今賢能，首以學爲本，次特以操持輔弼其所學。斯二事既行，則善名於兩間矣。然以今言之，則學有先後，人有靈愚，所以曩之學者爲今之所習者師。惟師者，模範其志，竭胸中之所有，發世之良能，不隱毫釐以訓所習者。未聞物不一於規矩而如式，人不律師教而良能。以斯論之，人之循理，物之如式，必規矩而教之者矣。若師隱知晦善，罔盡師理，則罪怒人神。若學者非究心宵晝，必欲至知而後已，又將艱爲人於世者也。

朕所謂師必盡師者之禮，學必盡學者之誠，敕後否此，責有歸焉。所以學者學其所至善，操者操其所不齊，持者持其所真誠。三者備矣，奚愚頑者耶？昔仲尼入周廟，閱西階有金人焉，三緘其口。斯所以戒慎妄言者，如或理道之詞，未嘗禁拘〔三六〕。今去古既遠，失其所傳。反以此而助姦愚，愚愈覺修道之教不明也。

且以李思迪、馬懿言之，職當諄諄切切而訓者也，而乖理縱非，果誠相信乎？斯不但非理，而又甚不知忠義而報人者也。且召同游，朕所慕者，慕其所學，望其時忽有言，使朕得聞嘉言善行，不亦樂乎！而乃非有所問，終日緘默，有時遣侍東宮，暫游時刻，朕欲彼時發先聖之幽德，以資後嗣，及其至所在，亦緘默不語，但瞠目視之而已。或傍有言書者，則因而問及，不過就他人之所言以答，畢後未嘗效誠，補其未知者也。此深其所學，祕其所操耶？抑持其所能，務獨善其身耶？其懷姦伏詐，朕所不知，因是故敕師徒，必達操持之所以然，良能矣。

諭幼儒敕

洪武十二年春二月〔三七〕，朕於暇中觀幼儒權官人，皆空度光陰，略不見志出於羣者。且諸人年俱未滿三十，所讀之書不解旨義，其於字也少知運用，束手閒目，一日一日而已。嗚乎惜哉！孰不知光陰不待人之逸也。所以自幼漸壯，自壯漸老，自老漸衰，自衰至於歿，終無立行名身之道，而乃同於常民耳，可不嗟乎！於是命内官給紙筆，令其各日進先儒古文一章，特以習熟，期將來之善作，或四書一章，使詣前而講，以觀利鈍，導通理道也。

明日，人皆以文、書來進。其文多韓柳，書皆孔孟。朕聽觀之間，展轉難問，其幼儒多尋行數墨者有之，粗知大意者有之。細察尋行數墨者，豈不同於愚夫者也？其粗知大意、不究其精者，是同於無志也。何以見？蓋於馬退山茅亭記，見柳子之文無益也，而幼學卻乃將至。且智人於世，動以規模則爲世之用，非規模於人而遺之於世，亦何益哉？

其柳子厚之兄司牧邕州，搆亭於馬退山之巔，朝夕妨務而逸樂。斯逸樂也，見之於柳子讚美也，其文既讚美於亭，此其所以無益也。夫土木之工興也，非勞人而弗成，既成而無益於民，是害民也。柳子之文，略不規諫其兄，使問民瘼之何如，卻乃詠亭之美，乃曰：『因山之高爲基，無雕椽斲棟、五彩圖梁，以青山爲屏障。』斯雖無益，文尚有實。其於白雲爲藩籬，此果虚耶？實耶？縱使山之勢突然而倚天，酋然而插淵，横亘其南北，落鼻其東西，巖深谷迴，翠蕤之色繽紛，朝鶯啼而暮猿嘯，水潺潺而洞白雲，嵐光雜蕊，旭日飛霞，果真仙之幻化，衣紫雲之衣，着赤霞之裳，超出塵外，不過一身而已，又於民何有之哉？何利之哉？其於柳子之文見馬退山之茅亭，是爲無益也。其幼儒無知，空踰日月，甚謂不可。戒之哉，戒之哉！

諭羣臣務公去私

朕觀孟子對尚志，所以志也，謂人處世同民，隨羣逐隊，斯常民也，故超出之。所以超出者，去諸不善而行衆所善，然而尚爲尋常之善；若於志所由來，必爲無上之善，斯乃志之盡矣。所以古重務本而去逐末，漢令商賈技藝不衣錦繡乘馬，特存斯貴，以重有志君子也。

朕自即位以來，十有二年，設官分職，各務所司，終未見人，但見身受重名，懷私在職；或忘理衆務，心在貪商；或賄賂公行，不知身名之重、俸禄之優，以致殺身。書不云乎：『人心惟危，道心惟微。』斯聖人授心法之要，賢人憫愚頑，特紀册以教後人。至今頑者不行，愚者不悟，雖有聰明者，怠無尚志，泥於崇功廣業，愚頑每被殺身。

古人之尚志，在務功名，匡君之政，濟人利物。今之人不然，惟在怠尚志，務易利，專速達。此所以人心也，啓之未嘗善，行之必歿身，以其利之易厚，不知害也。道之説曰行月紀，終身不忘兼善之德，務欲超出，建崇功，累廣業，行斯數事，身名世，家厚禄，其德似薄，其達似遲，斯小人之見若是也；昔聖人以爲無上之道，故行之。是以孟子專尚志，小人難之。

今之官吏，有不才者，巧以舞文，姦以弄法，紊亂條章，是致身不名世，家不豐榮，歿身而後已。其立心尚志，有何艱哉！故兹敕諭。

諭舉到人材

天之所以命人主者，爲蒸民之衆，所以命者，命其必治者也。若以天人量之，則天道遠，人事邇。以此言之，天何命人主者不貳其命而能成之，何也？此所以天道幽微，下察無遺，其神妙鑑觀，必非一朝夕而辨是非也。

今朕菲材，承上天之命，法古之道，統有黔黎，宵晝自思，人心之險，姦頑者衆，數制弗改，將焉奈何！故敕有司訪貞士，授之以官，使職守所在，爲民加福。何期授官任事者，忘修福民之德，務在循私，殘害其民。當犯之日，殊古制法，縱之以寬，若非生成志人君子，其學道慕賢者，莫不從而肆欲以由之。所以謹法如古，犯者律如條章。然雖如是，其作聰明之徒及愚蠢之輩，終莫可禁。此令諭之不明耶？抑實有司所舉之不當耶？

邇者中原、江西各布政司，皆以貞士至朝，已有日矣。朕不暇親問，特敕問之。彼貞士人皆庶民，歲受官役，朝廷得失、有司利病，莫不周知。若既知朝廷得失、有司利病，朕授爾以官，當匡朕之失，去有司之病，則彼爲官非賢者誰？諸貞士聽之，永其志而職焉，爲朕福民，乃受命之利也。

諭戀闕臣僚敕

朕聞古之爲士者，志在匡君濟民，立身揚名，崇父母，彰祖宗，必欲爲世之傑者也。然亘古至於宋元，若此者書載不多，但見不才者衆，其於忠孝者甚寡，可見今古得人爲難；若或得人爲易，其識人尤難。

朕自開國以來，九有之邑，篤遵列聖之所稽，罔敢更置。其設官分職，損益不同，代代有之。朕前數年間，敕諸有司訪求民間俊秀，入學教養，以備將來。其有司如敕。連年貢到民人子弟，出入不等，約計千人。自洪武八年間，朕觀年長者許出學，權行歷事，幼者考課作養。至洪武十三年春，丞相胡惟庸謀逆事覺，朕親閱諸生，命齎丹符出驗四方，取勘事迹。至三月將終，驗先歸者，何如驗問，内有多詐，不誠者甚廣。因是點選，欲將俊秀聰敏者職於近侍，年長者職於部臺。及其點選之際，人各以故來陳，内有真故，十去其六七，有等無志之士，非故而託故，又一二而往。

朕静坐忽思若是，驀然興歎，不覺出於丹衷，自以謂空眼，略無至志之士。少頃，衆中有數人，身心戀闕，意不忍行，故歸告朕，仍復原職，侍朕左右。

嘗聞古有賢士，忠不舍君，意不欲離，雖死不忘，所以謂之忠也。有等誤遭眚災，君不能釋，其忠臣之志也，猶不嗟怨。正所謂『君子交絶，不出惡聲；忠臣去國，不潔其名』者也。古之佳貞之士，有若是耶？今朕千數人中得此數人，非上天之將欲備輔嗣君者何？因是有感，夜臥不寐，由去留而發焉。特加賞勞，以表戀闕忠誠也。

諭儀禮司序班等尚志敕

昔老聃職周朝，專紀事，歷年甚久，所以量寬智大，由乎目事之多，驗是非之廣。未幾，周政不綱，度關西游，尹喜異之，留著書五千言，所言皆鑑人君諸侯之失。自著書之後，雖云西往，實莫知所之。言傳至今，語奇句奥，智哉！設使老聃生於周盛之時，君若信而用之，其皋、夔、稷、契，無乃與之並乎？

朕所以引老聃而言者云何？爲方今爲士者，無觀況之智，無出羣之心，故爲之言也。且目前微職者，居儀禮，任行人，或優游度日，或洶湧從時，暮歸而寢，朝朝如之。若有志者，觀朝廷大宴，羣然列坐，上公者誰？其洶湧奔趨而奉事者誰？所以愚者頑然不知。

朕觀若是，不能無憾也。若此之輩，賢能由何而出？假使有志者奮志，觀列坐者若是，豈不自云：登樓之道，吾已得矣，在誠心一往耳。其道者，官階十八，吾居八級焉。樓之道有級，履最下焉。不患不登樓，患中級而旋。今登級者不少，中級而旋者甚廣。朕忽述此，爲無志者云耳。若或發此志者，於事弗能，於心不公，徒然有志，化爲虛名。

今愚頑者，多舍身而僞爲，無舍身而爲國家。何以見？且舍身僞爲者，心貪行狡，命且不顧，何有國家肌膚者耶？歷代爲國家而爲民者，皆舍身以從事，無僞爲，無家憂，爲其衣食足，揚父母，身榮家貴耳。以其舍身，舍身之道非死之謂也，惟在公而已。晝夜恐事弗周，慮身弗立，憂君未仁，此其所以忘其身而慮君民者也。

僉曰：即今微職者，有人焉。朕不覺笑而謂曰：行人奉命而往所在，惟賄是從，序班之任，朝錯暮差，互相頡頏。一班行尚常多謬，他事安能善耶？故未輕選，待彼出羣用之，豈不善乎？

諭各處巡檢 洪武十三年二月〔三八〕

朕設巡檢，扼要道，驗關津，必士民之樂業，致商旅之無艱，然雖法古之良能，未經點督。今特差人詣所在，諭以巡防有道，譏察多方。有能堅守是職，鎮靖所司，役滿來朝，朕必嘉焉。故茲敕諭。

諭天下有司

前者姦臣亂法，事覺伏誅。初，將以爲中書御史臺，朕用非人，是致上干五星紊度，下戾地氣而節候乖常。既以明彰法律，掃除姦臣，想天下諸司有職掌者，必人各精審其事，與朕共治昇平，安黔黎，樂雍熙於市鄉。故於二月初一日發丹符出驗四方，令有司將連年秋夏稅糧課程從實具陳無隱，以奏目來聞，不以文繁，敕諭分明，必各各職掌者以忠誠來聞。其去逾月而使者歸，有司官間有發忠義之心者，即以排年總自來奏，以致歡動朕之衷情。其餘各各有司，皆以舞文弄法，窺探朝政，不將自洪武初遞年諸色錢糧，歲歲開收之數報來，故犯憲章。

今再差人各抵所在，務要縣不通州，州不通府，府不通布政司，即將自洪武某年本郡入籍當年直至洪武十二年諸各項錢糧金銀疋帛盡數報來。當該佐貳官、首領官各一員，吏一名，與齎符者一同赴京面奏。仍着落本邑鄉村耆宿，舉力士年當二十四五者二名，前來充校尉。若新官到任，毋習前非。如敕奉行。

諭出使人員敕

敕爾出使，既如所在，毋枉賢良，毋美惡人。新官方任，導以從實，勿習前非。若舊官在職，務要督責分明，若有虚詐買免，從實回奏。爾若凌辱新官者斬，能察舊官非者，驗有實迹，而乃賞焉。汝往欽哉！

命禮部諭有司謹祭祀

上古君天下者，設官分職，各守方隅，爵級五等，公侯伯子男居之。是五等雖有巨微，皆稱曰國。所以動止，首以祀戎爲先。自秦漢以下，官雖異古，其祭禮則不殊。

邇來天下有司，既無誠以奉該祀之神，其餘人事，又何懼焉。蓋儒者在任，不明於理，或粗俗者居官，亦不訪於賢，是故事多非爲，不能長保富貴也。若有志者居官，必訪於賢者，乃知祀禮之大，必敬勝怠，則事業昌矣。若或不能窮其所以，則怠勝敬，其不滅者鮮矣。

近者溧水縣官爲祀事缺鹿醢，以牛醢代之，被人所言。禮部奏云：凡祭品缺者，曾許以他物代之。今溧水有鹿可求，而在官者不能用心。御史按實，各當其罪。

朕思人之在世也，若不畏神人，是不可教者也。世之所以成世者，惟人與神耳，豈可慢耶？今令天下有司：凡四時祭祀之物，若在典故，境內所産及商人貨而有之者務備，不許有缺；若境內不産及商人無販賣者，從缺毋代。爾禮部遍告諸司如敕。

諭御史

朕設察院，職英俊，禄忠良，以爲耳目之寄。今御史設員既多，必定一員守院內，則承號令發布於四方，納四方之來文，以達朕聽。特分道十二，專十二人掌之，以知事之首尾。凡欽奉鞠審事理，與同本道諸御史詳問明白，奏朕結絶。若本道御史有差，當自爲果斷，毋得因循不決，以招後愆。

命應天府諭鍾山僧敕

且佛之爲教也善，其大也溥被生死。仲尼有云：西方有大聖人，不言而化，不治而不亂，可謂能人矣。云何？大覺金仙又讚之以能仁，以其不繩頑而頑化，美善而善光，其行苦而不苦，其心素而弗素，雖儔雪嶺之孤燈，侶白晝之單影，目星見性，超出塵淪。

復有人天之説，四十九秋，其演也妙，備載大藏，未嘗有訴逋逃於廷，致愆於水火者耶。況昔禪祇樹千二百五十人，從逋逃者未聞。仲尼有云：『道千乘之國，敬事而信，節用而愛人。』今僧佃逃，未審節用而致然耶？抑愛人而有此耶？若非此而有此，則府謂僧云，當自善來。若論以如律，恐傷佛性。如敕奉行。

諭善世禪師板的達敕

禪師自西而來，朝夕慕道，務在濟人利物。朕觀禪師之立志也，努力甚堅，其歲月之行也甚深，故得諸方施供，善者頂禮，惡者歡心。前者東達滄海而禮補陀，旋錫錢塘而覽禪天目，西游廬嶽，中國之名山，遂禪師之意已達。復來京師，駐錫鍾山之陽，日禪巖穴。禪師之所以玄中仰觀俯察，志在神游八極，惟神天昭鑑。

邇者朕建陵山前，聞禪師欲徙禪他往，被無知者所惑，乃曰非旨不前，是致躊躇。朕今敕禪師：凡欲所向，毋自猜疑，當飛錫而進，錫止而禪，樂自然之天地，快清淨之神魂，豈不道成也哉！

諭故真人張正常嗣子宇初敕

昔之能名，名於海内，始漢至今所以不泯者，蓋爲禦災捍患之妙，功達於君，利及於民，故有不泯者爲此也。邇聞服制且終，當正教中之首，率徒以修。符至一來，朕當諭爾，爾其不貳其心，則上下格矣。

校記

〔一〕題下注文原無，據明太祖實録卷一一一補。
〔二〕題下注文原無，據明太祖實録卷一一六補。
〔三〕題下注文原無，據明太祖實録卷一二二補。
〔四〕題下注文原無，據明太祖實録卷一一九補。
〔五〕題下注文原無，據明太祖實録卷六四補。
〔六〕題下注文原無，據明太祖實録卷一一七補。
〔七〕題下注文原無，據明太祖實録卷一一一補。
〔八〕題下注文原無，據明太祖實録卷一二二補。
〔九〕題下注文原無，據明太祖實録卷七四補。
〔一〇〕題下注文原無，據明太祖實録卷一一九補。

〔一一〕題下注文原無，據明太祖實録卷一一八補。
〔一二〕刹罕腦兒　四庫本作『察罕諾爾』。
〔一三〕朵兒只巴　四庫本作『多爾濟巴』。
〔一四〕題下注文原無，據明太祖實録卷一二〇補。
〔一五〕題下注文原無，據明太祖實録卷一二一補。
〔一六〕題下注文原無，據明太祖實録卷一二〇補。
〔一七〕完者不花　四庫本作『諤勒哲布哈』。下同。
〔一八〕題下注文原無，據明太祖實録卷八四補。
〔一九〕題下注文原無，據明太祖實録卷一三四補。
〔二〇〕帑　萬曆本作『孥』。
〔二一〕題下注文原無，據明太祖實録卷一二一補。
〔二二〕題下注文原無，據明太祖實録卷一五〇補。
〔二三〕題下注文原無，據明太祖實録卷一二二補。
〔二四〕題下注文原無，據明太祖實録卷一二七補。
〔二五〕題下注文原無，據明太祖實録卷一二二補。
〔二六〕題下注文原無，據明太祖實録卷一二八補。
〔二七〕題下注文原無，據明太祖實録卷一二六補。

〔二八〕題下注文原無，據明太祖實録卷一三〇補。

〔二九〕題下注文原無，據明太祖實録卷一三一補。

〔三〇〕題下注文原無，據明太祖實録卷一三一補。

〔三一〕題下注文原無，據明太祖實録卷一三三補。

〔三二〕題下注文原無，據明太祖實録卷一三三補。

〔三三〕題下注文原無，據明太祖實録卷一三三補。

〔三四〕題下注文原無，據明太祖實録卷一二三補。

〔三五〕題下注文原無，據明太祖實録卷一二三補。

〔三六〕禁拘　萬曆本作『拘禁』。

〔三七〕二月　萬曆本作『正月』。

〔三八〕題下注文原無，據明太祖實録卷一三〇補。

高皇帝御製文集卷八

敕

命中書勞西番指揮何鎖南 洪武十二年七月〔一〕

君子守信，以義從仁，所以仁者盛，義者興，此理道之行者也。今西番指揮何鎖南，自附以來，信義甚堅。前歲命往烏思宣布朕命，遠涉萬里，不憚勞苦，至烏思，所言朕命如敕。今年以家小來京，合加禮待，使足養其親，下程米三十石，麥如之。其鎮撫劉温，人職雖微，心亦懷誠，眷屬亦也至京，下程米一十石，麥如之。

命中書回安南公文

安南僻在西南，本非華夏，風殊俗異，未免有之。若全以爲夷，則夷雖同比，終是文章之國，可以禮導。若不明定儀式，使知遵守，難便責人。中國外夷，若互有道，彼此歡心，民之幸也，何在繁文！

今後若與安南往來，爾中書行移詔書，無故不輕往，使彼得以自由，豈不有便於外夷者歟？爾中書昭示安南知會，若欲三年來貢，其陪臣行人許五人而止；進見之物，須教至微至輕，必來使自捧而至，免勞彼此之民。物不在多，惟誠而已。

諭元相驢兒敕

邇者人自土河來，言及今歲丞相少染微疾，於私頗滯。既聞之後，深爲丞相之憂。何也？蓋聞人之有疾者，莫苦甚於此。其有説焉者三：儒曰冤愆，釋曰定業，道曰宿債。是三説也，虛實不可知。又曰：若此，非福人不可解，否衆德難以釋。

卿本忠貞之將，聞名久矣，今知若是，爲羨所爲。特差人賫藥餌往治，丞相無疑而服之。故兹敕諭，想宜知悉。

諭安南國王陳叔明敕

敕諭安南國王陳叔明：

前者爲入貢之禮繁，所貢之物廣。然廣則廣矣，以物度之，上不足以備内廷之供，下無利於軍民，往復勞苦，致生嗟嘆。爲斯止貢，三年一至，至必貢微情厚，乃國王之大體也。何王不知我之至意，數來無誠，物廣寡用，安得萬里神交者耶！

且王居遐荒，山川阻險，封疆之際，密邇中國之邊陲，若欲互生情愛，福及黎民，則送往迎來，毋必自侮；若泛常施以小詐，將非重輕，則大體一失，禍不招而自至，又非無事而生事。今王不如我約，貢物之廣，勞民從事，行移字異，莫辯真僞。阮士諤非人，國王之爲也。

今陪臣行人歸，特諭王知。邇來朕中書、御史臺朋黨相尚，事覺，已行誅畢。因是王知，故兹敕諭。

諭安南來使敕

夫人必自侮，然後人侮之。洪武十一年，爾王差陪臣阮士諤來貢，朕知彼中多難，特以心腹之言，敕諭阮士諤歸。朕恐待王之禮薄，專命内臣與阮士諤親往安南。何至其境，士諤星奔日馳，兼程先至。及我内臣既達爾邦，其士諤罔知所在，故以出門入户之禮，排筵席宴之間，異端非一。此果禮之誠歟？抑侮之設歟？然看如細務，實相愛之大端，此禮既非，其於他者何？且安南，中國雖稱僻居遐荒，實是密邇；雖曰密邇，地不足以廣疆，人非我用。在昔中國之君雖統，朕思限山阻川，實爲疆制。若我中國有道内安，四夷守分，何欲事大之來者？

今安南與朕本無嫌疑，若較斯非，必後有餘愆。洪武十一年，阮士諤來朝，及其至國，觀況似非有官。今爾等來，若欲令見，又非有官，故不令見。爾等歸告陳叔明：安分高枕，雖不來朝，亦也無虞。邇來朕失務德，人神有變，惶懼無已，爾勿我干。故兹敕諭。

諭占城國王阿答阿者 洪武十三年九月〔一二〕

洪武十三年九月十八日，占城使至，爲朕上壽，賀禮甚厚。若觀物之厚，更期日而至，非占城國王誠意極專，其來使奉命之篤，萬里之外，豈能期時而若此耶？然覽表閲辭，乃知復與安南交兵，水戰弗利，且云失去物件及有白曹之僞。

朕所以戒爾兩國，毋得深搆仇讎，以安生民。今一勝一負，終無休息，果何如之！今再敕前去，王其審之。古人有云：『殺莫大於好殺，生莫大於好生。』所以莫大於好殺者，好用兵也，天之所惡用兵也。生莫大於好生，天之所好者仁也。人能行仁之道，有血氣者無有不生焉。

且爾兩國之争，是非吾所不知，但知曩者安南兵出敗在占城之下，占城乘勝入安南之國，其安南辱之甚矣。若此之後已而已，王能保守封疆，奉天勤民，則福禄緜長矣。如其不然，必欲驅兵，連年苦戰，彼此勝負固不可知，如鷸蚌相持，漁人獲利，是故或彼此悔之晚矣。

朕觀宋書，占城在宋朝時曾被直臘入境，難之甚者也。朕書至，王當修睦四鄰之道，以是服非則可；毋恃彼是此非，是謂不可。因王至意，故戒之再三。使歸，王其修仁惟吉，故兹敕諭。

問高麗貢不如約 洪武十三年正月〔三〕

曩元之馭宇，運未百年而天更。朕代元爲君，臨御十有三載。四夷入貢，惟三方如舊，獨爾東夷，固恃滄海，内弑其王，貢不如約，外構民禍。必三韓之地有爲故若是歟？命使往問，叛服不常，其故爲何？故兹敕諭，想宜知悉。

諭神樂觀敕

開基守業，必勤政爲先；趨事赴功，非信誠必責。傳不云乎：『國之大業〔四〕，在祀與戎。』曩古哲王謹斯二事，而上帝皇祇悦賜天下安和，生民康泰。朕起寒微而君宇内，法古之道，依時以奉上下神祇。其於祀神之道，若或不潔，則非爲生民以祈福而保己命也。

昔劉康公、成肅公會晉侯伐秦〔五〕，祭於社稷之神，然後興師。當祭之時，畢則有受脤之禮，其受之時，必思神洋洋乎在其上，而穆穆然或左而或右，委心敬慎而受之則祥。故敬勝怠者吉，怠勝敬者滅。所以成肅公受脤之時，起慢神不恭之貌，因伐秦而卒，是以知敬者必有動作，禮儀威儀之則以定命也。於斯祀神之道，能者養之以福，不能者敗以取禍。是故君子勤禮，小人盡力。勤禮莫如致敬，盡力莫如敦篤，敬在養神，篤在守業。

朕觀古人之敬神也若是，其驗禍福亦若是，斯可謂無神而不信乎？可謂佞神而祈福乎？二者皆不可，惟敬之以禮而已。朕設神樂觀，備樂以享上下神祇，所以撥錢糧若干以供樂生，非做前代帝王求長生之法而施之。然長生之道世有之，不過修心清淨，脱離幻化，速疾去來，使無艱阻，是其機也。

於戲！昔殷周之父老何存？漢唐之耆宿安在？果長生之道乎？朕設神樂觀以備樂，碑之於觀，以示後世。其觀主不潔，樂生不精，贍生不足。以此觀之，不但君不勤於祀事，其朝臣、觀主必也亦然；若君勤於祀事，朝臣觀主無一體之敬，則國有常憲。故兹勒石，想宜知悉。

翰林侍講學士李翀敕文

治天下之美，非賢何以治民？非文何以昌化？所以文助志士，志士行文之理，文所以備載萬物，闡演幽微，無所不至。

昔有唐之有天下，時和歲豐，無乃弘文館之設有方。任館内之事者，必内相之慮勤，以致遐邇來庭，外户不閉，斗米三錢，家給人足。朕聞之，心踴躍而欲肩之，何用賢之道弗齊，致遺賢於遠邇故若是。今特命爾某爲翰林侍講學士，自任之後，文同韓柳，勳比房杜，以昌治化。汝往欽哉！

翰林編修馬沙亦黑馬哈麻敕文

朕聞君子之道行，是爲萬幸；君子之道不行，是爲不幸。非道不行也，乃是君子之不才，致道有滯於一時。吾中國之文，始八卦以代結繩，而編簡，至於方册流傳，古聖人之言莫不備載，萬物性情造化無所不該焉。

洪武初，大將入胡都，得圖籍，文皆可考，惟秘藏之書數十百册，乃乾方先聖之書，我中國無解其文者。聞爾道學本宗，深通其理，命譯之。今數月所譯之理，知上下，察幽微，其測天之道，甚是精詳。於戲！乾方之書秘書，非爾安能名於中國？爾非書，安能名不朽之智人？特命爾某爲翰林編修，汝其敬哉！

諭征南將軍 洪武十五年閏二月〔六〕

諭總兵官征南將軍潁川侯傅友德、副將軍永昌侯藍玉、西平侯沐英：

雲南之地，稽之古典，氣厚風和，人民尚兵。上古以爲遐荒。中古禹迹所至，以別水土，故地屬梁州之域。自漢、隋、唐三代，皆中國所統。曩元既有其省，數出名臣望重者鎮之。

今將軍等率精兵前進，不逾百日而取之，若非名臣重望者守之，愚下之輩，未可託也。今特命汝南侯梅思祖、平章潘允明二大臣暫署雲南承宣布政使司布政使，事定之後，除官替回。故茲敕諭。

諭左參政張紞左參議韓錀 洪武十五年二月〔七〕

古之尚志之士，必立身行道，而道行名成而後已。所以然者何？貴身榮家，以顯父母。

卿效賢人之道方始，當日省月覺，以觀下愚造殁身之計。今命卿西南方面重任，君子道興之所然。且雲南諸夷雜處之地，若欲治安，非出羣之才不可。卿必忠可格天，誠可會人，生靈是幸。故兹敕諭。

建昌僧官敕文

天下大道，惟善無上。其善無上者，釋迦是也。固大慈忍志，立大悲願心，行無所不至，化無所不被，論性原情，談心妙理，潔六塵之無垢，淨六根之無翳，去諸魔而清己法界，制外道以樂人天。斯行斯修而歷劫無量，乃降兜率至於梵宫，既捨金輪而猶苦行於雪嶺，時道成午夜，明星相符。

朕觀如來以己之大覺，而欲盡覺諸法界衆生，其爲慈也大，其爲悲也深，可爲無上者歟！世人宿有善根者，皆慕佛力，寰中之修者甚廣。今建昌僧某博修佛道，善馭僧民，其方土民仰僧善道，感化人淳，既内附之誠，理宜授以建昌府僧綱司某官。爾吏曹如敕毋怠。

諭僧純一敕〔八〕

昔釋迦之爲道，孤處雪嶺，於世俗無干。及其道成也，善被兩間，靈通上下，使鬼神護衛而聽從，故世人良者愈多，頑惡者漸少。所以治世人主，每減刑法而天下治，斯非君減刑法，而由佛化博被之然也。所以柳子厚有云『陰翊王度』是也。

爾沙門純一，既棄父母以爲僧，當深入危山，結廬以靜性，使神游三界，下察幽冥，令生者慕而死者懷，景張佛教，豈不修者之宜？世人因是而互相仿傚，雖不獨處窮居，人皆在家爲善，安得不世之清泰因爾僧之所及也？

爾不能如是，上干朝堂，欲氣力以扶持，意在鼎新佛寺，集多財以肥己。孰不知財寶既集，淫慾並生。況釋迦非大廈而居，六載大悟心通。方今梵像巍巍，樓閣崢嶸，金碧熒煌，華夷處處有之。此釋迦之所感若是歟？集財而建造歟？爾僧無知，不能修内而修外，故不答，特役之。今脱爾行，令有司資路費，往尋名山，悟善己道以善人，他日道光必燭寰宇，可不比佛之爲道哉！

命道士祭嶽鎮海瀆敕〔九〕

爾諸效仙人等律己修身，道法清虛之玄，去貪嗔，絶妄想，一精英，以步昂霄，爲斯清静。特命奉神於嶽鎮海瀆，爾其涓潔乃心，供犧牲祝帛於神座。汝往欽哉！

神樂觀提點敕

朕設神樂觀，備五音奉上下神祇；其敕居觀者，皆慕仙之士。其仙之教也，或云始廣成子，流傳至漢，曰道士。凡此者，多孤處雲居，棲巖屋樹，是則宜其修也。晨昏目心，以去玄覽，宵晝仰觀俯察，以滌宿世之冤愆，措今生之善行。俄爾有知，則倏然忽然，躡雲衢而神游八極，往無不達，交無不接。如此者，安得不與神通？故有飛神謁帝，直謂人詞者，斯可謂修之至也。

今見修道士某雖未若此，其志已處清虚，特命職格神郎五音都提點正一仙官領神樂觀事。爾中書、吏部如敕施行。諭往欽哉！

神樂觀知觀敕

朕聞軒轅時，崆峒有修者，其教獨善其身而已，效之者往往。逮至漢天師張陵，致神倏忽，飛符役劍，轉斗移星，其斡旋造化，人莫知其然。今之道士祖而效之，雖未若是，人皆清净，斯可職而奉神，彼得樂於修鍊者也。

神樂觀已命正官掌領觀事，尚缺分理者部諸樂生，以聽陳舉。今見修道士某，可授清淨五音知神樂觀事。爾中書、吏部如敕施行。使往欽哉！

諭延安侯唐勝宗 洪武十五年正月〔一〇〕

古人之將居成平，而有無功而受賜罰者，相傳至今，代代有之。所以受賜者，以其禦患於成平，捍侮於不測；所以受罰者，不能禦患於成平，失捍侮於卒然。故事淪前功，勳消怠惰，是皆明著史册，賢人君子孰不見之！

洪武十四年，越中山賊嘯聚林藪，深爲民患，特命爾延安侯唐勝宗帥兵進討，逾五月乃平。今年春歸，賜田一庄，爲子孫世禄。嗚呼！攻城不易，守城尤難。卿能禦成平之患，宜嘉勞之。故兹敕諭。

諭江夏侯周德興 洪武十四年五月〔一一〕

昔君之武臣有忠於君者，盡其筋力之勞，所以爲君禦災捍患，至身終而後已。朕於史書見之，每嘗嘆羡不已。

俄洪武十四年夏，蠻谿爲盜病民，朕命年壯能涉崇山峻嶺之將帥兵討之。時爾開國元勳江夏侯周德興侍其傍，即請願行。朕不覺興嘆，將謂古有是而今無此，今乃若是，豈古人獨名者耶！朕本憫其年逾六十，不忍使行，今必固請，遂命行。抵秋，成功凱旋，賜卿田一庄，爲子孫世禄。嗚呼！勤忠不怠，御侮安民，非卿者誰？故兹敕諭。

諭右軍都督僉事張德

古人爲將，志在智無遺策，信在無敢後期，勇無當前，仁撫下使懷恩，伸令嚴而必不犯。前者東淛山民嘯聚，命卿爲偏將軍，與延安侯同往〔一二〕，逾五月功成。今既凱旋，賜卿田一庄，子孫世禄。故兹敕諭。

諭太學生 洪武十五年五月〔一三〕

仲尼之道，上師天子，下教臣民，始漢至今，曾有踰斯道而久於世者乎？朕統一寰宇，育夷夏之烝黎，偃兵未久，創業未周。惟學校之設，國之首務。十五年春，命工曹會百工以搆廟學，逾五月，工曹奏工已成矣。是以至師，於是來生徒以受業，期在育君子必履仲尼之道，以助後嗣，共安天下之蒼生。今師生皆至，若不敕以學道之志，明以亂常之憲，則恐養非君子，用非賢人，徒勞民供。所以志於學者，志在謙柔恭謹，毋縱血氣之剛、人我之驟，固守仲尼所云『四非』之篤，慎日經旬，以逾歲月，不變其所學，則賢人矣。雖齒落而頭童，何憂乎身不易耶！

邇聞生徒多刁黨，尚此志者紛然，特紊命教之道，大傷學規。於斯不才，非獨時累於身體，將必常憲而不原。若體朕意而學者，飯至而食，湯至而飲，晝惜寸陰而進業，暮然燈而求精，有時問道於師，必跪而請授。若非此禮而問道，則繩愆廳紀之。特敕禮部條陳警戒，諸生勉之。故兹敕諭。

諭安南陪臣謝師言等歸

盛暑時來，涉山川之遥，晨進昏止，呑煙服霧，勞已至矣。然是修職貢，而以小事大之行。爾承安南國王之令，今事畢而歸。盛暑未終，潦水汗漫，非舟不濟，舟則舟矣。爾當中庸其心，凝然其神，則天假颸風，渡衡陽之浦，不期而濟之必矣。不然，巨魚尾浪，鰲背風生，蛟蜃嘘氣而雲横八極，非一誠心而無二者，豈不危然而懼乎？是時檣傾而舵摧，欲良工以完之，奚速成也哉？朕以天道人事表裏而諭，一如朕命，吉哉！故兹敕諭。

諭征南將軍潁川侯永昌侯西平侯 洪武十五年八月初五日〔一四〕

舊歲命爾等率甲士三十萬南征諸夷，兵臨普定，如風行草上，所以去後還昂，致有小疵。及至入雲南之域，擒首帥於曲靖之西，敗烏蠻於可渡之北，席捲豪英，長驅於碧鷄、金馬，來云已駐牂牁。未幾捷報，摧堅敵於點蒼山下，而撫金沙邏邏心悦者，其金齒不戰而率士以歸。於是雕題之蠻聞知，即遣使入貢，以再而獻生口。檄從百夷之種，威來八佾之邦，將軍其勞至矣。

然功並亘古，勳著彤庭，英風遍播於華夷，丈夫至是，豈不以顯父母、揚名者矣？今也勤勞既多，欲勞以飲用，奈何山川險遠，速不及赴，特以朕心勞之，其敕然耶。故兹敕諭。

釋湖廣黄州府同知安貞

諭湖廣按察司：

九月二十五日未時，奏目至京，爲安貞被猾吏所陷，按問如律，在法司守法之道故宜。朕原貞由，皆非私也，物皆公用。況房屋一定不移之物，牀榻椅櫈之類雖可動移，既成又居公廨，係官之器，其貞他日别遷，豈將在官之物隨行？若以如律治罪，則今後官居無如民居，官舍陋於民舍，何足以統民？其陷害官長，猾吏此風一長，則諸司無官矣。敕至，安貞復任，猾吏刑來。故兹敕諭。

諭靖州衛指揮僉事龐虎等三員 洪武十五年八月〔一五〕

朕聞人臣之忠義者，未嘗蒙蔽人君而爲忠臣者也。前爲地方撥屬不明，敕鎮撫畢安詣衛，教爾爲忠良智謀之士。豈料信從蠻夷，暗受賄賂，賣棄地方，及至指教之際，妄行捏詞面欺回報，以致都司問擬如律的決，降充總旗。朕思前勞既多，今所作之罪不淺，若的以前罪決之，朕心不忍。然而罪皆釋免，理當調守雲南霑益、臨安衛守禦。符到即行毋稽。故兹敕諭。

諭刑官 洪武十七年三月〔一六〕

肇法司於玄武之左，鍾山之陰，其所名者貫城，且法天之貫索也。是星七宿，如貫珠圈而成象，乃天牢也。若中虚而無凡星於内，則刑官無私邪，政平訟理，故獄無囚人，貫内空。若凡星處其中而有數枚者，則刑官非人。若中有星明亮者，則貴人無罪而獄。

今法司已法天道，爾諸職事各司其事，還有以身心法天道而行之耶？若如天之所以，獄清而無事，心静而神安，以玄武之澄波，映鍾山之蒼翠，雖飛巢巔而走窩下，亦莫潛毫釐，洞見其真。智人居是，能不開懷抱而長嘯，終日引觴侣酌，以快今生？庶不負朕肇法司之所志也。汝其敬哉！

諭河南布政司及諸府州縣官吏 洪武十五年二月〔一七〕

大河之水，天泉也，非尋常之水。若所在牧守心仁，吏如律事，則河蜿蜒東注，無摧山裂石之勢。若牧守包藏禍心，吏不法以行事，則河流洶湧，駕洪濤於平野，魚鼈游園林，如此則牧守、郡吏將必禍焉。

舊歲河南來奏，河水瀰漫數州，皆徙民居，田園爲之一空。朕於日夜究心，河水爲患，田園一空，桑麻盡爲所蕩，衣食既缺，將何立命？況且東作將興，老幼艱辛。命特命駙馬李祺齎朕勑命，往所災處所，優給其民，雖不足厚給之恩，終解吾民之苦。爾諸職事一如朕命，奉行毋怠。

諭琉球國王察度 洪武十六年正月〔一八〕

王居滄溟之中，崇山爲國，環海爲固，若事大之禮不行，亦何患哉！王能體天道，育琉球之民，尚好生之德，所以事大之禮興。

自朕即位，十有六年，王歲遣人至，貢本國之土宜，朕甚嘉焉。特命尚佩監奉御路謙報王誠禮，何期王復以使來致謝。朕今更專内使監丞梁民，同前奉御路謙，齎符賜王度金銀印一顆，送使者歸，就於王處鬻馬，不限多少，從王發遣。故兹敕諭。

諭翰林檢討李陞

嗚呼！君子備道而有不幸焉，曰老不遇也，壯夭也，疾甚也。古今於此三不遂志，人以爲恨，朕未然其説。

俄監察都御史以知人情舉卿詣朝，朕令試之。試者奏卿人才矣。朕亦親出題『鍾山之景』，使發方寸之靈。弗逾時來呈，覽之言雄句壯，氣宇豪英。朕思任之，必國民之利。當任之時，卿訴疾甚，步趨艱辛，猶未深信。但令職翰林檢討，以省步趨之艱。幾月目形體聲貌，果疾之甚也，況聞卿老母年邁，特敕卿歸。故兹敕諭。

諭琉球山北國王怕尼芝 洪武十六年正月〔一九〕

上帝好生，寰宇生民者衆，天恐生民自相殘害，特生聰者主之，以育黔黎。邇來使者自海中歸，云及琉球三王互争，於農業少廢，人命頗傷，朕聞知不勝憐憫。今因使者往復琉球，特諭王體上帝好生，息征戰而育下民，可乎？不然，恐上帝有變，事可究追。故兹敕諭。

諭刑部尚書開濟父

諭尚書開濟父開蒙：

翁志堅人也，所以子尚書。今尚書之志，正在首觀時，誠固志人也。久若是而不異，則出仕賢稱矣。翁願若是，國民幸若是，朕思必若是。欣哉欣哉，不亦美乎！然翁慈父之道不已，又攜孫等赴京，可見翁以子爲國爲民之切，許國之心盡矣。足翁平昔之志，況今日之耀。朕幸翁來，多方更訓，揚爾祖宗，保我社稷。故兹敕諭。

諭翰林待詔沈士榮

古智人有爲身而修身，吾不知修者誰也。或曰身爲神而修，或云神爲身而修。因是之辯，惑之而更惑。果身修神歟？抑神修身歟？吾不知二修之道，但見古人遺迹，欲求身易而不艱於生，身後不亡其名，亦未知果爲身耶？神耶？或曰：終神也。夫神，天命也。命也者，氣也。氣之所以含情抱性，樞於意焉。所以修者，爲神而修身。若全首領於終世，則神靈矣。未有殘肌膚而異身首，而爲神之善者。

邇來閩中有士習安神之道，云東馳西奔，詢及儒、釋、道三宗，必欲達之，以妙己之虛靈。審當求之時，若病篤而尋名方，可見求之切歟。朕與之論，惟儒術之學，或可或不可，因朕不識儒之奥，故云如是。引談空之語，皆諸方舊云，懷抱甚博，然迷於是而已不變矣。再引道之清虛與校之，未免膚不及肌耳。

嗚呼善哉！君子雖未至三宗之奇，有心若是，豈不謂學之足矣。聃云：『居善地，心善淵。』今之人頑，肯近斯三宗者，豈不全首領而妙虛靈者乎？此即智人也。

諭僧

佛始漢至，教言玄寂，機秘理幽，以其有傳也，抵期而無教。以其無教，而有印心之旨。愚不知旨，故乃求旨切，無乃顛慌恍惚，茫昧於未判之先，役累劫之丹衷，何見一微塵之旨。云何？以旨問旨，故指空談空，謂空無際而無依，忽焉無倚。愚不知，踟躕不已，特以色求色，以音求音，孰不以謂利便而可也歟？斯愚問而求旨之切，故聰者孰謂可歟？既聰者不以爲可，將焉求諸所以然乎？而或云佛本昭示善道，大張法門，豈有昧而又昧，玄之而又玄？蓋昧在昧出，玄在玄生，故遠求之雖在天外，遍歷八荒，亦何有知之見耶？

朕嘗聞知，有好寢者，通宵烈風迅雷，而寢者恬然無覺，此果心已矣乎？神已矣乎？

果心已乎，則以心問心；果神已乎，則以神問神，亦不亦易乎？　然此若是之易，難使佛見前，安不爲諸徒之所辯，而無所措其法焉？　法本無門，而有由道，由何而止焉，焉知知止而無識焉？　所以我空非空，我相非相，要見覿體無知之態，似奔星廓落，電影馳雲。　或爲虚妄而妄，則妄起無端。　所以今之修者，棄本宗而逐末，猶不知陷身於水火，將焚而灰、溺而腐，尚以樂而不逼，以爲快哉。　斯愚不知旨，故特以爲然。　或聰者自以爲利根，雖搜空萬劫之虚靈，亦何見旨之有耶？　且以大藏教中諸佛泛言，今之修者，以爲經之泛耶？　旨之異耶？　若以經泛旨異，則古智人夜孤燈於嶺外，晝侶影於林泉，趣不我知，我不趣知，愚豈不謂嗤嗤然而以爲譏乎？　審者以謂不然動静，動静以爲天下樂，是則以爲智人便，信則以爲天下安，化則以爲天下幸，行則以爲天下福。

朕同知所以，舉大一藏教云諸佛之故，鐫磨鈍根，而爲説法。　朕不知法，故特以儒書之所云，子鈞而不綱，設使綱而絶流，衆目既張了，必歸於何處？　假使誠有歸處，則一大藏經添一倍不爲多，減一倍不爲少，孰盡去之，而願受謗。　周無文而備，有法還契，不立文字者，互相妄誕。　如斯之説，特敕智禪而云乎。

諭天界寺僧

諭天界寺善世諸行人：

吾聞釋迦之教，務靖不喧，時洗心而刻滌慮，去五欲之魔，清六根之本，雖不至六通圓覺之果，其報也必將來。所以修行者磨厲也，行者行也，功者造積也。凡云修行者，先置驗不速，又將不期然而然歟？今之修者，期驗欲疾，茫然久之，心不耐己，慮不隔塵世之有者，念無不在，由是而失道迷宗，愆重嵬山，信之乎？

邇來左善世、右善世、左覺義，欲不絶而事生曠，致伽藍之有鑑，使犯憲章，斯非他人訐告，亦豈朕之不然？自作而爲定業，將欲以去難，實艱於解分，是何行哉？皆不務靖而好喧生事自取者也。行人悟焉。

且二善世、一覺義奏溧水一庄，收糧五百有零，除納官糧外，餘四百二十二石九斗六升，盡爲役夫之用；不足，又四百貫鈔益之；猶以謂不足，今來需者甚。溧陽庄如之。朕准其奏，而欲收司者稽之，及至寺取人，而乃將司者半隱而半出，亦云庄所並無司者。至於再三物色，難以抵諱，尚且東支西吾，行止不顧。豈有奏僧糧有礙，朕將理之，反匿其司者，此果實歟？不顧行止而誑歟？於戲！欲世之不可絶而絶之，嗣祀之道，不可無而忘矣。

何爲苦心志而勞，用婪機、設妄語於無端，斯智禪乎？

諭天界寺不律僧戒泐復

志，所以崇聲名，立節義，去浮沉。凡丈夫舉此，必欲出類拔萃而異仄陋也。又智，用之而知無不知，以之而覺，覺無不先也。豈有過去茫然而不追者乎？斯二志、智，在天地間，生而知之者善用，教而知之者善守。若生而不知，教而不成，類乎禽獸者也，又何屑屑詢其所以然乎？

爾戒泐復者，所至之地，漸佛之場，所修者出世之道，及今之所以，甚於處俗。妬忌之惡，忿於蚖虵，褻於覯佛，不另禽獸，所以舁而上殿，周旋佛前，斯果頂禮乎？當此之際，志、智全忘，生死無知，死生亦無知。

前敕住持，誠若是乎？曾問生死也，死生也。云何？蓋生非死，死非生，豁然還有覺乎？今茫然無知其所以然。且今之罪報也，人神共怒，爲集金帛，構是非，要虛名，不立實效。甚蛺蝶之尋芳，游蜂之捕蕊，若蚍蜉之慕腥膻於車渠馬足之問，不顧網羅輪蹄之厄。爾本清蟬，翅霄漢，麗天風，飲高露，而乃故低飛而掠殘花，啖膻味，甚於蜂蟻蝶乎！今之罪也，在奏愆匿愆，觀喜怒，乘顏色，及盜衆僧用，特愚朕以飾己非，斯身亡有日矣！

然死雖有日，終未施行於法司，且役於廚下，以足衆僧饍。設粥飯有虧，不備味於湯調，致使衆僧饑虚口澹，則法司施行矣。故兹敕諭。

諭海西右丞阿魯輝〔二〇〕

諭右丞阿魯輝：

洪武十六年四月，遼東守將遣使入奏，爲海西事，云卿阿魯輝差使寧潑皮等伸情意，言及烏者野人歸誠，朕甚嘉焉。且卿所守地方，東隘野人，南險高麗，北接曠漠，惟西抵元營，無甚艱厄。遂數千里以神馳寀交，雖漢河西竇融之誠，何出卿右？今特遣使齎朕至意往勞，故兹敕諭。

諭正一嗣教真人張宇初

書秘訣奥，在繼傳不息也。其運玄元之真而樞萬靈如影響，則用己之原神以契符訣之妙〔二一〕，則繼傳不息之道，豈不倏哉而感應也歟？否若是，雖善秘書，精指訣，雖萬千之熟，亦何應哉？且爾祖至今繼世名世者，以其禦災捍患也。爾正幼年，當節修節潔，精魂思與神通有時，則當用之際，神必爾赴。故兹敕諭。

諭安南國王阮廷檜歸省親敕

諭安南國王：

前者占城之役，祗候内人阮廷檜行中之一爾，因爾前王終於占海之濱，廷檜留於占國思歸，浮海至於嶺南，有司送至。朕見浄人，授以内臣之職，今六年矣。特令省親並養疾，若痊，王必令再至。

今因廷檜，朕復諭：尚兵相加之役，自今已後，王無再舉。勤修睦鄰之道，以樂安南之民，其福無窮。故兹敕諭。

諭曹國公李文忠西平侯沐英等敕 洪武十二年二月〔二二〕

三月初二日捷音至京，云二月十八日番寇潰散，餘者見行追襲。然此其守禦洮州城池，當仔細定奪。今擬西番已得，地方寧静，其河州兩衛軍馬，止留一衛在河州，撥一整衛守洮州。岷州原守軍馬且不敢撥動，但留鎮静。

即目鐵城等處人民，多不曾納糧當差，地方多有積蓄，令軍人哨取以爲自供。其洮鐵二城，長陽地方人民，切不可留一户在彼。爾當依朕前囑，一應首目歷歷解來。乘此軍勢，不可再三，一了便了。所有隨征軍馬，山西已行發回，甚是的當。餘有西涼、寧夏未見發回，敕文到日，遣回本衛。京師、陝西、河南軍馬，令步軍挾人出來，軍馬可盡數在彼，收拾零碎西番，然後回還可矣。敕諭曹國公、西平侯及藍玉總兵等官知會。

又

西番人性多不懷德，畏威有之。今遍大軍至彼，各各星散，失其前日所有，少有降者，不過面從而已，非心服也。敕符到日，云及諸將知會，毋得私己容留一人在於洮州地方，後爲民患。

彼中人户多養馬疋，務要收拾乾浄，不可令人作弊。其十八族地方亦養馬多，除端王舊管當差不科外，其餘包鎖南等一了不曾當差，人民見一户出馬一疋，少有不從，致之嚴令，或遷離本土，若令及一二人，必有從令者。首目絶不可容下，應有發來，庶無後患。

本處事務都了，可令岷、洮、陝西等處官軍乘此就扎疊州，免致再三動衆。此事在於彼中定擬，朝中所料，未可必然。斟酌奉行。

又

三月二十日鄭佛兒至京，將到曹國公書，所言事多係大概。内言轉運艱辛，民力生受，更言洮守不守，恐久遠難爲轉運。然此處地方，皆係漢唐備邊禦侮要地，既逐去本處賊徒，若不守禦，將久又爲後患，必須守禦。其地方人民，一户也不要留在那裏。如今守洮州就將所得牛羊多撥些與軍，折作二年官糧也可。

地方人十分要打蕩得乾浄。阿卜商走在何處？若無處尋他時，他只在黑章咱地面，那裏有他親多，去那裏問要。潁嗉子不問到那裏，也要拿他來〔二三〕。如敕奉行。

諭曹國公李文忠敕 洪武十二年五月〔二四〕

即今四川土人以妖惑衆而起，延及舊日明氏僞宫人等，皆乘時爲亂。京師大軍居下流，急不能撲捕，到四川非兩月内不得至。爾若回在陝西，可摘撥官軍，遣官率領，由棧道星夜前去撲滅。爾若未至陝西，亦可早回定奪，庶免賊熾，以安蜀中。

命曹國公李文忠提調都督府事敕 洪武十二年七月〔二一五〕

大都督府掌天下兵馬，其遷選調遣，辯强弱，知險易，發放有節，進退信期，度行卒之勞逸，察司隊者邀功，若防姦禦侮，非止一端，於斯職也甚貴。朕以貴賞功，其於機也甚密，特以機密託之腹心。所以都督天下兵馬，謂裁其事耳。

今府僉事已任，左右都督、同知都督未職，特以爾曹國公李文忠專行提調府事，都府一應遷選調遣，務從爾議，然後一同來奏。若府官及大小軍職少有不如律者，即便究治。若有功，並如律者奏，毋他隱。奉敕往治，欽哉！

諭御史大夫丁玉敕 洪武十二年六月〔二一六〕

前者大軍入西羌萬山，將松州已行攻取，修城守禦，了當甚是，威鎮西夷。今議得松州地方山多田少，所種不足所用，若令四川民人供給守禦，廢有用之民，守無用之地。符到之日，可設法抽出軍來四川撫養一會，或於保寧立一衛，或揀何處緊要所在立一衛，鎮静四川。

又 洪武十二年七月〔二七〕

舊歲命爾西征，以今觀之，非人事必然，甚有天意以相四川。且妖人彭姓者，潛妖遁迹，暗搆愚民，已有年矣。若非命爾率丁氏舊日土兵出境，其四川之禍，又非淺淺。若丁氏土兵未出境土，聞妖作亂，乘時蜂起，以四川各衛並都司官機謀調遣，甚有不足，安能止妖遏邪？今禍亂已平，國之福也。

卿跋涉崇山，究心日夜，甚爲艱勤。然卿未至四川，指揮音亮等帥軍不律。近聞李指揮律如軍法，其茆音尚未典刑。特差人詣四川，斯二指揮必不可恕，亦當律以軍法。夫國之用將也，以備捍大患而禦姦侮，如斯不律者，安能食禄受官！刑不輕恕，於法無疑，如敕施行。

諭信國公湯和敕 洪武十二年六月〔二八〕

今年春，命爾率騎步駐臨清，以備北塞，所將列侯有七。今令人持符詣軍中，提三侯還京，所提者：吉安侯陸仲亨、江夏侯周德興、宜春侯黄彬。其有管領馬疋軍士，均調與南安、鞏昌、河南、永嘉管領操練，務要的當。

北上消息，常川要知十分，南北都要仔細，常差人北平、山東往來探聽，毋得怠慣，謹慎謹慎！

諭遼東都司發回高麗百姓敕

六月初十日報到，高麗龍州民鄭白等率户以五男婦一十五口來降，朕未審爾二將軍識否？且高麗今古稱東夷，越崇山之險，僻居海隅，其風甚詐，人性多頑。況彼奴主分定，民人樂土，豈有捨桑梓而歸異鄉者耶？斯必示弱於我，若此一二年間，如此者又將疊至，深有智焉。若我無知，其害又非小小。敕符到日，省諭來民，加以公文送回，以破彼姦。邇者中國方寧，正在休兵息民之時，其東夷接境，在我切無生小隙，使彼得爲口舌。若我正而彼邪，彼果不臧，則師出有名矣。其來降切不可留，況春秋有云『無納逋逃』，如使互相匿納，何時了歇？須當發回。

諭遼東都司敕

古之能將，出禦封疆，入衛謹密，雖内有姦臣，外有詐敵，間無入焉。

奏差來言高麗行禮事，斯非慇懃致敬之意，實萌間諜之由。斯高麗也，今古稱爲東夷。

聖人有云：夷狄禽獸也，輕交必離，重交必絶，未有始終者也。所以者何？其性謀人者多，安人者少。豈不識彼書之語，備在前書並都評議使司公文。斯不明之言，自漸而進，其知備乎？然與外交者可，惟三國羊祜是其人也，餘多爲所害，故臣子無外交之理。

又

昔漢唐之四守也，滄海之東，三韓之地，人多狡詐，不懷恩意，而乃叛服不常。非智德之將戍守斯地，其鴨禄之西北，斥堠於金山，彎弧調騎，控朔漠以撫女貞，雖備也恐虞。邇者爲女貞、高麗入歸者衆，朕將授首帥者職，未知重輕，特令營陽侯至定遼相度，與爾等議可否，量重輕，使之受官食禄。

今年四月，營陽侯歸，云彼中事勢〔二九〕，及齎到奏目，雖列有等第，朕猶恐弗精，再差人與爾等議，果來文的否？若的無他論，則下注授之以職；若有不當，則火速明白寫來奏聞，朕當決之。

諭遼東都司指揮潘敬葉旺敕

洪武十三年六月〔三〇〕

朕觀高麗之爲東夷，餘書未詳，其性俗備載漢、隋、唐、宋諸史，誠可驗也。其巧詐多端，叛服不常，以其輕薄也。當漢、隋、唐、宋大治之時，其高麗未嘗不爲邊患，以招兵伐。今高麗逆賊弑其君，又詭殺朝使及内官人等，不久遣使飾非，可謂信乎？前者不令來朝，彼堅執不聽，及其與之期約，而乃不遵所約，其狀顯然。止可各固封疆，使其自然。

今爾等手握雄師，戍守遼左，不思制人之術，而萌爲人所制之機，果何智哉？高麗既不如我約，令卻使者歸高麗，則當復以禮成，差有名望者來朝，則事大之誠，必可孚於我衷。今貢不如約，又詐以虚文行移，入我邊守，雖曰其性輕薄，於斯之爲，深有機焉。爾等不止於邊，擅令入城，又擅令同周誼來者先歸，此必諸將甚中姦誘，賄賂動摇。朕細思之，則他日爲彼所害於爾者，又非淺淺。今後毋令擅自入境，如有來者，止於邊，待後使歸，首將不許見。今後若有貢賦前來，仍於邊上止歸，不許入獻，且令自爲之。爾等如敕，毋得違爲，以干憲度。

又 洪武十三年七月〔三一〕

禦邊之道，務在深思。所以深思者，必欲審勢量度，奚張威武，孰使懷恩，斯二事必見機而作，庶幾制人。

前者高麗不如約，是後假以計稟事件，差人詣遼覘視。今留周誼在朝，遣通事歸，爾等善待縱之。此人親齎周誼書往，更約以完禮來貢。若此去再不如約，而乃妄差人來，就邊止回，不許入境。

且高麗昔在漢、隋、唐間，時降時叛，時出輕騎擾邊。若善與相交既久，彼又密令廣齎物貨，招誘戍兵。故事在漢高帝時，雖不的爲，實衛滿同於高麗。若此，今縱與之來，不可不備也。故兹敕諭。

賜平涼縣尹王軫父諭〔三二〕

朕起草萊，削羣雄，一海内，安中國之務，欲天下承平。邇者諸郡官吏不畏法律之嚴，姦弊疊興。御史臺管局宇文桂因事被問，囊中所藏書信百封，盡取目之，悉係浙右儒吏獎譽之言，或是或非，皆欲禍人，中間亦有私託求進者。

嗚呼！昔元之初得天下，人材皆務實學，故賢能由公道而進。後元之失天下，世俗皆尚虚名，故贓私干權門而用。朕多涉艱難，備知此矣。其立法未嘗不嚴，而用法未嘗不審，然贓吏貪婪，如蠅蚋之趨朽腐，螻蟻之慕腥膻。噫！若是者豈非慈父失教於平日耶？抑其子之不孝、不聽父之訓耶？

今於百封書中，得一善教其子者，係浙右登科舉人王軫之父家書，意望管局宇文桂轉達平涼子之任所，書未發，朕偶獲見。其書中語言諄切，教以忠孝，子之賢否雖未可知，然薄俗中有善於爲人父者如此，誰能出其右哉！勸善懲惡，移風易俗，實有國之善治。其令中書遣人齎朕詔諭，往詣其家，賜以白金百兩，附子五枚，川椒五觔，絹十疋，以旌其賢。令有司免本户雜役，依舊應當里長，其弓兵不須再役。

洪武四年閏三月□日。

勞西河衛指揮敕

西河之地，勢控戎羌，番漢同居，儀風不一。土民性勁，動以兵加。昔君命守斯地，非恩威兼著者，何能畏服者耶？爾某官自朕命往戍，幾年于兹，威聲遠振，番漢寧居，近悦遠來，皆爾之功，特敕勞之。故兹敕諭。

又

河州之域也，羌戎雜處，番漢同居，鳥鼠一穴之地亦邇焉。其土人性務爲盗，殺伐無時，非智謀不禦。卿當守此，必外張威武，内懷多仁，則羌戎服矣。爾其慎哉！

勞西涼衛指揮敕

朕惟涼州之域，北控胡人於朔漠，西南制羌戎於鳥鼠同居之所。卿守是方，即今暑退金生，嚴凝之氣將至，憫爾禦邊之勞，差人往諭，慎守勿怠。

勞寧夏衛指揮敕

寧夏之邑，背山面河，昔人界之以爲險。拒趙宋者，趙元昊是也。今我大將軍掃清沙漠，朕命卿守之。此地，關内之北門，胡人之前户，慎備秋高，縛胡必有日矣。爾其深謀哉！

勞北口衛指揮敕

朕惟幽燕之北，羣山輻輳，以斯口稱爲古北。天造之險，所以限夷夏也，可謂信之矣。卿分戍此，毋以險自恃，必斥堠分明，務在制人不制於人，智哉！

勞四川衛指揮敕

川民之所以頑，其恃在四山環之。昔所以蠶叢、魚鳧專之以爲國，爲此也。自秦得之後，每入中國，斯化之及也。今命爾守是方，務懷仁以撫之，民樂矣。爾其敬哉！

勞福建衛指揮敕

八閩之地曠，民好嘯聚，凡守此者，非智勇者不易。今卿當此方面之重，必晝夜籌策，撫善繩頑，則爲將之能者也。戒慎之。

勞海南衛指揮敕

曩自戡定以來，人皆臣服，然當此之際，必居安慮危，方稱保民之道。前者命爾戢兵炎地，固守疆圉，朕恐爾恃滄海之險曠、城隍之高深，忘備肆逸，特遣人往諭。

且滄海之曠也，人將以爲險，朕謂非險也。其海濱迤西及南，諸番蠻貊，國無大小，環而王者不知其數矣。海之曠，吾與共之，設有揚帆浮游，奚知善惡者耶？必加嚴備，乃無警於民，策之善者。汝其慎之。

勞廣西衛指揮敕

朕惟桂林之域，左蒼梧而右蠻溪，地多煙瘴。命卿戍守，已有年矣。今當盛暑，遣人往諭，爾其撫士卒、調飲饍，勿使瘴癘有乖。卿其慎戒之！

勞昌國守禦千户敕

東溟中有奇甸，環數百里，民有生於是者，樂於是，是以古人置邑曰昌國。設守令以牧之，戍兵以護之。斯土海環四維，非舟不達，所以防者，防水賊也。前數年命卿守此，久失存問。特遣使往勞，卿其相機防禦，以妥吾民。故玆敕諭。

校　記

〔一〕題下注文原無，據明太祖實録卷一二五補。
〔二〕題下注文原無，據明太祖實録卷一三三補。
〔三〕題下注文原無，據明太祖實録卷一一九補。
〔四〕大業　明初三十卷本作『大事』。
〔五〕伐　原作『代』，據萬曆本改。

〔六〕題下注文原無，據明太祖實録卷一四三補。

〔七〕題下注文原無，據明太祖實録卷一四二補。

〔八〕敕　原無，據萬曆本補。

〔九〕敕　原無，據萬曆本補。

〔一〇〕題下注文原無，據明太祖實録卷一四一補。

〔一一〕題下注文原無，據明太祖實録卷一四一補。

〔一二〕往　原作「姓」，據萬曆本改。

〔一三〕題下注文原無，據明太祖實録卷一四五補。

〔一四〕題下注文原無，據明太祖實録卷一四七補。

〔一五〕題下注文原無，據明太祖實録卷一四七補。

〔一六〕題下注文原無，據明太祖實録卷一六〇補。

〔一七〕題下注文原無，據明太祖實録卷一四二補。

〔一八〕題下注文原無，據明太祖實録卷一五一補。

〔一九〕題下注文原無，據明太祖實録卷一五一補。

〔二〇〕阿魯輝　四庫本作「諤爾根」。下同。

〔二一〕原　萬曆本作「際」。

〔二二〕題下注文原無，據明太祖實録卷一二二補。

〔一二三〕他　原無，據萬曆本補。

〔一二四〕題下注文原無，據明太祖實録卷一二四補。

〔一二五〕題下注文原無，據明太祖實録卷一二五補。

〔一二六〕題下注文原無，據明太祖實録卷一二五補。

〔一二七〕題下注文原無，據明太祖實録卷一二五補。

〔一二八〕題下注文原無，據明太祖實録卷一二五補。

〔一二九〕云　萬曆本作『奏』。

〔一三〇〕題下注文原無，據明太祖實録卷一三二補。

〔一三一〕題下注文原無，據明太祖實録卷一三二補。

〔一三二〕此篇原無，據萬曆本補。

高皇帝御製文集卷九

敕命

考功監令敕 丞同

朕自即位以來，法古命官，列布華夷，各人如所在，宣朕命，署政事，已往者十年。其間最否未知，必稽其所以方明，故設考功之名爲監，其職者非心腹不佞、事可委令者，安得而專其事焉？於斯之職甚微，於斯之要甚切。所以切要者，言其大小之職，必由此而黜陟焉。若非人而職此，必佞大而賂小，以全其考，愚君枉法，非止一端。故在選人而得人，方稱斯職。朕於斯監非不再搜才能，奈何空眼無知，是謂得人之難。爾某非愚下之才，但委是職，以驗平生。

於戲！公私黑白，惟丈夫者别之，愚下混淆，安能昭著。今特命爾爲考功監令，戒哉戒哉！

中書舍人敕

書之原由來八卦，始代結繩，經倉頡而備用，博便天下，其書也，萌大聖而茂賢能，世非此者，艱爲事理。若此者，盡天地之有無，亘古今之興廢，云後先之否泰，陳三綱而立五常，代君命如親行，使臣民見之，無不稽首鞠躬。於斯之見書之功，豈小小哉！

假如先書之天地無知，後書之天地，天地也；先書之聖人無有，後書之聖人，聖人也。非有志之士，不能成其書。所以唐宋特設中書之職，爵俊秀而集羣英，以書備敕命而昭示天下。於斯之職，不爲不重，而故重之。朕法前代，官如焉。今特命爾某爲中書舍人，勤政毋怠。

東宫官敕 洗馬、中舍。

前代擇人以從嗣君，事各有任。所以任事者何？謂發先聖之聰明，闡哲王之心志，以基將來人主之厚德。若斯輔之人，必通聖智、廣學問則可。今洗馬乃先驅之職，中舍乃周旋之士。於職雖微，若非端正，豈可近乎？今以爾某爲洗馬、中舍，爾其動静合宜，問對誠實，則身家昌焉。

兵馬指揮敕 副指揮同

今之兵馬司，即宋軍巡使。其爲職也，禦風火，察姦盜，禁城人衆，謹關鍵，驗出入，使真僞俱分，餘無狂暴，以康善良之居。若膺是任，非機智速疾、人莫可測者，豈輕授焉？然世無全才，爾某頗達變通，特授爾某官。毋得假公營私，以積後愆，務公勿怠。

翰林院典簿敕

翰林院之設，歷代本官賢志文學之士。然而代制君命，出入書籍，官吏俸給，日用紙劄，上下行移，若非案牘之明，則無稽於歲終，有愆於諸職事者，故有典簿之設。今朕命爾某爲翰林院典簿，爾當奉行毋怠。

翰林院典籍敕

官儒於翰林院，則有典籍設焉。所以典籍者，專掌已入院閣之書。歷代重其事者何？蓋謂紀載先聖先賢之道，古今帝王名臣，必待學而知之，若非永固，則後人失學矣。所以官人以司之，正欲精匱閣之方，明數目之多寡，易於檢討。今朕命爾某爲典籍，務勤勿怠。

國子監助教敕

古之設學，京師曰太學。其所以教者，百官之子及民間之俊秀。君所以敕教之者，欲國之人才備，故有人繁業衆。以其師者數人，不能偏教，特有助教設焉。若職於此者，必得頗通性理，勤覽羣書，方稱斯職，非若是而不可。某今授某官。既承命，勿怠。

王相府長史敕

古君分封諸子，藩屏國家，先擇人以輔之，故有長史之設。其爲職也，府中一切事務無不周知，導王以仁，永王之國。若如斯者，良哉！某今授某相府長史，爾因儒吏授此職任，雖未見忠良若何，止以目前之學用爾。爾當竭乃志，盡乃心，勿汙先聖賢之道，往輔之，勿怠。

王相府審理正敕 副同

古者列國天下，一王綱而繩愆謬，故法不外施，此諸侯王之道。今王國應設刑官，特以爾某爲某相府審理。正副。既承朕命，當權衡其心，使神明昭鑑焉，務公勿私，毋怠。

王府典寶正敕 副同

昔者君天下，符契爲先，所以取信於臣民也。今親王朕授之以寶，合設官以掌之。今特命爾某爲某府典寶。正副。爾尚恪勤乃心，日奉勿怠，敬哉！

王府典儀正敕 副同

古者諸侯王各居其地，天子命禮，諸侯遵守而行之於國，故有典儀之設。朕法古封建，於王國亦當設官。今特以爾某爲某府典儀。正副。爾當精周旋之道、進退之方，使上下禮節焉。務勤勿怠。

王府良醫正敕 副同

古者諸侯王皆有醫藥之官，以其辨食用而謹調和，不致食非食而飲非飲，此古之道。今朕以爾某爲某府良醫。正副。爾當一古人之法，以永爾職。爾惟懋哉！

王府工正敕 副同

工正之設，古人以之而掌營繕，必得憐民之疾苦者，庶不致曠費料材而濫役也。今王國各設工正所官，以爾某爲某府工。正副。爾當惜材撫匠，以稱斯任。往慎哉！

王府典膳敕

世人之命，飲食也。備品以用之，別貴賤也。所以君用必職以司之，使烹調合宜，不致食非食而飲非飲。其諸侯王亦有宰膳之官，以其重頤養也，必得精潔勤慎之士可。今命爾某爲某府典膳。爾宜敬哉！

王府司醖敕

酒以奉神明於上下，悅人情於古今，所以重酒以設官爲斯。若膺是任者，必清潔其醖所，滌利其用具。當成之際，使馨香室野，足以格上下，方稱是職。今以爾某爲某府司醖。慎哉！

生藥庫大使敕 副使同

古爲國者，其於藥餌，必集以待公私濟急。今朕亦有生藥庫之設，若欲用人，必得識品類者，方爲是任。今以爾某爲生藥庫。大使副使。爾其收貯如法，出納精專。爾惟懋哉！

抄紙局大使敕 副使同

鈔無古製，始宋用元，兼行子母，大利天下。然製造之法不難，欲人無犯，豈不艱哉！所以不難者，一蔡倫之工，於今之時，孰不爲之？國之用行天下，改色飾文，禁民勿僞，故設抄紙局。官人於斯，使督工有成，抄造尤精，必得人而後已。今命爾某爲抄紙局。大使、副使。敬慎毋怠。

織染局官敕

織染之工浩大，所用者皆民之歲供。若官良臣以司之，則民無横科，色足如式；若非良臣而貪汙職者，則民之受擾，物不如式。古者因是設局命官，使工無曠日，物不妄費。今朕亦體爲之，命爾某爲某官。爾當公務業誠，保身慎哉！

高皇帝御製文集卷十

策問

問聖學

朕詢古人之學及教之師，兼當時之書，不見册録，但見今人之學，皆祖堯舜，本仲尼，師今之名儒。其古人之學，果何習焉？想必有學，學必有書，未審非今日之書，即今之書理，若理同而書異，則不過更名而已。

何乃古之賢者，或載之尚書，或傳云及名留於世者，皆君聖而臣賢。其有未爵之士人，懷才而抱道，一遇君之見用，施之行之，略無有礙，匡君濟民，無偏無黨，而亦不有賄賂焉。

何今之人所學之書則孔丘之言，皆率三皇而範五帝，乃爲君之師，舉皋陶、周、吕、召爲教臣之式，明三綱，列五常，使衆庶咸安。於孔丘之言，教且嚴而理且明。

何今之人一臨事務，十行九謬？爲君者享國且短，爲臣者不匡君之道，而賄賂通行，至於覆命者何？爾諸儒博習古書，知今之時勢，當備陳而朕親覽之。

問天時

朕聞聖人在位則天下安和，四時序，五穀登，風不鳴條，雨不破塊，甚亨者五日一風，十日一雨。此果若是乎？果若是，則何君在位，天地之鑑致然也？

夫何堯湯在位之時，二君皆聖人也，卻乃堯有九年水，湯有七年旱？當此之際，民之休息，莫不苦殃至甚否？然于斯二事，但嘗聞云耳，略不知水旱始堯湯某年，其災消禍弭亦終於某年。諸儒博習聖經典籍，必能周其故以陳之。且當時君聖臣賢，何故國民之災有若是之危？此果民不善而致然歟？君不德而致是歟？抑天道運會而使然歟？如此者去古既遠，亦必陳之，但以方今天道之變，又不知何如耳。

曩元不經，天下橫兵，十有六年，災傷民命者非止一端。凡死者兵機水火，大疫流行，中原之地十喪六七，至今方定九年矣。水旱時時，必朕非仁而使如是乎？當詳其故，朕親覽焉。

問刑賞

朕聞三皇五帝之治天下，其用刑也甚簡，及其行也甚嚴，民擊壤而歌，不知有兵，何如是之樂哉？今莫知其法。何自周明五刑，享年八百，君三十世，將比三皇五帝，何孰隆而何孰夷？至秦用法，倍加五刑，舉巨罟，張密網，絶於二世。漢高帝除秦苛法，約以三章，而稽歲棄市者五十人。文帝去肉刑，使民無憂，稽歲棄市者五百人。至景帝而亦去重刑，而以笞杖代之，稽歲之棄市者千人，享年四百，君有二十四帝。唐宋之法，比漢輕之，而當洪休是也，享國弗果。三皇、五帝、周，而唐宋各止三百年，帝共三十七人而已。又古封建有功德，列國天下，民無争，臣不篡，君或讓焉。於斯刑賞，使民憂而憂，樂而樂，致國短長者，朕不知何？特諭諸儒比論，可得而聞乎？

問堯舜禹啓

唐堯、虞舜之書，凡儒者皆誦之、明之。二帝乃大聖人也，其爲壽也高，其在位也久，以其大至智則化被天下，以其德則澤及萬物。其爲至智者，不言可知矣；其爲聖德也，不待辭而昭明矣。夫何不丹均之化，慈不及之？雖書載丹均之不才，猶且不能使人無惑也。

且禹亦聖人也，功被天下，法唐虞之制規矩焉，國祚延長，當衰老之際，天下何不益之讓，乃啓有之者何？敕爾論之。

問天地鬼神

天地變異，鬼神顯寂，若此之機，可得而聞乎？果能陳其本末，則當言天地變異，其態何如？鬼神顯寂，其狀何若？於斯變異顯寂，由何而生，因何而静？故敕問之。

問人臣言行

人臣匿有知而爲無知，揚無知而爲有知，公私乎？未親率而言易，已親率而云艱，果知易難乎？仲尼之學必精之，如貌恭而衷不果，言行而心不良，識見乎？測難乎？子等幼習至壯，閲文既多，當備陳而辯驗之。

敕問文學之士

昔秦皇去封建，異三公，以天下諸國合爲郡縣，朝廷設上、次二相，出納君命，總理百僚。當是時，設法制度，皆非先聖先賢之道。爲此設相之後，臣張君之威福，亂自秦起，宰相權重，指鹿爲馬。自秦以下，人人君天下者，皆不鑑秦設相之患，相繼而命之，往往病及於君國者，其故在擅專威福而致是歟？抑君怠政而有此歟？校之既久，恍惚其端，特敕問之。

又

朕嘗觀物，昧於造化，惑於的理，特以雲生之妙敕問之，理何如也？嘗云山川出雲，其雲也，一動一静，何如斯指山川而言雲也？又碧天四際，穹壤無翳，俄霄漢間，倏然而默雲蔽於太虚，此非山川之發理，果云何若是而妙乎？

又

朕聞昔之叩角而歌者，謂嘆時而作。又一士捫虱，以論形勢而觀利鈍。是二士也，智者請爲之論。

又

朕觀上古聖賢之言，册而成書，智者習而行之，則身修而家齊，爲萬世之用不竭，斯良之至也。今之儒不然。窮經皓首，理性茫然，至於行文流水，架空妄論，自以善者矣。及其臨事也，文信不敷，才慾果斷，致事因循，將何論乎？請論之。

又

權衡之制，升合斗斛之法，止頑民之狡，使良善者無憂。雖然，頑者愈加姦猾，善者尤被其欺瞞，官以爲必善，民以爲必然。若以權衡之制不善，升合斗斛之法不良，觀斯制度，其所由來遠矣。今商賈計多，市民詐廣，未審何法而可制之哉？請爲之説。

又

朕聞昔仲尼、孟軻之在世也，其利濟之心，慮恐利濟有所不及，是故拳拳導人爲善。所以爲善者，或公於朝，或私於家，不離爲善之道，是保禄保家而全身命也。當是時，仲尼、孟軻不獨導人而已，其又周游諸侯之所，敷陳是非，與語尊君澤民之道，意在天下安和。未嘗逢君不言，深藏所蘊，使人不知其所以然乎？

今文學之士來庭，特以前聖賢之所以言，今之儒士所以不言，欲知其所以人情而用，孰難易乎？請爲之論。

又

朕嘗仰觀俯察，知七曜律度於穹壤，浮天而東，行天以健而不息，紀分野而游乎地，上而西馳，山崇海凝，雲飛星列，川流不止，淵清弗渾，四氣消長，欲原其造化何自，終未得人以明。今文士至朝，請陳理説。

又

天道穹窿而迴遥，莫知其所以然而奚止焉。地道鴻龐而悠曠，亦莫知其所以然而奚深焉。斯二儀也，前列聖之所以載在祀典，而以南北郊爲首祀，次以宗廟社稷，下再酹於山川。朕觀若此，古人將以爲神之靈必然而祀焉，果恍惚疑信而祀焉？且神之爲神也，或寂或見，果隸災福焉？今敕爾諸文學之士，請言有無，敬慎何如哉！

又

昔堯舜之絶傳，其舜禹之衆合，周政之不綱，殷湯之兩廢，其故由何而致然？

又

嘗聞上古列國於天下，爵分五等，其於朝聘之儀、貢輸之額，辨是覈非，孰職以專之？果有無之可析乎？　請明其説焉。

又

朕聞昔之至智者，務志以崇身，專利濟以名世，未見獨善其身而爲智賢者。或曰：『時有盛衰，致令賢士大夫觀事勢而向背，不過向吉背兇而已。』朕嘗笑之，孰不知大至智之人，若欲出類拔萃，必犯患涉難，善能平斯二事，則名彰不朽。安有懷大才，抱厚德，視君缺佐，目民受殃，恬然自處者？　若必以出非其時而不仕，則仲尼、孟軻居諸侯擾攘之秋，大背於彝倫之序，而仲尼、孟軻周游謁之。朕不知其何心？　請爲之論。

又

昔漢制，商賈技藝，毋得衣錦繡乘馬。朕審之久矣，未識漢君之本意如何。中庸曰：『來百工也。』又古者日中而市，是皆不可無也。況商賈之士皆人民也，而乃賤之。漢君之制意，朕所不知也，諸生詳而細對。

又

吁！時士之志，奚不我知，其由我不德而致然耶？抑士晦志而有此耶？嗚呼艱哉！君子得不易，我知人惟彼蒼之照鑑，必或福志之將期。然邇來云才者羣然而至，及其用也，才志異途，空矣哉！

問佛仙

佛仙有無，誠如黑白，惟釋迦與叱羊者能之。噫！道矣哉，靈如是。然昔人見，今之聞之，相傳數千年，一體如斯者，未覩散聖，有之尚未得其傳。方今兇頑是化，良善契從。仙乃務思凌煙霞而躡昂霄，會王母於天京。釋乃歛神一志，靜觀玄關，意在出無量劫而昇兜率。志斯二事者，道盈菴而僧滿寺，以百人爲數，九十九人失道迷宗。或曰：陸沉其一。傍曰：鬼神不洩機，仙有尸解，佛有千百億態，孰知昇沉迷失者耶？爲此有慕而不絶者，有毀而不滅者，此豈佛仙有無之驗哉！

洪武八年，見二教中英俊羣然，博才者衆，特以二敕諭之，敕以捨彼而從事傑乎？捨事而從彼志乎？ 聰愚者必皆兩圖。 諭由己而敕，不專信乎？ 諭爾僧道，備以陳之。

又

朕觀如來修行，雖苦之至，但六載而道成，其妙覺之靈，則有千百億化。 效之者莫知至微，或得之者亦不知自何而至。

道祖老子，神仙繼之，或幻而或真，神通盛，效之者亦莫知源何。

夫子之立教，彝倫攸敘，效之者可以探其趣，誠如夫子者鮮矣。

於斯三者，可以興滅乎？

論

嚴光論

夫人生天地之間，處心有邪正不同者，有沽名釣譽者，有濟人利物者。 此數等之人，但聞其情狀，不分高下所爲，餘何所知！ 且邪、正、沽名、利物此四士者，莫不止有一說。 邪與沽名者類，正與利物者同，此所以止二說也。

夫邪，非獨姦惡萬狀而爲邪，諸事不誠而爲邪，可爲而不爲爲邪。邪之一説，何可數量。如昔漢之嚴光當國家中興之初，民生凋蔽，人才寡少，爲君者慮恐德薄才疏，致生民之受患，禮賢之心甚切，是致嚴光、周黨於朝。何期至而大禮茫無所知，故縱之。飄然而往，卻乃棲巖濱水以爲自樂。吁！當時舉者果何人歟？以斯人聞上，及至，不仕而往，古今以爲奇哉，在朕則不然。

且名爵者，民之寶器，國之賞罰，亘古今而奔走天下豪傑者是也。禮記曰：君命賜則拜而受之。其云古矣。聘士於朝，加以顯爵，拒而弗受，何其侮哉？朕觀此等之徒，受君恩罔知所報，稟天地而生，頗鍾靈秀，故不濟人利物。愚者雖不知斯人之姦詭，其如鬼神何？且彼樂釣於水際，將以爲自能乎？不然，非君恩之曠漠，何如是耶？假使赤眉、王郎、劉盆子等輩混殽未定之時，則光釣於何處？當時挈家草莽，求食顧命之不暇，安得優游樂釣歟？今之所以獲釣者，君恩也。假使當時聘於朝，拒命而弗仕，去此而終無人用。天子才疏而德薄，民受其害，天下荒荒，若果如是，樂釣歟？優游歟？朕觀當時之罪人，罪人大者，莫過嚴光、周黨之徒，不正忘恩，終無補報，可不恨歟！

且耿弇、鄧禹之賢，生稟天地之正氣，孝於家而尊於師，忠於君而理於務。當漢中興之初，朝無禮法，民尚徬徨，其弇禹者，助光武立綱陳紀，磐石國家，天地位而鬼神祀，民物阜焉。此正大之賢，豈不濟人利物也哉！所以名世於古今者爲此也。

嗚呼！千載之邪正，莫不尤朕泛説乎？達者識之。

誦經論

暇游天界，入寺聞鍾，且經聲嘹亮。正行間，遥見長老持鑪而來。少時，詣前禮畢。朕問和尚：『彼中撞鍾擊鼓，香煙繚繞，經聲琅然，必好善者送供以飯諸僧乎？』長老對曰：『近日並無飯僧者。』朕又問長老：『既無飯僧者，諸人止可寂寥面壁，以觀想爲然，何故周旋精舍，衆口喃喃？』長老曰：『僧之所以諷經者，恐有過失，誦之不過釋愆耳。』

朕既聽斯言，忽然嗟嘆：噫，愚哉！豈不聽解之差矣。所以僧多愚而不善，民廣頑而不良，以其悟機錯矣。且佛之有經者，猶國著令；佛有戒，如國有律。此皆導人以未犯之先，化人不萌其惡。所以古云：天下無二道，聖人無兩心。名雖異，理則一。

然以朕觀之，佛所以教人諷經者有二：若談經説法化愚者，必琅然其聲，使觀聽者解其意而善其心，所以不慮其意，止諷誦之。若自欲識西來之意，必幽居浄室，使目誦心解，歲久而機通，諸惡不作，百善從心所至。於斯之道，佛經豈不大矣哉，利益甚矣。豈有誦經不解其意，止顧口熟，心懷惡毒，歲月以來，集業深重，自知非禮，卻乃誦經以欲釋之，可乎？譬猶國之律令，所以禁暴止邪，皆出之於未犯之先，乃救狂惡而生善良者。上自三皇，以至于唐、宋、元，列聖相傳，觀斯之道，豈不天地者歟？

或曰：民有善誦律令者如流。朕將爲識其意，不墮刑憲，又知卻乃真愚夫愚婦，徒然誦熟，罔識其意。

忽一日，有奏朕曰：『民有犯法者，捶父凌母，考之於律，諸犯者重莫過於此，臣將施行。其犯人親屬印律成千，誦聲琅然，有此知律善諷者，以此爲贖罪。臣不敢施行，特來上聞，幸望宥之。』朕謂奏臣曰：『古者帝王立法令，所以申明之，律所以戒責之，一定不易之法。民有知而不善者，法當尤重，安有贖焉？經云：五刑之屬三千，而罪莫大於不孝。雖古聖人亦惡其惡，朕薄德之見，安敢易古人之法歟？佛猶人，人亦佛性也。既有違背經戒之徒在，佛必律之以深重禍愆，安肯釋宥者？』

於戲！愚至於酩酊之酣，撼之而不醒；濁至於大河之流，澄之而不清。愚哉，愚哉！可不修悟之。

釋道論

夫釋道者玄也，自太古至於三皇，不聞其說。

後梁武帝時，有胡僧，其狀頗異，自西來中國，棲江左，於是乎面壁九年，號曰達磨。乃西天佛子相紹二十八祖，傳來東土，作初祖。彼說有佛，武帝欽之。

且道者何也？因周柱下史李氏紀國家之興廢，有衡太虛、察九泉之機，遂隱入山，名老聃。凡事有先知之覺，務生而不殺，故稱曰道。此有而真傳，其說可爲信也。時人妄立名色，以空界號上、玉二清，與聃共三，曰『三清』。

說大羅、兜率天界，使人慕而隱其機，與僧悟禪如是。僧言地獄鑊湯，道言洞裏乾坤，壺中日月，皆非實象。此二說俱空，豈足信乎？然此佛雖空，道雖玄，於內奇天機，而人未識何也？

假如三教惟儒者，凡有國家，不可無。夫子生於周，立綱常而治禮樂，助國宏休，文廟祀焉。祀而有期，除儒官叩仰，愚民未知所從，夫子之奇，至於如此。

釋迦與老子，雖玄奇過萬世，時人未知其的，每所化處，宮室殿閣與國相齊，人民焚香叩禱，無時不至。二教初顯化時，所求必應，飛悟有之，於是乎感動化外蠻夷及中國。假處山藪之愚民，未知國法，先知慮生死之罪，以至於善者多而惡者少，暗理王綱，於國有補無虧，誰能知識？

凡國家，常則吉，泥則誤國甚焉。本非實相，妄求其真，禍生有日矣。惟常至吉。近代以來，凡釋、道者，不聞談精進般若、虛無實相之論，每有歡妻撫子，暗地思欲，散居塵世，汙甚於民，反累宗門，不如俗者時刻精至也。

蜂蟻論

夫蜂蟻者，世間最微之命，分巢居、穴處之兩般，有衙陣之律，本類有不可犯者。且蜂有巢、有户、有守土者，有宫、有殿、有尊王室之綱甚嚴者。出入有驗，飛野無隊，自意高下，尋花覓蕊，衆興巢室，就集爲湌，如人之集稻糧也。飛野無隊者何也？蓋身有鋭鋩，騰翔上下，凡遇諸蟲蟻有相犯者，獨可以刺破之，如大將軍被堅甲而執利器，有智謀而横行天下也。此蜂之能者，故出無羣隊也。

又蟻者穴居，有治宫室門户，與蜂相類，宫將建近於九泉。其形命雖微，能知寒而閉穴，識陽回而闢户，巡防守界，採食盤旋，列陣於長堤之下，出奇於草木之上，衆蟻有繩，如兵之聽將命也。

嗚呼！蜂小，有膽有毒；蟻微，羣結繼行。氣類相感，治律過人。蜂蟻如是，人頻犯法，何爲靈乎？

三教論

夫三教之説，自漢歷宋，至今人皆稱之。故儒以仲尼，佛祖釋迦，道宗老聃。於斯三事，悮陷老子已有年矣。孰不知老子之道，非金丹黄冠之術，乃有國有家者日用常行，有不可闕者是也。

古今以老子爲虚無，實爲謬哉！其老子之道密，三皇五帝之仁，法天正己，動以時而舉合宜，又非昇霞禪定之機，實與仲尼之志齊，言簡而意深。時人不識，故弗用，爲前好仙佛者假之。若果必欲稱三教者，儒以仲尼，佛以釋迦，仙以赤松子輩，則可以爲教之名稱無瑕疵。況於三者之道〔一〕，幽而靈，張而固，世人無不益其事而行於世者。此天道也。

古今人志有不同，貪生怕死，而非聰明求長生不死者，故有爲帝興之，爲民富者，尚之慕之。有等愚昧罔知所以，將謂佛仙有所悮國扇民，特敕令以滅之，是以興滅無常。此蓋二教遇小聰明而大愚者，故如是。

昔梁武好佛，遇神僧寶公者，其武帝終不遇佛證果。漢武帝、魏武帝、唐明皇皆好神仙，足世而不霞舉。以斯之所求，以斯之所不驗，則仙佛無矣，致愚者不信。若左慈之幻操，欒巴之噀酒，起貪生者慕。若韓退之匡君表，以躁不以緩，絶鬼神無毫釐，惟王綱屬焉，則鬼神知韓愈如是，則又家出仙人。此天地之大機，以爲訓世。若崇尚者從而有之，則世人皆虛無，非時王之治。若絶棄之而杳然，則世無鬼神，人無畏天，王綱力用焉。

於斯三教，除仲尼之道祖堯舜，率三王，删詩制典，萬世永賴；其佛仙之幽靈，暗助王綱，益世無窮，惟常是吉。嘗聞天下無二道，聖人無兩心。三教之立，雖持身榮儉之不同，其所濟給之理一。然於斯世之愚人，於斯三教，有不可缺者。

甘露論

古今通言世有禎祥、妖孽。其禎祥以應兆人，妖孽不善當之。雖聖人、愚夫愚婦，莫不同心一志，好禎而惡妖。然嘉禎之心固篤，爲善之心不厚，是以妖禎反常者有之，如其道者有之。

昔春秋孔子覩麟而絶筆，舜得鳳凰來儀天下安。近代有元將末而河水清，至正年間甘露降。静思禎祥妖孽，可不令人日夜憂惶？所以憂惶者，正爲鬼神之機，人莫可測。若以必妖而必禎，其禍福兩忘者有之；若以禎而非我之兆，或福漸臻；若以妖之爲害，必逼其身，肯日新其己，其禍消矣。故前代忠臣碩士，若有妖魅之作，必致君宵衣旰食，以回天意。若見禎祥之見急奏，恐兆他人，非天恩於己也，特以警省，務在四海咸安，誠爲良法也。

即今洪武八年冬十一月十有八日，詣齋宫祀上帝於圜丘。當日省視壇場，道經松下，忽見森松極杪，露水凝枝，垂懸上下，有若明珠。初將以爲晨露未消，倏蜜蜂交雜，致吾忽然而省，此必天垂甘露矣。試採而啖之，入口甘如餳糖，誠然天恩下墜，未審禎兆何因而何人矣。特詔諸臣從行者共採而食之。更敕儒臣，以歌詠其來。去後不兩時，人各以詩文來獻，符禎稱祥者比比皆然。事屬無憂，豈不賴禎以忘危乎！

朕所以聞祥而憂，覩禎而患，以其近日以來鷄鳴半夜，乖逆之氣不數日見於晨申。況土木之工並作，不得已而爲之。此皆上帝之所惡，惟恐不答，心驚晝夜，如履薄冰，豈敢以甘露之降禎祥，以爲必然者也？

時雪論

淋淋漓漓之謂雨，大地瓊瑶之謂雪。此果雨乎？雪乎？曰：二説，皆雨雪之文言也。

洪武九年十一月，冬深既久，清露不結，河水不冰，是時不正也。昔人有云：『均調四時，其機在乎生靈之主。』朕思之惶惶。俄而風生八極，雲羃長空，良久雨降，自朝抵暮，萬物被澤。至夕，翩翻飛舞，雪墜九霄。曉來闢户以觀，近山玉砌，遠景銀粧，此天地嚴凝之氣至矣。

今也時令既正，仁者尤可思乎？曰可。所以思者，富貴貧賤，當有守思之道。曰守者何？曰當此苦寒之際，衣單食寡者，但能守饑寒而不妄爲，異日安矣，良人之名出矣，必由貧賤至富貴也。曰富貴亦可得而聞乎？曰可。且富貴者當此之際，綺紈纊服，紅爐暖閣，重裀列鼎，若不思貧賤者無衣食之處，他日必由富貴入貧賤也。此理之必然，有不可逃者。

朕聽斯言，特以時記之。

七曜天體循環論

洪武十年春，既暇，與翰林諸儒游於殿廷〔二〕，驀論乾旋之理，日月五星運行之道。內翰林應奉傅藻、典籍黃鄰、考功監丞郭傳，人皆以蔡氏言爲必然，乃曰天體左旋，日月亦左旋。復云天健疾日，日不及天一度，月遲於日，不及天十三度。謂不及天，爲天所棄也，有若是之云。

朕失讀詩書，不知蔡氏若此，諸儒忽然論斯，吾將謂至罕矣。及至諸儒將尚書之註一一細爲分解，吾方知蔡氏之謬也。朕特謂諸儒曰：非也，斯説甚謬。吾觀蔡氏之爲人也，不過惟能文而已。夫文章之説，凡通儒賢智者，必格物而致知，然後以物事而成章。其非通儒賢智者，或以奇以巧，雖物事可書其的，而爲文不順，則棄物事，以奇巧而成者有之。或者心不奇巧，其性僻而迂，意在著所聽聞以爲然，著成文者有之。吾聽諸儒言蔡氏之論，甚以爲不然，雖百餘年已往之儒，朕猶因事而罵之。

時令取蔡氏所註尚書試目之，見其序文理條暢，於内之説，皆諸書古先哲人之見話，於蔡氏自新之言頗少。然非聰明不能若此而類成，獨蔡氏能之，可謂當時過庸愚者，故作聰明以註書。及觀書註，語纏矣。所言乾旋之道，但知膚不究其肌，不格其物以論天象，是以以己意之順，亂乾道之順；以己意之逆，亂乾道之逆。

夫何云？蓋謂朕自起兵以來，與知天文、精曆數者，晝夜仰觀俯察，二十有三年矣。知天體左旋，日月五星右旋，非此一日之辯，辯非尋常之機。所以非尋常之機者何？因與羣雄並驅，欲明休咎，特用心焉，故知日月五星右旋之必然也。

今蔡氏以進曰退，以退曰進。朕謂諸儒曰：何故？典籍黄鄰代蔡氏曰：以理若是。曰：理者何？曰：首以天疾行晝夜三百六十五度，行健也。次以理，日當繼之，不及天一度。末以太陰之行，不敢過太陽，特不及天十三度。此因意僻着而爲理，所以順亂逆、逆亂順是也。所謂蔡氏之僻者，但見日月在天，周流不息，安得不與天順其道而並馳？既馳，安得不分次序而進？此蔡氏之機理不見也。吾以蔡氏此説審慮之，知其不當。

其蔡氏平昔所著之書，莫不多差矣。夫日月五星之麗天也，除太陽陽剛而人目不能見其行，於列宿之間，所行舍次，盡在數中分曉。其太陰與夫五星，昭昭然右旋，緯列宿於穹壤。其太陰之行疾而可稽驗者，若指一宿爲主，使太陰居列宿之西一丈許，若天晴氣爽，正當望日，則盡一夜知太陰右旋矣。

何以見？蓋列宿附天，舍次定而不動者，其太陰居列宿之西一丈，比月未入地時而行過列宿之東一丈曉然。今蔡氏所言，不過一晝夜一循環爲之理，説差多矣。且天覆地，以地上仰觀平視，則天行地上。所以行地上者，以十二方位驗之，定列宿之循環是也。其日月附於天，以天上觀之，以列舍不動之分，則日行上天，右旋驗矣。故天大運而左旋，一晝夜一周三百六十五度；小運之旋，一晝夜西行一度，一年一周天。太陽同其數。太陰一晝夜行十三度，一月一周天。此日月細行之定數也。其日月一晝夜一周天，日月未嘗西行也，乃天體帶而循環，見其疾速也。此即古今曆家所言蟻行磨上的論。

吾爲斯而着意，因蔡氏不窮稽於理。以郭傳、黄鄰等務本蔡氏之謬言，意在刑其人以誡後人。特敕三番入禁而又權釋之，使習知天象而畢來告，故遣行焉，因爲之論。

鼠囓書論

鼠之爲物，性盜竊。俄有被鼠盜去倉糧者，初未知鼠若是。其糧主歲終但見倉虚，疑有人盜，視之，不見人盜之蹤迹也。時四顧其倉，見壁穿地竅，謂傍曰：『斯何若是？』傍曰：『鼠之窠巢也。』曰：『鼠之爲物何施？』曰：『鼠乃萬物中一物耳，其性務盜。』糧主曰：『倉虚糧耗，莫不此物竊之乎？』曰：『然。』糧主既聽斯言，其怒恨恨不已。

正怒間，忽翰林典籍至，見糧主怒非尋常，試問爲何。傍謂典籍曰：『邇來被盜。』典籍曰：『賊擒否？』傍曰：『非人盜，乃鼠耳。』典籍曰：『吾將謂人盜，而乃壁鼠耳。吾觀鼠之爲物，與人相類。何以見？人盜雖曰無禮，尚有智盜，有非智盜。鼠亦是焉。且吾官守典籍，務欲完書清類，是其職也。近者鼠入書廚，將已完未完之聖書十囓八九，甚爲我罪。吾乘一時之忿，欲驅羣貓而盡捕之。且未舉，静慮此皆物類所有者，其性若是，奈何！性雖盜竊，若附倉而巢，依糧而窠，則爲養身之計，又何怒哉？其聖書非餬口養身之物，乃能無禮而囓之，其罪安可恕乎？必驅貓以捕之。一日，縱貓入室。其鼠皆竄，所在有入壁者，有潛地者，有緣於梁者。吾視其貓，貓乃瞠目視之，皆無所得。吾將謂貓無用矣，驀然有慮：噫，斯書昔聖人以此而利濟萬物，若有知覺者必不廢，若愚而欲廢，必神靈護焉。今鼠無知，嚙書將盡，乃無一神呵護，此果奈何？ 吾又思，若愚甚者，雖神亦不鑑怒；若必鑑怒，亦何益哉？ 吾試忖之：此非嬴政入鼠之類中，焚書之心未已耶？ 果鼠無知而若是耶？ 不然，鼠雖性盜竊，所盜者必於鼠有益則盜，今書於鼠無益，乃廢之，非嬴政之爲鼠者何？ 故疑而論之，可不刑乎？』

鬼神有無論

有來奏者：野有暮持火者數百，候之，倏然而滅。聞井有汲者，驗之無迹。俄而呻吟於風雨間，日悲號於星月。有時侶人，白晝誠有應，人而投石，忽現忽隱，現之則一體如人，隱之則寂然杳然。或祟人以禍，或佑人以福。斯數狀昭昭然，皆云鬼神而已。臣不敢匿，謹拜手以奏。

時傍人乃曰：『是妄誕耳。』朕謂傍曰：『爾何知其然哉？』對曰：『人稟天地之氣而生，故人形於世，少而壯，壯而老，老而衰，衰而死。當死之際，魂升於天，魄降於地。夫魂也者，氣也。既達高穹，逐清風而四散。且魄，骨肉毫髮者也。既仆於地，化土而成泥。觀斯魂魄，何鬼之有哉？ 所以仲尼不言者爲此也。』

曰：『爾所言者，將及性理而未爲是，乃知膚耳。其鬼神之事，未嘗無甚顯而甚寂，所以古之哲王立祀典者，以其有之而如是。其於顯寂之道，必有爲而爲。夫何故？蓋爲有不得其死者，有得其死者，有得其時者，有不得其時者。不得其死者何？爲壯而夭，屈而滅，斯二者乃不得其死也。蓋因人事而未盡，故顯。且得其死者，以其人事而盡矣，故寂。此云略耳。且前所奏者，其狀若干，皆有爲而作。何以知之？但知之者不難矣。且上古堯舜之時，讓位而君天下，法不更令，民不移居，生有家而死有墓，野無鏖戰，世無游魂。祀則當其祭，官則當其人，是以風雨時、五穀登，災害不萌，乖沴不現，此之謂也。

『自秦漢以來，兵戈相侵，君臣矛盾，日爭月奪，殺人蔽野，鰥寡孤獨於世，致有生者、死者各無所依。生無所依者，惟仰君而已；死無所依者，惟冤是恨。以至于今，死者既多，故有隱而有現。若有時而隱，以其無爲也；若有時而現，以其有爲也。然而君子小人各有所當，以其鬼神不謬。卿云無鬼神，將無畏於天地，不血食於祖宗，是何人哉！今鬼忽顯忽寂，所在某人見之，非福即禍，將不遠矣。其於千態萬狀，呻吟悲號，可不信有之哉！』

明施論

朕嘗觀世俗善良者，慕佛敬僧，於心甚切，往往大捨布施，傾心向道，意在積功累行，欲目前之福臻身，死不墮地獄，亦欲延及子孫者也。觀斯之善，豈不良哉！奈何認僧，差矣。

爲何？

蓋爲聞僧善者，及住持名寺，加衣鉢整齊者，往往廣與布施。若善者果有微覺，則將所得之物轉與貧難者，於前好善者頗相增福。若不知覺，集之無窮，則禍增而福減。若住持名寺者廣得布施，貧難不濟，與同黨類私相盜用，非理百端，寺頹而無補，於前好善者亦加禍焉。於斯之道，好善之心固篤，布施之心甚差。若善人欲功德延及子孫者，當捨物於力修之僧，然後方有功德，足慕道之心。所以力修之僧者，雖隆冬之時〔三〕，衣服頹靡，疊膝禪房，慕如來六年之苦行，意欲了心性，以化世人皆同善道，雖嚴寒肌膚爲之凍裂，雖酷暑蚊蟲爲之吮血，亦不相告。若出禪房，游市井，使俗人見之，則衣頹而形槁，故所以世俗耳目無所驚眩，不得布施耳。

嗟夫！以此僧之狀，以好善者求佛，雖真佛臨世，化爲力修僧人，亦不爲凡夫所識。朕所以言者，令好善者濟貧而不濟富，無名者愛之，有名者敬之，其福將源源焉。

拔儒僧入仕論

丈夫之於世，有志者事竟成。昔釋迦爲道，不言而化，不治而不亂。仲尼亦云：西方有大聖人。然釋迦本同於人，而乃善道若是。斯非人世之人，此天地變化訓世之道，故能善世如此。且諸羅漢住世，應真幻化不一，亦此道也，或居天上人間。

以朕觀之，若此者不可多，釋迦安可再生？方今雖有僧間能昂然而坐去者，不過幻化而已。即目修行之人，皆積後世之事，或登天上及人間好處。以此觀之，遐邇之道，時人不分。假如方今天堂地獄昭昭於目前，時人自不知耳。且今之天堂，若民有賢良方正之士，不干憲章，富有家貲，兒女妻妾奴僕滿前；若仕以道佐人主，身名於世，禄及其家，貴爲一人之下，居衆庶之上，高堂大廈，妻妾朝送暮迎。此非天堂者何？若民有頑惡不悛，及官貪而吏弊，上欺君而下虐善，一旦人神見怒，法所難容。當此之際，抱三木而坐幽室，欲親友之見杳然。或時法具臨身，若楚不禁，其號呼動天地，亦不能免，必將殞身命而後已。斯非地獄者何？其天堂地獄，有不難見也。

爾晐嚴輩等，堂堂儀表，已入清虚之境，若志堅而心永，則樂清風於翠微深處，吟皓月於長更，歲覩山嶽之青黄，目百川之消長，雖咫尺紅塵，而乃一塵不染，障礙全亡，非獨將來有率陀之登，亦方今寂寞之趣。比俗者之無知，止可行之道而竟趨火赴淵，其天堂地獄，豈不兩皆邇耳！若僧之不穀，兼通漏未具，宿本無緣，加之累惡積愆，豈異俗者趨火赴淵之愚者矣！爾必欲異此道而傑爲，須知利害之兩端，然後從之。所利者居官食禄，名播寰中，若欲高名食禄，同君不朽，必持心以義，練志以忠，佐君以仁，夙夜在公，無虐下而罔上，乃得利貞。斯利也，若視禄之少，見贓之重，如淵底之魚，聞餌而浮，吞鈎於腹，此其所以害也。

朕今以天堂地獄之由示之於爾，爾當深思熟慮，剖決是非，然後來朝，則當授之以官。未審悦乎？若果悦而仕，則虚名泯而實名彰，其丈夫之志，豈不竞成哉！

宦釋論

古今通天下、居民上者，聖賢也。其所得聖賢之名稱者云何？蓋謂善守一定不易之道，而又能身行而化天下愚頑者也，故得稱名之。其所以不易之道云何？三綱五常是也。是道也，中國馭世之聖賢，能相繼而行之，終世而不異此道者，方爲聖賢。未嘗有舍此道而安天下聖賢之稱，未之有也。所以世人於世，善獲生全者，託以彝倫攸序，乃爲古今之常經。

於戲！於斯之道，聖賢備而守行之，不亦善乎！斯道自中古以下，愚頑者出，不循教者廣，故天地異生聖人於西方，備神通而博變化，談虚無之道，動以果報因緣。是道流行西土，其愚頑聞之，如流之趨下，漸入中國，陰翊王度，已有年矣。斯道非異聖賢之道而同焉。其非聖賢之人，見淺而識薄，必然以爲之異。所以可以云異者，在别陰陽虚實之道耳。

所以佛之道云陰者何？舉以鬼神，云以宿世以及將來，其應莫知，所以幽遠不測，所以陰之謂也，虚之謂也。其聖賢之道爲陽，教以目前之事，亦及將來，其應甚速，稽之有不旋踵而驗，所以陽之謂也，實之謂也。斯二説，名之則也異，行之則也異。若守之於始，行之以終，則利濟萬物，理亦然也。所以天下無二道，聖人無兩心。

其佛道之初立也，窮居獨處，特忘其樂之樂，去其憂之憂，無求豪貴，無藐寒微。及其成也，至神至靈，游乎天外，察乎黄泉，利生脱苦，善便無窮，所以當時之愚頑耳聞目擊而效之，今世之愚頑慕而自化之。嗚呼，不亦善乎！吁，艱哉！

今時修行者，反是道而行之。何以見反是道而行之？方今爲僧者，不務佛之本行，汙市俗，居市廛，以堂堂之貌，七尺之軀，或逢人於道，或居菴受人之謁。其所謁者，賢愚貴賤皆有之，必先屈節以禮之然後可。然修者以此爲忍辱之一端耳。若以堂堂之貌，七尺之軀，忍辱於人，將後果了此道，何枉辱也哉？若將後不能了此道，其受辱屈節果何益乎？况生不能養父母於家，死無後嗣立姓同人於天地間，當此之時，如草之值秋，遇嚴霜而盡稿；比木之有叢，凌風寒而永歲月，使飛者巢顛，走者窩下，惜哉，惜哉！不亦悲乎？

今之時若有大至智者，入博修之道，律身保命，受君恩而食禄，居民上而官稱。若輔君政，使冤者離獄，罪者入囚，農樂於隴畝，商交於市廛，致天下之雍熙，豈不善哉！博修之道乎？陰騭之後益乎？

今之官吏者不然，往往倒持仁義，酷害良民，使民視之如蛇蝎之附體、蚊蚋之吮身，無啓敬之前，有畏避之卻，安得不惡聲四出，艱於後乎？若欲聖賢之名稱僧之行立，不亦難乎？

修教論

佛之教上古未聞，惟始自周之時，方聞異人生於西域。其人也，浄飯國王之子，既生既長，觀世人之禍福，覩日月之昇沉，見人之造非也，如酩酊之醉未醒，如中睡酣而未覺，以致罪重危山，愆深曠海，愈墮瀰漫，無由自釋。佛因是而起大悲願心，立忍辱苦行之法門，意在消愆而息禍，利濟羣生。時乃登雪領而静居，觀心省性，六載道成。及其歸，演大乘，雖有二千五百人俱，人皆未解幽微。佛見愚多而賢少，改演小乘之法，使昏愚者聽之，如醉而復醒，睡而還覺，人各識禍而知愆，惟修善而可弭。嗚呼！佛之心爲世人，乃有若是之舉。

吾中國聖人有云：『天命之謂性，率性之謂道，修道之謂教。』今聞佛有二乘之説，豈不『修道之謂教』乎！今之人，罔知所以修道教人之何如，乃有廢道積愆之舉，更不知存心何如。邇聞天界住持者，每晨昏則儀有向諸佛之禮。所以禮向者，則當徒步周旋頂禮，方爲啓敬之道，而爲修道之行也。今是僧懶於周旋，不敢越向佛之儀，故廢修以行之，特以轎令人舁之，周旋於諸佛之前。於禮未宜，於勤苦不當，若以今後人法之，斯乃率性者歟，修道者歟？若以此觀之，必失『修道之謂教』矣，可謂廢道積愆矣。

俄而有來告者：昨晨天界住持向佛瞻禮，墜轎以折足，數日不聞鍾鼓之聲，虚堂廢法。因是而致吾有嘆：嗚呼！昔禪之謬儀，積之今日方應，可謂定業難逃矣，果報昭然矣。今後若欲同佛之修，則當苦行勿華，勿勞人以自逸，乃稱斯道。不然，愆重危山，禍深瀰海，於斯效驗，可不警戒之哉！

天生斯民論

二儀奠位於子丑，則萬物資生於二氣。闔闢之期，惟人生氣之精英者也。故比出萬物，是變通而不已，況衆乎？既衆且靈，互計而不已，而有吞殘焉。若非天生人君以育之，又何言斯民之有哉？然非斯民之衆而有愚頑者，非人君之育亦可也。所以非愚頑不足顯人君之治，非人君之治，斯民亦何措安？其育之之道大，在人君持守斷行焉。若非持綱守紀而安善良，則良善慌惚而弗寧。若罰惡之道不果，而不罪不悛者，則將何以育斯民者乎？故天生人君，必賞善以罰惡，則惡消而善長。亘古至今，刑加暴亂姦頑者，則斯民泰安矣。若獲姦頑暴亂而姑息之，使良善含冤而抑鬱，則惡者日生，善者日減，何育斯民者哉？故制以斧、服以衣，天子取斷以示政，安斯民於仁壽之鄉，餘何言哉！

雲生論

嘗云性理不明，在乎講而已。然非智者不詢，非賢者不明。若愚頑者罔從講明之道，則終世而愚昧。若世之萬物必究其端而窮其倪，斯乃善之善矣。

邇者符出四方，令有司至賢良方正於廷，朕親選擢之，意在布列諸州，職爲牧守，以利黔黎。夫何至廷者衆，若與之語，衆口喃喃，艱分利鈍。因是敕問雲生性理，以觀學之盈虛，性之俊陋。良久敕備，諸儒承敕而往作焉。雖然，朕以己見而發問，亦以己見而自明。

夫雲也者，天地之盛氣也。若或陰陽之媾，而乃雲形矣。形則千態萬狀油然而生也，在乎山蒸海涌，奔騰上下，靉靆四維。斯山川之出，雲成而變也。出本川澤，歸則絶迹，此雲之化也，氣之妙也。又非山非川也，碧天無翳，倏雲蔽於兩間，而不歸於川澤，瞬息不知其所以，亦氣之所以然者也。所以天地盛氣之爲雲，爲時蒸而節至，山川有若是而興起也。且天地之晴明，八荒澄肅，斯二氣之平和，浩蕩之勢息逸。俄膚寸以浮空，必大化之有爲，特以雲生霧長，消息於兩間，雖結於太虛，必微起於山澤。故山川出雲，雲本乎山川是也。

原刑論

刑，罰惡之道。古制，生人非至仁不理。至仁理五刑備用於先，必庫匱於後，所以至仁焉，所以生人焉。非至仁理備五刑而無遺，善惡惡善，始微終亂，愚私焉。愚不知而反聽私，故違而禍。仁，有以謂刑中，我以謂刑中；有以謂刑平，我以謂刑當。蓋聽用中平，刑用中當，所以非仁不仁，仁不非仁。姦哀政簡，慎稽之死生生死，甚哉艱哉，幽察而後已。詳明死死，本生復生，慎哉輕重重輕。至仁理刑，一二三惡滅，愚私理，憫違一，生惡四。

校　記

〔一〕者　原作『日』，據萬曆本改。

〔二〕殿廷　萬曆本作『殿庭』。

〔三〕雖　原作『誰』，萬曆本同。據全明文卷一〇改。

高皇帝御製文集卷十一

樂章

圜丘樂章

迎神

仰惟兮昊穹，臣率百職兮迓迎叶。幸來臨兮壇中，上下護衛兮景從。旌幢繚繞兮四維，重

悦聖心兮民獲年豐。

奠帛

民依時兮用工，感帝德兮大化成功。臣將兮以奠，望納兮微衷。

進俎

庖人兮列鼎，殽羞兮以成。方俎兮載獻，願享兮以歆。

初　獻

聖靈兮皇皇，穆嚴兮金牀。臣令樂舞兮景張，酒行初獻兮捧觴。

亞　獻

載斟兮載將，百辟陪祀兮具張。感聖情兮無已，拜手稽首兮願享。

終　獻

三獻兮樂舞揚，殽羞俱納兮氣靄而芳。祥光朗朗兮上方，況日吉兮時良。

徹　豆

粗陳菲薦兮神喜將，感聖心兮何以忘。民福留兮佳氣昂，臣拜手兮謝恩光。

送　神

旌幢燁燁兮雲衢長，龍車鳳輦兮駕飛揚。遥瞻冉冉兮去上方，可見烝民兮永康。

望　燎

進羅列兮詣燎方，炬焰發兮煌煌。神變化兮物全於上，感至恩兮無量。

方丘樂章

迎　神

仰皇祇兮駕來，川嶽從迎兮威靈備開。香煙繚繞兮神臨御街，漸升壇兮穆穆靄，瑞氣兮應結樓臺。以微衷兮率職，幸望聖悅兮心諧。但允臣兮固請，願嘉烝民兮永懷。

奠　帛

臣捧兮以筐，玉帛是進兮歲奠以常。百辟陪祀兮珮聲琅琅。惟南薰兮解愠，映燎炎兮煌煌。

進　俎

庖人兮進湯，大烹牲兮氣靄而芳。以微衷兮獻上，曰享矣曰康〔一〕。

初　獻

初獻行兮捧觴，聖靈穆穆兮洋洋。爲烝民兮永昌，鑑豐年兮耿光。

亞　獻

雖殽羞兮已張，法前王兮典章。臣固展兮情悃，用斟醴酒兮載觴。

終　獻

爵三獻兮禮將終，臣心眷戀兮無窮。恐殽羞兮未具，將何報乎神功。

徹　豆

俎豆徹兮神熙，鸞輿駕兮旋歸。百神奕奕兮雲衣，敬奉行兮弗敢遲。

送　神

祥風興兮攸攸，雲衢開兮民福留。歲樂烝民兮大有，想洋洋兮舉觴載酒。

望　瘞

殽羞玉帛兮瘞坎中，遥瞻隱隱兮龍旗從。祀事成兮盡微衷，感厚德兮民福雍雍。

合祭天地樂章（洪武十年八月二十日改定）

迎　神

荷蒙天地兮君主華夷，欽承踊躍兮備筵而祭。誠惶無已兮寸衷微仰，瞻俯首兮惟願來期。想龍翔鳳舞兮慶雲飛，必昭昭穆穆兮降壇壝。

奠　帛

天垂風露兮雨澤沾，黄壤氤氲兮氣化全。民勤畎畝兮束帛鮮，臣當設醮兮奉來前。

進俎

庖人兮列鼎，肴羞兮以成。方俎兮載獻，願享兮以歆。

初獻

聖靈兮皇皇，穆嚴兮金牀。臣令樂舞兮景張，酒行初獻兮捧觴。

亞獻

載斟兮載將，百辟陪祀兮具張。感聖情兮無已，拜手稽首兮願享。

終獻

三獻兮樂舞揚，肴羞俱納兮氣靄而芳。祥光朗朗兮上下方〔二〕，況日吉兮時良〔三〕。

徹饌

粗陳菲薦兮神喜將，感聖心兮何以忘。民福留兮佳氣昂，臣拜手兮謝恩光。

送神

旌幢燁燁兮雲衢長，龍車鳳輦兮駕飛揚。遥瞻冉冉兮上下方，必烝民兮永康。

望燎

進羅列兮燎瘞方，炬焰發兮煌煌。神變化兮束帛，將感至恩兮無量。

合祭社稷樂章 洪武十年八月二十日改定

迎　神

予惟土穀兮造化功，爲民立命兮當報崇。民歌且舞兮朝雍雍，備筵率職兮候迓迎。想聖來兮祥風生，欽當稽首兮春告秋拜年豐。

奠帛初獻

氤氳氣合兮物遂蒙，民之立命兮荷陰功。臣將疋帛兮獻微衷，初斟醴薦兮民福洪。

亞　獻

予令樂舞兮再捧觴，願神昭格兮軍民康。思必穆穆兮靈洋洋，感厚恩兮拜祥光。

終　獻

干羽飛旋兮酒三行，香煙繚繞兮雲旌幢。予令稽首兮欣且惶，神顔悦兮霞彩彰。

徹　饌

粗陳微禮兮神喜將，琅然絲竹兮樂舞揚。願祥普降兮遐邇方，烝民率土兮盡安康。

送　神

氤氤氳氳兮祥光張，龍車鳳輦兮駕飛揚。遥瞻稽首兮去何方，民福留兮時雨暘。

望瘞

捧肴羞兮詣瘞方，鳴鑾率舞兮聲鏗鏘。思神納兮民福昂，予今稽首兮謝恩光。

先聖三皇歷代帝王樂章

迎神

仰瞻兮聖容，見鸞輿兮景從。降雲衢兮後先，來俯鑑兮微衷。荷聖靈兮蒼生有崇。眷諸帝兮是臨，予頓首兮幸蒙。

奠帛

秉微誠兮動聖躬，來列坐兮殿庭。予今願兮效勤，捧帛饌兮列酒樽。鑑予情兮歆享，方旋駕兮雲程。

初獻

酒行兮爵盈，喜氣兮雍雍，重荷蒙兮再瞻再崇。羣臣欣兮躍從，願覩穆穆兮聖容。

亞獻

再斟兮禮明，諸帝熙和兮悦情，百職奔走兮滿庭。陳籩豆兮數重，亞獻兮願成。

終獻

獻酒兮至終，早整雲鸞兮將旋宮。予心眷戀兮神聖，欲攀留兮無從。躡雲衢兮緩行，得遥瞻兮達九重。

徹豆

納殽羞兮領陳，烝民樂兮幸生。予將何以兮崇報，惟歲時兮再瞻再迎。

送神

旛幢繚繞兮導來蹤，鸞輿冉冉兮歸天宫。五雲擁兮祥風從，民歌聖佑兮樂年豐。

望瘞

神機不測兮造化工，珍羞禮帛兮薦火中。望瘞庭兮稽首，願神鑑兮寸衷。

校記

〔一〕矣　依上下句例，疑當作『兮』。

〔二〕上下方　萬曆本作『上方』。

〔三〕兮　原無，據萬曆本補。

高皇帝御製文集卷十二

樂歌

大祀文并歌九章

朕聞太極之化也，則天生於子，地闢於丑，立極既定，虛其中而爲寰宇。是時，人生於寅，樂居兩間，故曰世。人生既多，非主莫馭，天生君而爲民立命。然鴻荒之時，君天下者雖多，莫知誰始。今以載之於書者始伏羲。自伏羲相繼而至唐虞，以及夏、商、周。斯數君者，以開天立極。首興彝倫者，乃前伏羲、神農、黄帝是也；法三皇而守行者，少昊、顓頊、高辛、唐、虞；其增減禮樂、文飾其事者，獨夏、商、周是也。亦相繼而增減其事者，秦漢以至於宋元。

嗚呼！天性自然而常者，三綱五常也。昔聖人度人情而措彝倫，特不逆其性，務從其善，固爲萬世綱常，未嘗有異此道而爲人君者。每聞昔君欽若昊天，寅賓出日，未見有怠於敬者。及朕即位以來，命儒臣遍歷羣書，自周以至於宋元，皆考祀事之典。既考之後，守而行之。然當行祀之時，惟宗廟頗合人情。及南北二郊以及社稷，甚有不如人情者也。且不如人情者，以社稷言之，古人以社爲五土之神，稷爲五穀之神。土主發生，五穀因之以生，而乃一圍中各處壇而祭，是土穀不合於生生之意也。當行禮之時，先社固宜，而又先奠社之配位，然後方行稷神之禮，此果當乎？以朕度之，此所以不合人情者也。

況朕自即位以來，祀天享地，奉宗廟社稷，每當齋期，必有風雨，臨祭方歛，每常憂之。京房有云：『交祀鬼神，必天道之雍和，神乃答矣。若有飄風驟雨，是爲未善。』於是自洪武十年，更社稷於闕右，比前人之所以禮殊式異，去繁就簡，一壇合祀，以奉二神。神乃我答，人事歡悅。後洪武十一年，命三公率工部役梓人，於京城之南創大祀殿，合祀皇天后土。當年冬十月，三公入奏，告工已成。朕命禮部去前代之祭期，歲止一祀。且古人之祀南北郊，朕度之，彼以義起，故曰南郊祭天，以其陽生之月；北郊祭地，以其陰生之月。孰不知至陽祭之於至陰之月，至陰祭之於至陽之月，於理可疑。且埽地而祭，其來甚遠。言及祀天地尚實不尚華，固執古而不變至今，所以天地之享與人大異。以理言之，天地反不如人享。以朕言之，若以斯祀之禮執古不變，則人之享亦執古而不變。若人執古，則有汙尊抔飲〔一〕，茹毛飲血，巢居穴處。以今言之，世可行乎？斯必不然也。

因是命太常卿，每歲祭天地於首春正三陽交泰之時，是其宜也。遂於洪武十二年正月十有一日，合祀天地。前期致齋五日，内二日以告仁祖廟，三日正齋，風和日暖。及夜升壇，山川草木不摇，江海息波濤而浪静，輕雲縹緲於昊穹，獨露大降於天中，纖塵不動，銀燭光舒而焰挺，香煙裊繞而凌雲。殽饌芬芳，柴燎煙昇，上達于九天。斯必神之降臨，合祀之宜也。

朕雖失學無文，特實其事而歌詠之。歌曰：

第一歌　陳樂而奏

金石絲竹之會陳兮，必五音以諧同。命舉枹拊鼓而撫琴兮，加寶瑟以及竽鍾。磬聲嘹喨而韻窮兮，吹塤篪以管從。度干羽而周旋兮，文武之樂隆。百辟奔走而供獻兮，期上下以來通。

第二歌　駕出天門

遥瞻閶闔之開闢兮，飛龍前導而翺翔。蹁躚鶴舞鳳揚兮，鸞輿冉冉而上方。侍從景從周匝兮，天香馥郁而旌幢張。帝衣玄雲之衣兮，彩霞赤霓而爲裳，稽首仰瞻遥迓兮，耳聽金玉之鏗鏘。帝臨世而閲民兮，蒙臻百福而海内康。

第三歌　駕昇地户

洪龐之户闢兮，擁地祇之旌幢。麒麟丹鳳之挾車兮，角端前驅以騰驤。護衛森然而凛凛兮，於昭穆穆而聖皇。稽首鞠躬而駕來兮，惟格勤以趨蹌。爲母之慈而爲民兮，合造化於乾陽。予率百職以候臨兮，惟菲禮而願享。

第四歌　七曜從駕

天星不息而周章兮，擁旌旄而運銀潢。旛幢繚繞於太虚兮，護從鑾輿而至下方。惟五星日月照耀兮，邇帝左右而龍旂傍。引領以欣覩兮，威威而衛帝行。

第五歌　嶽鎮從駕

覩旂旛之四維兮，列神威而倍張。嶽鎮海瀆之會兮，欽地祇之來降。陪神迓聖而相從兮，擁山鬼於幽篁。飛蒼龍而倏然兮，清塵導道而妖魅藏。翹首以候來兮，聖皇爲民而錫康。

第六歌　瞻天望聖

民知天地之臨祭兮，老幼相將而仰昊蒼。日吉而時貞兮，慶雲縹緲於天堂。柴燎煙焰而福給兮，盡寰宇以芬芳。民歌且舞而跳躍兮，俯仰乾坤以荷聖皇。

第七歌　兆民之福

皇天后土之既臨兮，享殽羞而美椒漿。思陰陽之會合兮，如臨己而穆穆洋洋，躬竭衷以趨蹌兮，周旋三獻而奉觴。皇皇三聖之優游兮，眷予牧民而爲王。惟天地之恩無極兮，獨父母之育相當。雖欲報之何已兮，但法常經而頒臧。

第八歌　鑾駕回旋

氣氤氳而馥郁兮，樂聖駕之旋幢。喜雲衢之晱冉兮，天廓落而地洪龐。目遥送而俯仰兮，鑾輿升降而達玄黄。慕神降臨之盤桓兮，於心燁燁而耿光。願民之多福兮，每以歲首而奠筐。

第九歌　升降殽羞

升沉燎瘞而幻化兮，殽羞備納而供勤昌。以之而祈穀兮，民謳歌而福愈良。想天門地户之茫茫兮，欲假之來享而難望。樂大禮之既成兮，必時若而雨暘。

迎神歌

薰風蕩蕩兮解炎，備朝紳兮懼恐弗專，夜沉沉兮星辰團圞。皓月輝輝兮馳天，稽首頓首兮遥瞻，孰知后土兮何然。昊天昊天，鑑蒼生兮來筵。

送神歌

諸侯趨蹌兮肅齊，列郊壇兮次第。金石絲竹兮方攜，早彷彿兮鳳凰來儀。俄冉冉兮慶雲飛，恭遥瞻兮俯首低。靖沉沉兮后土降臨，時地祇兮欣喜。吾民今歲兮樂雍熙，臣率百職兮羅拜壇壝。感恩兮無已，惟父天兮母地。

恩親歌

苑中高樹枝葉雲，上有慈烏乳雛勤。雛翎少乾呼教飛，騰翔啞啞朝與昏。有時力及隨飛去，有時不及枝内存。呼來呼去羽翎硬，萬里長風兩翼振。父母雙飛緊相隨，雛知返哺天性真。歔欷慈烏慟惻仁，人而不如烏乎將何伸，將何伸！吾思昔日微庶民，苦哉憔悴堂上親。有似不如烏之至孝精，歔欷歔欷，夢寐心不泯。

校　記

〔一〕抔　原作『杯』，據萬曆本改。

高皇帝御製文集卷十三

文

萌賢篇上

昔軒轅既平亂後，治國事繁，職臧蒼專出納，理百辟。帝知務甚，於蒼形勞，以豪稀往禆之，出入公私。稀如所在，蒼迎而與語，謂稀曰：『稀之來，帝命也。所以命也，紀繁無遺，無知有知，非理以理，非道以道，非成以成，非施以施，非工以工，非仰以仰，非俯以俯，盡之矣。吾不知嘉誰，必稀知所以然歟？』稀曰：『帝命禆之，何敢不益而又公私焉，安不如命！善善惡惡，靡行靡止，善幸臧行，致恭恭竭，及明元首、良股肱，稀自當許之。』是時，蒼令庖者豐殽，漿者美酒，具陳水陸，特以觴稀。稀既盈腹，遂拜而退。

明日，從蒼出，見蒼户頮其左扉，右鐏不樞，是致宵晝闢閉不如，稀記之矣。從蒼終日，公無可爲，至暮而入，稀教閽者至，梓人完其户。及蒼復出，見户闔闢如式，呼閽者審之，曰：『斯何爲？』曰：『稀之所以效公私也。』蒼聞之，惶惶四顧，若無所措，詣帝而訴。帝召稀責之曰：『完户之勤，公私乎？』稀曰：『至公。』帝聞而釋之。

稀既出帝闕，目蒼容髮鬆衣垢，時乃懷歸。入見夫人、侍兒，謂曰：『公事不軌，稀之過。上相衣垢，愆在夫人。髮鬆容陋，失教侍兒。』時夫人恥，侍兒聽。來日，稀遥見蒼出，神清氣潔，肥馬朱纓，人衆相應，民具樂瞻，相謂曰：『斯上相也？』皆曰：『然。』曰：『昔若是，今若是，始何焉？』中有人曰：『必門人也。』

晡時歸，蒼共稀食。稀視蒼食器不潔，居處多惡。稀教主宅者清之，其主宅者如之。蒼自外入，見宅院昔積塵無有，階下青蕪已除，異而問於主宅者曰：『斯若此而由何？』對曰：『稀之所以教我也。』蒼怒，復奏稀，於私有謟。帝乃召稀曰：『若此何爲也？』稀曰：『至正。』帝釋之。

一日，蒼家人趨市，與鬻者互易，薄其時而有之。鬻者但圓其目而視，終不與較。稀知，令付所該。少頃，稀聞蒼妻之父兄子弟、内外親戚，恃蒼秉政，無不爲民病者，從而皆捕之。帝覺，召稀謂曰：『上相之親，過有巨微，卿略不有别，俱法之。人情乎？』對曰：『私公也。』帝釋之。

昔稀未有之時，蒼之門人親戚病民者衆，帝枉法安蒼，蒼無所知。自稀與蒼齊，後蒼之内外眷屬凜然規矩，王綱大振。

間日稀入見，蒼僕肆己由志，出入歷門中道，稀縛而付有司。俄蒼之妾有犯夫人，稀特數其罪而出之。主院者報稀之所爲，蒼終不語，亦色無難，及待稀尤善。忽姦臣莽蕩者誣蒼，帝信之，將命獄蒼。蒼聞之，免冠跣足，待罪雉闕之下。帝召稀問之，曰：『蒼若是，奚爲之？』曰：『臣聞神農氏有姦臣，乖於羣職，是致政衰。』曰：『奚不治？』稀對曰：『臣亦聞之，海濱之醢鮮者，鼻不知臭，其故在何？其在日處之而已。夫人君之不知其姦者，如醢鮮是也。固枉直直枉，非忠忠非也。』帝曰：『若稀之所言，其莽蕩者與蒼，孰是非耶？』稀曰：『帝其信疑乎？服斧乎？』曰：『言是非則斧之。』稀曰：『罪莽蕩，釋臧蒼，明之矣。』帝曰：『斯是非乎？』曰：『至公私。』於是戮莽蕩於社右。

晨朝，帝曰：『嗚呼！七曜昭昭，經緯之度不失，寡人之幸也。』稀知帝憂乾象有變。時水星出東井，司者聞之矣。時蒼概聞命，歸無所爲。稀謂蒼曰：『斯人世，初世也。鳥獸多而逼人，洪水汗漫而艱民生理，隄防之。』蒼如之，工乃就。帝心悦。

明年，值歲歉，無民食。帝未旨，稀先之謂蒼曰：『民病矣，上相樂無憂乎？』曰：『非無也，憂何爲？』曰：『生民之道何難？以民持杖而從事於山，則火獵之；牽罟而從事於水，則涸漁之。其鳥獸魚鱉，奚不爲生民之立命者也？』蒼從其所以，利若豐年。

俱朝，蒼之行也，巨步舞袖，由内户中道而進。稀見，牽蒼袂，歛蒼背，蹴蒼足，謂之曰：『君門也。』蒼曰：『下户卑道，臣民必由之所。』稀曰：『然則然矣，奈何君之内行，門無大小皆由之，此皆君門也。雖在下卑，臣者罔敢肆步，故有入恭出慎，所以施於規矩則契，陶於模範則合，然後禮天下則民從。期在何？期在先式也。未聞己非禮而令禮天下，未之有也。』蒼聞稀之言，色惶心佳，自謂甚得其助者。

朝之日，帝嘉蒼善用稀，國事貞，重賞之。蒼聞命拜而謝，賜未及，蒼弗辭。稀曰：『上相，帝嘉善矣。』蒼曰：『然。』稀謂曰：『毋色嘉，毋色善。稀聞之，德在葆光，不知光由何而耀？』時蒼噱噱而然之，謂稀曰：『帝若是，稀緐至此，孰可孰不可？』曰：『上相之禄萬鍾，理分也。當爲而爲，職當也。君以敕勞之，知也。上相感而謝之，能驪龍之抱珠兮，奚不二而一者歟？今之賜也過喜，受也過分，非明非賢彰之。』蒼曰：『如之何？』稀曰：『且匿，他若此而匡之。』

朝之日，帝賜善成者百金，蒼前而奏曰：『善成禄千鍾，工雖善，職當也，宜勞以敕，不勞以禄。』帝曰：『是還有説乎？』蒼曰：『臣欽復命，臣聞君之道，善不加賞，怒不行刑，二儀之道也。所以喜賞則過之，怒刑則甚之。惟君謹之，惟臣戒之。』帝曰：『善哉！蒼之至言也。』蒼歸，稀從之。蒼謂稀曰：『昔帝命稀來，吾與首期之事若干，今也曾無盡施乎？』

稀曰：『已而矣。』曰：『民治乎？』曰：『常行化，守永治，此道不一，二儀也。』

帝聽生民日安，世道日治，斯由蒼之賢，稀之智，於是命稀弼五教。帝暇日召稀，謂曰：『前以卿從事於蒼，凡四復命，寡人以卿爲至道，略不有校，今請陳之，一何至公？一何至正？一何至私公？一何至公私？』曰：『一至公之説，爲帝齊大臣之不齊。二至正，爲帝齊大臣之家。三私公，本臣下之私家也，必以王綱而整鎮之，是私公也。四公私者，稀，蒼門人也，蒼得罪，帝命稀實之，稀之所實，從實不從僞，是公於朝，明於蒼，是公於私也。是私公也，公私也，百無不道哉。』帝善之。

一日，帝憂蒼無裨者，以碣后從之。后往，蒼逆而論之曰：『后來，如帝命乎？一蒼志乎？益蒼志乎？此傾之矣。吾不知祥貞之所歸耶！』曰：『帝命如之。上相之遺則拾之，闕則補之。』蒼曰：『確之，確之。』蒼出，后從游於野。

時蒼有牧豕者在邇，其牧者晝寢，豕四散，后見之。及蒼歸，后後，留爲牧者代其司。良久，牧者醒，后方歸。蒼審之曰：『后何後我而至？』后曰：『上相，牧者晝寢，豚彘無屬，蹔代時刻，故後之也。』蒼於是仰天而噓：『甚哉勞乎！精誠之篤，有若是耶？』命家人陳水陸、盛殽羞以慰后。待后既畢，后再拜而去。是後，蒼家事之巨微，莫不求而理之，説闔者以合之。其闔者無納無不納。

一日，蒼家人盜内財非用，閽者隘門而捕之，欲獻之於蒼。后見之，乃曰：『彼爾同道也，以同道而不睦者，兔也。小過不張，其得在後。』閽者諾，曰：『物隨往而可乎？』曰：『不可。縱人止物，其爲善也。』亦諾之。

明日朝，帝曰：『靡德靡貞，寡人之不幸也。』帝之斯言，爲緱山氏有將，因若是。罷朝歸，蒼概聞帝命，后尤概之。及蒼越門而入，閽者謂他從朝者曰：『聞帝命乎？』曰：『有之。』曰：『事之巨微？』曰：『甚。』閽者觀蒼引觴以酌后，閽者入謂蒼曰：『閽請代禆，請禆易閽，不亦兩能乎？』時蒼大笑而奏，罷后禆之職。

明日，閽者指視碣后，唧唧撼首，謂曰：『餘士求不朽之名，非白首不能期之，今爾不數旬而永其不朽者，志哉乎！』

萌賢篇下

顓頊治臣喬松，博納士而家役之，及久也，不才者去之，才能者留之。其才能之衆中，中有人鑾環者，半智半不智。松惜半智，特不去，留教半不智。

一日，松誤失政事一，間日省，將奏明其所失。環者謂曰：『事既失矣，法既往矣。君既無知，雖不奏，何患之？』松曰：『不然。臣之道其在竭忠，若事非而隱〔一〕，是欺也；若明而不盡者，是瞞也；使君之非，而臣又飾其辭而辯，是謂頑惡也；如臣非非，君誤聽非而將非之，其默然不辯，束手陷非，是罪君者也。所以過失則明之，非過失則辯之，是仁君者也。』

環與童人者出游，抵供御用者家，目其人所翫者皆御用，非彼所有。人曰：『斯非所有而有，何之？』其人卒難隱晦，以實告之曰：『盜得。』時環、人爲松爲家理而歸，環先至，不言盜故，人餘半日方復舍。松請環、人共話。松曰：『嗚呼！貞士吉我而吉君，致吾兩憂兩不憂，孰知其端？』環曰：『家宰之爲，何患身君之不利，如環等私徒，家宰何憂家理不備？』其人者謂家宰曰：『人聞先公而後私，善之善者也。邇有供御者盜御用而翫之，當罪之不臣。』松驚謂曰：『獨見也？他同之？』曰：『環者共驗之矣。』松審環曰：『驗之？』曰：『然。』曰：『何先歸而弗先是非至誠及我？』環曰：『斯非環預也。』松默然。復與人語曰：『環曰非預也，彼所從事，如環非預也，如之何的明之，是有説乎？』人曰：『家宰及人，皆帝臣民也。更且帝專殁活，兼執與奪，然數事亦家宰贊益之也。人與之理私而更理公，是成宰之賢，就帝之仁也。安有家宰理天下，門人無知，是豢犬羊也。』松聽之：『吁！環生之所以，不過世俗之一理財耳，終無補於我。』去之。

啓忠篇

或野人問觀人於孔子，曰：『敢問夫子之觀人乎？』曰：『云其所以，則與之語。』曰：『鄭索逋逃於宋，宋不與，欲良騎、樂工，然後與之。』鄭如其所欲，以瞽目、良騎如宋。宋大夫皆悦，納所與，獻所逃。是後日歌舞，聽音樂，樂鄭之與。一日，樂工令相者導過宋朝，樂工當朝即私焉。相者曰：『朝堂。』樂工曰：『朝無人焉。』於是乎溺朝堂矣。宋智人公孫傑謀於衛閭曰：『大夫不忠矣，吾輩言之。』衛閭不答。公孫傑獨謂宋君曰：『大夫非臣也，爲鄭所嗤。』宋君悞〔二〕。

自此之後，凡言意盡者皆用之。獨衛閭終不言，而乃目他人陞遷，反含怨於君。傍曰：『足下宋君之臣，何憾君若是？』曰：『君不我用耳。』曰：『吾嘗聞之，宋君多失，庶官皆匡，盡用之，宋君明矣。獨足下朝野不聞輔佐之政，宋君弗用足下，豈不智君者也。足下何怒之有耶？』曰：『各有所司，事非我干。』野人謂曰：『夫子何決之是非？』子曰：『公孫傑智忠之士，衛閭罪君者也。』

岱山高文

岱山高兮，不知其幾千萬仞。根盤齊魯兮，亦不知其幾千百里。影照東海兮巍然而柱天，益於民庶兮興雲吐霧。神龍出乎其間，降祥則甘露垂於松柏，佳歲則滂沱遍於厚坤。冬則寒風時出巖壑，雜然而有聲。百川林藪，森然而如雷。坤之所載世之山，首岱山也。至如暘谷之東，昧谷之西，日昇月騰之處，人莫知其端。

吾某年狩於東方，或登峯頂，時聞天聲萬籟。岱山之高也哉，柱天之勢，其可云乎？俄而風生萬壑，雲起諸巒，隱隱雷動百川，倏忽電掣萬里長虹，此岱山之神至也。至則威靈百備，神之造化如此。少時風靜雲收，電斂雷息，又百川之清泰。其岱山尤其高哉！其蒼松也，始天地而生，倚丹崖而長。松之所以長，千尋不比；丹崖所以高，萬仞何量？蓋由太古之歲月，以至于今。蒼松掃丹崖而苺苔不秀，丹崖映蒼松而五色交輝。猿啼雲樹之杪，鶴舞日觀之東，鵰鶚盤旋乎深谷，雖扶摇不可得而昇峯。

於戲！登太山而小天下，越大海而眇江湖，信哉！

夢游西岳文

猗西岳之高也哉，吾夢而往。去山近將百里，忽覩穿雲抵漢，巖崖燦爛而五光。正遥望間，不知其所以。俄而已昇峯頂，略少俯視，見羣巒疊障，拱護週迴。蒼松森森然遮巖映谷，朱崖突兀而凌空。其豺狐野鳥，黄猿狡兔，略不見其蹤。峭然潔淨，蕩蕩乎巒峯。吾將週游岳頂，忽白鶴之來雙，驀異香之繚繞，管絃絲竹之聲雜然而來。天意試仰觀，見河漢之輝輝，星辰已布吾之左右。

少時，一神跪言曰：『慎哉！上帝咫尺。』既聽斯言，方知西華之高，柱天之勢如此。於是乎誠惶誠恐，稽首頓首，再拜瞻天，愈覺神殊氣爽，體健身輕。俄聞風生萬壑，雷吼諸峯。吾感天之造化，必民獲年豐，遂舉手加額，豁然而夢覺。

於戲！朝乃作思，夜必多夢。吾夢華山，樂游神境，豈不異哉！

辯韓愈訟風伯文

吾觀韓愈訟風伯之文，知其爲人也，似乎欠博觀明道理，格物致知猶未審其精。

且天地不威怒，怒則風雲雷霆是也。夫風聽天地之命，萬物生殺出焉。春則播萌，夏則長養，秋乃結實，冬則斂藏，非風不可。至如時君不道，天欲垂象以責之，則風受役矣。乃張天地之威，飛滄溟，勃上下，揚毫釐於天外，振嶽瀆以生音，從神龍，駕雷電，倏然忽然，風之變化也。赫赫然雲生霧長，風之威也。此天地之正氣，國家載在祀典。凡文者可不謹乎？

愈以風託比姦邪，故作文以譏之，由此而慢神矣。豈獨慢神而已哉，於風之文，失敬上天之禮。然皆由欠博觀明道理，因格物之不精所致耳。

今也韓愈既逝，文已千古，吾辯爲何？欲使今之儒者，凡著筆之際，勿使高而下，低而昂，當尊者尊，當卑者卑，欽天畏地，謹人神；必思至精之言以爲文，永無疵矣。

駁韓愈頌伯夷文

古今作文者，文雄句壯字奥，且有音節者甚不寡，文全不誣妄理道者鮮矣。吁，難哉！朕聞儒者多祖韓文，試取觀之。及至檢間，忽見頌伯夷之文，乃悉觀之，中有疵焉。疵者何？曰過天地、小日月是也。且伯夷之忠義，止可明並乎日月，久同乎天地，旌褒之尚無過於此，何乃云『日月不足爲明』，『天地不足爲容也』，是何言哉？

嘗聞上下四方曰宇，往古來今曰宙，二儀立極虚其中，人物居焉。曰宇，如殿庭是也。

以天地初分爲垠，來今無已曰宙，如江流是也。大矣哉天地，明矣哉日月。韓曰過於天地日月，於文則句壯字奥，誦之則有音節。若能文者，莫出於韓。若言道理，伯夷過天地、小日月，吾不知其何物，此果誣耶？妄耶？

韓文名世不朽已千載矣，今爲我論，識者莫不以爲我强歟？設若不以我爲强，則韓文乃至精之撰，猶有其疵，豈不鮮矣哉！

諭風伯文

風兮風兮，天地化機。白日何有？夜間何覓？古至于今，實無而有，難羈難縻。爾風之妙微，不能使人無疑。至如揣之無骨，捫之無衣。噫嘻！忽又周旋人物，裊娜樹枝。或曰，非風也，乃樹窈窕之威儀，非風之所致。

爾飛槁葉，走黄沙，動而静，静而動，高而夷，險而易，窪而隆，見如是之奇。將爲人信乎？人又以爲不然。爾何怒之速也，捲海氣，雲六合，岳鎮爲之音；浩浩然，蕩蕩然，八荒震悚，民人信有風矣。爾方釋忿然之威，見雍和之意。其播萌五穀，如雲如浪，作薰解民之愠，何藥可奇？至如卻氛埃，清宇宙，明日月，朗星辰，天地位其位，可不功乎？今也民之感恩，且信天地清寧，可不善乎？吾以斯言故敕爾，想宜知悉。

拔儒僧文

朕聞三皇、五帝、夏、商、文、武之治，天下分民以四業，曰士、曰農、曰工、曰商。凡四者備，天下國家用無闕焉。列聖相傳，至漢之明帝，又加民業以二，曰釋、曰道。

至六藝雖各途，惟釋、道同玄。儒雖專文學而理道統，其農、工、商三者，皆出於斯教。至如立綱陳紀，輔君以仁，功莫大焉。論辭章記誦，儒者得其至精。苟非其類而同其門，未必得獲至微。且農勤於畝者歲成，工乃時習而巧精，商能不盜詐而利本俱長。今之釋、道者，求本來之面目，務玄悟之獨闢。至妙者隻履西歸，飛錫長空，笑談定往，化兇頑爲善，默佑世邦，其功浩瀚。非苦空寂寞，忘嗜欲、絶塵事者，莫探其至玄。未聞農、工、商、釋、道者，精於儒。

正默論間，俄而侍講學士宋濂言及：『有僧名傳者，儒、釋俱長，邇來以文求臣改益。臣試開展過目，篇篇有意，文奇句壯，奚啻於專門之學。臣故不益而不改，以全僧之善學者也。臣昧死敢煩聖聽，誦之再三，可知其人矣。』朕是許之，不時之間，學士以誦再三。聽文思意，果如濂言。然僧所以求改益者，非也。其文深意曠，非久覽豈得其本源！朕知僧之意：有所精學，卒無揚名之處，故特求名儒以改益之，由此而揚名，欲出爲我用。濂曰：

『恐無此乎？』

朕謂濂曰：『云何如是觀人？古賢人君子託身隱居，非止一端，如甯戚扣角，百里奚飯牛，望釣於磻溪，徵隱於黄冠。此數賢能者，未必執於本業而不爲君用。朕觀此僧之文，文華燦爛，若有光之照耀，無玄虚弄假之訛，語句真誠貼體，孔門之學，安得不爲用哉！』

闢阿奉文

每聽儒言及觀書史，切見歷代之興，人才濟濟，匡君益民，歷歷昭然。朕雖夢慕，安得而至耶？特以未造閲江樓名，令諸職事試作文以記之。諸人聽而往，即日文成，羣獻於前。既而張目一覽，文章雖有高下，其大意則亦然。所以大意亦然者何？不過皆誇樓之美，言工已成。覽文之後，不得而無憂。吁，難哉！乏人矣。

昔唐太宗繁工役而好戰鬭，忽宫中婦人徐充容者上疏曰：『地廣非久安之道，人勞乃易亂之源。東戍遼海，西役崑丘，誠不可也。』但觀唐婦人，猶過今之儒者，人才可見矣。

或一二從者，所問所答，不過順其欲而常其美，惡不諫焉。以斯人之心，猶思膺上爵而名揚於世，傍有信乎？曰：『然。』曰：『何以信之？』曰：『但見衣冠濟濟，身書雄偉，豈不人才者歟？今制云「乏人矣」，此羣然而同游者何物也？』曰：『今之同游，非昔君之同游者。昔君之同游，皆和而不同者；今同我游者，咸同而不和者。』曰：『既知如是，曷不黜之？』曰：『未可也。』曰：『何不果而從其迂？』曰：『不然。待彼自省耳。若或一省，朕得人矣，何下歷代人才之盛歟？』

設諭文

朕嘗以事勢觀人，以時宜較之，何有職之士，愚之至甚，誠爲惜哉！且姦貪者勇不畏死，於時宜、事勢，略不以爲然。其正直仁心者，徒知此而不知彼，於事勢、時宜，但知其膚爾。是以惻隱仁心，顛倒而用矣。豈不知上古聖人驅犀象而逐虎豹，未嘗有逐麒麟獐鹿者也。

或問禁師曰：『爾擅降蛇而得善至，既得蛇，而殺之否？』師曰：『殺之可殺，放之當放。』朕謂師曰：『蛇乃人人所惡者，爾言有可殺而可放者，可得而聞乎？』曰：『可。所以殺之者某蛇，所以放之者某蛇。』朕以師者誣説，試復問其詳。謂師曰：『得蛇之後盡殺之，可乎？盡放而不殺，可乎？』師曰：『皆不可。臣擅得而憑神，殺放亦憑神，苟不依神，其有咎焉。』

嗟夫！陰翳幽穴中，一微命之蛇，爾人將以爲無屬也？以降蛇者言，乃有屬焉。故生、殺不敢妄爲，以其有神也。

再詢儒者：『朕每聞湯聖人也，去三面而祝之，令有生路，果然乎？』曰：『然。』曰：『豺狼欲左右而容乎？』曰：『不然。以其傷物命也。』

嗚呼！善者好之，惡者惡之，仁人君子不解而倒之。邪耶？正耶？省哉戒哉，利益矣。

省頑文

嘗觀古之賢愚者，清濁之分，善惡之別，曉然矣。但近視目前職事者，渾哉！若以此『渾』字言之，莫不方今有職者不知賢愚善惡者歟？非也。其清濁之分，善惡之別，人皆知之爾。

然今人之心，法古賢善者少，效古愚惡者多，則賢善者無，同愚惡者有。何哉？蓋爲不治艱險之覆身，日習澆姦之篤，故賢善之性日消而不立，執迷之情日生而愈堅。吁，難哉！所以古人以卑而致高，以愚而致賢，捨此而取彼，守虧而樂安。時人以爲易歟？難歟？

嗚呼！不思慮患以防危，務姦頑而覆命，修德善終，生膺上爵，揚名於世，君子履之，小人棄之。惜哉惜哉，孰不悟歟！

縱豢鶴文

東海有來貢者，姓瀛名洲。所貢者仙鶴，試取觀之。及其至，態貌與常鶴同，何足爲奇？貢者曰：『不然。若知其内，方識鶴之異。』其人但言此而往，未暇詳問。以鶴敕内臣，雜豢羣鶴中。豢者去其翮，日夕與人相狎。凡鶴皆去其翮，同時而又生。豢者不拘，聽其自然。餘月，翮翼乃全。

時居五六月，羣鶴抖擻颺去，翅不遠而墜，與民狎。民不知，將謂野者，故鶴多中矢彈者。惜哉！豢殷懃數月，一旦如是而廢。豢者曰：『俗鳥何戀？』曰：『爾何知俗鳥？』對曰：『智鳥必息六月，若扶摇值春秋，所以假天風而各乘其氣。今俗鳥去不依時，故如是也。尚有未去者數枚，將必神鳥也。』朕又觀之，乃瀛洲者進，其鶴丹頂玄裳，縞衣墨足，日三朝而四舞，鼓翼無時。如此者又兩月，而臨中秋。

數雨過而天青，黄花香，蘆蕊白，風高而翅輕。朕坐苑中，忽聞九霄之上有鶴雙聲。張目仰觀，見鶴一對，摶風而振翼，旋若羊角，扶摇而上。翕忽其翎，漸覺微細。其身將摩青之際，形若蠅蠓之狀，斂翼而東下，不知幾千萬里，是鶴息翼之處。

因觀智鳥，致吾有歎。所以君子之於當世，能善事而動善時，惟瀛洲之鶴可體也。且鶴非時不動，止是整翼而已；及其時至，乃舉事成，豈不智鳥乎？

校記

〔一〕事非　萬曆本作『是非』。

〔二〕悮　疑當作『悟』。

高皇帝御製文集卷十四

碑

皇陵碑

洪武十一年夏四月，命江陰侯吳良督工新造皇堂。予時秉鑑窺形，但見蒼顔皓首，忽思往日之艱辛，況皇陵碑記皆儒臣粉飾之文，恐不足爲後世子孫戒，特述艱難，明昌運，俾世代見之。其辭曰：

昔我父皇，寓居是方。農業艱辛，朝夕彷徨。俄爾天災流行，眷屬罹殃。皇考終於六十有四，皇妣五十有九而亡。孟兄先死，合家守喪。田主德不我顧，呼叱昂昂。既不與地，鄰里惆悵。忽伊兄之慷慨，惠此黄壤。殯無棺椁，被體惡裳。浮掩三尺，奠何肴漿！既葬之後，家道惶惶。仲兄少弱，生計不張。孟嫂攜幼，東歸故鄉。值天無雨，遺蝗騰翔。里人缺食，草木爲粮。予亦何有？心驚若狂。乃與兄計，如何是常？兄云去此，各汪氏老母，爲我籌量。遣子相送，備醴馨香。空門禮佛，出入僧房。居未兩月，寺主封倉。衆各爲計，雲水飄颺。我何作爲，百無所長。依親自辱，仰天茫茫。既非可倚，侶影相將。突朝煙而急進，暮投古寺以趍蹌。仰穹崖崔嵬而倚碧，聽猿啼夜月而凄涼。魂悠悠而覓父母無有，志落魄而佒佯。西風鶴唳，俄淅瀝以飛霜。身如蓬逐風而不止，心滚滚乎沸湯。一浮雲乎三載，年方二十而强。時乃長淮盜起，民生攘攘。於是思親之心昭著，日遥盻乎家邦。已而既歸，仍復業于於皇。

住方三載，而又雄者跳梁。初起汝潁，次及鳳陽之南廂。未幾陷城，深高城隍。拒守不去，號令彰彰。友人寄書，云及趨降。既憂且懼，無可籌詳。傍有覺者，將欲聲揚。當此之際，逼迫而無已，試與知者相商。乃告之曰：果束手以待罪，亦奪臂而相戕。知者爲我畫計，且禱陰以默相。如其言往，卜去守之何祥。神乃陰陰乎有警，其氣郁郁乎洋洋。卜逃卜守則不吉，將就凶而不妨。即起趍降而附城，幾被無知而創。少頃獲釋，身體安康。

從愚朝暮，日日戎行。元兵討罪，將士湯湯。一攖不得，再攖再驤。移營易壘，旌旗相望。已而解去，棄戈與鎗。予脱旅隊，馭馬控繮。出游南土，氣舒而光。倡農夫以入伍，事業是匡。不逾月而衆集，赤幟蔽野而盈岡。率度清流，戍守滁陽。

度凶荒。兄爲我哭，我爲兄傷〔一〕。皇天白日，泣斷心腸。兄弟異路，哀動遥蒼。

思親詢舊，終日慨慷。知仲姊已逝，獨存駙馬與甥雙。駙馬引兒來我棲，外甥見舅如見娘。此時孟嫂亦有知，攜兒挈女皆從傍。次兄已歿又數載，獨遺寡婦野持筐。因兵南北，生計忙忙。一時會聚如再生，牽衣訴昔以難當。於是家有眷屬，外練兵鋼。

羣雄並驅，飲食不遑。暫戍和州，東渡大江。首撫姑熟，禮儀是尚。遂定建業，四守關防。礪兵秣馬，静看頡頏。羣雄自爲乎聲教，戈矛天下鏗鏘。元綱不振乎彼世祖之法，豪傑何有乎仁良？予乃張皇六師，飛旗角亢。勇者效力，智者贊襄。親征荆楚，將平湖湘。三苗盡服，廣海入疆。命大將軍東平乎吳、越、齊、魯，耀乎旌幢。西有乎伊、洛、崤、函，地險河湟。入胡都而市不易肆，虎臣露鋒刃而燦若星鋩。已而長驅乎井陘，河山内外，民庶咸仰。關中即定，市巷笙簧。玄菟、樂浪以歸版籍，南藩十有三國而來王。

倚金陵而定鼎，託虎踞而儀鳳凰。天塹星高而月輝滄海，鍾山鎮嶽而巒接乎銀潢。欲厚陵之微葬，卜者乃曰不可，而地且臧。於是祀事之禮已定，每精潔乎烝嘗。惟劬勞罔極之恩難報，勒石銘於皇堂。世世承運而務德，必彷彿於殷商。淚筆以述難，諭嗣以撫昌。稽首再拜，願時時而來饗。

記

閲江樓記

朕聞三皇五帝，下及唐宋，皆華夏之君，建都中土。詩云『邦畿千里』，然甸服五百里外，要荒不治，何小小哉！古詩云『聖人居中國而治四夷』，又何大哉！詢於儒者，考乎其書，非要荒之不治，實分茅胙土，諸侯以主之，天王以綱維之。

然秦漢以下不同於古者何？蓋諸侯之國以拒周，始有郤列土分茅之胙，擅稱三十六郡，可見後人變古人之制如是也。若以此觀之，豈獨如是而已乎？且如帝堯之居平陽，人傑地靈，堯大哉聖人，考終之後，舜都蒲坂，禹遷安邑。自禹之後，凡新興之君，各因事而制宜，察形勢以居之，故有伊洛、陝右之京。雖所在之不同，亦不出乎中原，乃時君生長之鄉，事成於彼，就而都焉，故所以美稱中原者爲此也。孰不知四方之形勢，有齊中原者，有過中原者，何乃不京而不都？蓋天地生人而未至，亦氣運循環而未周故耳。

近自有元失馭，華夷弗寧，英雄者興亡疊疊，終未一定，民命傷而日少，田園荒而日多。觀其時勢，孰不寒心！

朕居擾攘之間，遂入行伍，爲人調用者三年。俄而匹馬單戈，日行百里，有兵三千，效順於我。於是乎帥而南征，來棲江左，撫民安業，秣馬厲兵，以觀時變，又有年矣。凡首亂及正統者，咸無所成。朕方乃經營於金陵，登高臨下，俯仰盤桓，議擇爲都。民心既定，發兵四征。不五年間，偃兵息民，中原一統，夷狄半寧。是命外守四夷，内固城隍，新壘具興，低昂依山而傍水，環繞半百餘里，軍民居焉。非古之金陵，亦非六朝之建業，然居是方，而名安得而異乎？不過洪造之鼎新耳，實不異也。然宫城去大城西北將二十里，抵江干〔二〕，曰龍灣。有山蜿蜒如龍，連絡如接翅飛鴻，號曰盧龍。趨江而飲水，末伏於平沙。一峯突兀，凌煙霞而侵漢表，遠觀近視，實體狻猊之狀，故賜名曰獅子山。既名之後，城因山之北半，壯矣哉！

若天霽登峯，使神馳四極，無所不覽，金陵故迹，一目盈懷，無有掩者。俄而復顧其東，玄湖、鍾阜，倒影澄蒼，巖谷雲生而靄水，市煙薄霧而蓊鬱，人聲上徹乎九天。登斯之山，東南有此之景。俯視其下，則華夷舸艦泊者檣林，上下者如織梭之迷江，遠浦沙汀，樂蓑翁之獨釣。平望淮山，千巖萬壑，羣嶁如萬騎馳奔青天之外。極目之際，雖一葉帆舟，不能有敝，江郊草木四時之景，無不繽紛。以其地勢中和之故也，備觀其景，豈不有禦也歟！

朕思京師軍民輻輳，城無暇地，朕之所行，精兵鐵騎，動止萬千，巡城視險，隘道妨民，必得有所屯聚，方爲公私利便。今以斯山言之，空其首而荒其地，誠可惜哉！況斯山也，有警則登之，察姦料敵，無所不至。昔僞漢友諒者來寇，朕以黄旌居山之左，赤幟居山之右，謂吾伏兵曰：『赤幟摇而敵攻，黄旌動而伏起。』當是時，吾伏精兵三萬人於石灰山之陽，至斯而舉旌幟，軍如我約，一鼓而前驅，斬溺二萬，俘獲七千。觀此之山，豈泛然哉！乃於洪武七年甲寅春，命工因山爲臺，搆樓以覆山首，名曰閱江樓。此樓之興，豈欲翫燕趙之窈窕，吴越之美人，飛舞盤旋，酣歌夜飲？實在便籌謀以安民，壯京師以鎮遐邇，故造斯樓。今樓成矣，碧瓦朱楹，檐牙摩空而入霧，朱簾風飛而霞捲，彤扉開而彩盈。正值天宇澄霽，忽聞雷聲隱隱，亟倚雕欄而俯視，則有飛鳥雨雲翅幕於下。斯樓之高，豈不壯哉！

噫，朕生淮右，立業江左，何固執於父母之邦。以古人都中原，會萬國，嘗云道里適均，以今觀之，非也。大概偏北而不居中，每勞民而不息，亦由人生於彼，氣之使然也。朕本寒微，當天地循環之初氣，創基于此。且西南有疆七千餘里，東北亦然，西北五千之上，東南亦如之，北際沙漠，與南相符，豈不道里之均？萬邦之貢，皆下水而趨朝，公私不乏，利益大矣。故述文以記之。

又閱江樓記 有序

朕聞昔聖君之作，必詢於賢而後興。噫，聖人之心幽哉！朕嘗存之於心，雖萬千之學，猶不能仿。今年，欲役囚者建閱江樓於獅子山，自謀將興，朝無入諫者。抵期而上天垂象，責朕以不急。即日惶懼，乃罷其工。誠令諸職事妄爲閱江樓記〔三〕，以試其人。及至以記來獻，節奏雖有不同，大意比比皆然，終無超者。朕特假爲臣言而自尊，不覺述而蒲章，故序云。

洪武七年二月二十一日，皇帝坐東黄閣，詢臣某曰：『京城西北龍灣獅子山，扼險而拒勢，朕欲作樓以壯之，雄伏遐邇，名曰閱江樓。雖樓未造，爾先爲之記。』臣某謹拜手稽首而言曰：『臣聞古人之君天下，作宫室以居之，深高城隍以防之，此王公設險之當爲，非有益而不興。土階三尺，茅茨不剪，誠可信也。今皇上神謀妙算，人固弗及，乃有獅子山扼險拒勢之詔，將欲命工。臣請較之而後舉。且金陵之形勢，豈不爲華夷之魁，何以見之？昔孫吴居此而有南土，雖姦操、忠亮卒不能擅取者，一由長江之天塹，次由權德以沾民。當是時，宇内三分，勁敵豈小小哉？猶不能侵江左，豈假閱江樓之拒勢乎？

『今也皇上聲教遠被遐荒，守在四夷，道布天下，民情效順，險已固矣，又何假閲江樓之高扼險而拒勢者歟？夫宫室之廣，臺榭之興，不急之務，土木之工，聖君之所不爲。皇上撥亂返正，新造之國，爲民父母，協和萬邦，使愚夫愚婦無有謗者，實臣之願也。臣雖違命，文不記樓，安得不拜手稽首，以歌陛下納忠款而歛興造，息元元於市鄉。乃爲歌曰：天運循環，百物禎頒。真人立命，四海咸安。臣歌聖德，齒豁鬢斑。億萬斯年，君壽南山。』

覩春光記

洪武六年，歲在癸丑正月十有二日甲寅，時當巳漏，坐大本堂，閲幼儒習詩書。是日也，春雲靉靆，羣鳥喧呼，堤邊之柳微黄，裊娜垂條萬線。影拂清波，致叢魚之來戲，而蝦蟹之屈横。遥觀四山之翡翠，深巖幽谷，必羣芳而萬類。其坐殿庭，知百花之初綻。何也？蓋京城四護皆山，惟鍾阜主山也，居寅艮。適當春初，風多東發，由山而過殿，諸芳之馨，隨風而至，故知山之有蕊，其春到必然。又見新水潺潺，水族躍於淵，飛走者巢顛而窩叢，雖微命之蜂蟻，知陽和而闢户，識交泰而措房。覩諸物之得所，必蟄龍之將興，正農勤畎畝之時，國圖大治之初，士人習業之方。

然此春之所以堪憐堪愛者爲何？由日光之漸長也。君子之學道，竭力於斯時，儘有可爲。所以古人惜寸陰者，以其春光之難得也。不然，今春既往，學業未周，雖有來春，非今之新春也。但秉鑑窺顔，壯者蒼而少者壯。觀於此者，寸陰可不惜乎？若慎於分陰者，尤爲上士；其蠢蠢之徒，止知有春秋而已。加歲蒼顔，又不知其時已過矣。嗚呼！稟天地之精英，達者可不慎歟！

感舊記 有序

予因督功中都，道經滁陽，乘春之景，踏青西郊。細目河山，城雉如故，懷壯戍此，今河山雖是依然，故人首面移顔，花木謝而再春，人已蒼而不少。感彼此之時勢，執筆留心，特敘困興之事以爲記。

息驛時閒，登豐峯而臨下，觀四山以環滁，識歐陽之不謬。昔雖駐斯，當揮戈角逐之時，何暇遍游。今戡定禍亂，宅於宇内，時逢民福之時，故得暇游於舊戍。景多故迹，川曠而水紆。醉翁亭下，釀泉備酒，掬飲者酣。黄精蕨薇，扶老以澤顔。民淳風厚，閭巷情歡。因覩民之樂天，于今始見。歎往日之危難，何下萬千之數。當有元弛綱之時，氛埃渤於宇宙，鴻濛於中原，羣盜縱英而馳騁，蕩民命如驅羊。予潛草野，奚往而何藏？守食餘粟，度殘生以候時康。何天狼之晃朗，弧矢乃倒芒。吾將居無何，於是乎匹馬單戈，奮興淮右，聚良民於鄉里，收殘胡遺士於諸營。祝天以保衆，利劍以除精，射攙搶而清太虚，摧堅壘而安厚土，謀當有志之初。於是乎張皇六師，九伐威於海内，不幾年間，偃兵息民。時亨亨兮日月運行，民欣欣兮樂歲康寧。符應兮有準，修德兮在古與今。豈崇朝兮飄風，何終日兮驟雨。景物異前，河山如故。既定亂以安民，猶得思往以閲今，足當年之初志，述而爲記。

紀夢

昔當辛卯，有元至正，君弱政不務，臣弄權擅威福，海内失馭，邪術者倡亂，遂致王綱解紐，天下紛紜。其年，汝、潁、蘄、黄，民皆爲逆。次年，徐宿熾然盜起，蔓及鍾離、定遠，民棄農業，執刃器趨凶者數萬。當時貪官汙吏，莫敢誰何。

未幾，壬辰二月二十七日，陷濠城而拒守之。哨掠四鄉，焚燒閭舍，蕩盡民財，屋無根椽片瓦，牆無立堵可觀。不兩月，越境犯他邑，所過亦然。時官軍久不見至，失民依望，棄順效逆之心萌矣。俄而胡帥至〔四〕，乃徹里不花率騎三千〔五〕，會陷城州，主謀營城南三十里，聲攻城而逡巡不進，惟是四掠良民，得之則以絳繫首，稱爲亂民，獻俘於上，請給其功。於是良民受害，激動前日萌逆之心，是有呼親喚舊，相繼入城，合勢共守以相拒。以守則穩如太山，若以胡帥攻之，則如蚍蜉之撼石柱。識者以爲胡亡自是始也。

予當是時，尚潛草野，託身緇流，兩畏而難前。欲出爲元，慮繫絳以廢生；不出，亦慮紅軍入鄉以傷命。於是禱於伽藍，祝曰：『歲在壬辰，紀年至正十二，民人盡亂，巾衣皆絳，赤幟蔽野，殺人如麻。良善者生不保朝暮，予尤恐之。特祝神避凶趨吉，惟神決之。若許出境以全生，以珓投於地，神當以陽報。若許以守舊，則以一陰一陽報我。』祝畢，以珓投之於地，其珓雙陰之，前所禱者兩不許。予乃深思而再祝曰：『神乃聰明，不佞余篤然而祈之，神不爲我決，既不出而不守舊，果何報耶？請報我陽珓，予備糗以往。』以珓擲於地，其珓仍陰之。就而祝曰：『莫不容予倡義否？若是，則復陰之。』以珓擲地，果陰之，方知神報如是。再祝曰：『倡義必凶，予心甚恐。願求陽珓以逃之。』珓落，仍陰之。更祝神必逃，神當決我以陽。以珓投於地，神既不許，以珓不陰不陽，一珓卓然而立。予乃信之，白神曰：『果倡義而後昌乎？神不誤我，肯復以珓陰之！』以珓投於地，果陰之，予遂決入濠城。以壬辰閏三月初一日至城，門守者不由分訴，執而欲斬之。良久得釋，被收爲步卒。入伍幾兩月餘，爲親兵，終歲如之。

當時，予雖在微卒，嘗觀帥首之作，度之既久，甚非良謀。明年春，元將賈魯死〔六〕，城圍解。予歸鄉里，收殘民數百，獻之於上官，授我爲鎮撫。當年冬，彭趙僭稱，部下者多凌辱人。予識彼非道，棄數百人，内率二十四名鋭者，南游定遠。忽有義旅來歸者三千，率練之六月，取横澗山，破義兵營，得軍二萬餘。入滁陽，葺城以守之。

又明年春，兵入和陽，與元兵戰三月，而元兵解去。乙未夏六月，親渡采石江，下姑孰。丙申，入建業，集兵十萬，堅守江左，秣馬厲兵。後三年，發兵四征。又三年，西定湖湘，東平吴越。所得壯士，精弱半之，七十餘萬。江南已定，臣民推戴，以明年戊申正月即皇帝位，朕許之。

至秋，不記月日，忽夢居寒微，暇游舍南，仰觀見西北天上羣鳥，如燕大小，數不可量，摩天而下。須臾少近，皆鳩鵲之狀。又少近，比鳥之狀。忽然，自鳥中突一仙鶴者，徐翅東南，予回首以顧之。有鶴數對，略少將近，忽不知鶴之所在。惟有青旛數行，但見旛去，旛首浮空而行，不見持旛者，亦不見其竿。旛過少頃，西北天上有一木爲朱臺，四有稜角，周有欄檻，色皆以朱黄，繩四扯之。前上立二人如寺閽，内金剛一體無二。極目視之，見二人口若宣揚之狀。忽臺轉西，以左向南，不見二立士，卻見列坐幞頭抹額者數人。又臺旋北向，以後向南，見臺上中立三尊，若道家三清之狀。其中尊者，美貌修髯，人世罕見，略少回顧於我，仍往西北。

余尚夢寒微中，天神既去，急歸告於老嫂曰：『適來天神過此，我必得罪，故歸告於家，且回聽命。』出門既行，乃換其景，不在寒微之時，便問：『昨來天神何往？』傍曰：『朝天宮去矣。』急趨之行。未久，途逢數紫衣道士者，以絳衣來授予。揭裏視之，但見五綵。問：『此何物也？』内一道士隨聲：『此何物也？』又一道士叱彼道士曰：『此有文理真人服！』予服之，忽然冠履俱備。傍有一道士授我一劍，靶上皆如牙齒之狀，特教我行。不數十步間，東南途逢一皂衣禿袖者來，露首及兩肱二股，首頂一竈兩耳，怒目而西北往。予再東南行數十步，過一小川，川南山北有房，東西約十餘間，見東宫衣青衣而立彼。忽然而夢覺。

明年，即位於南郊。未即位之先，雪没市鄉。當祭及即位之時，香霧上凝天而下靄地，獨露中星。遂紀年洪武。

游新庵記

鍾山之陽有谷，谷有靈泉，曰八功德水，不稽何代僧因水以建庵，不過數間而已。其向且未的然，而游人信士無問春秋四季，時時來往，酌水焚香，滌愆懺罪，已有年矣。

朕自至此二十年餘，每觀此地，景雖佳麗，庵將頹焉。朕嘗歎息：『蔣山住持寺者，自建庵以至於斯時，前亡後化者，疊不知幾人，曾有定向而革庵者乎？故空景美而庵頹。』

一日，暇游於此，有僧求布施於朕，以崇建之。朕謂僧曰：『愚哉！爾知梁武帝崇信慧超、雲光等，捨身同泰寺；陳武帝敬真諦等，捨身大莊嚴寺。又如信道家之說者：秦皇遣方士而求神仙；漢武帝因李少君等而冀長生；魏道武因寇謙之行天宮静輪之法；唐玄宗與葉法善同游月宮；宋徽宗任林靈素度道士數萬。此數帝之心未必不善，然善則善矣，何愚之至甚？其僧道能則能矣，何招禍之如是？』答曰：『未知。』

曰：『前數僧道，當是時，日習世法，頗異常人，故作聰明於王侯。僧特云天堂地獄，道務云壺中日月、洞裏乾坤、八寒八熱，致使數帝畏地獄，懼八寒八熱，願登天堂，入壺中洞裏，所以昧之。國務日衰，海内不安，社稷移而君亡，謗及法門。是後，三武因此而滅僧，不旋踵而復，豈佛、老之過歟！蓋當時僧、道不才，有累於一時，社稷移而異姓興，非天不佑，乃君愚昧非仁，連謗於佛、老。其三武罔知佛、老之機，輒毁效者，因二教之機微而理祕，時難辨通，致令千古觀於諸帝臣之紀録，達斯文者，無有不切齒奮恨，以其所以非獨當時爲人唾駡，雖萬古亦汙名罪囚天地間。爾尚弗識，何愚之篤！』

近者有元京師有異僧，名指空，獨不類凡愚之徒。元君順帝有時問道於斯人，斯人答云：『如來之教，雖云色空之比假，務化愚頑，陰理王度，又非帝者證果之場。若不解而至此，糜費黔黎，政務日杜，市衢嵍嵍，則天高聽卑，禍將不遠，豪傑生焉。苟能識我之言，悟我誠導，則君之修甚有大焉。所以修者，宵衣旰食，修明政刑，四海咸安，彝倫攸敘，無有紊者，調和四時，使昆蟲草木各遂其生，此之謂修。豈不彌綸天地，生生世世，三千大千界中，安得不永爲人皇者歟？』指空曰：『以此觀之，貧僧以百劫未達於斯，若帝或不依此而效前，其墮彌深，雖千劫不出貧僧之右。』

又丞相搠思監至，齎盛素羞以供，亦問於指空，意在增福。指空曰：『凶頑至此而王綱利，愚民來供則國風淳，王臣游此民無益。公相之來，是謂不可。修行多道，途異而理同。公相知否？』曰：『不知。』曰：『在知人，在安民，忠於君，孝於親，無私於己，公於天下，調和鼎鼐，燮理陰陽，助君以仁。誠能足備，則生生世世立人間天上王臣矣。吾將數劫不達斯地。苟不依此，刻剥於民，欺君罔下，用施於我，雖萬劫，奚齊吾肩！』

朕觀指空之云如是，爾僧欲以庵爲朕增福，可乎？彼雖有營造之機，朕安有己財於此！僧曰：『富有天下，旨若是耶？』『不然。國之富乃民之財，君天下者主之，度出量入以安民，非朕之己物，乃農民膏血耳。若以此而施，爾必不蒙福而招愆。』僧云：『佛法付之國王大臣。』曰：『當哉！所以付之者，國令無有敢謗聽化流行，非王臣則不可。』僧乃省而叩頭。

時朕不施，後更一住持法印者。朕務繁，不暇來此。將歲過七年冬，十一月二十有五日，因暇入山，遂達斯地。想昔日之徑崎嶇高下，今者崎而平，嶇而直，坦途如是，豈不異乎？何止此徑而已，其庵架空幕谷，凌巖而出，松智流泉，以成瀑布，飛吼長空，致猿啼夜月於峯巔，白鶴巢桐而每顧。深隱翠微，縱有飄風而不至。游人遂樂，禽獸情歡，焕然一新。觀斯創造，庸愚者弗能。噫！有非常之人，建非常之功。法印如是，安得不神識者哉！傍曰：『僧於此不貪而不盜，無私於己，有功於衆，叢林仰之。』

於戲！庵爲僧所新，僧爲庵所名，人能知一軀爲囊神之室，以神修軀。若不知修軀，以軀使神，豈不愚人者歟！

西征記

癸卯秋，以巨舟千艘，載甲士十萬，是日天風東發，揚帆泝流，西征荆楚。禡旗之後，纜解舟行。時兩岸諸山，墨雲靉靆，左雷右電，江潮洶湧，羣鳥萬數，挾舟翅焉。少頃，有蛇自西北浮江趨柁，朕親視之，斯非神龍之化若是歟？果天不我捨，加龍神運機，則西鄙之寇，如豺狼之被獵，不旬日必至吾麾下。

次日，舟師抵采石，泊牛渚磯。未幾，一黿一蛇浮凝柁後，略不畏人。如此終半晝不異，斯急流之所，疑其然，怪之。見船末巨鼓一枚，恐妨戰鬭，即令左右將施神廟。語既，鼓行。復視之，莫知黿蛇之所在。已而師行，由梁山磯，其江陝隘，巨舟輻輳，見對立嵬山，怪石穿空，奔濤峻急，樹生崖畔，礙鳥道以披雲。罷觀之後，駕櫓飛帆，暮泊蕪湖之西江。天風漸作，水陸音生，驚濤泊岸，氣起溟濛。是夕，止趨就纜。

至旦，風猶未止，仍泊是江。遥見江心一山，挺然凌空，峭然插水，首有廟焉。惟諸將輕舸，如織梭而上下。朕謂左右曰：『若是者何如？』對曰：『是山之神擅禍福以致是，所以諸將往禱焉。』須臾逆風止，順風生，於是浮游而前。

數日，越樅陽，渡漢武射蛟之所，半晝抵皖城。寇舟不戰，水陸固守。朕命諸將以舟繫水，以步疑陸，鼓譟而進。不踰時，空其江盡爲我有。於是宵晝弗停，次日午後，兵抵潯陽之下。與彼交戰，再衝再折，凡若此者三。彼負而我勝，友諒遁逃，遺將伏降。朕命能者葺城守之，班師建業。

吁！兵，凶事耳。聖人不得已而用之。朕命甲士露鋒刃，比縛首惡以來前，其良民安無誤遭者耶？荷上帝默相，兵無血刃，潯陽以平，民獲康哉。

蘭亭流觴曲水圖記

古蘭亭流觴曲水圖一卷。俯清流而弗湍，仰茂林而幽静。亭坐一人，下視游鵝。一裀、一皮、二人，露列流側，一授一接。松下二人：一撚髯而問，一凝卷而聽。巖傍一人，神倦而伸身。澗右一人，一手舉卷，一手握筆按膝。竹間二人：一捲軸已成，一回身以軸而授老。竹下二人：一年邁屈脊抱膝，棄卷而息；一臨流而探杯。澗北二人：一據膝而問，一以手印地而聽。又竹邊二人：一收卷而捲，一紐頸而觀詩。底一人，安筆硯，整衣冠而坐。其潁川庾蘊，過酒覆杯，交睫不開，僕者撼之。參軍楊模隔流而躍，如伶人狀。王獻之攝衣而憩。王肅之將俯流而取觴。司馬虞説凝軸以言。吕系側身以手踞地而聽。后緜酩酊，握卷坐寢。孔熾酒後持卷仰觀。劉密袒衣攘臂，以取覆杯。王玄之、王彬之相揖而搆詞。謝繹搔疥。王徽之舉幅執筆而書。勞夷擊杯鵲下。徐豐之玩鵲遮觴。華耆停杯他視。曹華開卷。王藴之攘臂肆坐。卞迪迎流欲觴。謝萬回顧長松。曹諲舒足回顧。華茂袒衣執筆。吕本握筆搔耳。虞谷捧觴而勸他者。孫嗣掀髯而態度。袁嶠之讚他文。王豐之開卷誦之。

首有童子十人：侍立者二，主器者一，擎瓶者二，掬酒者一，發杯者三，受酒者一。中者遺滯杯者一。末有童子五人：捧肴者二，呼杯者一，縱杯者二。一卷凡六十人，内鳥一隻。其或吟，或詠，或醉，或眠，或俯，或仰，或起，或坐，或舞，或取，或趨，或止，曲盡其態，尤有異焉。皆始於一良工之胸，方有名於筆鋒之下，是可奇也。由斯知晉代之衣冠，人情之風美，有若是耶！故於洪武九年秋七月記。

盛叔彰全畫記

朕觀世有萬物，若易者至易而不難，難者至難而不易，吾嘗謂定矣。一日，入裝背所，背者以數器，足五色於前。疑其事而懷之。少間，遥見背生盛叔彰者，揮毫於古圖之上。於心惡之，將以爲今古人異藝。况此圖歷代祕藏之物，物皆上品，安得而輕著筆耶？於是特趨而俯視，見古畫一卷，名曰上品，於中山積水廢，間有存者，極其神妙，令人美翫，甚恨不全。何期盛叔彰運筆同前，色如初著，故曰『全畫』，是難得也。

試問斯人，彼以全畫爲妙，除此外更何？曰：他無能，而亦頗畫山水。曰：彼圖既成，鬻之於市，人有買者乎？曰：近年以來缺。曰：非也，乃世亂方定，人各措衣食而不暇。爾當篤其志而務斯，他日買者，如流之趨下，可衣食終身。毋中道而廢，囑焉。

僧智輝牛首山庵記

洪武十年夏四月，有僧自遼之金山越海而來。其僧關内人，姓王氏。某歲出家於某寺，受業於某師，師與其名曰智輝，字曰朗然。其智輝慇懃於座下，周旋若干年。後長成，志在東游元都，果而行之，得達至某寺。某年，拜指空於某寺。未幾，大將軍兵下中原，入胡都。智輝東往欲渡鴨緑，閲金剛山，未遂初志，而留禪金山。其地北接曠漠，彼處人少，寡禮義，尚殺伐。況人徙氈廬而北行，深入酷寒。智輝自思：此處地方，每歲未秋，勁風先至，三冬江海爲之合冰，山川雪凝，平地丈餘。智輝乃曰：『非茹腥羶而不能居此方，今中國有君，萬姓寧家，當此之際，吾不歸而奚往？』於是乎持錫星奔，攝雲山而西向。四月，渡滄海於登萊，當月至京師。朕召見之，與語，其僧問答聰敏，豁然有丈夫之氣，豈比泛泛之徒。於是敕往天界，使寧神以禪。

居未三月，乃曰：『吾日中一食，樹下一宿，今居大廈，坐食煩人，豈不福將薄而禍臻？乞居山僻處，願得刀耕火種，自爲生計，以度天年，實吾初志也。』於是許之。不旬日，其僧來謁而辭，賜齋於西華門上。朕謂僧曰：『爾今既往，同行者幾？』曰：『同行者，有天界、蔣山二住持。』曰：『送行乎？』曰：『然。』

於戲，美哉！世之學業者，如二山之住持，雖非通漏之輩，其尋常之僧遇之，安有相待若是耶？今爾僧向後果堅貞於釋氏，其名必不朽矣。特爲之記。

游寺記

朕因憂慮既多，特入寺中，與禪者盤桓，暫釋幾冗之一時。入寺既行，凡所到處，無不有佛。及至方丈，平視兩壁，皆懸水墨高僧。凡四軸六人：一軸三禪海水，一軸了經松下，一軸撫鹿溪邊，一軸樂水於巖前。

嗚呼！住持者志哉。所以設此，意在感動心懷，堅立寂寞之機，甚得其宜也。何以見之？如三禪海水者，其海潑天飛浪，煙海四際，其高僧凝然舉塵而揮，鼎足而坐，可謂奇矣。動修者一也。又了經於松下，對月於昊穹，可謂清之極矣。復有一僧，前撫鹿於溪，後山神以密護，可謂行至矣。又坦然而無慮，樂然而無憂，樂水於山根，可謂寂寞而已。斯四軸六人，足可堅修者之心，朕爲斯而樂，至暮而歸。

餘月復至寺，由東廡而入，見畫像圖形，皆男女夾雜，濃梳豔裹者紛然，將謂動小乘而堅大乘也。徐至苑中，見有數架修上薔薇，朕亦謂非宜也。少時憩方丈，顧左右壁，亡其前日所有高人四軸，不覺興歎矣。何哉？所以歎者，不惟畫與薔薇不合有而有，四軸高僧當懸除去，皆非所宜，故興歎息焉。

靈谷寺記

朕起寒微，奉天繼元，統一華夷，鼎定金陵，宫室於鍾山之陽，密邇保誌之刹。其營修者升高俯下，日月殿閣，有所未宜，特敕移寺，凡兩遷方已。

當欲遷寺之時，命太師某詣山擇地。及其歸告，乃云山川形勢，非尋常之地。其勢川曠水縈，且左包以重山，右掩以峻嶺；背靠穹岑，排森松以摩霄漢；虎嘯幽谷，應孤燈而侶影；鶯囀巖前，啓修人之清興。飲潔流於山根，洗鉢於湍外，魚躍於前淵，鳥棲於喬木，鹿鳴呦呦，爲食野之萍。云之若是，既聽斯言，朕懽忻不已。此其釋迦道場之所也。

即日召工曹，會百工，趨所在而建址。百工聞用伎以妥保誌，曜靈佛法，人皆如流之趨下。嗚呼！地勢之勝，豈獨禽獸水族之樂。伎藝之人，惟利是務，云何聞建道場，不憚勞苦，一心歸向？自洪武某年某月某日時某甲子工興，至某月日時，工曹奏朕，爲釋迦道場役百工，各施其伎。今百工告成，朕善其伎，特命禮曹賜給之。

工曹復奏：伎藝若是，有犯役者五千餘人，爲之奈何？朕忽然有覺。噫！佛善無上，道場既完，安可再罪？當體釋迦大慈大憫，雖然真犯，特以眚災。一赦既臨，輕者本勞而逸，死者本死而生，歡聲動地，感佛慈悲。吁！佛之願力，輝增日月，法輪建樞，燈繼香連。於戲，盛矣哉！願力之深乎！

然是時國務浩繁，不暇禮視，身雖未至，夢游幾番。此觀之歟，夢之歟？嗚呼！未嘗不欲體佛之心而謂衆生悞，奈何愈治而愈亂，不治而愈壞。斯言乃格前王之所以，今欲寬不可，猛不可，奈何？

然一日潔己而往禮視，去將近刹餘里，俄谷深處，嵐霞之杪，出一浮圖。又一里，既將近三門。立騎四顧，見山環水迂，禽獸之所以，果然左羣山，右峻嶺，北倚天之疊嶂，復窮岑以排空，諸巒布勢，若堆螺髻於天邊。朝鶴摩天而翅去，暮猿挽樹而跳歸，喬松偃蹇於崖畔，洞雲射五色以霞天。此果白毫之像耶，谷靈之見耶？朕欲有謂，而恐惑人，故默是耳。今天人師有殿，諸經有閣，禪室有龕，雲水有寮，齋有大廈，香積之所周全，莊嚴備具，以足朕心矣。故敕記之。

校 記

〔一〕我爲　原作『爲我』。
〔二〕干　原作『千』，據萬曆本改。
〔三〕記　原作『試』，據萬曆本改。
〔四〕胡帥　四庫本作『元將』。
〔五〕徹里不花　四庫本作『薩里巴哈』。
〔六〕賈魯死　四庫本作『以疾死』。

高皇帝御製文集卷十五

序

道德經序

朕本寒微，遭胡運之天更，值羣雄之並起，不得自安於鄉里，遂從軍而保命，幾喪其身而免，於是乎受制。不數年，脱他人之所制，獲帥諸雄，固守江左，十有三年而即帝位，奉天以伐元統，育黔黎。自即位以來，罔知前代哲王之道，宵晝遑遑，慮穹蒼之切鑑，於是問道諸人，人皆我見，未達先賢。

一日試覽羣書，檢閲有道德經一册，因便但觀。見數章中盡皆明理，其文淺而意奥，莫知可通。罷觀之後旬日，又獲他卷，注論不同。再尋較之，所注者人各異見。因有如是，朕悉視之，用神盤桓其書。久之，以一己之見，似乎頗識，意欲試注以遺方來，恐今後人笑，於是弗果。

又久之，見本經云：『民不畏死，奈何以死而懼之？』當是時，天下初定，民頑吏弊，雖朝有十人而棄市，暮有百人而仍爲之。如此者，豈不應經之所云？朕乃罷極刑而囚役之。不逾年而朕心減恐，復以斯經細覩。其文之行用，若濃雲靄羣山之疊嶂，外虛而內實，貌態彷彿，其境又不然。架空谷以秀奇峯，使昔有嵬巒，倏態成於幽壑。若不知其意，如入混沌鴻濛之中。方乃少知微旨，則又若皓月之沉澄淵，鏡中之覩實象，雖形體之如，然探親不可得而捫撫。況本經云：『吾言甚易知，甚易行，天下莫能知，莫能行。』以此思之，豈不明鏡水月者乎？

朕在中宵而深慮，明鏡水月形體雖如一，卻乃虛而不實，非著象於他處，安有影耶？故仰天則水月象明，棄鏡捫身則知己象之不虛，是謂物外求真，故能探其一二之旨微。遂於洪武七年冬十二月甲午，著筆强爲之辯論，未知後世果契高人之志歟？

朕雖菲材，惟知斯經乃萬物之至根，王者之上師，臣民之極寶，非金丹之術也。故悉朕之丹衷，盡其智慮，意利後人，是特注耳。是月甲辰書成，因爲之序。

資世通訓序

朕於幼時，家貧親老，無資求師以學業，故兄弟力於畎畝之間，更入緇流，遂致聖人、賢人之道一概無知，幾喪其身焉。然雖不知聖人之道何如，其當時善人之言，彼雖不教我，我安得不聽信之？

忽遇羣雄並起，於吾之命，如履薄冰，不數年間，獲衆保身。又數年，衆廣而大興，以統天下。時乃尋儒問道，微知其理。故日攻詢訪，博采志人，中積羣言，加以比較是非。其中所言當者，非斯人之自能，乃上古哲人之善行，因斯人有志聽懷，今爲我學而爲我用，於斯人豈徒然哉？其有所言不當者，皆斯人隋其學，況平日解悟差矣，是致作事倒爲，或又爲非，以覆身滅姓者有之。

吾嘗静以思之：凡君天下者，代天理物，統寰宇之大，負教臣民之重。上古哲王，道與天同。今朕匪才薄德，卻乃握乾符而統寰宇，德將安在！於是宵晝弗敢自寧，但見世人性愚而見淺。古有聖經賢傳，立意深長，爲先儒註以繁辭，評論不一，愈愚後學者。朕特以一己之見，總先賢之確論，託謅者評之，直述其意，以利今後人。故爲之序云。

習唐太宗聖教序

乾旋坤寧，覆載物以無窮，其常經以四時，鑑見榮枯，雖目前之易省，化機之運，上古之哲能，奚備知其的？然榮枯、隱顯、陰陽，見之易解。及其大造者，乾爲陽而坤爲陰，所以致使其斂其張，臻洪休於斯時，覺道而幽靈，效之者奚知其垠。玄傳寂寞，稽莫知其本根。致使德小而量薄者，窺探旨趣，能無他論者哉？

然洪法之肇根於西域，顯金身而會漢帝於夢中，獲演流於東土。曩因化形迹之時，不言而化，示不生不滅，民不教而治。及雙林之有故，金色是藏，斂光不鏡，時又畫象而舒形，金容示現，妙音博被，拔苦趣於幽冥；遺教遐荒，濟萬類於三塗。故真妙之難瞻，不易能於一旨。傍謀他術，雜正法以紛紜，致使色空之比假，不無有謗，三車之覆馳。

沙門玄奘者，釋氏之領袖也。生而慈敏，棄親以明心，壯而舉動皆契善符，堅持忍辱。碧潭印月，暑夜松風，難同其清潔；玉露野田，未比其膚潤。方寸將及無礙，諸漏彷彿其盡，久必躡昂霄而凌煙霞，單萬歲而無雙。斂成静觀，傷大教之傾頹，歎文繁之差謬，欲定真析僞，以滋學者之誠。故延頸西土，孤笻廣漠，履險隻征，朝飛凝雪以迷空，生徑難分；夕風浩瀚，走黄沙以幕川。孤進前蹤，冒冰霜而侶影。幾楊柳之青黄，皆途中之數覩。求深願重，至勞猶精。遍五印之寶刹，越恒河之渡。立雙林之陰，洗鉢八水。登鷄足之巒，禪鷲峯之大會，受直指於心，歸演洪音，如瀚河之波瀾。經分六百，譯布中華。闡揚奥典，宥罪釋愆，臻善良於百福。其玄如日中之捕影，水底之捫月，潔若青蓮，出汙泥之不染。猶桂芳秋蕊，香浮室野之馨。慈航業海，倏渡滄溟。體天之造，日月之明。大哉之無爲，奚可論乎！

孝慈録序 洪武七年十一月一日〔一〕

喪禮之説，聞周朝已備，至秦火乃亡。漢儒采諸説以成書，號曰周禮、儀禮。或云新書而未行，歷代儒臣往往以爲定式，以佐人主。若識時務者，則采可行而行之。其有俗士執古以匡君，君不明斷，是以妨務而害理，中道廢焉。朕觀其所以於事甚繁。

洪武七年秋九月，貴妃薨，敕禮官以定儀，詔翰林稽諸古典。三日而後來奏，人各以周禮、禮儀以爲定式。所云父在爲母服期年，若庶母則無服。又引子游問孔子魯昭公之服有二，以孔子不許爲必然。

朕思之再三，迂儒俗士果不識時務，孰不知孔子之説有大義存焉。宰予問期年之喪可服，孔子以爲不仁，與昭公之事何異乎？不然，當是時，諸侯不有天王而自專，孔子務以三綱五常教不善。昭公諸侯也，其喪禮久出天王，問孔子欲更其禮，可乎？在孔子必不教人不忠，所以不言期之非。及宰予問居之論，孔子卻言其非，可見母之期服不近人情焉。

今之迂儒止知其一，不知其二，是古非今，昭然矣。且禮出於天子，上行下效焉。今天子、皇子母服期，庶母則無服，五服之外則不服。若以其説爲必然，則堯之德靡矣。堯乃親九族而平章百姓，豈獨五服之外者歟？於是命諸儒遍考諸書以報。又數日來奏，古今論喪服者凡四十有二人，願服期年者十四人，願服三年者二十八人，比服期年者增倍。由是觀之，三年之喪，豈不合人情者乎！

夫父母之恩一也。父服三年，父在爲母則期年，豈非低昂太甚乎？其於人情何如也？且古不近人情而太過者有之，若父母新喪，則或五日、三日，或六七日，飲食不入口者，方乃是孝。朝抵暮而悲號焉，又三年不語焉，禁令服内勿生子焉。朕覽書度意，實非萬古不易之法。若果依前式，其孝子之家，爲已死者傷，見生者十亡八九，則孝禮頹焉，民人則生理罷焉，王家則國事紊焉。

又聞周公無逸篇，述殷王中宗享國七十五年，高宗享國五十九年，祖甲享國三十三年。自時厥後，惟耽樂之從，或十年，或七八年，或五六年，或四三年，壽可稽而短可考，豈不明矣。然周公止知如是，不知定期服，已失人倫，終致後王壽短而社稷移者，亦由庶母無服焉，或父歸而子乘之，人倫安在？所以壽促而王綱解。迂儒茫然哉！

朕觀宫生之君好内，山林之士任爲，股肱爪牙暴貴其身，致君牽制文義，優游不斷，國之危亡，非迂儒者誰？其喪禮之論，時文之變態，儒乃不能審勢而制宜，是古非今，灼見其情，甚不難矣。每聞漢唐有忌議喪事者，在朕則不然。禮樂制度，出自天子，於是立爲定制：子爲父母，庶子爲其母，皆斬衰三年；嫡子、衆子爲庶母，皆齊衰杖期。使内外有所遵守。

夏日雨晴詩序

兩儀昭著，律以常經，貞則序而萬物茂焉。若時君怠政，則經失律，節序易常，萬物殃矣。洪武八年，八月無雨，至九年夏四月初，尚未霑濡。民雖未恐，朕心遑遑，慮失民人種植。至當月二十有七日申漏，山氣上升，江蒸海湧，陰雲四布，天雨下降，宵晝淋淋，盡大地，足滂沱。抵五月二十一日，三旬不止。次日將戒百辟，祀后土於北郊。明旦天開雨餘，山氣薄霧，油然而往來，雖吴道子施描，方今之時畫，豈足盡其巧態。蓋天開圖畫，倏然忽然，變象異常，故難真耳。因樂天垂顧，特敕儒臣賦詠之，故亦以序。

皇皇后土兮，德溥何量。山澤通氣兮，天雨落而至滂。三旬陰靄兮過美，又將有傷兮或殃。

俄雲歛而天霽兮，民歌樂康。老農謳歌兮，陸種而水殃。朕握乾符兮何祥，但時和歲豐兮世道爲良。

今喜雨霽兮大祀列張，臣僚賦讚兮鏗鏘。朕將稽首兮拜遥蒼，家給人足兮秋收冬藏。皇祇兮洋洋，惟願昭格兮我將。

建言格式序

嗚呼！爲君難而爲臣不易，此古人當戒之言。且如爲臣之難，惟茹太素是也。洪武九年，朕見災異萬端，餘無措手，於是特布告臣民，許言朕過。告既出矣逾月，藩臣上書者，山東布政使吴印，參政宋善、閻鈍，山東按察副使余奎，海州學正曾秉正，平涼府崇信知縣潘卣，監察御史孫化，海寧縣丞方仲容，登州府福山縣丞徐謙，山東布政使司檢校傅奎，台州黄巖縣徐季清，安吉衛軍丘絨，守禦莊浪指揮僉事李景，山西分教國學生余懋，台州府民鄭士利，共一十五人。准其言者，吴印、宋善、閻鈍、余奎、曾秉正、孫化、傅奎、李景八人，計一十七事。全不可行者，潘卣、方仲容、徐謙、徐季清、丘絨、徐懋六人。假公營私而罪者鄭士利。

是後，近臣刑部主事茹太素以五事上言，其書一萬七千字。朕命中書郎中王敏立而誦之。至字六千三百七十，乃云：『才能之士，數年以來，幸存者百無一二，不過應答辨集。』又云：『所任者，多半迂儒俗吏。』言及至斯，未覩五事實迹，意其妄言，故召問之：『爾爲刑部之官，彼刑部官吏二百有餘，爾可細分迂儒俗吏乎？』彼乃不答。使分之，而又無知其人者。於是扑之。

次日深夜中，朕臥榻上，令人誦其言，直至一萬六千五百字後，方有五事實迹。其五事之字，止是五百有零。朕聽至斯，知五事之中，四事可行。當日早朝，敕中書、都府、御史臺著迹以行。

吁，難哉！古今上書陳言者，未嘗不爲國爲民而爲君，而言者雖有，責人以難，故要其名者亦甚不多。今朕厭聽繁文而駁問忠臣，是朕之過。有臣如此，可謂之忠矣。嗚呼！爲臣之不易，至斯而見。惜哉！因如是故，立上書陳言之法，以示天下：若官民有言者，許陳實事，不許繁文，若過式者問之。故爲之序。

翰林承旨宋濂歸休詩序

洪武十年春二月二十有六日，前翰林承旨宋濂得致仕歸，已達家矣，即遣長孫慎進表以伸報謝。朕覽來詞，言無虚謬，已往分明見陳可紀，其爲人也，可謂誠矣智矣，故有終於致仕。爲此，於是召其孫慎謂曰：『爾翁去此而誰從？』對曰：『惟親及故友會之，他無濫交。』曰：『日撫兒孫乎？閱生財乎？涉田園乎？』慎稽首拜手曰：『臣慎祖蒙陛下深恩厚澤，得休官悠悠於家，以待考終，其於撫兒孫、閱生財、涉田園之事皆有之，爲此不勝感激。特遣微臣慎詣闕俯伏，以謝陛下。』曰：『除此之外，他有何樂？』曰：『足不他往，但新建一容膝之室，題名曰静軒，日居是而澄方寸。更訪國政，儻知一二，雖在休官，尚欲實封，爲陛下補闕耳。』

朕既聽斯言，倏然感動。於戲！忠哉良臣，有若是耶？因爲之詩焉：

聞卿歸去樂天然，静軒應當仿老禪。不語久之知貫道，以心詳著覺還便。從前事業功尤著，向後文章迹必傳。千古仲尼名不息，休官終老爾惟全。

心經序

二儀久判，萬物備周。子民者君，君育民者法。其法也，三綱五常以示天下，亦以五刑輔弼之。有等凶頑不循教旨，往往有趨火赴淵之爲，終不自省。是凶頑者，非特中國有之，盡天下莫不亦然。

俄西域生佛，號曰釋迦。其爲佛也，行深願重，始終不二，於是出世間，脱苦趣。其爲教也，仁慈忍辱，務明心以立命。執此道而爲之，意在人皆若此，利濟羣生。今時之人，罔知佛之所以，每云法空虛而不實，何以導君子、訓小人？

以朕言之則不然，佛之教實而不虛，正欲去愚迷之虛，立本性之實，特挺身苦行，外其教而異其名，脱苦有情。昔佛在時，侍從聽從者皆聰明之士，演説者乃三綱五常之性理也。既聞之後，人各獲福。自佛入滅之後，其法流入中國，間有聰明者，動演人天小果，猶能化凶頑爲善，何況聰明者知大乘而識宗旨者乎？

如心經，每言空不言實，所言之空，乃相空耳。除空之外，所存者本性也。所以相空有六，謂口空説相，眼空色相，耳空聽相，鼻空嗅相，舌空味相，身空樂相。其六空之相，又非真相之空，乃妄想之相，爲之空相。是空相愚及世人，禍及古今，往往愈墮彌深，不知其幾。

斯空相，前代帝王被所惑而幾喪天下者，周之穆王，漢之武帝，唐之玄宗，蕭梁武帝，元魏主燾，李後主，宋徽宗。此數帝廢國怠政，惟蕭梁武帝、宋之徽宗，以及殺身，皆由妄想飛昇及入佛天之地。其佛天之地未嘗渺茫，此等快樂世嘗有之，爲人性貪而不覺，而又取其樂，人世有之者何？且佛天之地，如爲國君及王侯者，若不作非爲善，能保守此境，非佛天者何？如不能保守而僞爲，用妄想之心，即入空虛之境，故有如是。

斯空相，富者被纏，則淫慾並生，喪富矣；貧者被纏，則諸詐並作，殞身矣；其將賢未賢之人被纏，則非仁人君子也；其僧道被纏，則不能立本性而見宗旨者也。所以本經題云心經者，正欲去心之邪念，以歸正道。豈佛教之妄耶！

朕特述此，使聰明者觀二儀之覆載，日月之循環，虚實之孰取，保命者何如。若取有道、保有方，豈不佛法之良哉，色空之妙乎！

昭鑑録序

朕嘗深思熟慮：曩者創一天下之君，其決事也繁，其操心也曠，雖至明之人，其過誤不免有之，況見淺識薄者，過亦多矣，因是有愆於後。若能覺前過誤，日加警省修德，以消前愆，乃子孫之福也。若己不能省，更加以子孫嚚嚚不律，其好還之事，必有日矣。

朕因靖江王守謙不法，蹈其父惡，雖未全見，其萌之意，彷佛如之。思無可制，特命儒臣於諸史内撮類歷代藩王事迹，編而成書，示使朝夕目之，戒必爲善。書方編未成，是子終不改過，妄行引古牽今，内多含冤抱恨。後爲庶人，乃云不戀車馬之嬉游，住茅檐之矮屋，忘金飾之高樓，惟努力於田丘，甘心老死於桑林。有若是言，朕復思乃是子無福之所使耶？其父昔之凶惡之所致耶？然此子雖不服教矣，書既成編，當布示吾諸子，使觀賢不肖何如。

且朕昔居淮右，世之寒微有能過我者乎？斯寒微之至極也。一旦元運天更，羣雄鼎沸，吾乘逐鹿之秋，收集豪英，開誠諭率，四征不正之徒，因是與羣雄並驅，一紀于兹，方歛羣雄於鋒刃之杪，導善良以歸仁義之鄉。吾嘗憂懼萬千，其當歛雄撫善之時，豈無過誤者乎？今知前躁，欲追不及，警戒目前，深慮積愆已重。今德薄才疏，恐不足以補過消愆，有累吾諸子孫。即目曰已年邁，精力有所怠，爲天下生民及子孫計，日以强力爲之。然自平禍亂以來，心役神疲，此際施爲終非精細，必子孫見此，增修厚德，消平禍亂之愆，人各膺天福禄，此朕之幸也。

且歷代諸帝之子，人多嚚嚚不律，以致爲他人離間親親、受大禍者，一爲前人之所作，二因後人之不修，愈加增惡，見怒於天人者也。惟我子孫，熟省察而慎之、戒之，同良於世，不亦美乎！

相鑑序

朕嘗詢儒問道，儒皆演孔子之説，而陳三皇五帝之制以導我。及觀春秋之書，其書也，惟紀賢不肖、政得失，昭如日星，驗如影響。詳其所以，自修春秋至今，凡儒者未嘗不讀覽是書，知其所以然。云何臨事多謬，不從善而從惡之紀，雜處羣書，所以不能精知利害也。

因命儒臣纂漢至宋，以歷代史書賢不肖者，類爲賢姦兩書，使智者易爲目誦，賢者易爲取舍，雖是非已往於千古，纔開卷猶見之於目前。若君子者，孰從惡而不從善耶？故於洪武十三年冬，命翰林營繕成書，令工刊就，以利後人。特以爲序。

相鑑賢臣傳序

嗚呼善哉！智人所以立身揚名。惟老聃有云：『死而不亡曰壽。』賢人雖歿於千古，人若目誦其事由生之所以，是不亡也。且賢之所學，初篤明孝親。篤明孝親者何也？蓋父母之親，天性也，加以篤明，是增孝也。孝之既明矣，然後乃能事君。所以忠於君而不變爲姦惡者，以其孝爲本也。所以非孝不忠，非忠不孝。所以事君者若父母，生必榮貴之，厚養之，以顯之，此其所以孝也。如事君不忠，致父母生有累焉。如不累焉，身當其罪者，則父母憂戚焉。此賢者之孝，憂父母生若是也。或父母已逝，而孝猶篤然而慎焉，不敢不忠君者，孝在安神魂於九泉。若或不忠，惟恐陰陽之道殊，愆連父母有所不知，宵晝思音容而不復見，常以爲傷心，安敢不忠君，棄富貴而累祖宗也哉！

朕觀諸賢在册也，由生之對其忠孝之道。嗚呼！不亦難哉！惟智人能之。

相鑑姦臣傳序

洪武十三年春，因丞相胡惟庸不法，後朕嘗嘆息其事，特命諸儒檢歷代史書，纂殺身權姦爲類。

一日試目之，乃知今古不才者，終不悟殺身累祖宗之惡如是，往往蹈習其非，以致身亡姓滅。云何？蓋聰之至極，返復愚者也。且是姦臣初出庶民，本布衣之士，一旦人君擢用之，身貴家榮，名彰先祖，位居一人之下，更何以加？而乃不守人臣之分，恃要持權，窺覘人主之意，包藏禍心，舞文武法，肆志跳梁，不以人主信任之恩爲恩，返行乘幾愚弄。孰不知人以誠推己，己以僞從，禍將有日矣。是姦臣也，初欲榮父母而返累父母，本欲榮身而又殺身，必欲顯父母而至於滅姓也。

朕觀斯傳，古今得罪於人神者，無出於斯；姦臣之愚昧也，斯若是。昔之姦也，玄鬼神鑑，即顯當時，紀無私觀，由生之在，餘辜千萬世，更何磨滅者耶？以至古今永爲罪人也。特述之。

説

秋宇澄清説

天地四時之氣，或姤或否，是陰陽也，故有温涼寒暑之分。在春，則老陰漸去，驕陽徐至，所以氣之温也。當是時，陰氣上升而漸歛於天，陽氣下湧而漸出於地，氤氲兩間。已而又天氣下降，二氣姤和，萬物萌動，由此而氤氲，氤氲浮游於二儀之中。

自清和入夏，鴻鴻濛濛，山蒸海湧，江河上騰，炎帝當天，長養萬物，斯爲暑矣。所以晝則天多雲霧，夜則銀漢星稀，以其至陽之氣之盛也。

至初秋，老陽之氣漸入厚坤，嚴凝之氣微降穹壤，所以山海罷蒸而歛湧，江河息氣而不騰。於斯之時，厚坤土潤，雖有凋木之西風，無塵可揚。晝則雲氣静於上下，夜則星辰密布於天墟，月馳穹壤，素輝皎皎，可不燭而夜熒。以斯觀之，蓋謂陰陽交姤之氣息，其嚴凝之氣未凝。斯秋正當二氣涵養之時，獨秋静，故曰天宇澄清。

其冬，嚴凝之氣正當之時，卻乃不言天宇澄清者何？因冬地多乾燥，朔風撼柯，飛沙走石，揚塵簸土於中界，露墜而凝霜，霜消而爲水爲氣，周旋於上卜，故不言冬宇澄清者也。

又

濁而不已，故澄之。既澄且已，而後清之。斯水乎？土乎？曰『泥水』也。然當未泥之先，泥何名之？當未澄之先，澄何名之？曰『水土』也。今濁而澄，澄而清，斯謂澄清者乎？曰『然』。

世云：『秋宇澄清，斯比何？云何？』曰：『未知也。』吾聞天地温厚之氣始於春而盛於夏，鴻濛兩間，此氣之濁也。清涼之氣始於秋，盛於冬，清於上下，此氣之澄也。於斯澄濁，當未濁之先，濁何名之？曰『氣也』。當未澄之先，澄何名之？曰『理也』。亦可謂澄清者乎？曰『亦然』。

嗟夫！人於世而理不明，何如禽獸者耶？其秋宇澄清之説，特以天比濁水而澄清者也。故無他。

晴鳶搏風説

世鳥之繁，狎人者有數。獨飛鳶狎人，觀之似乎與人近，是欲取之而不得。何故？

蓋鳶性生而若是，機樞而智圓，雖與人少近，人罕得之。因覺性之多，其鳥日得食甚少。意好扶摇，但得微食，則整翼摶風，摩青弄翮。每日暮而投林，晨蒼而出樹。凡風和日霽，薄近人煙，是其智也。至如張翼而騰，斂翼而下，擒鼷鼠以充腹，斯鳥之志將以爲雄之盡矣，志之快矣，雖鵰鵬無過於此。一日得少食，振羽而翔，乘風而流翅，唳聲悠悠，樂美飡於鼷鼠，自以謂他鳥何與並之。

忽霄壤間舒翅凝睛，斂翮而下，如星奔銀漢，風聲若雷，爲隼所見。鳶乃恐之，急趨林以棲枝，偷睛於樹隙，以窺斯鳥之何往。正恐間，俄黄鶯自柳陰飛來，謂鳶曰：『平日吾身最懦，不過穿花鳴柳。爾鳶每近人而取食，張翼而騰，斂翼而下擒鼷鼠，吾將謂爾之能，世必無雙。何一隼而過，爾鳶早斂蹤而潛林，偷睛於樹隙，以觀一隼，何其弱之甚耶！不知爾之摶風之志，果何往歟？』

堯湯水旱説

朕聞堯水九年，湯旱七載。當是時，載之於簡楮，繼書之以至如今。忽時聽讀，觀之陡然，毛髮爲之惕豎。何哉？

蓋謂風雨以時，民獲歲豐，猶稱王業艱難。若使之四時失序，天道愆期，九年潦而民無所得，七年旱而種植無苗，以今時民生較之，不審當時民將何以爲命？故孟子有云：『盡信書，則不如無書。』誠爲的論。

且方今之時，天下歲獲年豐，則家給人足者有之，不足者亦有之。若加九載之水，或七年之旱，果何生焉？此非相傳之訛，史筆之差，難爲正論。以朕詳觀，必終堯在位之時內，有水九年。其七年之旱災亦同堯。若此之論，必契智人之聽。若以前所云爲必然，則天下蒼生無種矣。

朕即位九載，每度四時，慮恐失序而不調。獨勞思於甚者，春、夏、秋三季常爲切慮，冬頗少思。蓋春、夏、秋三時皆生長結實之際，不可不均調其時，設若反常道而生變，則殃及庶民，君受禍矣。禍自何來？來必有源。所以源者何？天下無收則民少食，民少食則將變焉，變則天下盜起，雖王綱不約，致是强凌弱、衆暴寡，豪傑生焉，自此或君移位而民更主有之。朕所以切慮三時，慮恐有九年之水、七年之旱，民無立命，所以讀聽之間，不覺毛髮竦然而立，驚畏如是，爲此也。

俄九年夏四月初，月將終而望雨未至，日夕惶懼。必工役之繁，勞人太重，致若是耶？然役將終半難息，無可奈何。於是再省於己，旁及他務，敕百僚以檢察之，使之神冤理枉。施行間次日，天鑑我愚，昭憐衆庶，倏墨雲以蔽太虛，川谷風生，江淮氣湧，海波上升，神龍驅雲以蜿蜒，阿香奔車而掣電，微雨降而塊無破，薰風和而條無鳴，不傷不溢，霑濡草木，漸入黄壤。雖未見終歲之嘉禎，足見目前之感應，可不歌詠而紀之？歌曰：

薰風解煩天雨清，殿廷流水潺朱楹。㚟㚟小滿根已朽，康衢鼓舞撫琴箏。四時常道天地經，物物舒英大化行。五嶽蒼蒼雲氣靄，四溟浩蕩波不驚。吾因帝鑑蒙雨澤，敕至羣僚瓊斝傾。踏歌旋轉天下平，誠可悦，人皆寧，尊賢敬老歡相迎。小車轔轔閒倚軿，來賓宜入我帝京。霄晝山海進，坦途暗無冥。惟願乾坤永貞泰，良臣世世常佳名。

黄河説

吴元年丁未十一月〔一〕，遣大將軍率馬步被堅者二十有五萬，渡江越淮，北入中原，首服齊魯。明年，洪武初夏四月，定河洛。秋八月，胡君棄城，遠遁沙漠。又，冬，轉戰晉冀，撫有其地，關右望風送款，中原是平。

嘗云：君天下，非都中原不可。今中原既平，必躬親至彼，仰觀俯察，擇地以居之。遂於當年夏四月，率禁兵數萬往視之。遡流河上，足月，抵汴梁。當是時，機務浩繁，雖有山川秀麗，古今人之事迹，一時不暇歌詠。至九年秋八月，祀社齋於奉天門。夕坐道上，有儒臣待制李思迪者侍其傍，皆當時同舟往者。因言北狩河水變遷，欲爲之説未文。明日午漏，思迪以説來進。觀斯文意，壯水勢，説河源，文頗順序。朕因以爲説：

元年夏四月，敕有司清江淮水濱及河際故道。某日，乘巨艘抵瓜州。是時春水方既，潦水初興，江無洪濤，日無酷暑，時在清和，利征旦吉。舟入運河，舍半抵廣陵。三日至淮陰，舟師入淮。是日，巽上風多，揚帆飛幟，不二時而達河淮二水相合之處。見水分兩道，清濁如界，並流二十餘里，方乃混沌東注。既而越淮入河，方覺水上同流，極濁而無清，至黄而無黑，更無他色，所以古今稱黄河，宜其然也。

舟行三旬，晝夜居斯水上，時刻聽觀，其勢若萬馬奔馳，其狀若大地轟馬，其湍物之速，一息莫視。其山迴石轉之處，則水繞勢盤，旋如羊角。水底玲瓏，因風激怒，濤飛潑天，則珠飛雨降。有時巨浪如堤，倏然而湧，横亘其河，使湍者緩，流者止，細浪者無文。良久之間，衆流輻輳，其横亘之水將消。

忽然一水周旋，則水底有聲，喑喑嗚嗚。又少時間，水中一穴，若數丈圍，有如井狀，上通天氣，下至河底，俗呼旋渦是也。其水爲旋轉急甚，中有飛者上起，去渦丈餘，霏霏臨岸，沸沸觸人。其流於兩山峽之處，或直而湍，或曲而折，或繞石而旋，或復流以觸岸，或怒急而雪浪成堆，或使山傾地陷，或舟覆而楫摧，或巨魚一尾之間，雖呼吸之際，早十里之程。

若胎龍美之而出戲，或蜿之以一蜿，則淵深無底，四野成湖；若蜒之以一蜒，則瞬目千里，莫可止焉。斯水之急，乘利之物，則有若是耶？

斯水人云神水，每患於中國，爲民害者多矣。朕親游斯上，觀斯水之勢，遇兩山之間，河狹流急，宜其然歟！至於平原曠野，則東蕩西坍，使桑田變遷，水勢少慢，亦宜其然歟！此堅柔之所申，孰謂有神者歟？若非河之無神，卻乃有之。所以有之者，極濁而難澄，滔滔東注，亘古今而不息，此久常者也。忽然而極清，人影皆毫釐洞見。如此者，或千百里，或數十里，斯可謂神者焉。故上古人君載在祀典，畏之祀之，爲民祈福焉。

今朕得觀斯水，挾直處如經如弦，凡山迴石起之處，則盤若羊腸。若河陰以達於徐宿，地曠而原平，則不然，斯水汗汗漫漫，浩浩蕩蕩，有不可測焉。禹貢注云：『三門未開，吕梁未鑿，則河出孟門之上。』則未爲當也。必後人訛其文，相傳差矣。朕曩者既游，今思復述，以爲說耳。

保身說

大化，言天地之氣運用也。世之賢者，特以君政配之，亦謂之大化。所以天地之大化，四時是也。所以四時之化者何？所以化者，春變夏，夏變秋，秋變冬，此四時之化。

如春之化，以其太和之氣流行，凡世有血氣及生生者，草木之類，無不以時而各見其形。如夏之化，當長養之際，逢此大化之氣，無有不長養，此夏之化也。秋之化，當結實收歛之時，於此之際，無有不結實者。冬之化，當酷寒嚴凝之氣，於此之時，無有不肅殺者。此四時四季順而天地和，萬物育。纔有失宜，則上下有傷。此言理性者也。

所以人稟天地之氣，全順其宜而爲之，則身安乎蕩蕩；阻其宜而爲之，輕則致殃，重則喪命。所以冬不宜穿井開渠，何故？以其閉塞之時，開則泄厚坤之氣。此比人之周身，若完其肌膚而全其體，則運用陰陽，此常道，不過則無虧矣。若肌膚有損傷而驚於骨者，略少痊，乃有陰陽交媾，則命若風中之燭矣。何故？蓋陰陽一媾，則周身太和之氣運用，毫髮無有不經緯者，譬猶槖籥而運行也。若槖籥一運，傍有他穴，則槖籥敗矣，匣無用焉。人之身如匣，口、舌、耳、鼻爲槖籥也，若身有損傷，則如匣有他穴，槖籥一動，風他往，其身靡矣。

有可驗者：吾幼居鳳陽，聞犯憲者受刑，既責之後，而歸行陰陽之事，運動太和之氣，精自瘡口泄，氣由患口昇，無可止，不逾旬日乃斃。丈夫可不戒乎！言大化者，物物無有不動者是也。

勤惰説

昔有勤、惰，居同鄉，其志則同，其操則異。且勤者當爲民時，夜則然燈閲古，晝則腰書力田，家奉頗厚。其惰者同時而民，其爲人也，精文學，他務不作，日未暮而寢，日已高而起，食畢，誦書數行而即悠悠然，自以爲志士清高。

一日，詣勤者田，謂勤者曰：『君子之學，精一無二，足下與吾同道，何不如我之優游，博覽羣書，以待明君之用？』勤者曰：『公，君子也，導我以學，良哉，終不忘。然先生教我罷農及他務而專書，然農、書俱不棄也，亦可爲之。』惰者曰：『如此必苦其心志，勞其筋骨，況讀書之心且不專耳，是爲不可。』勤者曰：『先生之讀書，以日爲計而專。某以農，雖略少妨，則以夜代日，則又如先生之學矣。』其惰者飄然而笑往。

一日，君知二人皆儒者之學，道統之傳，命使召至京師，各職以官，皆侍駕而朝焉。其君臣之務，朝廷之大事，其爲臣也，必凌晨而趨，待漏而見，日暮而歸，猶不恬寢。所以者何？且凌晨而趨，不敢不若然也。昔君有善政者，必庭燎煌煌，故天子有五鼓而興，百僚皆四鼓而起，此其所以必政務也。日暮而歸不恬寢者何？恐君餘政而復召，故不敢肆。朝廷之務，君臣之勤，有若是也。

其勤、惰應是職。斯二人當爲士之時，獨勤者色頗憔悴，其惰者美色佳容。一旦臨事，則憔者容，容者憔矣。或曰：『斯二人昔若是，今反若是。』傍曰：『何？』曰：『君不見蓬頭垢面者誰？』曰：『昔惰者耳。』曰：『顔貌巍巍、精神光燦者誰？』曰：『昔勤者耳。』曰：『吾所以言「昔若是，今反若是」，正謂此也。』曰：『爾所不知其詳耳。且昔勤者衰，惰者盛，以其勤者勞於筋骨，操其心志。惰者盛，以其逸而無操，致筋骨之放縱耳。』曰：『公所言未當。吾觀勤者昔爲民時，因勤，家奉頗厚，其容顔當盛而衰，何也？其惰者因惰，家奉頗薄，顔色反盛。此其所以足下之説不同也。』曰：『公知其一，不知其二。夫勤者，當色而不色，爲慮有三：一爲慮恐衣食不足而不善終，慮之一也。次爲丈夫於天地間，身後無名，惜哉，慮之二也。三爲恐學不博，不能爲君之用，慮之三也。所以顔色不盛爲此也。其惰者，奉且薄，卻乃顔色美，爲忘志而不慮，苟得澹飯黄齏，足以美其腹矣。腹既飽矣，心無志矣，亦忘慮矣，與禽獸何異哉？顔色豈不盛歟？君不見「鹿鳴呦呦，食野之苹」，斯草乎？料乎？』曰：『草。』『鹿之肥者何？以其無知也。一日捕至，令食料而牽車，料豈不美乎？而乃減精神，去肌膚，是由不苦而苦也。艱哉牛之爲物也，亦草之爲食。當是時，肌膚頗定，無盛衰之增減。一旦駕犁耜於畎畝，主以料飼之，其牛也精神倍出，力致千鈞。吾所以言者，斯皆獸也，其所用有異，事在涉與不涉耳。今勤、惰二人皆人也，難比獸，以事之説，與獸合若是。』

一日，君命勤者職水部，勤乃往達所在水害利，隄防堅，斯稱職也。君賞加焉。其惰者，職教布種，惰者往達所在，罔知布種之時宜，其以民之利，反爲民之害，妨農害稼，無功而歸。君略少責焉。

惰者志哉，即詣勤者居，謁其人，謂曰：『足下平日之學比吾頗簡，今之用也，何過吾之若是，致君褒美焉？敢問得何聖人至精至微之道？』曰：『無他。經不云乎：順天之道，因地之利。先生熟之矣。』『然熟則熟矣，吾但知理若是，今之行也，則又不然。』曰：『且吾防水之道，順天之時，則一書而不異。所以順天時，吾乃職水之務。斯水也，春陽方興，炎暑潦水大作，使之隄防，即天時也。冬三月天地閉塞，農且有隙，四澤枯涸，堅冰實地，斯可以隄防也，順天時也。其水之性，使往而往，使不可往而止，順其性而導其行，勿使汨亂，五行差謬，此其所以因地利、合時宜也。』

其惰者既聽斯言，稽首鞠躬，乃曰：『於戲！博學匪行不若無，簡藝精專以爲用，不亦妙乎！』

良馬説

世有良馬，生得其時，得其主，而功於世者三焉；又産得其時，而不得其主者八焉。所以功於世者，昔河出馬而異常，以其背列文彩，聖人象則之而數焉，使世人避凶趨吉，功之一也。

唐太宗之青騅，蜀主之的顱，郭子儀之獅子花，是馬也，立雪眠霜，當是時載主以建功，則有衝煙突霧，驅雨馳風，摧堅撫順。雖人之有爲，非斯馬之良健，何如是功之速疾也？當時天下擾亂，忽爾太平，人不知良馬之功至今矣。以今言之，斯戰馬之功二也。

古良馬生於帝堯之時，則得其時，得其主。何哉？有時牽金玉之輅，以奉南北之郊；有時負主以狩四方，問民疾苦，慰勞諸侯。其良馬之功三也。

周有追風等騎，今古乃曰奇物也。以朕詳之，當穆王之時，四海咸寧，不思巡狩以安生靈，輒便日馳月驟，四入遐荒，致使八駿筋疲力盡，而乃方歸徐偃，又稱尊幾年矣。斯不得其主而鞭策死者，斯八騎也。

近世以來，凡馬既多，良馬甚少。前歲，西蕃戍將來言：『邇來西戎忽生良騎一，色如墨雲，凝於太虚，風動騣翻獵獵，雲開霧合，尾摇數尺，蕩塵以除埃，首舉神樞，則視若奔星掣電，鷄鳴項立雄然，四足風生。以臣之度，可使至朝，而不許在野。』朕於是命使西馳，以諭酋長使達，彼酋長惜良騎而晦之。使者因數馬之狀況。酋長密邇邊陲，聽命之所，不能隱蔽，言來日進。及期進也，盤桓不捨，於是以馬疾其蹄而來獻。

至馬廐，朕視之，貌態如其言者，今足不能爲我之用，當時敕所司牧於鍾山之陽，今三年矣。所司來奏：『馬之足疾日已痊矣，陛下可試乘之。』以洪武九年冬十一月十日，馬至。因命儒臣以爲説。朕亦以馬有功者三，枉勞者八，述其云耳。

生擒虎説

虎性殘生，以肉爲命，擊搏之性，生而稟之者，非異也。人云：『虎猛〔三〕，觀其所以，未爲猛也，乃理性之使然。』食肉而生，故搏而無已，所以見獸則見食矣。急趨而搏，略不少遲，心無畏懼，所以人云『猛獸』。今是獸非猛也，乃無知耳。且當未怒未悦之時，徐步平原，其落魄之勢，以巨比之，則豢貓不似；以形校之，如貓無異。若食飽而悦，跳躍之狀，何如貓之一也。或雌或雄，若呼羣喚對，則吻張而牙露，腰伸而尾舒，聲震山澤，時乃風生草偃，獸爲之駭。若有時而倦，當谷而眠，非獸不近，人亦莫前，以其無知也。

何以知其然？ 蓋以其産於野，非人可近，彼亦不可近人。當出入於崇山峻嶺，食麞鹿，啖狐兔，是其宜也。何斯近城郭，邇村店，逢人而搏食之。人有知者避之，然妨民生理，甚爲民害。時壯士聞之，彎强弓，挾勁弩，持戈仗矛，調鋼鏃而扣弦，將行而捕虎。

時智將笑而謂曰：『一虎在山，用心若是。忽獅行村野，將如之何？ 虎雖猛而無知，以兵得之，則斑斕之皮無用矣。若以智得之，可以除害全物也。』即時張網重岡，噪鼓而進，振金而前。虎雖無知，亦徐行而他往，不時而虎投網矣，遂得生擒。

於戲！ 若以有知而力鬬無知，是亦無知。若以强而鬬强，其損非彼即此，可不戒哉！

牛搏虎説

世有走獸，其類多端。有生而在野者，有生而受人豢者。斯二者之爲物，如在野者兕、虎、麞、鹿、狐、狼、獅、象。且如獅、虎之猛，狐、狼之狡，雖生而有之者，終爲人患，乃無益於世。其麞、鹿、犀、象，生食平原之草，昔聖人取之以時，如象備法駕，以供四時之祭，麞、鹿爲肴羞，亦祀之用。如家豢而有功於人者，牛、馬、駝、騾、驢、犬是也。且如負重載遠，則有駝、騾、驢。若墾田闢地，爲農之上功者，無出於牛之力也。若開邊拓土，巡守封疆而備侮，其馬之功又爲不小。犬之力微，守舍之功，猶義然。

邇來天長縣羣牧監奏：本縣民人戴姓者，朝出，其妻牧牛於野，平昔豢犬隨之。其犬或前或後，時左時右，縱横行之。俄而入草莽間，久之不出。戴氏之妻牽牛往尋之，去未百步，乃見虎據叢而食犬。虎見人至，棄犬趨人。其戴氏之妻被虎所搏，搏而未傷。所牽之牛，見主有難，忿然而前，詣虎所在。虎乃釋人而應牛來云。二物相加，哮吼而弄爪牙者虎，側二角而奔擊者牛。不逾時，而虎負牛勝，人難消矣。

夫獸之爲物，雖品有高下，力有巨微，人之取舍，用其所長。牛本拖犁耟、墾田種穀而已，未聞他能。如野之猛者無如虎、豹，猛甚而伏虎、豹者，獅也。今戴氏之牛，威猛如獅，志意同忠，豈不仁獸者耶！於戲！獸之報主也，捨身捍患。人之於世，如者不如者，何哉？於是別賜戴氏之牛，以代仁獸而自終，豈不人報獸之宜乎？

賜宗泐免官説

世人災害有三，往往皆不自知，故其災害周流方寸間，日夜無息，今古未嘗有能盡去者。所以釋迦成道，教化衆生，指迷破昏，乃云災害之三者，曰貪、嗔、癡。斯三者，孰能不備？孰備而不殃？所以古今不備者，聖人是也；雖備而不殃者，賢人是也。

洪武九年春，暇游天界，見住持僧宗泐博通今古，儒術深明，詢問僧之苦行本面家風，果何幽静。傍曰：『是僧動止異常，因識儒書，大知禮義，又非林泉之士。』於是朕命育鬚髮以官之。當時本僧姑且奉命而不辭。待至髮長數寸，將召而官之，其僧再辭而求免，願終世於釋門。

吁，難哉！世人之於世，誰不欲富貴妻子，名彰於世者歟？今是僧卻富貴，弗美妻妾，可謂三害之中，善卻一者歟？人將謂是僧生性淡薄有是歟？抑玄悟之有知而若是歟？不然，其僧生性淡薄玄悟，不可以言貌而見。蓋丈夫之氣，初志不奪，斯僧是其人也。特聽而免官，放老山林。其世之三害，僧不爲一害所迷，妙哉！

僧道衡説

公私利涉，古今不異之謂道。辯輕重，分毫釐，國行民用，市無争者，今謂衡。其道衡二字，凡達人智者，不可不深究其理焉。且道即路也。昔聖人允執之性無所名，特以曠大永長之事配而言之，故以道稱。

夫衡以權合之法布天下，雖至巧者無所施其姦，至愚者憑此而不惑，所以衡稱。

昨逢越中沙門，自號道衡，於斯二字甚相符契。於戲！心常履道而不迂，性常如衡而不曲。道哉衡哉，不亦美乎！

僧道竺隱說

僧之殊俗者，去姓是也，務立字爲名。爾以道竺隱稱，有以爲奇。孰不知色界之道無盡，法界之道無窮？斯道幽乎顯乎？有相無相，曲如羊腸；一縱一横，誠如十字。又若弦在雕弓，其世之君子小人，故有馳之異同。今爾擅道名，可謂志矣。

且『竺』者，西域之國名也。我中土智僧，此立爲佛刹。爾云於此而隱其道，承如來之教乎？說者如來成道時，放眉間白毫相，光照大千界，指迷破暗，利濟羣生，豈不彰之顯之？爾乃以隱自任，何也？

且隱者，匿也，吾所不取。至智人明其道，幽其德，名彰不朽，果隱其道則不許。然嘗聞聖人有云：『德不在彰，道不在顯』，『終日乾乾』。汝若是乎？若此，後必了然哉！

僧玘太朴說

僧多捨俗，惟立字爲名。何也？以其法殊人主之教故也。

邇來有僧用三字爲名，曰玘、曰太、曰朴。且玘，玉之至精者也。太，無上之巨也。朴，實而不虛，混而未鑿。斯三字之用，果如是乎？若是，則仁者體之，又何爲而不可哉？今僧用斯三字，理道深長，機根淺露者莫可探其趣。若遇良工，必由雕琢而方見其形也。

昔如來朴太虛，混厚坤，故發問於未判之先，孰雕琢而使澄清。列無量之象於穹壤，七曜運行其間，布海岳於鴻龐，百川東注，此由太朴而至穹窿，果理之使然，氣質之變焉。吾聞智者云：混沌静久而乃此。今僧捨俗認朴，必釋教之然哉！

天界寺花架説

暇游入寺，長老同行。見綺砌爲檻，中植薔薇，而又行木架之，工以編之，屈蟠龍蛇之狀，令不得曠蔓枝莖，因之有感。嗚呼甚哉！違大化，恩不及草木，必有積焉。

朕嘗目種花之徒，務以奇爲妙，故屈蟠其枝莖，以招買花者也。然其人智巧多端，身不滿三尺。朕謂花者曰：『爾生計若此，家傳否？』曰：『然。』『爾身若此，亦家傳否？』曰：『三世矣。』

吁，愚哉！人云：世有陰騭，然後獲昌。所以陰騭者，利濟羣生是也。不但不殺而爲陰騭，但能惠及草木，亦陰騭焉。若使草木不得自然而乘大化之興，尤爲損德，必成將來之患矣。其佛會之中，雖有持花獻果者，正所以不花而花，方爲聖人之妙；若植其根，節其莖蔓，使疏條巨蕊，朝夕樂觀，不惟損德，必有愆於身後。

因詢種花之徒有感，特述寺修花之説。

僧犯憲説

佛之立教也，惟慈以及衆，身先忍辱。所修者諸惡不作，百善奉行。斯佛出世，始此因由，於西域五天竺國，賢愚敬之，無有慢心。五百年然後流傳中國，賢信愚化，又二千年。其間智人亦因是而通神者有之，有流此而無終者有之。然凡居是者，必忘憎愛，去貪嗔，卻妄想，雖不前知，亦也效佛之宜。

洪武十一年秋八月，天界有僧訴於中書，其辭曰：爲主僧者非理辱甚。中書下刑部究其源。其間觀形狀，識緣由，自妬忌而起，信讒而亂，以致福消禍增，累及平人若干，比問分明，人各受刑矣。

於戲！禍福無門，惟人召而速至。僧不務修，造愆而犯憲，法司論如律，宜哉！

命道士楊宗玄住持萬壽宫説

世有已往之事而不泯者，曰『宗』。他無知之機，曰『玄』。此果宗乎？玄乎？昔聖人之馭世也，以三字設教，以宗爲統紀之名，以玄爲心法之授。於斯三字，凡世人者奚啻其根。

洪武十年，有司奏朕：北平萬壽宮急缺住持。朕命朝天宮提點於羣道中擇超者，使往焚修焉。明日，提點將至住持者。朕謂曰：『爾姓名何？』對曰：『臣螻蟻之稱，楊宗玄是也。』朕觀斯人，玉樓銀海相應，頷下逎髯如線，其於壽也，不爲不高矣。然朕目斯道，顏如三春之夭桃，色若紅杏初芳，必交梨火棗之嘗吞，霞瀣之久服，非若此安能如是？今敕往而興教，必稱職焉，因爲之説。汝往欽哉！

雁歸説

鳥之理者惟雁善。秋南向，春北歸，是知四時之代謝。且歸向之際，陣列長空，雌雄互喚，次第有序。斯理成義就，翅天而征，視者莫不以爲美乎。或曰畏寒，或曰畏熱。傍曰：『不然。是鳥靈明，得之於天，固善知酷寒盛暑，所以歸向有期。未寒而南向，未暑而北征，所以避其甚也。又南向不失期者，爲稻糧也；北征依其候者，爲育雛之故也。』

夫雁之靈，南北之趨，皆處不寒不熱之時，致如生子沙漠，處於無殃也。今之人善觀雁善，不能去己之惡，從己本來之善，人者乎？

紫雁南賓北歸説

二儀既判，萬物生焉。然覆以下、載以上，風物之殊，人言之異，又豈一爾？且中國去朔漠之地，遠不五千里，致紫雁節之以時，往來乎春秋，斯正風物之殊也。

夫雁之南賓，一爲朔風所使，二爲食啄之必然。每春歸之依期，蓋當育雛之時將至，亦炎氣之相催，故春秋往來，雖不期然而然者，乃自然也。

雁何專生北地，南方弗産謂何？因朔漠之地曠，數千里絶人，盛夏清凉，水草甜嫩，得以自由生子無擾，是生北地也。雛翎方硬，秋風初發，所以南向者，地將凝雪，水將堅冰，所以避寒也。不南生者云何？夏多炎氣，水陸人稠，子生人擾，酷暑薰蒸。陽氣初舉，赤日東升，北向者爲此也。

於戲！雁鳥也，知避凶趨吉，節飲啄，隨寒暑，智同人焉。君子不理道而稱君子，信有之乎？

普達説

朕有臣曰普達，其爲字也，甚深妙焉。無所不遍曰普，無所不知曰達。斯『普達』二字，昔人有之則聖賢焉，又非慵慵愚下之有者也。是普達也，若以此爲名名之，無知其所以然，而乃慵之而又慵也。若或知其所以然，不特獨善其身，又將利益焉。

然斯臣見休官於家，猶且思朕之切，扶筇而趨，凡三晨一朝。傍曰：『黑髮白，齒摇脱，骨已倦，筋已疲，何數如是乎？』曰：『不然。至忠之所感，無知其勞者也。』嗟夫！世人皆若是，奚由朕化之乎？

漢　説

漢之説，天河也。且漢，汪洋也，瀚漫也，銀河也。朕臣以之而爲名，豈不大也哉！

嘗聞吉人天相，其必兆先。斯臣昔逢元季，豪雄角立，漢獨能倡義旅，以保生靈。當保之時，則與雄者戰。當戰之際，迎鋒横矛，魁魁然而赳赳，旗張鼓譟，孰敢當前？斯雄也，斯勇也，豈不與漢之汪洋瀚漫之相應乎！以是而觀之，首以漢稱，豈徒然哉！

仲右説

物之有三，中曰仲。學出於人，曰右。斯果誠説之謂歟？誣説之謂歟？

邇來忽巾者來朝，名仲右。其人善變應，及其窮也無稽。以之而無稽，或然理焉；以之而理焉，理不物濟；棄之眇之，而或不可。斯人可以居山慵己，演清談，愚愚者，又足可訓不可教者，又足可以與可教者語。然物各有偏，順其情而有何不可？可也尚未可，未可猶不可，嗤之而叱之，孰可孰不可。今使之自然，端倪乎？

道患説

道本無心，非心不道。事道道事，心事事心。本末開張，由來一乎？殊形異態，匿入幽微。當此之際，是何端的？問甚事勢之浮沉，漚花泛水，月印湍流。邇來透網掠花之蜂，車渠馬足之蟻，僥倖脱身於萬死，迷不知其已也。蜂暢嗚嗚然而翅空，蟻快躡躡然而趨塵，是皆墮之又墮，迷之愈迷。孰曾量之而論，擬之而疑，度後先之覺乎？

今泛泛之徒，興憎愛之勃勃，起是非之翩翻，反爲誠者之憂心，是何持教者耶？

佛教利濟説

釋迦之爲道也，惟心善世。其三皇五帝教治於民，不亦善乎？何又釋迦而爲之。蓋世乖俗薄，人從實者少，尚華者衆，故瞿曇氏之子異其修，異其教。故天假其靈神之，是説空比假，示有無之訓，以導頑惡，斯成道也。今二千餘年，雖有慕道者衆，踵斯道者鮮矣。然而間有空五蘊，寂憎愛，度世之苦厄者有之，此所以佛之妙，或張或歛。斯神也，巨則靈通上下，微則潛匿毫端。是故聰者欲得杳然，愚者無心，或有善之，其故何也？所以天機之妙，人莫能與知；設使與知，則人與肩也，奚上之而奚下之耶？且佛之教，務因緣，專果報，度人之速，甚於飄風驟雨，急極之而無已，人莫佛知。今之人愚，乃曰佛善超生度死，朕嘗笑之。所以超生度死，朕嘗分析，愚誰我知。妙哉佛之靈！人能生肯爲善，則死亦昇矣。設使生弗爲善，死亦弗昇，豈不定業者歟？

下竺寺住持説〔四〕

夫何時人不知修持之道，頑者而爲者曠，獲宗旨者少，縱得之者甚微。若時人知修持之道，以道佐人主，利濟羣生，其得也廣；若量後世子孫，其福甚博。所以者何？蓋濟衆則衆報之。其修身者否，濟衆一身而已，云何巨福之有哉？

鍾山僧妙雲説

善出無心之謂雲，善歸無迹之謂妙。此果雲乎，妙乎？

吾聞鍾山有僧，以『妙雲』爲字。良哉！斯僧非知理之必然，安善稱耶？僧本侶影空山，儔燈松底，吟清風，翫皓月，捫己探淵，有時觀浩氣於層霄之外，是果拘四大而修耶？忘形而鍊耶？是論是議，爲衆僧之所以，又非着象於妙雲者也。

且雲之妙，倏然而靄，恍然而静，須臾神乘龍，駕雷電，山蒸海湧。見如是之態，雲之體也。鴻濛寰宇，霶霈下注，山川槁醒，無形而形，有形而化，功成而寂，杳然莫知其所以，人以爲奇。吾嘗以爲妙者〔五〕，乃爲雲所生耶〔六〕？雲爲妙所出耶？是謂空者言虚，實者云妙。其妙雲之説，無乃僧若是乎？

還經示僧

昔誠之説如金，經千萬劫而不泯。若或見之，則沃聰者之槁心，開愚昧之方寸。嗚呼，道哉覺哉！孰能體之而無上，守之而無爲？斯二字之所以然而然者，其於漏盡者乎？斯誠之説，如浮雲之馳空，若漚花之汎水，電影之逐風，睡酣之幽夢。斯果虚之謂歟？實之謂歟？然必先覺覺之，後覺然之，又將愚昧而疑之。嗚呼！清風摇水，蟾影沉淵，孰能機其所以然耶？

且曩之妙也，赤日升崑崙，神龍浴滄海，是又體之而非體，相之而非相，是皆着相而能耶？無相而智耶？又必我相人相而較之，豈不廓落奔星，静淵臨月，是説是問，必九年之傳善我明。不然，風翻月影，倒挂須彌，問石爲舟，千艘浮水，巨木連枋，作大海底，是皆性理者耶？

戒慵儒説

儒有從慵其體，而爲垢螟之蟲舍其身。蟲得無阻而有爲焉，於是窩其首，日獲恣意。時蟲子孫繁衍，乃列衣體而窩之。巨者以髮爲巢蟣焉，以衣爲窩者亦蟣焉，而更召他毫螟者，各舍於毫根。不逾數月，被垢螟之黨誘毫螟者衆，以數言之，則有八萬四千户之多，遍舍慵儒周身。其慵者，宵晝不得自由，彼時指無完甲，肌無完膚。

傍有詢者曰：『先生起居無寧，搔衣搜首，略不少暇，無乃修煉而有妙乎？而奇句未成，而方寸擾乎？』曰：『不然。吾數月以來，身瘡首虱，肌肉臑動，髮根水生，無可奈何，豈他術，句而奇妙哉！』詢者曰：『先生晡時而寢，日高而興，歲忘其櫛，一紀而浴，然乎？』曰：『然。』曰：『若此，則吾知先生之疾矣。昔者南華老人有云：「蝸牛之首，尚有蟲爲其國。」況先生塊然一物，弗與蟲較，斯必垢螟、毫螟之蟲爲之，此疾之源也。』慵儒聽之，遑遑無所措。詢者更謂曰：『示已，不獨擾動八萬四千毫竅，將必憂於三百六十要關，於斯之難，可不早爲之醫乎？』於是慵儒求親告舊，令其子東馳西奔，以買名方。

正倉惶間，俄一貨疥藥者過其門，貼下一紙，名其方曰：『日一沐浴而三利櫛。其毫螟之蟲畏湯，而必捨毫根而解去；首髮不蓬，梳篦勤臨，則垢螟之蟲畏梳篦而亦解，無患矣。』時慵儒依方，不逾月而可。

詢者見之，曰：『先生若何？』曰：『痊矣。』詢者曰：『非吾，先生何以痊？不止不痊，以先生之慵，將欲致妻子於饑寒。故諭先生醫之也。』

飛鳶互搏説

朕聞世間萬物，飛者萬物中一物也。然飛本多類，獨鳶載中庸。其中庸之説鳶也，云上下之察，吾茫然哉。吁，見鳶互搏，啓人不仁之心，還肯效乎？

嗟夫！强凌弱，衆暴寡，先王治之。人而效鳥者，人乎？

解夷狄有君章説〔七〕

夷狄，禽獸也。故孔子賤之，以爲彼國雖有君長，然不知君臣之禮、上下之分，争鬭紛然；中國縱亡君長，必不如此。是其有君，曾不如諸夏之亡也。宋儒乃謂中國之人不如夷狄，豈不謬哉？

解攻乎異端章説〔八〕

攻，如攻城之攻。已，止也。孔子之意，蓋謂攻去異端，則邪説之害自止，而正道可行。宋儒乃以攻爲治，而欲精之，爲害也甚，豈不謬哉！

校記

〔一〕題下注文原無，據明太祖實録卷九四補。
〔二〕十一月　原缺，據明初三十卷本補。
〔三〕虎猛　萬曆本作『猛虎』。
〔四〕本卷前文作僧道竺隱説，文字全同，不重複收録。
〔五〕者　原作『果』，據萬曆本改。
〔六〕乃　原作『妙』，據萬曆本改。
〔七〕此篇原無，據萬曆本補。
〔八〕此篇原無，據萬曆本補。

高皇帝御製文集卷十六

雜著

設大官卑職館閣山林辯

唐參政蒙恩，字名耐久道人。其耐久昔本山野之士，太宗聞名召至，授以武昌參知政事。爲年逾六十，令致仕。其人居京師，官民知其人平昔以儒業立身，遂得高位，今又善始而善終，是謂難得，所以求文者盈門。本官德不擇貧貴，概從所求，日不停筆，凡文必以耐久道人爲美。俗者不知，亦以爲奇，識者將以爲非。所以求文者，求人之名以爲貴，今乃忘高爵而書山野，不如求俗者之志歟？因有此説，人皆罷求本官之文，已得者甚有毁之。

同年内黄縣令沈仁，亦年邁而致仕，家京師。平日所授之職，不過七品而已。學通孔孟，人從求文，亦如耐久，不擇貴賤。凡與人之文，務以『内黄縣令』書於首。故欲文者如流之趨下，其户門之限，每三日而一換更之，猶爲踏碎。

傍曰：『何欲文者如是！』曰：『美也。』曰：『前耐久道人文安不實耶？何今日之門徑人絶行蹤？』曰：『未知。』又傍一人頗能視聽，特以耐久、沈仁二文爲一目嗅，乃辯其人矣。『何以知之？』曰：『耐久之文雖好，乃有黄精蕨薇之氣盈章。其沈仁之文，嗅之則御爐煙靄尚有，御饌之氣芬芳。山林、館閣，曉然矣。』

正評論間，俄而耐久偶過其門，見欲文者如是，乃曰：『奪從吾者在斯。』特臨門而問仁曰：『君子不奪人之所好。此欲文者即吾之生，爾獨有之，可乎？』仁曰：『此何人，行非禮之言？』傍曰：『此即耐久也。』仁曰：『我雖卑職，終曾受官，彼山人敢臨門而侮？』仁遂呼僕以叱之。其耐久昂昂然愈剛，遂被仁辱。傍謂仁：『所辱者，致仕之參將，將上聞。』仁曰：『若如此，則加辱之。』曰：『何故？』曰：『彼輕君爵而美山野，文書「耐久」，誠可辱。』良久，遇解紛。

耐久果欲聞上，家人曰：『不可。公平日不變，若欲聞上爲必然，恐招重辱以及身。』『何故有此？』曰：『公忘君爵而書「耐久」，所以不敢聞也。』時耐久自駭而自覺非。家人曰：『公今既省，豈仁辱教歟！何止辱而覺之，今後凡文，列爵於前，人既得之而久藏，將垂貴名於不朽。若以「耐久」奇之，則「耐久道人」四字，是謂自矜之辭。古君子德不自彰，今公自言耐而又久，且擅稱道人，是謂自上也。其道之説，居老子中四大者内，道大居第三。古聖賢尚未盡其道，今擅稱之，可謂不度。公將信乎？』曰：『然。』

朕觀耐久之錯將永矣，不期家人有善者能相之，其人信服之，則可謂善矣。

板的達頂相讚 二首

噫！設意精專，駕般若船。碧浪千堆，海氣如煙。檣傾舵轉，問爾宿緣。噫，危乎艱哉！驀然際岸，紅日當天。右一

噫！張目神樞，電繞太虛。瞑目神潛，匿毫無餘。噫！快哉疊膝，任爾爲愚。右二

辯答祿異名洛上翁及謬贊

昔者聖人居中國而治四夷，來賓者甚多，效文者甚寡。自中國宋君靡政，天下不馭，北夷元世祖入主，其文武才能不求備於一士，可謂之天人矣。若名能於一藝，當用之時，雖一藝不能備者，則不用焉。

當是時元得一士，而立綱紀，明彝倫，半去胡俗，半用華儀，中國得生全者，我漢儒許衡是也。如此者不三十年之間，華夷儒風競起，人雖不爲名儒，昔之不效者，今識字矣。所以

『雲從龍，風從虎，聖人作而萬物覩』，信有之。是故一代之興，一代之人皆蕩蕩君子，未嘗異其名者也。如周臣呂望，自罷釣歸朝，至今曰望。漢張良、蕭何、曹參，今亦良、何、參，三名不易。唐魏徵，見之於書，皆名徵而無改。秦王猛、宋趙普及元許衡者，雖大小有不同，皆立綱陳紀之賢，未嘗奇其名而流芳。

今朕創業之初，首得儒者，於才能未見善於事，但以奇其名而以爲美者有二：一曰武昌參知政事陶凱。致仕歸來，自去禄爵之名，怪稱曰耐久道人，是其自賤也。此無福之所催如是，不期年，罪犯不公。一曰胡儒答禄與權者。胡本無姓氏，因本俗之語，兩肩爲『答禄』，故曰姓答禄，名與權，是其宜也。斯人性頗聰明，博通今古，超出羣胡，故立姓安名如是。忽又著書數篇，乃曰洛上翁之作。觀其如是，奇怪之甚也。然朕静思之，昔首註道德經者，名河上翁，至今不知姓何人也，徒使人知河上耳，不知其姓氏。此好奇譎詐之徒何足道，今答禄與權者忽稱洛上翁，豈不效之者乎？於斯之觀，知其人也。是其不格而不度，擅爲也。不度，不知前人之非；不格，是不知天地聖人之造化於斯。不格者，見之於贊元世祖之文，知其意也。其詞曰：『於穆世祖，天性有常。』斯『天性有常』四字，故特侮元君也。且世有飛走走飛諸禽獸者，偏于一永不變者，以其稟天性一氣之常者也，此所以禽獸也。

古云：世間萬物，惟人最靈。此概稱人之能者。凡君之所畀，首出庶物，以其睿智之通，無所不變，無所不常，是其君也。故書云『上帝不常』，伊尹言『天命靡常』，『鬼神無常享』。老聃曰：『聖人無常心，所以皇天無親，惟德是輔。』斯言皆前代聖賢欽天畏地警戒之詞，特以此而導人君以行仁。今胡儒與權者，倒其詞而讚元君之德，朕不知其何如耳。莫不是胡人之性理推之至極有如是乎？不然，則事屬謬矣。朕每觀天地之應人也，無常無不常，斯可畏也。聖賢體之而馭區宇，故位極。

嘉瓜贊 并序

洪武五年六月，朕居武樓，漏刻時當正午，内使來報，諸衙門官奏事。忽中書、都府、臺官俱至，想早朝之事已辦，此來必匡吾以治道。良久，禮部尚書陶凱捧二瓜詣前。初止有瓜，不分何如。尚書奏言瓜生同蔕。既聞，甚奇之，試問前代所以。羣臣歷言前代數帝皆有之，稱曰禎祥。今陛下臨御之時，瓜生同蔕，産於句容。況句容帝之祖鄉，其禎祥不言可知矣。此羣臣美言如是。嘗聞天氣下降，地氣上升，歲得好收，民獲豐年。及嘉禾並蓮，合歡連理，麥調二岐，數物曾聞有之。同蔕之産，未聞罕見，故甚奇之。且出身農家，親耕畎畝，歲覩五穀生成，不聞同蒂。居羣雄中一十年，爲王爲帝，紀已十載，尚未知此瑞，因不識詩書，欠博觀乎古今，以致如是。當獻瓜之時，羣臣以德歸於朕。既聽斯言，惶愧暗慚，不敢以德應瑞，但祈年豐民樂耳。朕本薄德，縱使有德，上帝必不報一禎祥以驕我。若有微過，必垂惡象以昭示之，使我克謹其身，使民不至於禍殃。古今五穀之嘉，草木之祥，根培沃壤，不過數尺丈餘之地產生，所有祥慶，必歸主臨之者，於朕無干。然此生成結實之物，世人所見者，豈比交梨、火棗、蟠桃之類，有所聞而不可見耶！凡數尺、數丈、數畝地内，五穀草木禎祥，惟慶於主臨之者。若盡天地間時和歲豐，或乃王者之禎有之。王禎不在乎微末之中，稽首瞻天，誠欽后土，故詠詩以贊曰：

上蒼鑑臨，地祇符同。知我良民，朝夕勸農。天氣下降，地氣上升。黄泉沃壤，相合成形。同蒂雙産，出自句容。民不自食，炙背來庭。青雲顔采，有若翠瓊。剖而飲漿，過楚食萍。民心孝順，朕何有能？拙述數句，表民來誠。願爾世世，家和户寧。有志子孫，封侯列公。雖千萬世，休忘勸農。

神龍添靈贊 并序

世之有龍曰神，凡所以別之以二，曰道、庸。其豐山龍族，太古渤海君之苗裔，千萬年相繼混淆，中穩淵泉，出没不妄聽役，而驅雨暘以時。滁人懷澤，依泉而祠焉。

歲甲午，予兵駐本州。秋首旱，民謂予曰：『州之西南有潭，神龍出没。曩職於此者，遇旱患必祈，祈必有應。』時信而往禱之，期日以三，後果答我所求。正朗間，俄膚寸出潭，倏被太虛，其雲也，上摩蒼而下靄地，鴻鴻濛濛。以身蜿則電掣天餐，以軀蜓則雷吼三千。嘘氣風生八極，吸氣四海波騰。飛滄溟於濃雲之上，作甘霖入黄壤而透九泉，不傷而不溢。功天地，澤下民，效靈於我。遂率官民詣，時詞曰：謝龍不自功。以其詞告上帝，致帝察彼之德。詢其由，龍乃渤海君之族神，龍種其來遠矣。遂令統天下之神，凡以調四時。今也龍聽天命，神鬼既知，安得不頌而贊之？贊曰：

天性自誠〔一〕，龍種果靈。穩淵不妄，有命必騰。均調四時，常奏帝庭。宛然雲生，赫赫雷霆。昆蟲被澤，禾黍樂萌。功著天地，上下相應。驅巖洞蛟，雲車於冥。致揚而息，使濁而清。威則塞宇，潛則無形。神龍治水，寰宇清寧。

壁間畫龍贊

潛則至神莫測，升則雲從霧黑，威則充滿區宇。快哉一躍，雨澤雨澤。

赤龍贊

陽精之華，髮被朱砂。至神至靈，火雲是駕。蜿蜒太虛，雨澤天下。

烏龍贊

極陽之精，陰由爾生。電掣天外，寰宇雷鳴。撤鬣旗戟，倏忽晦冥。大雨時行，民庶咸寧。

所翁九龍圖贊

蟄於淵底，陽回即起。倏忽太虛，墨雲見體。右起蟄龍

蜿蜒其身，翔海而吟。似怒而飛，鬐起遥岑。右怒飛龍

至陽出蟄，鬐舒赫烈。顧陰而行，游天遂悅。右雄龍

配陽至剛，電掣上方。飛雲逐隊，時雨至霶。右雌龍

既悅且翔，玩珠海洋。飛濤潑天，變化愈昌。右簸珠龍

舒海氣，玩明珠，墨雲無罅。神化莫測，收功天下。右次簸珠龍

脱胎以蜿，步雲以蜒。必教而興，利濟無邊。右嬌龍

呼子而駕，一吟一咤。飛雲九霄，雨澤天下。右蒼龍

匿身不見，瑞光赤練。蜒軀一躍，九天掣電。右戲龍衮電

海龍圖贊

鍾陽之精，居至陰之英。海氣一嘘，步天而行。

唐太宗出獵圖贊

景物秋作，草木黄落。蒼鷹翮輕，大健時攫。天子出獵，狐狼失魄。内亂已平，諸夷就縛。文武雄才，民歌且樂。天日之表，誠如山嶽。

毗沙門天王贊

北天有門，衛護何雄！被堅若是，托塔幾重。兜鍪降髮，示見帝戎。外張威武，内實禪翁。

蓮花菩薩贊

菩薩大慈悲，辛澄展法威。足躡無垢輪，熾焰長輝輝。四相具不具，倏忽如雲飛。

佛母贊

非宿有緣，非千萬劫前；德無瑕垢，尊妃飯天。王子至空，白象周旋。惟佛母聖，化及大千。

維摩居士贊

獅子座中花蕊遍，廚間香積味新鮮。誰人問病躊躇去，鐵馬嘶風牛策鞭。

華藏世界贊

室芥子眠，匿粟是恬。惚恍其上，周游諸天。宜乎其降，化被三千。

又

華藏世界全，市中買物食且甜，有誰期我相周旋？朝抵暮歸，非牛非馬非船。

瑞光塔贊〔二〕

大智力人，性定心方。穩首陵穹，脊骨純鋼。瞑目而逝，餘灰塔藏。信有之乎？靈明常存，午夜放光。

老子贊

心淵泉而莫測，志無極而何量。惚恍其精而密，恍惚其智而良。宜哉千古聖人，務晦短而云長。

禪海羅漢贊

爾怪且玄，海氣如煙。拂塵蕩垢，鼎足而禪。薄天飛浪，何處宿緣？宜哉尊者，處危自然。

十六羅漢贊

第一

爾惟務道，道亦何知。仰天俯地，榻下一枚。

第二

寂寞空山，扶策藤牀。篆煙終日，神機密藏。

第三

極目太虛，氣吐而噓。了知天外，錫杖龍舒。

第四

大哉癡獃，日近蚖蛇。蜿蜒倏忽，濃雲被遮。

第五

脱舄跣足，不愛茅屋。露坐觀天，法外撑船。

第六

道高氣豪，西旅獻獒。對月了經，如海汎濤。

第七

情愛清風，心翫明月。終夜露立，何時了歇？

第八

謂爾心專，天人詣前。羣魔逐退，道孰可傳？

第九

海氣盈虛，爾步且徐。隔岸招來，猶愛吾珠。

第十

倚松目猿，問宿有緣。閒中日月，鉢内水天。

第十一

童子戲禽，道者休禪。忘觀想地，鶴舞青天。

第十二

已授已接，對偶而悦。是法平等，亦復何説！

第十三

松下閒禪已幾年，頓忘幽寂意喧喧。出塵不用論今古，樹底清風爽不眠。

第十四

異哉樂天，龐首皓然。倚樹而定，觀空幾年。

第十五

心善而權，旌旗烈天。護神從後，撫虎而前。

第十六

宿修萬行，寒巖默用。知幾千劫，人何曾動。清磬一聲，幻出如夢。

龍虎山二十代天師贊

第一代

驅風疾霆，機幹萬靈。亶惟神知，使濁而清。道常無隱，滿腹仙經。鹿奔虎乘，倏然上升。

第二代

步舞飛虛，至妙而樞。握符而決，神駕羊車。周旋玉京，萬里須臾。坎離是會，深淵躍魚。

第三代

載承載闡，松底爐煙。夭桃洞蕊，實實三千。白鶴翅空，巖下鹿眠。九霄環珮，火棗年年。

第四代

繼符繼經，上徹天庭。永張斯教，轉斗移星。朝游北海，蒼梧暮迎。一祖師志，鹿車是乘。

第五代

袖劍而趨，光射斗墟。萬靈咸聽，神步天衢。斬妖縛邪，與師無殊。禦災捍患，氣吐而舒。

第六代

鉛汞成砂，煙結紫霞。洞裏乾坤，春意桃花。不善人師，不已而誇。壺中日月，更何以加。

第七代

撫鹿蒼松，羽扇登峯。道合無爲，繼師而封。不善而善，密有神功。知常守黑，樂道從容。

第八代

如不尚俗，愛居茅屋。白鶴一雙，猶騎麋鹿。月下星奔，使黄而緑。道氣常存，歲歲辟穀。

第九代

醉眠松底，白雲籠衣。似酩酊醒，役使幽微。至神有設，鶴翅劍飛。羣妖斂迹，巨怪悉夷。

第十代

洞花纔綻，春松翠微。高臥白雲，僊茅爲衣。呼泉叱咤，役劍神飛。無上至真，可以爲奇。

第十一代

演黄粱幻，運鍾離機。驅雲以從，致雷電飛。萬壑松聲，丹光夜宜。鶴氅飄然，煙霞是儀。

第十二代

道德齊名，鞭雷策霆。按劍瞑目，妖氣不生。神游八極，上至天京。宜哉宿緣，物外常明。

第十三代

九轉靈鉛，砂汞當先。茅飛去處，妖魅倒懸。神樞怒目，下察黄泉。仰觀三界，浩氣如煙。

第十四代

朝降崇顛，酟入市廛。過飲弗醉，暮歸紫煙。山雲松掃，洞鎖千年。和光同塵，玄之又玄。

第十五代

淶園善紀，槐國昭然。同此幻化，千古尚傳。師能善己，乃達於仙。虛靈不昧，道氣常全。

第十六代

繼傳十六，人皆辟穀。日食黄精，貌態異俗。歲月以來，亦復如復。牛背西風，蒼山一曲。

第十七代

至危而全，難去而天。乃知爾仙，乃知爾賢。流派十七，道氣凌煙。孰謂其顛，孰謂有緣？

第十八代

飛符有驗，始祖有傳。至於斯世，名播八埏。丹光上升，斗氣愈鮮。精神徘徊，常在三天。

第十九代

嵐光蔽山，丹氣雜然。飛符檄鬼，無敢不前。孰謂爾靈，孰謂爾玄？挂冠解衣，樂道便便。

第二十代

冠山衣雲，道氣常淳。芬子有機，鐺内猶渾。盤中數着，黑白星奔。無上至妙，丹田厚坤。

王亨十六羅漢圖贊

一

噫！意若相應，心淵已澄。南閻浮提，以書以徵。

二

侣杖空山，閲浩穹頑。篆煙終日，方寸幽閒。

三

跏趺疊膝，侍以戎客。仰目遥蒼，倚錫而息。

四

計珠誦經，靈蛇詣聽。恍然有覺，化龍而騰。

五

日瓶内花，大般若佳。去來無迹，孰爲幻化？

六

静修已佳，不已而誇。動人獸智，獅子獻花。

七

常云無心，何不彌深。耳聞目擊，行藏若尋。

八

理道深心，座下羣陰。意操岳浪，聲太古琴。

九

怪哉尊者，瓶水海瀉。神龍翫珠，取捨般若。

十

倚松目猿，足下獐眠。人物忘機，互悦而前。

十一

調鶴空山，倚錫而閒。形勞神静，就裏無煩。

十二

顧偶而言，滌除以鮮。本無塵垢，志脱煙霞。

十三

童子烹茶，火内蓮花。云何是説，數曠河沙。

十　四

麋鹿有知，尊者如癡。志在叢木，必待以時。

十　五

風生草偃，虎非豢犬。意何大哉，術出甚典？

十　六

身定神行，境入太清。鍾磬一聲，忽然而醒。

吴道子降聖圖贊

歷無量，涉阿僧，神色界，凡世界。聽不巧拙，愚不癡頑。以致漏盡無礙，大覺宏施，皆雪嶺之苦行。幻出幻生，幻滅幻起，百億之態不爲之廣，寂一毫而不爲之簡。善矣哉，化矣哉！大覺金仙，爲吴生之圖相，不出三界，問誰識此，聖凡者歟？又博變者歟？孰是孰非？云何水月風摇，隔窗審的，奚由然耶？有相無相，而爲定者乎？

天王圖贊

披堅戴胄，神驅電眸。風生足下，衛護天游。

吴道子釋迦出山像贊

一流水行，慨然如鍾。坦然無威，蕩然無爲。神通三界，脱苦忘危。

鍾離衣草萊玩丹芝贊

爲無爲，入精凝不二之鄉，逍遥乎玄都，放形骸於閬苑，示陋於草萊，玩丹芝於掌上。鐺内山川，幾躊躇於生熟，問伊識此而破非，著非而固此。倏跨鼇而乘蛟，恍背鶴而騎鸞。衝寥寥以上九天，躡鯨鯢而游巨海。果此而善乎？否乎？斯説斯問，乃疑而舉之。或聞朝游八極，暮息中央，的烏兔之升沉，實二儀之曠隘。壺中消息，洞裹神樞，比由戲劇則不朽，真同幻化而無痕。故慕而遇罕之靈，其於無靈而靈，妙之歟？不測者也。

唐太宗拳毛騧圖贊

鬃翻墨雲合裂，神樞霆飛電掣。突霧衝煙，眠霜臥雪。折旋擒侮，力健無竭。追風何及，騄駬豈與並列。快哉神蛟，唐君心悦。

贊五十三參

幻色幻空空幻色，幻情幻欲幻無端。始幻幻從何幻起，幻生幻滅亦何知。爾幻幻時皆是幻，幻終幻始總何爲。幻住幻流真幻輩，幻前幻後更依誰？此幻非真他幻寂，纔云寂幻幻方生。人生始世皆從幻，幻了無爲在幻中。幻去復來幻是夢，無言幻夢幻悠悠。智人識幻方知幻，知幻由來心不儇。

空實諭

目世浮沉皆是幻，幻生幻滅患相從。幻出無端患長着，患逼無知無有錯。理幻幻身身患患，若將無有更何之。師空法外無方住，再覓端倪孰擬知？好向道中閒自在，肯將鐵索易羈縻。只因魔甚云心地，未必師知必我知。不識有人還是覺，驀然一笑脱泥犁。

戒僧陶冶

道起無心誰寂滅，行生積行豈無端？邇聞陶冶空山内，致使空山空不空。着相有誰知是佛，以僧實相相山間。飛雲出岫來今古，巖壑幽然鳥夜啼。試問獻花真趣處，曾將心地量泥黎。縛菴以定山藤葛，穩坐蒲團樂幾枚。要識西來真實處，張眸極覷巨星馳。

永嘉侯朱亮祖壙誌

亮祖，廬之六安人。元季，率鄉里義士禦亂，與諸雄戰，所在出衆，元授以義兵元帥。未幾，爲諸雄所逼，與諸義兵東越如須，經梁山，渡蕪湖江，放肆掠江東民，與太平州官搆讎。江東會衆攻之，亮祖諸義師頗艱。

時朕夏六月渡江采石，太平州父老迎之，城降民安。亮祖聞之，亦深懼焉，遣使入降。朕賜賞以銀帛之類，令不失元授，惟改年從朕。

是後數月，仍叛入元，與大軍戰。大軍不利，被其俘囚而亡者四千餘衆。未幾，復戰寧國之北，亦爲所敗，俘二千餘。諸將弗克亮祖。時朕急欲拔建業未暇，姑置之。

明年，下建業。又明年，東與張士誠戰毗陵，下之。師旋，命大將軍徐達、開平王等爲前隊，慎行伍，晝夜圍亮祖於寧國縣。開平王被傷而歸，國公某亦被傷還。朕來日至。比至之先，援兵已被大將軍敗。已，城下，獲亮祖。

朕謂曰：『還，何如乎？』對曰：『事非已，生則力焉，死則死矣。』朕憐其志壯，捨三鐵簡而生之。後用隨軍四征，所向勇略〔三〕。如此者十有一年，遇天下定，授侯爵。自是之後，羣官中頗肆智。

十二年，胡惟庸不法，使鎮嶺南，作爲擅專，貪取尤重。歸責不服，已非一時。朕怒而鞭之。不期父子俱亡，就葬已責之地，侯禮葬焉。

秋鷹傳

管城子曰：無爲而逸，時遇秋高，羣鴻南向，菊蕊初金，天清水澄，忽然有所感發，爲秋鷹作一傳耳。傳曰：

雕鷹秉性金精，以肉爲命，以擊搏爲常。由是超出羣鳥，恣意舒翼，扶摇於兩間。所以出羣鳥者，志雄膽壯，是無朋也。其産必深塞海濱，巢出煙霞之峻嶺。媾在孟春，卵在中旬，彀出初夏。當方卵、方育、方巢、方哺之時，其翅到處，飛者莫敢流翼，走者安敢哮吼，所以畏其爪鋒觜利。是雛漸長也，父母日以鳥獸之肉哺之。

及其翎乾翮硬，吻壯拳强，則父母哺也，又與漸長哺不同矣，乃以全鳥獸死者餧之，令其習攫也，演其膽智也、拆距也。由度旬過，則哺又不然也，所以日以未絶命鳥獸試之。當試之時，父母攜鳥獸，去巢百步之外呼之，其雛颺翅而就，其父母棄未絶命鳥獸而他飛，觀雛何若。且未絶命之鳥獸既脱拳吻，飛者飛，走者走，其雛性擊搏，見是食也，凝睛側首，細頸詳形，於是舒翼而騰，歛翼而捕擒禽獸也。

若此者又旬過，其父母呼其雛遠舉，略不與食。其雛莫知父母之所以，騁六翮之勁，弄吻拳之剛，飄揚廓落之虛，翩翻天漢之表，出萬里剛風之外，抖擻新翎，俯仰二儀。其時，快羽翼之精英，意在巡山攫虎，渡海擒鯨。

正若是間，或忙食於嗉，時乃下目平原，見狐狼潛焉，於是攫而啖之。當攫啖之初，父母從而視之。初，雛惟知食肉，不知茹毛也。待食既，父母哺以毛茹之。其茹毛也，實利嗉也。由是而成雛也。方乃父母他往，各乘天風而流翅，所在息翼，雄立山椒，飛走爲之避。於是，管城子嘆而謂曰：智哉！因述爲傳。

擬問心

野人鄭公平問心於孔子曰：『聖賢君子之心何如？强竊盜賊，姦人小人之心何如？』子曰：『嗚呼！大哉之問。心之所以，世人同焉。夫心也者，中虛而不實，以居神靈，其神靈之運，情性思欲，無所不至，聖賢君子亦無間强竊盜賊、姦人小人之心。是説也，神靈之所以運心也。且聖賢君子，日夕以運之。首以强竊盜賊、姦人小人之所爲，無不周運之，所以知其干犯憲章，必殁身而後已，故不可爲而不爲也。次運廣愛仁人，利濟萬物，使無罪而苦者釋，有罪而脱者縛。於斯之運，未嘗不周流不息，運之至精，知其可爲而守之永久。若輔人主道興則賢稱，若造家則家齊，若居鄉黨則君子稱，若君天下則聖人矣。夫强竊盜賊、姦人小人之運，首以聖賢君子之爲運之，見其事幽而理祕，意無常仁，將謂艱爲而不爲不運也，故以强竊盜賊、姦人小人之爲日夕運之，見其速答易爲而且厚，特爲之。若輔人主，則爲姦貪不忠之稱，殁身矣；居朋友，則有小人之稱；在鄉黨，則有盜賊之稱；齊家，則無彝倫之敘。彼問一心，吾答以神運者，何也？蓋人之於世，多神役心，非心役神也。吾言若是，有能履吾言者，子孫十世必爲王侯；不然，必巨富而且安；雖居貧窮，亦無罪矣。若否此道者，世世誅戮矣。若用斯言者昌，不用斯言者亡。』

述非先生事

非先生，東浙人也，廬金華芙蓉峯下。文淵子異其人，數謁其廬與語，知其所學已罄世事矣。其文淵子喜不自勝，歎曰：『於戲！世有鍾英之人，有若是也。』

文淵子曰：『吾六歲而學，十五而知，三十而不惑，四十而知天命，五十而耳順，六十而從心所欲，至今未見世有其能人者也，惟非先生過世人矣。吾昔居朝，與君同游幾二紀。吾老矣，君憐其老，得致仕歸。然思君之衷，未嘗一日忘也。奈何文章之士，除吾之外，餘無稱帝心者也？ 思之想之，爲人臣必忠，爲人子必孝。今吾既歸矣，君缺人矣，今知其人而不薦，是謂不忠；薦之不當，亦不知人者也。今非先生有絶世之學，安得不薦之於我皇？ 特以疏聞：「臣聞：天生之君必有其臣，天生其臣必有其君。君臣風雲際會，本難事耳。今陛下芟羣雄、一海宇，已有年矣。生民咸遂，天無烈風，海不揚波，可謂慶矣，可謂賀矣。然自臣歸後，才能之士有無，爲臣歸久而不知，日夜思君之心，夢寐交雜，目雖無淚，心亦洋矣汪矣。何哉？ 恐陛下寡同游而無釋結者。於是宵晝物索才能。近得一生，文學敏捷，世無過者。陛下聘焉，以爲黼黻皇猷，爲千萬年不拔之美，亦足微臣效忠之一也。臣敢不稽首頓首以聞，伏惟陛下納臣之言，用斯人之才，幸甚幸甚！ 瞻天激切屏營之至。」』

帝乃嘉其言，以使往達金華，至芙蓉峯，入茅廬，果見其人，態貌雄偉，言辭彰彰，果能之士，果毅之士。使亦美之。使者曰：『吁，忠哉！ 文淵子舉無謬言，今非先生如其言。』使謂先生曰：『非先生否？』曰：『然。』『廬峯下年何？』曰：『三十年矣。』曰：『膻腥乎？淡薄乎？』曰：『隨分。』曰：『志乎？』曰：『子埶問孟子是也。』曰：『仕乎？』曰：『可。』曰：『先生知我來乎？』曰：『不知。』使乃出詔以示非先生。非先生一見詔出，倉惶俯伏於地自駭，謂使者曰：『儒生居芙蓉峯下已有年矣，欲兼善天下，三十年不達，不過獨善其身而已。今皇上何知，有煩使者至此。敢問使者，莫不有舉者乎？ 乃君自知乎？』使者曰：

『知者以先生之能具文以上聞，上特遣某詣廬而詔，先生起乎？隱乎？』曰：『君命弗敢違也。生殺與奪，惟君專之而又能之，安敢隱乎？』於是同使往朝。

至朝，謁帝於奉天殿。禮畢，帝曰：『爾非先生乎？』非先生聞君命，即拜手稽首，自稱：『臣非生藻不敏，蒙陛下不棄微才，遣使詔臣，臣何幸至此，藻之厚薄，簡在帝心。』帝嘉其言，職以翰林應奉，專天下之文章，是非決焉。藻既承君命，不勝感激，不逾三日而居任焉。

俄而吏部公文至，欲諸官之誥辭闢文之。藻於是乎操筆，猶壯士之揮戈，蛇之入草，龍之蜿水，不時而文成。成則成矣，傍一編修至，觀藻之文，謂藻曰：『先生之文，美則美矣，何負知人哉？』藻曰：『知者誰？』編修曰：『文淵子乃知先生者，先生所以至朝而官，皆文淵子之所舉。先生所作之文，文淵子已有定式，今先生重爲之，吾將以爲先生負之矣。』藻曰：『不知而誤。今編修所言甚當，然吾亦非故意耳，自後勿爲。』

於是，藻闢翰林院中諸廚，以目文淵子之所作，果有一定之式。其中有一二不當者，於是改抹之。編修亦目之，乃曰：『藻果君子也，知人有缺，先生補之，可謂全人矣。何也？文淵子失之於前，先生補之於後，文淵子之失乃不失矣。』明日，藻又改抹之，亦詔誥之辭，其辭的當，藻乃汙抹之。編修忽至而見，謂藻曰：『先生負知人矣。』藻曰：『何故？』曰：

『先生若飾文淵子之失，則是美文淵子之文也。今文淵子之文有的當者，他不可過，藻乃汙抹之，是眇文淵子也。』藻曰：『文本淡薄，但與重厚耳，其無他意。』編修曰：『公若是，則吾不言矣，他日衆議，必有斟酌焉，是非焉。君其思之可也。』

述周誼驅無寧日

洪武初，朕命大將軍率雄師三十萬，抵胡都而破之。大將軍封宮室，閉府庫，以聽朕命。逾月，朕命内官往視元宮。宦臣抵其宮而視之，其諸宮美麗者十去八九，内存一二守宮，尚五百餘人，人各自生。然諸宮人者，朝望御榻而悲，暮倚寢牀而泣，皆昔日之怨女也。朕命各適其人，使有善終之道。

聘配間，獨一女言殊語異，貌資嫩幼，弗應是行，因是宦臣將入吾宮。詢其由，乃朝鮮之女也。皇后憐其遠離父母，且幼無知，特教育以培之。

明年，高麗入貢，是女父至焉。朕命待以厚禮，廣贈以歸。是後使者相望，不絶而至。又七年餘，彼中逆賊弑其王，兼詭殺朝使及内官者。斯殺也，初本欲設巧以掩非，何其搆成大禍！又三年，事不獲已，乃令女子兄周誼者作行人，往來飾非，將必脱此姦頑，豈不愚之甚者也！因是周誼兄弟父子往來爲驅，直至殁身者有之，生而復至者有之。惟周誼歲居山海，少會眷屬，備歷艱辛，日無休息，更兼久無善終之道，必爲致疑而殁身。

夫何以見？所以見者，誼之生長本於朝鮮，心何離之。奈羣逆强差，安敢弗行？既行，且囑託以虚誑。果使誼訴於朕前，誼必不得已，爲彼飾非。若不止之，使盡飾其非，將後我不誼悦。假使誼不飾彼之非，則誼必不利於身家。斯兩難之道，孰能决之？人皆弗决，吾將以爲誼捨彼而就此，脱高麗驅役之患，而從斯之樂，不亦可乎！

述胡人樂天之樂艱時之艱〔四〕

朕聞朔漠之地，洪龐無際，物多飛走，野多衰草，民無姓氏，其號概一之曰『胡』。然内亦以其種類别之甚廣。所以種類者，有因山水而名種者，有以身名而名於部落者，有以異出而名之者，故云廣耳。

是境之人，專牧爲生，趁水草之利，盛乳駱爲豐年，以革爲衣，以氈爲廬。他無筋骨之勞，但乘駿騎，挾强弓，撫刃矢，縱雄騁志，馳衰草之連天，飛蒼鷹之勁翮，閲疾犬之奔星，張鶻神而仰天，蹙虬髯而俯下。控騎臨風，顯貂裘之不弊；掣羈縱鷹，覩摩青而展翅。其巧也，舒翼而升，歛翼而降，翩翻太虚，搏鴻雁於九霄，墮靈禽於足下。於斯頃刻之間，致胡人跳躍頓足，翩然而税騎，掀髯而笑，撚鬚而呼。快矣哉！胡人樂天之樂。斯樂也，以時論之，惟仲夏至於季秋，斯樂無窮矣。

假使涉孟冬之後，大雪盈郊，山銀水骨，風刀露鏃，肌膚爲之裂，馬瘦羊羸，犬畏寒而不捕，紫駝因雪而不騰。弦脆弓弛，氈廬星散，夜因風而沙埋太半，將明之際，更新闢户。出則狐帽覆首，朔風襲體，如湯澆火燎。俯仰之間，寥寥然碧穹，浩浩然銀茫黄壤。巨野震動，遥岑音鳴，集雪復飛，瀰漫遠邇。少時風静，皆丘丘然束；倏然而再發至，暮而觀，培培而西。時羸牛瘦馬互倚，背風而臥立，老羝童羖，星散自禁。人之晨爨，以三石而鼎，置竈穩其上，燃牛馬之槁穢。大地堅冰，水非激而非引，惟化雪溶冰，以爲飲用。嗚呼！艱時之艱，莫甚於斯也。故爲之説。

設禮部問日本國王 洪武十四年七月〔五〕

禮部尚書至意專答日本國王：

嗚呼！王罔知上帝賜奇甸於滄溟之中，命世傳而福黔黎。今王不奉上帝之命，不守己分，但知環海爲險，巖頭石角爲奇，妄自尊大，肆侮鄰邦，縱民爲盜。帝將假手於人，禍有日矣。

吾奉至尊之命，移文與王。王若不審巨微，效井底鳴蛙，仰觀鏡天，以爲巨之無量，無乃搆隙之源乎？恐王大略涉歷古書，不能詳細，特將日本與中國通往禮物及前貪商之假辭，如王之國，至日可細目。

日本之盛大也，且日本之稱有自來矣。始號曰倭，後惡名曰『倭』，遂改日本。其通使中國者，上古勿論，自漢歷魏、晉、宋、梁、隋、唐、宋之朝，皆遣使奉表，貢方物生口。當時帝王，或授以職，或爵以王，或睦以親，由彼歸慕意誠，故報禮厚也。若夫叛服不常，搆隙中國，則必受兵，如吴大帝、晉慕容廆、元世祖皆遣兵往伐，俘獲男女以歸。千數百年間往事可鑑，王其審之。

設禮部問日本國將軍 洪武十四年七月〔六〕

大明禮部尚書至意日本征夷大將軍：

二儀判久，昭萬象於穹壤，奠海嶽於洪龐，生民盈於寰宇。然而天造地設，隔崇山，限大海，人言異，風俗殊，盡兩間又非一主性命而有也。其所主者，又何量哉！雖主非一人，又非仁人者，天奚輔之？若非禍首，天奚禍之？

前將軍奉書我朝丞相，其辭可謂坐井觀天者也。且往者我朝初復中土，彼日本僧俗多至，間云使則加禮禮之，或云商則聽其去來。斯我至尊將以爲美矣，必欲深交日本，是有克勤、仲猷二僧之行。及其抵也，非仁德於使，今又幾年矣。

洪武十二年，將軍奉書肆侮，奏毋禮答，謂彼來者將軍自云貪商。今來者是不信也。

今年秋，如瑶藏主來，陳情飾非，我朝將軍奏必貪商者，將欲盡誅之。時我至尊弗允，旨云：『彼若是此即施刑，豈不小人無辜。況隔滄海之遠，福善禍淫，鑑在高穹。吾中國雖不强盛，人非侮甚，安敢違帝命而擾生民者乎？』

本部既聽德音，專差人涉海往問，如瑶藏主之來，果貪商假名者歟？實使爲國事而勞者歟？將行，羣臣奏止曰：『限山隔海，凡王者奉若天道，各主生民。今日本君臣縱民爲盜，四寇鄰邦，爲良民害，無乃天將更君臣而伐其患乎？』我至尊弗允，諭之曰：『人事雖見，天道幽遠，奚敢擅專？若以舳艫數千，泊彼環海，使彼東西趨戰，四向弗繼，固可，然於生民何罪？且以禮曹之舉，待彼何如？卿等議之。』本部復觀彼之浮辭，行雲流水，皆游方無德之徒，忘中國之寬，搆是非於兩端，識者嗤之。

治民之國，信浮圖而搆大禍，古至于今，未之有也。且尋方問道，不得自由，蓋爲彼國之人，人皆爲盜，是僧不得自由斯故也。如彼日本邊民，曾被中國人民爲盜而擾之乎？及使至彼中，拘不自由，果何罪耶？謂元之艨艟漂於蛇海，將爲天下無敵矣。吾不知彼國以天之所以然歟？人事之所以然歟？

若以人事較之，元生紫塞，不假舟梁，蹄輪長驅，經年不阻而爲有疆；但長於騎射，短於舟楫。況當是時，日本非元仇讎，非鄰邦之患害，元違帝命，好强尚兵，加以天厭征伐，海風怒號，沉巨艦千艘，淪精兵於海底。將軍以爲彼國之人能者也，彼何曾見元之陸勢？鵰旗歛，精兵駿騎，雲屯霧集；鵰旗舒，陣列重山，埃塵亘天。蹄鳴雷轟，戈矛掣電，胡人振威，露刃哮吼，鬼魅潛走，所以八蠻九夷，盡在馭内。惟爾日本渺居滄溟，得地不足以廣疆，得人非爲元用，所以微失利而不争，以其蕞爾之地也，如知天命不可以兵禍，而禍日本之良民也。

今彼國以敗元爲長勝，以疆爲大而不可量。吾將爾疆用涉人而指視，令丹青繪之，截長補短，周匝不過萬里餘陸，比元蹄輪長驅、經年不阻而較之，吾不知孰巨細者耶？今彼國邇年以來，自誇强盛，縱民爲盜，賊害鄰邦，必欲較勝負、見是非者歟？辨强弱者歟？至意至日，將軍審之！

設宋濂諭錢塘龍説

太史宋濂渡江，忽有謁者，左旌右幢，峨冠盛衛，凌波而至。濂聞之，升舟中，坐檣下，使僕者諭之曰：『方今百神奠位，天清地寧，正民庶雍熙，陰陽交泰，鍾山醴泉，松凝甘露，鳳凰致儀，禎祥疊見，未有如是凌波而異常者也。有何爲而見？』答云：『吾，錢塘之守龍也。聞太史公朝丹闕而歸，特相見，無他，不過欲文而已，爲我云守之務。』於是濂諾。以龍少待，酌龍以清茶，嗅以名香。少時文成，其詞曰：

夫錢塘之爲水也，居兩間萬百川之一，何殊太倉之一稊米耳。然則隸屬東海，其守不爲不重。且江之爲要，界兩浙而云東西。山川爲京師之雄藩，獨錢塘爲尤甚。所以甚者，侯伯趨朝，商賈往來，君使出入，其八閩之衆，兩浙之多，於斯之觀，除陸梯山，外其舟航水上者，獨錢塘之最繁。

方今宰天下而爲人主者，人君也。夫君不獨宰民，而又專典百神之祀，致陰陽自然而然。斯君，天子也。其嶽鎮海瀆百川皆在域中者，故君勤典祀而奉天命，以安生民者也。其嶽鎮海瀆，亦奉天地之命，統諸山川，率百神，效靈於人君，務在禦災捍患。

今龍隸東海，居守是江。當細察淵泉，勿藏邪精，勿湧波濤，奉上安生，是其宜也。如或否此，則東海神必執天憲而有責焉，龍其知乎？

設宋濂戒山鬼說

太史宋濂之京師，歲首還潛溪，道經杭之西山。是時晨蒼，遥見叢木中若有騎者，非馬，若驢非驢，似虎非虎，而乃豹也。濂豁然有知：吾嘗覽羣書，知山鬼之態若是，此必山鬼也。

濂方有悟，其騎者倏然甚邇濂前。濂問之曰：『汝非山鬼乎？』曰：『然。』濂曰：『吾平昔所學仲尼之德，專利濟，不殘生。二十而行道，今七十有奇，其修道利濟，已五十年矣。人神與吾，本無憎愛。爾西山之精英，爲嶽鎮之所統，無爲而來我見，云何？』其山鬼拜而訴曰：『卑鬼鍾西山之精英，太史然之。愚民無知我之禦山，所以禦者，其豺狼虎豹屬焉。聞太史過此，特奉太史於道，乞一劄以名，鬼之願也。』

濂於是呼僕者以筆墨詣，遂爲山鬼説：

其西山也，始天地而同生，孰曰異名，不過山而已矣，未見司山者也。故山容物而生物，略不有厭。俄有竊於氣偏者，入山曰鬼之，自云屬豺虎而役羣狼，與人辨憎愛而明是非，此豈汝之宜也？汝當斂迹蓊鬱，衣白雲，語猩猩，帶江鏡湖，飾霞翠松，冠巖烏澗，弄蚖蛇，戲蛟虬，而閱刁調樂，優游於窈窕之壑，宜其然也。今則不然，出與人交，希譽以爲美乎？吾戒汝今後勿與人見，斂迹幽篁，毋爲人測。妙哉！

跋夏珪長江萬里圖

洪武十三年春正月，姦臣胡惟庸權姦發露，令法司捕左右小人，詢情究源。良久，人報左相贓貪淫亂，甚非寡慾。朕謂來者曰：『果何爲實，以驗贓貪？』對曰：『前犯罪人某被遷將起，其左相猶取本人山水圖一軸，名曰夏珪長江萬里圖。』朕猶未信，試遣人取以驗。去不逾時而至。吁！微物尚然，受贓必矣。傍曰乃夏珪之親筆也。

時左右内臣盡舒其軸，朕的視之，見皴山染水，落筆有方。陸有層巒疊嶂，巖谷幽冥，樹生偃蹇，藤挂龍蛇。水有江灣屈曲，其勢動蕩，彷彿萬里洪波。又山意足而平川蕩蕩，遠浦瀰漫，俄生培塿，突曠野以纍纍。觀相生血氣者，則有寒雁穿雲，喬松立鶴，水陸崎嶇，僧俗半出，雲巖而似行似涉。若此者，非工夫一日以成其圖也。斯萬里也，造次不節，逡巡不成。若仁者體嵬山而聳拔，知者效流水以守常，不亦俊乎！

題徐熙暮雪雙禽圖

朕聞上古揖讓，天下臣民無争。自周秦至今，稱爲創業，以其人情薄而世俗澆，君者不聖故然。或一君之厚德，臣民必有稱頌者。

吾觀徐熙暮雪雙禽，其運筆精巧，頓放得宜，不知何歲進悦胡君，君乃命入奎章閣，閟藏王宫，以爲釋結，甚得其宜。何期博士等無知，但識圖名列姓，其於黼黻匡諫並無著迹，豈不尸位素餐，苟安碌碌？古之賢臣匡君以仁，表君以正，玩物喪志，未嘗輕許焉。如此輩者，寧不有愧？

題范寬雪山行旅圖 並詩

夫二儀立極，則萬象生焉，然而又有殊方異類者。何以見？且如中國與四夷優劣者，在於四序以時而寒暑均。若南方地暖日炎，如北方酷寒無五穀，西戎尚殺伐而少君臣，滄海之東人言異，迤東人非人形。故云覆載之間，物有異類者爲此也。中國得其寒暑均，是天心也。

洪武八年秋，暇游葺書所，見范寬圖四時景，冬有雪山。觀其所以，其運筆也精，其於胸意幽微，著雪山之時令，有若有志君子亦不下越也。夫何故？蓋爲君子之心，當仁則仁，當惡則惡之。其間仁義禮智昭然，世稱爲君子賢人。其范寬能寫四時之景如是，脱中華於胸中，古至如今，列聖居之。寬若是，豈不快哉！詩曰：

遥岑凝雪酷寒時，喬木陰森盡赤枝。知是范寬能運意，乾坤秀氣更無私。

題李嵩西湖圖

朕聞杭城之西湖，今古之爲美賞，人皆稱之，我亦聽聞未見。一日，閲李嵩之畫，見西湖圖一幅。其上皴山染水，界畫樓臺。寫人形而駕舟舫，舉棹擎橈，飛帆布網，抛綸擲釣。歌者音，舞者旋，管絃者則有笙簅觱篥。其爲湖也，汪洋汗漫。致翫景者若是，可不樂乎？

然斯湖之佳則佳矣，於中昂君子、卑小人，不難見也。夫君子之游湖，當世泰之時，乘舟於湖，晝則推篷翫景，極目遐觀，覽佳氣於胸中，著以詩文，黼黻皇猷。夜則仰臥葉舟，覩皓月而品瓊簫，樂其樂而歌世之清泰。比狎小人者何若？小人之游，會無知，務聲色，耗貲財，而酣飲無厭，縱其欲而不絶，是有破家蕩産、身乏衣食者多矣。比君子游何如？如於昂君子、卑小人，可不信乎？

題趙千里江山圖

洪武八年，孟秋將既，入裝背所，背者以圖來進，見題名曰趙千里江山圖，於是舒卷。著意於方幅之間，用神微游於筆鋒，巖巒穹窿，幽壑之際，見趙千里之意趣，深有秀焉。

若觀斯之圖，比誠游山者，不過減筋骨之勞耳。若言景趣，豈下上於真山者耶？其中動蕩情狀，非止一端。如山高則有重巒疊嶂，以水則有湍流蟠溪。樹生偃蹇，若出水之蒼龍。遥岑隱見，如擁螺髻於天邊。近峯峻拔，露掩僧寺之樓臺。碧巖萬仞，臨急水以飛雲。架木昂霄，爲棧道以通人，致有車載驢馱，人肩舟櫂。又目樵者負薪，牧者逐牛，士行策杖，老幼相將。

觀斯畫景，則有前合後仰，動静盤桓。蓋爲既秋之景，兼肅氣，帶紅葉黄花，壯千里之美景。其爲畫師者若趙千里，安得而易邪？

題趙希遠秋塘野禽圖

震澤迤南，水浦瀰漫，中有吴興一邑。若帆舟而翫，則四時皆天開圖畫，使人心地無不快哉。世善丹青者，孰能脱像？

八年秋，詣裝背所，見希遠吴興秋塘圖一卷，寫翠棲枝，枯荷昂俯，蘆黄蕊白，鴛鴦足食。於斯景趣幽微，木禽順序。於戲！宜其然，故上品之妙哉。

題梁師閔蘆汀密雪圖

楚之曠浦，遇冬摇落之時，平沙尺雪，汀蘆瀰漫。若跨騎登峯，使神馳瀟湘之極，莫不浩浩然、蕩蕩然，心地無礙。故云八景者，宜其然。孰能圖此？獨梁師閔胸鍾楚景之秀，特寫圖以像生，豈不快哉！

題春江山景圖

山蒼茫而嵐光雜蕊，水渺漭而煙鎖汀蘆，畫舟游而人立，似鼓櫂以輕颸。奪真造化，有若是而不殊，以其妙也。

鶯囀皇州賦

惟淑鳥之神氣，正三月以應期。乘造化以嬌吟，暢流金於柳堤。飲花露以香吻，食飛絮以精奇。棲碧梧兮侶鳳凰，翅翱翔兮與鵬齊。浮林梢而色炫日，弄翩翻而罕稀。樂鍾山之柱霄漢，美巖谷以神怡。

爾乃笙簧嫩舌，同律吕以諧宜。百花叢裹，任意芳菲。有時假天風而流翅，俄又歛翼以林枝。效織梭而自在，亦彷彿以星移。若抖擻以摶風，疑大火之西馳。今也節近清和，薰風將施。養羞於森林深處，翫緑陰而高低。感大化之循環，快靈禽之足意。叶平聲。

畫眉賦 並序

歲在庚申春二月二十有八日，督政務於奉天門下。是日也，春陰方霽，日色暄和，淑氣薰蒸，萬彙咸亨。朕務少暇分刻，略盤桓於左右，見内臣將所豢畫眉置於欄下。斯鳥感淑氣之浮游，呼羣之意囀，聲泠然而美聽，故爲之詞。

閱俊禽之在野，蒼身而綵眉。感初氣鴻濛之時，啰晴囀語，爲音和而無倚。叶平聲。久求侶而不獲，樂人聽而爲奇。入珠籠之翠瑣，美易食以朝期。羽日鮮鮮而耀采，爽雕楹之懸宜。金足舒而稱首，蠟吻爛然而無移。舌微調而聲韻，翅輕舉以宜枝。昔在野之佳音，入牢籠而愈彌。

夫何時也，華爛熳似錦帷，正鷹燕之高低。比雄長之翶翔兮，運扶摇之天倪。假鵬之曠翅，四際荒涯。雖息於六月，志同鵬而相知。覩彼蒼之遥兮，適莽蒼之陲。且間而無遐，的論而無私。必邇遐之可鑑，通升降者有之。今也聲和羽綵，爲人愛猗。若聲調如舊，整翼鮮齊。求近雕闌而富，後千載而名啼。

四瀆潦水賦 有序

朕嘗俯仰二儀，深思其所以，必陰陽之所以著。今也概觀，二儀陰陽也，陰陽二儀也，此其所以未知也。夫二儀，本二氣之所著，若否於二氣，則上下隔矣。若或上下姤，則萬物咸亨。所以亘古至今，必盛暑之時，則密雲浮游於兩間，霖雨大降，斯太和之至矣，潦水之興矣。若果如斯，則生民福臻。君民者仁治，今當其時。墨雲靉靆，風不鳴條，雨不破塊，宜乎其時，故爲之辭曰：

惟二氣之姤和，無不及而否過。運氤氳於兩間，濁三江而九河。清淮濟而盈海，無洪濤而巨波。倐汗漫而連野，驀汪洋而浸多。俄微風之拂面，樹倒影而沉柯。昔襄陵而懷山，神禹鑿而民歌。已而滔滔東注，非朝海而他何。三門峻急，吕梁旋渦。巫山莫止，來源沙陀。溉荆楚，被菉荷。瘳久疾，起沉痾。均沾萬物，特盛時禾。爾乃蕩蕩漾漾，婆婆娑娑，浮輕舟之蘭棹，利漁夫之棕蓑。湍於崖壁，緑挂女蘿。泛於農圃，茂於蓼莪。五嶽示態，精英嵯峨。澤施博愛，奚分巨苛。便商舟之絡繹，善官站之走舸。會百川之皛渺，衝撞林麓之巖阿。或巨魚之跳躍，翩翻嫩緑之浮荷。布浮萍之滿面，浴潔白之游鵝。澤北塞之翠草，犢胡民之紫駞。功既滂沛，溢堤盈坡。海上瀛洲，稽顙稱臣，拜首夷倭。夫何德備天地，雨暘時若而不磨。

秋水辭詠無智

秋水清兮實玉蓮，水痕收兮足有年。浩蕩秋風兮翠荷翩，翠荷枯槁兮水澄天。水雲影兮魚游旋，水兮水兮智人然。於澄徹兮更何便，歌清秋兮孰我玄？爲平世道兮日心愆，水兮水兮無不前，世人孰與兮水般全。

江流賦〔七〕

長江蕩蕩，緑水悠悠。舉目遥觀，共長天而鬬色；低頭近覷，同融日以争光。岸邊緑葺，滴溜溜風擺旌旗；堤下青蒲，孤聳聳露依劍刃。白蘋渡上，有一攢一簇向沙鷗；紅蓼灘前，有一往一來紅甲雁。其中富貴，飄飆飆荷葉弄青錢；内裏繁華，招展展蓮花傾玉醆。霽雪叢中，响沸沸金睛金色化龍鯉；晴波影裏，骨剌剌緑甲緑毛通聖龜。

此江遥納千流，總兼三台之職；遠尊大海，位有宰相之權。東南形勝，實爲吴越之藩籬；西北胸襟，雄據楚淮之保障。晉殘東渡，能隨五馬一爲龍；漢末南争，善使三雄決二虎。此江到春來，暖融融鷗浴魚翻；到夏來，碧森森芰生荷放；到秋來，紛紛紅葉逐波流；到冬來，片片寒冰隨浪走。

江中之景，清兮是水，緑兮是波，白兮是浪；碧兮是蒲，紅兮是蓮，青兮是荷；飛兮是鷗，落兮是雁，躍兮是魚，行兮是艦。

東去西來萬里長，滔滔不盡古今忙。流水水流流入海，浪翻翻浪浪翻江。碧荷荷碧碧煙罩，紫花花紫紫雲盤。白鷗鷗白白鷗波，紅蓼蓼紅紅蓼灘。採蓮蓮採採蓮去，行棹棹行行棹還。煙樹生煙煙繞樹，渡舡來渡渡人舡。汩汩無邊浴寒日，明明四際映青山。幾番鐵騎騰長浪，數次金戈照急瀾。

嗟哉，跨江欲會獵；危乎，浮水要投鞭。炎炎縱火稱公瑾，浩浩驅兵贊謝玄。英雄揮淚傷時往，豪俠持戈惜目前。王濬乘威焚鎖銕，祖生慷慨扣船舷。

校記

〔一〕誠　萬曆本作『成』。

〔二〕本篇四庫本題作定光塔贊。

〔三〕勇略　原作『略勇』，據萬曆本改。

〔四〕胡人　四庫本作『羌人』。下同。

〔五〕題下注文原無，據明太祖實録卷一三八補。

〔六〕題下注文原無，據明太祖實録卷一三八補。

〔七〕本篇原無，據萬曆本補。

高皇帝御製文集卷十七

祭文

中都告祭天地祝文

曰：昔者元政不綱，英雄並起，民不堪命，苦殃不可禁。荷蒙昊天上帝后土皇帝祇憫世民之艱苦，授命於臣，賜以文武，人多良能。八年以來，除民禍殃。臣蒙上帝后土之恩，文武之能，非臣善爲。

當大軍初渡大江之時，臣每聽儒言，皆曰有天下者，非都中原不能控制姦頑。既聽斯言，懷之不忘。

忽爾上帝后土授命於臣，自洪武初平定中原，臣急至汴梁，意在建都，以安天下。及其至彼，民生凋敝，水陸轉運艱辛，恐勞民之至甚，遂議羣臣。人皆曰：古鍾離可。因此兩更郡名，今爲鳳陽，於此建都。土木之工既興，役重傷人。當該有司疊生姦弊，愈覺尤甚。此臣之罪有不可免者，然今功將完成，戴罪謹告，惟上帝后土鑑之。

即位告祭文

維我中國人民之君，自宋運告終，帝命真人於沙漠，入中國爲天下主。其君父子及孫，百有餘年，今運亦終。其天下土地人民豪傑分争，惟臣帝賜英賢，李善長、徐達等爲臣之輔，遂有戡定采石水寨蠻子海牙、方山陸寨陳也先、袁州歐祥、江州陳友諒、潭州王忠信、新淦鄧明、龍泉彭時中、荆州姜珏、濠州孫德崖、廬州左君弼、安豐劉福通、贛州熊天瑞、辰州周文貴、永新周安、萍鄉易華、平江王世明、沅州李勝、蘇州張士誠、慶元方國珍、沂州王宣、益都老保等處狂兵，息民於田里。今地周迴二萬里廣。諸臣下皆曰恐民無主，必欲推尊帝號。臣不敢辭，亦不敢不告上帝皇祇，是用吴二年正月四日，於鍾山之陽設壇備儀，昭告上帝皇祇，簡在帝心。尚饗！

朝日祝文

混混之初，兩儀無象，神光未著。及穹壤既立，神光運行，照臨下土，萬象昭明，形影俱分，四時序而天地位，民物蒙恩，凡有國者咸修祀禮。今當仲春，式遵古典，致禮以祀。謹以玉帛牲齊，用伸祭告。尚饗！

夕月祝文

鍾陰之精，配陽之德。歷代相承，祭以秋夕。今也時已秋分，特備牲醴祭奠，伏惟神鑑。尚饗！

周天星辰祝文

布列周天，各司舍度。光燭於下，人所瞻仰。今季秋之時，穹碧澄清，萬象輝輝。朕遵古典，躬伸禮祭，神其鑑之。尚饗！

先聖三皇歷代帝王祝文

昔者奉天明命，相繼爲君，代天理物，撫育黔黎。彝倫攸序，井井繩繩。至今承之，生民多福，思不忘而報，特祀以春秋。惟帝兮英靈，來歆來格。尚饗！

祭西嶽華山西鎮吴山文

維神磅礴西土，爲是方之嶽鎮。古昔帝王，必知神有所司，故載在祀典，爲民祈福。今予統中國，兼撫四夷。前者爲剎罕腦兒伯顏密邇中國，屢撫不服，告神用討，已行絶滅。自陝西迤北，民無兵禍之憂。但方今河州東南，西南吐蕃、川、藏等，洮州三副使顈素子，雖以子入侍，於心將欲抗拒。朕心有所不安，特告神知，命將率兵，前行進討。惟神鑑之。

祭大河文

維神蜿蜒東注，故稱大河。古昔帝王必知神有所司，故載在祀典，爲民祈福。今予統中國，兼撫四夷。前者爲剎罕腦兒伯顏密邇中國，屢撫不服，告神用討，已行絶滅。自陝西迤北，民無兵禍之憂。但方今河州東南，西南吐蕃、川、藏等，洮州三副使顈素子，雖以子入侍，於心將欲抗拒。朕心有所不安，特告神知，命將率兵，前行進討。惟神鑑之。

遣功臣等祭五嶽四鎮四海四瀆文

荷上天后土之眷命，蒙神之效靈，以致平羣雄，息禍亂，君主黔黎於華夏，統控蠻夷，於今十年，中國康寧。然於神之祀，若以上古之君言之，則君爲民而禱，載有春祈秋報之禮。於斯之祀，有望於神而祭者，有狩於所在而燎瘞者。

今予自建國以來，十年于兹，國爲新造，民爲初安，是不得親臨所在而祀神也。特遣開國功臣某、道士某以如予行，奉犧牲祝帛於祠下以報效靈。自今以後，歲以仲秋詣祠致祭，惟神鑑之。尚饗！

遣功臣等祭北鎮醫無閭山文

荷上天后土之眷命，蒙神之效靈，以致平羣雄，息禍亂，君主黔黎於華夏，統控蠻夷，於今十年，中國康寧。然於神之祀，若以上古之君言之，則君爲民而禱，載有春祈秋報之禮。於斯之祀，有望於神而祭者，有狩於所在而燎瘞者。

今予自建國以來，十年于兹。每望祭神於京師，未遂詣祠而祀。予當親至近郊而望祀，奈國爲新造，民爲初安，是不得親臨所在而祀神也。特遣開國功臣某、道士某以如予行，奉犧牲祝帛於近郊，設壇以報效靈。自今以後，歲以仲秋遣官代祭，惟神鑑之。尚饗！

奉迎社稷祝文

曩者建國之初，立神壇於此，其宮殿城垣一切完備。後因工匠厭鎮百端，於心弗寧，復命工興造宮室，亦已完備。於社稷之思，想必有厭。故將神壇建於午門之右，工既完成，理合奉迎安祭。謹告，神其鑑之。尚饗！

奉安社稷祝文

古人之祀神也，載之於書，其議禮紛然，莫可知其的。前代神壇兩居，共一壝而處，於理非宜。以古人言之，大社，五土之神；大稷，五穀之神。五土發生也，五穀因之而茂焉，當一壇而祭。理應特選今月初一日，奉二神於此，合壇共祀。以仁祖淳皇帝配神作主，永爲後世法。神其鑑之。尚饗！

合祭天地文 洪武十年十一月〔一〕

曩者建國之初，遵依古制，祀以南北之郊。御諱周旋九年以來，見古人之意固誠，於禮未爲然也。且人君者，父天母地，其仰瞻覆載，無不恩也。及其祀也，則有南北之壇，終不會祀。以人事度之，爲子之道，致父母異處，安爲孝乎？

今也大壇鼎建未完，朝堂新造已備，時當冬至，謹合祀於殿庭。自今已後，每歲合祀於春時，永爲定禮。以皇考仁祖淳皇帝配神。惟上帝皇祇鑑之。尚饗！

告廟配享祝文

曩者建國之初，遵依古制，祀昊天上帝、后土皇地祇於南北之郊。御諱周旋九年以來，見古人之意固誠，於禮未爲然也。且人君者，父天母地，其仰瞻覆載，無不恩也。及其祀也，則有南北之壇，終不會祀。以人事度之，爲子之道，致父母異處，安爲孝乎？

今也大壇鼎建未完，朝堂新造已備，時當冬至，謹合祀上帝皇祇於殿庭。自今已後，每歲合祀於春時，永爲定禮。謹請皇考配神。伏惟鑑之。謹告。

祭岷山天女洮水諸神文

神鍾靈秀，機莫人知，然而福善禍淫，以教人聰明正直之爲也。朕命將指揮聶緯等率兵守禦是方，是方乃神所居之處，兵既臨此，就命聶緯等代朕會神以祀。神其無私。

尚饗！

祭城隍蔣廟文

朕起寒微，荷上天后土眷顧，百神效靈，君主中國。曩者平强暴，息禍亂，每賴戰騎以長驅。邇來禍亂已平，必備多騎以禦侮，所以設太僕寺，統羣牧監，縶馬於郊。今年選馬四千有三百上槽，俄生疾流傳，甚爲朕患。且朕立京於是方，專陽道而治生民也。神靈是方，專陰道而察不德也。朕有所爲，不得不告。今馬有疾，故告神知。神其有知，祐我羣牧。尚饗！

祭嶽鎮海瀆鍾山大江旗纛文 洪武十一年十一月〔二〕

曩者兵争已久，老幼艱辛，少壯奔逼，苦哉甚矣。當是時，賢愚思治，感動昊穹，於是上帝好生，授民以福，命予平禍亂，育蒸黎。予無己能，多賴百神效靈。今者禍亂已平，十有一年矣。惟西戎有密邇邊陲者，洮州戎寇，肆侮年年，未曾出師問罪。今特命西平侯沐英，僉都督藍玉、王弼等率兵進討。兵行，會神以告，神其鑑知。尚饗！

皇伯考啓欑祝文

惟伯考同我父皇之父母一氣由來，推源及派，敢不尊崇！曩者天下大亂，人無紀律，兵禍流行，非獨人世不安，在黄壤之下者亦不能静居。所以伯考之神魂、子孫之靈魄，皆陰宅於此，因兵爲人所發。朕本無知，惟傍親言其的，方知伯考於是焉。

伯考已絶嗣矣，朕本猶子，故展微衷，特擇地以改葬之。選於今日起離舊塋，謹遣某齎牲醴以告，惟伯考鑑之。尚饗！

祭元幼主文 洪武十一年六月〔三〕

嗚呼！生死廢興，非一時之偶然，乃天地之定數也。所以大聖賢者，於斯四事，若或有一臨之，皆不以爲色難。蓋謂知天命之必然，是所以生順天地之命，雖死亦無後恨，此所以知天命而不惑也。

且君之祖宗，昔起寒微於沙漠。當是時，天下巨富而爲民主者，兵强地廣，又非一人而已，皆不能平。君寒微之祖以致，葺戈整戎，彎弧執矢，横行天下，八蠻九夷，盡皆歸之，此所以天命也。

延及君之父子，正當垂衣以享承平之福，何期盜生汝潁〔四〕，華夏羣雄以致，君之父子號令杳然，終不能平之。此人事歟，天道歟？

朕起寒微，託身緇流，朝暮起居，不過侣影而已，安有三軍六師，以威天下？豈料應圖讖，有天命，衆會雲從，代君家而主民。

曩者君主沙漠，朕主中國，因君與羣臣固執天命不移，特以彼是我非，是有鄰邦之好不修，我不敢以使多進。邇來聞君長往，念昔有元之孫，安忍不弔！行人至奠以牲醴，惟英靈不昧。尚饗！

祭隴西王李貞文

嗚呼哀哉！骨肉之親。昔者朕居元時，生理艱辛，皇考妣甚爲憂戚，惟姊孝專心，爾能同之，故有資助，雖歉不荒。然而數年之後，皇考妣長往，姊亦棄世，但只爾我，共生人間。忽天更元運，寰宇兵争。當是時，爾我各天一方，消息莫聞，彼此不知保命。何期天地祖宗眷祐，朕應圖讖，撫羣英。爾能有知，攜兒來棲，此爲骨肉之親也。

朕嘗思之，平日寒微，親戚寡少，獨存爾我，但願長生。不期一疾既臨，倏然去世。嗚呼哀哉！痛切於心。然生死之道，世人之常，今也子封公爵，孫有官稱，甚哉昌乎！爾其有知，尚饗！

祭衛國公鄧愈文

昔者爾父兄起兵於承平，因兵及疾，相繼而亡，獨爾幼存方長。纔結髮之時，而又從兵，十八歲而至於滁陽。十有九歲，朕率渡江來，因爾剛柔相濟，朕撫練爲將，以致調守諸郡；爾善能馭士撫民，不作非爲，已歷八州矣。當羣雄角逐之時，雌雄未定之秋，朝夕患難相保，爾亦多煩。爲斯德，合前勞，朕法哲王之制，爾遂爲名世之臣，乃有衛國之爵。其於人臣，可謂功成名遂矣。

前者爲西戎肆侮，命爾率衆往征。已行殄滅其黨，景張國威，特命爾班師復命。何期中不測之疾，中道而逝，不復復命矣，使朕不覺哀哉痛哉！又何望也？然生死之道，世人之常，壽之短長，亦未生之先有定。丈夫至此，生無非爲之作，乃有福禄之榮，雖逝也，亦何恨哉？今也子已長成，名將愈昌。爾其有知，尚饗！

祭王恭文

始自乙未年間，吾渡江太平，以爾入吾門而爲壻。後爾長成，吾有不勝之喜，爲疆宇日廣，軍民繁衆，於是内託姻親，外假股肱，使率兵以鎮名郡而當方面。何期爾父子皆不保榮貴而務贓私，容逋逃而隱有罪，致是失託姻親之望，絶無股肱之能。故發所司，以取所作之由，於是免官，發同庶人。

居未幾何，有人來報，爾因疾而長往。然爾雖身死，於國無功，於親失託，可謂自恨矣。今也三年服終，特令人以牲醴致祭。爾其有知，尚饗！

祭義惠侯劉繼祖及妻夫人婁氏文

昔朕皇考妣薨逝，賴爾惠朕葬地，遂得安於陰宅。念爾之德難忘，特封爾爲義惠侯，及妻婁氏爲夫人，遣官齎誥命贈爾夫婦，仍以牲醴致祭。靈其有知，尚饗！

祭僉都督丘廣文

朕起兵淮右，相從者衆，老成者多。獨爾方結髮之時，荷戈戎行，膽壯而氣剛，凡摧堅撫順，爾皆有功。今天下大定，正當貴身榮家，樂太平之福，何期年未高而忽疾，杳然長逝。嗚呼！生死之道，世人之常。爾雖早亡，功名昭著，丈夫至此，必無憾矣。爾其有知，尚饗！

祭安南國王陳煓文

上古受胙方隅者，一王綱而無二，所以固封疆，遣逋逃，卻有罪，睦鄰邦而恤鰥寡，故得二者之歡心，以事先人。爾煓爲民上於安南，失固封疆，未審曾侮於鰥寡，而乃至占城有是。此果逼迫人而若此歟？彼占城無禮致徂征而若是歟？使者來告，爾殁海濱，朕不覺痛心。嗚呼！一言可以興邦，一言可以喪邦。其陪臣之佐奚用，其道有此耶？嗚呼！顛而不扶，危而不持，焉用彼相？然雖云爾亡，邦家無虞，特遣使奠祭。爾其有知，尚饗！

祭安東縣沭陽縣鬼火暮繁文

幽有鬼神，朕嘗信之不惑。然陰陽之道昧在陽，非君爲民而祀之於當祀者，餘不鬼神之祝。爲人臣而官守方隅如之，所以爲民也。若庶民捨祖宗而他祀，則非宜也。君臣不爲民而祀，亦非也。且在陰者，非嶽鎮海濱山川，載在祀典之神，承上帝后土之命，福善而禍淫，則神不人見，所以神之爲人也若在。神之爲禍善而福惡者，則非聰明正直也。朕思惟神鑑人，雖毫釐莫可潛僞，以其神去來無迹，出入無時，故鑑知必精，獨人不測於神。

今洪武十一年四月十四日，永嘉侯差百户來奏：安東縣、沭陽縣地方民人暮驚，謂野有夜持炬者數百，或成列，或星散，巡檢逐之無有，擊之有應。朕不敢聽而匿，特差人致牲醴，會爾鬼神於現形所在論問之。

夫中原之地，因有元失政，生民塗炭者多，死者非一而已，故絶宗覆嗣者有之，生離父母妻子而懸於陰陽者有之。爾持炬者，莫不五姓無主孤魂而欲祭若此歟？正爲懸隔父母妻子而有此歟？乃無罪而遭殺，冤未伸而致是歟？莫不有司怠恭而怒之忿歟？朕切問爾持炬者四事，果屬何耶？若是有爲而至，朕自即位以來，凡前王載在祀典者，各有時而奠，他不敢妄。於正直鬼神之禮，未嘗缺焉。爾持炬者，禍應禍而福應福，勿妄爲民害，自招天憲。故兹敕問，想宜知悉。

校記

〔一〕題下注文原無，據明太祖實録卷一一六補。

〔二〕題下注文原無，據明太祖實録卷一二一補。

〔三〕題下注文原無，據明太祖實録卷一一九補。

〔四〕潁　原作『穎』，據萬曆本改。

高皇帝御製文集卷十八

祭文

奠忠襄王李察罕文

草之勁者，非疾風不顯；人之忠者，非亂世難名。爾李將軍當中原擾攘，元政不綱，大臣竊命，守將擅兵于外，是致干戈鼎沸，國勢日危，人將以爲元無人矣。何將軍之忠義，倡農夫爲三軍，援智勇以上聞。頒爵以官之，明其分數，義旗舉而兵興，齊魯强兵僅能固守。爾能陳兵於野，請命於朝，進退有方，君命是聽。當是時，忠心昭如五曜，號令嚴若冰霜，所以動天地而感鬼神，以其忠之所致。夫何兵既勝，志少盈，納逋逃，釋有罪，忠義漸虧，鬼神鑑見。俄而禍膺不測，殞於敵手。然忠未終而姦未顯，壽不期年，果屬何耶？莫不竭忠以身先而致是歟？抑人臣之有將而若此歟？

噫！予數其事而酹之，猶生之對也。靈酣而往，予紀而歸。誅心之言，爾其聽乎？

祭柏子潭龍文

昔兵駐滁陽，適當秋首，正禾苗暢茂，時乃無雨，軍民惶惶，予亦甚沮。詢及土人，言豐山之東，潭有神龍，每遇旱患，禱之輒應。

予親詣懇切於祠，神不我棄，後三日乃答。俄風生萬壑，倏墨雲遍於太虛。須臾，霖雨濟我軍民。然雖去此而常想，二十年間，凡旱患猶極目于神方。今年羣牧在斯，掬淵泉飲，有告我者，蛇入神祠。予想非蛇，必神有所爲而至。豈牧豎褻瀆而有所惡歟，抑神心悦而至歟？

嗚呼！倏然忽然，予所不知，特遣官致祭，并禁掬水，神其鑑焉。

祭平章李思齊文

卿昔爲民中原，時逢世亂，獨能仗義施仁，挺身奮臂，率義旅以保關中，臣元有年矣。何元綱不振，社稷陵替，卿尚能固守臣節，斬我行人，忠臣之義，可謂盡矣。然大廈將傾，非一木可支。未幾，胡君遁去，中原土地復我漢人，朕遂爲生民主。

當是時，漢人棄丘隴，從胡爲我中國仇讎，至今身膏草野，骨委沙漠。唯卿退守臨洮，心思父母之邦，義忠族類，是以全境保民，助我成功，今七年矣。夫何久疾不痊，以致長往。噫！握兵一世，又得善終，亦人之所難。卿能如是，豈不美哉！

朕聞卿殁，不勝痛悼，今遣某官，用牲醴致祭，卿其享之。

祭淮安侯華雲龍文

昔皆民人，爾因世亂歸朕，今有年矣。雖無獨建奇功，隨衆勤勞多著。念爾勳舊，特加侯爵。朕以燕地之重，託爾任守，務在軍安民樂，委以燕相，更望輔弼。何期數年間，軍勞民怨。詢其所以，乃爾巨府院，擅工役，害衆成家。書云：『作善降之百祥，作不善降之百殃。』推爾之故，莫不去賢而近愚，忘所以報，神人共怒，致令如是歟？抑爾前生壽數有定而若此歟？

然當在生之時，可爲善而不爲，今事已往，其幽冥處判無私已在目前，是非還自知否？朕有誓曰：『生封侯而死謚以公，著爲常典。』爾生前守爵而害官民，法不當公，止葬以侯禮，且薄情不厚，所參責之也。爾其聽之，尚饗！

祭滁陽王文 洪武八年四月〔一〕

曰：曩者羣雄鼎沸之時，民不堪命，王乃奮臂定遠，拔濠城而守之。朕方從軍，幾被他人所害，惟王能活我，致有今日，盡平天下，家國已成，再生之恩，終世難忘。今者督工鳳陽，道經環滁，瑩祠在斯，遣官致祭。尚饗！

中都祭開平王文 洪武八年四月〔二〕

曰：思爾相從，於今二十有二年矣。然爾去世，倏經五載，若觀聽容聲，止有一十七年耳。

當前十七年間，東征西伐，櫛風沐雨，奮不顧身，開拓疆宇，朕知爾心。至如嚴號令，帥三軍，摧堅撫順，英風冠世，海内知名。其爲丈夫也，莫不慨然心至，生也如是，死也封王。寰宇既稱，祖宗光耀，子受公爵，女嗣后基。今古如是者，甚不多見。

今年夏四月，朕親至中都驗功勞，公侯相從護駕者羣然，行失爾隊，列亡爾班，使朕心惻然。因祠在斯，特以牲醴享爾如生，爾之昔友，皆隨來奠。神其不昧，尚饗！

祭先陶神文

神於初世，治陶尤精，埏埴爲器，窑治成功。今古不易，用且無窮。神之公志，有若是耶！今也，命匠施陶，爲朕所用。特遣官致祭，更祈聽役之人身無他患，始終完成，是其禱也。神其鑑之，尚饗！

祭温州千百户文

曰：歷代設兵衛，在乎禦侮。職於斯者，則有櫛風沐雨、野宿風飡、披堅執鋭之勞。以其臨陣也，則有捨父母、忘妻子，奮不顧身，乃能克敵，功著史册，名冠天下。如此者，實古名將已然之事，是致家榮貴，國磐石，至今昭昭。

朕統天下以來，中國方寧，法前人之所爲，守在四夷。自洪武初至今，倭夷數爲寇於海濱，生離人父母妻子，損傷物命。特敕爾等，聽將軍靖海侯吴禎令，舟營海上，以静方隅。夫何朕政有缺，天風大作，怒號於滄溟之上。爾乃恪恭將命，信地弗違，是有檣傾楫摧，舟碎爾亡。

然生死之道，世人之常，得其死者既廣，不得其死者甚多。今爾諸人，爲國爲民，而殀及於身，事雖如是，不爲汎然。訃音一致，朕將何措，雖感傷於衷，爾生安得而歸？故特遣某官臨海設壇致祭，仍命僧衆修設道場，追薦爾魂，使有所歸。凡有官者，則禄爾子孫，軍士父母妻子，則給糧養贍。靈其有知，承此祭享。

祭保誌法師文

昔者師能，出世異人。性備六通，景張佛教，使兇頑從化，善者愈良。及其終也，擇地於鍾山之陽，陰其宅而居之，經今八百六十七年。今朕建宫在邇，其爲師焚修者，俯而視之。因敕中書下工部，造浮圖於山之左。今將完成，徙師於是。於戲！漏盡毋生，人我劫終。勿墮塵埃，惟師神通。尚饗！

龍江祭太歲諸神文 爲出師征西南夷

上帝好生，凡有國者，必欽承而效之，則民安物阜。邇年以來，西南諸夷歲爲邊民患。斯患也，稱自堯舜，以至于今，化弗循教，征弗畏威。蓋恃崇山而固險，倚林木之深叢，跳梁出没，虐良民而傷生。今遣江夏侯周德興充征南將軍，進取散茅等洞；安慶侯仇成充征南副將軍，征取容美等洞，以及散茅。其遣將發兵，必欲摧堅撫順，以静西南。兵行，特專昭告，神其鑑之。尚饗！

禱雨洛京都城隍文

天久不雨，時將過矣，實予之罪。首夏亢陽，本欲禱於上帝后土，慮恐煩聽，以致因循至今，良民失望，皆有憂心。予不敢徑達上帝后土，於今月十一日，親告于鍾山之神，望神轉達於上帝后土。惟京都城隍之神，先期與報，至日祝焉。

禱雨有應謝鍾山神祭文

天久不雨，烝民懷憂，予將告神而未施，乃先城隍。必城隍善予所云，故告旱之辭未訴，神其我知，即日大雨時行。今來詣山而謝神，神正無私，祐我烝民。謹謝。

祭漢蔣秣陵尉文

今年仲季夏間，上帝震怒，皆朕失奉天心，作爲太過，以致朝廷多事，軍民弗安。既受帝命，遑遑無措，知無不改，然未知天意曾無回乎？

俄爾有來告者，當帝怒時，神祠亦有干焉。朕思神非朕諂，朕非諂神，朕凡無知陰道，以情理推之，必因新建而人愆累神，然皆朕不能斷而致是。今既工成，而有帝責之迹，本不敢完。既成而廢，恐失人瞻望，特依迹完之。朕非佞神，嘗聞向者福善禍淫，每皆當焉。朕所以美神已往陰功無諂，毋敢弗扶陰而化民，故時祀之。今完之，欲民爲善耳，他無所干。牲醴之奠，神其饗之。

祭外祖揚王文 洪武八年四月〔三〕

孫起布衣於淮甸，漸羣雄之來從，凡二紀於兹。其間摧堅撫順，歛迹豪雄，平禍亂於寰宇，播聲教於八埏，安黔黎於市村。是以尊稱華夏，耀揚六軍，握九伐之威以鎮頑，積四海之利以賞善，斯非上天后土之昭鑑，海嶽之效靈，家祖、外祖累世皆積陰功，奚若是耶？每念外祖之靈，必欲親詣，年思月想，終不遂行，爲其國事浩繁，弗克詣前。今特命外從孫曹國公李文忠以牲醴之奠獻於陵所，以建靈堂，及云追封外高、曾祖考妣之由，惟我外祖，英靈不昧。尚饗！

祭外高曾祖考妣文

非累世陰功，奚生我母？必積德廣深，感格天地，福加於我。然幾暇常思，無由展報，爲其育母之深恩，曠如昊天后土，雖欲報勞，焉能及之？今節屆孟秋，特專内臣奉御杜亮齎衣儀詣陵告祭。尚饗！

祭仲姊曹國長公主文

感傷父母鞠育之恩，思惟姊孝父母之專，時刻有省，油然動心。更思父母初逝，兄弟相離，姊我是别。當是時也，各天一方，悲傷痛切，惟鬼神知我。此時雖居至尊，未嘗有忘。今也節屆孟秋，特遣内臣奉御徐慶齎衣儀詣姊墳所。姊其享牲醴、受衣儀，悦父母之英靈。尚饗！

祭宋威武軍承宣使張淵文

世物皆消長，朕疑格以觀之，然其所以然矣。再閲古而目今，聽智賢之所云，乃有不磨者，惟功德著於人神而能永焉。

昨宰營繕者入奏，謂爾威武軍承宣使張淵陰宅其下，既開而見辭，知捨身以捍患，每禦侮以防姦，當善終於淳熙甲午之孟秋。爾君念忠勤而不忘，遂勒石於壙。今朕敕宰營繕者，鼎新陰宅於是。於戲！捨身而身存，堅忠而名著，其不磨也，而謂忠焉者矣。故兹奠祭，爾其享之。

祭濟寧侯顧時文

嗚呼！訃音來報，云及爾亡，遂感傷終始，發究心之無窮，致涕淚欷歔而不已。又忽歡動衷情，謂識千古之將，有所不及。夫何如哉？蓋將能成功而不爲辭所辱，朝野無議，但嬰微疾，遽然長往。此所以名世良臣，爵及子孫，禄榮於家，斯善終之萬幸也。然死生之道，今古不異，世人之常。

於戲！摧堅撫順，被甲胄於年年，其報效忠勤，日星昭著。靈其有知，以享斯祭。

祭兩浙運使李世傑文

爾昔壯時，以武從事，東征西伐，摧堅撫順，爾皆有功。剛正不屈，公多在職，賄賂無知，所以命職煮海，他官弗肩，錢糧辦集，已及數年。正當高壽之時，恐精力不繼，遂令致仕，養老於家。

曩者王溥不遵朕諭，累犯憲章，朕命釋之。今年汪信來首，云溥非爲，爾爲前導。朕聽斯言，必姦臣共謀者，因是罪及傍人者衆，無乃過乎？事未久而爾亦逝矣。疑其爲此而有忿歟？然或真僞彼此，朕所不知。今爾臨葬之時，特差内臣奠而囑之。爾其尚饗！

祭千户夏以松文

曩元之季，海内分争，英雄者非一擅聲教，罔知天命者多。惟爾以松，思鄉里之切，遂倡義旅，自維揚渡江東來，助朕征行，以致有功。前數年福期高壽，命從子襲爵，使爾優游以終天年。邇聞訃音一至，思於相從，甚至感傷。今特致祭，靈其不昧。

祭都督何德文

爾自聽命以來，勤勞累著，功業愈多。朕將報功，賜以巨賞。何期但嬰微疾，遽然長往。然壽雖未足，歸去人歡，何也？以其爲將而功著朝野，不爲敵所辱而得善終，豈不善之善者也？

祭四輔官安然文

爾中土之士，昔當元末，從事義旅，效力於元，職掌兵夫。及元運終，大將軍長驅齊魯，當是時，爾守齊東。爾爲中土之士，祖宗丘隴在焉，所以棄胡歸我，其來甚誠。朕於爾嘉，是以數授之以重任，每臨方面，累有極刑之犯者三，朕嘗釋之。

前年，爲坐視胡惟庸、陳寧爲惡，意已同姦。朕思來歸之美，仍前釋之。昨爲朝無人用，復召爾來，想必加誠事朕。何期鬼神鑑焉，爾懷自愧之疾，遽然幽往。朕觀所以，必有究乎，然朕尚思初歸之意，猶加牲醴之奠。

祭營田使馬世熊文

嗚呼！長者之歸也，盡天之道乎？所以天之道，禍亂不作於善，災害不萌於良，使得善始善終，天之道也。

爾世熊昔役公門，未嘗輕惑於人。及帥義旅，度量宏深，士卒感恩。時當高年，前月爾孫來奏，云老疾少侵。是月歸奏，乃知訃音。

嗚呼傷哉，嗚呼快哉！且傷，傷善人去世，君子誰同？快，快於善始善終，而盡天理也。朕務甚失，遣使問疾，時已過矣。特遣人祭於靈所，世熊有知，尚饗！

祭小張國公文

爾本有元之臣，率衆閫外，禦侮防閑。偶爾部下生變，挾爾來歸，實非本情。居朕京師，已有年矣。今既年邁，老疾日侵，終於長逝。特遣某官以牲醴祭奠，爾其有知，尚饗！

祭江陰侯吴良文

昔忠誠之士從君，堅身許之志，故犯患涉難，以尊一人而安天下蒼生，立高名不朽於史册，今古智人覽之，無不歡心。

爾吴良從朕於擾攘之秋，年馳月驅，櫛風沐雨，野宿風飡，披堅執鋭，十有四載，方封侯爵。今又十四年矣，正欲安享富貴，何期爲營造而出，嬰微疾而長往。訃音至京，朕何言哉！

然爲將之士，忠於君而能平禍亂，爲民作福而乃身得善終，爾無憾矣。遣人以牲醴致奠，靈其不昧，尚饗！

祭孔希學文

曰：三綱五常之道，始上古，列聖相承，率修明以育生民。至於中古，將欲墜焉，非先師孔子，孰能修明之？今生民多福，惟三綱五常之道備耳。蓋世之大德者，天地不淪没，人民無惡聲，所以爲帝者師，血食千萬世不泯，子孫存焉。

朕以爾孔希學繼世焚修，永張斯教，以顯爾祖。何期訃音一至，云及長往。嗚呼！襲封榮貴，克保令終，可無憾矣。特遣使以牲醴致祭，爾其享之〔四〕。

祭真人張正常文

繼出世法，統仙度人。禦災捍患，機幹萬靈。飛符伏劍，轉斗移星。雷神聽令，妖魅潛形。道光斯時，貌正精英。何乘鸞之去急，控法印於上清。今遣人奠以牲醴，爾其有知，尚饗！

祭署令劉英文〔五〕

昔者朕寓居是方，存亡者感英父子之恩，至今猶存情懷，未嘗有所忘也。

前者英赴京來，朕爲機務浩繁，兼壽有年，失顧問于英。三日復覺，令人覓英所在，莫知所之。稽於金川之門守者，報無知英之出入。復於京内物色數日，乃知英還矣。命召復來再見，久未至；再命召之，告者乃云英亡。

嗚呼！感恩之道常懷，感恩之禮未終，英遽然長逝，朕思昔恩，不勝嗟悼，特以牲醴之奠祭之。英其不昧，饗之！

校記

〔一〕題下注文原無，據明太祖實録卷九九補。
〔二〕題下注文原無，據明太祖實録卷九九補。
〔三〕題下注文原無，據明太祖實録卷九九補。
〔四〕享之　萬曆本作『饗之』。
〔五〕本篇原無，據萬曆本補。

高皇帝御製文集卷十九

古　詩

春日鍾山

春吟鳥樹聽，流泉澗下鳴。泉鳴山谷迴，迴處野人情。吾吟吟未已，孰與春相迎？相迎桃李花，鶯燕鳴丁丁。麳麰盛蟠科，寰宇樂民生。

鍾　山 二首

游山智盤旋，俯谷仰奇巔。松聲細入耳，雲生水石邊。敲竹猿長嘯，臨崖視鹿眠。白鶴來天翅，玄裳羽翼鮮。采芝擕桂子，任意恣蹁躚。野人溪外語，黄鶯囀更便。山静鳥歸疾，林深紫暮煙。樵還漁罷釣，暢飲樂吾年。

又

暑往鍾山阿，巖幽清興多。薰風自南發，森松鳴弦歌。玄猿嘯白日，丹鳳巢桐柯。靈芝秀深谷，祥雲盛嵯峨。樹隙觀天碧，天青似緑荷。迴聞樵採木，曲澗沿珠螺。鳥樂山深邃，予歡顔亦和。野人逢問處，樂道正婆娑。

詠李白短歌行

漁樵較長短，是非盈耳滿。話盡誠渺茫，山水各悠長。買臣文章中，皤溪望鬢霜。兩人隔千古，美惡皆一場。争能在當時，雄氣超榆桑。罷釣平紂暴，休樵飲瓊觴。賢愚自不泯，黑白成殊光。

題西施

天生兩奇絶，越地多羣山。萬古垂青史，西施世美顔。窈窕精神緩，悠然體態閒。笑擁丹唇臉，皓齒出其間。一召起閭里，勾踐扼雄關。伐謀應得志，西浙徑親攀。鐵甲乘潮渡，黄池兵未還。

賜應奉陳溥歸關中

卿家居三川，大河環蜿蜒。吴山在西土，華岳翠東天。涇渭水浩瀚，終南固南邊。藍田關倚碧，秦嶺横紫煙。太白峯高處，炎天雪似緜。今卿年本邁，歸志不留連。火帝當時節，沿途善保全。陸行還謹宿，乘舟渡深淵。智人能識己，獨不仗生前。慎突晨煙進，摇鞭紫陌遷。虎牢逢故壘，漢楚孰英賢？銅駞聞挾彈，翁仲立巍然。伊洛天清水，梁唐今幾年？崤函西入國，潼道扼黄埏。百二山河壯，英雄在守焉。至老經遥涉，胸開意自便。人情偶相合，相離更何言？我不能人教，卿當自勉旃。

鍾山賡吴沉韻

嵯峨倚空碧，環山皆拱狀。遥岑如劍戟，邇洞非茅屋。青松秀紫崖，白石生玄谷。巖畔毓靈芝，峯頂森神木。時時雨風生，日日山林沐。和鳴盡啼鶯，善舉皆飛鵠。山中道者禪，隴頭童子牧。試問幾經年？答云常辟穀。白鶴日間朋，黄猿夜中僕。萬歲神仙榮，千秋凡人禄。無知甲子壽，但覺年數福。彩雲出洞中，鴻濛山之麓。

又賡戴安韻

旭日射山巖，嵐光加翠色。鳴鳳在高柯，育雛傍崖側。風來楸葉紅，寒雁起塞北。江流護周迴，天澄雲影碧。磅礴氣氤氲，鴻濛太古積。靈秀峙嵯峨，仰瞻常晨夕。倚天來何時，孰謂題名籍？朱湖洞中仙，蟠桃徑一尺。

又賡答禄與權韻

時雨濟八荒，萬物皆精爽。遥岑歛白雲，巖壑盡軒敞。啼鶯舞林麓，民樂更何想。樹底清風生，花馨送至往。野人入市沽，沽畢還山上。庶士問民瘼，王綱仁義掌。智人若峯巒，天下有所仰。埋雲疊嶂松，微音琴撫響。

天竺僧

比丘乾竺來，情思脱禍胎。去鄉十萬里，飛錫不塵埋。宵晝觀孰大，無時不常懷。志立無上等，必欲精神諧。忽然觀身影，影乃與身偕。若欲離塵垢，將影與身排。再觀世萬物，有形必影該。尋思欲解分，似乎與理乖。空寂如是説，咸將貝葉開。論影始太古，至今尚猶猜。日午難迴避，臨水見眉腮。月下偏分曉，愚云似怪哉。智人果解分，禍胎兩忘災。或說身裁影，亦曰影射裁。顛倒論常世，倒顛日日俳。觀倦身意馬，勞心猿似豺。到了難分去，從伊子細差。閉門終不見，出户倚身牌。有時定玄機，俯仰何根荄。祖佛如何定，影子在塵埃。爾昇從爾上，爾降從爾階。躊躇從躑躅，穿履亦穿鞋。反復誠難避，簪花猶插釵。虛實誰參透，天廚一供齋。八萬四千户，閭閻邇榭臺。鷄犬聲無異，莊周化骨骸。漆園曾作吏，槐國已知槐。幻中生幻夢，幻影與身哀。影幻身亦幻，何時有壯衰？若欲常寂靜，百骸與之齊。智慮渾忘卻，天然似嬰孩。

賡僧韻

天台五百尊，方寸皆明月。月影彌千江，何曾有暫歇。爲斯妙用通，今古長不滅。昔當懸挂時，誠非凡可越。住世及應真，幾度阿僧劫。假錫作梯航，泛海濤如雪。一旦杳無蹤，暫與沙門別。倏忽羣禪中，孰能爲機泄？禪心曠無迹，如海亦何竭。僧本具他心，宗門常合轍。

善世禪師游方歸朝

前年拜辭去，今春二月歸。未聞湖海闊，但見禪眸輝。踏雪來朝覲，家風祖佛規。默坐各無語，方寸究徘徊。櫻花纔臉笑，柳眼正舒眉。獨翁任清淨，愚俗多險危。姦狡不善死〔一〕，到處冢纍纍。爾心鑑此患，棄家永不回。年年常作客，如蓬被風吹。哀憫自天祐，仁深久必爲。切記無住相，與佛莫相違。

寶光廢塔

寶塔摩青蒼，招提歲久荒。秋高棲俊隼，夜深月影長。寂寂星摇蕩，飛霞入棟梁。守僧都去盡，螢火作燈光。鬼哭思禪度，遺經風日張。獨有來巢燕，呢喃似宣揚。停驂傷古意，雲合草頭黄。聞説當年盛，鐘魚徹上方。

歌行

賡僧錫杖歌

由來震旦始乾竺，扶老應須棲此杖。鈴鈴琅琅妙且奇，撼振一聲空谷響。或時化作飛龍威，長空如水何相持。有時比翼論端的，方覺玄關顯現時。志悟未通心委曲，鴻濛渾沌同塵俗。驀然一悟凌煙霞，覺此覺他方意足。神眸昭昭衆生顧，隱隱微微如法故。每擔日月猢猻藤，簞食由來飽祇樹。

寺中貓食肉

緊行慢行皆虎形，室中捕鼠百般能。精舍一隙透靈鼠，朽殘經卷將何補？爲斯育爾佛釋迦，日逐隨僧常茹素。常茹素，一旦筵前舒爪距。爾勤爾役誠可録，賞彼丹衷命食肉。

春日鍾山行

我愛山松好，雲埋常不老。幾度春風吹更緑，勝似蓬瀛美三島。石徑聞蕊馨，流泉嫩春草。

草青啼鳥澗邊幽，玄鶴摩空來晨早。錦衣隊列出山阿，飲客婆娑歸更飽。山清水清我亦清，有秋足我斯民寶。

倭扇行

滄溟之中有奇甸，人風俗禮奇尚扇。捲舒非距亦非規，列陣健兒首投獻。國王無道民爲賊，擾害生靈神鬼怨。觀天坐井亦何知，斷髮斑衣以爲便。浮辭嘗云卉服多，捕賊觀來王無辨。王無辨，褶袴籠鬆誠難驗。君臣跣足語蛙鳴，肆志跳梁干天憲。今知一揮掌握中，異日倭奴必此變。

校　記

〔一〕姦狡　萬曆本作『姦猾』。

高皇帝御製文集卷二十

五言律詩

望鍾山

疊嶂盈門實，虛看滿座雲。凭闌松氣濕，俯扆篆煙伸。鶯囀聲來耳，風催馨襲人。近山佳景盛，彤殿盡良臣。

題老君廢廟

廟古鴉昏集，遥瞻起敬心。路幽人迹杳，碑偃草叢深。度關先紫氣，去後永淪沉。惟有庭前樹，多年茂作林。

題扇示胡日星〔一〕

有一古老叟，胸中羅星斗。許朕作君王，果應仙人口。賜官官不願，予金金不受。持此一握扇，四海遂行走。

五言排律

長江潦水詩賡吴伯宗韻

炎蒸和氣淳，化水亦無渾。出峽飛輕雪，湍山潤厚坤。蟄蛟從此出，浮鷺亦斯奔。旋轉如深井，轟流瀉巨盆。連雲龍氣躍，振木虎情蹲。浩蕩瀰千樹，鴻濛印萬村。影摇咸浪合，光射集雲屯。尾尾穿波鯉，揚揚透霧鯤。逶迤洪海口，委曲大龍門。汗漫無知已，汪洋實的存。沛然清宇宙，廓爾豈晨昏。汩汩涼隆暑，人間潦水尊。

七言律詩

鶯囀皇州 二首

絮飛鶯囀柳垂青，春雨過時天正晴。新澗水流聞鼓韻，舊崖松掃聽琴聲。神州氣象寰中盛，天闕風光世上明。猶有上林花似錦，殿階仙樂鳳笙鳴。

禁城新柳葉成帷，隱映黄鸝深處啼。晴蝶逐風翻上下，晨鷄閲日唱東西。華衢紫陌人煙盛，繡户朱門燭焰低。景物美看茶酒肆，粉鈿遥擁坐輕蹄。

詠京師

臣民推戴號神京，嘆息驅馳行伍行。轉戰羣雄機尚記，帥征英俊量方平。如今已足勳功賞，向後無知孰永名？ 暇日試將銅鏡照，烏髭堪比玉垂纓。

詠唐陶將軍率舟師

昔人奉命駕兵船，爲國精忠突曉煙。令出三軍憑戰鼓，呼來萬馬仗龍泉。相加若肯存生意，比並何須用着鞭？必定清塵要服外，收功應達九重天。

詠柳州城戍守

城居邊徼壘遐荒，煙瘴盈眸癘氣茫。旦暮海風摇屋樹，春秋溪水泛籬牆。思軍久戍炎蒸地，必將巡防熱中腸。但願昊穹舒造化，洗清鬱結利同鄉。

詠南越

邊邑深隍嵌疊峯，士民食粟扣時春。雲山溪水常相合，煙樹藤蘿每自封。嶺外瘴温鳴蟋蟀，海濱鬱熱顯鰅鱅。常思不律皆由此，數月朱顔别舊容。

諭臨蒸縣官

臨蒸邑治絶遐方，巇業重山碧翠行。溪曲羊腸嵐雜霧，樹蟠龍體雨飛湯。墨雲隙處天澄水，蒼海空中日曜陽。好把寸心問民瘼，當遷離瘴任瀟湘。

聞人嶺南郊行

極目山雲雜曉煙，女蘿遥護嶺松邊。陸行盡服嵐霞氣，水宿頻吞虬蜃涎。晨仰際峯觀擁日，暮看臨海泊來船。信知百越風塵異，黑髮人居不待年。

思開平下毗陵

憶昔雄師罷戰灰，開平猶有教軍臺。自從南向北征去，直到如今永不來。思起相從不憚役，想來舊戰愈增哀。有時夢裏還相見，枹鼓聲中旗甲開。

詢洛

洛水宮妃衣絳袍，伊河清碧浄飛濤。千年翁仲長應立，萬古銅駞永不勞。往昔崤函車路闊，當今憩鶴洞雲高。世充罔識天垂象，以致唐皇展豹韜。

盧汀洲隱浦

泛入遥江漸渺茫，蘆花風落雪飛揚。天邊雲影浮舟静，村外秋光列雁行。覔隱誰知棲所在，用心無處不籌量。盧生避世深幽迹，故入滄浪野水鄉。

山滄溟隱谷

野人孤寂萬重山，夜聽猿啼峯頂間。洞口白雲時自長，溪中清水日流湍。柴扉半掩松森處，爐火頻添月色閒。已絶世塵忘俗事，吞霞服氣玩靈丹。

川原和居野

滿目平原桑棗餘，那將田地長青蕪？黄童逐豕隨牛後，白叟乘驢繼馬徂。煙樹半遮村酒旆，雲山常見市廛圖。野人自是無拘束，一日三番醉盡壺。

竹幹青樂釣

曠浦澄天濕曉煙，智人樂釣穩沙前。蓑輕雨霽雲收谷，釣擲綸樞水映船。舉棹欲歸江月上，挂帆已近暮霧邊。汀蘆處處飛螢火，照徹漁村飲不眠。

牧羊兒土鼓

羣羊朝牧遍山坡，松下常吟樂道歌。土鼓枹時山鬼聽，石泉濯處澗鷗和。金華誰識仙機密，蘭渚何知道術多。歲久市中終得信，叱羊洞口白雲過。

巨罟叟漁魚

悠悠江静日和暄，迴水歌聲度靄煙。漁網布時天上曬，布帆張處斗移邊。風恬喜目遥山嫩，岸濕頻看邇草鮮。薄暮欲歸星月上，流螢點點近船舷。

横秋風吹笛

西風落木綻黄花，牛背村童笛正佳。曾識倚樓人聽處，每聞吹月鶴昇遐。蒼江一色渾秋意，紅葉初光襯曉華。冷露下天星斗潤，煙波聲到是誰家？

滄浪翁泛海

海天漠漠際無窮，巨艦檣高挾兩龍。帆飽已知風力勁，舵寬方覺水清雄。鰲魚背上翻飛浪，蛟蜃鬐頭觸見虹。何日定將歸泊處，也應繫纜水晶宫。

莽滄叟歌山

仰目巍峯柱上穹，千巖萬壑盡玲瓏。玄猿嘯月丹崖側，紫燕摩天碧漢中。樵牧往來雲樹裏，牛羊歸去霧煙東。山中人物常歌道，歲歲年年莽蒼翁。

擒禽獸伏機

機人設穽欲擒謀，利鏃調絃勁弩頭。禽獸無知騰躍進，雲霾深處觸嬰收。湯仁祝網施洪惠，禹智刳山展大猷。今古人情常不一，孰將天道與心籌？

鍾山雲

踞蟠千古肇豪英，王氣葱葱五色精。巖虎鎮山風偃草，潭龍噓氣水明星。天開萬載興王處，地闢千秋永朕京。咸以六朝亭替閲，前禎禎後後嘉禎。

鍾山雲雨

崔嵬萬壑玉籠葱，靉靆雲濃雨碧松。千古鍾靈佳氣盛，幾年淮秀瑞光萌。倚天絶壁參銀漢，拔地穹崖搆梵宫。時向望中閒極目，神機造化正鴻濛。

新春賡王鼇韻

春到陽和萬象舒，至陰深斂九泉居。山川氣靄堅冰泮，嶽瀆雲生冷露除。但向静中觀造化，特專閒裏運圖書。仁聞堯德兼天地，大洽蒼生惟舜虞。

又賡劉仲質韻

陽昇陰降轉洪鈞，柳眼初舒造物新。泮卻堅冰澄碧海，浮游暖氣拂玄旻。從兹宇宙皆清泰，始覺輿圖治化淳。淑鳥囀音鳴處處，弄晴花蝶舞先春。

春山新水

山雲靉靆節初暄，景色清明春水漣。谷鳥喜鳴花沐雨，巖猿悦躍樹籠煙。仙家麥飯雲蒸熟，旅館薇羹氣育鮮。最好滿川渾似錦，漲溪新水印晴天。

春水滿四澤

陽舒陰暢澤盈流，不卜應當大有秋。春雨花紅林木盛，曉晴巖紫氣嵐浮。江皋釣艇蓑翁樂，雲谷山人鶴仗悠。麥已蟠科煙禁日，呢喃燕語祝皇猷。

雨洗山松

四山松柏夕塵連，宵雨朝來洗滌鮮。聲聽微風翻碧浪，光舒初氣捲青煙。啼猿日悦跳還躍，舞鶴雲歸旋更翩。林麓笙簧鶯囀巧，洞仙騎鹿上遥天。

雨洗山

初光入暑木陰森，遠邇層巒鹿滿林。浩蕩薰風至時雨，洗清巖壑爽煩襟。天邊浪滾因松緑，山外雲飛仗氣深。正是農家耕耨節，野田處處盡歌吟。

暑霽遥岑

蒸雲歛盡遠山青，萬壑涼生宇宙明。林影淡摇溪内水，崖光偏映洞邊藤。倚欄極目天開畫，憑檻吟詩紙耀星。但把此時觀畎畝，筋疲力倦始秋成。

嘆　秋

碧梧露結曉凝霜，蘆蕊瀰漫積雪揚。鴻雁翩翻來薄霧，巨魚跳躍下清江。風聲落木深秋意，雲影垂天印日陽。閒看滿川黄菊蕊，因蜂摇動暗浮香。

設潘宗道送友人歸山東

共到神州獨爾歸，相攜握手更牽衣。秦淮鳥囀乾坤泰，鍾阜巖生日月輝。去此魯田多種粟，寧鄉齊地廣栽薇。逢交必諭王綱振，率土編氓莫法違。

遣使爲大祀犧牲北至齊魯

欽天惟恐不精誠，命爾齎符馳驛行。淮海濟州連地闊，江河徐邑曠川平。智人一目胸懷爽，霸業千年帝道興。俗異語殊南北辨，由來混一大嘉貞。

題隱者

固潔精魂欲上天，幽居深處水雲邊。煙封遠浦沙鷗盡，樹鎖前山草鹿眠。書假管城應復路，楮生墨客未回川。逢人更祝堅清志，必日雲衢足躡前。

雪山寺

極目遥岑起曉煙，深埋凝雪梵王禪。冰枝老樹彌千壑，衲被蒼僧布法筵。爲羡浮生貪着處，好將空寂化迷遷。六年嶺際今猶見，行致天花覆八埏。

又賡周衡韻

同雲昨夜布長空〔二〕，曉日遥岑白愈豐。盖世銀粧黎庶户，盈巖玉砌梵王宫。漁樵各仗誰容易，釋道貪生孰建功？造化亦由人事見，十朝一雨五當風。

僧目空山

孤寂淒淒一徑微，處心應與世塵違。朝觀松鶴摩天去，暮見巖猿挽樹歸。瓶水一爐香滿座，錫鐶丈室氣盈衣。空山僧對知何日，化作蒼龍挾雨飛。

命板的達穩禪

居山本是出塵埃，何爲游人役己骸！晨坐巖前觀日上，暮禪松底聽風來。從教市巷笙歌美，莫羡閭閻酒肆諧。十二時中香裊篆，迎來送往更毋開。

題神樂觀道士

仙翁調鶴欲扶穹，萬里風頭浩氣雄。翎背穩乘空廓外，丹光横駕宇寰中。飛符到處雷神集，役劍長驅癘鬼窮。見説黄芽心地轉，更於何趣覓仙宗！

雲衲野人

山人修道幾經年，聞説滄松足意便。時以斷雲完故衲，日將流水灌新田。常勤侶鶴巖崖下，寂静儔猿煙霧邊。欲訪未知何處住，料應霞舉已成仙。

鍾子煉丹

翠微高處渺清煙，知子機藏辟穀堅。丹鼎鉛砂勤火候，溪雲巖谷傲松年。潭龍掣電深淵底，崖虎生風迴洞邊。徑已苔蒙人未履，昂霄足躡斗牛天。

早　行〔三〕

忙着征衣快着鞭，轉頭月挂柳梢邊。兩三點露不爲雨，七八箇星尚在天。茅店鷄鳴人過語，竹籬犬吠客驚眠。等閒擁出扶桑日，社稷山河在眼前。

新　月〔四〕

誰將玉爪指長空，萬里山河一樣同。映水有鈎魚怯釣，銜山無箭鶴疑弓。清光未放雲霄外，素影遥分宇宙中。輪滿待逢三五夜，九州四海照無窮。

賜都督僉事楊文廣征南〔五〕

大將南征膽氣豪，腰懸秋水呂虔刀。雷鳴甲冑乾坤静，風動旌旗日月高。世上麒麟真有種，穴中螻蟻竟何逃！大標銅柱歸來日，庭院春深聽伯勞。

接　樹〔六〕

老幹將去伐去燒，從新接起舊枝條。雖然未歷風霜苦，自是先沾雨露饒。三四鍬泥牢護足，二三皮篾緊纏腰。東君看顧歸家後，分付兒童莫去摇。

采石磯新秋月色〔七〕

素月澄澄斗轉移，銀河一派徹東西。風隨鼓角争先應，鳥避旌旗不敢啼。志若明蟾清絶翳，心同碧漢静無私。雄師夜宿同英武，氣概森森采石磯。

贈劉伯温〔八〕

妙策良才建朕都，亡吳滅漢顯英謨。不居鳳閣調金鼎，卻入雲山煉玉爐。事業堪同商四皓，功勞早賤管夷吾。先生此去歸何處？朝入青山暮泛湖。

五言絶句

詠雪竹〔九〕

雪壓竹枝低，雖低不着泥。明朝紅日出，依舊與雲齊。

七言絶句

鍾山

翠微突兀倚晴穹，日色暄和紫氣濃。谷内野猿跳上下，鶯啼悠韻樂三冬。

望鍾山白雲 二首

鍾山萬疊白雲浮，密鎖松梢爽氣流。石徑雨痕苔蘚緑，蒼崖根底蟄龍湫。

萬壑松陰起曉風，硃崖雲幕亘長穹。應知造化誠難測，頃刻霶霈顯至工。

鶯囀皇州 二首

嫩柳鶯啼三月天，園林替錦緑陰鮮。乾坤氣集皇州處，景盛人繁勢自然。

皇州春曉日增輝，旅館廷餐賜遠夷。淑氣鳥催鳴上苑，篆煙細裊出彤闈。

東風

我愛東風從東來，花心與我一般開。花成子結應花盛，春滿乾坤始鳳臺。

新雨水

片雲風駕雨飛來，頃刻凭看潤九垓。楹外近聆新水響，遥穹一碧見天開。

萍生

性覺先春膚色金，垂青之後漫精英。飛來陸野還成柳，飄入淵池化作萍。

思游寺

雨落黄梅麥已秋，日思精舍夢還游。晨昏幾度經鐘聽，巖壑雲生出野樓。

雨墜應落花賡徐瑛韻

人道春歸實不歸，但知結實蕊枝稀。昨朝一夜如膏雨，正是花成子就時。

又賡吴喆韻

時近清和氣愈濃，雨催花實喜晴風。籬邊點點如錢大，盡是青青間緑紅。

又賡馬從韻

霏霏颯颯又紛紛，致使平原草色新。一夜好花都結子，乾坤大地没埃塵。

又賡宋璲韻

清和未至尚春風，花幕園林似錦紅。細雨只教成子速，蕊飛彩蝶最多功。

又賡朱孟辨韻

瀟瀟雨灑墜花頻，襯地由來似褥茵。獨有乾坤能造化，生成萬物最多仁。

又賡桂慎韻

好風吹謝實成花，糾結飛飛似錦霞。志者春光陰寸惜，人生一世幾榮華！

又賡劉仲質韻

天地多仁惟好生，致令草木結華英。因風細雨枝頭看，花已飛時子已成。

雨後晴雲賡馬懿韻

萬疊晴雲起遠峯，舉頭極目見天中。江山如畫民安樂，溽暑蒸苗秋不空。

暑蒸物盛

殿礎氤氳紫氣生，石泉漉漉似流行。山蒸海湧薰風節，萬物依時得遂亨。

望雨

日望天邊起密雲，月常皎潔日常晴。憂思禾槁民何福，腹内心煎意自評〔一〇〕。

濟時雨

暑雨天晴江漢清，寰中擊壤賀昇平。羣卿盡職人風古，省己修身合上明。

目遠山

雲靄遠山風至雨，一簾高揭暑咸收。太平無事民康日，正在調和理順秋。

青山白雲 四首

青山雲靄雪凝枝，盡作長生太古詩。猿鶴自如巖谷迴，出塵野老本心知。

雲凝雨後翠張緜，隱露遥岑將近天。潭水龍吟吹白浪，丹崖穹處暮收煙。

凌穹巀嶪翠江邊，佳氣氤氲素練纏。勢若游龍真造化，油然縹渺似飛緜。

鍾山萬木暑陰森，巖壑松風奏玉琴。溪澗碧流聲韻美，望中佳興致題吟。

又賡易毅韻

鍾山洞口綵霞長，萬壑雲生濟至陽。猿鶴每棲渾意樂，黄旗紫蓋世興王。

又賡盧均泰韻

鍾山曙色夏初長，巖壑嵐生輔太陽。幾度雨餘天一碧，遥岑羅列更非常。

山頂白雲

山椒極目白雲崇，蕤色繽紛百丈松。新水潺巖聞鼓韻，女蘿遥似洞門封。

春望牛首

遥岑峙立勢蒼然，春聽鶯啼景物鮮。疊嶂倚天江月外，三山映帶石城邊。

秋日鍾山賡裴植韻

倚蒼羅列數奇峯，巖谷雲生萬態容。或爾有時樓閣見，分明一體廣寒宫。

詠李白游洞庭湖

蒼梧山色水何分？碧鏡澄湖杳渺雲。惟有古人堪羡處，湘妃猶自望虞君。

詠李白早發白帝城 二首

白帝城高萬疊間，江雲朝出暮猶還。信知千古英雄地，雖險應須德作山。

謫仙東下入瞿間，一葉扁舟日日還。聞説衝濤千尺浪，兩江極目盡皆山。

詠李白秋下荆門

布帆高挂映長空，且喜新秋冷露風。數日輕舟歸似箭，須臾繫柳泊吴中。

老禪紙帳

樓閣崢嶸半倚天，老禪紙帳晝酣眠。精魂惟識黄龍劍，定省還知叩玉泉。

雪詩賡韓文輝韻

陰極陽生墜玉花，飄飄颯颯遍天涯。歌樓酒肆呼茶急，繡户重裀樂貴家。

又賡李睿韻

陰極陽生建至和，飛花滕六玉山阿。從斯瘴癘同雲捲，喜見民人相與歌。

又賡曹文壽韻

翩翻飛舞布田垓，似絮還疑玉蕊梅。一夜撲窗春蝶戲，好風吹去又推來。

又賡張翼韻

臘前三白曠無涯，應是天公降六華。九曲河深凝底凍，張騫無處再乘槎。

寺掩山深 二首

絶迹高人隱翠岑，山連疊嶂白雲深。欲經無覓通人處，時忽林風送磬音。

見説山中了道僧，不聞鍾鼓不聞經。朝觀樹頂香煙裊，暮識禪機一鏡明。

又賡馬懿韻

山深樹密嵌幽巖，僧舍清虚門鎖嵐。有客問禪無覓路，已知出世不同凡。

雲山僧寺

雲籠紫翠槩鴻濛，洞口風生度梵鍾。我卻叩禪閒問道，老僧心地與天通。

又賡吴沉韻

天生倚碧壯雲奇，巖壑隆峯萬古宜。谷内野人機面壁，從前甲子了無知。

鍾山僧寺賡單仲右韻 三首

游山必是叩僧禪，聞説神僧透宿緣。山果玄猿摇緑樹，方知入定是金仙。

精藍幽谷寺嵯峨，風過松聲韻碧波。寂寞出塵天外景，驊騮雜遝意奚何？

山勢崚嶒谷隱僧，六通具足勢層層。鵲巢冠頂忘機處，午夜明星識己能。

飛舄化鳥

幻化由來顯妙工，幕天席地自從容。還知飛舄成雙鳥，猶且同塵入宦中。

仙人

仙人鶴背幾經秋，神出塵寰宇宙游。鐵笛横吹天地外，肯將精氣滜茫儔？

天界寺春雀

春風夜雨沐花妍，曉霽檐前雀噪喧。孰謂可知機裏事，飄然翕翮舞長天。

賡玘太朴韻

花逢夜雨曉看妍，實蕊凋時階不喧。試問老禪幽得處，謂言物外有青天。

神樂觀道士

聞説仙人豈等閒，年年辟穀鍊金丹。虚心盡卻玄中覽，特役絃歌謁帝壇。

詠菊花〔一一〕

百花發時我不發，我若發時都嚇殺。要與西風戰一場，遍身穿就黄金甲。

示僧謙牧〔一二〕

寄與山中一老牛，何須苦苦戀東洲？南蠻有片荒草地，棒打繩牽不轉頭。

征陳至瀟湘〔一三〕

馬渡沙頭苜蓿香，片雲片雨過瀟湘。東風吹醒英雄夢，不是咸陽是洛陽。

不惹菴示僧〔一四〕

殺盡江南百萬兵，腰間寶劍血猶腥。山僧不識英雄漢，只凭嘵嘵問姓名。

詠虹霓〔一五〕

誰把青紅線兩條，和雲和雨繫天腰？優人彭友信應韻云：『玉皇昨夜鑾輿出，萬里長空駕玉橋。』

校記

〔一〕本篇原無，據萬曆本補。

〔二〕同　萬曆本作『彤』。

〔三〕本篇原無，據萬曆本補。

〔四〕本篇原無，據萬曆本補。

〔五〕本篇原無，據萬曆本補。

〔六〕本篇原無，據萬曆本補。

〔七〕本篇原無，據萬曆本卷二〇末頁補入。

〔八〕本篇原無，據萬曆本卷二〇末頁補入。

〔九〕本篇原無，據萬曆本補。

〔一〇〕評　萬曆本作『怦』。

〔一一〕本篇原無，據萬曆本補。

〔一二〕本篇原無，據萬曆本補。

〔一三〕本篇原無，據萬曆本補。

〔一四〕本篇原無，據萬曆本補。

〔一五〕本篇原無，據萬曆本補。

御製文集後序

御製文集五卷，論、記、詔、序、詩文凡若干篇。翰林學士臣樂韶鳳、宋濂等之所編録。臣劉基謹拜稽首，讀畢而爲序曰：

臣聞自古帝王之德之美，見乎外者文與武也，惟上聖爲能兼焉。故天下無事，則以制禮作樂，布政施令；民之望之，但見其光輝昭著，如日月之照臨，於是乎名之曰『文』。天下有事，則以誅暴伐亂，植善覆惡；民之望之，但見其威勇奮發，如雷霆之震迅，於是乎名之曰『武』。文也，武也，同出于一人也，是故益贊帝堯，則曰『乃武乃文』。周公賦詩以歌詠文王，則盛稱其遏昆夷、伐崇之事。此聖人所以超乎萬物之上，可望而不可及者歟！

欽惟皇帝，提一旅之衆，龍飛淮甸，芟翦羣雄，命將四征，神謀妙算，悉出宸衷，動無遺策。是以不十年間，奄有區宇，玄黄之所覆載，罔不臣妾，自古以來，武功之盛，未之有也。及夫萬幾之暇，作爲文章，舉筆立就，莫不雄深宏偉，言雅而旨遠。至於詔諭遐方，明燭萬里，若洞見其肺肝。真所謂天生聰明，可望而不可及者矣！

臣基蒙恩，獲陪侍從，親覩其盛，因思書詩所稱古昔帝王，兼全文武者，誠非溢美。故孟子曰：『前聖後聖，其揆一也。』由今觀之，豈虚語哉！

洪武七年，歲在甲寅冬十二月甲寅，資善大夫誠意伯臣劉基拜手稽首謹序。

歷代聖王，同道而治天下者，惟文、武二事也。粤自庖犧氏可觀河圖、畫八卦，人文宣朗之後，於斯二事，能臻其極，則二帝三王而已耳。故書爲王者之言，典謨訓誥之文，赫如日月，照耀今古。其紀堯之德，曰『欽明文思』，又曰『乃武乃文』。紀舜之德，曰『濬哲文明』。紀禹之德，曰『文命敷于四海』。其所由來尚矣。湯武雖以征伐得天下，然偃武修文，述作彌盛。蓋天生聰明睿智，爲君爲師，必上達造化之理，下窮事物之源，吐辭爲經，舉足爲法，行之爲道德，措之爲事業，發之爲文章，此全體該貫，雖萬殊而一致也。

自漢而下，興王代作，然文經武緯，一弛一張，率不能兼濟其美。惟唐太宗以兵力定禍亂，及踐阼之後，詞章奮發，動成巨帙。論者以其雕奇鏤怪，徒與騷人韻士争錙銖之巧，而不能有帝王氣象。我皇上乘炎精之運〔一〕，龍興中土，以一旅取天下於羣雄之手，不數年間，混一南北，溪蠻海夷，文身卉服，罔不來庭。當命將出師，一以禮樂從事，惟武功之盛，由三代迄今，未能或之比也。

然自臨馭以來，雖萬幾之際，未嘗不游心乎道學，存志乎詩書，是以匡飭臣庶，或詔諭邊方，輒寓辭竹帛，親搦奎翰，意無停機，一揮而數千百言，羣臣環視，靡不讋服。若設諭、省頑、紀夢等篇，與典謨訓誥寔相表裏，及宏詞雅什、助宣聲教者，粹然一出于情性之正。侍臣録之，凡五卷。其爲文也，去浮靡之華，惇淳古之本，爛乎與日星同其耀也，風雲同其變也，河嶽同其高深也，大章、韶、濩同其奏也。浩乎與江海同其波，汗漫汪溢，莫能窺其涯涘也。沖乎與陽春同其和煦，而草木得以遂其生也。蓋天地精英之氣，必鍾於聖人而下飾萬物者，其不在茲乎？其不在茲乎？傳曰：『其有成功也，焕乎其有文章，前聖後聖，同歸一揆。』然則仲尼之言，豈專美于有唐而已哉！

臣傳叨任載言，幸朝夕侍左右，每以是集拜捧而讀之，尋繹吟玩其弘謨睿訓，淹貫於耳目久矣。欽惟天才英邁，聖體純穆，不昵於聲色之好，絶游畋之娱，涵養沖素，蓄之厚者施必溥，源之澄者流必清，故其發於外者，其盛大光明有如此。而上猶以爲未至也，欲去其藁。而翰林學士承旨臣詹同等固請，宜鋟諸梓，以貽聖子神孫，俾有矜式。

於戲！夫聖賢文武鴻業，作於數千載之前，尚跂而慕之，思見其人。斯文也，傳於數千載之下，將使來者又思慕之不已。况今出入禁庭，親薰而炙之，安得有不爲榮幸而感發於中耶？苟因是言，得附名卷末，亦間世之希遇云。

洪武七年，歲在甲寅冬十二月乙卯，承事郎起居注臣郭傳拜手稽首謹序。

恭題御製文集後

臣聞有德者必有言。蓋有德者和順積中，英華發外，無非天然之文，不待勉强而後成。譬猶大化流行，融液通暢，而萬物發舒，各得生生之妙，精神充衍，無往不在，故大舜作五絃之歌，湯爲盤銘，武王造起居之誡，皆粲然成文，此楊子雲所謂『聖人之言，炳若丹青也』。

恭惟皇帝陛下統御以來，用人文化成天下，睿訓諄複，惟恐一夫不獲其所。天縱聖能，形諸篇翰，奎壁照耀，層霄絢采，光被上下，萬象動色。然而建中于民，寤寐弗忘，則有虞阜財、解愠之歌也。夙夜修省，常如神明森列左右，則湯武盤杅、几杖之銘也。仁民愛物之心，隨感而見，布于方策。温潤淵深，統貫乎斯道；光芒氣焰，蓋覆乎六合。前聖後聖，實異代而同符也。

臣供奉詞林，幸日侍几硯，仰瞻揮灑之際，思若淵泉，頃刻之間，煙雲盈紙，有長江、大河一瀉萬里之勢。跪捧而觀，殷彝周鼎，未足喻其古也；太山喬嶽，未足喻其高也；風霆流行，未足喻其變化也。蓋由天德粹純，無聲色之好，無游畋耽樂之從，聚精會神，凝思至道，形於心聲，同功造化，非語言形容之可盡也。且當萬幾之暇，時御翰墨，多不留稿，見於侍臣之所録者，得若干篇。臣竊以爲日星昭回于天下，飾萬物，蒼生無不仰照。聖皇之文，猶日星也，是宜刻于文梓，流布四海，使見之者咸獲詠嘆。文明之化，熙熙皥皥，相與率德礪行，以爲忠孝之歸，豈不盛哉！於是，敬録如上，文與詩凡五卷，續有制作，復編類爲後集云。

翰林侍講學士中順大夫知制誥同修國史兼太子贊善大夫臣宋濂拜手稽首謹書。

恭題高皇帝御製文集後

翰林學士臣樂韶鳳等輯高皇帝詩文五卷。近滇南刻本二十卷，卷目不與韶鳳等輯同。臣九皋理鹺維揚，瞻近商邑，洛考文獻，竊嘆我高皇帝德業之盛，汾潏湛濊，配合穹顥，邈乎不可尚已。而綸綍章翰，賁餙萬物；掩薄典誥，昭回日月，後世葢罕儷焉。所謂巍乎其有成功，焕乎文章者也。顧文集播傳未廣，天下臣庶思欲仰睹天地之撰、日月之光者，咸有慊志。

會提學御史臣聞人詮以滇本遺臣，謂宜重鋟諸梓。臣乃檄江都知縣臣王惟賢刻焉。惟賢復搆得甲、乙、丙、丁四集，間多前集所未登録。葢當時侍從文學之臣，各自篹記，以故篇次不倫。臣乃躬自讎校，互相補除，合六百七十二篇，仍分爲二十卷，第録如上。昔吴季札論舜樂，謂如天之無不覆也，如地之無不載也，雖甚盛德蔑以加矣，其兹集之謂乎！

嘉靖十四年冬十一月戊寅，巡按直隸監察御史臣徐九皋拜手稽首謹書。

校記

〔一〕皇上　萬曆本作『太祖』。

安徽古籍叢書

黄山書社

明太祖集全編

中

〔明〕朱元璋／撰　諸偉奇　孟凡勝　周挺啓／校點

明太祖集全編中册目次

明太祖文集補編

卷一

卷二

卷三

卷四

卷五

卷六

卷七

卷八

卷九

卷十

卷十一

明太祖集全編之二

明太祖文集補編

孟凡勝　輯校

明太祖文集補編卷一

報陳埜先書　至正十五年八月戊辰

歷代之克江南者，晉之殄吴，隋之平陳，曹彬之取南唐，皆以長江天塹限隔南北，故須會集舟師，始克成功。

今吾大軍既渡江，據其上游。彼之天險，我已越之；彼之喉嚥，我已扼之。舟師多寡，不足深慮，捨舟步進，足以克捷，自與晉隋勢殊事異。

足下效勤宣力，正宜乘時進取，建勳定業，奈何舍全勝之策，而爲此迂迴之計耶？（明太祖實録卷三）

致張士誠書　至正十六年六月乙亥

近聞足下兵由通州，遂有吴郡。昔隗囂據天水以稱雄，今足下據姑蘇以自王，吾深爲足下喜。

吾與足下東西境也，睦鄰守國，保境息民，古人所貴，吾甚慕焉。自今以後，通使往來，毋惑於交構之言，以生邊釁。

責徐達書 至正十六年八月庚午

虐降致叛，老師無功，此吾所以責將軍。其勉思以補前過，否則必罰無赦。

復張士誠書 至正十六年十月戊申

睦鄰通好，有邦之常，開釁召兵，實由於爾。向者用師京口，靖安疆埸，師至奔牛、呂城，陳保二望風降附。爾乃誘其叛逆，紿執我詹李二將，暨遣儒士楊憲齎書通好，又復拘留。搆兵開釁，誰執其咎？我是以遣將帥兵，攻圍常州，生擒張湯二將，尚以禮待，未忍加誅。爾既知過，能不墮前好，歸我使臣、將校，仍饋糧五十萬石，即當班師。況爾所獲詹李，乃吾偏裨小校，無益成敗。張湯二將，爾左右手也，爾宜三思。

大丈夫舉事，當赤心相示，浮言誇辭，吾甚厭之。

（以上明太祖實録卷四）

釋輕重罪囚令 至正十七年十二月己丑

干戈未寧，人心初附。民有冒犯禁令者，繫縲於有司，吾甚閔之。其自今年十二月二十日昧爽以前，官吏軍民有犯法者，罪無輕重，皆釋之。敢有復言其事者，抵罪。

（明太祖實録卷五）

囿獄囚令 至正十九年三月甲午

發政施仁，誕布維新之治；安民廣土，當弘肆眚之恩。爰自渡江以來，夙夜祇懼，期以上膺天貺，下拯民憂。往歲親率大軍，徂征海右，賴天地之靈，將帥之力，以去歲十二月甲申開拓婺城，民庶無驚，市肆不擾。數日之間，浦江諸縣聞風來歸，此豈余智力之所能？實天地祖宗默有以相之也。皇天既命余削平僭亂，敢不順時敷惠，以闡至仁？況春氣發育，草木昆蟲猶得自遂其生，而吾民有久繫於獄者，抑鬱悲愁之氣，恐傷天地之和。是用布告所隸州郡，自三月初二日以前，除大逆無道及敵之偵伺拘繫外，其餘罪無大小，咸與宥原。敢有不遵，仍前告言者，以其罪罪之。

（明太祖實録卷七）

諭方國珍書 至正二十年正月己亥

吾始以汝爲豪傑，識時務，不待征討，幡然歸命。嘉汝之意，命以高官，兄弟顯榮，自制一面，豈效他人陽交陰備，徒爲羈縻之國而已？誠欲汝爲吾腹心，效股肱之力，共立大功，以垂後世，爲方氏子孫之福。豈意汝自迷惑，昧遠大之圖，爲覆滅之計，外雖納降，內實反覆。欲覘我虛實，則遣質子；欲卻我官爵，則稱老病：此何爲者？

夫以蕞爾之地，而忽事大之禮，舍其垂成之功，更造無窮之禍，此豈汝之得計也？吾寧不能遣一偏裨，將十萬衆，直窮海島，以取汝耶？顧以汝率先來歸，姑忍須臾，待汝自改耳。汝及今能滌心改過，不負初心，則三郡之地庶幾可全，福禄庶幾可保。不然，吾恐汝兄弟敗亡，妻子爲僇，徒爲人所指笑。

夫智者轉敗爲功，因禍成福，汝其圖之。

（明太祖實録卷八）

報陳友諒江西行省丞相胡廷瑞等書 至正二十一年十一月己亥

鄭仁傑至，言足下有效順之誠，此足下之明達也。又恐分散所部，屬之他將，此足下之過慮也。

吾起兵以來，十年於兹，奇才英士，得之四方多矣。其有能審天時，料事機，不待交兵，挺然委身而來者，蓋其意亦欲立功當時，垂名後世。大丈夫相遇，磊磊落落，一語契合，洞見肺腑，故嘗赤心以待之，隨其才而任使，兵少則益之以兵，位痺則隆之以爵，財乏則厚之以賞，初無彼此之分，此吾待將士之心也。安肯散其部屬，使人自疑而負其來歸之心哉？且以陳氏諸將觀之，如趙普勝驍勇善戰，以疑見僇，猜忌若此，事竟何成？近建康龍灣之役，予所獲長張、梁鉉、彭指揮諸人，用之如故，視吾諸將，恩均義一，無有所間。及長張破安慶水寨，梁鉉等攻江北，功績茂著，並膺厚賞。此數人者，其自視無復生理，尚待之如此，況如足下不勞一卒，以完城來歸者耶？然得失之機，間不容髮，足下當早爲之計。

又聞彼守禦諸將，相持累歲，彼此之際，各懷嫌疑，不能自安。書至，宜以昔日相疑之心，一時解釋，同其和好，作磊落大丈夫，豈不可以保全富貴，光榮祖宗，貽及子孫哉？若各持己見，不察事機，是非同異，焉能免禍？足下其審之。

（明太祖實録卷九）

報擴廓帖木兒書 至正二十三年正月丙寅

元失其政，中原鼎沸，廟廊方岳之臣，互相疑沮，喪師者無刑，得志者方命，悠悠歲月，卒致土崩。

閣下先王奮起中原，英勇智謀過於羣雄，聞而未識，是以前歲遣人直抵大梁，實欲縱觀，未敢納交也。不意先王捐館，閣下意氣相期，遣送使者涉海而來，深有推結之意，加之厚貺，何慰如之？薄以文綺若干，用酬雅意。自今以往，信使繼踵，商賈不絶，無有彼此，是所願也。

命將士屯田令 至正二十三年二月壬申朔

興國之本，在於强兵足食。昔漢武以屯田定西戎，魏武以務農足軍食，定伯興王，莫不由此。

自兵興以來，民無寧居，連年饑饉，田地荒蕪，若兵食盡資於民，則民力重困，故令爾將士屯田，且耕且戰。今各處大小將帥已有分定城鎮，然隨處地利，未能盡墾，數年以來，未見功緒。惟康茂才所屯得穀一萬五千餘石，以給軍餉，尚餘七千石。以此較彼，地力均而入有多寡，其故何哉？蓋人力有勤惰故耳。自今諸將宜督軍士及時開墾，以收地利，庶幾兵食充足，國有所賴。

與陳友諒書 至正二十三年七月

方今取天下之勢，同討夷狄，以安中國，是爲上策；結怨中國，而後夷狄，是謂無策。曩者公犯池州，吾不以爲嫌，生還俘虜，將欲與公爲約從之舉，各安一方，以俟天命，此吾之本心也。公失此計，乃先與我爲讎，我是以破公江州，遂蹂蘄黄、漢沔之地，因舉龍興十一郡奄爲我有。今又不悔，復啓兵端，既困於洪都，兩敗於康山，殺其弟侄，殘其兵將，損數萬之命，無尺寸之功，此逆天理、悖人心之所致也。公乘尾大不掉之舟，頓兵敝甲，與吾相持，以公平日之狂暴，正當親決一戰，何徐徐隨後，若聽吾指揮者，無乃非丈夫乎？公早決之。

與陳友諒書 至正二十三年七月

昨兵船對泊瀦磯，嘗遣使齎記事往，不覩使回，公度量何淺淺哉？大丈夫謀天下，何有深讎？

夫辛卯以來，天下豪傑紛然並起。邇來中原英雄，興問罪之師，挾天子，令諸侯，於是淫虐之徒一掃而亡。公之湘陰劉亦懼而往，此公腹心人也，部下將自此往矣。江淮英雄，惟存吾與公耳，何乃自相吞併？公今戰亡弟侄首將，又何怒焉？公之土地，吾已得之，縱力驅殘兵來死城下，不可再得也。設使公僥倖逃還，亦宜修德，勿作欺人之寇，卻帝名而待真主；不然，喪家滅姓，悔之晚矣。

（以上明太祖實録卷一二）

平陳友諒諭臣民令 至正二十四年三月丙寅

予以眇躬，荷天地百神之眷，託於億兆臣民之上，戡定綏寧，疆宇日闢。乃者陳友諒弑主僭逆，罪惡貫盈，自起兵端，犯我邊境。爰舉問罪之師，以慰來蘇之望。賴天地之靈，兵之所至，罔不克捷，江西諸郡，一鼓而下。友諒稔惡不悛，仍合餘燼，於癸卯七月頓兵洪都城下。予乃總率舟師，親與決戰，友諒敗死，將士悉降。進攻武昌，其子理歸命，於是湖廣諸郡次第皆平。滔滔江漢，遂底安流；總總黎元，克全生樂。布告中外，咸使聞知。

諭中書省臣敕 至正二十四年三月庚午

自古聖帝明王建邦設都，必得賢士大夫相與周旋，以成至治。今土宇日廣，文武並用，卓犖奇偉之才，世豈無之？或隱於山林，或藏於士伍，非在上者開導引拔之，則在下者無以自見。

自今有能上書陳言，敷宣治道，武略出衆者，參軍及都督府具以名聞。若其人雖不能文章，而識見可取，許詣闕面陳其事，吾將試之。其郡縣官年五十以上者，雖練達政事，而精力既衰，宜令有司選民間俊秀年二十五以上、資性明敏、有學識才幹者，辟赴中書，與年老者參用之。十年之後，老者休致，而少者已熟於事，如此則人才不乏而官使得人。爾中書其下有司，宣布此意，悉令知之。

（以上明太祖實録卷一四）

諭陳友諒平章知樞密院事姜珏書 至正二十四年九月甲申

王尚書、劉太監至，言爾慷慨磊落，攄誠歸附，予甚嘉之。

古人云：識時務者在乎俊傑。今足下知天命之有歸，審人心之所屬，以所部全疆來歸，其誠可以格天，其義可以感人，其惠可以及百姓，視彼不知天命，不達事機，徒欲驅赤子於鋒鏑而卒取敗亡者，豈不大相遠哉？

且荆州自昔戰争之地，今不煩干戈而民獲生全，足下之功不少矣。尚當益修乃職，慎固封守，輯寧軍民，以副予倚注之意。

與擴廓帖木兒書 至正二十四年十二月乙巳

嘗觀英雄得志於天下也，何其難哉！立於始或沮於終，成於前或墜於後，此古今之所深惜也。

曩因元政不綱，中原大亂，其命將出師，罔有攸濟者。閣下之先人潁川王〔一〕，以一軍之卒，用於衆敗之餘，僅得加兵於齊魯，功未及成而禍嬰不測，使一時豪傑莫不悼惜。閣下孝切於衷，勇發於義，鼓率憤旅，雪仇恥以成父志。方其臨難不撓，意氣慷慨，激勵三軍，雖李存勖之規略莫是過，潁川爲不死矣。

邇聞北庭多事，變生肘腋，控制河朔，挾令夷夏，孛羅犯闕，古今大惡，此正閣下正義明道、不計功利之時也。夫以閣下雄才，待之有餘，然常勝之家，意多輕敵，應變之術，不可不審。今閣下居河南四戰之地，承潁川新造之業，邊庭未固〔二〕，近郊多壘，其所以軍民相附、鄰與不窺者，誠以潁川存日能盡撫養盟好之道，而人不忍遽絶也。

或孛羅侵寇不已，閣下何靳一介之使，渡江相約？ 予地雖不廣，兵雖不强〔三〕，然春秋恤交之意，常竊慕焉。 且亂臣賊子，人得而討之，又何彼此之分哉？ 況予近平僞漢，四境已安，正息兵養鋭之時，豈不往助閣下乎？ 且英雄豪傑相與之際，正宜開心見誠，共濟時艱〔四〕，毋自猜阻，失此舊好。

兹專人備道斯忱，惟閣下圖之。

（以上明太祖實録卷一五）

褒常遇春書 至正二十五年正月己巳

予聞仁者之師無敵，非仁者之將不能行也。 今將軍破敵不殺，是天賜將軍隆我國家，千載相遇，非偶然也。

捷書至，予甚爲將軍喜，雖曹彬之下江南，何以加之？ 將軍能廣宣威德，保全生靈，余深有賴焉。

（明太祖實録卷一六）

賜鄧愈書 至正二十五年七月丁巳朔

予命爾戍守襄陽，法度既定，切宜謹守。已遣張德山招徠山寨，若其嘗爲兵者，仍俾爲兵；舊爲民者，宜歸之有司，俾安農業。軍人小校，亦令屯種，且耕且戰，古有成規，可以取法。且爾所守之地鄰於王保保，若汝之惠愛加於民，法度行於軍，則彼之部曲脅從者望風來歸，如脱虎口以就慈母。

我之賴汝猶長城，而汝之自視當亦不輕，稍有不如敵人，不惟邊境不寧，予亦勞心矣。予之與汝，義雖君臣，恩同骨肉，所以諄諄告語者，以成事甚難而僨事甚易，故欲汝謹法度，施惠愛，勿妄殺無罪，若有罪者，亦宜詳審。

古之良將以仁義爲先，勇略次之，汝能自勉，則邊境可寧，而予無外顧之憂矣。

優恤將士令 至正二十五年七月戊午

王者之於士卒，既用其力，當恤其老，而寡妻弱子尤宜優恤。

予自兵興十有餘年，所將之兵，從渡江者皆濠、泗、安豐、汴梁、兩淮之人，用以攻取四方，勤勞甚矣。以其爲親兵也，故遣守外郡以佚之；其有老羸嘗被創者〔五〕，令其休養營中；死事物故者，妻子皆月給衣糧賑贍之；若老而思慕鄉土，聽令於應天府近便居止，庶去鄉不遠，以便往來。所給衣糧，悉仍其舊。

與擴廓帖木兒書 至正二十五年七月甲子

曩者初無兵端，尹焕章來，得書惠騎，即遣汪河同往，爲生者賀、殁者弔。使者去而不回，復遣人往，皆被拘留。

且閣下昔與孛羅搆兵，雌雄未決，尚以知院郭雲、同僉任亮攻我景陵，掠我沔陽。予思此城雖元之故地，久在他人之手，予從他人得之，非取於元也。閣下外假元名，内懷自造，一旦輕我，遂留前使。予雖不較，但以閣下内難未除，猶出兵以欺我，使其勢專力全，又當何如？

閣下果若挾天子令諸侯，創業於中原，則當開誠心、示磊落，睦我江淮。今乃遣竹昌、忻都率兵深入淮地，殺掠人民，殆非所宜。况有自中原來者，備言張思道、李思齊等連和合從，專併閣下，此正可慮之秋，安可坐使西北數雄結連關内？反舍近圖，欲趨遠利，獨力支吾，非善計也。

予嘗博詢廣採，聞中軍將欲爲變〔六〕，恐不利於閣下，故再遣人敘我前意，述我所聞，閣下其圖之。節次使命，若能遣回，庶不失舊好，惟亮察焉。

曩者元政既隳，天下驅兵者蜂起，往往毒痛生靈，未有能奉天道拯民於塗炭者也〔七〕。當是時，徐氏以昏懦見殺，陳友諒竊據荆襄，乃肆其强暴，犯我疆場，自取顛隕，又何足言？

遺夏主明玉珍書 至正二十五年九月丙辰朔

昔者曹操虎踞中原，假漢之名，以號令諸侯，孫權撫有江東，劉備又據巴蜀，三國鼎峙，而操務併吞，今日伐蜀，明日攻吴，雖夢寐未嘗忘也。吴蜀既不能合從以拒操，又屢起釁端，自相吞噬，遂使操乘隙於中原，而吴蜀有唇亡齒寒之患。思其所爲，豈不失計之甚哉？

今之英雄據吴蜀之地者，果欲與中國抗衡，延國祚而保社稷，惟合從爲上謀。足下處西蜀，予居江左，蓋有類昔之吴蜀矣。

方天下之變，中國士馬精强，民庶繁衍者，汴、洛、齊、魯、三晉爲然，今皆在豪傑之手。自彭城以南，嵩汝之東，兩淮之間，三分人民，予已得其二。足下之兵，雖出於潁之東南，漢沔、湖湘之地〔八〕，然而陳友諒握其權綱，足下因有所見，以扁師入蜀〔九〕，度其兵有三分之一。兹既全有西蜀，乃古今人物强盛之所，寧不壯哉？

然西有李喜喜等兵侵擾殺掠，爲虐亦甚，其生民不知存者能幾。近者王保保以鐵騎勁兵據有齊魯，根培洛陽，招賢納士，練將養兵，實處中國，其志非小。設使其姦雄如操，謀有荀彧、將有張遼之輩，足下與予豈得高枕無憂乎？當今之世，予與足下實相表裏，將欲國祚之安，備中原之患，可不以昔之吴蜀爲鑑耶？使至，辱厚意，故以書往報，惟足下籌之。

（以上明太祖實録卷一七）

遺夏主明玉珍書 至正二十五年十月乙酉朔

自元失其馭，天下兵起，假竊名號者比比皆是。然仁人志士務在救民，故澤被當時，福流後裔，惟愚者誅降戮民，自絶於天。今十有四年，凡昔之首事者，十亡八九，此皆不思保民，恣行殘忍，以底禍敗故也。

近聞足下發兵，與蠻夷爲仇敵，邛圻之民，俱有懼色，而兵猶未已。兵之所過，民舍一空，此如割股以啖腹，腹飽則身斃，果何益哉？夫西蜀沃壤千里，昔劉備據之以三分天下，苟不善保而使他人得之，誠爲足下之憂。

古人有言，必先治己，而後治人。予念與足下中心相孚，欣戚相同，故以相告。譬如奕者，當局有不自知，旁觀者能審之矣。若足下旁觀於予，幸有所見，亦時以相告，豈不兩全其美哉？

討張士誠令 至正二十五年十月戊戌

王者征伐，應天順人，所以平禍亂而安生民也。張士誠假元之命，叛服不常，天將假手於我，是用行師，以致天討。況士誠啓釁多端，襲我安豐，寇我諸全，連兵構禍，罪不可逭。今命大軍致討，止於罪首。在彼軍民，無恐無畏，毋妄逃竄，毋廢農業。已敕大將軍約束官軍，毋致虜掠，違者以軍律論罪。布告中外，體予至懷。

諭徐達書 至正二十五年閏十月己未

初，予聞爾等與寇相距甚邇，爲是馳至此，恐有緩急，相爲策應。及至，乃知不然。今遣陳經歷去，汝有所言，即疾馳來報，予駐師以待。

（以上明太祖實録卷一八）

禁種糯令 至正二十六年二月

余自創業江左，十有二年，德薄才菲，懼弗勝任。但以軍國之費，不免科徵於民，而吾民效順，樂於輸賦，固爲可喜。然竭力畎畝，所出有限，而取之過重，心甚憫焉，故凡有益於民者，必力行而又申告之。

曩以民間造酒醴，糜費米麥，故行禁酒之令。今春米麥價稍平，予以爲頗有益於民，然不塞其源而欲遏其流，不可也。

其令農民今歲無得種糯，以塞造酒之源。欲使五穀豐積而價平，吾民得所養以樂其生，庶幾養民之實也。

諭徐達書 至正二十六年三月丁未

近大軍下高郵，可乘勝取淮安。兵不在衆，當擇其精者而用之。宜以步騎一萬五千，舟師一萬，水陸並進，勿失機也。其餘軍馬，悉令常遇春統領，守泰州、海安，應援江上。

（以上明太祖實録卷一九）

諭宿州吏民書 至正二十六年四月壬戌

自元失政，豪傑並起。奸詭之徒，多假向義之名，以濟其私，如浙西張九四，亂元之天下，乍臣乍叛，視勢强弱，以爲向背，浚民膏血，專利自私，近殺元江浙丞相及南臺大夫，又誑誘浙右之人，擾我邊民。觀其所爲，詭詐多端，不可不討。

自去年十月十七日命中書左相國徐達率兵平淮地，今年四月初九日報至，淮東郡縣八處、鹽場三十三所已次第克平。近者安東、淮安守臣梅右丞、蕭參政等封府庫，籍甲兵，全城來歸，已令官復其職，民復其業。

惟爾宿州實我親戚、將士故鄉，安得不取？以其爲父母桑梓之邦，不忍即興師旅，恐傷鄉里之民，是用遣使告諭本州官吏軍民人等，宜體予懷，毋爲自絶。

諭徐州吏民書 至正二十六年四月

自古帝王之興，務在除暴救民，故成湯放桀，周武伐紂，皆以師旅而興。然大軍所過之處，民庶不驚，由師行以律，兵禍不加於百姓，此所以爲王者之師也。

近自胡元失政，兵起汝潁，天下之人，以爲豪傑奮興，太平可致，而彼惟以妖言惑衆，不能上順天意，下順民心，是用自底滅亡。及元兵雲集，其老將舊臣雖有握兵之權，皆無戡亂之略，師行之地，甚於羣盜，致使中原板蕩，城郭丘虛，十有餘年，禍亂極矣。

予觀古昔，救民者必成功，害民者必速禍，是以兢兢業業，敬畏天命，修律治兵，教民耕種，訪賢才以定名爵，命執法以伸冤枉。紀綱雖布，政化未周。

近爲浙西張士誠擾我邊民，納我叛將，爰命左相國徐達總兵討之。自去歲十月至今年四月，屢收捷報，淮東諸郡，次第削平。徐州將陸聚當我軍之未至，即先以土地人民來歸，予嘉乃志，遂加爵賞，命其統兵，仍守本郡。

咨爾士民，既罹妖黨之禍，復遭胡兵之毒，供饋轉輸，勞苦日久。可自丙午歲爲始，民間税糧、軍需、差役，參政陸聚其與有司會議，務從寬簡。令爾軍民各安生業，毋或驚疑。

諭徐達書 至正二十六年四月甲子

聞元將竹貞領馬步兵萬餘，自柳灘渡入安豐，其部將漕運自陳州而南，給其饋餉。我廬州俞平章見駐師東正陽，修城守禦，宜令遣兵巡邏，絶其糧道。安豐糧既不給，而竹貞遠來之軍，野無所掠，與我軍相持，師老力罷。

爾宜選劉平章、薛參政部下騎卒五百並廬州之兵，速與之戰，一鼓可克之。不然，事機一失，爲我後患。

與擴廓帖木兒書 至正二十六年七月辛巳

曩者尹焕章來，隨遣汪河報禮，至今不還。予思閣下之意，當此之時，孛羅提精兵往雲内，與京師密邇，其勢必先挾天子。閣下恐在其號令中，故力與之競，若歸使者，必泄其謀，故留而不遣。

閣下豈不知春秋、戰國豪傑之主，平居則講信修睦，朝聘以時，如季札至魯，請觀周樂；韓起來聘，因知周禮：未聞有拘留之典也。有事則遠交近攻，合縱連衡，以恤鄰國，以保宗社。至於觀兵約戰，使命往來，猶恐後期相誤，亦未聞有拘留者，古人誠知相待如此。惟春秋有鄭告絶於楚，楚人執良霄；漢累伐匈奴，匈奴拘蘇武：此夷狄報怨之淺見，豈意閣下反效之？予亦不以此介意。

予嘗言齊有十二山河，桓公因之以九合諸侯；秦有百二山河，周漢據之以統天下；三晉表裏山河，晉文以之世主霸業；幽燕北有居庸，南阻三關，天下都會。此四要之地，閣下兼得而跨有之，當留意於此。

閣下自以智高勢大，傲然不合，亦不復留心于此，方且千里裹糧，遠争江淮之利，是閣下棄我舊好而生新釁也。兵勢既分，未免力弱，是以孛羅雖死，餘孽跳梁於西北，鳳翔、鹿臺之兵合黨而東出，俞寶拒戰於樂安，王仁逃歸於東齊，幽燕無腹心之託，若加以南面之兵，四面並起，當如之何？此皆中原將士來歸者所説，豈不詳於使臣復命之辭？閣下拘使臣，果何益哉？

意者閣下不過欲挾天子令諸侯，以效魏武，終移漢祚。然魏武能使公孫康擒袁尚，以服遼東；使馬超疑韓遂，以定關中；皇后、太子如在掌握中，方能僞定中原。閣下自度能垂紳搢笏，決此數事？恐皆出魏武下矣。

且古之爲國者，不獨君能斷於上，臣亦善謀於下。漢王在成皋，待楚使以草具，待亞父之使以大牢〔一〇〕，從陳平之計也。禮雖有厚薄，未嘗拘敢留也。拘留之意雖出閣下所主，亦可見謀臣又出陳平之下矣。事皆如此，魏武之業，豈得成哉？

倘能幡然改轍，續我舊好，還我使臣，救災恤患，各保疆宇，則地利猶可守，後患猶可緩，爲閣下利豈淺淺哉？如或不然，我則整舟楫，乘春水之便，命襄陽之師，經唐鄧之郊，北趨嵩汝；以安陸、沔陽之兵，掠德安，向信息；使安豐、濠、泗之將，自陳汝搗汴梁；徐邳之師，取濟寧；淮安之軍，約王信，海道舟師會俞寶，同入山東，加以張、李及天保奴腹心之疾：此時閣下之境，必至土崩瓦解。是拘使者之計，不足爲利，而反足以爲害矣。

惟閤下與衆君子同謀之，毋徒獨斷，以遺後悔。

（以上明太祖實録卷二〇）

伐張士誠告祭大江之神文 至正二十六年八月庚戌

惟神奉天明命，主宰大江，察鑑無私，代天行令。予生於濠梁，乃庶民也，曩因兵變，遂列行伍，繼爲總兵。歲月以來，軍民既衆，土宇益闢，乃正王位，建國曰吴，立業江南。拓土廣疆，滅强暴之國；恤兵養民，除貪汙之政，于兹十有二年矣。

今姑蘇張士誠處我東南之境，數來生釁。伏聞古今以來，民欲安，聖人一；民欲愁，伯者多。予之與張，不可多事於民，並立以榮其身，必決雌雄〔一一〕，以安民庶。然而剖判在乎天，用事在乎人。其深淵巨峯，淤淺河湖，人力一時不能爲者，兹欲獎率舟師，由毗陵之境，委曲通道，進入太湖，與張氏決戰。告神鑑知。

祀山川之神祝文 至正二十六年十二月甲子

維神開闢以來，鍾毓靈秀，盤礴江東，然而氣運凝會之處，人莫能知。

予自乙未渡江，丙申駐師金陵，撫安黎庶，於今十有二年。拓土廣疆，神人翼贊，兹欲立郊社、建宫宇於舊城之東、鍾山之陽。國祚緜長，惟山川氣運是從。謹於是日肇庀工事，敢告。

（以上明太祖實録卷二一）

與擴廓帖木兒書 吴元年正月甲辰

蓋聞有匡天下之志者，必有容天下之量，然後能成安天下之功。使其規模狹隘，執見不廣，其爲量也小矣，又何能安天下之功哉？

予自起義以來，拓地江左，閣下之先王，以興復爲名，提兵河北，相去遼遠，各天一涯。繼聞令先王去世，閣下克成其功，一旦以尹焕章齎書致禮，跋涉而來，使予踴躍興起，乃知閣下能行令先王未行之事，豈不爲之快然？用遣汪河致禮同往，爲死者弔，生者慶，初非無故也。及汪河去而不還，予初不能無疑，然久而自釋者，政以此時孛羅跋扈，倒持國柄，元之興替，在其掌握，故閣下以静御動，一則恐起天下豪傑之心，一則恐出孛羅自爲之後。汪河之留，似有説矣。

兹歷歲久，終不見還，乃知閣下執見不廣，度量不弘，何自信其始而不信其終耶？予請復以古人之事言之：昔春秋之世，諸侯分治，亦有以社稷爲重、生靈爲念者，故朝聘以時，會盟以道。且如魯襄公即位之始，衛使子叔、晉使知武子來聘，襄公亦以季武子如衛，穆叔如晉，此交好之間，未嘗執其使者。齊桓公伐楚，楚使行人來聘，師乃次於陘，此兵交之際，亦未嘗執其使者。古人豈不思一介之使，不過將誠導意，所拘者小，所失者大也？

況閣下控守之地，東連齊岱，西距秦隴，北接幽薊，南抵長河，地非不遠，兵非不多，所慮者張思道操刃於潼關，李思齊抗衡於秦隴，俞寶之兵，蓄變於肘腋，王信之衆，生釁於近郊，恐閣下自以功成名遂，安如泰山，置之不問，坐使諸雄連結，禍機一發，首尾莫救，此深爲閣下惜也。所以數四遣人喋喋奉書瀆聽者，是予欲盡一得之愚於閣下，閣下何爲自矜，拘使不答？

間者禍起山東，兵連秦塞，幽幷溷撓，鼎沸不寧，此皆予前日屢告之言，爲閣下今日明驗，閣下何不取鑑焉？

抑又聞古之立事業者，必求士之多聞博學以廣其才，深謀遠慮以益其智。今閣下用兵中原，迨及十載，幕下豈無其人乎？使有其人，不知以衛晉之使於魯也爲何如？魯之復命於衛晉也爲何如？設曰各盡其禮，則當磊磊落落，竭忠言於閣下，執此爲法，即遣使刻日將命，以汪河、錢禎等還，豈惟不失前盟，亦可取信於天下。使其不然，是又開我南方之兵端，爲彼後門之戰患，禍綢日嬰，惡貫日積，强敵益增，仇讎不解。閣下雖深謀如莽操，詭計如懿温，英雄滿前，何以取生？

古云：功被天下，守之以遜；富有四海，守之以謙。况其爲臣者乎？閣下其深思之。

諭左君弼書 吴元年二月乙丑

曩者兵連禍結，非一人之失。予勞師暑月，與足下從事，足下乃舍其親而奔異國，是皆輕信羣下之言，以至於此，雖悔何及？

今足下奉異國之命，禦彼邊疆，與予接壤，若欲獻計帥師侵境，其中輕重，自可量也。且予之國，乃足下父母國，合淝之城，乃足下丘壟桑梓之鄉，寧不思乎？

天下兵興，豪傑並起，豈惟乘時以取功名，亦欲保全父母妻子於亂世。足下以身爲質，而求安於人，既已失策，復使垂白之母、糟糠之妻獨居寡處，各天一方，朝思暮望，以日爲歲。足下縱不以妻子爲念，何忍忘情於老親哉？

功名富貴，可以再圖；生身之親，不可再得矣。足下能留意於是，幡然而來，予當盡棄前非，仍復待以故舊，則足下於天理人心，舉無不順矣。

勞大將軍徐達書 吴元年二月甲戌

古者帝王之興，必有命世之士以爲輔佐。成周伐罪，鷹揚奮興；炎漢仗義，羣策畢舉，所以克集大勳，肇基隆祚者也。

將軍自昔相從，忠義出乎天性，然且沉毅有謀，端重有武，故能遏絶亂略，消弭羣慝，建無前之功，雖古豪傑之士不能過也。

今剋期來所請事，悉欲禀命而行，此賢臣事君之道，吾甚嘉之。但所請事多可便宜行者，而識慮周詳，不肯造次有違，誠社稷之慶、邦家之福。然將在外，君不御，乃古道也，自後軍中緩急，將軍從宜行之。

設文武科取士令 吴元年三月丁酉

蓋聞上世帝王創業之際，用武以安天下；守成之時，講武以威天下。至於經綸撫治，則在文臣，二者不可偏用也。

古者人生八歲，學禮、樂、射、御、書、數之文，十五學修身、齊家、治國、平天下之道，是以周官選舉之制，曰六德、六行、六藝，文武兼用，賢能並舉，此三代治化所以盛隆也。

茲欲上稽古制，設文、武二科，以廣求天下之賢。其應文舉者，察其言行，以觀其德；考之經術，以觀其業；試之書算騎射，以觀其能；策以經史時務，以觀其政事。應武舉者，先之以謀略，次之以武藝，俱求實效，不尚虛文。然此二者，必三年有成。有司預爲勸諭民間秀士及智勇之人，以時勉學，俟開舉之歲，充貢京師，其科目等第，各有出身。

（以上明太祖實録卷二二）

數方國珍十二過書 吳元年四月己未

當爾起事之初，元尚承平，天下誰敢稱亂？惟爾倡兵海隅。元官皆世襲子弟，顧惜妻子，其軍久不知戰，故臨陣而怯，爾得鴟張於海隅。及天下亂，爾遂陷三州之地，扼海道之衝，竊據山島二十餘年，朝送款於西，暮送款於北，此豈大丈夫之所爲？爾過一也。

吾下婺時，四方强敵甚多，豈暇用兵海島，與爾較長短？爾自懷懼，遣子納降，吾以誠心待人，不逆爾詐，即遣還爾子。爾乃詭詐多端，不數年間，迭生兵隙。爾過二也。

近者浙左會稽、浙右錢塘諸郡皆下，爾陰蓄異志，時遣人覘吾虛實。爾過三也。

未有釁端，先起猜忌，自懷反側。爾過四也。

易交而輕侮。爾過五也。

擴廓帖木兒以曹操之姦，將烏合之兵，東奔西擾，傾師乏糧，爲李思齊、張思道逐出潼關，三秦已失。中原徐、宿、邳郡爲吾藩籬，大河爲吾門户，吾舟師往來如入無人之境。爾不能料中原事勢，顧且泛海交好，聲言擊我，虚張聲勢，以速怨尤。爾過六也。

彼若倉卒有事，爾隔海濱，豈能應援？敗亡由爾。彼若無事，交疏禮薄，則豪傑之怨、禍亂之生由此始矣。爾過七也。

爾兄弟無功於元朝，無恩於下民，盜據海隅，以勢要君，以私賄下，坐邀名爵，跋扈萬狀。今歸於我，而又不能善保富貴，欲驅民於鋒鏑。爾過八也。

爾兵數出，掠我並海之民。上帝好生，下民思治，乃違天虐民。爾過九也。

爾若有大志，盡驅温、台、慶元之民，與我較勝負，此果决丈夫之志也。今不能此，徒遣數舟狗偷鼠竊，小舉而興大怨。爾過十也。

吾遣兵入浙，下湖州，軍舊館，張氏將士盡皆降附，遂搗姑蘇，對壘深溝，民安如故。爾乃誘我海上土豪作亂，近已平定，匿其首惡，此豈良謀？爾過十一也。

福建陳友定姦謀稔惡，以致阮德柔輩自相吞噬，彼可合乎？爾乃陰扇潛結，遥爲聲援，以詐交詐，豈能長久？如吾以誠待爾，反自疑貳，輒以詐罔，所謂首言爲定者何在？

爾過十二也。

吾爲爾計，當未交敵國之先，不必送款納降，但有豪傑，止以平禮相好，守分保民，自安海隅，臨事而處，見幾而作，不輕屈膝，亦不生釁，此爾之福、民之福。今大敵未至，自生疑惑，起事危身，非計之善。

亮此非爾本情，或由左右所誤，如左右有俊傑之士能爲爾謀，擇交大敵，有一無二，保全必多矣。爾其深燭成敗，高覽遠慮，自求多福，尚可圖也。

諭句容縣民令 吴元年四月

自渡江以來，十有三載，境内多以瑞麥來獻。丙申歲，太平府當塗縣麥生一幹兩岐。丁酉歲，應天府上元縣麥生一莖三穗，寧國府寧國縣麥生一莖二穗。今句容縣又獻麥一莖二穗，蓋由民人勤於農事，感天之和，以致如斯。

爾民尚盡力畎畝，以奉父母、育妻子，永爲太平之民，共享豐年之樂。

遺張士誠書 吴元年五月丙子

成湯放桀，武王伐紂，漢祖滅秦，歷代帝王之興〔一二〕，兵勢相加，乃爲常事。當王莽之亡，隋之失國，豪傑乘時蜂起，圖王業，據土地。及其定也，必歸於一，天命所在，豈容紛然？雖有智者事業弗成，亦當革心，畏天順民，以全身保族，若漢之竇融，宋之錢俶是也。自古皆然，非今獨異。

爾能順附，其福有餘，毋爲困守孤城，危其兵民，自取滅亡，爲天下笑。

免徐宿濠泗襄陽安陸等郡三年税糧令 吴元年五月

堯、舜、禹之治天下，君臣皆有聖德，以天下爲家，凡民有難，君臣同憂，甚於庶民之有憂也，由是天下和平，災害不生。其後或君聖臣賢，而天下亦治，然不如古矣。自漢唐而下，君難以天下爲家，其臣則以民爲民，以家爲家，而有親疏之分，甚至姦邪用事，國家傾覆，視以爲常，災害屢興，民罹荼毒。爲君臣者若不自革其過，則天下奚由治，富貴安能保乎？

予本布衣，因天下大亂，集衆渡江，撫定江左，十有三年；而中原之民，流離顛沛，尚無所歸。吾乃積粟控弦於江左，坐視民之塗炭而莫之救，豈不負上帝好生之德，而有愧古聖人愛民之心哉？

今特命中書省：凡徐、宿、濠、泗、壽、邳、東海、安東、襄陽、安陸郡縣，及今後新附土地、人民、桑麻、穀粟、税糧、徭役，令有司盡行蠲免三年。

（以上明太祖實録卷二一三）

諭方國珍書 吴元年七月

汝初納款，謂杭城克，即獻土來歸，此汝左右之士共保富貴之良謀也。豈意汝懷姦挾詐，陽降陰畔，數相愚弄。張士誠與爾壤地相接，取爾甚易，然所以不敢加兵於爾者，誠以吾力能制之。爾故得以安處海隅，坐享三郡之富，是我大庇於爾也。爾乃自爲不祥，背棄信義，時遣姦細覘我動静，潛結陳友定，以圖相援。彼自救不暇，何暇救人？爾何惑之甚也！

今明以告爾：吾師下姑蘇，即南取温、台、慶元，水陸並進，無能禦也。爾早於此時，改過效順，能盡以小事大之義，猶可保其富貴，以貽子孫以及下人。如其不然，集三郡之兵，與我一較勝負，亦大丈夫之所爲。不然，舍三郡之民，爲偷生之計，揚帆乘舟，竄入海島，然吾恐子女玉帛反爲爾累，舟中自生敵國，徒爲豪傑所笑也。非分之恩，不可數得，爾宜慎思之。

諭沂州王宣父子書 吴元年八月

吾兵去歲拔淮甸，爾父子遣軍乘勢入海州，非仗吾軍威，安能得此？爾乃不知所自，縱軍燒吾鹽草，今春又犯我宿遷，此乃鼠竊狗偷之計，豈大丈夫所爲哉？事本微細，徒啓釁端，是以前日海州之舉，不過略示警戒，吾若督師進取，海州決不可保。

兵臨海州時，吾忽記爾父子數年前與吾書云：『雖在蒼顔皓首之際，猶望閣下鼓舞羣雄，殪子嬰於咸陽，戮商辛於牧野，以清華夏。』因不忘舊盟，遂即命班師。

今整兵取河南，已駐淮安，念爾昔言，故以書示意。若能速更名號，奮然來歸，相與戮力戡亂，豈不偉哉！不然，未取河南，先伐沂州，當此之時，雖欲改圖，不可得矣。

（以上明太祖實録卷二四）

贈故鳳翔衛指揮使丁德興爲都指揮使誥 吴元年九月乙亥

朕聞：爲人臣生而能宣力效忠者，没則必有褒贈之榮，所以報功也。

鳳翔衛指揮使丁德興，以武勇之資，拔身戎伍，委質事朕，歷有戰功，當征進蘇州之時，方圖報效，竟以一疾長逝。

追念曩昔，不忘於懷，是用贈爾驃騎將軍、都指揮使，以慰爾於冥冥。爾其有知，服兹寵命。

與元主書 吴元年九月戊戌

曩者天棄金宋，曆數在殿下祖宗，故以韃靼部落起事沙漠，入中國與民爲主。傳及百年，至於殿下，海内兵興，豪傑紛起，擾亂中原，邑里蕭條，縱有遺民，又處朝秦暮楚之時，民庶之不安，已十七載矣。

如予者，父母生於元初定天下之時，彼時法度嚴明，使愚頑畏威懷德，强不淩弱，衆不暴寡，在民則父父子子，夫夫婦婦，各安其生，惠莫大焉。古者帝王混一，止乎中原，四夷不治，惟殿下之祖宗，四海内外，殊方異類，盡爲土疆，亘古所無。

豈意辛卯之年，妖人横起，不三四年間，海内海外，勢如瓦解。殿下屢嘗命將征伐，國勢日衰，妖氣愈盛，遂令故將大臣服毒而殁，臨陣而陷，十常八九。如以義旗而興爲將者，李察罕、張思道、李思齊，雖能殄滅妖寇，功已高，權已重，豪傑之志在焉。殿下不能誰何，尤甚於妖人之作亂也，蓋其心不異曹操奉漢獻帝於許下，殿下豈不知之？

前妖人之作亂，權臣之跋扈，非妖人易於作亂，權臣易於跋扈，此蓋殿下不能體祖宗所爲，故天將棄之，如棄金宋之時，事不可救。

予本庶民，因亂起兵，保障鄉里，官軍隔絶，遂爲衆所推戴。數年以來，因輯衆撫有江東、兩浙、湖湘、兩淮、漢沔、江西、嶺廣，人各生理。近殄滅反側張士誠於彼，得神保天王及黑漢等九人。

昔殿下祖宗滅金宋，蕩除其宗室、親王、駙馬，盡行殄滅，亦何忍也？將謂已王天下，有萬世之永，時運在天，豈由人乎？今我則不然，所獲元氏子孫悉皆放歸，望殿下思祖宗之傳，以善待之。不悉。

遺擴廓帖木兒書 吴元年九月戊戌

曩者累遣使，皆被拘留，未審閣下雅意若何？今都事李節思歸，特遣人送去，所拘使者，亦望發還。

方今天下豪傑，如萌芽之發，尚未長成。閣下如存大義，宜整師旅，聽命於朝，令四境貢賦入京，或時赴朝廷，與君共謀大事，以安天下可也。不然，名爲臣子，而朝廷之權專於軍門，縱此心自以爲忠，安能免於人議？若猶豫不决，恐變生部屬，事有難言。閣下果忠於君，當以赤心事之；若有他圖，速宜堅兵，以固境土。

予近於九月初八日削平姑蘇張氏，江南已定。東連大海，西抵巴蜀，南及嶺廣，止有閩中一區，已遣偏師征討，旦夕必下。即目諸軍屯駐在内，居間養鋭。閣下如欲借力，但遣一使至，即時調發應援。

薄有金織文綺四端，用見遠意。

祭楚國公廖永安文 吴元年九月

惟靈賦質忠純，夙稱勇敢。念昔開基之始，汝方保禦巢湖，不待諭言，即通誠款。既而大集舟艦，力贊渡江，鼓棹洪濤，奮身勇進。是用大啓疆土，克壯皇猷，佐命之勳，汝固不少。夫何禍生不虞，陷没敵境？

予之痛悼，於兹有年。今者剪除殘孽，浙右悉平，即命有司返汝靈柩，惜汝不見國家永昌，而猶以汝獲歸葬爲少慰也。

嗚呼！有功而不享其報，有才而不盡其用，股肱之義，寧不盡傷？式奠於郊，用宣予意，汝其歆之。

（以上明太祖實録卷二五）

諭禮官敕 吴元年十月辛亥

自古忠臣義士，舍生取義，身殁而名存，有以垂訓於天下後世。若元右丞余闕守安慶，屹然當南北之衝，援絶力窮，舉家皆死，節義凛然。又如江州總管李黼身守孤城，力抗强敵，臨難死義，與闕同轍。自昔忠臣義士，必見褒崇於後代，蓋以勵風教也。宜令有司建祠肖像，歲時祀之。

諭温台慶元民人檄 吴元年十月甲寅

慶元方國珍始由海上細民，因元失政，首倡禍亂，盜據三郡，兄弟子侄，僞列官曹，肆其貪虐，爲民巨害。昔嘗遣人納降，吾念爾民之故，即許之不疑。彼懷姦匿詐，旋即背叛，交搆闓寇，犯我邊疆。故命師往討，罪止方氏，其他士民有詿誤者，皆非本情，毋妄致疑，各歸本業。有能仗義擒斬魁黨來歸者，吾爵賞之。

諭元將李思齊張思道書 吴元年十月丙辰

曩者元君失馭〔一三〕，天下土崩，羣雄欲成霸功者甚衆，然處非其地，徒擾擾以傷民，今十有七年矣，功業之建，概乎無聞。

邇者吾將軍傅友德守徐州，師次中灤，獲王保保部將，始知二公割據秦中，而王氏亦已守之，三分其險，數年之間，民無一定之歸，使人旁觀，似無智者。以吾料之，非智不足也，患在因循，假元君之舊號，決智不速，而使民横遭塗炭耳。

區區雖昧於見聞，然常與高明長者、才能之士論訪海内形勢，天運去留之幾，頗知一二。況人之常言：天道所助者在德，地利可據者在險。今百二山河，二公割據，不相上下，必欲相爲犄角，分富貴於其中，恐可保其暫，未可保其終也。

今吾不畏二公之怒，直辭相告：

二公當揣其福德、威力足慰民望者，推一人爲尊，撫定關中，以一民心。擁精兵，守要害，虎視太行之東，大河南北，使君尊於上，公卿將相各安於下，家樂其業，人全其生，不亦可乎？若乃各據一隅，以殺戮相高，雖快志一時，必有不測之禍，脱有不虞，身名俱滅，比之屈節揣分，尊朋友有德者爲君，己爲公卿將相，永保功名富貴，其賢不肖豈不大相遠哉？

吾若以用兵争强之事相告，使二公彼此角力，以決雌雄，是秦民未有休息之日，終非賢人君子知天運者之所爲。今以相尊相讓之事告二公者，蓋欲休兵息民，爲二公之福不淺也。二公當度之揣之，其勢其德可尊者誰？苟爲不然，鷸蚌相持，漁者獲利，悔將無及。

諭元陳州守將譚右丞書 吴元年十月庚申

吾觀古昔豪傑之士，有出於畎畝者，有出於市廛者，有出於衣冠之冑者。或得事明主，則功施社稷，名垂青史。蓋豪傑之人，奮臂昏暴之世，其得天眷福盛者爲君，其得所歸有能者爲將，故能濟世安民，慶及子孫。

吾聞將軍起自淮西，亦農耳，因時多事，以勇名達於四方，若大展其能，何所不至？惜乎近年以來，坐守陳州，未遂其志。蓋陳州之兵，不足以稱將軍之用，陳州之民，不足以供將軍之費，使人聞之，深爲嘆惜。

夫以熊虎之將，而淹滯於荒殘之地，況今正當立志之時，而乃尚聽無志之士約束，古之豪傑，果如是乎？將軍必能有以自處。書至，宜悉此意。

祭上下神祇祝文 吴元年十月甲子

元君失道，天下兵興，豪雄割據角逐，無治民之方，而有損民之患，予甚憫之。自帥師渡江以來，撫定江東，豫章各處山寨亦就殄除，遂平陳友諒，滅張士誠。今則東連滄海，西抵峽口，南有湖湘，北有兩淮，兼跨中原。民人雖未獲享治安之樂，然揆十年之前，此地之内，稱帝者三，稱王者二，及諸豪强深溝高壘，掊斂殘虐，則今日之民已無向者之苦。料其事體，終歸於一。

近因姑蘇班師，諸軍日集金陵，皆言中原、廣西、福建擾攘未已，民有倒懸之急。予畏天命，必當拯救，今命諸將分道率師征討，未知上天之心奚鑑，山川之神奚助？是以兵行，不敢不告。

命世子標次子樉至臨濠告祭皇陵文 吴元年十月乙丑

惟我祖宗，積德深厚。始由泗郡，遷居鍾離，益衍德澤，日見昌隆。至於眇躬，上承餘慶，因元末兵亂，倡義於鄉，南渡江左，自始至今，十有六年，重荷先庇，肇啓疆土。每思鞠育，深恩難報。兄姊同氣，親義在懷。又念長子年甫十三，次子年甫十二，生長江南，未至鄉里，兹特命其拜掃先陵，敬陳薦奠，以表孝思。追想音容，昊天罔極。

諭齊魯河洛燕薊秦晉民人檄 吴元年十月丙寅

自古帝王臨御天下，中國居内以制夷狄，夷狄居外以奉中國，未聞以夷狄居中國、治天下者也。自宋祚傾移，元以北狄入主中國，四海内外罔不臣服，此豈人力，實乃天授。彼時君明臣良，足以綱維天下，然達人志士尚有冠履倒置之嘆。自是以後，元之臣子，不遵祖訓，廢壞綱常〔一四〕，有如大德廢長立幼，泰定以臣弑君，天曆以弟酖兄，至於弟收兄妻，子烝父妾，上下相習，恬不爲怪，其於父子、君臣、夫婦、長幼之倫，瀆亂甚矣。

夫人君者，斯民之宗主；朝廷者，天下之本根；禮義者，御世之大防：其所爲如彼，豈可爲訓於天下後世哉？及其後嗣沉荒，失君臣之道，又加以宰相專權，憲臺報怨，有司毒虐，於是人心離叛，天下兵起，使我中國之民，死者肝腦塗地，生者骨肉不相保，雖因人事所致，實天厭其德而棄之之時也。

古云，胡虜無百年之運。驗之今日，信乎不謬。當此之時，天運循環，中原氣盛，億兆之中，當降生聖人，驅逐胡虜，恢復中華，立綱陳紀，救濟斯民。今一紀於兹，未聞有濟世安民者，徒使爾等戰戰兢兢，處於朝秦暮楚之地，誠可矜憫。

方今河洛、關陜雖有數雄，忘中國祖宗之姓，反就胡虜禽獸之名，以爲美稱。假元號以濟私，恃有衆以要君，憑陵跋扈，遥制朝權，此河洛之徒也；或衆少力微，阻兵據險，賄誘名爵，志在養力，以俟釁隙，此關陜之人也。二者其始皆以捕妖人爲名，乃得兵權。及妖人既滅，兵權已得，志驕氣盈，無復尊主庇民之意，互相吞噬，反爲生民之巨害，皆非華夏之主也。

予本淮右布衣，因天下亂，爲衆所推，率師渡江，居金陵形勢之地，得長江天塹之險，今十有三年。西抵巴蜀，東連滄海，南控閩越，湖湘、漢沔、兩淮、徐邳皆入版圖，奄及南方，盡爲我有。民稍安，食稍足，兵稍精，控弦執矢，目視我中原之民久無所主，深用疚心。予恭天成命，罔敢自安，方欲遣兵北逐羣虜，拯生民於塗炭，復漢官之威儀，慮民人未知，反爲我讎，挈家北走，陷溺尤深，故先諭告：兵至，民人勿避。予號令嚴肅，無秋毫之犯。歸我者永安於中華，背我者自竄於塞外。蓋我中國之民，天必命中國之人以安之，夷狄何得而治哉？予恐中土久汙膻腥，生民擾擾，故率羣雄奮力廓清，志在逐胡虜，除暴亂，使民皆得其所，雪中國之恥，爾民其體之。

如蒙古、色目，雖非華夏族類，然同生天地之間，有能知禮義、願爲臣民者，與中夏之人撫養無異。故茲告諭，想宜知悉。

諭沂州王信父子書 吴元年十月辛未

惟古豪傑之士，天下擾攘之秋，集羣衆以鷹揚，據一方而虎視，然遇真主者出，遂知天命所歸，乃披露其誠，歸於有德。如竇融獻河西之地於漢，李勣歸黎陽之衆於唐，能達時務之機，故享富貴之福，名昭史册，世謂英賢。

惟爾父子，久據沂州，近使苗副樞來通附順之忱，吾遣侯正紀往答慇懃之意，兩旬已過，一介未還。且慮天將改物，元政不綱，誰能霖雨以蘇民？方見龍蛇之起陸，拯此塗炭，責實在予。

爰命征虜大將軍徐達、副將軍常遇春統率大軍，水陸並進，往戡衆亂，平定中原。方我師之出，適爾使復來，攄情悃於表詞，納版圖於我國，豈非感天地之神明，成風雲之慶會哉？

予嘉汝義，終始不忘。汝其一德，輔濟蒼生，更爲悉爾兵力，用討鄰封，以廣海岱之區，益我職方之典，毋使融勣之功，獨擅漢唐之美，共保富貴，同我永昌。

密諭大將軍徐達書 吴元年十月辛未

王信父子反覆，不可遽信，宜勒兵趨沂州，以觀其變。

如王信父子開門納款，即分兩衛軍守其地，信父子及部將各同家屬，遣至淮安。若益都、濟寧、濟南俱下，各令信軍五千及我軍萬人守之，其餘軍馬分調於徐邳各州守城，然後發遣其家屬與居，惟士兵勿遣。分調之後，仍選其馬步精鋭者從大軍北伐。苟閉門拒守，即攻之。

（以上明太祖實録卷二六）

討方國珍祭海上諸神文 吴元年十一月乙丑

近命御史大夫湯和爲征南將軍，領兵取慶元、温、台等郡。今復遣中書平章廖永忠爲之副，往慶元招撫軍民。惟兹軍士，未嘗涉海，兹經海上，惟神鑑之。

諭大將軍徐達等敕 吴元年十一月庚寅

聞將軍已下沂州，未知勒兵何向？如向益都，當遣精鋭將士，於黄河扼衝要，斷其援兵，使彼外不得進，内無所望，我軍勢重力專，可以必克。若未下益都，即宜進取濟寧、濟南二城，既下益都，山東勢窮力竭，如囊中之物，可不攻而自下矣。然兵難遥度，隨機應變，尤在將軍。

諭大將軍徐達等敕 吴元年十一月辛丑

若山東各城俱下，留兵一萬守益都，餘分守濟南、濟寧，然後大軍進取河洛、燕冀，相機而動。其徐州仍益舊卒守之。

（以上明太祖實録卷二七）

諭征虜大將軍徐達副將軍常遇春敕 吴元年十二月丁未

將軍統率將士，鼓行而東，下齊魯數十城，求之於古，雖韓信功能不過是也。然事機合變之際，不可不慮。今山東諸將雖皆款附，而未嘗遣一人至此，若留諸降將布列舊地，所謂養虎遺患也。昔漢光武命馮異平三輔，營堡降者，遣其渠帥詣京師；散其小民，令就農桑；壞其營壁〔一五〕，無使復聚。古人之慮患深矣，將軍其思之。

賜方國珍書 吴元年十二月丁未

昔汝外示歸誠，中懷譎詐，吾姑容之，待汝自效。豈意汝行小智，愈肆姦宄，竟背前盟，致勞我師。汝尚不即斂手歸命，乃逃於海上，猶欲觀望成敗。今勢窮來歸，辭甚哀懇，吾當以汝此誠爲誠，不以前過爲過。汝勿自疑，率衆來附，悉從原宥。

（以上明太祖實録卷二八上）

以世子及諸子名祝告太廟文 吴元年十二月丙寅

維子之生，父命以名，典禮所重，古今皆然。仰承先德，自舉兵渡江以來，生子七人，今長子命名曰標，次曰樉，曰棡，曰棣，曰橚，曰楨，曰榑。從孫一人，曰煒。敢告知之。（明太祖實録卷二八下）

校記

〔一〕穎川　當作「潁川」。下文同。

〔二〕邊庭　原作「邊度」，據嘉業堂等本改。

〔三〕「兵雖」句　原無，據嘉業堂等本補。

〔四〕共濟　原作「共際」，據抱經樓本改。

〔五〕老嬴　當作「老羸」。

〔六〕聞中軍將欲爲變　王世貞弇山堂别集卷八十五作「關中將軍欲爲亂」。

〔七〕「未有」句　原作「未有能奉天能拯民以塗炭者也」，據抱經樓本改。

〔八〕湖湘　原作「廣湘」，據嘉業堂本及明太祖實録卷四六改。

〔九〕扁師　當作「偏師」。

〔一〇〕亞父　原作「亞夫」，據史記陳丞相世家改。

〔一一〕雌雄　原作『雉雄』，據皇明平吴録改。

〔一二〕帝王　原作『皇帝』，據皇明平吴録改。

〔一三〕失馭　當作『失馭』。

〔一四〕綱常　當作『綱常』。

〔一五〕營壁　原作『營壁』，據資治通鑑卷四〇改。

明太祖文集補編卷二

追尊四代祖考妣爲皇帝皇后册文 洪武元年正月乙亥

孝玄孫嗣皇帝元璋稽首頓首上言：

尊敬先世，人之至情。祖父有天下，傳之於子孫；子孫有天下者，追尊於祖考：此古今之通義也。

元璋遇天下兵起，躬擐甲胄，調度師旅，戡定四方，以安人民，土地日廣，皆祖宗深仁厚德所致也。諸臣庶推尊元璋爲皇帝，而先世考妣未有稱號〔一〕，謹上皇高祖考尊號曰玄皇帝，廟號德祖，皇高祖妣曰玄皇后；皇曾祖考尊號曰恒皇帝，廟號懿祖，皇曾祖妣曰恒皇后；皇祖考尊號曰裕皇帝，廟號熙祖，皇祖妣王氏曰裕皇后；皇考尊號曰淳皇帝，廟號仁祖，皇妣陳氏曰淳皇后。

伏惟神明在上，鑑此孝思。

立馬氏爲皇后册文 洪武元年正月乙亥

天眷我家〔二〕，啓運興王，出自衡門，奄有四海，爲君爲后，可不慎歟？ 君以仁政慎於在位，撫黎庶而統萬邦；后以懿德慎於治内，表六宫而母天下：長久之道也。 咨爾馬氏，同勤勞於開創之時，由家成國，内助良多。 今以金册金寶，立爾爲皇后。 其敬乃職，耿光後世。 於戲，慎戒之！

立世子標爲皇太子册文 洪武元年正月乙亥

國家建儲，禮從長嫡，天下之本在焉。 朕起自田野，與羣雄角逐，戡定禍亂，就功於多難之際。 今基業已成，命爾標爲皇太子。 於戲！ 爾生王宫，爲首嗣，天意所屬，兹正位東宫。 其敬天惟謹，且撫軍監國，爾之職也。 六師兆民，宜以仁信恩威懷服其心，用永固於邦家。 尚慎戒之！

追封皇族告天地文 洪武元年正月丙子

天相我家，肇興帝業，仰承先德，以克臻此。

已於正月四日祭告天地，即皇帝位於南郊。既追尊四代考妣爲帝后，重念親親之道，無間存没，凡我伯考、兄、侄，悉追封爲王；伯妣、先嫂，皆爲王夫人，列祀家廟，著爲常典。伏惟英靈，歆此榮祉。

諭征南將軍湯和敕 洪武元年正月丙子

軍中之事，難於執一，惟當以德服人，必其負固弗順，然後威以震之。凡推德必先邇者，邇者遠之所瞻；示威必先大者，大者小之所憑：邇服則遠來，大懾則小懼。又曰：若欲人不違己，當使之以信；欲人成功，當任之以專。不信則令不一，不專則權有所分矣。凡此皆汝所短，故特諭爾。

授翰林學士陶安誥 洪武元年正月庚子〔三〕

蓋聞國家之立，必有一心之臣，尊戴匡輔，用能張其紀綱，植其表儀，正其名位，善其辭命，基圖以大，國家以安，自古皆然。

朕初渡江時，江南之士謁於軍門者，陶安實先，即以帝王事功，期於始見之際，贊襄兵務，多歷年所。宣號令則軍民信，議禮樂則體要成。建陳之論以忠，出納之命惟允。至於捍城禦侮，寇憝成擒，爲郡治民，勤勞益著。

肆朕君臨大寶，念此翊戴舊臣，老當優之，不宜久煩以政。乃者開翰苑以崇文治，立學士以冠儒英，重道尊賢，莫先於爾，是用擢居宥密，俾職論思。兹特授以寵章，用昭國典，尚其勤於獻納，贊我皇猷，綜理人文，以臻至治。可翰林學士、嘉議大夫、知制誥兼修國史。

（以上明太祖實録卷二九）

諭禮官及翰林太常諸儒臣敕 洪武元年二月壬寅

自昔聖帝明王之有天下，莫嚴於祭祀，故當有事，内必致其誠敬，外必備其儀文，所以交神明也。朕誕膺天命，統一海宇，首建郊社宗廟，以崇祀事，顧草創之初，典禮未備，其將何以交神明、致靈貺？卿等其酌古今之宜，務在適中，定議以聞。

諭征南將軍廖永忠等敕 洪武元年二月癸卯

王者之師，順天應人，所以除暴亂、解倒懸，以慰民望。朕昔平定武昌，荆湘諸郡皆望風款附；常遇春克贛州、南安，嶺南數郡亦相繼來歸：此無他，師出以律，人心悦服故也。

今兩廣之地，遠在南方，彼此割據，民困久矣，定亂安民，正在今日。彼閩八閩不守，湖湘已平，中心震懾，無固守之志。若先遣人宣布威德，以招徠之，必有歸款迎降者，可不勞師旅，慎勿殺掠，沮向化之心。如其拒命，舉兵臨之，扼其險要，絕其聲援，未有不下者。且廣東要地，惟在廣州，廣州既下，則循海州郡可傳檄而定。海南、海北，以次招徠，留兵鎮守，仍與平章楊璟等合兵取廣西。用師方略，率用是道，肅靖南服，在此一舉。

祀大社大稷后土后稷祝文 洪武元年二月

大社

惟神德司坤厚，品物由生。歷代國家，精崇祀典。予本庶民，舉兵討亂，得土得衆，建國紀年，是以遵依古禮，設壇歲祀。今於初祭，不敢不以情告。

大稷

惟神奉若天時，茂生百穀，神化無窮，歷代昭著。

后土

惟神分山川高下於始世，樂民生於至今，水土之功，人何敢忘？有國家者，務嚴祀典。

后稷

惟神奉天之道，因地之利，播耘百穀，闡修農事，歷代崇之。

祭江河淮濟之神文 洪武元年二月丁巳

近爲中原擾攘，興兵北伐，除暴安民，已命中書右丞相、信國公達爲征虜大將軍，中書平章政事、鄂國公遇春爲征虜副將軍，統率王師，由淮入河，取山東，次第而進，嘗昭告神明矣。

賴神之佑，所向皆克，齊魯之境，俱入版圖。今再命都督同知康茂才總率馬步往山東，參同信國公達等併取中原，以今日行，敢告。

追封故皇姊爲孝親公主誥 洪武元年二月庚午

蓋聞王姬錫號，制有肇於成周；公主頒封，禮復崇於炎漢。上稽古典，兹用追崇。故姊朱氏夙孝尊親，復嚴閨閫，事舅姑以柔順，致室家之肅雍，宜享永年，倏然謝世。緬惟同氣，爰舉褒封，泉壤有靈，當歆至渥。可追封孝親公主。

封姊夫李貞爲駙馬都尉恩親侯誥 洪武元年二月庚午

蓋聞漢高增封蕭相，舊惠是懷；周武褒建胡公，至戚惟厚。況恩親之兼有，宜名爵之特崇。

駙馬都尉李貞年迨耆英，德稱鄉郡，修孝義於平素，聯姻眷於我家。昔居畎畝之時，曾有周旋之益，篤生良子，爲我虎臣。仁愛既深，善譽彌著，爰詳稽於古典，當隆錫於寵章。可封恩親侯、駙馬都尉。

（以上明太祖實録卷三〇）

褒元江西分省左丞何真誥 洪武元年三月甲戌

自元綱解紐，羣雄並争，天下瓜分，未見定於一者。

朕舉兵濠梁，創業金陵，除殘去暴，十有四年。邇者遣將四征，所向克捷，撫有七閩，肅清齊魯，廣西之師，相繼奏捷。大將軍提兵北伐中原，指日可定。

朕思昔豪傑之士，保境安民，以待有德，若竇融、李勣擁兵據險，角立於羣雄之間，非真主不屈，此漢唐名臣，於今未見，故此興歎。爾真連數郡之衆〔四〕，乃不勞師旅〔五〕，先命來降，其視竇李奚讓焉〔六〕？今特驛召來庭，賜爾名爵，以彰有德。

於戲！天厭紛紜，人思平治，爾之所舉，實惟知時〔七〕，堅乃初心〔八〕，益懋厥績。

祫享太廟祝文 洪武元年三月丁未

惟我祖宗積德於世，茂子孫於天地之間。今以家爲國，建廟於京，以序昭穆，謹率諸執事，以四時之祀，爲大禮之常。兹當孟夏，敬奉明薦，伏惟昭格，鑑此永思。

諭元國子祭酒孔克堅敕 洪武元年四月戊申

朕聞爾祖孔子垂教於世，扶植綱常，子孫非常人等也，故歷數十代，往往作賓王家，豈獨今日哉？

胡元入主中國，蔑棄禮教，彝倫攸斁，天實厭之，以喪其師。朕率中土之士，奉天逐胡，以安中夏，以復先王之舊，雖起自布衣，實承古先帝王之統。且古人起布衣而稱帝者，漢之高祖也，天命所在，人孰違之？

聞爾抱風疾，果然否？若無疾而稱疾，則不可。諭至思之。

追封參軍胡深爲縉雲郡伯制 洪武元年四月癸亥

攄忠效力，允惟勳舊之臣；崇德報功，宜厚追封之典。表幽光於既往，昭大節於無窮，爰考彝章，用加寵數。

故參軍胡深奇姿素稟，偉器夙成，文詞克著於英華，武事兼通於韜略。朕創業江左，嘗駐師金華，乃得賢才，以資任用。首居省幕，繼擢參軍，外則贊畫鼎鈞，内則周旋帷幄，恪恭乃職，廉潔有聲。

重念括蒼之城，近接閩海之地，寇多侵擾，民弗寧居，俾率義師，鎮兹封域。每有保釐之助，即無東顧之憂。奈何兵逼寇區，倉皇而遇敵；然能身先士卒，慷慨以捐生。

今兹七閩，悉入版圖，所獲渠魁，已令釁鼓。惜爾弗及見此，俾朕哀痛致思，是用褒崇，以旌勇烈。爾惟有嗣，朕念不忘，將世禄於厥家，庶永延於宗祀，歆服寵命，用慰幽冥。可追封爲縉雲郡伯。

（以上明太祖實録卷三一）

諭元海南海北道降臣詔 洪武元年六月甲辰

蓋聞古先哲王之治天下，一視同仁，無間遐邇，況廣海之地，自漢以來，列爲郡縣，習禮樂之教，有華夏之風。頃因元政不綱，羣雄並起，朕舉義除暴，所向廓清。邇者師臨南粤，爾諸州郡不煩傳檄，相率來歸，嚮慕之誠，良可嘉尚。今遣使往諭朕意，爾其益堅乃心，以寧吾民。爵賞之賜，當有後命。

諭北方新授守令敕 洪武元年七月丙子

牧民之任，當愛其民，況新附之邦，生民凋瘵，不有以安養之，將復流離，失所望矣。爾宜體朕意，善撫循之，毋加擾害，簡役省費，以厚其生，勸孝勵忠，以厚其俗，能如朕言，不但民受惠於汝，汝亦獲循良之名矣。

諭大將軍徐達敕 洪武元年七月己卯

將軍駐師河洛，養鋒蓄鋭，經營布置，已見功緒。今軍中士卒皆賈勇思奮，況秋氣已近，糧餉粗足，乘機進取，維其時矣。宜調益都、徐州、濟寧諸將，各將精鋭，悉會東昌，以俟征進。

（以上明太祖實録卷三二）

以金陵爲南京大梁爲北京詔 洪武元年八月己巳

朕惟建邦基以成大業，興王之根本爲先；居中夏而治四方，立國之規模最重。自趙宋末世，夷狄入主中國，今百有餘載，其運乃終。羣雄分争，未有定於一者，民遭塗炭，亦已極矣。

朕以布衣，當擾攘之際，拔身行伍，率衆渡江，荷天地眷祐，祖宗積德，臣下宣忠，將士用命，西平陳友諒，東滅張士誠，南靖閩廣，北有中原，武功大定，混一之勢已成。十七年間〔九〕，凡糧餉軍需，百物科徵，民無休息，而江左一方煩勞尤甚，遂收天下平寧之效。

朕觀中原土壤，四方朝貢，道里適均，父老之言，乃合朕志。然立國之規模固重，而興王之根本不輕，其以金陵爲南京，大梁爲北京。朕於春秋往來巡狩〔一〇〕，播告爾民，使知朕意。

以張正常爲真人制 洪武元年八月甲戌

朕惟道家者流，本於清淨無爲，其來已久。張氏自漢而下，宗派相承。爾四十二代孫正常，存心沖澹，葆德純和，遠紹祖傳，以守正一，朕用嘉之，賜以名號。爾其益振宗風，永揚玄教。可正一嗣教護國闡祖通誠崇道弘德大真人，領天下道教事。

祀大社大稷后土后稷祝文 洪武元年八月戊寅

大社

惟神厚載功深，資生德大，涵育庶品，造化斯成。謹因仲秋，祇率常禮，敬以牲帛、嘉薦、醴齊，備兹禋瘞，用伸報本。以后土勾龍氏配神作主。

大稷

惟神嘉種生成，明粢惟首，帝命率育，立我烝民。敬以牲帛、嘉薦、醴齊，式陳瘞祭，備修常禮。以后稷棄配神作主。

后土

爰兹仲秋，揆日維吉。恭修常禮，薦於大社。惟神水土平治，永賴其功，載稽典彝，禮宜昭配。謹以牲幣、嘉薦、醴齊，陳於表位，作主配神。

后稷

爰兹仲秋，揆日維吉。恭修常禮，薦於大稷。惟神勤農務本，政成稼穡，生民立命，萬世之功。謹以牲幣、嘉薦、醴齊，陳於表位，作主配神。

大赦天下詔 洪武元年八月己卯

天生民而立之君，君者，奉天而安養斯民者也。日者元政陵夷，民失安養，羣雄蜂起，疆宇分裂。朕以布衣入戎伍，憤生民塗炭，提孤軍，與豪傑同志者思所以靖之。賴天之靈，因民之利，干戈所至，强殞弱服，大河之北，以際南海，罔不來臣。

重念推戴以來，軍士勞苦，農民罷蔽，未有以安之；賢人君子，逃匿巖穴，未有以來之；獄訟繁興，未有以平之；供億頻數，未有以紓之。朕爲此寢食弗寧，特大赦天下，與民更始。

自八月十一日昧爽以前，除謀逆、殺祖父母父母、妻妾殺夫、奴婢殺本使、謀故殺人、犯强盜、蠱毒、魘魅不原外〔一一〕，其餘已結正、未結正，已發覺、未發覺，罪無輕重，咸赦除之。敢有以赦前事相告言者，抵罪。

從征將士，勞苦特甚，中書省、大都督府檄有司厚恤其家。新附軍士老疾、無丁男代役者，及陣亡病故、寡婦無依者，並從其便。從征逋卒，首於官者免罪，仍資給軍裝行糧，遣至軍前。其守禦逋逃者，亦許首免，所在官司給與行糧，起遣還役。一月外不首者，論如律。

新克州郡，其民皆吾赤子，不許妄加殺戮，來降者優加撫遇。民間輸賦京師，道里遼遠者，有司設法轉運，毋致困民。今歲水旱爲災，所司具以實聞，蠲其租賦。鎮江密邇京畿，饋運供億，未獲休息，而旱熯尤甚，悉免今年秋租及明年夏税。州郡人民，因兵亂逃避他方，田産已歸於有力之家，其耕墾成熟者，聽爲己業。若還鄉復業者，有司於旁近荒田内如數給與耕種。其餘荒田，亦許民墾闢爲己業，免徭役三年。

孔子闕里，常遣官致祭。其襲封衍聖公與所授曲阜知縣，並如前代制，復其家。懷材抱德之士隱於巖穴者，有司詢訪其實來奏，即遣人禮聘赴京。學校，養賢育材之所，兵亂以來，人多廢學，中書省集議舉行，務求實效，毋事虛文。天下徵至賢良官吏，中書省量才授任，老病不願仕者聽。

徒流遷徙者，釋還爲民，其城寨將校及已發隸兵者，不在例内。頃因戡亂，其有刑出軍律者，未爲平允，中書省宜重講究，務從中典〔一二〕。決重刑，須待秋後，毋得非時，以傷生意。書籍、田器等物，不得徵稅。民間逋負係官錢穀，悉免徵。

蒙古、色目人既居我土，即吾赤子，有才能者，一體擢用。鰥寡孤獨、廢疾不能自養者，官爲存恤。京師被火之家，中書省量加賑恤。民年七十以上者，許令一子侍養，免其差役。御史臺、提刑按察司乃耳目之寄，務在振肅百司，慎選賢良方正之人，以佐朕不逮。民間有不便事宜，與利所當興、害所當除，詔書所不載者，有司明白具聞。

於戲！民墮塗炭，十有七年，今天下甫定，光嶽之氣，於焉始復。繼今宜各修爾業，厚爾生，共享太平之福，以臻雍熙之治。

諭中書省臣詔 洪武元年八月庚寅

昨張沖上書言時事，其所言有可取者二事：一謂在廷之臣，令各言朝廷得失，庶上有所據而用其所長；一謂中書省令各衙門正官各言得失，每月用三人言，言貴簡當，選其陳事剴切、不避忌諱者，量加擢用，以養忠直之氣。此言甚可取也。

夫聞得失則知利病，知利病則生民蒙其福；聽忠直則正人多，正人多則朝廷清明矣。自古治世之君，皆由是道。若秦二世、隋煬帝所以亡者，坐不用此耳。

（以上明太祖實録卷三四）

求賢詔 洪武元年九月癸亥

朕惟天下之廣，固非一人所能治，必得天下之賢共理之。向以干戈擾攘，疆宇彼此，致賢養民之道未之深講，雖賴一時輔佐，匡定大業，然懷材抱德之士尚多隱於巖穴，豈有司之失於敦勸歟？朝廷之疏於禮待歟？抑朕寡昧，不足以致賢歟？將在位者壅蔽，使賢者不上達歟？不然，賢士大夫，幼學壯行，思欲堯舜君民者，豈固没世而已哉？

今天下甫定，願與諸儒講明治道，啓沃朕心，以臻至治。巖穴之士，有能以賢輔我、以德濟民者，有司禮遣之，朕將擢用焉。

平元都告天下詔〔一三〕洪武元年九月戊寅

一海宇以安人心，正國統而君天下，理勢所在，古今皆然。自羣雄乘亂以來，四方思治惟切。元綱已墮，疆土遂分，孰拯斯民，以定於一？顧予菲德，造此丕圖，荷上天眷佑，臣鄰翊贊，肇基江左，平定中原。

眷惟幽薊，實彼本根，命將北伐，列郡皆順，已於洪武元年八月初二日克其都城，胡君遠遁，兵無犯於秋毫，民不移其市肆。捷音來奏，良副朕懷，已改其都爲北平府，命官屯守。海宇既同，國統斯正，方與生民共此安平之福，尚賴中外臣僚夙夜公勤，以匡朕之不逮。

所有事宜，具條於左：

一、元主父子，遠遁沙漠，其乃顏、蒯突等類，素相讎敵，必不能容，果能審識天命，銜璧來降，待以殊禮，作賓吾家。

一、避兵人民，團結小寨，詔書到日，並聽各還本業，若有負固執迷者，罪在不原。

一、殘元領兵頭目，已嘗抗拒王師，畏罪屯聚者，有能率衆來歸，一體量才擢用。

一、故官及軍民人等，近因大軍克取之際，倉惶失措，生離父母妻子，逃遁他所，果能自拔來歸，並無罪責，仍令完聚。

一、朔方百姓及蒙古、色目諸人，向因兵革，連年供給，久困弊政，自歸附之後，各安生理，趁時耕作，所有羊馬孳畜，從便牧養，有司常加存恤。

一、北平新附地方，應有犯罪及官有逋欠，但係前代事理，並行革撥。

一、秘書監、國子監、太史院典籍，太常法服、祭器、儀衛及天文儀象、地理户口、版籍應用、典故文字，已令總兵官收集。其或迷失散在軍民之間者，許赴官送納。

一、自兵革以來，南北路隔，其北平府應有南方之人，願歸鄉里者聽。未附州郡，總兵官明示禍福，隨處招諭。

一、各處征進軍士，有陣亡病故者，所在官司即與埋瘗，仍厚恤其家。

一、新附州城軍民官吏，非奉朝省明文，毋得擅自科取軍需，騷擾百姓，以妨農務。

於戲！上體天心，俾萬邦之咸乂；下從民欲，合四海以爲家。故兹詔示，想宜知悉。

（以上明太祖實録卷三五）

冬至告太廟文 洪武元年十一月己亥

臣以今年十一月初三日冬至，祀上帝於南郊，先告祖考監知：

歷代有天下者，未嘗不以祖配天，兹臣獨不敢者，以臣功業猶有未就，政治或有缺失，懼有責焉。況去年上天垂戒，早暮兢惕，恐無以承上帝好生之德，故不敢輒奉以配。惟祖神與天通，恐上帝有問，願以此言敷奏帝前，善惡無隱，惟上帝鑑之。候南郊竣事，臣當率百司恭詣殿庭，告成大禮，以共享上帝之錫福。

冬至祀昊天上帝祝文 洪武元年十一月庚子

臣荷眷佑，戡定區宇，爲億兆主。今當長至，六氣資始，典禮爰舉。敬以玉帛犧齊，粢盛庶品，備兹禋燎，用伸昭告。

冬至祀昊天上帝還告太廟祝辭 洪武元年十一月庚子

日當長至，陽德初升。親祀圜丘，大禮慶成。謹以犧牲庶品，用伸報謝。

授孔希學襲封衍聖公誥 洪武元年十一月甲辰

古之聖人，自羲農至於文武，法天治民，明並日月，德化之盛，莫有加焉，然皆隨時制宜，世有因革。至於孔子，雖不得其位，會前聖之道而通之，以垂教萬世，爲帝者師。其孫子思，又能傳述而名言之，以極其盛。有國家者，求其統緒，尊其爵號，蓋所以崇德報功也。

歷代以來膺襲封者，或不能繩其祖武，朕甚閔焉。當臨馭之初，訪世襲者，得五十六代孫孔希學，大宗是紹，爰行典禮，以致褒崇。爾其領袖世儒，益展聖道之用於當世，以副朕之至望，豈不偉歟？可資善大夫，襲封衍聖公。

授孔希大爲曲阜縣世襲知縣敕 洪武元年十一月甲辰

朕惟德相天地，道合四時，若此者古今罕焉。雖然，始伏羲而至有元，聖相繼，賢接踵，未嘗缺也，然如仲尼者無。

且秦焚之後，亡於紀册，但存者未完，獨仲尼誠通上下，澤敷宇内，所以自漢崇之，至唐追封文宣王，宋加至聖，元加大成，號封至極，血食無窮。其子孫世享榮禄，所以前代以闕里之邑職其子孫。

今是邑缺官導民，族以賢推，惟孔希大最。今特以希大授承事郎〔一四〕，知濟寧府兖州曲阜縣事。汝往欽哉！

諭廣西左右兩江溪洞官民詔 洪武元年十一月丙午

朕惟武功以定天下，文教以化遠人，此古先哲王威德並施，遐邇咸服者也。眷兹兩江，地邊南徼，風俗質樸，自唐宋以來，黄岑二氏代居其間，世亂則保境土，世治則修職貢，良由其審時知幾，故能若此。頃者，朕命將南征，八閩克清，兩廣平定。爾等不煩師旅，奉印來歸，嚮慕之誠，良足嘉尚。今特遣使往諭，爾其克慎乃心，益懋厥職，宣布朕意，以安居民。

召御史中丞劉基書 洪武元年十一月癸亥

前太史令、御史中丞劉基世居括蒼，懷先聖道。天下初亂，聞朕親將金華，旋師建業〔一五〕，爾即别閭里，捐丘隴，棄妻子，應聘而起，從朕於羣雄未定之秋，居則匡輔治道，動則仰觀天象，察列宿之經緯，驗日月之光華，發縱指示，三軍往無不克。曩者攻皖城，拔九江，撫饒郡，降洪都，取武昌，平處城之内變，爾多輔焉。至於彭蠡之鏖戰，礮聲激烈，如雷霆之臨乎上，諸軍大呼，鬼神爲之悲號，自旦至暮，如是者凡四，爾時亦在舟中，豈非同患難者哉？

今秋告以失伉儷，攜幼子還閭里，久而未至，朕心缺然。今天下一家，爾當疾至，輔成治功，庶不負昔者多難之相與。特以手書諭意，命駕一來，良慰朕心。

（以上明太祖實録卷三六上）

賜高麗國王王顓書 洪武元年十二月壬辰

自有宋失御，天絶其祀。元非我類，入主中國，百有餘年，天厭其昏淫，亦用殞絶其命。華夷擾亂，十有八年。

當羣雄初起時，朕爲淮右布衣，暴兵忽至，誤入其中，見其無成，憂懼弗寧。荷天地眷祐，授以文武，東渡江左，習養民之道，十有四年。其間西平漢主陳友諒，東縛吴王張士誠，南平閩粤，戡定八番，北逐胡君，肅清華夏，復我中國之舊疆。

今年正月，臣民推戴，即皇帝位，定有天下之號曰大明，建元洪武。惟四夷未報，故遣使報王知之。

昔我中國之君，與高麗壤地相接，其王或臣或賓，蓋慕中國之風，爲安生靈而已。朕雖不德，不及我中國古先哲王，使四夷懷之，然不可不使天下周知。餘不多及。

頒安南詔 洪武元年十二月壬辰

昔帝王之治天下，凡日月所照，無有遠近，一視同仁，故中國奠安〔一六〕，四方得所，非有意於臣服之也。

自元政失綱，天下兵争者十有七年，四方遐遠，信好不通。朕肇基江左，掃羣雄，定華夏，臣民推戴，已主中國，建國號曰大明，改元洪武。

頃者克平元都，疆宇大同，已承正統，方與遠邇相安於無事，以共享太平之福，惟爾四夷君長、酋帥等遐遠未聞。故兹詔示，想宜知悉。

定優給將士例令 洪武元年十二月壬辰

凡武官軍士，兩淮、中原者，遇有征守，病故陣亡，月米皆全給之。若家兩廣、湖湘、江西、福建諸處，陣亡者亦全給，病故者初年全給，次年半之，三年又半之。其有應世襲而無子及無應襲之人，則給本秩之禄，贍其父母終身。

諭夏主明昇書 洪武元年十二月壬辰

今秋大將軍平元都，遠勞使者來賀。惟彼胡元，以昏淫之主，任世禄之將，昧綱常而無節義，耽寶貨而戀聲色，天命既去，克之不難，理固然也。其將王保保擁騎兵十萬，步卒倍之，中原之將莫强焉。既不能盡節以事其君，又不能順天以全其民，是人不可不討。十一月，大將軍移師，自真定出井陘，直抵太原，與之決戰，大破其衆，獲其將校步騎，王保保僅與十八騎脱身遁去。我兵追之，俟還，當知其存没也。今晉冀之地悉入版圖，天下之亂十平其九，故致書報足下知之。

朕昔以令先公起事老成，又能通使修好，以安生靈，豈期令先公遽爾長逝？失吾同好之人，朕思之，不覺淚下霑襟。足下以幼沖之年，處新造之國，凛乎若朽索之御奔馬，朕感念先好，安得不爲足下慮哉？

自喪亂來，幾二十年，今人心思治，正孟軻氏所謂『定於一』之時也。足下舊臣，念令先公平日相與之恩，竭力推誠，奉足下甚至，然度德量力，審機識變，在足下自處何如耳。誠能日延羣臣，問以安靖生靈之道，老成練達之士，必有能籌善後之計者，擇而行之，是竇融、錢俶復見於今日也。承平之福，當共享之。

書不盡言，足下其圖之。

（以上明太祖實録卷三七）

校記

〔一〕而　原無，據廣方言館本補。

〔二〕家　原無，據廣方言館等本補。

〔三〕據明陶安陶學士先生文集陶學士先生事迹，此誥頒於洪武元年四月。

〔四〕真　原無，據抱經樓本補。

〔五〕師旅　原作「旅師」，據明焦竑國朝獻徵録卷十改。

〔六〕奚讓　原作「莫讓」，據抱經樓本改。

〔七〕實　原無，據抱經樓本補。

〔八〕堅　原作「艱」，據抱經樓本改。

〔九〕十七年　明孔貞運皇明詔制卷一作「十六七年」。

〔一〇〕巡狩　原作「巡守」，據皇明詔制卷一改。

〔一一〕魘魅　原作「魘昧」，據廣方言館等本改。

〔一二〕中典　原作「重典」，據廣方言館等本改。

〔一三〕皇明詔制卷一、明書卷五一題作改燕城爲北平府詔。

〔一四〕承事郎　原作『承世郎』，據明史卷二八四改。

〔一五〕旋師　原作『旋施』，據明劉基誠意伯劉先生文集翊運録卷一改。

〔一六〕奠安　原作『尊安』，據廣方言館本改。

明太祖文集補編卷三

立功臣廟諭中書省臣敕 洪武二年正月乙巳

元末政亂，禍及生靈。朕倡義臨濠，以全鄉曲，繼率英賢渡大江，遂西取武昌，東定姑蘇，北下中原，南平閩廣，越十有六載，始克混一。每念諸將相從，捐軀戮力，開拓疆宇，有共事而不覩其成，建功而未食其報，追思功勞，痛切朕懷。其命有司立功臣廟於鷄籠山，序其封爵，爲像以祀之。人孰無死？死而不朽，乃爲可貴。若諸將者，生建忠勇之節，死有無窮之榮，身雖没而名永不磨矣。

諭太原諸將敕 洪武二年正月庚申

朕生長臨濠，起義西鄉，率衆渡江，集兵養民於江左，十有五年矣。兵馬益盛，疆宇益大，今至六合一家，人民休息，天下和平，不三二年見矣。然此非六軍將士，安能如是？尤賴大將軍、副將軍及諸偏將軍協力，以成天下之大事，以安六合之黎民。天道昭然，可不敬乎？

然前言不過人事耳，惟上天之眷佑，大軍所至，敵人摧枯拉朽。惟諸將軍留意，爾之功天授，爾之生亦天授也〔一〕。孟子有言：『五百年必有王者興，其間必有名世者。』今我朝之名世，非爾等何人哉？

古人功高自以爲平常，功平常自以爲無功，此古賢哲之道也。至若國家賞有功，罰有過，必不以功高爲平常、平常爲無功也。

近者大夫湯和定浙左，平閩中；平章楊璟靖湖湘，定廣西，班師還朝：未曾定賞，爲大將軍等滅胡未還故也。於是，再遣各官從大將軍征進，以湯和爲偏將軍，楊璟聽調。其璟兵出澤潞，中道與賊相拒，雖少算以累軍，此亦古今兵家常事耳，又何慮焉？太原之捷，皆得此以爲犄角〔二〕，綴以分其勢，可不奇乎？

今定右副將軍馮宗異居遇春之下，偏將軍湯和居宗異之下，偏將軍楊璟居和之下，協力同心，剪除餘虜，勿以細巧慮朕之所見也。倘朕法有未當，調度未周，爾等慎勿執一，更審而行之。

（以上明太祖實録卷三八）

諭諸儒纂修元史敕 洪武二年二月丙寅

自古有天下國家者，行事見於當時，是非公於後世，故一代之興衰，必有一代之史以載之。

元主中國，殆將百年，其初君臣朴厚，政事簡略，與民休息，時號『小康』。然昧於先王之道，酣溺胡虜之俗，制度疏闊，禮樂無聞。至其季世，嗣君荒淫，權臣跋扈，兵戈四起，民命顛危。雖間有賢智之臣，言不見用，用不見信，天下遂至土崩。然其間君臣行事，有善有否，賢人君子，或隱或顯，其言行亦多可稱者。今命爾等修纂，以備一代之史，務直述其事，毋溢美，毋隱惡，庶合公論，以垂鑑戒。

祭大社大稷后土后稷祝文 洪武二年二月戊辰

大社

維神德深造化，贊輔皇祇，世物賴生，所當告祀。遵依古典，行仲春禮，謹以牲幣醴齊，粢盛庶品，式陳瘞祭。以后土勾龍氏配神作主。

大稷

維神嘉種生成，明粢惟首，帝命率育，立我烝民。謹以牲幣醴齊，粢盛庶品，式陳瘞祭。以后稷配神作主。

后土

爰兹仲春，遵依古典，薦於大社。維神水土平治，永賴其功。謹以牲幣醴齊，粢盛庶品，陳於表位，作主侑神。

后稷

爰兹仲春，遵依古典，薦於大稷。維神勤農務本，政成稼穡，生民立命，萬世之功。謹以牲幣醴齊，粢盛庶品，陳於表位，作主侑神。

祭昭烈武成王祝文 洪武二年二月戊辰

惟王德業名世，韜略安邦，戡定功成，著爲成法。謹以制幣牲齊，粢盛庶品，式陳明薦。

賜占城國王阿答阿者書 洪武二年二月辛未

今年二月四日，虎都蠻奉虎、象至，王之誠意，朕已具悉。然虎都蠻未至，朕之使已在途矣，朕之遣使，正欲報王知之。

曩者，我中國爲胡人竊據百年，遂使夷狄布滿四方，廢我中國之彝倫，朕是以起兵討之，垂二十年。芟夷既平，朕主中國，天下方安，恐四夷未知，故遣使以報諸國。不期王之使者先至，誠意至篤，朕甚嘉焉。

今以大統曆一本，織金綺段、紗羅四十匹，專人送使者歸，且諭王以道。王能奉若天道，使占城之人安於生業，王亦永保禄位，福及子孫。上帝寔鑑臨之，王其勉圖勿怠。

賜爪哇國王書 洪武二年二月辛未

中國正統，胡人竊據，百有餘年，綱常既隳，冠履倒置。朕是以起兵討之，垂二十年，海内悉定。朕奉天命，已主中國，恐遐邇未聞，故專使報王知之。使者已行，聞王國人捏只某丁前奉使於元，還至福建而元亡，因來居京師。朕念其久離爪哇，必深懷念，今復遣人送還。

頒去大統曆一本，王其知正朔所在，必能奉若天道，俾爪哇之民安於生理，王亦永保禄位，福及子孫。其勉圖之毋怠。

賜日本國王書 洪武二年二月辛未

上帝好生，惡不仁者。向者，我中國自趙宋失馭，北夷入而據之，播胡俗以腥羶中土，華風不競，凡百有心，孰不興憤？自辛卯以來，中原擾擾，彼倭來寇山東，不過乘胡元之衰耳。

朕本中國之舊家，恥前王之辱，興師振旅，掃蕩胡番，宵衣旰食，垂二十年。自去歲以來，殄絶北夷，以主中國，惟四夷未報。間者山東來奏，倭兵數寇海邊，生離人妻子，損傷物命，故修書特報正統之事，兼諭倭兵越海之由。

詔書到日，如臣則奉表來庭〔三〕，不臣則修兵自固，永安境土，以應天休。如必爲寇盜，朕當命舟師揚帆諸島，捕絶其徒，直抵其國，縛其王，豈不代天伐不仁者哉？惟王圖之。

祭馬祖先牧馬步馬社之神祝文 洪武二年二月

維神始於天地之初，而馬生於世，牧養蕃息，馭而乘之，閑廐得所。歷代興邦，戡定禍亂，咸賴戎馬，民人是安。

朕自起義以來，多資於馬，摧堅破敵，大有功焉。稽古按儀，載崇明享，爰伸報本，以昭神功，謹以制幣牲齊，式陳明薦。尚享！

祭先農之神祝文 洪武二年二月壬午

惟神生於天地開闢之初，創田器，别嘉種，以肇興農事。古今億兆，非此不生，永爲世教，帝王典祀，敬不敢忘。

某本庶民，因天下亂，集兵保民，一紀於兹。荷天地眷佑，海内一家，臨御稱尊，紀綱黎庶，考典崇祀，神載策書。今東作方興，禮宜祭告，謹命太常官築壇於京城之陽，躬率百官，詣壇展禮。緬惟神明造化，萬世如斯，仰冀發太古之苗，實初生之粟，爲民立命，昭祀無疆。謹以制幣犧牲，粢盛庶品，肅修常祀，式陳明薦。以后稷氏配神作主。

祭后稷祝文 洪武二年二月壬午

惟土膏脉起，爰修耕籍，用薦常事于先農之神。惟神功協稼穡，允宜昭配，謹以制幣犧齊，粢盛庶品，式陳明薦，作主侑神。尚饗！

諭中書省臣敕 洪武二年二月乙酉

中書法度之本，百司之所稟承，凡朝廷命令、政教，皆由斯出。事有不然，當直言改正，苟阿意曲從，言既出矣，追悔何及？書云：『股肱惟人，良臣惟聖。』自今事有未當，卿等即以來言，求歸至當，毋從苟順而已。

諭秦裕伯手書 洪武元年

海濱之民好鬭，裕伯智謀之士而居此地，苟堅守不起，恐有後悔。

（以上明太祖實録卷三九）

祭告仁祖淳皇帝淳皇后文 洪武二年三月丙申

惟祖宗積德，百靈佑助，戡定禍亂，上帝命爲天下生民主，任以司牧，使厚民生，惟恐弗勝，日懷憂懼。

伏見去年四方旱災，民命顛危，今春風雨不時，豐荒未卜。因念微時，皇考、皇妣凶年艱食，取草之可茹者雜米以炊，艱難困苦，何敢忘之？

今富有四海，而遭時若此，咎實在兒，生民何辜？ 因具草蔬糲飯，與妻妾共食旬日，以同民艱，以答天譴。 敢告知之。

祀三皇句芒祝融風后力牧祝文 洪武二年三月丁酉

伏羲

惟皇始畫八卦，教民書契，繼天立極，肇開道統。 謹以制幣牲齊，粢盛庶品，式陳明薦。以勾芒氏配。

神農

惟皇始作耒耜，烝民粒食，百草是嘗，功濟萬世。 謹以制幣牲齊，粢盛庶品，式陳明薦。以祝融氏配。

黄帝

惟皇通變神化，垂衣而治，制作寖備，以濟萬民。 謹以制幣牲齊，粢盛庶品，式陳明薦。以風后氏、力牧氏配。

勾芒

爰以季春，有事於太昊伏羲氏。 惟神盛德在木，發生之始，功被萬物，本於至仁。 謹以制幣牲齊，粢盛庶品，式陳明薦。

祝融

爰以季春，有事於炎帝神農氏。惟神火德司夏，長養庶物，功在上古，惠及無窮。謹以制幣牲齊，粢盛庶品，式陳明薦。

風后

爰以季春，有事於黄帝軒轅氏。惟神貫通天時，孤虚闔奥，作輔軒轅，德業名世。謹以制幣牲齊，粢盛庶品，式陳明薦。

力牧

爰以季春，有事於黄帝軒轅氏。惟神兵法奇秘，有光有烈，土德增崇，功垂萬世。謹以制幣牲齊，粢盛庶品，式陳明薦。

告祭風雲雷雨嶽鎮海瀆山川城隍旗纛諸神祝文 洪武二年三月丁酉

朕代前王統世，治教民生，當去歲紀年建號之初，首值天下災旱，中原人民，苦殃尤甚。今年自孟春得雨之後，中春再沾微雨，至今又無，雖未妨農務之急，而氣候終未調順。伏念去歲因旱，民多顛危，今又缺雨，民生何賴？實切憂惶，夙夜静思，惟天地好生，必不使下民至於失所。然神無人何以享，人無神何以祀？

朕不敢煩瀆天地，惟衆神主司下土民物，參贊天地化機，願神以民庶之疾苦，哀聞於上天厚地，乞賜風雨以時，以成歲豐，養育民物，各遂其生。朕敢不知報？尚享！

（以上明太祖實録卷四〇）

賜高麗國王王顓書 洪武二年四月乙丑

去冬嘗遣使至王國，以璽書賜王。比因南徙幽燕之民，其間有高麗流寓者百六十餘人，朕念其人豈無鄉里骨肉之思，故令有司遣使護送東歸。而内使金麗淵適在朕側，自言亦高麗人，家有老母，久不得見，朕念其情，就令歸省，並護送流寓者還。

賜王紗、羅各六匹，至可領也。

與元主書 洪武二年四月乙亥

朕聞自昔有國家者，必知天命去留之機，審人事成敗之勢，進可以有爲，退足以自保，此理之必然。曩者君之祖宗，起自北方，奄有中土，兵强事舉，華夷咸服。及君嗣位之時，中外猶安，兵甲非不衆，人材非不盛，一旦多故，天下鼎沸，處置乖方，力莫能禦，以致豪傑分争，生民塗炭。

朕本淮右布衣，不忍坐視，因人心之所向，遂仗義興兵，羣雄所據之地悉爲我有。君亦知天命所在，遜於沙漠，朕師非不能盡力窮追，以君知時通變，於心有所不忍。近聞兵擾邊陲，民罹鋒鏑，豈君之故將妄爲生事邪？抑君失算而使然邪？若果不知自省而猶爲此舉，則是不能識機度勢，恐非君之福也。

朕今爲君熟計，當限地朔漠，修德順天，效宋世南渡之後，保守其方，弗絶其祀，毋爲輕動，自貽厥禍。

諭納哈出書 洪武二年四月乙亥

將軍昔自江左辭還，不通音問十五年矣。近聞戍守遼陽，士馬强盛，可謂有志之士，甚爲之喜。兹因使通元君，道經營壘，望令人送達。所遣内臣至將軍營，即令其還。書不多及。

諭李思齊書 洪武二年

前者遣使通問，至今未還，豈所使非人，忤足下而留之歟？抑元使適至，足下不能隱而殺之歟？若然，亦事勢之常，大丈夫當磊磊落落，豈以小嫌介意哉？

夫堅甲利兵，深溝高壘，必欲極力抗我軍，不知竟欲何爲？昔足下在秦中，人以兵衆地險而從之，雖有張思道專尚詐力，孔興等自爲保守，擴廓帖木兒以兵出没其間，然皆非勍敵。足下當時不能圖秦自王，已失此機，今中原全爲我有，向與足下相爲犄角者，皆披靡竄伏。足下以孤軍相持，徒傷物命，終無所益，厚德者豈爲是哉？

朕知足下不守鳳翔，則必深入沙漠，以圖後舉。足下初入其地，胡或面從，然非我族類，其心必異，據其地不足以爲資，失其勢適足以自殞，使兵威常强，尚云可也；倘中原相從之衆，以胡地荒涼，或不樂居，其心叵測，一旦變生肘腋，孑然孤弱，妻孥不能相保矣。且足下本汝南之英，祖宗墳墓所在，深思遠慮，獨不及此乎？誠能以信相許，去夷就華，當以漢待竇融之禮相報，否則非朕所知也。

諭大將軍徐達書 洪武二年四月甲申

將軍提師西征，所至克捷，今李思齊又納降矣，但未知慶陽、寧夏攻取如何？張思道兄弟多譎詐，若其來降，宜審處之，勿墮其計也。軍中之事，尤宜慎之。

祭東海之神文 洪武二年四月戊子

予受命上穹，爲中國主，惟圖乂民，罔敢怠逸。蠢彼倭夷，屢肆寇劫，濱海郡縣，多被其殃。今命將統帥舟師，揚帆海島，乘機征勦，以靖邊氓。特備牲醴，用告神知。

（以上明太祖實録卷四一）

諭土蕃詔 洪武二年五月甲午

昔我帝王之治中國，以至德要道，民用和睦，推及四夷，莫不安靖。向者胡人竊據華夏，百有餘年，冠履倒置，凡百有心，孰不興憤？比歲以來，胡君失政，四方雲擾，羣雄分争，生靈塗炭。朕乃命將率師，悉平海内，臣民推戴，爲天下主，國號大明，建元洪武，式我前王之道，用康黎庶。惟爾吐蕃，邦居西土，今中國一統，恐尚未聞，故兹詔示。

追封皇外祖考妣爲揚王揚王夫人誥 洪武二年五月

朕聞古昔帝王之爲治，首親九族，天下和平，此君道之先務，萬世不易之理也。

朕爲億兆生民主，非祖宗積德，安能致此？自即位以來，已嘗建立太廟，四時享祭，惟念母后之考妣，未伸崇報，於心歉然。今下禮官議，追封皇外祖考陳公爲揚王，皇外祖妣王氏爲揚王夫人，立廟以奉祀事。

於戲！親之至則思遠，報之至則禮崇。尚惟幽靈，歆茲恤典。

祭揚王揚王夫人祝詞 洪武二年五月

外孫皇帝元璋謹以牲醴庶品，致祭於外祖考陳公、外祖妣王氏曰：

仰承外家之庇，爲億兆生民主，未伸崇報，每歉於懷。今考典禮，追封外祖考爲揚王，外祖妣爲揚王夫人。然自昔帝王之於外族，皆行封贈而未有立廟奉祀者。惟我外祖考妣繼承無祀，元璋以外孫親連骨肉，故立廟以奉祀事，庶昭報本之誠。

追封皇外舅爲徐王誥 洪武二年五月

蓋聞有天下者，既追尊於祖宗，又必及其外戚而顯榮之，此國家之典禮也。

朕肇登大寶，爰立皇后，念其内助之功，推於所生之自。其父馬公，宿州善族，蘊德於家，毓茲懿德之賢〔四〕，是爲天作之配。今既正位中宮，以基王化，本於積慶，理則昭然〔五〕。

可追封爲徐王。

追封皇外姑爲徐王夫人誥 洪武二年五月

朕惟后德之賢，所以母儀天下，蓋由早承母教，以至於兹，是宜推原所自，以光大其親焉。

皇后母鄭氏，早以貞淑，作配善良，篤生賢女，以媲於予，則崇報后家，禮所當也。且母之貴由於女，婦之秩從乎夫，在古皆然。今其取法，可追封爲徐王夫人。

（以上明太祖實録卷四二）

封陳日煃爲安南國王詔 洪武二年六月壬午

咨爾安南國王陳日煃，惟乃祖父，昔守境於南陲，傳之子孫，常稱藩於中國，克恭臣職，以永世封。

朕荷天地之靈，肅清華夏，頃馳書而往報，冀率土以咸寧。卿能奉表稱臣，專使來賀，法爾前人之訓，以安遐壤之民。眷兹勤意，深可嘉尚，是用遣使齎印，仍封爾爲安南王。於戲！視廣同仁，思效哲王之盛典；爵超五等，俾承奕葉之遺芳。益茂令猷，永爲藩輔。

追封故海寧衛指揮同知嚴德誥 洪武二年六月壬辰

折衝禦侮，實資壯毅之才；崇德報功，宜重褒封之典。故海寧衛指揮同知嚴德，昔當舉義，早已歸誠，性資懷百鍊之剛，膽略有兼人之勇。及定建業，每列前鋒，野戰則鋭莫敢當，城守則堅不可犯。恢宏疆宇，勤歷歲年，登中翼之帥垣，進外營之亞使。既殄禦溪之寇，旋靖海寧之區。乃從總戎，肆征東浙，新昌決勝，天台合圍，奮身士卒之先，致命矢石之下。敵雖殲滅，爾竟殞亡。追念英風，曷勝軫悼？宜頒恤典，用賁幽扃〔六〕。可贈驃騎上將軍、大都督府副使、上護軍，追封天水郡公。

於戲！力拔孤城，慨想生前之烈；芳流百世，永垂身後之名。靈其有知，服此嘉命。

（以上明太祖實録卷四三）

祭鄂國公常遇春文 洪武二年八月癸亥

自胡元季世，天下大亂，生民塗炭，未知所止。

朕奮起臨濠，駐師和陽。乙未之春，爾來依我，同渡大江，先拔采石，即取太平、建康，江東之地，次第皆定。自是以來，馬汗未乾，甲冑未解，南破三衢，西圍金斗，遂與僞漢鏖戰鄱陽、九江之上，射死僞主陳友諒；攻圍武昌，降其子理，湖湘悉平；南取贛城，撫南雄、南安，北定襄陽；旋師淮東，自泰至徐，盡有其地；東平浙右，破姑蘇，縛吴王張士誠以歸。長淮東西，大江南北，功甚著焉。

丁未之冬，俾爾副大將軍北征中原，首下齊魯，繼取河洛，旋定幽、趙、晉、冀，長驅入關，撫定秦隴，戰勝攻取，莫當其鋒。近因北平有警，乃與偏將軍又復北向，轉戰永平、大寧，至於開平，悉皆底定。

中國封疆，自昔正統之君少有得其全者。今朕全有中國，爾功懋焉，雖古名將未有過之者。天下克一，朕方將定功行賞，共享太平，少副報功之意，何其未遂，遽爾云亡，曷謂柳河之川，失我長城之將？

喪今南還，見語無由，哀痛切心，與誰言哉？將軍在時，朕實所倚；將軍既往，將誰與謀？不過臨風興慨，想其音容耳。靈車之至，朕親臨奠，思爾之情，言豈能盡？

答夏主明昇書 洪武二年八月乙丑

朕歷觀古之有蜀者，如公孫述、劉備、李特、王建、孟知祥輩，皆能乘機進取，而善守之道未聞。今足下監此，必圖所以善守可也。朕連年出師，所向克捷，皆諸將用命，故能成功。遠勞致禮，益見厚意，因使者還，姑以此復。

諭大將軍徐達敕 洪武二年八月甲戌

如克慶陽，宜令右副將軍、都督同知馮宗異掌總兵印，統軍駐慶陽，節制各鎮兵馬。糧餉不給，從前規措，無致傷民。鞏昌、臨洮、蘭州諸軍，鎮守如故，兵不足者益之。如河中四外已寧，則以都督同知康茂才所部士卒三分之：茂才帥其二〔七〕，往鎮山西，凡太原諸城，悉聽節制；其一增守陝西，務在處置得宜。然後大將軍達、偏將軍和回京，定議功賞。俟朕與大將軍葬鄂國公畢日，大將軍當復往定守邊之策。戍守諸將，誥命悉頒其家，可諭朕意。

都督僉事吴禎，就令同宗異駐慶陽。平章李伯昇，同都督僉事耿炳文守陝西。

諭高麗國王王顓詔 洪武二年八月丙子

自有元之失馭，兵争夷夏者列若星陳，至於擅土宇，異聲教，豈殊於瓜分？虐黔黎，專生殺，不異於五季。若此者將及二紀，治在人思，眷從天至。

朕本布衣，君位中國，撫諸夷於八極，各相安於彼此，他無肆侮於邊陲，未嘗妄興於九伐。爾高麗天造東夷，地設險遠，朕意不生釁隙〔八〕，使各安生，何數請隸而辭意益堅？羣臣皆言，當納所請，是以一視同仁，不分化外，允其虔懇，命承前爵，儀從本俗，法守舊章。嗚呼！盡夷夏之咸安，必上天之昭鑑。既從朕命，勿萌釁端，故茲詔示，想宜知悉。

封王顓爲高麗國王誥 洪武二年八月丙子

咨爾高麗國王王顓，世守朝鮮，紹前王之令緒；恪尊華夏，爲東土之名藩。當四方之既平，嘗專使而往報，即陳表貢，備悉衷誠。良由素習於文風，斯克勤修於臣職，允宜嘉尚，是用褒崇。今遣使齎印，仍封爲高麗國王，儀制服用，許從本俗。於戲！保民社而肇封，式遵典禮；傳子孫於永世，作鎮邊陲。其服訓詞，益綏福履。

諭擴廓帖木兒書 洪武二年八月

昔帝王之得天下，當大功垂成之際，尤必廣示恩信，雖素相仇敵者，亦皆收而並用之，所以法天地之量，而成混一之業也。

朕自起兵淮右，收攬羣雄，平定華夏，惟西北邊備未徹，蓋以爾守孤城，保其餘衆，遠處沙漠。朕甚念之，是用特與湔滌，示茲至懷，必能知時達變，慨然來歸。其部下將帥及各部流移軍士，多我中土之人，果能革心從順，文武智謀，當一一用之，有願還鄉者聽。其賀宗哲、孫翥、趙恒等，朕悉涵容，皆所不計。

投機之會，間不容髮，朕言不再，其審圖之。

諭大將軍徐達敕 洪武二年八月

頃以中原擾攘，西陲未靖，命大將軍統率六師，奉行天討。今元都底定，關陝悉平，將軍之功大矣。朕深憫將軍久勞於外，嘗遣都督僉事吳禎往諭朕意，未聞班師之期，朕日望之。敕至，可即日上道。其鎮守方略，悉如前敕。

（以上明太祖實録卷四四）

諭高麗國王王顓書 洪武二年十月壬戌

近使者歸自王國，朕問王國政俗、城郭、甲兵、居室如何？使者言，俗無城郭，雖有甲兵而侍衛不嚴，有居室而無聽政之所，王專好釋氏，去海濱五十里或三十里，民始有寧居者。

朕詢其故，言嘗爲倭奴所擾。果若是，深爲王慮之。朕雖德薄，爲天下主，王已稱臣備貢，事合古禮。凡諸侯之國，勢將近危，故持危保國之道，不可不諭王知之。

古者，王公設險，以守其國。今王有人民，無城郭，民人將何所依？爲國者未嘗去兵，今王武備不修，則國威弛；民以食爲天，今瀕海之地不耕，則民食艱；凡國必有出政令之所，今王有居室而無廳事，則無以示尊嚴於臣下：朕甚不取也。

歷代之君，不問夷夏，惟修仁義禮樂，以化民成俗。今王棄而不務，日以持齋守戒爲事，欲以求福，失其要矣。佛之道，三皇五帝之時未聞有也，而是時天下大治。後世務釋氏而能保其國者，未之見矣。梁武之事，可爲明鑑，王豈未知之耶？

夫王之所以王高麗者，莫不由前世所積，若行先王之道，與民興利除害，使其生齒繁廣，父母妻子，飽食煖衣，各得其所，則享國永長〔九〕。修德求福，莫大於此，王何不爲此而爲彼哉？

有國之君，當崇祀典，聞王之國，犧牲不備〔一〇〕，何以供境内山川、城隍之祀乎？古人有言：『國之大事，在祀與戎。』若戎事不修，祀事不備，其何以爲國乎？

今胡運既終，沙塞之民無所總統，朕兵未至遼瀋，其間或有强暴者出，不爲中國患，必爲高麗擾。況倭人出入海島，十有餘年，必知王之虚實，此亦不可不慮也。王欲禦之，非雄武之將、勇猛之兵，不可遠戰於封疆之外；王欲守之，非深溝高壘，内有儲蓄，外有援兵，不能以挫鋭而擒敵。由是言之，王之負荷亦重矣。

智者圖患於未然，轉危以爲安。前之數事，朕言甚悉，不過與王同其憂耳，王其審圖之。

且知王欲製法服，以奉家廟，朕深以爲喜。今賜王冠服、樂器、陪臣冠服，及洪武三年大統曆、六經、四書、通鑑、漢書，至可領也。遺書，指不多及。

命郡縣立學校詔 洪武二年十月辛卯

古昔帝王育人材，正風俗，莫先於學校。自胡元入主中國，夷狄腥膻汙染華夏，學校廢弛，人紀蕩然，加以兵亂以來，人習鬭争，鮮知禮義。

今朕一統天下，復我中國先王之治，宜大振華風，以興治教。今雖内設國子監，恐不足以盡延天下之俊秀，其令天下郡縣並建學校，以作養士類。其府學設教授一員，秩從九品，訓導四員，生員四十人；州學設學正一員，訓導三員，生員三十人；縣學設教諭一員，訓導二員，生員二十人。

師生月廩食米人六斗，有司給以魚肉，學官月俸有差。學者專治一經，以禮、樂、射、御、書、數設科分教，務求實才，頑不率教者黜之〔一一〕。

致元主書 洪武二年十月

朕本布衣，昔在田里，賴承平之樂。忽妖人倡亂，海内鼎沸。當是時，出師者將非不勇，兵非不衆，城廓非不堅，器械非不利，終無成功，妖人愈熾，遂致豪傑並起，此天運昭然，不言可見。

朕因羣雄擾攘，不能自寧，由是爲衆推戴，乘時渡江，撫建業之民，待天下之清。奈何君不能控御，致將帥各懷不軌，外爲元臣，内實自謀，靡有戡定禍亂以安生民者。

朕静觀羣雄割據，荼毒生靈，於心不忍，乃親率諸將，西平湖湘、漢沔，南取交廣，東定吴越，八閩、兩江，皆入版圖。方欲息兵，以觀君之爲計，而君之將臣曰張、曰李、曰王三人者，不爲國謀，分據秦晉，互相讎殺，民遭塗炭。

朕乃命大將軍自前歲出師，由齊魯，經河洛，次及燕城。我師未至，君已棄宗社而去。朕謂君自知胡無百年之運，能順天道，歸我中國故土，上策也。

未幾，邊將來報，君率殘兵，留連開平。朕思君前日宗社奠安，國用富實，尚不能削平羣盜，今以孤兵自隨，遠寄沙漠，若欲效漢之匈奴、唐之突厥，出没不常，以爲邊患，是君之計不審也。

方今中國封疆，盡爲我有，全二千城之富庶，握羣雄累歲之勁兵，華夏已平，外夷咸附，壯士無所施其勇，智將無所用其謀，而君乃欲與我爲敵乎？君若不思保境土以存宗祀，而欲吐餘燼於寒灰，是不知天命也。

朕發鐵騎，四出塞外，精兵百萬，聯陣二千餘里，直抵陰山之北，即君遁逃，亦出僥倖。春和日煖，沙漠草青，漢兵出塞之時也。霜雪冬寒，則歸而守險，君雖有百萬之衆，何能爲哉？朕以誠心待人，明示機策，使君聞之，庶幾改圖易慮，安分順天，以存宗祀，不亦善乎？君其審之。

（以上明太祖實録卷四六）

祀昊天上帝祭告仁祖廟文 洪武二年十一月壬寅

惟我父母，德應上帝，寔生眇躬。今代前王，統理天下，爲億兆主，已經二載，凡兩祀天地而未敢舉行配天之禮者，蓋功業未就故也。今疆宇既廣，民生稍安，敬用今月十四日冬至，恭祀昊天上帝於圜丘，謹請皇考作主以配。伏惟鑑知。

祀昊天上帝祝文 洪武二年十一月乙巳

嗣天子臣元璋敢昭告於昊天上帝：日當長至，六氣資始，用遵彝典，敬率臣庶，以玉帛犧齊，粢盛庶品，奉兹燎祀。皇考仁祖淳皇帝配神作主。

祀昊天上帝仁祖配位祝文 洪武二年十一月乙巳

孝子皇帝臣元璋敢昭告於皇考仁祖淳皇帝：日當長至，六氣資始，今率臣僚，恭祀昊天上帝，謹以玉帛犧齊，粢盛庶品，用修典禮。伏惟敬慎瞻天，永爲配位。

諭元丞相也速書 洪武二年十一月丁未

將軍元之故家，父子出將入相，宣力王室，積有年矣。比者天下多故，諸將擅兵，類多跋扈，往往不善其終。獨將軍恪守臣節，堅如金石，雖當顛沛之際，力奮孤忠，志安宗社。及元主遠去沙漠，將軍獨能以孤軍殿後，義氣不衰，其餘僥倖之徒，俱雲逝鳥散。嗟哉！且古之將帥，當亂亡之時，未嘗不假名義以行其私，朕於將軍之節，甚有嘉焉。

近聞塞外逋逃之衆，猶逞蜂蠆之餘毒，擾我邊陲，豈將軍不能輯士而致然歟？今我軍已集幽薊，待釁而動，將軍宜深思之，上以圖存其君之宗祀，下以保全其民人，豈不識時之俊傑哉？兹遣長壽、篤馬二平章齎書往達朕意，將軍其審之。

諭安南占城國王詔 洪武二年十二月壬戌

朕本布衣，因天下亂，起兵以保鄉里。不期豪傑雲從，朕將之數年，闢土日廣，甲兵强盛，遂爲臣庶推戴，君臨天下，以承正統，於今三年。海外諸國入貢者，安南最先，高麗次之，占城又次之，皆能奉表稱臣，合於古制，朕甚嘉焉。

近占城遣平章蒲旦麻都來貢，言安南以兵侵擾，朕觀之，心有不安。念爾兩國，自古及今，封疆有定分，不可强而爲一，此天意也。況爾等所居之地，相去中國，越山隔海，所言侵擾之事，是非一時難知。以朕詳之，爾彼此世傳已久，保土安民，上奉天道，尊事中國，爾前王必有遺訓，不待諭而知者。朕爲天下主，治亂持危，理所當行，今遣使往觀其事，諭以畏天守分之道。如果互執兵端，連年不解，荼毒生民，上帝好生，必非所悦，恐天變於上，人怨於下，其禍有不能逃者。二國之君，宜聽朕言，各遵其道，以安其分，庶幾爾及子孫皆享福於永久，豈不美歟？

封阿答阿者爲占城國王詔 洪武二年十二月甲戌

咨爾占城國王阿答阿者，素處海邦，定居南服，自爾祖父，世篤忠貞，嚮慕中華，恪守臣職。朕今混一四海，撫馭萬方，欲率土之咸寧，嘗馳書以往報，而爾能畏天命，尊中國，即遣使稱臣，來貢方物，思法前王之訓，以安一境之民。眷茲忠誠，良可嘉尚，是用遣官齎印，封爾爲占城國王。

於戲！居中撫外，朕方一視同仁；保境安民，爾當慎終如始。永爲藩輔，益勉令名。今賜洪武三年大統曆一本，織金文綺、紗羅四十匹，至可領也。

赦臨洮將士逃亡者詔 洪武二年十二月

天地以生物爲心，帝王以不殺爲德。自三代以下，漢高祖、唐太宗、宋太祖皆承天運，奮武威以定亂，行仁義以安人。惟秦不然，坑趙降卒四十萬〔一二〕，古今非之，雖能混一，享國不長，天道昭然矣。

朕每遣將出師，必加訓諭，降者撫之，抗者誅之，故凡其來降，大小咸授以職，保其父母妻子。近者兵至西土，豳國公李思齊率其部屬將士悉來臣附，大將軍以其精鋭隨軍征進，老幼安居城郭，未嘗妄殺，可謂鑑秦之過，恪遵朕命矣。當臨洮受降之初，如或妄加誅戮，爾衆安能保全？

今爾將士，乃有懷思其家、遁藏巖谷者。夫父母妻子之戀，人之常情，雖新附之衆，未能悉知朕懷，朕爲民父母，可不矜念？詔書到日，凡逃竄山谷者，毋自驚疑，罪無大小，並行赦之。

（以上明太祖實録卷四七）

校記

〔一〕授　原無，據廣方言館等本補。

〔二〕以爲犄角　原作『爲犄』，據廣方言館本改。

〔三〕則　原無，據廣方言館本補。

〔四〕之　原無，據廣方言館等本補。

〔五〕昭然　原作『照然』，據廣方言館等本改。

〔六〕幽扃　原作『幽扁』，據廣方言館等本改。

〔七〕帥　原作『師』，據廣方言館等本改。

〔八〕不生　原作『不司簡生』，據嘉業堂本改。

〔九〕享　原無，據廣方言館本補。

〔一〇〕不備　原作『不育』，據廣方言館本改。

〔一一〕教　原無，據廣方言館等本補。

〔一二〕四　原無，據史記卷八一補。

明太祖文集補編卷四

遣使往祀安南高麗占城國山川刻石文 洪武三年正月庚子

朕賴天地祖宗眷佑，位臣民之上，郊廟社稷以及嶽鎮海瀆之祭，不敢不恭。邇者占城、安南、高麗遣使奉表稱臣，已封其王，則其國境内山川悉歸職方。考之古典，天子望祭，雖無不通，然未聞有遣使致祭於其境者。今思與普天之下，共享昇平之治，故具牲幣，遣使往祭於神。神既歆格，必能庇其國王，世保境土，使風雨以時，年穀豐登，民庶得以靖安，庶昭一視同仁之意。是用刻石，以垂永久。

（明太祖實録卷四八）

東郊朝日祝文 洪武三年二月丙子

惟神陽靈東升，運行於天。神光下燭，無私無偏。歲紀聿新，昭天之德。萬物具瞻，黄道弗忒。國有時祀，古典式遵。曦馭既格，海宇咸春。

告天下詔 洪武三年二月戊子

自古帝王開基立國，必賴賢俊之臣，共熙庶績，以康兆民，是故殷湯、周武既定天下，克用俊乂，列於庶位，故能光昭上下，澤流無窮。今朕肇基江左，統有萬邦，稽古建官，期臻至治。永惟六部政繁任重，而在位未盡得人，豈朕用賢之道未廣歟？抑賢智之士抗其志節而甘隱於巖穴歟？詔下之日，有司其悉心推訪，以禮遣之。

（以上明太祖實録卷四九）

祭虎賁衛指揮潘毅文 洪武三年三月庚戌

朕與爾同鄉里，因天下亂，爾從朕征伐十有五年，破荆楚之强敵，縛江右之僞主，收諸山寇，轉戰吴越，南方以靖。命爾從大將軍北伐，大功已成，軍回之日，西北又起兵争，再遣從征，爾乃中道因疾而逝。朕思十五年間，被堅執鋭，野宿風飡，臨陣摧敵，奮不顧身者屢矣，及天下平，身不及享，可勝痛哉！

嗚呼！生死者，天道之常。爾爲將臣，能戮力王事，功垂於後，名留千古，亦可無憾矣。今命中書省贈爾宣忠秉義功臣、鎮國上將軍、僉大都督府事、護軍，追封滎陽伯，謚武肅。爾其有知，尚克欽承。

諭日本國王良懷詔 洪武三年三月

朕聞順天者昌，逆天者亡，此古今不易之定理也。

粤自古昔，帝王居中國而治四夷，歷代相承，咸由斯道。惟彼元君，本漠北胡夷，竊主中國，今已百年，汙壞彝倫，綱常失序，由是英俊起兵，與胡相較，幾二十年。

朕荷上天祖宗之佑，百神效靈，諸將用命，收海内之羣雄，復前代之疆宇，即皇帝位，已三年矣。比嘗遣使持書，飛諭四夷，高麗、安南、占城、爪哇、西洋瑣里即能順天奉命，稱臣入貢。既而西域諸種番王，各獻良馬來朝，俯伏聽命，北夷遠遁沙漠，將及萬里。特遣征虜大將軍率馬步八十萬，出塞追獲，殲厥渠魁，大統已定。

蠢爾倭夷，出没海濱爲寇，已嘗遣人往問，久而不答，朕疑王使之，故擾我民。今中國奠安，猛將無用武之地，智士無所施其謀，二十年鏖戰精鋭，飽食終日，投石超距，方將整飭巨舟，致罰於爾邦。俄聞被寇者來歸，始知前日之寇非王之意，乃命有司暫停造舟之役。嗚呼！朕爲中國主，此皆天造地設，華夷之分。朕若效前王，恃甲兵之衆，謀士之多，遠涉江海，以禍遠夷安靖之民，非上帝之所托，亦人事之不然。或乃外夷小邦，故逆天道，不自安分，時來寇擾，此必神人共怒，天理難容。征討之師，控弦以待，果能革心順命，共保承平，不亦美乎？

嗚呼！欽若昊天，王道之常，撫順伐逆，古今彝憲。王其戒之，以延爾嗣。

（以上明太祖實録卷五〇）

禁蒙古色目人更易姓氏詔 洪武三年四月甲子

天生斯民，族屬姓氏，各有本源。古之聖王尤重之，所以别婚姻，重本始，以厚民俗也。朕起布衣，定羣雄，爲天下主，已嘗詔告天下，蒙古諸色人等，皆吾赤子，果有材能，一體擢用。比聞入仕之後，或多更姓名，朕慮歲久，其子孫相傳，昧其本源，誠非先王致謹氏族之道。

中書省其告諭之，如已更易者，聽其改正。

册封諸皇子爲王詔〔一〕 洪武三年四月乙丑

朕荷天地百神之佑，祖宗之靈，當羣雄鼎沸之秋，奮起淮右，賴將帥宣力，創業江左。曩者命大將軍徐達統率諸將，以定中原，不二年間，海宇清肅，虜遁沙漠。大統既正，黎庶靖安，欲先論武功，以行爵賞，緣吐蕃之境未入版圖，今年春，復命達等帥師再征，是以報功之典，未及舉行。

朕惟帝王之子，居嫡長者必正儲位，其諸子當封以王爵，分茅胙土，以藩屏國家。朕今有子十人，即位之初，已立長子標爲皇太子。諸子之封，本待報賞功臣之後，然尊卑之分所宜早定，乃以四月七日，封第二子樉爲秦王，第三子棡爲晉王，第四子棣爲燕王，第五子橚爲吳王，第六子楨爲楚王，第七子榑爲齊王，第八子梓爲潭王，第九子杞爲趙王，第十子檀爲魯王，從孫守謙爲靖江王，皆授以册寶，設置相、傅官屬及諸禮儀，已有定制。

於戲！奉天平亂，實爲生民；法古建邦，用臻至治。故兹詔示，咸使聞知。

册秦王等文〔二〕 洪武三年四月乙丑

昔君天下者，禄及有德，貴子必王，此人事耳。然居位受福，國於一方，尤簡在帝心。第二子樉，今命爾爲秦王。分茅胙土，豈易事哉？朕起自農民，與羣雄並驅，艱苦百端，志在奉天地，享神祇，張皇師旅，伐罪救民，時刻弗怠，以成大業。今爾固其國者，當敬天地在心，不可踰禮以祀，其宗社、山川，依時享之，謹兵衛，恤下民，必盡其道。於戲！勤民奉天，藩輔帝室，允執厥中，則永膺多福。體朕訓言，尚其慎之。

册靖江王文 洪武三年四月乙丑

稽古帝王，撫有方夏，必茂建親支，所以惇族固本，其來尚矣。朕以布衣，遭時弗靖，躬歷行伍，乘運開基，艱難有年，遂成丕業，是皆天地眷佑、祖宗積德之由。今朕既爲天子，追念吾兄，以爾守謙，兄之孫也，俾王靖江，以鎮廣海之域。於戲！爾其思予創業之難，謹爾受封之制，毋忘訓言，益修厥身，永爲國家藩輔。尚慎戒哉！

與元主書 洪武三年四月己巳

前者二次遣使致書，久而未還，豈被留而然歟？以予計之，殆君之非謀也。自常情言君之意必曰：吾嘗爲天下主，以四海爲家，彼昔吾之民耳，豈可與通問乎？自常情言之固宜，以理勢論之則大不然。君者，天下之義主，顧天命人心何如耳。蓋天命之去留，由民心之向背。古語云：民猶水也，君猶舟也，水能載舟，亦能覆舟。君豈不知此，而乃固執不回乎？

今日之事，非予所欲，實以四方兵爭，所在紛擾，予當其時，不能自寧於鄉里，豈有意於天下乎？及羣雄無所成，而予之兵力日以强盛，勢不容已，故有今日。此誠天命，非人力也，君又何致怨於其間耶？

君其奉天道，順人事，遣使通好，庶幾得牧養於近塞，藉我之威，號令其部落，尚可爲一邦之主，以奉其宗祀。若計不出此，猶欲以殘兵出没爲邊民患，則予大舉六師，深入沙漠，君將悔之無及矣。

近北平守將以雲州所獲平章火兒忽答、右丞哈海等八人至京，詢之，皆君倚任之人，是用待以不死。今再令齎書詣前，惟君其審圖之。

祭安南國王陳日煃文 洪武三年四月癸酉

朕起自布衣，以中國多故，奮興師旅，削平禍亂，偃兵息民，統一華夏。當即位之初年，遣使報四夷酋長，使知我中國之方安。惟爾日煃，聞詔至日，躬率陪臣，禮遇使者，誠意歡洽，如我舊臣。諸邦未至，惟爾先庭。朕仰天撫手，以謂安南人民之福，即命中書禮部仿古鑄印，遣翰林侍讀學士張以寧齎赴爾國，以彰賢德，益懋來誠。今年四月十四日，中書奏爾使臣杜舜欽等至，言爾已逝，使朕不覺頓足驚嘆：西南藩邦賢王，何去之速也？ 是用遣使往奠。

惟爾日煃，生而有識，死必有知，陰相爾邦，永膺世襲。

封陳日煃爲安南國王詔 洪武三年四月癸酉

朕躬膺正統，撫有天下，眷爾安南，素知尊慕中國。去歲，國王陳日煃奉表稱臣，朕遣使齎詔、印，仍封爲安南國王。使至近境，而日煃已逝。今世子日熞能繼前志，專使請命，考於典禮，宜嗣其位，是用命爾日熞襲封安南國王，授以金印。

諭大將軍徐達敕 洪武三年四月戊寅

爾將兵在外，軍中事宜，與諸將佐熟計行之。凡調發守備，計定謀合，當即區處，毋事狐疑，蓋謀事宜審，行事宜決。

近聞甘肅一路守兵甚少，當量勢調撥以守之。其吐蕃、興元，就調兵收取。二處平後，大軍出漢江，順流東下，亦甚利也。凡獲牝馬，悉發臨濠牧養。所俘王保保部從及敗而來降者，令從伐蜀。蜀平，就留以守禦可也。

諭大將軍徐達敕 洪武三年四月戊寅

朕起布衣，克成大業，命將出師，悉由節制，將軍備嘗知之。

邇者浙江左丞胡德濟臨事畏縮，將軍不以軍法從事，乃械送京師，必欲朝廷治之。將軍欲效衛青不斬蘇建，獨不見穰苴之待莊賈乎？且慢軍功者悉歸之朝廷，則將軍之威玩，而號令不行矣。

胡左丞之失律，正當就軍中戮之，足以警衆，所謂閫外之事，將軍制之。若送至朝廷，朝廷必議其功過，又非閫外之比矣。彼嘗有救信州之功，守諸暨之勞，故不忍加誅，懼將軍緣此緩其軍法，是用遣使即軍中諭意。

自今務威克厥愛，毋事姑息。

諭湖廣行省平章楊璟敕 洪武三年四月

蠻賊恃山溪險阻，乘時竊發，出没無常，若根誅其黨，必深入山谷，傷損士馬，所得不足以償所費。今師入其境擊之，但使遠去，不令出擾州縣可也，不必窮其巢穴。更宜約束麾下，慎無逐利輕動。

（以上明太祖實録卷五一）

設科取士詔 洪武三年五月己亥

朕聞成周之制，取才於貢士，故賢者在職，而其民有士君子之行，是以風淳俗美，國易爲治，而教化彰顯也。

漢唐及宋，科舉取士，各有定制，然但貴詞章之學，而不求德藝之全。前元依古設科，待士甚優，而權豪勢要之官，每納奔競之人，夤緣阿附，輒竊仕禄，所得資品，或居貢士之上。其懷材抱道之賢恥與並進，甘隱山林而不起。風俗之弊，一至於此。

今朕統一華夷，方與斯民共享昇平之治，所慮官非其人，有殃吾民，願得賢人君子而用之。自今年八月爲始，特設科舉，以起懷才抱道之士，務在經明行修，博通古今，文質得中，名實相稱。其中選者，朕將親策於庭，觀其學識，第其高下，而任之以官。果有才學出衆者，待以顯擢，使中外文臣皆由科舉而選，非科舉者毋得與官，彼遊食奔競之徒，自然易行。於戲！設科取士，期必得於全材；任官惟賢，庶可成於治道。咨爾有衆，體予至懷。

祀皇地祇祭告仁祖廟文 洪武三年五月丙午

孝子皇帝元璋敢昭告於皇考仁祖淳皇帝：

今月某日夏至，恭祀皇地祇於方丘，謹請皇考作主配神。

祀皇地祇祝文 洪武三年五月戊申

嗣天子臣元璋敢昭告於皇地祇：

時當夏至，萬物咸亨，用遵彝典，謹率臣僚，以玉帛犧齊，粢盛庶品，奉兹瘞祀。皇考仁祖淳皇帝配神作主。

祀皇地祇仁祖配位祝文 洪武三年五月戊申

孝子皇帝臣元璋敢昭告於皇考仁祖淳皇帝：時當夏至，萬物咸亨，謹率臣僚，恭祀皇地祇，奉以玉帛犧齊，粢盛庶品，用修典禮。伏惟敬慎瞻仰，永爲配位。

諭納哈出書 洪武三年五月丁巳

曩因天革元命，四海鼎沸，羣雄角逐，塗炭生民。朕以一旅之衆，從淮渡江，姑孰之捷，爾實在焉。時朕未知天命所向，無必取天下之心，凡遇元臣忠於所事者，未嘗不憫其勞而惜其無成也。

朕賴天地之靈，將士一心，旌旗所指，靡不服從〔三〕。今天下已定，南極朱崖，北際燕雲，一時豪傑，順天愛民，悉來歸我。獨河東渠帥，擁衆北奔，比之關中諸人，稍爲崛强，然其順天愛民，籌算之良，殆不若李思齊矣。

大將軍徐達未至，吐蕃蜂屯蟻聚，復來攻城，戰敗俘擒之餘，有若孤豚，故破竹之勢，直指川蜀。雲南、六詔，使者相望。交趾、占城，萬里修貢。高麗稱藩，航海來庭。於是盧龍戍卒，登萊、浙東並海舟師，咸欲奮迅，一造遼瀋。朕聞爾總其衆，不忍重擾，特命使者告以朕意。使還，略不得其要領，豈以遼海之遠，我師不能至歟？抑人謀不決，故首鼠兩端歟？不然，必以曩時來歸，未盡賓主之歡，謂朕不能虛懷耶？何相忌之深也！昔竇融以河西歸漢，功居諸將之右，朕獨不能爲遼東故人留意乎？茲遣人再往，從違彼此，明白以告，哲人知幾，毋貽後悔。

（以上明太祖實録卷五二）

定嶽鎮海瀆城隍諸神號詔 洪武三年六月癸亥

自有元失馭，羣雄鼎沸，土宇分裂，聲教不同。朕奮起布衣，以安民爲念，訓將練兵，平定華夷，大統以正。永惟爲治之道，必本於禮。考諸祀典，如五嶽、五鎮、四海、四瀆之封〔四〕，起自唐世，崇名美號，歷代有加。在朕思之，則有不然。夫嶽鎮海瀆，皆高山廣水，自天地開闢以至於今，英靈之氣，萃而爲神，必皆受命於上帝，幽微莫測，豈國家封號之所可加？瀆禮不經，莫此爲甚。至如忠臣烈士，雖可加以封號，亦惟當時爲宜。夫禮，所以明神人，正名分，不可以僭差。今宜依古定制〔五〕，凡嶽鎮海瀆，並去其前代所封名號，止以山水本名稱其神。郡縣城隍神號，一體改正。歷代忠臣烈士，亦依當時初封以爲實號，後世溢美之稱，皆宜革去〔六〕。惟孔子善明先王之要道〔七〕，爲天下師，以濟後世，非有功於一方一時者可比，所有封爵，宜仍其舊。庶幾神人之際，名正言順，於禮爲當〔八〕，用稱朕以禮事神之意。

所有定到各各神號，開列於後〔九〕：

五嶽：稱東嶽泰山之神，南嶽衡山之神，中嶽嵩山之神，西嶽華山之神，北嶽恒山之神。

五鎮：稱東鎮沂山之神，南鎮會稽山之神，中鎮霍山之神，西鎮吴山之神，北鎮醫無閭山之神。

四海：稱東海之神，南海之神，西海之神，北海之神。

四瀆：稱東瀆大淮之神，南瀆大江之神，西瀆大河之神，北瀆大濟之神。

各處府州縣城隍：稱某府、某州、某縣城隍之神。

歷代忠臣烈士，並依當時初封名爵稱之。天下神祠，無功於民、不應祀典者，即淫祠也，有司無得致祭〔一〇〕。

於戲！明則有禮樂，幽則有鬼神，其禮既同〔一一〕，其分當正。故兹詔示，咸使聞知。

更定神號告祭東嶽祝文〔一二〕 洪武三年六月癸亥

惟神磅礴東海之西，中國之東，參穹靈秀，生同天地，形勢巍然。古昔帝王登之以觀滄海，察地利以安生民，故祀曰泰山，於敬則誠，於禮則宜。自唐始加神之封號，歷代相因至今。

曩者元君失馭，海内鼎沸，生民塗炭。予起布衣，承上天后土之命，百神陰佑，削平暴亂，正位稱尊，職當奉天地、享鬼神以依時，統一人民，法當式古。

今寰宇既清，特修祀儀。因神有歷代之封號，予詳之再三，畏不敢效，蓋神與穹壤同始，靈鎮東方，其來不知歲月幾何。神之所以靈，人莫能測，其職必受命於上天后土，爲人君者，何敢預焉？

予懼不敢加號，特以東嶽泰山名其名，依時祀神，惟神鑑知。

禁淫祠制 洪武三年六月

朕思天地造化，能生萬物而不言，故命人君代理之。前代不察乎此，聽民人祀天地、祈禱，無所不至。普天之下，民庶繁多，一日之間，祈天者不知其幾，瀆禮僭分，莫大於斯。古者天子祭天地，諸侯祭山川，大夫、士、庶各有所宜祭。其民間合祭之神，禮部其定議頒降，違者罪之。

追封故皇姊爲太原長公主册文 洪武三年六月丙寅

朕惟古之君天下者，既追尊祖宗，又及於兄弟之親，所以敘彝倫、昭恩義，帝王之先務也。

故姊朱氏，以柔懿貞淑之德歸於王氏，何期未久，與夫相繼而亡。朕當艱難之秋，賴祖宗積德，上天眷命，削平禍亂，統馭華夷。每念我皇考、皇妣生我兄姊及朕六人，今富有天下，貴爲天子，劬勞之恩，無從以報，而兄姊復無在者，骨肉之親，感悼無已。稽之古典，宜有褒顯，以稱追崇。可追封爲太原長公主。

追封皇姊夫王七一爲駙馬都尉誥 洪武三年六月丙寅

朕君天下，觀歷代愛親敬長之道，乃帝王之先務，故必盡其禮焉。

姊夫王七一，爰自弱冠，婿於我家，何期與我姊相繼而亡，遂乏後嗣。朕有天下，而推恩不逮，良深痛悼。可贈榮禄大夫、駙馬都尉。靈其有知，服兹寵命。

祭故皇姊皇姊夫文 洪武三年六月丙寅

古之有天下者，必推恩以及骨肉之親，無間於存歿。朕自即位以來，伯兄弟侄皆已追封王爵，惟我姊及姊夫早世無後，爲因兵革，不知葬所。近者，外甥李文忠訪求得靈櫬於泗州之盱眙縣，因具衣衾、棺槨，改葬於縣之太平鄉段家莊。追念親義，曷勝哀愴？爰遵古典，特加封贈，以慰九泉。兹具牲醴致祭，就用焚黄，靈其鑑知。

封買的里八刺爲崇禮侯誥 洪武三年六月乙亥

昔帝王之有天下，必封前代子孫，使作賓王家，其來尚矣。曩因元失其政，四海分争。朕以武功削平羣雄，混一區宇，爲天下主，而買的里八刺實元之宗孫，比者遣將北征，爾祖已殂，既克應昌，爾乃來歸。朕念帝王之後，爰稽古制，錫以侯封。爾其夙夜恭慎，稱朕優禮之意。

平定沙漠告天下詔〔一三〕洪武三年六月丁丑

朕本農家，樂生於有元之世，庚申之君，荒淫昏弱，紀綱大敗，由是豪傑並起，海内瓜分，雖元兵四出，無救於亂，此天意也。然倡亂之徒，首禍天下，謀奪土疆，欲爲王伯，觀其所行，不合於禮，故皆滅亡，亦天意也。

朕當是時，年二十有四，盤桓避難，終不寧居，遂託身行伍，驅馳三年。覩羣雄無成，徒擾生民，乃率衆渡江，訓將練兵，奉天征討，於今十有六年，削平强暴，混一天下。

大統既正，民庶皆安，而元之遺孽時犯邊場，勞我師旅。今年六月十有五日，左副將軍李文忠、左丞趙庸等遣使來奏：五月十六日，率兵北至應昌，獲元君之孫買的里八剌及其后妃、寶册等物，知庚申君已於四月二十八日殂於應昌。大軍所至，朔庭遂空。

中書上言，宜以其孫及后妃獻俘於太廟。朕心思之：其君之亡，係乎天運，所遺幼孫，若行獻俘，實有不忍。況當天下紛亂，朕非有意，不過欲救患全生，今定四海，休息吾民於田里，非朕所能，亦天運致然也，尚慮臣民未知朕意，是用播告天下。〔一四〕

左副將軍以禮護送買的里八剌已至〔一五〕，朕憐帝王之後，雖同庶民及首亂僭僞來降者，特封崇禮侯，總其眷屬以及母后等同居，飲食、服用出官民上，俾存元祀，體法前王，不敢過虧。

嗚呼！天命靡常，惟殷是鑑，可不畏哉？

諭元宗室部落臣民詔 洪武三年六月

自古天生聖人，主宰天下，立法創制，以安生民。三代、漢、唐之君姑置不言，且以近代論之。若宋創業之君，能行善政，其民樂生，故天祐之。厥後子孫微弱，疆土日削，故天命爾元世祖代之。至妥歡帖木兒爲君，荒淫昏懦，不思政理，不恤民艱，故姦兇並起，天下大亂，生民無主。

朕時不忍荼毒，於是起兵救民，豪傑之慕義者相率來歸，剪暴除殘，平定四海，乃推戴朕爲皇帝，國號大明。此天佑朕躬，故成功之速若是也。

朕即位之初，遣使往諭交阯、占城、高麗諸國，咸來朝貢，奉表稱臣。唯西北阻命遏師，朕未遣使降詔者，以庚申君尚擁衆應昌故耳。乃者命將西征，直抵土蕃，偏師北伐，遂克應昌。元君既殂，太子愛猷識理達臘知天命既去，人力難爲，望風遁逃，遂獲其孫買的里八剌至京。朕憐帝王之裔，爵封爲侯，俾與其母妃同居，賜以第宅，給以衣食，以奉元祀，超乎臣民之上。今又遣官尋訪愛猷識理達臘，若能敬順天道，審度朕心，來撫妻子，朕當效古帝王之禮，俾作賓我朝。其舊從元君倉卒逃避者，審識天命，傾心來歸，不分等類，驗才委任。直北宗王、駙馬、部落臣民能率職來朝，朕當換給印信，還其舊職，仍居所部之地，民復舊業，羊馬孳畜，從便牧養。

朕有天下，物産之富，貢賦之入，軍國爵賞之費，取用不竭，豈需爾沙漠荒落之地哉？特以元君之子孫，流離失所，一有不虞，則朕恐失古人興滅繼絶之意，俾爾人民無所歸往，故遣使徧諭朕意：朕既爲天下主，華夷無間，姓氏雖異，撫字如一，爾等無或執迷，以貽後悔。其邊塞韃靼百姓，因元喪亂，征繇繁重，供億勞苦，朕甚憫焉。詔書到日，悉安所居，無自驚擾，以廢耕牧。

諭雲南八番西域西洋瑣里爪哇畏吾兒等國詔 洪武三年六月戊寅

自古爲天下主者，視天地所覆載，日月所照臨，若遠若近，生人之類，無不欲其安土而樂生，然必中國治安，而後四方外國來附。

近者元君妥歡帖木兒荒淫昏弱，志不在民，四方豪傑割據郡縣，十去八九。朕憫生民之塗炭，興舉義兵，攘除亂略，天下兵民尊朕居皇帝位，國號大明，建元洪武。

前年克取元都，四方以次平定，其占城、安南、高麗諸國俱已朝貢。今年遣將巡行北邊，始知元君已殁，獲其孫買的里八剌，封爲崇禮侯。朕仿前代帝王治理天下，惟欲中外人民咸樂其所，又慮汝等僻在遠方，未悉朕意，故遣使者往諭，咸使聞知。

（以上明太祖實録卷五三）

祭大都督府同知康茂才文 洪武三年八月己未

朕惟在昔丙申之春，爾率衆來歸，朕觀爾胸懷磊落，故釋前采石連兵之忿，用爲腹心，撫同骨肉。爾能體朕之意，效力前驅，今十五年矣。天下初定，方將計爾之功，頒爾之爵，以享太平之福，爾乃舍朕以逝，朕心之感，爲何如哉？

諭中書省申禁詔 洪武三年八月丁丑

官民器服，不得用黄色爲飾，及彩畫古先帝王、后妃、聖賢人物故事，日月、龍鳳、獅子、麒麟、犀象之形。如舊有者，限百日内毁之。

夕月附祭周天星辰祝文 洪武三年八月己卯

夜明

惟神太陰所鍾，承光於日。配陽之德，麗於穹碧。維此秋夕，雲斂氣清。仰瞻素輝，神馭以升。夜明有壇，用伸報祭。惟神鑑臨，萬古不昧。

星辰

維神羅列周天，耿耿其輝。既瞻月馭，衆象以微。上之所躔，下必有應。爰遵古典，用伸報稱。仲秋禮祀，設壇既崇。神其歆格，鑑此寸衷。

四廟正祭祝文 洪武三年八月

孟春特享

時維孟春，禮嚴祭祀，謹以牲醴庶品，用伸追慕之情。〔一六〕

孟夏特享

時維孟夏，禮嚴祭祀，謹以牲醴庶品，用伸追慕之情。

孟秋特享

時維孟秋，禮嚴祭祀，謹以牲醴庶品，用伸追慕之情。

孟冬特享

時維孟冬，禮嚴祭祀，謹以牲醴庶品，用伸追慕之情。

四廟歲暮合享祝文 洪武三年八月

時當歲暮，明旦新正，謹率羣臣，以牲醴庶品，恭詣太廟，用伸追慕之情〔一七〕。

親王從享祝文 洪武三年八月

孟春

茲惟孟春，恭享太廟，謹以牲醴庶品，敬修祀事。

孟夏

茲惟孟夏，恭享太廟，謹以牲醴庶品，敬修祀事。

孟秋

茲惟孟秋，恭享太廟，謹以牲醴庶品，敬修祀事。

孟冬

兹惟孟冬，恭享太廟，謹以牲醴庶品，敬修祀事。

歲暮親王合享祝文 洪武三年八月

時當歲暮，明旦新正，恭享太廟，謹以牲醴庶品，恭修祀事。

功臣配享祝文 洪武三年八月

孟春

朕以孟春，嚴奉廟享。追念忠烈，輔我開基。爰用牲醴，陳於廟庭。英靈如生，尚其與享。

孟秋

朕以孟秋，嚴奉廟享。追念忠烈，輔我開基。爰用牲醴，陳於廟庭。英靈如生，尚其與享。

（以上明太祖實録卷五五）

追贈皇從兄嫂田氏爲蒙城王妃誥 洪武三年九月丙戌

朕惟帝王厚親親之道，必推恩及於宗族，況婦以夫貴，存没同榮，此古今之常制也。從兄嫂蒙城王夫人田氏，秉性温貞，克盡婦道，孀居守志，二十餘年。方期享兹遐齡，而乃因疾長逝，朕甚悼焉，特稽古禮，爰授徽稱。可授蒙城王妃。

奉安京師城隍廟神位文 洪武三年九月戊子

朕起布衣，自渡江左，十有七年。今已削平羣雄，統一天下，治民事神，惟稽古典，弗敢慢褻。

惟京都城隍，乃天下都會之神，而閭巷軍民私竊禱祈，不由典禮，瀆玩滋甚。朕深惡之，故嘗更去舊號，俾稱其實，去邪導正，使諸神聽命於天，而衆鬼神聽命於神，庶天神權綱之不紊也。然祠廟卑隘，未稱朕禮神之意，遂命修飾岱宗行祠，迎神居之。特命禮部尚書陶凱率羣僚奉安神位，神其鑑焉。

諭中書禮官詔 洪武三年九月癸巳

凡遇降香祭祀在京山川等神，朕御殿以俟回奏，百官不必侍立。

諭翰林侍讀學士魏觀詔 洪武三年九月乙巳

自今太廟祝文，止稱『孝子皇帝』，不稱『臣』。凡遣太子行禮，止稱『命長子某』，勿稱『皇太子』。著爲令。

賜靖江王相兼廣西等處行中書省參政蔡仙封謚誥 洪武三年九月丙午

朕以武功定天下，其將臣宣力四方，多立戰功者，生必崇其爵以榮之，歿必加其贈以慰之，此國家之常制也。

廣西行中書省參政蔡仙，智足以率衆，勇足以前驅，渡江以來，十有餘年，或從朕親征，或從將攻討。始下采石、姑孰，遂定溧水、金陵。廣德、宣城之平，毗陵、池陽之取，金華、三衢之攻，常熟、宜興之戰，龍江之捷，安慶之克，以至破九江，摧八陣，克南昌，援安豐。大戰彭蠡、武昌，取合肥，分攻贛州，進取南安、南雄，以屯吉安。還克高郵，收淮南，復壽春、湘潭、辰、全、道、永諸州。復征廣西，留守其城，悉定諸蠻。大小之戰，不可悉舉。被堅執鋭，野宿風餐，親冒矢石，身無完膚，勤勞多矣。陞轉八官，正期榮貴。今天下混一，方將定功行賞，俾享太平之福，豈期遽以疾終？訃音來報，孰不傷心？宜贈以官，慰爾泉下。

諭遼陽等處官民詔 洪武三年九月乙卯

朕初承天統，即皇帝位，其年八月，元君遁去。山之東西，河之南北，以及關陝内外，文武軍民，不戰來歸，中原境土，一時皆定，此實天意，非人力也。

今年五月十五日，左副將軍李文忠、左丞趙庸率兵北至應昌，克其城，獲元君之孫買的里八刺及后妃、寶册、省院諸官，知元君於四月二十八日以疾殂，太子愛猷識里達臘以數騎北奔。天運之去，昭然可知。

師還，過興州，江文清等率軍民三萬六千餘人降；至紅羅山，又降楊思祖之衆一萬六千餘人。獨遼霫一隅，故臣遺老不能見機審勢，高謀遠圖，而乃團結孤兵，盤桓鄉里，因循歲月，上不能輔君於危亡之時，下不能衛民於顛沛之日，進退狼狽，而猶徘徊顧望，如此欲何爲耶？

近高麗、安南、占城、爪哇、西洋瑣里海外諸國皆稱臣入貢，是蓋知天命之有歸，順人事之當然者也，豈汝之智反不及耶？抑我師之未加，姑以爲可自安耶？兹特遣人往諭，能審知天道，率衆來歸，官加擢用，民復舊業。朕不食言，爾其圖之。

（以上明太祖實録卷五六）

諭朝覲辭謝官員詔 洪武三年十月己巳

凡朝覲、辭謝，官員俱用公服，其或常服見者，綴班後。如以軍務遠來，及承制使還即時引見者，不拘此例。

致元太子愛猷識里達臘書 洪武三年十月

君之將擴廓帖木兒自太原奔潰，後以烏合之衆犯我蘭州，大軍進討，追至定西。今年四月七日，大敗其衆，斬馘無算，生擒嚴奉先、韓扎兒、李景昌、察罕不花等，惟擴廓帖木兒遁去，已命將追捕，旦夕必就擒。

近綏德衛擒送平章徹里帖木兒，問之，爲君舊用之人，特令齎書致意。進退之宜，君其審之。

再致元太子愛猷識里達臘書 洪武三年十月

今年夏，偏師至應昌，遇君之子買的里八剌及宫眷諸從人馬，遂與南來。因念令先君審察天命，不黷兵戰，委順北歸，其知幾者歟？奄棄沙漠，深可悼憫。適元史告成，朕以爲三十餘年之主不可無謚，以垂後世，用謚君先君曰『順』，已著爲紀。君之子買的里八剌，亦封崇禮侯，歲給禄食。及其來者，與之同居無恙，但不知君之爲況何如？北方諸部人民亦果能承順如往昔乎？

去年冬，二次遣官齎書，遺令先君，使者久而未還，予故以此爲令先君之失計也。前事之失，兹不必較，今再致書，以嘗告令先君者告君。君其上順天道，遣使一來，公私通問，庶幾安心牧養於近塞，藉我之威，號令部落，尚可爲一邦之主，以奉其宗祀。若不出此，猶欲以殘兵出没，爲邊民患，則大舉六師，深入沙漠，君之退步，又非往日可比。其審圖之，毋貽後悔。餘不多及。

（以上明太祖實録卷五七）

賞陝西蘭州等處守禦將士詔 洪武三年十一月丙申

蘭州乃西北重地，近因大將班師，元將王保保乘隙攻城。指揮張温獎勵將士，堅壁固守，屢出挑戰，大振軍威，元兵力屈。又聞大軍入關，彼遂斂兵遁去。以此保障關中，一方以安，其功最大。指揮人賞文綺帛十四疋，千户、衛鎮撫十二疋，百户、所鎮撫十疋。圍城之日，在内守禦軍士，不論新舊，總旗人賞白金十兩，小旗九兩五錢，軍人九兩。

鳳翔乃秦隴襟喉之地，向因大軍攻圍慶陽未下之時，王保保令其將賀宗哲來攻城，穴地通道。指揮金興旺、張龍、黄旺與舊軍二千餘人多方備禦，出奇挫敵，致其退遁，關中晏然。指揮人賞文綺帛十二疋，千户、衛鎮撫十疋，百户、所鎮撫八疋。圍城之日，城内軍士，總旗人賞白金九兩，小旗八兩五錢，軍人八兩。

臨洮城瀕洮河，密邇吐蕃，與寇壘相鄰，雖無蘭州、鳳翔攻圍之急，然寇盜出入，往往近城剽掠。指揮王子明、韋正、孫德、趙脱脱帖木兒備禦有方，人民安堵，屢出精鋭，攻剿賊類，威振西陲，其功次於鳳翔。指揮人賞文綺帛八疋，千户、衛鎮撫六疋，百户、所鎮撫四疋。曾禦敵征守軍士，總旗人賞白金八兩，小旗七兩五錢，軍人七兩。

鞏昌城在鳳翔、臨洮之間，當固關、定西未定之時，羣盜出没，人心動摇。僉都督郭子興、指揮楊廣、汪靈真保、張虎都帖木兒、于光、潘貴、陳德成等屢出討捕，轉糧餉，應援臨洮。元兵嘗駐洮河西岸，子興等率衆履冰度河，掩殺甚衆，保障一方，其功與臨洮不異。僉都督郭子興文綺帛十四疋，指揮以下賞與臨洮同。

延安、綏德地接察罕腦兒等處，元之殘兵，不時出没，剽掠邊民。指揮朱名、李恪累出兵剿捕，殺獲甚多，完築城壁，固守疆境，其功次於鞏昌。指揮賞文綺帛六疋，千户、衛鎮撫四疋，百户、所鎮撫二疋。曾禦敵征守軍士，不論新舊，總旗人賞白金五兩，小旗四兩，軍人三兩。

告天下詔〔一八〕洪武三年十一月丁酉

曩者有元失馭，海宇紛争。朕自布衣，奮身行伍，覩羣雄之無律，遂率衆渡江，撫太平，定建業，選將練兵，征討四方，幾二十年。荷皇天宗社之眷，山川百神之助，諸將效謀，六軍用命，遂致華夏清寧，蕃夷臣伏，一統之業，屬予一人。

今者班師振旅，定功封爵，朕重念諸將士委身暴露、艱苦之狀，欲加重賞，則天下守鎮之兵及京師護衛之士不下百萬，而民之資力有限，是用計倉庫之所儲，度民力之可具，均其等第，崇爵禄，頒金帛，以勞將臣。仍稽古制，定有勳爵者，俾其子孫世襲。諸軍士人賜白金十兩，錢六千文。

朕之此言，通於天地，昭布中外，咸使聞知。

告仁祖廟請配享祝文 洪武三年十一月丁未

孝子皇帝元璋敢昭告於皇考仁祖淳皇帝：

今月二十五日冬至，恭祀昊天上帝於圜丘，謹請皇考作主配神。

封中書右丞汪廣洋爲忠勤伯誥 洪武三年十一月乙卯

朕觀往古俊傑之士，能識真主於草昧之初，效勞於多艱之際，終成功業，可謂賢知者也。漢之張子房、諸葛亮，獨能當之。

朕提師渡江，入姑孰，中書右丞汪廣洋同諸儒來謁，就職從征，剸繁治劇，屢獻忠謀，驅馳多難，先見之哲，可方古人。今天下已定，爾應爵封，特加爾開國翊運守正文臣、資善大夫、護軍、中書右丞、忠勤伯，食禄三百六十石。

於乎！爾尚益堅初志，克懋忠貞，訓爾子孫，以光永世。

封御史中丞兼弘文館學士劉基爲誠意伯誥 洪武三年十一月乙卯

朕觀諸古俊傑之士，能識真主於草昧之初，效勞於多難之際，終成功業，可謂賢知者也。漢之張子房、諸葛亮，獨能當之。朕兵至括蒼，前御史中丞劉基挺身來歸，委質事朕，累察乾象，多效謀猷。特加爾爲開國翊運守正文臣、資善大夫、護軍、誠意伯，食禄二百四十石。

（以上明太祖實録卷五八）

祭歷代帝王陵寢祝文 洪武三年十二月庚午

三皇之陵

朕生後世，爲民草野之間，當有元失馭，天下紛紜，乃乘羣雄大亂之秋，集衆用武。荷皇天后土眷祐，遂平暴亂，以有天下，主宰黎庶，今已四年矣。君生上古，繼天立極，作生民主，神功聖德，垂法至今。朕典百神之祀，考君陵墓在此，然相去年歲極遠。朕觀經典所載，雖切慕於心，然稟性之愚，時有古今，民俗亦異。仰惟神聖，萬世所法，特遣官奠祀修陵。

聖靈不昧，尚其鑑納焉。

堯舜之陵

朕生後世，爲民草野之間，當有元失馭，天下紛紜，乃乘羣雄大亂之秋，集衆用武。荷皇天后土眷祐，遂平暴亂，以有天下，主宰黎庶，今已四年矣。帝生前世，作烝民主，大德無窮，垂法至今，後人不忘者，以其量同天地故也。朕典百神之祀，考君陵墓在此，然相去三千餘年。觀於帝典，大哉聖德，非天而何？雖切慕於心，奈稟性之愚，時有古今，民俗亦異。仰惟聖謀，萬世所法，特遣官奠祀修陵。聖靈不昧，尚其鑑納焉。

衆帝王之陵

曩者有元失馭，天下紛紜，朕由此集衆平亂，統一天下，今已四年矣。稽諸古典，同堯舜繼天立極，列聖相傳，爲烝民主者，陵各有在，雖去古千百餘載，時君修祀之。朕典百神之祀，故遣官齎牲醴，奠祭修陵。君靈不昧，尚惟歆享。

諭都督府敕 洪武三年十二月丁丑

兵衛之設，所以禦外侮也，故號令、約束常如敵至，猶恐不測之變，伏於無事之日。今在外武臣，俸禄非薄，而猶役使所部，出境行賈，規小利而忘大防，苟有乘間竊發者，何以禦之？爾其榜示中外衛所，自今有犯者，罪之無赦。

（以上明太祖實録卷五九）

立内城門禁之法詔 洪武四年正月戊戌

守門指揮、千百户日一更代，士卒三日一更代。凡内官、内使出入，皆用號牌，若有以兵器、雜藥到門者，論如律。守門軍士失於覺察者，罪如之。若車駕出行，則以御史一員臨門察視。

諭諸處領兵鎮守屯戍諸將詔 洪武四年正月己酉

遇境内有警，許乘機調兵剿捕。若失誤致使滋蔓者，罪之。餘事不許專擅調遣。其改除起取，非奉制書，亦毋得輒自離職，違者論如律。

（以上明太祖實録卷六〇）

以劉益爲遼東衛指揮同知詔 洪武四年二月

曩因元政不綱，羣雄角逐，朕起布衣，提三尺劍，命我中國英豪，削平僭亂，撫恤黔黎，逾二十年，天下已定，中原無兵革之虞。間者命將出師，東征西伐，摧强撫順，惟欲薄海内外咸底治安，於是識時務者率衆來歸，共成大業。

前遼陽行省平章劉益，能審察時幾，推誠歸朕，以遼東州郡地圖遣右丞董遵等奉表朝獻，朕甚嘉焉，雖漢竇融，何專前美？今特置遼東衛指揮使司，授爾益同知指揮事。爾其恪遵朕意，固保遼民，以屏衛疆圉，則爾亦有無窮之譽。

（明太祖實録卷六一）

諭中書省臣命 洪武四年三月乙酉

凡所鎮撫累戰有功者，不比試即陞千户。其百户以久次陞千户者，比試如例。比試之法，每二人爲偶，持鎗角勝負，勝者始得陞擢。

諭中書省臣命 洪武四年三月癸巳

山北口外，東勝、蔚、朔、武、豐、雲、應等州，皆極邊沙漠，宜各設千、百户統率士卒〔一九〕，收撫邊民，無事則耕種，有事則出戰。所儲糧草，就給本管，不必再設有司，重擾於民。

諭天下武官詔 洪武四年三月丁未

凡大小武官亡没，悉令嫡長子孫襲職。有故則次嫡承襲，無次嫡則庶長子孫，無庶長子孫則弟、侄應繼者襲其職。如無應繼弟、侄而有妻女家屬者，則以本官之俸月給之。其應襲職者，必試以騎射之藝〔二〇〕。如年幼則優以半俸，殁於王事者給全俸，俟長襲職。著爲令。

（以上明太祖實録卷六二）

諭諸郡縣軍户詔 洪武四年閏三月甲寅朔

諸郡縣軍户以田三頃爲率〔二一〕，税糧之外，悉免雜役。若有餘田，計其餘役，與民同。

（明太祖實録卷六三）

祀太歲風雲雷雨嶽鎮海瀆山川城隍旗纛諸神文 洪武四年四月庚寅

予起布衣，率衆渡江，平姑孰，立建業，削羣雄，定四方，於今十有七年。凡水陸征行，必昭告於神。

予受命上穹，賴神陰佑，天下一統，惟西蜀戴壽者，假幼主明昇，擅行威福，據一隅之地，自外聲教。以其地則有彼疆我界之殊，以其民則有朝奔暮竄之患。況西蜀本中國之所統，若容其據土僭竊，兵豈能偃？討而歸一，庶民可安。

前遣征西將軍中山侯湯和、征虜前將軍傅友德等水陸進兵，於今數月，未見削平。今再命永嘉侯朱亮祖等率兵大會征進，故告神知。

皇太子將行婚禮祭告四廟祝文 洪武四年四月辛丑

深荷祖宗積德，福延後嗣。今長子標年已長成，謹擇今月二十六日，與開平忠武王常遇春長女常氏爲婚，敢用祭告。

册皇太子妃文 洪武四年四月戊申

昔君天下者，必重後嗣，爲烝民主，皆選勳德之家貞良女子以媲之。朕子標年已長，以爾常氏，實朕功臣開平忠武王長女，相結爲親。今吉日在期，所宜先正其名，特以册寶，命爾爲皇太子妃。尚其思爾父勳，敬慎内儀，相以正道，用永於家邦。（以上明太祖實録卷六四）

祭告揚王文 洪武四年五月丙辰

朕惟古先哲王，厚序九族，故推恩及異姓之親，況朕外祖考妣積德於家，以朕皇妣配朕皇考，篤生朕躬，爲生民主。

朕已追封外祖考爲揚王，外祖妣爲揚王夫人，以王乏胤嗣，故立廟京師，歲時奉祭。然稽之禮經，古無其義，又念人生其土，魂魄必遊故鄉，因即塋所立廟，每歲春秋，俾有司祇奉祀事。兹擇吉日，遣禮官迎神主，奉安新廟。神靈如在，尚其鑑之。

祭告徐王文 洪武四年五月丙辰

朕惟古者創業之君，必得賢后，以爲内助，共定大業。及天下已安，必追崇外家，以報其德。朕外舅、外姑，寔生賢女，正位中宫。朕既追封外舅爲徐王，外姑爲徐王夫人，以王無胤嗣，立廟京師，歲時奉祭。然稽之古典，於禮未安，故即塋所立廟，俾有司春秋奉祀。兹擇吉辰，遣禮官奉安神主於新廟。靈其昭昭，尚鑑在兹。

（以上明太祖實録卷六五）

褒贈阮德柔官制 洪武四年六月

朕統一天下，凡四方材智之士皆延攬而用之，至有没於王事者，必加褒贈之典。爾阮德柔昔以知幾，歸誠於朕，比欲效勞，收兵故部，何期禍生不測，遽致殞身，良用閔傷，特加恤典，可贈武德將軍、管軍正千户。

諭湯和詔 洪武四年六月丙戌

傅將軍率精鋭冒險深入，克階、文、隆諸州郡及青川、杲陽、白水江之地。兵既越險，次於平川，蜀人無險可恃。正當水陸並進，使彼首尾受敵，疲於奔命。平蜀之機，正在今日。若俟水退，然後進師，豈不失機誤事？且朕前日所以語爾者，爾獨不復記憶乎？何怯之甚也！

武臣金銀牌文 洪武四年六月

上天佑民，朕乃率撫。威加華夷，實憑虎臣。錫爾金符，永傳後嗣。

諭納哈出書 洪武四年六月庚戌

前者萬户黄儔回，聞將軍威震遼左，英資如是，足以保定一方，然既往不復，君子豈不察歟？

昔在趙宋，君主天下，立綱陳紀，黎庶奠安；逮至末年，權綱解紐，故元太祖興於朔方，世祖入統中國，此皆天道，非人力所能强爲也。

元之疆宇非不廣，人民非不多，甲兵非不衆，城郭非不堅，一旦紅巾起於汝潁，羣盜徧滿中原。其間盜名字者凡數人：小明王稱帝於亳，徐真一稱帝於蘄，陳友諒稱帝於九江，張九四稱王於姑蘇，明昇稱帝於西蜀。彼四帝一王，皆擁甲兵，有二十萬者，有二十五萬者，有十五萬者，有十萬者，相與割據中夏，踰二十年。

朕本淮民，爲羣雄所逼，因集衆禦亂，遂渡江，與將軍會於太平，比待他俘，特加禮遇，且知將軍爲名家，故縱北歸，今又十七年矣。

近年以來，朕見羣雄無成，調兵四出，北定中原，南定閩越，東取方氏，西收巴蜀，四帝一王，皆爲我俘虜，惟元昏君，奔北自亡。華夷悉定，天下大安，此天命，非人力也，賢人君子，宜必知之。

近聞將軍居金山，大張威令，吾兵亦守遼左，與將軍旌旗相望。將軍若能遣使通舊日之問，貢獻良馬，姑容就彼，順其水草，猶可自逞一方。不然，胡無百年之運，大廈既傾，非一木可支。覺之後先，惟將軍自思之。

（以上明太祖實録卷六六）

諭祭劉益文　洪武四年七月辛亥

爾昔在遼陽，控制一隅，能順天道，達事機，奉圖獻地，皤然來歸。朕嘉爾誠，俾佐武衛，安集海邦。方資懷來未附，何失防閑，遽殞厥身。邊城之中，失此良將，朕甚悲愴。兹特遣人諭祭，且令有司護爾之柩，歸葬碭山。爾其有知，歆此至意。

諭魏國公徐達往山西操練士馬命 洪武四年七月辛亥

凡爲國者貴有備，有備則無患。古人當平康之時，克詰戎兵，内以安國家，外以制四夷，況山西地近胡虜，尤不可無備。故命卿帥諸將校繕修城池，訓練士卒，如調遣征進迤西等處，從便行之。其太原、蔚、朔、大同、東勝軍馬及新附韃靼官軍，悉聽節制。

命中書省移咨占城國王書 洪武四年七月乙亥

交鄰有道，實爲保土之方；事上以誠，庶盡人臣之禮。且占城、安南既以臣事朝廷，同奉正朔，而乃擅自搆兵，毒害生靈，既失事上之禮〔一二〕，又失交鄰之道。已咨安南國王，即日罷兵，本國亦宜各保疆土。所請兵器，於王何惜？但以占城、安南互相争奪，而朝廷獨與占城，則是助爾相攻，甚非撫安之義。又所請樂器、樂人，在聲律雖無中外之殊，而語音則有華夷之異，難以發遣。若爾國有能習中國華言、可教以音律者，選擇數人，赴京習之。

諭中山侯湯和等詔 洪武四年八月

爲將貴審機而重料敵，古云：『雖有智慧，不如乘勢。』今全蜀已下，惟吴友仁尚據保寧，偷旦夕之命，乘機而取之，此破竹之勢，無不克者。將軍徘徊不進，何也？吾付將軍以大任，而臨事往往逗撓如此，何以總軍政、寄國命乎？

諭佛菻國王詔 洪武四年八月癸卯

自有宋失馭，天絶其祀，元興沙漠，入主中國，百有餘年。天厭其昏淫，亦用隕絶其命，華夷擾亂，十有八年。

當羣雄初起時，朕爲淮右布衣，起義救民，荷天之靈，授以文武之臣，東渡江左，練兵養民，十有四年。西平漢主陳友諒，東縛吴王張士誠，南平閩越，戡定巴蜀，北靖幽燕，奠安華夏，復我中國之舊疆。朕爲臣民推戴，即皇帝位，定有天下之號曰大明，建元洪武，於今四年矣。凡四夷諸國，皆遣告諭，惟爾佛菻，隔越西夷，未及報知。今遣爾國之民捏古倫齎詔往諭。朕雖未及古先哲王之德，使四夷懷之，然不可不使天下咸知朕平定四海之意，故兹詔示。

（以上明太祖實録卷六七）

册王保保女弟爲秦王妃文 洪武四年九月丙辰

朕君天下，封諸子爲王，必選名家賢女爲之妃。今朕第二子秦王樉，年已長成，選爾王氏，昔元太傅、中書右丞相、河南王之妹，授以金册，爲王之妃。爾其謹遵婦道，以助我邦家。敬哉！

（明太祖實録卷六八）

賞平蜀將士詔 洪武四年十二月辛卯

潁川侯傅友德統大軍，冒越險阻，首克階文，破緜、漢、成都，克保寧諸郡；德慶侯廖永忠破瞿塘，下重慶，致明昇出降。二人功最大，各賞白金二百五十兩、綵段二十表裏。濟寧侯顧時同潁川侯進取，賞白金百五十兩、綵段十五表裏。鞏昌侯郭子興亦從克漢州、成都，然以有過，謫從征成都，賞白金百兩、綵段十二表裏。臨江侯陳德從克漢州、成都，賞白金百兩、綵段十二表裏。

都督同知汪興祖攻文州，殁於王事，例當倍賞，然亦以有過從征，賞其子白金百兩、綵段十二表裏。都督僉事何文輝〔二三〕、王簡、藍玉、張温、金朝興，皆賞白金五十兩、綵段十表裏。都督僉事王成繼領軍馬，接應大軍至青州、杲陽〔二四〕，賞綵段七表裏。

中山侯湯和無攻城破關之功，僅能攻下李逢春山寨，賞綵段十五表裏。江夏侯周德興克保寧，賞綵段十二表裏。南安侯俞通源從德慶侯廖永忠克李逢春山寨，從江夏侯克保寧，賞綵段一十表裏。宣寧侯曹良臣從克茅岡覃垕寨，復從下重慶，賞綵段一十表裏。

汝南侯梅思祖率兵至重慶，而城已下，以跋涉之勞，賞綵段五表裏。都督僉事仇成從克李逢春山寨，又從下保寧，賞綵段七表裏。都督僉事葉昇從德慶侯攻瞿塘，以病不能效力，但從克保寧，賞與仇成同。都督僉事林濟峯從克保寧〔二五〕，賞綵段六表裏。

其從潁川侯指揮，人賞綵段八表裏，千户、衛鎮撫六表裏，百户、所鎮撫四表裏，總旗白金一十二兩，小旗白金十一兩，軍士十兩。從德慶侯攻瞿塘指揮，人賞綵段六表裏，千户、衛鎮撫四表裏，百户、所鎮撫三表裏，總旗白金一十兩，小旗九兩，軍士八兩。

從中山侯指揮，人賞綵段五表裏〔二六〕，千户、衛鎮撫三表裏，百户、所鎮撫二表裏，總旗白金九兩，小旗八兩，軍士七兩。從永嘉侯朱亮祖攻保寧指揮至軍校等，賞如中山侯。至重慶者遞減一等，軍校減半。

不從入關及守船、患病者，千、百户綵段一表裏，旗、軍白金二兩。凡旗、軍以病自河南還者，與錢一千八百，自陝西臨潼還者錢二千四百，自西安還者錢三千六百，自秦州還者錢四千八百，階州還者錢六千。

凡水陸二路，幼未編伍者減半，陣亡者倍之，溺、墜、疾病死者賞與見軍同，逃而復役者不賞。

追封故大都督府同知汪興祖爲東勝侯誥 洪武四年十二月壬辰

朕觀昔俊傑之士，當天下未定時，能擇真主而事之，故能佐成帝業而著其勳名。榮禄大夫、同知大都督府事汪興祖義父張德勝，爰自初興，委身事朕，從渡江左，多著奇勳，遂官樞密。及敵犯龍江，直前奮戰，殞於陣間，朕憫其勞，追封爲蔡國公。

以爾繼承其職，復安慶，搗潯陽，進征蘄黄，廓清江西，大戰彭蠡，勳勞屢著，擢參省政。又以湖廣、廬州之捷，壽春之援，陞佐都府。既而克淮東，平姑蘇，亦預有功，進任同知。往征山東、河洛，西取大同，就爲守禦，屢收胡虜，威名益振，可謂有功於前人矣。已命德勝子宣承襲宣武衛指揮同知，而論功行賞，意有待也，何期西征之役，遽爾殞身於矢石，朕甚悼焉。特贈爾開國輔運推誠宣力武臣、榮禄大夫、柱國、東勝侯，食禄一千五百石，俾爾子孫世世承襲。

於戲！　功名因乎智勇，爵禄報於有功。　惟爾遺澤，傳之子孫，保於永久。　爾其有知，服此休命。

（以上明太祖實録卷七〇）

校　記

〔一〕皇明詔制卷一、明書卷五一題作『分封諸子爲王詔』。

〔二〕明太祖實録有注：『諸親王文同。』

〔三〕縻　當作『靡』。

〔四〕如　大明詔旨碑作『知』。

〔五〕宜　大明詔旨碑作『命』。

〔六〕宜　大明詔旨碑作『與』。

〔七〕惟　大明詔旨碑作『其』。

〔八〕禮　大明詔旨碑作『理』。

〔九〕二句原無，據大明詔旨碑補。

〔一〇〕無　大明詔旨碑作『毋』。

〔一一〕禮　大明詔旨碑作『理』。

〔一二〕明太祖實録有注：『餘四嶽、五鎮、四海、四瀆祝文，惟起語各異，餘皆同。』

〔一三〕明書卷五一題作封元后詔。

〔一四〕明書卷五一封元后詔其後文字有異：『於戲！君舟民水，載覆不常，可不畏哉！然禮德尚賢，使民懷仁，天下寧有不治安者乎？故兹詔示，咸使聞知。洪武三年六月十五日。』

〔一五〕護送　原作『獲送』，據臺北『中央圖書館』藏舊鈔本改。

〔一六〕大明會典卷八六後有『尚享』二字。以下三則同。

〔一七〕大明會典卷八七，後有『尚享』二字。

〔一八〕皇明詔制卷一、明書卷五一題作定功臣將士爵賞詔。

〔一九〕士卒　原作『十卒』，據廣方言館等本改。

〔二〇〕試　原作『襲』，據廣方言館等本改。

〔二一〕户　原無，據廣方言館等本補。

〔二二〕禮　原作『體』，據廣方言館本改。

〔二三〕輝　原作『耀』，據廣方言館等本改。

〔二四〕青州　當作『青川』。　杲陽　原作『果陽』，據明史卷四三改。

〔二五〕林濟峯　原作『林霽峯』，據元林弼鎮國大將軍大都督府僉事林公壙志改。

〔二六〕人　原無，據廣方言館等本補。

明太祖文集補編卷五

諭雲南詔 洪武五年正月癸丑

朕惟天生斯民，必立之君以撫治之。曩者元君失政，海内鼎沸，疆宇瓜分，其盜據境土、擅生殺者不可勝數，生民塗炭，十有七年。

朕起布衣，提義師，開基江左，命將四征，西平陳友諒，東縛張士誠，南下閩粤，北清幽燕，奠安華夏，復我中國舊疆，遂爲臣民推戴，即皇帝位，定有天下之號曰大明，建元洪武。是用遣使外夷，播告朕意，使者所至，蠻夷酋長莫不稱臣入貢。

惟爾梁王把都、平章段光、都元帥段勝守鎮雲南，亦嘗遣人告諭，不意蜀戴壽等憑恃險隘，扼絶中道，致使朕意不達爾土。去年遂興問罪之師，分命大將率馬步舟師，水陸並進，直抵重慶，明昇面縛銜璧出降〔一〕；繼平成都，生擒戴壽，即其郡邑設置官守。

西土既寧，復遣使往諭爾等，尚恐未達，今因北平送至蘇成，稱爲爾等北使之人，故復遣賫詔往諭。朕雖不德，不及我中國古先哲王，使四夷懷服，然不可不使天下周知。故兹詔諭，爾其悉之。

諭琉球國詔 洪武五年正月甲子

昔帝王之治天下，凡日月所照，無有遠邇，一視同仁，故中國奠安，四夷得所，非有意於臣服之也。

自元政不綱，天下兵争者十有七年。朕起布衣，開基江左，命將四征不庭，西平漢主陳友諒，東縛吴王張士誠，南平閩越，戡定巴蜀，北清幽燕，奠安華夏，復我中國之舊疆，朕爲臣民推戴，即皇帝位，定有天下之號曰大明，建元洪武。是用遣使外夷，播告朕意，使者所至，蠻夷酋長稱臣入貢。惟爾琉球在中國東南，遠處海外，未及報知。兹特遣使往諭，爾其知之。

（以上明太祖實録卷七一）

祭辰州衛指揮同知谷繼先文 洪武五年五月己未

朕起兵淮右，遂定江左，爾自寧國來事朕，擢授千夫長，俾守贛州，多效勤勞，遂命爾同知辰州武衛，控制蠻夷。

曩聞爾得疾，即遣醫治療，豈期竟以此疾，乃殞其身，朕心惻然。今令爾妻子迎柩，還葬鄉里，遣官以牲醴致奠。惟靈不昧，尚其享之！

告天下詔〔二〕洪武五年五月

朕聞三皇立極，導民以時，庖廚、稼穡、衣服始制，民居舍焉。五帝之教以仁信，不過遵三皇之良規，益未備之時宜〔三〕。當時之君，示其所以，天下從之，自周至漢、唐、宋，亦因時損益，國乃昌，民乃安。

朕蒙皇天后土之恩，命統天下，祖宗之靈，百神護佑，得正帝位，已五年於兹。朕本布衣，失習聖書，況摧强撫順二十有一年，常無寧居，紀綱粗立，故道未臻，民不見化，市鄉里閭尚循元俗。天下大定，禮義風俗，可不正乎？兹有所示，諭爾臣民：

曩者兵亂，人民流散，因而爲人奴隸者，即日放還。士庶之家，毋收養閹豎，其功臣不在此例。

古者鄰保相助，患難相救，今州縣、城市、鄉村或有凍餒不能自存者，令里中富室假貸錢穀，以資養之。工商農業，皆聽其故，俟有餘贍，然後償還。孤寡殘疾不能生理者，官爲養贍，毋致失所。其有疾愈，願占籍爲民者聽。

鄉黨論齒，從古所尚。凡平居相見，揖拜之禮，幼者先施。歲時燕會，坐次之列，長者居上。佃見田主，不論齒序，並如少事長之禮。若在親屬，不拘主佃，則以親屬之禮行之。鄉飲之禮，所以明長幼，厚風俗，今廢缺已久，宜令中書詳定儀式，頒布遵守。

婚姻古之所重，近代以來，狃於習俗，專論聘財，有違典禮。喪事以哀爲本，葬祭之具，稱家有無。今富者奢侈，貧者假貸，務崇眩耀；又有惑於陰陽，停柩經年，以至暴露。宜令中書集議，頒示天下。

四方既定，流民各歸田里，其間有丁少田多者，不許仍前占據他人之業。若有丁衆田少者，許於附近荒田內，官爲驗其丁力，給與耕種。

中國衣冠，壞於胡俗，已嘗考定品官、命婦冠服及士庶人衣巾、婦女服飾，行之中外。惟民間婦女首飾、衣服尚循舊習，宜令中書頒示定制，務復古典。

僧、道之教，以清浄無爲爲本，往往齋薦之際，男女溷雜，飲酒、食肉自恣，已令有司嚴加禁約。

福建、兩廣等處豪强之家，多以他人子閹割役使，名曰『火者』。今後有犯者，以閹罪抵之，没官爲奴。

於戲！用夏變夷，風俗之所由厚；哀窮賑乏，仁政之所當施。因時制宜，與民更化，期臻禮義之風〔四〕，永底隆平之治。咨爾臣庶，體予至懷。

（以上明太祖實録卷七三）

宦官禁令 洪武五年六月丙子

凡内使於宮城内相罵詈，先發而理屈者笞五十，後罵而理直者不坐。其不伏本管鈐束而抵罵者杖六十，内使罵奉御者杖六十，罵門官、監官者杖七十。

内使等於宮城内鬭毆，先鬭而理屈者杖七十，毆傷者加一等，後應理直而無傷者笞五十。其有不伏本管鈐束而毆之者杖八十，毆傷者加一等。毆奉御者杖八十〔五〕，毆門官、監官者杖一百，傷者各加一等。

其内使等有心懷惡逆、出不道之言者淩遲處死，有知情而蔽之者同罪，知其事而不首者斬，首者賞銀三百兩。

諭都督僉事仇成敕 洪武五年六月辛卯

兵戍遼陽，已有年矣，雖曰農戰交修，其航海之運，猶連年未已。近者靖海侯吴禎率舟師重載東往，所運甚大。

昨晚，忽聞納哈出欲整兵來哨，爲指揮葉旺中途阻歸。因此而料彼，前數年，凡時值暑天，胡人必不策馬南向。今將盛暑，彼有此舉，情狀見矣。糧運既至，宜嚴爲備禦，庶可無虞。

祭宣寧侯曹良臣驍騎左衛指揮使周顯振武衛指揮同知常榮神策衛指揮使張耀文 洪武五年六月甲辰

曩因元季大亂，朕與爾等固守江東之地，以觀羣雄何如。二十年間，未有能統一天下、爲生民主者，乃命爾諸將臣四征羣雄，不三四年，中原一統。以目前觀之，爾等久勞於征戰，吾民久困於供億，但宜修邊備，實中國，以休息爾等與吾民也。然自古以來，胡虜爲中國患，今天既絕胡運，故命爾等因其敗亡，驅逐遠塞，使之不能復侵擾。雖暫勞於一時，乃安中國於永久，蓋前人立法以垂於後世者，其設施不得不如是也。

爾等既行，志在滅敵，奮不顧身，一旦隕於鋒鏑，爲之奈何？夫死生乃人道之常，今爾等捐軀爲國，身雖云亡，名垂不朽矣。

申誠公侯鐵榜詞 洪武五年六月乙巳

朕觀古昔帝王之紀及功臣傳，其君保恤功臣之意或有始無終，使忠良股肱不免受禍，誠可憫也。間有聰明聖主，待功臣之心，皎如日月，姦臣不能離間，故君臣得以優游，終其天年，在社稷有磐石之安，在功臣之家享富貴無窮，朕甚慕焉。亦有明智之君，欲保全有功，其心切切，奈何跋扈之臣恃其有功，數作過惡，累宥不悛，不得已而誅戮，此臣下自取之也。

又若主有寬仁之德，臣有忠良之心，然彼各少察斷而不明〔六〕，何也？蓋功臣奴僕，倚恃權貴，欺壓良善，爲臣者不能察其所爲，致使縱横，刑官執法，具罪以聞。在忠良大臣必不如是，特奴僕自作之過，其君不能明察大臣之心，將謂大臣使之，如是姑息有功、釋而不問者有之，略加誡諭奴僕者有之。又不明白與功臣道其奴僕所作之過，含忍太多，及法司屢奏，卻疑大臣欺罔君上，一旦不容，即加殘害，此君不明之所致也。

當時功臣雖有忠良之心，卻不能檢察其下，一有罪責，即怨其君，何也？亦由奴僕之類，在外爲非，歸則言是，大臣職任朝堂，或優閒元老，加以小人阿諂〔七〕，少能勸諫。及至奴僕犯罪，法司執問，君命誅其奴僕，大臣不知君上保愛之心，便生疑怨，累及其身，往往有之。或是天子念功臣之勞而免其罪，其奴僕歸告大臣曰：『君上不能容公，故枉問奴等耳。』大臣一時聽信，不自加察，以爲必然，遂生猜疑，致遭刑戮，此臣不能檢察其下之過也，可謂君臣兩失之矣。

朕起布衣，賴股肱宣力，平定天下，既已論功行賞〔八〕，封公侯，錫以鐵券，頒以重禄，令傳子孫，共享太平，尚慮公侯之家奴僕人等習染頑風〔九〕，冒犯國典。

今以鐵榜申明律令，朕諭卿等：

除親屬別議外，但凡奴僕一犯，即用究治，於爾家無所問。敢有恃功藏匿犯人者，比同一死折罪。爾等各宜謹守其身，嚴訓於家，以稱朕始終保全之意。

其目有九：

其一，凡内外各指揮、千户、百户、鎮撫並總旗、小旗等，不得私受公侯金帛、衣服、錢物。受者杖一百，發海南充軍，再犯處死。公侯與者，初犯、再犯免其罪附過，三犯准免死一次。奉命征討，與者、受者不在此限。

其二，凡公侯等官，非奉特旨，不得私役官軍。違者初犯、再犯，免罪附過，三犯准免死一次。其官軍敢有輒便聽從者，杖一百，發海南充軍。

其三，凡公侯之家，强占官民山場、湖泊、茶園、蘆蕩及金銀銅場、鐵冶者，初犯、再犯免罪附過，三犯准免死一次。

其四，凡内外各衛官軍，非當出征之時，不得輒於公侯門首侍立聽候。違者杖一百，發煙瘴之地充軍。

其五，凡功臣之家管莊人等，不得倚勢在鄉欺毆人民。違者刺面劓鼻，家産籍没入官，妻子徙至南寧〔一〇〕。其餘聽使之人各杖一百，及妻子皆發南寧充軍。

其六，凡功臣之家屯田佃户、管莊幹辦、火者奴僕及其親屬人等，倚勢淩民，奪侵田産、財物者，並依倚勢欺毆人民律處斷。

其七，凡公侯之家，除賜定儀仗户及佃田人户已有名額報籍在官，敢有私托門下、影蔽差徭者斬。

其八，凡公侯之家，倚恃權豪，欺壓良善，虚錢實契，侵奪人田地、房屋、孳畜者，初犯免罪附過，再犯住支俸給一半，三犯停其禄，四犯與庶民同罪。

其九，凡功臣之家，不得受諸人田土及朦朧投獻物業。違者初犯者免罪附過，再犯住支俸給一半，三犯停其禄，四犯與庶人同罪。

（以上明太祖實録卷七四）

賜高麗國王王顓書 洪武五年七月庚午

朕聞近悅遠來，赦罪宥愆，此古昔王者之道。治大國如烹小鮮，乃老聃之言。寬而不急，斯爲美矣。

使者至，齎王表，陳耽羅事宜，朕甚惑焉：因小隙而搆成大禍者，智士君子之所慎。夫耽羅居海之東，密邇高麗，朕即位之初，遣使止通王國，未達耽羅，且耽羅已屬高麗，其中生殺，王已專之。今王以耽羅蕞爾之衆，蘭秀山逋逃之徒，用朕之詔，示以威福，一呼即至，削去孳生之利。移胡人於異方，恐其不可，蓋人皆樂土，積有年矣。

元運既終，耽羅雖有胡人部落，已聽命於高麗，又别無相誘之國，何疑忌之深也？若傳紙上之言，或致激變，深爲邊民患，人情無大小，急則事生，況衆多乎？朕若效前代帝王，併吞邊夷，務行勢術，則耽羅之變起於朝夕，豈非因小隙而搆大禍者乎？

王宜熟慮烹鮮之道，審而行之，不但靖安王之境土，而耽羅亦蒙其德矣。如其不然，王尚與文武議之，遣使再來，行之未晚，王其察焉。

茲因使還，齎此以示。

諭故元國公白瑣住書 洪武五年七月

朕惟天道好還，無往不復。古語云，胡虜無百年之運。爾讀書者，安得不知？自五季亂華以來，胡人雖欲竊據中國，未嘗有過百年之數者。今元運既及百年，其數已盡，古語可謂驗矣。

曩者，妖人起於汝、潁、蘄、黄之間，元兵莫能討捕，遂致羣雄並起〔一一〕，海内分裂，此果天道致然歟，抑人事致然歟？春秋傳曰：毋首亂，首亂者必不能享其福。若前日杜遵道、劉福通、韓山童、徐真一之徒，皆首亂者也，今此數人果安在哉？蓋首亂殃民，荼毒太甚，故不能享富貴以善終耳。

朕本淮右布衣，遭時搶攘，不能寧居，遂仗劍而起，壯士從之者數千萬人〔一二〕，於是渡保江左，以觀天下之變。覩羣雄無治世之才，蒼生有雲霓之望，乃命將出師，數年之間，剗削羣雄，遂平元都，中原底定，四海爲一，豈非天意厭亂，人心思治，太平之期，在今日乎？

爾昔爲元臣，初從察罕，繼輔擴廓，聲名久出部下，今又佯死，伏匿鄉里，志本求安。然人心不同，事難逆覩，爾獨不見隋唐間高君雅、劉黑闥之事耶？一旦恐無賴者假爾爲名，以禍生民，若不從，則必如君雅受當時之禍；若從之，又不免有黑闥後來之悔。爲爾之計，當出詣有司，慷慨歸朝，則全家保生，共享昇平，豈不快哉！

然量爾之心，猶遲疑不敢出者〔一三〕，爲益都屠城之故，有所畏忌。果如是，爾所見者小，朕不如是也。昔漢高祖嘗爲季布所窘辱，尚且赦之，况朕於爾初無纖芥之憾，爾何疑焉？書至，當省朕所言，與朕一見，庶無後悔。

命中書省敕 洪武五年八月壬辰

凡指揮、千户、鎮撫以罪謫在軍伍，或降爲巡檢者，悉令赴京，仍録用之。其見犯者，令從征立功贖罪，無功則通罪之。

祭明州衛指揮僉事張億文 洪武五年八月

爾以英勇之姿，來自潼關，委身事朕，遂擢佐武衛，俾守鄞城，克盡其職。近因倭寇侵犯海隅，爾身先士卒，偶爲流矢所中，醫治莫痊，竟殞其身，深可痛惜。然丈夫生能奉職〔一四〕，死能盡忠，名垂竹帛，復何憾焉！

（以上明太祖實録卷七五）

諭征虜大將軍魏國公徐達左副將軍曹國公李文忠詔 洪武五年十一月

今塞上苦寒，宜令士卒還駐山西、北平近地，以息其勞，卿等還京。

（明太祖實録卷七六）

加封故皇姊爲曹國長公主册文 洪武五年十二月丁酉

朕聞古之君天下者，必先親其親而長其長，所以重人倫也。皇姊隴西長公主，稟淑厚之德，事親以孝，撫弟以慈。今朕有天下而姊不逮，雖夫賢子貴，以奉其祀，然朕每興懷，感悼不已，已嘗追封爲隴西長公主，以示褒顯，可加封曹國長公主。靈其不昧，用慰九泉。

封皇姊夫李貞爲曹國公誥 洪武五年十二月丁酉

朕君天下，觀歷代愛親敬長之道，乃帝王之首務，故必盡其禮焉。駙馬都尉李貞重厚樸直，自壻我家，孝行惟謹，不幸皇姊早世，攜其幼子，從朕於起義之日，朕念親親之恩，特加撫慰。後居京師，復命密邇於朕，以樂壽康，陞以侯爵之崇，用永安榮之福。

今子文忠又能佐朕平定天下，受封曹國，理宜進封，以示褒顯，可特進榮禄大夫、駙馬都尉、右柱國、曹國公。

與元幼主書 洪武五年十二月壬寅

皇天無親，惟德是輔，此古今不易之大訓，君其思之。

自古國家必有興廢，以小事大，理勢之常，賢智者亦所樂行而不以爲辱。昔我中國趙宋將衰之際，爲金所逼，遷都於杭，納以歲幣。其後金爲君家所滅。君家亦遣使於宋，約納歲幣，一如金時。雖疆界有南北之分，而前後延祚百五十年，此小事大之明驗也。且爾國之俗，素無姓氏，其族貴嫡而輕庶。君乃高麗有姓者之甥，又爲庶出，君何昧而不察，固執不變？朕觀前代獲他君子孫，必獻俘廟社，誇示國中，其初亦有待之以恩、授之以爵者。及其後也，非鴆即殺，雖君家亦爾，宋之幼主，削髮爲僧，終不免於一死。在朕則不然，君之子至京師，今已三年，優待有加，君宜遣使取歸，何也？

朕本布衣，生長君朝承平之時，混於民間，猶勺水之下滄海，一粟之在大倉，豈有志於今日哉？自辛卯盜起汝、潁、蘄、黄間，君家天運已去，人心已離，四海土崩瓦解。朕觀君父子國勢不振，民罹荼毒，始議興師，保身救民。一時羣雄僭稱名號者，盡爲朕所俘虜，雖君之父子，亦不能守宗廟社稷，北遁沙漠。此天運也，人力有不可爲，自古有識之君，孰不畏天？故特致書，以達朕意，君其察焉。

與元臣劉仲德朱彦德書 洪武五年十二月壬寅

昔者人臣致君以善，愛君有終，各有其道，道各有方。如趙宋事金，安享富貴百五十餘年，此無他，處之各得其道也。

朕觀二生乃間氣所鍾，古今如二生者僅數人耳，何也？至正之君，蒙塵而崩，幼主初立，朝之大臣無不叛去，獨二生竭力守護之，誠可嘉尚。今特遣使者諭以君數事，且令取其子買的里八刺歸。二生宜察之，毋教人絶父子之道，蓋求忠臣者必於孝子之門也。毋教人以倔强，蓋小敵之堅，大敵之禽也。

若能再三察朕之言，爾君之宗祀不絶，二生之家族亦可長保富貴。如其不然，中國無事，六軍出討，旌旗蔽塞，陣數百里，緜亘於陰山。二生若忠於君，身膏草野，美名垂於千載，亦奇男子事也。或不能徇國，偷生苟免，將何面目與朕相見？惟熟慮之。

（以上明太祖實録卷七七）

祭告太歲風雲雷雨嶽鎮海瀆鍾山等神文 洪武六年正月壬子

前古帝王治世安民，制禮作樂，典百神之祀，動作必合於禮焉。惟朕受天明命，統一海宇，以治安天下，典百神之祀，當力效前王。去歲發將征討，大興師旅，於時失親告祭於神，兹恒慊焉。今又令大將軍魏國公徐達、副將軍曹國公李文忠先至大同、北平等處，修理城池，練兵訓將，以備邊陲，儻胡人來寇，就令統兵力征，以安中國。今師再出，特告神知。

諭成都衛指揮袁洪敕 洪武六年正月辛未

南中蠻夷乍降乍叛，乃其常事，不足深罪。今獲其俘，宜悉編爲軍，如再不服，然後誅之。其所叛境，必以兵威震之，否則終無懼心。逃竄者駐兵索之，毋遺民患。

（以上明太祖實録卷七八）

諭朵甘烏斯藏等處詔 洪武六年二月癸酉朔

我國家受天明命，統馭萬方，恩撫善良，武威不服，凡在幅員之内，咸推一視之仁。

近者攝帝師喃加巴藏卜以所舉烏思藏、朶甘思地面故元國公、司徒，各宣慰司、招討司，元帥府萬户、千户等官，自遠來朝，陳請職名，以安各族。

朕嘉其識達天命，慕義來庭，不勞師旅之征，俱效職方之貢，宜從所請，以綏遠人。以攝帝師喃加巴藏卜爲熾盛佛寶國師，給賜玉印，南哥思丹八亦監藏等爲朶甘、烏思藏武衛諸司等官，鎮撫軍民，皆給誥印。

自今爲官者務遵朝廷之法，撫安一方；爲僧者務敦化導之誠，率民爲善，以共樂太平。

（明太祖實録卷七九）

祀中都城隍神祝文 洪武六年三月癸卯朔

古今有國家者，盛修四時之祀，以奉上下神祇，故凡建祠奠祀，所以敬有功。

朕今新造國家，建邦設都於江左，然去中原頗遠，控制良難，遂擇淮水之南，以爲中都。今城已完，城隍之祠雖備，而神未正名，廟未致祭。今遣官敬奉神主，安於廟庭，使神有所依，民有所瞻奉。

神其享之！

（明太祖實録卷八十）

諭大將軍徐達等敕 洪武六年八月丙申

凡賢人君子，不以勤怠異其始終，不以富貴忘其艱難。卿等與朕平定天下，勳業已成，而瑣瑣殘胡不能盡討，致連年出師，勞民擾衆，孰任其咎？

朕姑爲爾言之：今駐師去處，皆有房宇妻妾，身雖在外，實同家居，一也；肥馬輕裘，縱意馳騁，不知下人饑寒之憂，二也；燕樂玩愒，因循苟且，不能謀事，三也；軍士連年暴露，被堅執鋭，朝夕不息，意圖決勝，爾又失算，卒無成功，四也。

昔田單攻狄，久知不下，問計於魯仲連。仲連曰：『將軍在即墨時，飲食起居與士卒同，身先於事，所以獲生而致勝。今將軍東有夜邑之奉，西有淄上之虞，黄金横帶，馳騁乎淄澠之間，有生之樂，無死之心，所以不勝也。』

卿等皆起布衣，一旦至此，遂忘昔日之艱難，豈不犯仲連之誚乎？卿等宜益懋其功，以副朕懷。

（明太祖實録卷八四）

諭禮部命 洪武六年九月壬戌

自今頒曆，惟直隸府州及北平、陝西二行省，則欽天監印造頒給之，其餘皆令依式印造，給與所屬。每歲仍以九月朔日進曆，朕於奉天殿受之，頒於百官。

賜番僧端月監藏護持敕 洪武六年十月己卯

佛教始於西乾，流傳至於中華，今千餘年矣。蓋爲時有智僧出世，談天人妙果。智慧者聞之，益加崇信；愚癡者聞之，莫不豁然警悟。嗚呼！佛之願力有若是乎！爾番僧端月監藏修行有年，今來朝京師，特賜敕護持：凡雲遊坐禪，一聽所向，以此爲信。諸人毋得慢忽其教，違者國有常刑。故敕。

諭左副將軍李文忠等敕 洪武六年十月辛巳

自開創以來，諸將勤勞，風霜暴露久矣，朕甚念之。邇者胡兵寇邊，遣大將軍達、右副將軍勝及卿等將兵塞上以禦之。今虜稍稍遁迹，擕貳之民，亦已入塞，欲命卿等俱還，又聞胡騎出没不常，邊備蓋不可撤也。

其令大將軍達、副將軍勝冬盡還京，卿與諸將且留山西，訓兵養鋭以備之。

賜高麗國王王顓書 洪武六年十月辛巳

皇天無親，惟德是輔，天人一理也。君天下者，以天心爲心。今朕居中國，王居滄海之東，限隔山海，本與中國無相損益，然古昔之君，往往致討伐之師，何也？豈非常有不足於中國者乎？

今王之使者，挾詐懷欺，陰致姦謀，而不虞受禍。王之貢馬，其數五十匹，使云道亡者二，而至京如數，乃甲雨以己馬足之。詢之，云欲自進於東宫，因道亡，遂以備數。命使問之：『果王言乎，抑汝意乎？』對曰：『非王，自願也。』春秋之法，人臣無私交。王之使者，越風濤之險以奉貢獻，而又挾私以行詐，此果以小事大之禮乎？

然此小事，朕非欲較短長，恐行人失辭，嫁禍於王，故明言之。若果王之指使，則宜修德改行，以保國家，毋爲浮詭之計。若使者自爲，王宜懲治之，今後遣使，必擇篤實之人，一切浮薄者勿遣。王庶幾永保令譽，以全始終。

諭兵部臣敕 洪武六年十月壬辰

攘外者所以安内，練兵者所以衛民。凡中國之民，安於畎畝衣食而無外侮之憂者，有兵以爲之衛也。朕因思邊地八九月中，天已雨雪，況今十月，其寒可知。朕爲天下主，每聞一夫之饑，食嘗爲之不美；一民之寒，寢嘗爲之不安。其塞上士卒，宜趣軍裝以給之。

諭大將軍徐達等敕 洪武六年十月乙未

近聞王保保欲來求和，必非實意，其步將普賢奴、乃兒不花、魁的斤等各將人馬，恐假此來擾我邊，須多伏精兵，盛爲之備，索其情僞，毋使失計。近術士張鉄冠言子月有戰，卿等未可即還。凡出入塞上，必常如遇敵，非數千騎不可行也。曠漠中如遇敵，當加慎焉。發去所獲當道驢、盧國公之子，至可撫諭而遣之。

（以上明太祖實録卷八五）

祭海南衛指揮王璵文 洪武六年十一月庚戌

朕舉兵以來，爾從征伐，累效勤勞。俾守章貢，戍南雄，軍政肅然，遂移鎮海南，政復有聞，嶺海之間，托爾爲重，何其遘疾，遽爾殞身？訃至蠹然，兹以牲醴諭祭，爾其亨之〔一五〕。

諭大將軍徐達等敕 洪武六年十一月乙未

爾諸將屯軍塞上，爲日頗久，軍中動静，王保保安得不知？兵法曰：多算勝，少算不勝，況無算乎？此確論也。

近有自軍中來者，言王保保部下之卒有盜印詣軍門降者，觀其來意甚篤，然古之智將，謀慮深長，有鬼神不測之機，朕竊爲將軍慮之。爾所率步騎多王保保部屬，當其來降，實迫事勢，非出誠心，今隨爾往征，其心有不可測，當以誠待之，宜亦以計隄防。今王保保力勢雖微，然多詐謀，必籌之萬全而後動，能不戰而屈之，乃爲上智。爾其免之〔一六〕。

（以上明太祖實録卷八六）

諭邊將敕 洪武七年三月己丑

元運既終，天命歸我中華，凡其遺民，皆吾赤子。今既來歸，又輒逸去，蓋彼生長之日深，而此撫綏之意淺，故去之耳。

自今凡有來歸者，爾等善撫綏之：有欲就彼住者，擇善地以居之，便其畜牧；有欲來京者，擇善人以送之，毋使失所。

諭中書禮部詔 洪武七年三月癸巳

古者，中國諸侯於天子，比年一小聘，三年一大聘。九州之外，番邦遠國，則每世一朝，其所貢方物不過表誠敬而已。

高麗稍近中國，頗有文物、禮樂，與他番異，是以命依三年一聘之禮，彼若欲每世一見，亦從其意。

其他遠國如占城、安南、西洋瑣里、爪哇、浡尼、三佛齊、暹羅斛、真臘等處新附國土，入貢既頻，勞費太甚，朕不欲也。令遵古典而行，不必頻煩，其移文使諸國知之。

（以上明太祖實録卷八八）

祀太歲風雲雷雨嶽鎮海瀆及鍾山之神天下山川京都各府城隍之神祝文 洪武七年五月甲午

朕受命上帝，即位七載，民遭兵亂，未獲蘇息，加以轉輸戍守之供，其苦爲甚。方今仲夏，當農民渴雨之期，予心惶惶，莫知所措，故祈諸神，特降雨澤。神不我棄，爲達上帝，苟有罪責，宜降朕躬，毋爲民災。神其聽之。

賜翰林學士承旨詹同致仕敕 洪武七年五月甲午

朕起布衣，提三尺劍，總率六師，以拯民艱，延攬羣英，以圖至治，凡二紀於兹。曩者親征武昌，下城之日，爾同以文章之美，從朕同游，厥後任以國子博士、起居注、翰林學士，皆舉其職。及長吏部，辨人材之賢否，審職任之輕重，咸得其宜。今年雖已邁，猶輸誠效謀，訖無少怠，可謂賢也已。朕不忍卿以衰耄之年，服趨走之勞，特命以翰林學士承旨致仕。爾惟欽哉！

（以上明太祖實録卷八九）

卻日本國貢諭中書省敕 洪武七年六月乙未朔

朕惟日本僻居海東，稽諸古典，立國亦有年矣。向者國王良懷奉表來貢，朕以爲日本正君，所以遣使往答其意。豈意使者至彼，拘留二載，今年五月，去舟纔還，備言本國事體。以人事言，彼君臣之禍，有不可逃者，何以見之？幼君在位，臣擅國權，傲慢無禮，致使骨肉併吞，島民爲盜，内損良善，外掠無辜，此招禍之由，天災難免。天地之間，帝王酋長，因地立國，不可悉數，雄山大川，天造地設，各不相犯。爲主宰者果能保境恤民，順天之道，其國必昌；若怠政禍人，逆天之道，其國必亡。今日本蔑棄禮法，慢我使臣，亂自内作，其能久乎？

爾中書其移書諭以朕意，使其改過自新，轉禍爲福，亦我中國撫外夷以禮、導人心以善之道也。

諭禮部符下日本越後守臣島津氏久等詔 洪武七年六月乙未朔

夷狄奉中國，禮之常經；以小事大，古今一理。今志布志島津越後守臣氏久，以日本之號紀年，棄陪臣之職，奉表入貢，越分行禮，難以受納。氏久等當堅節以事君，推仁心以牧民，則不爲禍首，享福無窮。如或不然，亂爾國，凶爾家，天災有莫能逃者。

其表文、貢物，付通事尤虔齎領還國。

（以上明太祖實録卷九〇）

諭朵甘烏斯藏臣民詔 洪武七年七月己卯

朕自布衣，開創鴻業，荷天地眷佑，將士宣勞，不數年間，削平羣雄，混一海宇。惟爾西番朵甘、烏思藏各族部屬，聞我聲教，委身納款，已嘗頒賞授職，建立武衛，俾安軍民。邇使者還，言各官公勤乃職，軍民樂業，朕甚嘉焉，尚慮彼方地廣民稠，不立重鎮治之，何以宣布恩威？兹命立西安行都指揮使司於河州，其朵甘、烏思藏亦陞爲行都指揮使司，頒授銀印，仍賜各官衣物。

嗚呼！勸賞者，國家之大法；報效者，臣子所當爲。宜體朕心，益遵紀律。

（明太祖實録卷九一）

祀歷代帝王祝文 洪武七年八月甲午

三皇

惟太昊伏羲氏畫八卦以明天道，造書契以開人文；惟炎帝神農氏制耒耜以教農耕，嘗百草以爲醫藥；惟皇帝軒轅氏作居室、衣服以法易象〔一七〕，創律曆、官制以宣政治：皆繼天立極，開物成務，大有功於生民後世者也。

元璋以菲德荷天佑人助，君臨天下，繼承中國帝王正統。伏念三聖去世悠遠，神靈在天，萬古長存，崇報之禮，不可不至。是用肇新廟宇於京師，列序聖像及歷代開基帝王，每歲祀以春秋仲月，永爲常典。

今禮奠之初，謹奉牲醴庶品致祭，伏惟上享！

五帝

惟帝金天氏金行應運，因鳳紀官，道繼三皇，爲五帝首；惟帝高陽氏静淵有謀，疏通知事，潔誠祭祀，治教萬民；惟帝高辛氏聰以知遠，明以察微，仁威惠信，天下咸服；惟帝陶唐氏帝德廣運，聖神武文，執中傳心，道統斯著；惟帝有虞氏玄德既升，恭己而治，世躋泰和，樂奏鳳儀：皆盛德被於生民，大功昭於後世者也。

元璋以菲德荷天佑人助，君臨天下，繼承中國帝王正統。伏念列聖去世悠遠，神靈在天，萬古長存，崇報之禮，多未舉行，故於祭祀有闕。是用肇新廟宇於京師，列序聖像及歷代開基帝王，每歲祀以春秋仲月，永爲常典。

今禮奠之初，謹奉牲醴庶品致祭，伏惟神鑑。尚享！

三　王

惟夏禹王勤儉家邦，平治水土，天錫九疇，彝倫攸敘；惟商湯王聖敬日躋，懋昭大德，建中於民，表正萬邦；惟周武王於昭武烈，拯救生民，乃建皇極，纘文之緒：皆盛德被於生民，大功昭於後世者也。〔一八〕

元璋以菲德荷天佑人助，君臨天下，繼承中國帝王正統。伏念列聖去世悠遠，神靈在天，萬古長存，崇報之禮，多未舉行，故於祭祀有闕。是用肇新廟宇於京師，列序聖像及歷代開基帝王，每歲祀以春秋仲月，永爲常典。

今禮奠之初，謹奉牲醴庶品致祭，伏惟神鑑。尚享！

漢高祖　光武　隋高祖

惟漢高祖皇帝除嬴平項，寬仁大度，威加海内，年開四百；惟漢光武皇帝延攬英雄，勵精圖治，載興炎運，四海咸安；惟隋高祖皇帝勤政不怠，賞功弗吝，節用安民，時稱平治：

皆有君天下之德而安萬世之功者也。〔一九〕

元璋以菲德荷天佑人助，君臨天下，繼承中國帝王正統。伏念列聖去世悠遠，神靈在天，萬古長存，崇報之禮，多未舉行，故於祭祀有闕。是用肇新廟宇於京師，列序聖像及歷代開基帝王，每歲祀以春秋仲月，永爲常典。

今禮奠之初，謹奉牲醴庶品致祭，伏惟神鑑。尚享！

唐太宗　宋太祖

惟唐太宗皇帝英姿蓋世，武定四方，貞觀之治，式昭文德；惟宋太祖皇帝順天應人，統一海宇，祚延三百，天下文明：皆有君天下之德而安萬世之功者也。〔二〇〕

元璋以菲德荷天佑人助，君臨天下，繼承中國帝王正統。伏念列聖去世已遠，神靈在天，萬古長存，崇報之禮，多未舉行，故於祭祀有闕。是用肇新廟宇於京師，列序聖像及歷代開基帝王，每歲祀以春秋仲月，永爲常典。

今禮奠之初，謹奉牲醴庶品致祭，伏惟神鑑。尚享！

元世祖

惟神昔自朔土，來主中國，治安之盛，生養之繁，功被人民者矣。夫何傳及後世，不遵前訓，怠政致亂，天下雲擾，莫能拯救？

元璋本元之農民，遭時多艱，憫烝黎於塗炭，建義聚兵，圖以保全生靈，初無黄屋左纛之意。豈期天佑人助，來歸者衆，事不能已，取天下於羣雄之手，六師北征，遂定於一。乃不揆菲德，繼承正統，此天命人心所致，非智力所能。且自古立君，在乎安民，所以唐虞揖人禪授，湯武用兵征伐，因時制宜，其理昭然。神靈在天不昧，想自知之。

今念歷代帝王開基創業、有功德於民者，乃於京師肇新廟宇，列序聖像，每歲祀以春秋仲月，永爲常典。

禮奠之初，謹奉牲醴致祭，伏惟神鑑。尚享！

告天下詔〔二一〕洪武七年八月辛丑

曩因天下大亂，死者不可勝數，生者備歷艱辛，已有年矣。

朕起自布衣，削羣雄，定禍亂，改元洪武，今已七年。才疏德薄，日夕慮上帝有責，思之再三，惟因兵戈罹殃者，朕失撫養存問。蓋軍士爲朕開拓疆宇，奮不顧身，殁於戰陣，屍不至家，魂無所依，父母年高，妻寡子幼，一旦捐棄，至今不能存活，此朕之過也。民間經兵避難，眷屬乖離，至今不能會聚者有之，或子殁親老而無養、親殁子幼而無依者有之，亦朕之過也。興言及此，實可憫傷。

今詔天下有司用心體訪，各各具名以聞，朕當存養，使不失所。凡出征軍官間有殁於戰鬭或鎮守邊境，身死遠方，父母年老，妻寡子幼，雖嘗給糧養贍，猶慮未周，各衛所宜審訪優給，待其子稍長，即令承襲；如無應襲之人，所司廪送至京，官爲存養。

其南北征戍軍士殁於邊遠，棄遺父母妻子貧窮無依，所司驗實，廪送至京，官爲存養。若子雖幼可依及有親屬而願留者，從其便，官仍給糧養贍。

兵興以來，各處人民避難流移，或有父南子北，骨肉離散，願完聚者，有司送還鄉里；或有身死他鄉，所遺老幼願還鄉者聽；及各處鰥寡孤獨並篤疾之人貧窮無依，不能自存，所司官給衣糧養贍。

官員仕宦遠方，没於任所，妻子貧窮不能回鄉者，所在有司送還鄉里。

於戲！君臨天下者，所以爲民也。或君思治而民乖，或民樂善而君昏，臣或賢而君不德，君或懦而臣剛：此古今所難也。所司奉行者，勿倚仁爲弊，以干刑憲。

（以上明太祖實録卷九二）

謚貴妃孫氏册文 洪武七年九月庚寅

朕聞古者宫妃，其德足以輔内治、厚彝倫者，既薨之後，必有定謚之禮。

惟爾貴妃孫氏，以篤慎之資、純淑之行，勤於事上，慈以撫下。當國家開創之初，備警戒相成之道，德實冠於嬪御，功有助於中闈，方期享於安榮，曾莫躋於壽考。宜加贈謚〔一二二〕，以表推崇，可謚曰成穆。

祭燕山都衛指揮使朱杲等文〔一二三〕 洪武七年九月

爾自從軍以來，累有戰功，二十年間，櫛風沐雨，未嘗寧息。及中原大定，命爾北守燕山。朕以爲天下大定，爾必享無窮之福，夫何主將乖於調發，使爾猝然遇寇，衆寡不敵。朕知爾奮身苦戰，終不能脱，遂致殞身。哀哉！然人之生死，古今常事，歷代爲將，陷身委命者有之，如爾終不屈於他人、慨然死節者鮮矣。於戲！奮志以報國，捐生於鋒刃，垂名萬世，禄及子孫，此心昭乎日月，偉哉丈夫！今以牲醴致奠，爾其享之。

（以上明太祖實録卷九三）

諭翰林學士宋濂等敕 洪武七年十一月壬戌

養生送死，聖王之大政；諱亡忌疾，衰世之陋俗。三代喪禮，節文尤詳，而散失於衰周，厄於暴秦，漢唐以降，莫能議此。夫人情有無窮之變，而禮爲適變之宜，得人心之所安，即天理之所在。爾等其考定喪禮。

（明太祖實録卷九四）

賜賞竺監藏等官誥 洪武七年十二月壬辰朔

朕受天明命，君主華夷，凡諸施設，期在安民，是以四夷之長，有能撫其衆而悦天心者，莫不因其慕義，與之爵賞，以福斯民。曩者西蕃效順，爲置烏思藏行都指揮使司，以官其長，使綏鎮一方，安輯衆庶。今復遣使修貢請官，朕如其請，特以賞竺監藏等爲某官。爾其恪修厥職毋怠。

（明太祖實録卷九五）

諭中書省令天下郡縣訪窮民無告者敕 洪武八年正月癸酉

天下一家，民猶一體，有不獲其所者，當思所以安養之。昔吾在民間，目擊其苦，鰥寡孤獨、饑寒困踣之徒，常自厭生，恨不即死。吾亂離遇此，心常惻然，故躬提師旅，誓清四海，以同吾一家之安。

今代天理物，已十餘年，若天下之民有流離失所者，非惟昧朕之初志，於代天之工，亦不能盡。爾等爲輔相，當體朕懷，不可使天下有一夫之不獲也。

諭大將軍徐達副將軍李文忠等敕 洪武八年正月庚辰

將軍總兵塞上，偏裨將校日務羣飲，虜之情僞，未嘗知之，縱欲如此，朕何賴焉？如濟寧侯顧時、六安侯王志酣飲終日，不出會議軍事，此豈爲將之道？朕今奪其俸禄，冀其立功掩過，如猶不悛，當別遣將代還。都督藍玉昏酣悖慢尤甚，苟不自省，將繩之以法。大將軍宜詳察之。遷民鎮修城，非今所宜，況軍士疲勞已甚，若又使之力役，不惟供億艱難，亦恐胡人得乘吾隙，非計之善也。

（以上明太祖實録卷九六）

以工部尚書李敏爲江西行省參政誥 洪武八年二月辛卯朔

國家建行省以分鎮方面，凡兵民之政皆領焉，任重職要，非謀猷可以致君、才略可以澤民者，曷克稱之？

前嘉議大夫、工部尚書李敏，今授中奉大夫、江西等處行中書省參知政事。爾尚務展才猷，益弘治體，使教化行而風俗美，事功集而民庶安，用副朕簡任之意。惟時懋哉！

諭刑官敕 洪武八年二月甲午

自今凡雜犯死罪者免死，輸作終身，徒流罪限年輸作。官吏受贓及雜犯私罪當罷職役者，謫鳳陽屯種。民犯流罪者，鳳陽輸作一年，然後屯種。

（以上明太祖實録卷九七）

改建奉先殿成行祭享禮祝文 洪武八年四月庚寅朔

四時之禮，皆於太廟，以未足盡事生之意，乃建奉先殿於内，以伸朝夕罔極之思。而舊制狹隘，爰命更創。今工告成，奉安神位，永嚴祀禮。

詣皇陵祭仁祖淳皇帝文 洪武八年四月乙巳

思往昔之艱難，痛今朝之忌日。音容杳絶，三十二年，罔極之恩，何從以報？謹獻牲醴於陵下，伏惟昭鑑。

（以上明太祖實録卷九九）

以孔克伸爲曲阜縣知縣敕 洪武八年七月

昔君天下者，官以五爵。自漢以下，職分九第。凡斯之職，非功德者弗登，可見昔君慎名爵而重志能者矣。

朕值胡運天更，衣布衣而起草萊，天命歸而羣英附，不五七年間，偃兵息民，一華夏，主兆民，紀年洪武。

當建國之初，已定人神之分，故天地位其位，黔黎務焉。其於先聖先師，朕不敢外，稽諸歷代載在祀典者，則仲尼有血食，後嗣有襲封，於是法前代，仍舊章，孔希學受封，世爲縣令者希大，職如前。何期希大不依祖訓，屢干國憲，自蹈罪戾，以失世官。今特選本族，以爾克伸受從仕郎、知濟寧府兖州曲阜縣事。

爾尚夙夜忠勤，承流宣化，宜鑑前車之失，求無忝於聖裔，則予汝嘉。爾其勉之。

改作太廟祀后土太歲等神祝文 洪武八年七月辛酉

祖宗神室，舊建皇城東北，愚昧無知，始建之時，未嘗省察，是致地勢少偏。兹度地闕左，以今日集材興功，特告神知。

（以上明太祖實録卷一〇〇）

諭遼東都司敕 洪武八年十二月乙卯

今天寒水結，虜必乘時入寇，宜堅壁清野以待之，慎勿與戰，使其進無所得，退有後慮。伏兵阻險，扼其歸路，虜可坐致也。

（明太祖實録卷一〇二）

諸王將之國告祀天地文 洪武九年正月甲子

仰荷天地眷佑，爲億兆主，海内樂業，子孫繁盛。稽諸古典，天子有子，其嫡長者守邦以嗣大統，諸子各有茅土之封，藩屏王室，以安萬姓，此古昔帝王之制也。今嫡長子標自開國之初已立爲皇太子，諸子秦王樉等亦已受封，年有長幼，將次第之國，命祀境内山川，許修武事，以備外侮。謹用昭告。

（明太祖實録卷一〇三）

遣官祭旗纛祝文 洪武九年二月丙申

惟神欽天命而無私，助揚威武，有功國家。兹當仲春，謹遵常典，特以牲醴遣官致祭。

神其鑑知！

賜遼東蓋州守禦有功將士敕 洪武九年三月丁丑

納哈出以塞外餘寇，越我遼蓋二城，直犯金州。是時州城未完，戍卒寡少，指揮韋富、王勝保城卻敵，又出其不意，獲彼裨將，其將校軍士宜膺上賞。蓋州城池雖完，然彼衆我寡，若無素備，豈不爲彼所乘？指揮吴立、張良佐、房暠按兵堅壁，備禦多方，可謂善守而能挫敵矣。及敵自金州歸，諸將士又能阻關塞隘，晝夜備守，使敵人不敢向故道，自柞河遁去。又從都指揮葉旺追擊，俘斬甚衆，較之金州將士，功差次之，宜膺次賞。

遼東都指揮馬雲、葉旺能同心協力，深思熟慮，一出一守，皆爲得宜。葉旺雖居佐貳，躬率將士，衝冒險難，應變出奇，使敵人失勢，追奔逐北，可謂智勇兼濟者矣，宜膺上賞。馬雲雖居首職，選精鋭，拔勇敢，助旺成功，亦其能也，然坐守堅城，比之出戰，稍可安閑，宜膺次賞。

（明太祖實録卷一〇四）

諭日本國王良懷詔 洪武九年四月

嘉王篤誠，遥越滄溟，來修職貢。朕德薄才疏，出庶民而帝中土，掌握黔黎，新造之時，邇者未安，遠者何懷？納王土物、良騎，於心甚愧。

然覽表觀情，意深機奥，略露其微，不有天命，恃險負固，昭然矣。易云：『天道虧盈而益謙。』蓋尚勇者不保，不道者疾滅。凡居二儀中，皆屬上天、后土之所司，故國有大小，限山隔海，天造地設，民各樂土，於是殊方異類者處於遐漠，陰命王臣以主之，使不相矛盾。有如其道者，上帝福佑之，否其道者禍之。

曩者胡元特違帝命，滅無罪之國，禍加臣民，横行西北，延及中土，人莫敢當，將謂天下無對矣。揚帆東下，直指日本，兵未登岸，金鼓未振，部伍未成，天風怒濤，檣楫摧壞，致使總兵阿答海及范文虎等十萬之衆没於東南，此果日本兵精歟，抑天道之虧盈歟？

元雖不能克日本而歸，天下諸國尚不敢仰視。前數十年，元恃兵强，虐我中國之人，於是豪傑忿然而起，與元争幾二紀，雌雄未決。吾最後興師，軍不滿十萬，馬不及數千，不五年而復中土，此果人力耶，天耶？

方今吾與日本止隔滄溟，順風揚帆，止五日夜耳。王其務修仁政，以格天心，以免國中之内禍，實爲大寶。惟王察之。

加封亡没功臣趙德勝誥 洪武九年四月己酉

人臣竭力盡忠而殁於王事者，禮有褒封之典，所以報功也。夫致身於平定海宇之初，而不預享太平之福，朕甚憫之。趙德勝從朕渡江，服勤效職，累立戰功，忘身爲國，贈開國輔運推誠宣力武臣、柱國，仍封梁國公，謚武桓。嗚呼！啓大國以疏封，復易名而定謚，禄延後嗣，配食廟庭。靈其有知，服兹寵命。

（以上明太祖實録卷一〇五）

諭大將軍徐達等敕 洪武九年六月己丑

六月四日早，金星犯畢右股北第一星，主夷狄兵起，以分野推之，應在趙地。今故元四大王不滿二百人，官軍屢捕不獲，前者皆云其衆無馬，今乃言有十五騎相從出没，不知劫奪於何人者？蓋由爾諸將不乘機剿捕，致令若此。敕至，速遣智勇將士四面捕之，毋致蔓延。其大同、嵩嵐諸處，亦令守禦官軍嚴爲備禦。

（明太祖實録卷一〇六）

册皇長女爲臨安公主文 洪武九年七月壬戌

古之君天下者，有女必封。今爾成人，特封爾爲臨安公主，配太師韓國公李善長之子祺。彼爲駙馬，爾爲公主。既入韓國之門，恪遵婦道，以奉舅姑，閨門整肅，内助常佳，毋累父母生身之恩。爾惟敬哉！

（明太祖實録卷一〇七）

諭大將軍徐達敕 洪武九年九月癸丑

七月火星犯上將，八月金星又犯之。占云，當有姦人刺客陰謀事。凡閲兵馬、習騎射，進退之間，皆當謹備。可徧諭諸將，亦當嚴密，雖左右將校，勿令相近。其故元閹官，尤宜防之，惟南去者，可以使令。蓋將者，衆之死生、國之安危係焉，能戒慎之，庶可免憂〔二四〕。

祭陝西平涼衛指揮秦虎文 洪武九年九月甲子

曩因元政不綱，羣雄並起，朕奮身田里，仗義興師，一時智勇之士翕然嚮附，爲朕宣勞。爾父某自定遠率衆來歸，俾守滁州，而爾從朕渡江，所向克捷。爾父既歿，命爾襲職，既而從事兵戎，南征西討，多著功勞。今也命爾佐武衛，守平涼，軍民樂業，朕甚嘉焉。方將倚爾安靖邊方，夫何一疾，遽至不起？訃音來報，哀悼曷勝。雖然，生則有勞於國，歿則有名於史，丈夫如此，可無憾矣。

（以上明太祖實録卷一〇八）

校記

〔一〕璧　原作『壁』，據左傳僖公六年改。

〔二〕皇明詔制卷一題作正禮儀風俗詔。

〔三〕益　原作『蓋』，據皇明詔制卷一改。

〔四〕期　原作『其』，據廣方言館等本改。

〔五〕奉御　原作『御奉』，據廣方言館等本改。

〔六〕彼　原作『被』，據廣方言館等本改。

〔七〕阿諂　當作『阿諂』。

〔八〕已　原作『以』，據廣方言館等本改。

〔九〕人　原無，據廣方言館等本補。

〔一〇〕置　原作『至』，據廣方言館等本改。

〔一一〕致　原作『至』，據廣方言館等本改。

〔一二〕數　原作『雖』，據臺北『中央圖書館』藏舊抄本改。

〔一三〕猶　原無，據廣方言館等本補。

〔一四〕生　原作『身』，據廣方言館本改。

〔一五〕亨　當作『享』。

〔一六〕免　當作『勉』。

〔一七〕皇帝　當作『黄帝』。

〔一八〕此後祝文據明太祖實録補。

〔一九〕此後祝文據明太祖實録補。

〔二〇〕此後祝文據明太祖實録補。

〔二一〕明書卷五一題作存恤兵難官軍人等詔，高皇帝御製文集卷二題作存恤詔，然文字差異較大，故兩存之。

〔二二〕贈謚　原作『增謚』，據廣方言館等本改。

〔二三〕明太祖實録載：『是月，燕山都衛指揮使朱杲、通州衛指揮僉事鄭治、汝寧衛指揮僉事馮俊、密雲衛指揮僉事張斌等率師出古北口防秋，卒遇胡寇，皆力戰以死。上命所司厚恤其家，親製文遣官臨祭。其祭杲文曰……祭馮俊等文同。』

〔二四〕免憂　原作『免優』，據明太祖實録卷四〇改。

明太祖文集補編卷六

享先農之神祝文 洪武十年二月壬子

皇帝謹遣具官某致祭於先農之神：

惟神初興農事，乃種嘉穀，爲民立命，萬世永賴。今將東作，親耕籍田，謹以牲醴庶品，用修常祀，以后稷氏配。

諭兵部臣敕 洪武十年二月辛酉

天下衛所軍士皆四方之人，鄉里既遠，貧乏者多，月給廩粟，僅足自給。其有死亡，棺斂之費不能舉者必多，使其死無所歸，或至暴露，甚非憫下之道也。

朕聞文王埋朽骨，天下歸仁，況吾之壯士，常宣力效勞，豈可使之失所乎？自今凡軍士死亡，家貧不能舉者，官爲給棺葬之。所司著爲令。

授錢宰文林郎國子博士致仕敕 洪武十年三月己卯朔

朕昔戡定四方，即開學校，延師儒，俾勛賢之子弟、凡民之俊秀莫不從學，教以經史六藝，明體適用，布列中外，以共保太平於無窮。國子學助教錢宰，學問老成，訓導有方，在學數年，倬有成效。朕方喜諸生有所矜式，而年滿七十，懇辭還鄉，特授文林郎、國子博士致仕。爾尚師表一鄉，訓誘後進，以裨治政，庶幾不愧古者鄉大夫之教，則朕猶有望焉。

（以上明太祖實録卷一一一）

立麻那者巫里爲三佛齊國王詔 洪武十年十月甲戌

朕自混一區宇，嘗遣使詔諭諸番，爾三佛齊國王怛麻沙那阿者即稱臣入貢，於兹有年。今秋，使者齎表至，知怛麻沙那阿者薨逝，爾麻那者巫里以嫡子當嗣王位，不敢擅立，請命於朝，可謂賢矣。

朕嘉爾誠，是用遣使賜以三佛齊國王之印，爾當善撫邦民，永爲多福。

（明太祖實録卷一一五）

諭中書省敕 洪武十一年二月丙辰

朕初以邊戍饋餉勞民，命商人納粟，以浙淮鹽償之，蓋欲足軍食而省民力也。今既數年，所輸甚薄，軍餉不供，豈鹽價太重，商人無所利而然歟？爾中書其議減鹽價，俾輸粟於西河、梅川，庶糧餉可給，而内地之民省輓運之勞。

命吏部敕 洪武十一年三月丁丑

考績之法，所以旌别賢否，以示勸懲。今官員來朝，宜察其言行，考其功能，課其殿最，第爲三等：稱職而無過者爲上，賜坐而宴；有過而稱職者爲中，宴而不坐；有過而不稱職者爲下，不預宴，序立於門，宴者出，然後退，庶使有司知所激勸。

錫晉王右傅桂彦良誥 洪武十一年三月己丑

國傅之職，所以輔導王德，綜理國政，其任重矣。居是職者，必本以忠信，弘以學問，持以公正，濟以明敏，庶成啓沃匡贊之功。蓋親王爲國藩屏，傅得其人，則國有泰山之安、磐石之固矣。

今以太子正字桂彦良爲通奉大夫、晉國右傅，爾其擴仁義之方，盡保傅之道，朝夕獻納，出入規諫，務在親正士而遠佞人，進讜論而闢邪説。王有令聞，爾亦與有榮焉。其往欽哉！

訓諸子書 洪武十一年三月

昔有道之君，皆身勤政事，心存生民，所以能保守天下。至其子孫，廢棄厥德，色荒於内，禽荒於外，政教不修，禮樂崩弛，則天棄於上，民離於下，遂失其天下國家。爲吾子孫者，當取法於古之聖帝哲王，兢兢業業，日慎一日，鑑彼荒淫，勿蹈其轍，則可以長享富貴矣。

（以上明太祖實録卷一一七）

旌表延安府洛川縣民張敏道妻趙氏詔 洪武十一年四月丁卯

夫婦，人之大倫，三綱五常，風化所繫，有能志不二天，與夫同死，可謂難矣。今趙氏生則同室，死則同穴，較之劓目割鼻，誓死不嫁，誠爲過之，宜在褒嘉，以敦民俗。其令有司旌表其門，仍蠲其家雜役。

賜秦王樉書 洪武十一年五月乙亥

關内之民，自元氏失政以來，不勝其弊，及吾平定天下，又有轉輸之勞，西至於涼州，北至於寧夏，南至於河州，民未休息，予甚憫焉。今爾之國，若宫室已完，其餘不急之役，宜悉緩之，勿重勞民也。

賜晉王棡書 洪武十一年五月乙亥

太原之民，困於元氏弊政久矣，又嘗出力餽饟，以供我師，勤勞憔悴，吾未嘗不矜憐之。爾棡之國，務愛養生息，勿復以不急之役擾之，其體吾意。

諭工部臣敕 洪武十一年五月丙子

自古聖王之御天下，武功耆定，則修文教，而亦不忘武備也。今海宇乂安，生民樂業，宴安鴆毒，古人所戒，克詰戎兵〔一〕，王者當務。爾工部其以歲造軍器之數著爲令。

（以上明太祖實録卷一一八）

諭韓國公李善長等敕 洪武十一年九月丙戌

卿等董工大祀殿已有日矣，尚當善撫工匠，令早完之。明日實朕父母劬勞之辰，舊稱萬壽節日，近年慶賀之禮，有司率皆因此擾民，已下令止之。卿等來日勿以此廢事而離役作之所，當謹之毋怠。

（明太祖實録卷一一九）

諭太常敕 洪武十一年十月乙丑

近命三公率工部役梓人，於京城之南創大祀殿，以合祀皇天、后土。冬十月，告功已成，特命禮部去前代之祭，期以歲止一祀。

古人祀天於南郊，蓋以義起耳，故曰：『南郊祀天，以其陽生之月；北郊祭地，以其陰生之月。』孰不知至陽祭之於陰月，至陰祭之於陽月，於理可疑？且掃地而祭，其來甚遠，蓋言祀地尚實而不尚華。後世執古而不變，遂使天地之享反不及人之享〔二〕。若使人之享亦執古而不變，則當汙尊而抔飲，茹毛而飲血，巢居而穴處也。以今言之，世果可行乎？斯必不然也。

今命太常每歲合祭天地於春首，正三陽交泰之時，人事之始也。

諭驢兒書 洪武十一年十月乙丑

十一年六月至九月，三遣使北行，兩爲弔祭，一爲致禮於卿，既而使者俱不返，存亡不可知。乃者邊將以卿部屬平章完者不花送京師，朕怒邊將，以爲方遣使通好，乃執其平章，豈不失信於卿？今特遣内臣送之抵丞相營，宥之、罪之、放逐之，卿自爲區處。

（以上明太祖實録卷一二〇）

賜蘇州府知府李亨米鈔敕 洪武十一年十一月丙申

朕思自古創業之君，必由羣英而興，賢能而治。爾李亨曩爲郡長，恪勤廉謹，以奉憲章，雖古稱循良，不是過也。自居憂以來，朕未嘗忘，恐爾窘於日給，特遣人賜米五十石、鈔二十錠。爾其領之，體朕至意。

賜前廣西布政使臧哲米鈔敕 洪武十一年十二月戊辰

卿曩職桂林，歲月未久，雖有酒失，而廉介自持。邇以母憂去職，守服至今，朕嘗軫念，特遣人賜卿米六十石、鈔二十五錠以給所乏。卿當恪恭以孝，服闋來朝，共圖至治。

（以上明太祖實録卷一二一）

合祀天地祝文 洪武十二年正月

嗣天子臣元璋敢昭告於昊天上帝、后土皇地祇：時維孟春，三陽交泰，敬率臣僚以玉帛犧齊，粢盛庶品，恭祀於大祀殿，備兹燎瘞。皇考仁祖淳皇帝配神。

諭中書詔 洪武十二年正月乙未

凡丁憂官，在任三年之上無贓犯者，依品級月與半俸，止於終制；在任三年者，亦依本品級全俸三月，以養其廉。著爲令。

命禮部敕 洪武十二年正月丙申

凡國子生居京師歲久，有父母俱存或父母亡而祖父母、伯叔父母存者，皆遣歸省，人賜衣一襲、鈔五錠爲道里費。其父母或祖父母、伯叔父母存者，人賜帛二匹。

諭中書省臣敕 洪武十二年二月乙巳

今春雨雪，經旬不止，嚴凝之氣切骨〔三〕。朕思昔在寒微，當此之際，衣單食薄，艱苦特甚。今居九重，擁裘衣帛，尚且覺寒若是，其天下孤老衣不蔽體、食不充腹者有之。爾中書令天下有司俱以鈔給之，助其薪炭之用。

諭中書省臣敕 洪武十二年二月乙巳

連日陰雨，京民中亦有孤貧者，爾中書審其户，凡孤幼户給鹽十五斤，孤寡者户十斤。

賜郝文傑等爲太醫院使誥〔四〕 洪武十二年二月

歷代設醫官而不世其職，唯能者命之。前太醫院判郝致才事朕十載，而年齒益邁，已敕令致仕。爾文傑爲其嗣子，善繼其學，特命爲保沖大夫、太醫院使，尚其益精素業，以世厥家。

諭曹國公李文忠敕 洪武十二年二月癸亥

二月二十五日報至，知大軍已入西番。朕思之，自河州至西番，多不過五六日，今諸將已至其地，勝負必決矣。

符至，爾即率師從洮州、鐵城之地取道而出。朕嘗有密諭，當遵而行之，事宜速成。山西之軍，即令還衛洮州，尤宜擇人守之。

（以上明太祖實録卷一二二）

諭平羌將軍御史大夫丁玉敕 洪武十二年三月辛未

松潘僻在萬山，接西羌之境，朕豈欲窮兵遠討？而蠻酋屢入爲寇，擾我邊民，命爾帥師征之，不得已也。

三月三日捷至，知松州已克。徐將資糧於容州，進取潘州，若盡三州之地，則疊州不須窮兵，料彼聞大軍聲勢，理必自服。但高城深池，擇士卒勇鷙者守納都、疊溪之路，其青川驛道無阻遏者，不守可也。

凡來降諸酋長，必遣入朝，朕親撫諭之。敕至，可分一軍先還四川，别有調遣。

以萊州府知府董俊爲兵部尚書誥 洪武十二年三月乙酉

兵部掌武官之選〔五〕，天下已定，諸臣之勳迹已彰，朝廷之爵禄已著，載之令典，惟在遵守而施行之，此兵部之職也。而又有職方以掌郡國地圖、番夷歸附之事，有駕部以知廐牧驛傳、儀仗鹵簿之政，凡天下山川之險易、風俗之美惡，靡不周知，其任亦重矣，是豈可以輕授乎？爾俊學優才敏，達於爲政，今以爾爲兵部尚書。爾其以公平之心，慎才能之選，務使官得其人，事得其理，以稱朕委任之意。

以明州府知府余文昇爲工部尚書誥 洪武十二年三月乙酉

工部之職繁矣，矧當造作之時，百役並興，欲得才識明敏者任之，庶幾度材料工，輕重不差，凡有興作，計日可成。爾文昇爲政有年，不負任使，故以爾爲工部尚書。欽哉！

諭曹國公李文忠敕 洪武十二年三月丁亥

洮州西控番戎〔六〕，東蔽湟隴，自漢唐以來，備邊之要地也。今羌虜既斥，若棄之不守，數年之後，番人將復爲邊患矣，慮小費而生大患，非計也。敕至，令將士慎守，所獲牛羊，分給將士，亦足爲二年軍食。阿卜商之遁，必走黑章咱之地，只於其地索之。癭嗉子不論遁於何地，必擒縛送京而後已。

諭曹國公李文忠西平侯沐英等敕 洪武十二年三月丙申

中國所乏者馬，今聞軍中得馬甚多，宜趁此青草之時，牧養壯盛，悉送京師，犏牛則於鞏昌、平涼、蘭州、洮河之地牧之。所獲西番土酋，遣人送至，毋容在彼爲邊患也。

（以上明太祖實録卷一二三）

諭四川都指揮音亮等敕 洪武十二年四月甲辰

覽奏，知嘉定、忠州等處土民爲妖人所惑，乘隙爲亂，燔掠城池，勢甚猖獗。敕至，即遣官軍勦捕。如力不及，須煩大軍征討，遣使來言，毋失事機。

諭曹國公李文忠西平侯沐英等敕 洪武十二年四月乙丑

四月庚申，日交暈，在秦分，主有戰鬭之事。己未，太白見東方。至於甲子，順行而西，西征大利〔七〕。爾等宜順天時，追擊番寇。

諭吏部敕 洪武十二年四月乙丑

錫爵報功，佚老優賢，國家之令典。朕思創業以來，文武羣臣宣力效勞，與朕同休戚者，是皆天錫英賢，輔我邦國。今多年高矣，宜令致仕還家，樂其壽考，以終天年。其秩三品以上仍舊，四品以下者各陞一等，給以敕誥，以示寵章。

賜沂州判官李齊等致仕敕 洪武十二年四月乙丑

朕聞君使臣以禮，年壯任之以事，及其衰老，則許其致仕，此古今之通義也。沂州判官李齊等職任有司，歷年已久，嘗敕中書下吏部召詣京師，將加擢用，而爾年踰六十，難任驅馳，特加一官致仕。爾尚優游鄉里，以樂天年。

賜兖州府泗水縣主簿陳禮等致仕敕 洪武十二年四月乙丑

朕觀古今賢能之士，遇有遲速，年有壯衰，係乎時運之不齊也。壯有志而名未出，君將知而年已暮，雖有賢能，亦將如之何哉？

爾等任事已久，稽之無疵，特命中書下吏部召見轉官，而乃蒼顔皓首，雖有自强之志，而力不逮矣，故陞品秩，俾養於家。爾尚優游，以樂餘年。

諭陝西都指揮使司敕 洪武十二年五月己卯

爾等將校若候與大軍同還，恐誤調遣。還至河州、洮州，即以書示都督張温、曹興、周武、金朝興、吴復、張龍，令馳驛赴闕。

諭四川都指揮音亮朱輔等敕 洪武十二年五月己丑

近因寇盜剽掠居民，已敕爾等剿捕之，繼聞不速進兵，淹留道途，反爲民害，遂使賊衆愈盛，實由爾等失機敗事。特遣鎮撫楊華馳諭，如不即擒寇賊，歸良民妻子，而徒勞師旅，則爾等之罪何逃？

軍中唯指揮茅貴勇略有功，千户瞿闟亦能效力，其餘將士勤怠，朕悉知之。各宜勉力，以成厥功。

（以上明太祖實録卷一二四）

諭曹國公李文忠敕 洪武十二年六月壬申

使至，言爾已還至隴州。如見前日敕符，宜且駐鞏昌，若再往岷洮，恐士卒勞倦，難於隨從。

西平侯計此時還師洮州，凡有機略，必能自決。來使言鐵城一路尚有餘寇剽掠，恐大軍已出，無能禦之者，故前諭言必守新城。

爾初使去，其文有二：一欲其遺於道路，一以至爾所。今土官捕逃者以獻，乃其機之應也，爾知之乎？

諭曹國公李文忠西平侯沐英敕 洪武十二年六月丁亥

六月二十三日曉，金星犯井東第三星，占主秦分有兵，故特遣人諭及之。

前命爾等乘大軍之勢，起送番酋赴京，今已久矣，人必懷疑。如未遣，且宜停止，加意慎密，務在安輯，以防其亂。

諭國公詔 洪武十二年六月戊子

國公年老者每三日一朝，如遇朔、望，雖在免朝之日，亦必入朝，其未老者朝參如故。

諭陝西都指揮使司敕 洪武十二年六月辛卯

報至，知西固城番人作亂，已遣八百户兵擊之，恐非決勝之計。此作亂者必癭嗉子，此虜狡黠，未易輕也，宜預防之，勿中其計。

（以上明太祖實録卷一二五）

諭丞相汪廣洋敕 洪武十二年八月辛未

卿當鈞軸之任，政務填委。秋深，知卿病於暑毒，不能朝參，朕每旦臨朝，未嘗不念卿。然智人達士，惟順時調護，則神氣清爽，小小疾病自不能爲害也。以此勞卿，體予至意。

報陝西都指揮使司敕 洪武十二年八月乙酉

爾言是也，但邇者天象數見，不可輕易動兵，且以騎兵之驍勇者就各衛訓練，有警即出，乃全策也。

諭宋國公馮勝敕 洪武十二年八月丁亥

中原民食所恃者，二麥耳。近聞爾令有司集民夫，欲以九月赴工，正當播種之時而役之，是奪其時也，過此則天寒地凍，種不得入土，來年何以續食？自古治天下者必重農時，朕封建諸子，將以福民，今福未及施而先奪農時，朕恐小民之怨咨也。敕至，其即放還，俟農隙之時赴工未晚也。

諭莊浪涼州碾北三衛指揮敕 洪武十二年八月壬辰

近碾北衛來報，番將朵兒只巴部下有人來降，備言朵兒只巴與阿卜商、三副使烏合之由，未審然否？然不可不爲之備。吾度其人馬不下數萬，不久必將入寇涼州、莊浪、碾北之地，爾等宜慎防之，士馬不可輕動。

此時田禾已收，野無所掠，彼亦安能久居此？不過恃其衆多，欲擾邊境耳。彼果衆多，且宜按兵固守，觀其有隙，而後擊之。

賜占城國王阿答阿者書 洪武十二年十月甲子朔

帝王之道，一視同仁，故雖在海外，皆欲其相安於無事。爾占城介居西南，限山隔海，而能臣事中國，數貢方物，頃者遣使貢象，誠意可嘉。表言尚與安南搆兵，至今未息，然占城與安南疆界已定，自昔而然，各宜保境安民，勿事紛争，天道好惡，不可不戒。

今賜卿金龍衣服及良馬等物，至可領也。

（以上明太祖實録卷一二六）

追封顧時爲滕國公誥 洪武十二年十一月甲寅

人臣有大功者，生則受爵，没則褒謚，所以彰其名於永久也。

朕自開創以來，宣力效忠者衆。爾濟寧侯顧時與朕同里，昔從征討，摧堅破敵，歷著功勳。朕平滁陽，清江淮，奠安南土，已而平定中原，爾皆與有力焉，是命顯膺爵禄，寵受侯封。

今天下大定，命爾守禦北平，爾能修其職守，輯和軍民，靖安邊境，正宜相與共樂太平，何其天不假年，遽然長往。朕念爾勞，特追封爲開國輔運推誠宣力武臣、特進光禄大夫、左柱國、滕國公，謚襄靖，以慰爾於冥冥。

於戲！生而著功當代，没而名書史册，人能若是，雖千萬世不朽矣。

以刑部員外郎吕宗藝爲尚書誥 洪武十二年十一月戊午

古者秋官明五刑以弼五教，以期於治也，必得通敏練達、持文平而用法當者，方稱兹選。爾宗藝立心公平，用律詳審，今命爾爲刑部尚書，必期民協於中，以副朕意。欽哉！

（以上明太祖實録卷一二七）

諭襲封衍聖公孔希學敕 洪武十二年十二月

昔卿之祖能明綱常，以植世教，其功甚大，故其後世子孫相承，凡有天下者莫不優禮。

卿每歲來朝，不避祁寒，可謂篤君臣之大義而不咈於爾祖之訓者矣。已敕中書賜卿日用之物，至可領也。

（明太祖實録卷一二八）

召山西布政使司左參政偰斯爲吏部尚書誥 洪武十三年正月庚子

朕惟國家之用人也，去取雖在於人主，銓選必由於吏部。得人則拔擢才良，甄別流品，清濁臧否，不致混淆，而庶職理矣。

爾斯事朕有年，奉職惟謹，察其設施，誠爲允當。其以爾爲吏部尚書，爾其懋哉！

召河南按察使鄭九成爲禮部尚書誥 洪武十三年正月庚子

禮之爲用大矣，施之郊廟、朝廷，所以治神人，和上下。然自三代、漢、唐以迄於今，其儀物度數亦繁矣哉！

朕有天下，命議禮之臣斟酌損益，已有定制，惟在得人遵守而施行之。惟爾九成諳達典故，進退詳審。其以爾爲禮部尚書，爾惟敬哉！

以應天府尹徐鐸爲户部尚書誥 洪武十三年正月庚子

國家以户口、土田、賦役、税糧之事，與夫倉廩、府庫、會計、出入之方，一歸户部，古之制也，非才識周徧、練達時務者，安能居此任乎？爾鐸在職公勤，處事通敏，今以爾爲户部尚書。爾尚明生財之道，務培邦本，使食貨充而國用足，以副朕節用愛人之意。

召前北平按察副使劉崧爲禮部侍郎誥 洪武十三年正月庚子

國家以禮導民，將使天下之人皆由之，其品節之分、制度之詳，亦既考定而頒行之矣，非得明達朝章者典掌而遵守焉，豈足以儀表中外乎？爾崧學通古今，舉止詳雅，故命爾爲禮部侍郎。爾其敬以持身，恭以將事，俾朝廷之禮粲然有倫，則海内嚮風，而有化民成俗之效矣。往居乃職，爾惟懋哉！

（以上明太祖實録卷一二九）

賜都督濮英書 洪武十三年四月丁亥

報至，知所獲人畜。略地之請，聽爾便宜，但將以謀爲勝，慎毋忽也。所獲馬二千，可付涼州衛。

改封豫章侯胡美爲臨川侯誥 洪武十三年四月己丑

昔竇融以河西歸漢，後世稱之。朕以武定四方，乃有識天運而建事功如昔人者，助成帝業，理當崇報。

開國輔運推誠宣力武臣、榮禄大夫、柱國、豫章侯、食禄一千五百石胡美，以漢沔之英，當朕經略江右，乃能識幾，盡歸版籍，以保人民，於是任以中書平章之職。屢從大將征，取江夏，攻壽春，平淮東，克浙西，遂取邵武、建寧，其功益著。扈朕巡守，分省北京，兵有紀律，民用妥安，況爲國之姻戚而動著於當世。天下已定，論功行賞，已爵侯封，今改封爾爲臨川侯，使爾子孫世世承襲。

嗚呼！朕仰遵哲王之禮典，以報爾功，爾尚慎守禄位，以光勳業，篤親親而厚風俗，更以忠貞訓子孫，傳於永世，豈不偉歟！

追封都督僉事王簡爲霍山侯誥 洪武十三年五月辛卯

人臣能宣忠效力、佐興洪業者，生膺職任之重，殁有褒贈之榮，所以示報功之典也。咨爾奉國將軍、大都督府都督僉事王簡，當朕起義之初，勤事左右，從渡大江，招降決戰，不憚勞苦。及進陞帥職，屢立奇勳，繼隨大將征討四方，勇略兼人，功績尤著。天下既定，遂命僉職都府，調鳳陽，往彰德，練兵屯田，咸稱厥任。

朕念開拓之功，以爾年邁，俾食全禄，優老於家，何期嬰疾，遽然長逝，朕甚憫焉。今加贈開國輔運推誠宣力武臣、榮禄大夫、中軍都督府同知，追封霍山侯，謚忠毅，以報爾於冥冥。

於戲！盡忠爲國，臣職之當爲；崇德報功，朝廷之令典。爾雖永逝，威烈猶聞，且爵正侯封，子襲衛職，存殁有榮，可無憾矣。爾其有知，服兹寵命。

諭宋國公馮勝敕 洪武十三年五月癸巳

五月三日，爾夫人何氏以疾終。今命使馳驛往報，其安葬之道何如？或可自歸議之。

告天下詔〔八〕 洪武十三年五月乙未

朕以菲德，託於萬姓之上，奉天勤民，於兹十有三年矣。間者宰輔非才，肆姦亂政，朕思創造之艱難，念生民之不易，按法誅之，恐陷於不義者於心未安。昧於知人，實朕之過，上天垂戒，朕甚懼焉。可大赦天下，除十惡不宥外，洪武十三年五月初三日以前已、未發覺結正，罪無大小，咸赦除之。軍民已有定籍，敢有以民爲軍、亂籍以擾吾民者，禁止之。自洪武初至十二年終，軍民逋逃、追捕未獲者，勿復追。太平、鎮江、宣城、廣德、滁、和今歲夏秋税糧〔九〕，免其徵。山西民爲軍者二萬四千餘户，悉還爲民。

嗚呼！居高聽卑，仰天心之可格；省躬知過，冀人事之克修。布告臣民，想宜知悉。

遷工部侍郎劉敏爲刑部侍郎誥 洪武十三年五月己亥

於戲！昔聖人以德化天下，故民樂於從善而天下治。然聖人之心，必欲天下之人皆善而無惡；有不率者，然後有刑以齊之。故賞當其功，罰當其罪，而民之不從善者無有也。故上曰君聖，中曰臣賢，下曰民良，而天地致和，品物咸亨矣。

後世之君臣，乏誠意正心之學，蔑成己及物之善，是以刑罰弗當，仁義倒施，法愈煩而犯愈衆，此爲世之大病也久矣。求君之聖、臣之賢、民之良者幾希，故善治國者必擇仁人以治刑，否則法由此而煩，期於無刑之地，烏可得哉？

今以爾敏爲刑部侍郎，特授通議大夫，爾尚敬慎之哉！

諭五軍都督府詔 洪武十三年五月丁未

凡大小武臣有伯叔兄弟、若姊妹之夫居行伍者，皆得給聚，及分禄贍之。著爲令。

命會寧侯張温等往撫河南敕 洪武十三年五月

河南將士疲勞多矣，宜善撫之。凡役萬人者可役千人，千人者可役百人，使得更休，毋盡其力。

諭遼東都指揮使司敕 洪武十三年五月丙辰

五月二十五日得奏，知高麗周誼至遼東，朕觀其來咨，知東夷之詐，將以搆大禍也，此來豈誠心哉？爾等鎮戍邊方，不能制人，將爲人所制矣。

且高麗朝貢，前已違約，朕嘗拘其使詰責之，後縱其歸，令當如約，則事大之心，其庶幾乎。使既還，未聞有敬畏之心，乃復懷詐，令誼作行人，假稱計事，此非有謀而何？前元庚申君嘗索女子於其國，誼有女入於元宮，庚申君出奔，朕之内臣得此女以歸。今高麗數以誼來使，殊有意焉，卿等不可不備，毋使入窺中國也。

敕至，當遣誼至京，別有以處之。

召興化府儒學教授吴源敕 洪武十三年五月丙辰

朕聞君天下以安民爲本，圖治以得賢爲先，古昔帝王能旁求俊乂，以輔不逮，故黎庶賴之以安而治道隆也。

朕自即位以來，雖求賢之詔屢下，而得賢之效未臻。今中書舍人林廷綱薦爾學精德邁，才識過人，故特遣使齎符以召。有司禮送至京，朕將試用焉。

召儒士王本等敕 洪武十三年五月己未

昔者聖哲之馭宇也，朝無倖位，野無遺賢，是致世泰時和。蓋由聰明睿知，善無不備，故士之仁者樂從之游而輔之以德，自非聖哲而處於民上，則倖位遺賢多矣。

今朕才疏，昧於聖道，是以賢隱善匿，民未康而時未泰，以爾博學君子，有德有年，故以符召。若精力有餘，策杖來朝，加以顯爵，與朕同遊。

（以上明太祖實録卷一三一）

諭北平山西陝西四川廣東廣西遼東福建都指揮使司布政使司敕 洪武十三年六月癸亥

會計邊衛之地見儲倉糧，及今年所徵田糧可給軍餉及官吏月俸幾年，具報户部以聞。

諭江陰侯吴良臨川侯胡美都督張銓於顯孫恪敕 洪武十三年六月丁卯

昨者上天垂戒，朕思治理，息民爲先，其王府一切役作，宜皆停罷。

召儒士李延齡李幹敕 洪武十三年六月癸酉

朕即位十有三年，夙夜孜孜，思得四方賢才，相與共安天下。何期大臣不職，朋比爲姦，雖四凶之罪已誅，而求賢之意未稱。今監察御史薦爾等博學洽聞，特遣使齎符臨召。有司禮送至京，副朕虚懷。

召儒士楊良卿王成季敕 洪武十三年六月乙亥

朕聞野無遺賢，虞所由興；立賢無方，商所以治。不信仁賢，則國空虚，朕於是不能無慮。翰林典籍戴安薦爾高才博藝，允宜任用。符至之日，有司即以禮遣，朕有以用之。

召儒士石器等制 洪武十三年六月丙子

二帝、三王任賢使能，以底隆平，而今不治者，豈斯民異哉？由朕不德，不能明揚側陋，豈小人在位，使君子不能上達歟？試尚書范敏舉爾陝州石器、荆志，靈寶縣王道、楊原、張知，閿鄉縣王仲寧、張謙、郭鏞、趙規，學識出羣，才行超衆，特遣使臨召。有司禮送至京，朕將試用焉。

召儒士吕慎明敕 洪武十三年六月甲申

古之賢者，多隱處巖穴，甘樂貧賤，必待有道之君以禮徵聘，然後出爲時用，以堯舜其君民，若伊尹、傅説之流是也。

今天下不患無賢才，特慮朕求之之道未至耳。翰林編修吴沈薦賢爲國，舉爾才德兼備，故特遣使聘召。爾其來朝，副朕側席之意。

召儒士劉仲海敕 洪武十三年六月甲申

朕以菲薄之才，履至尊之位，深懼寡昧，無以下燭幽隱，綏養元元，故夙夜孜孜，思與海内賢哲之士共厎隆平，雖求之日切，而至者恒寡。書曰：知人則哲，惟帝其難之。朕以是屢敕百司各舉所知，而翰林典籍戴安薦爾博學多能，特命有司禮送至京，爾其毋辭。

召儒士鄒魯狂敕 洪武十三年六月甲申

曩者有元失馭，海内弗寧，朕起布衣，削羣雄，定禍亂，君主黔黎，十有三年矣。求賢之道，有所不逮，且大臣非才，而君子晦伏，小人尊榮，遂致懷才抱德之士隱於巖穴，不求聞達。今姦邪之徒俱已伏辜，昨命侍臣各舉所知，翰林典籍戴安薦爾才堪任用，特遣使持符召爾。符至，有司禮送至京，朕將擢用焉。

召儒士宋季子敕 洪武十三年六月甲申

朕惟歷代世治民安，法彰弊革，禮明樂和，風淳俗美，惟在舉任得人而已，舍是而能然者，未之聞也。翰林典籍吴伯宗薦爾學問該博，才識優長，特遣使召爾詣闕，朕將加禮焉。

（以上明太祖實録卷一三二）

諭廣東都指揮使司及南海衛指揮使司官敕 洪武十三年八月辛酉

若居斯任者爲國不能宣忠效力，爲民不能禦災捍患，戍邊禦侮，不致民艱，將之善也。若是廢其職，罪將何歸？

爾等坐視生民塗炭，朕將致罪而復容之者，待爾前者海寇出沒，爲患不一，東莞尤甚。今久不捷報，事果何如？俘囚來獻，以功蓋愆也。

故敕爾等宜討寇必克，擒縛以來，若仍前怠事，則並問東莞之罪。爲將者不任，律有棄市之條，爾其聽之。

戒守令詔〔一〇〕 洪武十三年九月丁未

朕荷天地之佑、祖宗之德，君主華夷，十有三年，其立綱陳紀，所以安民也。曩因姦臣弄權，恣行不法，内外之職，咸罔克忠，惟貪贓蠹政，以干邦憲。今爾等皆出編氓，深知稼穡艱難，民生疾苦，是用授以職任，相與圖治。爾當竭誠報效，無蹈前非，其有舊任未代者，若仍蹈前非，慢神虐民，肆意妄行，則國有常憲。於戲！政在養民，實先聖之令典；竭忠所事，乃人臣之當爲。可不慎哉！

追封高顯爲汝陰侯誥 洪武十三年九月辛亥

自昔帝王之興，統一寰宇，其義勇之士，有能委身效力、佐成大功者，生膺爵位之貴，殁有褒贈之榮。

惟爾龍虎將軍、僉後軍都督府事高顯，曩以英毅之姿，居行伍之列，當朕渡江之初，隨衆來歸，勤事左右，被堅執鋭，無役不從，略地攻城，所戰必克，雖勍敵在前而不顧，矢石集身而不辭，累立奇功，進典兵衛。繼隨大軍平靖幽薊，以至副征迤北，戍守寧川，獻俘執訊，撫順招降，勳績允著，歷官顯要，冀享安榮，何乃天不降年，因疾長逝。追念爾勞，朕豈能置？是用贈爾開國輔運推誠宣力武臣、榮禄大夫、同知後軍都督府，追封汝陰侯，謚武肅，以慰爾於冥冥。

諭禮部敕 洪武十三年九月癸丑

凡祭祀必備其物，苟其物非地産所有，又無商賈販鬻，則聽其缺可也。

（以上明太祖實録卷一三三）

諭四輔官王本等敕 洪武十三年十月戊午朔

自胡惟庸不法之後，特召天下賢材，而有司又多泛舉，尚書范敏獨能薦卿等以輔朕。朕視卿等皆年高篤厚，故九月告於太廟，議立四輔，以王本、杜佑、龔敩爲春官，杜敩、趙民望、吴源爲夏官，惟秋、冬官缺，以本等攝之。

是年自春徂秋，天災疊見，維秋之暮，天氣尚暄，嘗諭本等沐浴致齋，精勤國務，以均調四時。本等奉命盡誠，逮立冬，朔風釀寒，以成冬令。

嗚呼！天其兆吉人乎？感應之機，如響斯答。古者三公四輔，論道經邦，理陰陽，順四時，其或有乖戾，則曰公輔失職，蓋人事有不齊，則天應之有如此者。卿等尚當竭忠誠，以勤厥職，庶幾感格天心；苟在己之誠一有不至，則不足以動人，況於動天乎？可不慎歟！

諭吏部尚書阮畯等敕 洪武十三年十月辛酉

比遣使徧諭有司，各舉才能，以備任使，而有司不體朕意，往往以庸才充貢，已嘗敕所司按之以法。爾吏部宜申諭有司，用心咨訪，務得真才，舉非其人，加罰無貸。

諭江陰侯吴良敕 洪武十三年十月乙亥

上天垂象，主土木之事。近令拓青州北城，恐勞民太重，宜罷其役。

諭爪哇國王八達那巴那務詔 洪武十三年十月丁丑

聖人之治天下，四海内外，皆爲赤子，所以廣一視同仁之心。朕君主華夷，撫御之道，遠邇無間。爾邦僻居海島，頃嘗遣使中國，雖云修貢，實則慕利，朕皆推誠以禮待焉。前者三佛齊國王遣使奉表，來請印綬，朕嘉其慕義，遣使賜之，所以懷柔遠人。爾奈何設爲姦計，誘使者而殺害之？豈爾恃險遠，故敢肆侮如是歟？今使者來，本欲拘留，以其父母妻子之戀夷夏則一，朕推此心，特令歸國。爾二王當省己自修，端秉誠敬，毋蹈前非，干怒中國，則可以守富貴。其或不然，自致殃咎，悔將無及矣。

封真人張宇初母包氏爲玄君誥　洪武十三年十一月辛丑

人臣之有名位者，婦以夫榮，母因子貴，此古今令典也。正一嗣教真人張宇初母包氏，篤生賢子，克紹玄宗，特封清虚沖素妙善玄君。爾惟敬哉，以承嘉命。

（以上明太祖實録卷一三四）

校記

〔一〕詰　原作『誥』，據尚書立政改。

〔二〕及　原作『己』，據廣方言館等本改。

〔三〕嚴凝　原作『嚴寧』，據廣方言館等本改。

〔四〕明太祖實録題下有注：『院判葛允謙等誥文同。』

〔五〕武官　原作『五官』，據廣方言館本改。

〔六〕番戎　原作『番夷』，據明史卷三三〇改。

〔七〕大利　原作『太利』，據廣方言館等本改。

〔八〕皇明詔制卷一、明書卷五一題作雷震謹身殿赦天下詔。

〔九〕宣城　原作『宣誠』，據廣方言館等本改。

〔一〇〕皇明詔制卷一、明書卷五一題作諭諸司修職詔。

明太祖文集補編卷七

諭蘇松嘉湖及浙江江西有司敕 洪武十四年正月庚子

凡民間女子年十三以上、十九以下，婦人年三十以上、四十以下無夫者，不問容貌妍醜，但無惡疾，願入宫備使令者，女子人給鈔六十錠，婦人給鈔五十錠，爲道里費，送赴京師。

命吏部敕 洪武十四年正月乙巳

凡郡縣所舉諸科賢才至京者，日引至端門廡下，令四輔官、諫院官與之論議，以觀其才能。

求賢詔 洪武十四年正月丙辰

自古有志之士，屈身寒微之時，未見其爲賢智也；一旦遇君，則賢知稱焉。朕常詔求天下賢才，其來者雖衆，而賢智者甚寡，豈君子懷韞櫝之志而內美不自見乎〔一〕？今再詔：寰宇之内，果有才高識廣之士，隱於耕釣，困於羈旅，雖有至智，一時不能自伸者，有司以禮敦遣，朕將尊顯之。

於戲！智人潛光，常處寒微而閲世；天道成人，使之忍性動心而所爲拂亂。斯世之上賢，朕虚心延佇，毋重自困焉。

（以上明太祖實録卷一三五）

赦天下詔 洪武十四年三月丙戌朔

在昔唐、虞、三代之君，任賢使能，民皆遠罪，刑措不用，享年永久。朕恭膺天命，撫育黔黎，今十有四年，雖夙夜究心，以求民之安，而未臻其效，獄猶未清，良由委任非人，致民陷刑辟，朕甚憫焉。

今大赦天下，與民更始，自洪武十四年三月初一日昧爽以前，除謀反、大逆、殺祖父母父母、妻妾殺夫、奴婢殺本使、毆殺小功以上親及謀故殺人、强盜、僞造鈔、蠱毒、魘魅不赦，其餘已結正、未結正，已發覺、未發覺，罪無大小，咸赦除之。敢有以赦前事告言者，抵其罪。

斷發充軍未到衛所者，安置徒流未至地方者，作耗詿誤，流竄未到配所者，並釋還鄉。追徵贓罰、侵欺錢糧、欺隱田賦及兩浙、福建見追煎鹽工本，並免徵。洪武十三年以前替閑釋放官員，有司遣赴京師，復敘之。民間有才高志廣之士願出仕者，即禮遣赴京。告諭天下，使明知朕意。

起致仕刑部尚書李敬爲國子學祭酒致仕禮部侍郎劉崧爲國子學司業敕 洪武十四年三月丙申

朕聞古者賢能之臣，人君不忍其去，以其有益於國也。朕以所用非人，致災異疊見，賢才避位，卿亦其忍去哉？今特遣行人召爾敬爲國子祭酒，崧爲國子司業，其來毋稽。

命宋國公馮勝佩征討將軍印節制河南詔 洪武十四年三月辛丑

河南爲天下重鎮，地廣民稠，士馬甚重。方今大將軍征北，特命爾節制其地，宜休息民力，訓練士卒，以佐征討。

諭征虜大將軍魏國公徐達左副將軍信國公湯和右副將軍潁川侯傅友德敕 洪武十四年三月壬寅

今夏及秋，胡人必伏精兵於近塞，以待我師。卿等欲輕騎進擊，不可不深爲謀，必先知彼虛實，乃可行兵。若知彼之計，宜遣三四百人先入其境，而以精騎繼之。其先行者必有擒獲，執而詢之，可得情實。有伏則引還，誘其追我，度其行遠勢困，則返擊之，必得其利；無伏，即以精兵擣之可也。若大軍未可出塞，且留營北平。

諭刑部敕 洪武十四年三月癸卯

自今官吏受賂者，必求通賄之人併罪之，徙其家於邊。著爲令。

起致仕四輔官龔斅爲國子學司業敕 洪武十四年三月辛亥

曩者朝臣薦卿學行，故召卿至廷，官以四輔，而卿乃告老，遂命還鄉。今朕命公侯子弟讀書國學，而司業缺員，生徒無所矜式。卿其爲朕一來，坐以講道授經，無奔趨筋力之勞，而有成就後學之美，亦儒者之素志也。其來無有所讓。

（以上明太祖實録卷一三六）

諭宋國公馮勝敕 洪武十四年四月丙辰朔

今天象有警，占在大梁，乃爾所封之地，爾今正在彼處，當早夜謹畏。王之宫殿已成，王城内外，護衛嚴密，馬步卒士，各加訓練。其在爾左右爲圉子手者，王府有馬，毋令牧於遠地，常令兩軍守一馬軍，皆須精鋭者，但有異聞，即乘馬走報〔二〕。爾就語都指揮馬兒，亦宜慎防，察人動静。

祭國子司業劉崧文 洪武十四年四月己未

惟爾有學有行〔三〕，發譽儒林，朕嘉爾能，屢常擢用。邇者遣使召爾司業成均，簡在朕心，期於成效，夫何不數日間，遽然而逝，朕甚悼焉。已令有司備禮殯殮，靈車歸葬，特以牲醴致祭。

以陳鏞襲封臨江侯誥　洪武十四年五月壬子

人臣能宣力效忠、佐興大業者，爵位以榮其身，世禄以及其後，所以重報功之典也。咨爾陳鏞，爾父臨江侯德從朕渡江，勤事左右，征討四方，尤著勳績。天下既定，論功定封，錫以侯爵，加以重禄，俾享安榮，何天不假年，遽然長逝，朕念之不忘，爾爲嫡長，是用命襲其爵。

嗚呼！竭忠爲國，人臣之當爲；崇德報功，古今之盛典。爾鏞思前人之奮勇，折衝於勍敵，以成大功，當益懋忠勳，永保禄位。

（以上明太祖實録卷一三七）

諭南雄侯趙庸敕　洪武十四年八月乙丑

嶺南民人入籍既久，屢叛屢征，朕非得已，舊歲命卿鎮撫其地〔四〕。惟陽春之盜，出没剽掠，久爲民患，卿以兵勦平之。捷報至京，朕甚爾嘉。但所奏俘囚數多，朕思凡民之亂，由有司不能撫恤，以致作亂，卿可會都司、布政司取俘囚中首惡者誅之，脅從之黨〔五〕，釋歸田里。

（明太祖實録卷一三八）

諭播州宣慰使楊鏗敕 洪武十四年九月壬午

曩者元綱不振，亂兵四起，四海之民，不遑安處。朕既混一寰宇，四征弗庭，蠻夷酋長，罔不稱臣入貢，其或志在偵伺，未篤事大之誠，徒取禍敗。

爾鏗世守播州，作朕藩屏，然輕聽浮言，易生疑二，故積愆日深。今大軍南征，多用戰騎，爾當以馬三千，率酋兵二萬爲先鋒，以表爾誠。符至奉行，毋違朕命。

勞金竺長官密定敕 洪武十四年九月壬午

西南諸夷雖曰歸附，然不過暫入貢而已。爾密定首獻馬五百匹，以助征討，其誠可嘉，故特遣使往諭，候班師之日，重勞爾功。

諭禮部敕 洪武十四年九月癸未

昔板的達來時，觀其姿貌端潔，戒行精慎，朕甚嘉之。及居中國甚久，吾中國僧俗亦重其善行。板的達死，而古麻辣室哩等篤奉師教，敬如存日，可謂不背其師者矣。今乞歸本國，且欲以所歷中國風土人物歸語其國王，使王不出户庭，坐知中國之盛。

特賜僧號曰孝净戒師，俾西還。凡經歷諸國及諸酋長，或問僧何來，所歷者幾，僧必具言，使彼知之。且僧來時，朕嘗詢其所歷之地，聞其景物多異，朕亦喜焉，況彼聞吾中國之大者乎？爾禮部備録朕諭，俾僧持歸，仍令所至諸國及諸酋長遇僧至，宜善送之。

諭宋國公馮勝河南都指揮使徐司馬敕 洪武十四年九月乙酉

天象屢見，不可不警。大梁軍民雜處，宜用心撫安之。今秦王、晉王還京，宜選精鋭將士嚴密宿衛。王到之時，宋國公出迎，則都指揮城守；都指揮出迎，則宋國公城守。指揮軍士以三分之一出迎，餘悉令守城。爾其夙夜加慎毋忽。

諭刑部尚書胡禎敕 洪武十四年九月辛丑

帝王撫臨百姓，皆欲其從化，至於刑罰，不得已而用之，故唐虞之法，罪疑惟輕，四凶之罪，止於流竄。今天下已安，法令已定，有司既不能宣明教化，使民無犯，及有小過，或加以苛刻，朕甚閔焉。夫上有好生之德，則下有爲善之心，改過者多，則輕生者少。自今惟十惡真犯者，決之如律；其餘雜犯死罪，皆減死論。

賜翰林院修撰趙新致仕敕 洪武十四年九月己酉

士之所以能立身以保其終始者，有三品焉：上才之士，志高量大，其所爲無所不可；中才之士，謹守成法，不失其中，僅能措諸事業；其次雖守法而或失其中，然不至於爲惡，此皆是以保其身者也。

惟卿質直無僞，涉獵書史，始爲國子助教，能舉其職；及遷山西布政使，雖無所設施，而持身廉潔。朕以卿本儒者，而才不及中人，不宜任以政務，授翰林修撰。既而見卿年老多疾，特令致仕。卿其保厥終始，以副朕懷。

諭監察御史林願孫榮等敕 洪武十四年十月癸亥

王者順天時以修政令，古之制也。

今天氣嚴肅，當修刑典，御史職在司法，伸理冤抑。今遣爾等往各處審決獄囚，其罪重者，悉送京師，令大理寺詳讞。無任情以屈法，枉道以厲民，期於律應人心，法當天理。欽哉！毋違朕命。

（以上明太祖實録卷一三九）

諭宋國公馮勝敕 洪武十四年十一月戊子

聞有盜五百餘人由黄陂縣而西，殺掠居民，此必征南士卒畏避而逃者。夫不用軍法，罪固當死，因而爲盜者又甚焉。宜即遣兵於汝寧、南陽之地，偵其出没，捕之。

追封孫世爲富春侯誥 洪武十四年十二月壬子

人臣能宣力效忠，佐興大業，生則禄位以崇其身，殁則褒贈以顯於後，所以報功，示不忘也。

咨爾中軍都督府僉都督孫世，以武勇之資，奮身行伍，渡江以來，勤事左右，歷著戰功，繼從大將軍征討，與有勞焉。天下既定，陞秩賞功，遂僉都府，方期克享安榮，而乃遽然長逝。追念曩昔，未嘗有忘，是用贈爾開國輔運推誠宣力武臣、光禄大夫、柱國、同知中軍都督府事，追封富春侯，謚忠勇，以慰爾於冥冥。

嗚呼！生爲勇將，殁則侯封，功烈昭聞，垂於不朽，可無愧矣。尚其有知，服兹寵命。

諭遼東都指揮使潘敬等敕 洪武十四年十二月乙丑

前爾奏云高麗入貢如約，觀卿處置，甚合事宜。高麗姦臣李仁篡弒其主，臣民畏其黨衆而屈從之，今幾年矣。

曩者中國之君，以力服之者有焉，以德懷之者有焉。如高麗之姦頑，德不能懷，惟威之畏，故前人以力得之，其爲生民之禍亦甚矣。雖有時而懷德，待之以禮，旋復詭詐竊發，背叛不常，累代兵征，蓋以此也。

今李仁雖云願聽約束，未知臣節久將何如？卿與諸將其慎之。高麗貢獻，但一物有不如約，即卻之境上，固守邊防，毋被其誑。

諭征南將軍潁川侯傅友德左副將軍永昌侯藍玉右副將軍西平侯沐英敕 洪武十四年十二月辛未

内使羅信至，知將軍調度有方，節制嚴整，普定諸蠻俱已摧奔，但未知此時事勢何如？烏蒙、烏撒果降否？

前恐蠻地無糧，符報將軍，令分軍回衛。今知資糧於敵，軍可不必回也。

諭烏蒙烏撒諸酋長敕 洪武十四年十二月辛未

朕歷覽羣書，見西南諸夷自古及今莫不朝貢中國，以小事大，義所當然。朕受天命，爲天下主，十有五年，而烏蒙、烏撒、東川、芒部、建昌諸處酋長，猶桀驁不朝。朕已遣征南將軍潁川侯、左副將軍永昌侯、右副將軍西平侯率大軍往征，猶恐諸酋長未諒朕意，故復遣内臣往諭。如悔罪向義，當躬親來朝，否則遣人入貢，攄爾誠款，朕當罷兵，以安黎庶。爾其省之。

（以上明太祖實録卷一四〇）

諭征南將軍潁川侯傅友德左副將軍永昌侯藍玉右副將軍西平侯沐英敕 洪武十五年正月甲午

比得報，知雲南已克，然區畫布置，尚煩計慮。前已置貴州都指揮使司，然其地去雲南尚遠，今雲南既克，必置都司於雲南，以統率諸軍。既有土有民，又必置布政司及府、州、縣以治之。其烏撒、烏蒙、東川、芒部、建昌之地，更宜約束其酋長，留兵守禦，禁其民毋挾兵刃。

至如麤翠輩，不盡服之，雖有雲南，亦難守也。其從征軍士有疾病疲弱者，每衛毋限十人、百人，可先遣還。

（明太祖實録卷一四一）

諭駙馬都尉李祺往河南賑災敕 洪武十五年二月壬子

河南奏黄河水決，瀰漫數百里，漂蕩民居，百姓遷移，不得寧處，朕甚憫焉。今東作方興，民饑窘，不得耕作，特命爾往賑之，無使一夫一婦不獲其所。爾其欽哉！

諭播州宣慰使楊鏗敕 洪武十五年二月癸丑

朕以致仕武官分守雲南，每官一人至，備甲兵五十五人衛送之。

諭水西烏撒烏蒙東川芒部霑益諸部酋長敕 洪武十五年二月癸丑

今遣人置郵驛，通雲南，宜率土人，隨其疆界遠邇，開築道路。其廣十丈，准古法，以六十里爲一驛。符至奉行。

賜六部尚書侍郎馬敕 洪武十五年二月丁巳

禮，君賜車馬，所以禮重臣，示優寵也。今尚書、侍郎，古六卿之職，朝夕贊襄庶政，非羣有司比，而騎乘不具〔六〕，其何以振肅禮儀，使百寮具瞻哉〔七〕？書不云乎：『明試以功，車服以庸。』其各賜馬，以稱吾優禮重臣之意。

諭征南將軍潁川侯傅友德左副將軍永昌侯藍玉右副將軍西平侯沐英敕 洪武十五年二月戊午

自雲南捷報至，朕念將軍久勞在外，但烏蒙、烏撒、東川、芒部土酋當悉送入朝，蓋慮大軍既回，諸蠻仍復嘯聚。符到之日，不限歲月，一一送來，靄翠夫婦亦如之。前已設貴州都指揮使司，然地勢偏東，今思控制之法，莫若於實卜所居之地立司，以控貴州、普定、普安、霑益、東川、芒部、烏蒙、永寧、建昌等處，卿等以爲何如？宜審圖可否爲之。

諭征南將軍潁川侯傅友德左副將軍永昌侯藍玉右副將軍西平侯沐英勅 洪武十五年二月丙寅

自將軍南征，大軍所至，勢同破竹，蠻獠之地，次第底平。朕觀自古雲南諸夷，叛服不常，蓋以其地險而遠，其民富而狠也。馴服之道，必寬猛適宜，事之委曲，諒將軍必不煩朕慮，朕亦不可不以古人之事以示將軍。在漢武帝時，始得西南諸夷，終兩漢之世，叛者十次。在光武時，將軍劉尚擊益州夷，路由越嶲。其酋長多釀毒酒，欲以勞軍，因襲擊尚。尚知其謀，即分兵掩捕誅之，徙其家屬於成都。蜀漢之時，諸葛亮討平其地，收其豪傑，出其金銀馬牛以給軍用，終亮之世，夷不復反。亮没後，凡四反，張嶷嘗一討之。嶷將回軍，興古獠復反，嶷復擊之，其地悉平。唐太宗時，雲南自守，至高宗時始入貢，朝廷待之至重，反生侮慢。唐前後凡九加兵，戰屢不勝，唐終不能馭。元世祖親下雲南，令親王鎮守之，終元百年間，前後七叛。將軍觀此，可熟察其情，詳慎處置。爲今之計，非惟制其不叛，重在使其無叛耳。

（以上明太祖實録卷一四二）

諭征南將軍潁川侯傅友德等敕 洪武十五年閏二月甲午

初命將軍令各土酋入朝，本欲使之知中國禮教。今思雲南新附，人心未定，即令入朝〔八〕，諸蠻必生疑懼，或遁入山寨，負險不服；若復調兵，損傷必多。莫若順而撫之，示以恩信，久則自當來朝矣。

諭征南將軍潁川侯傅友德左副將軍永昌侯藍玉右副將軍西平侯沐英敕 洪武十五年閏二月戊戌

近者指揮何福至京，得報，知摧堅撫順之方，運籌決勝之略。然雲南自漢以來，服屬中國，惟宋不然，胡元則未有中國，已下雲南。近因彼肆侮朝廷，命卿等討平之。今諸州已定，惟大理未服，尚生忿恨，當即進討，故命福馳回，諭諸將軍：夷性頑獷，詭詐多端，阻山扼險，是其長計。攻戰之策，諸將軍必籌之熟矣。若頓師宿旅，非我之利，要在出奇制勝，乘機進取，一舉而定，再不勞兵可也。所奏事宜，悉從爾請。

命顧敬襲濟寧侯敕 洪武十五年三月丁卯

凡武臣子孫得世襲其爵禄者，皆以其祖、父有功於國家，故厚其報，以示不忘。然觀自古以來，世禄之家鮮克由禮，遂至傾覆，朕每用慨惜。

爾父濟寧侯顧時功著國家，兹特命爾敬嗣爵爲侯。爾尚毋驕其志，毋怠於事，益篤忠貞，永延國寵。爾惟懋哉！

（以上明太祖實録卷一四三）

諭征南將軍潁川侯傅友德左副將軍永昌侯藍玉右副將軍西平侯沐英敕 洪武十五年四月己亥

烏撒諸蠻伺官軍散處，大勢不合，故有此變。

朕觀雲南之地，如曲靖、普安、烏撒、建昌，即今勢在必守，其東川、芒部、烏蒙，未可遽守也。且留大軍屯聚，蕩除烏撒、芒部等蠻，戮其酋長，使之畏威，方可分兵守禦。彼蠻負固者尚多，爾其慎之。

（明太祖實録卷一四四）

諭遼東都指揮使潘敬等敕 洪武十五年五月丁巳

天地所覆載，日月所照臨，凡有民必有君主，封疆之大小雖殊，而治民之道則一也。前者三韓之酋爲其臣所弑，疊遣使來貢，朕卻之再三，特以歲貢難之，欲其止也。今不止而固請，欲以數年之獻，合爲一歲之貢，暗爲愚侮，是生隙也。朕觀東夷之人，不懷恩而好搆禍，縱使暫臣，亦何益哉？

爾守遼諸將固守我疆，毋與較其細微，聽彼自爲聲教。

諭天下郡縣敕 洪武十五年五月丁丑

訪求經明行修之士，年七十以下、三十以上，有司以幣聘之，遣送至京，共論治道，以安生民。其見任教授、學正、教諭、訓導，職專教訓，不在舉列〔九〕。

命羣臣議遼東屯田敕 洪武十五年五月

昔遼左之地，在元爲富庶，至朕即位之二年，元臣來歸，因時任之。其時有勸復立遼陽行省者，朕以其地早寒，土曠人稀，不欲建置勞民，但立衛，以兵戍之。其糧餉歲輸海上，每聞一夫有航海之行，家人懷訣别之意。然事非獲已，憂在朕心，至其復命，士卒無虞，心乃釋然。近聞有溺死者，朕終夕不寐。爾等其議屯田之法，以圖長久之利。

（以上明太祖實録卷一四五）

諭征南將軍潁川侯傅友德左副將軍永昌侯藍玉右副將軍西平侯沐英敕

洪武十五年六月丙戌

近得報，知盤江道路尚梗，且乏糧食。符到，可留兵四百守水西城，以觀靄翠動静，普定亦留兵如水西。且令兩軍合勢，日攻烏撒諸蠻，取糧爲食，彼將奔命不暇，尚暇擣我空城耶？不然，則士卒饑困矣。

諭安陸侯吴復平涼侯費聚敕

洪武十五年六月辛卯

符到，可疾報征南三將軍：凡烏撒、烏蒙、東川、芒部、盤江、關索嶺諸蠻，悉除蕩之。爾安陸、平涼二侯會兵攻擊砦栅，安陸總兵，平涼副之，若通關索嶺路，慎勿與蠻人戰於嶺上，當分兵直擣賊巢，以掩襲之，使彼各救其家，不能糾合，以抗吾師。其傍土寨即未能下，俟三將軍師至，合力攻之，必克也。

諭吉安侯陸仲亨敕 洪武十五年七月丁卯

近命兵部録驍勇兵送赴雲南，到日俱留七星關，修繕城砦，練習弓馬。凡攻擊，則令其爲前鋒。

諭都督濮英及都指揮宋晟敕 洪武十五年七月己巳

七月二十日晚，彗星出西北，主有賊兵，出入宜警備。自今回回之地有馬駝羊畜入境，止遣親信一二人往視，切勿發兵迎之。此輩或假以貿易爲詞，伏賊兵於後也。慎之慎之！

諭征南將軍潁川侯傅友德左副將軍永昌侯藍玉右副將軍西平侯沐英敕 洪武十五年七月己巳

近得報，知雲南守禦諸將軍饋餉不足，朕遠度事宜，惟雲南大理、楚雄、臨安、曲靖、普定之地可留兵守禦，東川、芒部、烏蒙則未可也。若烏撒既克，亦宜少留兵戍之，其餘士馬，悉令討擊未服諸蠻。俟其懾服，然後以東川之兵，駐於七星關之南、烏撒之北，中爲一衛，其饋餉則東川之民給之。若烏撒立衛，則令烏撒之民給之，或七星關，或烏蒙，或芒部立一衛，各俾本土之民給之。自永寧以南至七星關，中爲一衛，令禄照、羿子等蠻給之，皆俾饋餉歲足。如是則兵衛相屬，道路易通，無事則分兵駐守，有警則合兵勦捕。若分兵散守，深入重山，蠻夷生變，道路梗塞，則非計也。符至，諸將當慎飲食，撫士卒，俟諸蠻悉定，方可班師。

諭安陸侯吳復平涼侯費聚敕 洪武十五年七月己未

都督郭英及張王二都督之兵如已會，慎勿輕分，且屯駐左右，隨機調用。其水西衛兵急宜調出，止留一千或四五百足矣。靄翠之民，今必敢爲亂〔一〇〕。盤江路通，西堡既克，則普定亦止可留兵千人守禦，餘皆令於烏撒之地就糧自贍。

（以上明太祖實録卷一四六）

遣監察御史余公大往泰州審決重刑敕 洪武十五年八月庚辰

雨露滋生，萬物以榮；霜露肅殺，萬物以悴。榮悴各當其時，斯二儀之常經，古今所不易者也。

今命爾往泰州審决刑獄，爾其慎法天時，務從至公，毋獲罪於人神。欽哉！

命禮部頒學校禁例十二條詔 洪武十五年八月辛巳

一曰，生員事非干己之大者，毋輕訴於官。

二曰，生員父母有過，必懇告至於再三，毋致陷父母於危辱。

三曰，軍國政事，生員毋出位妄言。

四曰，生員有學優才贍，深明治體，年及三十，願出仕者，許敷陳王道，講論治化，述爲文辭，先由教官考較，果有可取，以名上於有司，然後赴闕以聞。

五曰，爲學之道，必尊敬其師。凡講説，須誠心聽受，毋恃己長，妄爲辯難。

六曰，爲師者當體先賢，竭忠教訓，以導愚蒙。

七曰，生員勤惰，有司嚴加考較，奬其勤敏，斥其頑惰，斯爲稱職。

八曰，在野賢人君子，果能練達治體，敷陳王道，許其赴京面奏。

九曰，民間冤抑等事，自下而上陳訴，不許藆越。

十曰，江西、兩浙、江東之民，多有代人訴狀者，自今不許。

十一曰，有罪充軍安置之人，毋妄建言。

十二曰，十惡之事，有干朝政、實迹可驗者，許密以聞。

其不遵者，以違制論。

諭平山衛指揮使司敕 洪武十五年八月癸巳

近東昌府奏言，平山衛遣軍三百餘人，歷郡縣追逮軍役，凡民家養子、贅壻，悉被拘繫。夫朝廷軍伍之制，有應補者當明移文取之，今不上稟朝廷而妄自遣軍，徧擾吾民，可謂無法矣。敕至，其指揮陳鏞親率幕官至京，具陳其由。

諭征南將軍潁川侯傅友德等敕 洪武十五年八月乙未

得報，知永昌侯駐軍建昌，大軍七月二十八日已擊敗烏撒，次第搜捕林箐諸蠻。然此地山高道隘，必不可輕動，宜以永昌、平涼、安陸三侯，王、張、郭三都督軍會而爲一，以大勢壓之，則一舉可殄矣。

人自七星關來者，又云芒部、烏撒之蠻至夜舉火，挈家入靄翠之地。符至，可諭靄翠之民縛送軍前。其關索嶺非古正道，古道又在西北，可以大軍蹂之，開此道以接普定，則芒部酋長必盡獲以來。將軍其熟圖之。

大行皇后謚册文　洪武十五年八月丙申

皇帝制曰：

皇后馬氏，亘古帝王之興，淑德之配，能共致憂勤於政治者，蓋鮮克開泰寰宇，福被蒼生。

惟后與朕，起自寒微，憂勤相濟，越自擾攘之際，以迄於今，三十有一年。家範宫闈，母儀天下，相我治道，成我後人，淑德之至，無以加矣。

朕意數年之後，吾兒爲帝，當與后歸老壽宫，撫諸孫於膝下，以享天下養，何期一疾弗瘳，遽然崩逝，使朕哀號，不勝痛悼。

雖然，有生必有死，天道之常。后雖崩逝，而后之德不泯者存。謹遵古謚法，册謚皇后曰孝慈。

於戲！公議所在，朕不敢私，惟靈其鑑之。

諭征南將軍潁川侯傅友德右副將軍西平侯沐英敕 洪武十五年八月乙巳

雲南士卒艱食，措置軍事，貴乎得宜，不則大軍一回，諸夷復叛，力莫能制。其士卒逋逃者既入蠻地，不復能出，蓋非蠻人殺之，則必爲禁錮深山，使之耕作。凡守禦之處，當以此曉之。

藍玉、費聚、吳復三侯，王、張、郭三都督，會所部兵馬，窮索山林，則餘寇可悉擒也。兵既艱食，固不宜分，止於赤水、畢節、七星關各置一衛，黑張之南、瓦店之北中置一衛，如此分守，則雲南道路往來無礙矣。靄翠之地，必以十萬衆乃可定也。

凡此數者，朕所見大概耳，萬里之外，豈能周知？若軍中便宜，則在將軍等自處置也。

授楊璟平章誥 至正十六年

天戈大舉，威揚逐鹿之秋；日馭方升，氣壯攀龍之士。助予神武，集此大勳。咨爾璟，始從義旅於太平，尋著武功於建業。擁兜鍪而當萬人之敵，建旌節以佐四方之征。遂俾參贊政機，守臨鄂渚；而復委承邊寄，分戍荆州。録功宜位於辨章，闢宇更資於大將。

於戲！明韜略於奇正，控制甲兵萬壘之雄；敷聲教於朔南，弼成海宇一家之治。以光盛業，庶體至懷。

諭楊璟敕 洪武元年十月

爾兵出澤潞，與敵相拒，雖少算以累軍，此亦兵家常事耳。然太原之戰，得此以分彼勢，亦可謂奇矣。今以爾爲偏將軍，居湯和之下，協力平胡，務在殄滅，勿以細故爲慮也。

（以上明太祖實録卷一四七）

諭四川都指揮使司及成都護衛指揮使司敕 洪武十五年九月丁未朔

蜀王宫殿，俟雲南師還，乃可興工，以蜀先主舊城水繞處爲外垣，中築王城。敕至，徐圖之，勿亟也。

諭征南將軍潁川侯傅友德等敕 洪武十五年九月丙寅

九月乙丑夜，熒惑犯南斗，蓋上天垂象，以示監戒。

自昔蠻夷叛服不常，卿等率師久勞於外，恐衆心懈弛，爲寇所乘，宜嚴加戒飭，以備不虞。且蠻夷好置毒水中，將士飲食，極宜謹慎，以副朕懷。

祭孝慈皇后梓宫文 洪武十五年九月庚午

兹以吉日良辰，安葬皇后於鍾山之陽，命妃嬪、諸子以下奉送。今當發引，特以牲醴致祭。

褒諭儒士沈士榮手詔 洪武十五年九月壬申

昔周舍欲載筆操牘，隨君之後，日有所記，月有所效，歲有所得，其君悦之。卿八閩志士，守儒者之道久矣，一旦應詔而來，傑然特出於衆人，攄誠納忠，欲罄所懷，非但朕愛卿，聞卿之風者皆知愛卿矣。若守此不變，將同古人名垂於後世，卿其勉之。

諭天下府州縣詔 洪武十五年九月甲戌

凡公署廨宇，頹弊者修葺之，隘陋不可居者更新之。若體制不及而可居者，皆仍其舊，毋重改作勞民。

其几榻器皿，凡官所置者，去官之日，毋輒持去，違者以贓論。

諭吏部詔 洪武十五年九月

近所徵天下秀才，有老疾不願仕及考下等、已授職而未任者，人賜鈔四錠，遣還鄉。

（以上明太祖實録卷一四八）

行孝慈皇后祔廟禮祭文 洪武十五年十月己卯

日月不居，奄及卒哭，謹以牲醴，用薦成事。

孝慈皇后祔廟禮畢告廟文 洪武十五年十月己卯

兹以孝曾孫婦孝慈皇后馬氏神主詣廟祇謁，嘉薦祔饗之禮。

諭征南將軍潁川侯傅友德左副將軍永昌侯藍玉右副將軍西平侯沐英敕 洪武十五年十月丙申

近者烏撒蠻人叛亂，賊殺官吏，彼蓋未覩大勢軍威，必謂我軍散處，緩不及應，故有此變。

朕觀彼中地勢，既守臨安、楚雄、大理，則曲靖、普安、烏撒、建昌亦在必守，其東川、芒部諸蠻之不服者，必戮其渠魁，使之畏懼，不敢反覆。若班師，則一衛留兵不過五千，賊勢若合，豈無數萬？衆寡不敵，何以能守？今止留兵百餘人守城，餘則盡令入山，搜捕其黨，使彼智窮力屈，誠心款附，方可留兵鎮服，卿等其共圖之。且乘兵勢，修治道塗，務在平廣，水深則搆橋梁，水淺則疊石以成大路。烏撒、東川、芒部之地，亦皆治之。仍召其土酋，令諭其民丁各輸糧一石贍軍。

治蠻夷之道，必威德兼施，使其畏感，不如此不可也。

命刑部申明越訴之禁敕 洪武十五年十月戊戌

凡軍民訴户婚田土、作姦犯科諸事，悉由本屬官司自下而上陳告，毋得越訴，輒赴京師，亦不許家居上封事，違者罪之。

命諸司奏事敕 洪武十五年十月庚子

凡大政事，如選官、發兵、賑濟、賞賜、免糧、宥罪，奏牘明書所得旨意。其餘錢糧、刑名諸常行事，所司如律定擬具聞，止書『奏聞訖』，不得輒書『奉旨』。如律所不載，擬有未當，臨時奏請者，則備書所奉旨意。

法司訊讞罪人，不許預請，窺旨意所向，俟獄成奏聞。如不知事所從由者，許於所司備録之。

（以上明太祖實録卷一四九）

諭山西都指揮使司敕 洪武十五年十一月庚申

近振武衛指揮桑桂有犯，卿等議擬如律，允合至公。然念其勤勞累歲，初罹於法，不忍加刑，特宥之，俾復其官。諸連逮繫者，符至，悉釋之。惟妄稱『老實大王』者誅之，以戒將來。

諭各都指揮使司敕 洪武十五年十一月丁卯

近徵天下秀才至京，已令試按察僉事，俾出巡郡縣，以察守令政治之得失與民之利病。既受命而往，政無所聞，未知果能設施與否，及汙潔何如，故特命爾等詢其所行，具實以聞，毋以善爲惡，以不肖爲賢，其直言之無隱。

命户部榜諭兩浙江西民人詔 洪武十五年十一月丁卯

爲吾民者，當知其分，田賦、力役出以供上者，乃其分也。能安其分，則保父母妻子，家昌身裕，斯爲仁義忠孝之民，刑罰何由而及哉？近來兩浙、江西之民多好争訟，不遵法度，有田而不輸租，有丁而不應役，累其身以及有司，其愚亦甚矣。曷不觀中原之民奉法守分，不妄興詞訟，不代人陳訴，惟知應役輸租，無負官府，是以上下相安，風俗淳美，共享太平之福。以此較彼，善惡昭然。今特諭爾等，宜速改過從善，爲吾良民。苟或不悛，則不但國法不容，天道亦不容矣。

命都察院以巡按事宜頒各處提刑按察使司敕 洪武十五年十一月戊辰

凡府州縣社稷、山川壇壝、帝王陵廟，必令修潔，祭祀以時。忠臣烈士未入祀典者，孝子順孫、義夫節婦未旌表者，必詢訪具實以聞。興舉學校，察吏治得失，戢豪强，均賦役，存問鰥寡孤獨、廢疾無以自振者〔一一〕。舉行鄉飲酒禮及民間戚欣慶慰宴會之際，必以齒序。伸理獄囚冤滯，稽考諸司案牘，官吏廉能者舉之，貪鄙者黜之。徵求遺逸，以進諸朝；

賑贍流民，以復其業。倉庫錢穀，必會其贏縮；山川道里，風俗物産，必知其所宜。來朝之日，則條列以聞。著爲令。

封李新爲崇山侯誥 洪武十五年十二月乙亥

朕聞歷代之君，肇興王業，賢能之士，乘勢而起，佐成大勳，而膺爵受封，與國同久。咨爾龍虎將軍、中軍都督府僉事李新，與朕同里閈，當起義之初，即委身來附。滁和既定，翊渡大江，克采石，復太平，戰溧水，從攻建業、京口、毗陵、宣城、江陰、池陽，又從征金華，援安豐，征合肥，佐大將軍拔荆襄，定浙西，咸預有功。始掌千夫，繼職列衛，遂僉都府，勳勞益著。乃者俾營孝陵，盡心所事，卒底成功。是用加爾開國輔運推誠宣力武臣，封崇山侯，食禄一千五百石。爾其毋怠，益展忠勤，使勳業並著於旂常，德澤永流於後裔。

諭吏禮兵户工五部詔 洪武十五年十二月丙戌

凡有逮繫罪人，不許自理，俱付刑部鞫問。

諭遼東都指揮使潘敬葉旺敕 洪武十五年十二月丙戌

金孛羅帖木兒至京，其來降先後、人畜多寡之數既知之矣，但不知宜以何職處之？欲問金孛羅以定高下，又未知先降之人在遼東者其心何如？敕至，察其人情，即遣人回奏。

諭各衛軍士詔 洪武十五年十二月乙未

年老及殘疾有丁男者，聽其代役，所管官旗有留難者坐罪。

（以上明太祖實録卷一五〇）

校記

〔一〕韞櫝　原作『韜櫝』，據廣方言館本改。
〔二〕走　原作『至』，據廣方言館本改。
〔三〕有學有行　原作『有學者行』，據廣方言館等本改。
〔四〕卿　原無，據廣方言館本補。
〔五〕脅從　原作『協從』，據廣方言館等本改。

〔六〕不具　原作「不俱」，據廣方言館等本改。

〔七〕具瞻　原作「具贍」，據廣方言館等本改。

〔八〕「本欲」四句　原無，據廣方言館等本補。

〔九〕列　原作「例」，據廣方言館本改。

〔一〇〕敢　疑當作「不敢」。

〔一一〕以　原作「入」，據廣方言館等本改。

明太祖文集補編卷八

諭遼東都指揮使潘敬葉旺敕 洪武十六年正月戊午

卿等封至高麗賀正表，知臘月中旬其使始至遼東，安能及期到京？ 其計之狡，不過曰：『吾事大之禮已盡，可以塞責矣。』其誠心安在哉？

卿等止其來使甚善，今當諭之曰：『賀禮過期，朝廷不納。』以明其罪。

諭松州衛指揮僉事耿忠敕 洪武十六年正月辛酉

西番之民，歸附已久，而未嘗責其貢賦。聞其地多馬，宜計其地之多寡以出賦，如三千户則三户共出馬一匹，四千户則四户共出馬一匹，定爲土賦，庶使其知尊君親上，奉朝廷之禮也。

命宋訥爲國子監祭酒敕 洪武十六年正月壬戌

太學，天下賢關，禮義所由出，人材所由興。自建學以來，歷選師儒，以居是職，至今未臻其效，豈士習之難變歟，抑師道之不立歟？此朕所以夙夜究心，慎擇老成以任之。惟卿宿學耆德，可以任此，故特命爲祭酒。尚體朕立教之意，使諸生有成，士習丕變，國家其有賴焉。卿其勉之。

命曹國公李文忠兼領國子監事敕 洪武十六年正月壬申

國學爲育人才之地，公侯之子弟咸在焉，雖講授有師，然貴游子弟，非得威望重臣以莅之，則恐怠於務學。故特命卿兼莅其事，必時加勸勵，俾有成就。

（以上明太祖實録卷一五一）

諭遼東都指揮使潘敬葉旺敕 洪武十六年二月辛巳

二月六夜，太陰有象，主胡兵入寇。

今遣使諭爾知之，當嚴加號令，命各衛指揮、千百户而下多方警備。已命都督於顯等運米四十萬石度海，又發步騎數十萬屯駐北平、真定等處，皆爲天象之故。若胡兵果犯遼東，即以北平步騎邀其歸路，勿令縱逸。

命禮部榜諭天下府州縣學詔 洪武十六年二月丙申

自明年爲始，歲貢生員各一人。正月至京，從翰林院試經義、四書義各一道，判語一條。中式者入國子監，不中者罰之。

諭兵部詔 洪武十六年二月辛丑

凡故元軍士占籍爲民，復相告言者，勿許。

（以上明太祖實録卷一五二）

贈故龍虎衛都指揮使胡斌爲榮禄大夫同知都督府事誥 洪武十六年三月乙卯

枕甲眠霜，櫛風沐雨，驅蠻夷，安中國，爲尊君也，若此非義勇之士，其能之乎？前者西南諸夷弗遵聲教，朕命大將率師三十萬往討之，諸將用命，蠻夷克平，惟爾殁於戰陣。今特追贈爲榮禄大夫、同知都督府事，報爾於冥冥，使生者食禄，殁者血食，夫何憾焉？

諭四川布政使司敕 洪武十六年三月壬申

自今非奉朝旨，不得擅移文於蠻夷官司，以生邊事。

諭禮部敕 洪武十六年四月乙卯

自今四夷及諸土官入賀正旦者，無分遠邇，務於畿甸近地會集，同入京師朝見，無使先後不齊，有失朝儀也。

奉先殿祭孝慈皇后靈文 洪武十六年四月戊子

惟我皇考忌日届臨，奠薦之禮，靈不獲與，豈勝感悼？

賜文華殿大學士兼左中允全思誠致仕敕 洪武十六年四月戊子

朕觀古人，其有志之士，雖髪白氣衰而心猶不怠，故能善其始終，使名垂方册，光照後世。

卿懷才抱德，肩古志人，惜乎以衰老之年，志雖存而力不能任，朕不忍復勞，特令卿還鄉里，以撫子孫，享其奉養，不亦悦乎？

贈錢塘衛故千户袁興爲明威將軍指揮僉事誥 洪武十六年四月辛卯

中國既安，守在四夷。曩者諸夷弗遵聲教，恣肆跳梁，特遣征南將軍率師三十萬問罪西南，剋期而至，鼓列而陣，蠻夷潰服。惟爾奮身矢石，没於邊陲，朕用傷悼，特贈明威將軍、指揮僉事，世禄傳家，名書方册，永世不磨。爾其有知，服兹休命。

（以上明太祖實録卷一五三）

諭天下衛所敕 洪武十六年五月乙巳

以時訓練士卒，至冬月農隙，則以善射者十選其一，更番赴京較試。不中者罰及指揮、千百户。

命户部諭應天太平鎮江寧國廣德五府民人敕 洪武十六年五月庚申

五郡爲興王之地，其民輸忠效勞，助朕居多。今天下太平，務使之各得其所，故數免税糧，少酬其勞。敢有恃强暴以侵漁小民者，必置於法，朕不輕貸。

（以上明太祖實録卷一五四）

諭征南將軍潁川侯傅友德左副將軍永昌侯藍玉右副將軍西平侯沐英勅 洪武十六年六月己亥

近詢知死可伐之地有三十六路，在故元時皆設官治之。其地後爲蠻人所專，已四十年。繼又侵楚雄之西南遠幹、威遠二府，梁王力不能制，終爲蠻夷所有。以此觀之，雲南不可不備，邊事機密，自宜審度。若死可伐不必備，大軍可回也，回時必經羿子九寨及戎縣之地、五村、大垻、上下等鄉、落卜地等處。黄平羅木洞蠻、靄翠所屬阿吕、雨宗、碎瓦、莫得、阿胡、阿遺等蠻嘗助烏撒殺害官軍者，如其帖服，則歛兵而過，如尚觀望懷疑，宜耀兵威，使其知懼。閫外事務，必在中節，卿等宜體朕意。

諭天下都司詔 洪武十六年七月丁未

凡所屬衛所城池及境内道里遠近、山川險易、關津亭堠、舟車漕運、倉庫郵傳、土地所産，悉繪圖以獻。

諭兵部敕 洪武十六年七月壬戌

凡差遣力士校尉，聽於驛舍止宿，毋入有司侵擾，及怙勢作威，淩辱官吏，違者罪之。

（以上明太祖實録卷一五五）

命國子生敕 洪武十六年九月辛丑朔

有父母者三年一歸省，著爲例。有未婚娶，許還家畢姻。及聞伯叔兄之喪者，許奔喪。

諭户部敕 洪武十六年九月甲辰

數年以來，頗致豐稔，聞民間尚有衣食不足者，其故何也？豈徭役繁重而致然歟？抑吏緣爲姦而病吾民歟？今歲豐而民猶如此，使有荒歉，又將何如？四民之中，惟農最苦，有終歲勤動而不得食者，其令有司務加存撫。有非法苛刻者，重罪之。

（明太祖實録卷一五六）

授武定軍民府女知府商勝誥 洪武十六年十月辛未朔

朝廷政治，遐邇弗殊，德在安民，宜從舊俗。惟爾黔中之地，官皆世襲，間有婦承夫位者，民亦信服焉。前武定府上官法叔之妻商勝〔一〕，質雖柔淑，志尚剛貞，萬里來歸，誠可嘉尚，是用錫之以衣冠，表之以顯爵，仍撫其民，以遵聲教，可特授中順大夫、武定軍民府知府。爾其小心事上，保境安民，以稱朕一視同仁之意。

命禮部咨諭高麗國敕 洪武十六年十月

高麗遠在東鄙，曩者來奏，願聽約束，其中多懷欺詐，視生隙如尋常，朕所以不納，令其自爲聲教。其後數來請命，朕將以爲誠意至極，所以限其歲貢，不如約五年矣。今復以慶禮來進，又非其時而至，豈非侮之甚歟？雖然，以發使之事論之，非其酋長與其臣之過，乃使者故爲侮慢，過期而至。今高麗既專臣妾永守事大之誠，使者慢命無禮，當詰其罪，所貢方物，宜卻不受。仍與高麗言：誠欲聽約束，則當以前五歲違約不貢之馬及金銀並至，則可見其誠意也。

（以上明太祖實録卷一五七）

定朝參官員座次詔 洪武十六年十一月甲寅

凡奉天門賜坐，公侯至都督僉事坐於門內，守衛指揮坐於都督僉事之後稍南，六部尚書及署都督府事官坐於門外，皆東西相向。六部侍郎、十衛指揮、應天府尹、國子祭酒、翰林院官、諫官、僉都御史坐於西角門，東向。若華蓋殿，則公侯及都督僉事坐於殿內，尚書及署都督府事官坐於鹿頂內，皆東西相向。六部侍郎及十衛指揮、應天府尹、國子祭酒、翰林院官、諫官、僉都御史坐於鹿頂外，東西相向。

諭在外諸司敕 洪武十六年十一月乙卯

凡遣人來朝及朝使還京者至京，俱先朝見而後詣所司，否者以違制論。

恤征南陣亡將校詔 洪武十六年十二月甲戌

凡征南將校死事者，恤其家屬，指揮給米三十石、麻布十五疋、鈔五錠，千户米二十五石、麻布一十二疋、鈔四錠，百户米二十石、麻布一十疋、鈔三錠。

（以上明太祖實録卷一五八）

命優給故官家屬敕 洪武十七年正月乙巳

凡有父母子女者，月給米八斗；無父母而有子女尚幼者，聽人收養，月給米亦如之。寡婦自願還鄉及欲再適者聽，年老無依者仍給米養之。

贈安陸侯吳復妾楊氏爲貞烈淑人誥 洪武十七年正月辛亥

以身徇義，古烈丈夫猶難，今房帷之内乃有斯人，豈不偉歟？宜加褒顯，以慰幽冥。故安陸侯吳復以疾殞於黔中，爾楊氏身處偏微，灼知大義，慨然自縊，以從侯於地下，其志操雖秋霜勁柏何以加？兹特贈爲貞烈淑人。錫此徽名，匪爲溢美。

命吏部敕 洪武十七年正月癸亥

凡文官居憂制，已在職五年，廉勤無贓私過犯者，照品秩給半禄終制；在職三年者，給全禄三月。

（以上明太祖實録卷一五九）

授李文忠爲浙江等處行中書省平章政事誥 吴元年二月

朕舉義兵，自淮右至於江左，經營疆宇，賴勳臣同心一力，成兹大業，若國戚之策功者，則罕有焉。

爾李文忠，吾姊之所生也，自幼撫育，視同己子，教以文藝，習以弓馬，年既弱冠，乃俾僉院於金華，開省於嚴陵。爾能憑烏龍之險，破苗獠之師，領軍援諸暨之圍，寇兵十餘萬，當爾之鋒者，如摧枯拉朽，成功奇偉。浙西之平，實由此勝。比者長驅以搗臨安，克其堅城，民安堵如常時，不知有更革也。用是命爾文忠爲行省平章，鎮兹浙土。

於戲！惟爾文忠，以分則君臣也，以親則甥舅也，以恩則父子也，尤當守憲章，修政務，撫民馭軍，圖盡其道。況浙地其俗奢，爾示儉；其習澆，爾率厚；其或偏僻，爾導以正。惟慎可以奉職，惟勤可以處事，惟公可以律身。其明聽朕命，可榮禄大夫、浙江等處行中書省平章政事。

賜封李文忠誥 洪武三年十月

咨爾榮禄大夫、浙江等處行中書省平章政事李文忠，朕思人生天地間，恩之深者，莫過於骨肉，此天性自然，不待教而能也。

爾文忠爲吾姊氏所生，朕創業以來，爾自幼提兵，僉樞金華，開省嚴陵，勦苗獠於烏龍，卻援兵於諸暨，所至撫馭有方，人懷爾惠，連年戰勝，不聞爲敵所侮。比者再入甌閩，削平餘寇；進征薊北，屢奏捷音；乃帥師應昌，得元之遺子暨寶玉以歸，威振沙漠，俊功益著。

朕於爾親則甥舅，較爾前後之功，當與勳臣同列。今天下已定，論功行賞，是用授爾開國輔運推誠宣力武臣、特進榮禄大夫、右柱國、大都督府左都督，封曹國公，同知軍國事，食禄三千石，使爾子孫世世承襲，以報爾功。

於戲！爾瞻於我，如母存焉，恪守忠貞，服勞帝室，永延世禄，與國同休。

追封李文忠誥 洪武十七年三月

自古帝王創業，必有親戚子弟委心效順，以助興隆之運，故生有爵禄之榮，没有褒贈之寵，斯古今之彝典也。

咨爾開國輔運推誠宣力武臣、特進榮禄大夫、右柱國、大都督府左都督、曹國公、同知軍國事李文忠，乃朕姊氏所生。當朕起兵之初，爾年尚幼，能勵志立功，佐朕開拓疆宇，所向克捷，威振遐方，民懷其惠。及天下寧謐，四夷來庭，厥功居多，而小心勤慎，始終如一，其於甥舅之親、君臣之義能兼之矣。

正期共享太平，夫何嬰疾長逝，朕甚悼焉。生封公，死封王，已著令典，今特追封爲岐陽王，謚武靖，以慰爾於冥冥。

嗚呼！爾能篤親親之義，成開國之勳，名播華夷，福及後裔，可謂死而不亡者矣。

赦天下詔 洪武十七年三月甲子

朕率諸英雋，平羣雄，安宇内，即位以來，十有七年，其間罪頑民，清吏弊，刑賞皆施，雖間有肆宥，而未嘗大赦。

今自洪武十七年三月二十七日昧爽以前，除謀反、大逆、謀殺祖父母父母、妻妾殺夫、奴婢殺本使、謀故殺人、蠱毒、魘魅、毒藥殺人不赦〔二〕，其餘已發覺、未發覺，已結正、未結正，罪無輕重，咸赦除之。敢以赦前事相告言者，以其罪罪之。

於戲！赦過宥罪，既大布以殊恩；遷善保安，尚同躋於至治。故兹詔示，悉使聞知。

（以上明太祖實録卷一六〇）

賜傅友德鐵券文 洪武三年

惟古創業之君，平定天下，必賴武臣宣力，開拓疆宇，佐成混一之功，崇報之禮，所宜及也。

咨爾友德，以英毅之資，逢鼎沸之秋，目羣雄無所定，故擇我以來歸，事朕有年。扈衛京畿，移鎮安吉，戰鄱湖，收鄂渚，征取江右，致討淮東，功烈爲多。及撫安彭城，前鋒大利，威聲遠振，參佐外省，遂從征齊魯、燕冀、關陝，爾績尤著。

今天下已定，論功行賞，朕無以報爾，是用加爾爵禄，使爾子孫世世承襲。兹與爾誓：除謀逆不宥，餘若犯死罪，爾免二死，子免一死，以報爾功。

於戲！昔馬援歸漢，爾能效之，其勳過矣。尚期慎終如始，宣爾勤勞，訓及子孫，保於永世。

進封傅友德爲潁國公制 洪武十七年四月壬午

稽古賞功，惟開疆者賞重。朕臣傅友德，每從大將軍征討，累有戰功，已封侯爵。乃者率諸軍越崇山，西取巴蜀，功尤著焉。洪武十四年，命率甲士三十萬，又西取雲南，轉戰二年，今已平定，宜受上賞。特封潁國公，子孫世襲，食禄三千石。

以八事命禮部榜示天下敕 洪武十七年四月壬午

其一，州縣之官，宜宣揚風化，撫字其民，均賦役，恤窮困，審寃抑，禁盜賊；時命里長告戒其里人，敦行孝弟，盡力南畝，毋作非爲，以罹刑罰；行鄉飲酒禮，使知尊卑貴賤之體；歲終，察其所行善惡而旌別之。

其二，爲府官者當平其政令，廉察屬官，致治有方；吏民稱賢者，優加禮遇，紀其善績；其有闒茸及蠹政病民者，輕則治之以法，重則申聞黜罰，然不得下侵其職，以擾吾民。

其三，布政司官宜宣布德化，考覈府州縣官能否，詢知民風美惡及士習情僞姦弊，甚者具聞鞫之，如所治不公，則從按察司糾舉。

其四，凡民有犯笞杖罪者，縣自斷決，具實以聞。

其五，犯徒流罪者，縣擬其罪，申州若府以達布政司定擬。

其六，有犯死罪者，縣擬其罪，申州若府以達布政司，布政司達刑部定擬；雜犯者准工贖罪，真犯者奏聞，遣官審決。

其七，凡諸司獄訟，當詳審輕重，按律決遣，毋得淹禁。

其八，民間詞訟務自下而上，不許越訴。

以上八事，頒布天下，永爲遵守。

諭禮部詔 洪武十七年四月壬午

賞賜，國之重事，所以報賢勞而厲士氣，權度毫髮，一失輕重，則上爲失禮而下無所勸。朕有天下，十有五年。雲南越在萬里，負固不服，故命大將率師討之。諸將士冒瘴癘，踰險阻，霧雨薄肌體，沾汗濡甲胄，而能效忠宣力，搴旗斬將，登城拔壘，使天誅無留，良善附順，甚者身委矢石，爲國效命。司馬法曰，軍賞不踰月，欲民速得爲善之利也。爾禮部其核實，定議行之。

（以上明太祖實録卷一六一）

命江陰侯吴良子高靖海侯吴禎子忠俱襲父爵敕 洪武十七年五月辛酉

昔爾父兄弟爲朕百戰，以取天下，功在國家，朕弗能忘，故封爵之報，及於子孫。爾當思前人立功之不易，各勵乃志，毋驕毋怠，以延福慶。

諭遼東守將唐勝宗等絶高麗敕 洪武十七年五月

舊歲今春，高麗之使水陸兩至，皆非臣禮，暗行侮慢，明彰褻瀆，於是稽古典，知此夷自古至今未嘗不侮慢中國而構兵禍者也。驗古事迹，可以絶交，不可暫交，況深交者乎？曩古侮漢，漢伐四次，絶滅其國族；魏伐二次，屠其所都；晉伐一次，焚其宫室，俘其男女五萬口；隋伐二次，城困將亡，幸降而免；唐伐四次，斬首五萬級，牛馬八萬餘，夷王臧等戮於市；遼伐五次，焚其宫室，斬亂臣康肇，拔十餘城；金伐一次；元伐五次，夷王竄耽羅，捕殺之，元以耽羅爲牧馬之野。

今爾勝宗等出鎮遼左，高麗必數有使至，其至者送來，勿令其還，以絶彼姦計。若納其使而禮待之，歲貢如約則可，人亦不可久留遼東，或朝或歸，速遣其行。

諭天下諸司詔 洪武十七年六月戊辰

官吏來朝明年正旦者，各書其事功於册，仍繪土地人民圖來上，且計道里遠近，俱期以十二月二十五日至京，其服色各以品級爲差。惟雲南遠在邊鄙，特免其來。

命禮部製大成樂器頒天下儒學敕 洪武十七年六月辛巳

天下學校通祀先師孔子，而樂器未備，無以昭其聲容，感乎神明，實典禮之缺也。爾禮部其同工部，命曉音律之人集工製之。然禮樂，國之盛典，必貴協和，毋圖速成，有乖製作。

（以上明太祖實録卷一六二）

諭延安侯唐勝宗靖寧侯葉昇敕 洪武十七年七月己未

爾等名世之臣，前者遣鎮遼左，朕嘗備諭高麗必數有使至，今果然矣。然勿爲善説所誘，勿爲華麗所惑，豈不見曹魏之將田豫者，爲護烏丸校尉卻賄之故〔三〕？况高麗今春使至，賄賂京官甚重，内有一單，云上等人若干，中等人若干，下等人若干，以此觀之，甚無禮也。設使受其賂者少有所知，豈不赧哉？今爾等知誘而能奏，田豫不得獨名千古矣。

遼壤東界鴨緑，北接曠塞，非多算不能以禦未然，爾能算有餘，則名彰矣。

命刑部慮囚敕 洪武十七年七月庚申

今秋暑方盛，獄囚不以時決，或致疾病，阽於死亡，輕者誤戕其生，重者幸以逃法，非所以明刑慎獄也。其以時決遣，毋更淹滯。

（以上明太祖實録卷一六三）

以儒士汪仲魯爲左春坊左司直郎誥 洪武十七年八月乙未

朕嗣子求善人輔導，以成其德，豈易云哉？夫人固有能言而行不逮者，亦有能行而訥於言者，蓋非言無以達意，非行何以取信？惟善言不迫，故聽而不厭；善行不虧，故近而不狎。從出入，侍起居，能格非而不撓；承顧問，進講説，在即物以爲喻。小則以諷，大則以戒。若積簣土，期於成山；若導衆流，期於會海。苟非備此，曷稱厥職？兹特授爾仲魯承務郎、左春坊左司直郎，爾其輸忠效誠，陳善閑邪，無有所隱，斯爲美矣。

（明太祖實録卷一六四）

册廣武衛指揮僉事李傑女爲淑妃文 洪武十七年十月丙寅

妃嬪之立，所以助皇后奉宗廟、理内治也，非淑德賢行，曷膺兹選？朕自后崩之後，欲得賢淑之女，助朕奉祀宗廟，乃卜諸功臣之家，惟爾李氏最貞，特册爾爲淑妃，助朕以奉宗廟之祀。爾惟敬哉！

追封陳文爲東海侯誥 洪武十七年十月壬申

朕惟帝王之興，必有佐運之臣，竭其忠力，故能生享爵禄，殁膺贈謚，此古今報功之令典也。

爾驃騎將軍、後軍都督府僉事陳文，奉母至孝，恪勤匪懈，挈家從戎，謀勇兼濟，又能審擇所從，今有年矣。朕南收吴越，北定中原，東征西討，所向克捷，爾實與有勞焉。天下既定，論功行賞，超居都府，固將與爾同享昇平之樂，豈期遽嬰危疾，溘然長逝，朕甚悼焉。今特加爾爲開國輔運推誠宣力武臣，追封東海侯，謚孝勇。爾其有知，服兹寵命。

命駙馬都尉李祺等往河南北平賑災敕 洪武十七年十月丙子

天生烝民，所以立命者，衣與食也，民非衣食，何以爲生？邇來河南河決，北平水災，稼穡蕩盡，時將嚴寒，不早爲賑恤，民何賴焉？今命爾駙馬都尉李祺，歐陽倫、王寧詣河南，李堅、梅殷、陸賢往北平，同有司驗其户口以賑之。汝往欽哉！

命吏部敕 洪武十七年十月壬辰

凡徵儒士至京，宜訪其縣官政事得失，風俗美惡，以陞黜之，亦治道之一助也。然人之好惡不齊，偏聽生姦，又不可不察。

（以上明太祖實録卷一六六）

以孔希文爲曲阜縣世襲知縣敕 洪武十七年十一月己巳

朕惟孔子德侔天地，道合四時，删述之功，萬世永賴，故帝王相繼，歷代優崇，封號至極，享祀無窮，嫡派子孫，世有爵禄。

邇者曲阜知縣缺員，爾希文系出先聖，宗族推賢，今特命爾爲曲阜知縣。闕里鄉邑，廟堂所在，民庶具瞻，爾其敬哉！

命故營陽侯楊璟子通襲爵敕 洪武十七年十一月己卯

昔爾父盡心事朕，南征北伐，多著勳勞，故錫封營陽，以報其功。今者既殁，復命爾通嗣爵。爾其夙夜敬慎，以光前人。

（以上明太祖實録卷一六八）

命天下府州縣官敕 洪武十八年正月己卯

天下府、州、縣官，第其民户上、中、下三等爲賦役册，貯於廳事。凡遇徭役，則發册驗其輕重而役之，以革吏弊。

勞徐達書 洪武十八年正月戊子

方今九夷八蠻，大者畏力，小者懷德，非將軍忠誠耿耿，以勞爲逸，何由臻兹？將軍功昭上下，澤及兵農，而於人欲之私秋毫無犯，此其明智者乎！

邇者，將軍有瘡疾，朕初聞之，於心恐焉。今喜疾愈，特遣將軍長子持朕至意，將軍其悦且安。故勞。

（以上明太祖實録卷一七〇）

賜徐達進中書右丞相信國公誥[四] 洪武元年正月

命將出師，立興王之大業；建邦啓土，資佐運之能臣。仗斧鉞而成顯功，秉鈞衡而居右揆。才爲異等，賞亦非常。孚告朝堂[五]，誕宣綸綍。

中書右丞相徐達，剛姿英傑，遠量雄深[六]，巖巖山嶽之重[七]，矯矯虎貔之猛。從予起兵於濠上，先存捧日之心；來兹定鼎於江南[八]，遂作擎天之柱。氣貫萬人而無敵，拔幟摧城；威行四壤而推恩[九]，撫民安堵。牙旗指顧，淮海澄清[一〇]；雷電鏗轟[一一]，湖湘率服。

西連巴蜀，東際溟洋，有征則總水陸之軍戎，所向則收郡邑之圖籍。削平二强國，古之名將何以加；辛勤十餘年，吾之封疆由此定。疊奏蘇湖之捷，俘其臣主而歸。[一二]允謂元勳，宜膺上爵。尊崇相府[一三]，仍加開國之褒；輔導儲宫，尤重兼官之選。於戲！太公韜略，當弘一統之規[一四]；鄧禹功名，特列諸侯之上。用頒寵數[一五]，

尚克欽承。〔一六〕

賜魏國公徐達鐵券文 洪武三年十一月

朕聞自昔帝王創業垂統，皆賴英傑之臣削羣雄，平暴亂，然非首將智勇，何能統率而成大功？如漢唐初興，諸大名將是也。當時雖得中原，四夷未盡賓服，以其宣謀效力之將比之，豈有過我朝大將軍之功者乎？

爾達自起兵以來，爲朕首將十有六年，廓江漢，清淮楚，電掃西浙，席捲中原，威聲所振，直連塞外，其間降王縛將，不可勝數。頃者詔令班師，星馳來赴。朕念爾勤勞既久，立功最多，今天下已定，論功行賞，宜加爵禄，是用授爾開國輔運推誠宣力武臣、特進光禄大夫、左柱國、太傅、中書右丞相、魏國公、參軍國事，食禄五千石，使爾子孫世世承襲。朕本疏愚，皆遵前代哲王之禮典，兹與爾誓：除謀逆不宥，其餘若犯死，爾免三死，子免二死。

於戲！高而不危，所以長守貴也；滿而不溢，所以長守富也。爾當慎守斯言，諭及子孫，世世爲國良臣，豈不偉歟？

爲徐達禱山川城隍之神文 洪武十七年十二月

曩者天下有亂，朕命將偃兵息民，大將軍徐達之功爲多。今疾勿瘳，朕特告神，願全生數載，固寧萬姓，朕他日與達同往。

惟神鑑之。

追封徐達命詞 洪武十八年二月

朕惟帝王之有天下，必有名世之臣秉忠貞，奮威武，以輔成一代王業，是以生有顯號，殁有贈典，子孫世有爵禄，與國同休於無窮焉。

今開國輔運推誠宣力武臣、特進光禄大夫、左柱國、太傅、魏國公、參軍國事徐達，以智勇之資，負柱石之任，曩因元季之亂，挺身歸朕。朕實資爾智略，寄爾腹心，以統百萬之師，攻無不取，戰無不克，櫛風沐雨，躬厥苦辛。

迨朕正位大寶，論功行賞，是用爵爾上公，錫以重禄。仍總戎於朔方，纖塵不驚，邊圉寧謐，信乎爲我朝之元勳也。方期天錫遐齡，以享非常之報，孰知將星一隕，而爾躬逝矣。概念今昔，朕豈能忘？

雖然，死生人道之常。今爾功在宗社，名垂竹帛，光昭前人，賞延後嗣，可以無憾矣。追封之典，可不舉乎？特追封中山王，謚武寧，其上三世皆封王爵，妣皆封王夫人。

（以上明太祖實録卷一七一）

奉天殿試舉人策 洪武十八年三月壬戌朔

朕稽古名世者，惟敬事而畏神人，趨事以歷知，涉難以立志，日運不息，歲運無已，雖在寢食，未嘗忘其所以，由是大輔人君，福臻黎庶，所以名世者爲此也。

朕自代元，統一華夷，官遵古制，律仿舊章，孜孜求賢，數用不當。有能者委以腹心，或面從而志異；有德者授以禄位，或無所建明。中材下士，寡廉鮮恥，不能克己，若此無已，奈何爲治？爾諸文士當進學之秋，既承朕命，悉乃心力，立身揚名，在斯始舉。其條陳之。

諭靖寧侯葉昇等敕 洪武十八年三月辛巳

邇者上天垂象，沿邊城池宜加慎守。凡外寇入境，但當保障清野，静以待之，俟其怠歸，急擊勿失，不宜輕出境外，蹈其不測也。

諭遼東都指揮使司敕 洪武十八年四月丙申

近聞軍中鎗刃及城頭皆有火光，鎗刃火主兵，城頭火則有可疑。以有兵之象而加可疑之事，宜慎守而豫防之。

諭國子祭酒宋訥敕 洪武十八年四月丁酉

君子之道猶嘉穀，小人之道猶稂莠，二者並有，世所不免。雖然，天相德人，猶扶植嘉穀，故其道堅而不磨。彼小人之所爲，自澌燼矣。卿勿爲是而替威儀，必竭乃心力，奉敕如故。

（以上明太祖實録卷一七二）

諭兵部尚書温祥卿詔 洪武十八年五月己丑

凡陝西、山西、北平各驛馬，不問官給及民自買，其孳息聽其貨鬻，勿禁。

（明太祖實録卷一七三）

勞丹徒縣知縣胡孟通縣丞郭伯高敕 洪武十八年七月乙丑

朕聞天道至公無私，帝王法天之道亦至公無私。夫國之大權，惟賞與罰，故賞無私賞，必因民之所共好而賞之；罰無私罰，必因民所共惡而罰之：所以示至公也。乃者有司失職，民受其害，欲窮治而更張之。惟丹徒父老詣闕，舉留知縣胡孟通、縣丞郭伯高，朕聞而驚異。夫一縣之民，生齒寔繁，爲之官長者，非必人人而悦之也。今其相率來言，必爾平日爲政，能盡父母斯民之道，有以感動其心矣。狂瀾之中，砥柱屹然；疾風之餘，勁草不偃：爾實有焉。今特賜酒二樽以勞，爾其慎終如始，毋廢前勞，則予汝嘉。

諭丹徒縣民韋棟等敕 洪武十八年七月乙丑

昔者明王任官，布列中外，爵分五等，章以五服，禄士尊賢，造民福於宇内，所以命敷五教，敕用五刑，世無偏黨之私，人樂雍熙之治。

朕握乾符，撫蒸黎，於今十有八年矣，孜孜求賢，期於致治。然職任方隅者，無牧民之政，而有殃民之患，於是欲盡革其人而更張之，以措生民於治安。丹徒知縣胡孟通等，亦在更張之數，爾耆民韋棟等列狀來，言令、丞之政，境内懷澤。審如是，官得其人矣。嗚呼！昔者人君狩於四方，詢於民情，知政之得失，然後賞罰行焉，所以官之賢否，民情爲驗。今爾等使朕知縣官之賢而留福一方，故於爾等有嘉，特以酒勞爾。爾其會享，堅爾善心，永宜多福。

勞金壇縣縣丞李思進敕〔一七〕洪武十八年七月乙丑

善善惡惡，人之至情，故善者必賞之以爲勸，惡者必懲之以爲戒，非有所私，蓋順人心而奉天道。究觀前代帝王，循斯道者前後一轍，故曰國無賞罰，雖堯舜不能以治。朕纘舊服，惟恐有乖。比年以來，職内外者相爲朋比，有司尤爲失職，故夙夜憂慮，思欲革故而更新之。金壇父老丁原德等列狀來，言爾爲政有方，士民樂業，詞懇意誠，咸欲舉留。朕聞驚歎，雖古循吏何以加此？今特遣使勞爾酒一樽，爾其享焉。嗚呼！朕非私爾，特爲民也。爾宜慎終如始，益勤厥職，毋廢前勞，則爵賞之加，朕實不吝。

（以上明太祖實録卷一七四）

封皇侄女爲慶陽公主誥 洪武元年

惟天惟祖宗佑我國家，成兹洪業，王室之親，皆同榮顯，況在宗女，尤爲懿戚，用稽古典，宜有褒封。

皇侄女長自家庭，已歸良婿，兹者朕登大寶，頒以恩光。宜守婦道之常，益加恭慎，毋以天派自高，驕其夫家，當修閫範，以永令名。可封慶陽公主。

授黄寶駙馬都尉誥 洪武元年

郊畿鎮守，既爲能臣；甥館擇賢，且爲懿戚，此國家之所倚重者也。

前龍江翼守禦千户黄寶氣鍾偉節，才練武韜，從軍拓地於金華，鼓勇收功於江右，其勤勞可謂著矣。嘗守儀真，克冠千夫之表；旋從右相，更聞屢捷之勳。及鎮龍江，嚴司虎旅，按兹堅壘，靖我近疆。

念其尚主於王家，是用陞官於駙馬。寵以銀章之貴，頒兹綸綍之新。益懋殊功，副於嘉命。可鎮國上將軍、駙馬都尉。

授黄琛誥 洪武四年

昔者帝王皆以公天下爲心，朕遵古典，其於設官，雖親親必選勳能而任之，世其名爵以榮之，所以示公道也。

鎮國上將軍、駙馬都尉兼淮安衛指揮使黄琛征伐戍守，勤勞有年。今天下已定，宜共享承平，命爾仍居前職，令其子孫世襲指揮使。爾尚益加恭慎，勉其心力，明紀律而嚴訓練，撫軍士而安庶民，永保禄位，延及後人。可鎮國上將軍、駙馬都尉兼淮安衛指揮使。

諭征虜將軍信國公湯和等敕 洪武十八年九月戊子

行師用兵，須晝夜防慎，毋輕視蠻人。深入其地，雖來降者，亦須審察，慎勿輕信。其辰、沅、寶慶等處士卒，壯者攻戰，弱者運糧，務使軍容整肅，饋餉有餘。

楚王尚幼，未能練達軍務，故遣都督劉寧來總宿衛之兵。軍旅之事，卿自裁決，然後啓王知之。

（以上明太祖實録卷一七五）

諭岷州河州鞏昌西寧臨洮諸衛武臣敕 洪武十八年十月乙卯

比者命大將軍北征，軍乏戰馬〔一八〕，皆云驍騰可用者無踰陝西。今遣滎陽侯鄭遇春即各衛諭諸將校：但留己所乘馬，餘悉送官，每馬一匹，給白金三錠。若非有餘及有餘而駑弱者，皆勿送。

勞宜興縣主簿王復春敕 洪武十八年十月乙卯

朕觀歷代名臣，其流芳至今而不泯者，由其竭忠以事君，務公以福民，生不苟且以營利，死不屈節以喪名。其泛泛之徒，弗厲名節，是以生無益於時，死無聞於後世，深可惜哉！

今爾宜興縣主簿王復春，不肯朘民之利，以徇上官之欲。觀其所言，實爲公論，方今有司，鮮有如者。特遣使齎禮以勞，就陞爾奉議大夫、同知常州府事。爾其竭乃心力，以光初志。

命户部敕 洪武十八年十二月己丑

凡天下有司官禄米，以鈔代給之，每鈔二貫五百文代米一石。

諭禮部舉孝廉詔 洪武十八年十二月丙午

朕向者令有司舉聰明正直之士，至者多非其人，甚孤所望。朕聞古者選用孝廉，孝者忠厚愷弟，廉者潔己清修，如此則能愛人守法，可以從政矣。其令州縣：凡民有孝廉之行，著聞鄉里者，正官與耆民以禮遣送京師。非其人，勿濫舉。

諭建陽縣知縣郭伯泰縣丞陸鎰敕 洪武十八年十二月己酉

曩古人臣立忠君之志者，在内則和而不同，在外則不避權勢，所以上昭君德，下福黎民，載諸史册，歷歷可考。朕居帝位，十有八年，鮮見其人。頃者通政司言：『建陽知縣郭伯泰、縣丞陸鎰持法愛民，不避權勢。』嗚呼！古人臣之道，朕今見之，誠可嘉尚，特遣行人王本齎朕命，往陞爾伯泰爲奉議大夫、泉州府同知，謚承直郎、福州府通判，勞以醴酒。爾其益堅乃志，始終惟一，爲國安民。

（以上明太祖實録卷一七六）

校記

〔一〕上官　當作『土官』。
〔二〕諶殺　當作『謀殺』。
〔三〕烏丸　原作『烏九』，據三國志卷二六改。
〔四〕朱升朱楓林集卷一題作中書右丞相徐達兼太子少傅封信國公誥，當是朱升作。
〔五〕朝堂　朱楓林集卷一作『明廷』。
〔六〕雄深　朱楓林集卷一作『深雄』。
〔七〕重　朱楓林集卷一作『崇』。
〔八〕來　朱楓林集卷一作『逮』。
〔九〕四壤　朱楓林集卷一作『四境』。
〔一〇〕澄清　朱楓林集卷一作『風清』。
〔一一〕雷電鏗轟　朱楓林集卷一作『雷鼓鏗鍧』。
〔一二〕『疊奏』兩句　朱楓林集卷一作『奏蘇湖之捷，俘臣主而歸』。

〔一三〕尊崇　朱楓林集卷一作『尊榮』。

〔一四〕弘　朱楓林集卷一作『强』。

〔一五〕寵數　朱楓林集卷一作『寵渥』。

〔一六〕朱楓林集卷一後尚有：『可授銀青榮禄大夫、上柱國、録軍國重事、中書右丞相兼太子少傅，封信國公』。

〔一七〕明太祖實録：『復以酒賜丁原德等，其敕諭如韋棟。』

〔一八〕軍　原作『軍者』，據嘉業堂等本改。

明太祖文集補編卷九

勞常熟縣知縣成莄奇敕 洪武十九年二月丁未

先王制禮，所以辨上下，定民志，秩然而不紊，歷世因之，不敢違越，誠以紀綱法度，維持治道之具。然立法者君也，奉法者臣也，君能立法而臣不能守之，則亦末如之何矣。朕自即位以來，稽古立法，設置諸司，以貴君子，禄賢人，使與朕共守此道，以安養吾民。奈何其間或匪志人，自隳禮法，吏胥之徒，故得憑上司之勢而淩侮之。彼乃奔走順承，非惟不能自重，蓋亦有傷大體，如是而欲安享尊榮，其可得哉？爾常熟知縣成莄奇，乃能不畏威勢，執越禮之吏胥，以正紀綱而絶民害，此有司之超羣者也。法司以聞，朕甚嘉焉，故特遣使齎醴往勞，爾其享之。嗚呼！益謹初心，恪遵憲度，則豈不爲自重之君子，流芳百世，耿耿而不磨？爾其懋之。

命吏部敕 洪武十九年二月壬子

自今除授外任官員，不給符契，止給劄付。若布政司正官給照會，九年考稱職者，頒給誥敕。

命李景隆襲封曹國公誥 洪武十九年四月丁酉

歷代貴戚之家，保富貴者鮮矣，以其理道無知，威儀不度，由是束手而傾者有之。有不自重而覆者有之。何也？貴戚之位，忠臣義士則知敬重，姦邪之人往往妬忌窺伺之，其貴戚不能者所以束手而傾，爲此也；或有顛狂不自重而中其計，亦爲此也。

吁！智人則知貴戚之位艱，故滿而不溢，高而不危；愚人止知貴戚之位重，不知保貴戚之道，所以傾覆者也。夫守貴戚之位，毋揚勢而自矜，必動止以合宜，語默無妄，静觀社稷之安危，察姦邪之所以，静則樂天之樂，謙抑相從〔一〕，汎愛人而無怨。若有姦臣黨比朝野，則秘其事而幽其機，以待一舉而患難爲之捍禦，此貴戚之道如是也。

前朕姊子李文忠，朕命居羣將之列，功至公位。嗚呼！非智非謙，幾累社稷，身不免而自終。嗚呼！智非智，機非機，謙非泛愛，數者俱無，爲人所窺。其薨也，今三年矣。以親論之，骨肉之切；以臣論之，功著朝野。服制既終，今命爾從外孫李景隆襲封曹國公。爾其鑑前人之失哉〔二〕，慎之毋泛言，毋揚勢，事秘而機幽，愛衆而慈仁，保爾富貴，永受朕訓。吉哉！

諭户部敕 洪武十九年四月壬寅

古先哲王之時，其民有四，曰士、農、工、商，皆專其業，所以國無游民，人安物阜，而致治雍雍也。

朕有天下，務俾農盡力畎畝，士篤於仁義，商賈以通有無，工技專於藝業。所以然者，蓋欲各安其生也。然農或怠於耕作，士或隳於修行，工、賈或流於遊惰，豈朕不能申明舊章而致然歟？抑汙染胡俗，尚未革歟？然則民食何由而足，教化何由而興也？

爾户部即榜諭天下，其令四民務在各守本業，醫卜者土著，不得遠遊。凡出入作息，鄉鄰必互知之。其有不事生業而游惰者，及舍匿他境游民者，皆遷之遠方。

諭河南府州縣敕 洪武十九年四月甲辰

民因水患而典賣男女者，官爲收贖，女子十二歲以上者，不在收贖之限。若男女之年雖非嫁娶之時，而自願爲婚者聽。

（以上明太祖實録卷一七七）

勞崇德縣知縣畢輝縣丞齊搏敕 洪武十九年五月丁巳

朕觀歷代名臣流芳後世者，必能灼見於事幾之先，智出於衆人之上，故能竭忠事君，施惠及民，財利不能奪其守，威武不能怵其中，以故生不苟禄，死必立名。若區區小人不學無術，節義罕聞，爲政則貪墨無厭，遇難則逃避弗顧，死者含恥，生亦何爲？視彼之流芳後世者，相去遠哉。

今嘉興府崇德縣知縣畢輝、縣丞齊搏，在官執法，不容姦惡，較諸有司，可不謂之出衆者耶？特遣行人齎醴以勞。爾其竭盡心力，以光初志。

諭户部詔 洪武十九年五月己未

以今年秋糧及往歲倉儲通會其數，凡有軍馬之處，存給二年，並儒學廩膳、養濟孤老、驛傳廩給外，餘悉折收金銀、布絹、鈔錠，輸京師。

告天下詔〔三〕 洪武十九年六月甲辰

昔元末播蕩，海内憂兵〔四〕，所在黔黎，苦殃甚矣，如此者一紀有奇。朕命前征虜大將軍中山武寧王、開平忠武王及公侯羣將發兵諸道，所向兵偃，民得粗安，一天下曰大明，今十有九年。

然姦臣在位，諜間臣民，恩本施而弗及，德將布而沮行，政乖理悖，莫甚此艱〔五〕。先王之道，未究於行，失存問於高年及矜恤於鰥寡孤獨。去歲大誥頒行，民從朕命，至奸擾吾民者循治而斂迹，進士〔六〕、監生職任於諸司，想吾民樂生有漸矣。

今特命有司存問於高年，恤鰥寡孤獨者必得其所，篤廢殘疾者收入孤老，歲給所用，使得終天年。所有合行事理，條列於後：

凡民年八十、九十而鄉黨稱善者，有司以時存問。若貧無産業，年八十以上者，月給米五斗、肉五斤、酒三斗；九十以上者，歲加賜帛一匹、絮一斤。其有田産能贍者〔七〕，止給酒肉、絮帛。

惟應天、鳳陽二府富民，年八十以上，賜爵里士；九十以上，賜爵社士〔八〕，皆與縣官平禮，復其家。冠帶服色，別議頒行。

各處鰥寡孤獨不能自給者，悉蠲其差徭。若孤兒有田，不能自藝，則令親戚收養，無親戚者，鄰里養之；其無田者，歲給米六石，亦令親鄰養之。俱俟出幼，收籍爲民。篤廢殘疾不能自存者，即日驗口收籍，依例給米、布，俾遂其生。累年開邊士卒，親冒矢石，或肌膚傷殘，或因傷死亡，子息見存不能生理者，悉放回原籍爲民，復其家。垛集土軍，因征伐傷殘者，優免軍役三年，改爲貼户；因傷死亡者，優免軍役十年，本户改爲民籍，仍免差役三年。軍官從大將征討〔九〕，没於行陣，子見存者，厚加撫恤，仍令其世襲，未陞者陞一級。

逃軍、逃囚能赴官自首者，免罰。山林、巖穴隱逸之士，有司旁求博訪，以禮敦遣赴京，量材録用。

於戲！禮壽尊賢，報功崇德，恤孤賑寡，古哲王之大典。令出恩沾，有司如命，故茲詔諭，想宜知悉。

諭蘇州府知府王觀敕 洪武十九年七月乙卯朔

朕聞居官莅政，設施不一，然非威無以治下，非恩無以得衆。惟中正之士，秉公平之心，勵廉潔之操，臨民治政，恩威兼行，吏胥徒卒焉敢侮慢？

朕嘗戒敕諸司，鮮能如命。惟爾觀及同知曹恒〔一〇〕、經歷王旴能秉公心，行正道，將姦吏箠死，莅下之方得矣。政令必行，姦邪斯遠，境内肅清，民安有日矣。今特遣行人齎敕並醴以勞，爾其益勵厥志，用成嘉績。故諭。

（以上明太祖實録卷一七八）

遣皇太子至泗州盱眙縣祭告祖陵文 洪武十九年八月甲辰

嗚呼！昔者列祖立命是方，積德深長，致天昭鑑，福垂後嗣。今也子孫繁衍，宅於宇内，以統黔黎。深思皇考生前歲月之間，思念列祖音容，孫常切記，已有年矣。嗚呼！以萬幾之冗，未獲躬詣拜掃，今特遣玄孫皇太子以牲醴之奠，詣陵修繕，敬葬衣冠，以伸孝思。神其鑑之。

諭諸藩詔 洪武十九年十二月戊申

親王建國之處，凡遇正旦、冬至、千秋節日，但許本國在城官員慶賀，其在外府、州、衛、所及守邊衙門免賀〔一一〕。有事差人啓聞，亦不得差遣將官，妨廢職務。

（以上明太祖實録卷一七九）

諭納哈出等書 洪武二十年正月癸丑

昔者天更元運，華夏奮争。朕自甲辰春親定荆楚，歸遣諸將，東平吴越。洪武初，遂命中山武寧王、開平忠武王率甲士渡江越淮，以定中原，元君北奔深塞，於是息民於華夏，諸夷附者莫不奠安，今二十年矣。

唯爾納哈出等聚兵，愈出没不常，意較勝負，由是乃剌吾留而未遣，今有年矣。朕推人心，誰無父母之念、夫婦之情？故特命其生還，以全骨肉之愛。且聞其善戰，今遣北歸，更益爾戰將，他日再較勝負，爾心以爲何如？

嗚呼！天之改物，氣運變遷，果人事之必然耶？抑天道之使然耶？兹命儀禮司官、前僉院鑾子、鎮撫張允恭送乃剌吾抵爾所在，使者未審可還乎？餘不多及。

（明太祖實録卷一八〇）

勞雲南左布政使張紞書 洪武二十年三月甲戌

唐虞之制，外樹州牧侯伯，式奠民居，以寧方域，人樂雍熙，載諸方册，雖不備述，而紀綱見焉。當是時，賢良並出，所用皆仁，是以世代相承而法令不更，諸侯列土千載不異，以其誠信相孚、上下無間也。

今之人不然，導善弗從，縱欲如流。朕竭氣力，疲精神，諄諄諭之，從者罕焉，何其難治也？曩者討平西南諸夷，命官撫守，爾紞實先授任，今五年矣。言出則諸蠻聽服，令布則四野歡欣，皆由誠信相孚，克共乃職，奠安黔南，人獲其所。今年來朝，不待考而朕知其功出乎天下十二牧之首，故嘉汝績，復命仍治黔南。汝往欽哉！

諭燕王棣制 洪武二十年四月癸未

故元舊官阿速哈剌兒、伯顏忽里二人，今授以指揮之職，令其管領達達軍士，數雖不多，然皆可用，況北平風土，素所諳練。

曩者所起阿速部長，云有千餘符頭，宜選能騎射者二三百人或百人，差官送軍中，令總兵官擇千百户員外置者領之。果能騎射，則以此符給之，令充先鋒，視其能戰與否。尤必早夜警察，譏其出闗，點選明白，慎無輕慢縱弛，指麾號令，務在得宜。

（以上明太祖實録卷一八一）

諭西平侯沐英吉安侯陸仲亨平涼侯費聚南安侯俞通源等敕 洪武二十年五月庚申

近御史李原名歸自平緬，朕聽其所陳，知百夷譎詐之詳，雖百千萬言，無一言可信。由是觀之，蠻夷反欲窺伺中國，爲我邊患。符至，可即葺壘金齒、楚雄、品甸及瀾滄江中道，須高城深池，固其營栅，多置火銃爲守備。賊來，勿輕與戰，相機乃動。往歲雲南軍中遣人至百夷，多貪財貨，不察事勢輕重，張威賈勇，貽笑諸蠻。又因靖江王不才，以大理印行令旨，皆非道理，致其侮慢，上累朝廷。繼今不許一人往平緬，惟静以待之。彼若有文移，則大略答之，否則勿答。應有職貢之物，皆不得取。如是數年之後，則麓川之地可入版圖矣。卿等固守朕言，毋怠。

諭大將軍宋國公馮勝等敕 洪武二十年五月丙寅

往者慶州之捷，俘虜赴京者皆云胡已北行。遼東送來降者所陳亦同。五月五日，得軍中遣至降胡，又云納哈出棄金山巢穴，營於新泰州，去遼陽千八百里。

朕計羣胡雖起營北行，似若遠遁，尚恐詭謀竊發，尤不可不爲之備。況今天象水火相犯，迨至八月，天象屢有警，諸將宜嚴號令，整行伍，遠斥候，以逸待勞，則必有當之者矣。

諭大將軍宋國公馮勝等密敕 洪武二十年五月辛未

前日以天象之變，戒卿等軍中之事嚴爲之備。今觀所徵，其咎在虜，揆之人事，正與天合，宜乘機進取，不可稽緩。

朕計納哈出去金山未遠，以兵促之，勢必來降。且胡主謂我得志，無意窮追，必順逐水草〔一二〕，往來黑山、魚海之間，乘其趑趄，攻其無備，虜衆可盡圖也。

諭金齒衛指揮儲傑嚴武李觀等敕 洪武二十年六月己亥

金齒遠在邊徼，土民不遵禮法，負固守險，人各自保，非中國之民可比。凡戍守者，非德望素重，不足以鎮其地而撫其人。

爾指揮李觀處事寬厚，名播蠻中，爲諸夷所愛。然其下指揮、千百户、鎮撫等多恃功放肆，有乖軍律，故朕特命爾儲傑、嚴武輔之，蓋以觀之寬可以綏遠人，必傑武之嚴然後可以馭羣下。敕至，即以指揮、千百户、鎮撫所統舊軍精加訓練，使各守分地，以觀平緬動静。敢有肆頑不依軍律者，罪之。

諭大將軍宋國公馮勝等敕 洪武二十年閏六月甲戌

劉鎮撫至，備言軍中事。納哈出入營，大事既定，惟在處置得宜。其本管將士，省令各照原地方居住，順水草以便牧放，擇膏腴之地以便屯種。如北平、潮河川、大寧、全寧、口南、口北舊居之人，立成衛，分與漢軍雜處。若瀋陽、崖頭、閭山願居者，亦許與遼東軍參住，從便耕牧。務令人心安樂，不致失所。

諭西平侯沐英詔 洪武二十年閏六月丁丑

將士之數，具實以聞，朕將犒勞之。常茂驚潰虜衆，即令人械赴京師。

凡雲南屬衛將校謫戍者，悉聽往金齒分守城邑營壘，但能立功，即授舊職。

（以上明太祖實録卷一八二）

諭兵部詔 洪武二十年七月庚辰

凡内外武臣之家，如子孫已襲替而亡，再無應襲者，給全俸以贍之。及有子孫坐事謫充軍者，亦宥之，令自立功勳，仍給俸贍其家。

諭大將軍宋國公馮勝等敕 洪武二十年七月丁酉

近捷書至，喜動神人，朝野歡慶。

自古漢胡相攻，至元未已。及天革元運，朕命中山武寧王、開平忠武王攘之塞外，遠者數千里，邇者數百里。二王既往，餘虜常爲邊聲，由是命爾等率馬步屯駐大寧，審勢進討。今得所奏，即有征無戰，非爾等誠格於天，忠義服人，何若是之易邪？

然自古至今，凡爲將功成名遂、千萬歲不磨者不過數人，蓋摧堅撫順之際，機奇而仁布，處之有道故也。今納哈出心悦來歸，當撫綏以誠，務安其衆，毋致驚擾。胡虜生計，惟畜牧是賴，猶漢人資於樹藝也；若少有侵漁，則衆心生怨，易變難安，不可不慎。

前二王功成名遂，由嚴號令於諸軍，不苟取於來降，以致偃兵華夏，功烈昭於後世。今二王已往，爾等能繼靖虜庭，成此奇勳，則可以追蹤二王，同垂不朽，豈不偉與？

諭大將軍宋國公馮勝等敕 洪武二十年七月辛丑

七月二十日，命指揮李焕齎制書至軍中，令右副將軍永昌侯藍玉、右參將武定侯郭英暨公侯列將率大軍還駐大寧，大將軍與潁國公傅友德等分析新附軍馬，俟明年春聽調北征。

繼聞新附軍馬處置已定，爾等仍舊莅事，追還前二十日所發制書。其左參將南雄侯趙庸、右參將東川侯胡海並落參將，止充戰將，在軍聽調。

賜封湖廣布政使致仕何真東莞伯誥券文　洪武二十年七月乙巳

古云，識時務者在乎俊傑。曩者元運將終，華夷鼎沸。擅聲教而役生民，朝興暮泯，接迹於世，終不能知時務而識天道，尚驅民以應鋒鏑，如此者豈一二人哉？

爾何真率嶺南諸州壯士，保境全民，鄰敵不敢窺其際，嶺南之民莫不於爾仰賴。洪武初，朕命將四征，所在雖有降者，非義旗臨境則未附。爾真聞八閩負固，桂林驅民，海上邵生亦不量力，爾真獨心悦誠服，罄嶺南諸州，具表入朝，非識時務者乎？常在朕心，未及崇報。今特命爾爲東莞伯，食禄一千五百石，使爾禄及世世，以報推誠之心。尚益加恭慎，以保禄位，延於永久。爾其敬哉！

（以上明太祖實録卷一八三）

諭大將軍宋國公馮勝等敕 洪武二十年八月壬子

古之名將，爲國效忠，惟思彰君之德，故能摧堅撫順，無所不克，勳名流於千載，耿耿而不磨。在我朝若中山武寧王、開平忠武王嘗以雄師平華夏之亂，未嘗貪財好殺，行一不仁之事，所以功成名遂，終身無疵。

近以沙漠未清，命爾等率天下之師，且戍且征。師至金山之北，適與虜遇，虜雖進馬來歸，意在使者往來，延緩爲計。右副將軍藍玉事雖輕舉，然破彼深謀，幸爾成功。何期大將軍勝專爲己私，不能撫輯降虜，而乃播惡胡中，古之名將所爲，果如是邪？且如戮士卒，懸首於隊官之頸，以戒貪暴，號令明矣，而將軍乃竊取虜騎，爲數不少。又娶虜有喪之女，使人忘哀成配，大失人倫。以此來者不安，附者生恨。此果將軍效忠乎？爲己乎？

旋師之際，部降胡而南，又不如法調遣，致使濮英等人馬三千陷没於虜。又不聽朕命，擅發留守大寧軍卒，遂遺殘胡後患。

凡若此者，論以國法，皆在不宥。朕以將軍嘗有戰伐之功，姑容自新。若欲贖罪，當改行易慮，推誠於上下，使已降者歡心，未來者慕化，庶可保全，以圖後功。不然，固執貪心，歸即有議矣。

敕至，驗彼各種土人之數，依其地方而均派之，俟設官統理，庶得其宜。往來之人，言者頗多，舉其大概，於將軍亦赧哉。

諭來降達達詔 洪武二十年八月丙辰

孫都督至京，言納哈出與大小官員俱南來，未審入遷民鎮否？已敕所司俟納哈出至，封海西侯，大小官員俱與名分。且聞爾等將人口、頭匹而來，遠涉道途，甚爲艱辛。

朕初命遼陽、海州、蓋州、復州、金州、崖頭、大寧舊省口内之人，各照原所居住。不意文書到遲，總兵官將爾等行程迂遠。若已入遷民鎮，可留彼暫住；若未入口，到瑞州、閭山左右。朕見命官運布一十七萬匹，給賜爾等，且就彼關領。車輛損壞，亦就彼修理。

古云，不一勞者不永逸〔一三〕，不暫費者不久寧。爾等雖暫勞，此後永得安樂矣。

諭大將軍宋國公馮勝等敕 洪武二十年八月庚午

朕昔命將，不過正、副二人耳。中山武寧王、開平忠武王常爲正副，率師出入，戡定禍亂，以清四海，果能建立大功，載諸史册，名垂不朽，禄延後嗣，與國咸休。二人既没，凡命將出師，必增人爲副，豈意代其任者，皆有愧於前人，位居列侯、參將，不以名爵爲重，乃奪人之乘馬？　嗚呼！　此虜來歸，以勢度之，如流趨下。　今奪其馬而窺其財，是隄防其流而復決之也。於國有損，於己有汙，大丈夫志於功名者果若此哉？　敕至，宜選儒生識道理者釋之。如果有此，即以馬歸其人，毋使惡聲播揚虜中，則自然無媿。

朕以二王既往，惟爾等可託閫外之事，今所聞若此，果何以副朕之託哉？　繼自今宜洗心去貪，以保勳名，勿孤朕之所望也。

諭僧人詔　洪武二十年八月壬申

民年二十以上者，不許落髮爲僧。　年二十以下來請度牒者，俱令於在京諸寺試事三年，考其廉潔無過者，始度爲僧。

（以上明太祖實録卷一八四）

封納哈出爲海西侯誥　洪武二十年九月戊寅朔

自古哲人明去就之機者，必仰觀天道，俯察人事，審勢定謀，知天命之不可違，事機之不可失，乃決去就焉。　所以事無輕舉，動獲萬全，由是享富貴於悠久，延禄位於無窮，以其所見者明、所察者精故也。

朕荷天命，統一華夏，於今二十年矣。海内海外，九夷八蠻，莫不革心向化，惟故元播遷塞外，日就澌盡。

爾納哈出知天命之有在，一心奉天，相率來歸，生全多命。今特命爾爲推誠輔運欽承效力輔臣〔一四〕、柱國、海西侯，食禄二千石，及爾子孫後世，以報推誠之義。爾其一乃心，固初志，與國同休，敬哉毋怠。

加致仕兵部尚書單安仁階秩誥 洪武二十年九月辛丑

昔聖王之興，必有耆德故舊宣力協謀，故能輔成大業〔一五〕，康乂兆民，以同享隆平之福，而垂令名於無窮也。

朕昔起自淮右，爾單安仁以鄉里之舊，自揚州率衆來歸，歷任中外，綽有聲譽。朕念爾年登七袠，特俾佚老於家。惟爾心存帝室，食息不忘，每遇歲時，扶老趨覲。朕感昔相從之舊，特陞爾爲資善大夫，仍兵部尚書致仕。爾其服兹寵命，以副朕懷。

諭征虜大將軍藍玉等敕 洪武二十年九月丁未

比者出師往征北虜〔一六〕，納哈出悉衆來歸，金山之北可以無虞，此皆卿等克用朕命，建此茂勳。然胡虜餘孽未盡殄滅，終爲邊患，宜因天時，率師進討。曩諭克取之機，尚服斯言，益勵士卒，奮揚威武，期必成功。肅清沙漠，在此一舉，卿等其勉之。

（以上明太祖實録卷一八五）

封朱壽爲舳艫侯誥 洪武二十年十月戊申朔

咨爾壽，從朕開國，多著勳勞，今已年高，屢涉風濤之險，服勤漕運，以給遼海之軍。既懋厥功，必加崇勸。

今特封爾壽爲開國輔運推誠宣力武臣、柱國、舳艫侯，食禄二千石，延於子孫，世襲封爵，用報爾功。爾其敬哉！

封張赫爲航海侯誥〔一七〕 洪武二十年十月戊申朔

咨爾赫，從朕開國，多著勳勞，今已年高，屢涉風濤之險，服勤漕運，以給遼海之軍。既懋厥功，必加崇勸。

今特封爾赫爲開國輔運推誠宣力武臣、柱國、航海侯，食禄二千石，延於子孫，世襲封爵，用報爾功。爾其敬哉！

定武臣贈賻格例詔 洪武二十年十月癸亥

公侯布百疋、米百石，一品布六十疋、米六十石，餘各有差。

（以上明太祖實録卷一八六）

諭天下各衛所詔 洪武二十年十二月庚戌

指揮、千百户、鎮撫以罪罷免者，咸復其職，令往各都司領軍戍守。

（明太祖實録卷一八七）

諭五軍都督府都督蕭用王庸等詔 洪武二十一年二月庚戌

令天下各都司、衛所馬步軍士各分爲十班，自今年八月爲始，輪次赴京校試武藝。指揮、千百户年深慣戰及屯田者免試，其餘蔭敘暨總小旗陞爲千百户、衛所鎮撫者，各親率所部軍士至京，仍先下操練之法，俾遵行之。

其法：令軍士用竹木製二三斗力弓，箭去鏃，用緜綴於箭端，分朋演射。又於教場内用繩表地，兩界相去五丈餘，軍士馳馬於兩旁，對射三箭。射畢，於馬上兩兩相比，角皮骨朵。較畢，射牌，牌高大與人齊，射三百步外。步兵皆如其法，惟不乘馬。

凡操練，務在弓必滿，射必中，角必勝，有不如法及不閑習者罰。

諭普定侯陳桓靖寧侯葉昇敕 洪武二十一年二月癸丑

往者命李焕、李隆帥畢節等衛戍卒扼芒部道路，悉聽卿等調遣，務屯戍得宜，相機而動。若糧餉不繼，可於禄肇、芒部取給，仍防烏撒、霑益出没之地，當時遣人偵候之。

諭普定侯陳桓等敕 洪武二十一年二月癸丑

初命卿等往雲南，爲彼芻粟不繼，故俾於禄肇權駐。近得報，知已於麻哈之地屯軍。彼處糧餉艱難尤甚，然種已入土，不可輕動。若有警急，即遣人馳報雲南西平侯沐英，候秋收畢乃徙。

諭大將軍藍玉左副將軍唐勝宗右副將軍郭英敕 洪武二十一年二月壬戌

今歲四月十五夜月食，五月朔日食，此天戒也，不可不謹。卿等統兵在外，宜嚴號令，肅部伍，遠斥候，以防不虞。或有不利，毋自摧沮，須奮勇出奇，以汛掃殘虜，使朝廷無北顧之憂。豈惟黎庶之福，卿等功名亦永垂竹帛。

（以上明太祖實録卷一八八）

奉天殿試舉人策 洪武二十一年三月乙卯朔

事神之道，志人之心，莫不同焉。雖然，始古至今，凡所祀事，必因所以而乃祀焉。然聖賢之制，禮有等殺，自天子至於臣民，祭禮之名，分限之定，其來遠矣，其主祭者又非一人，然而篤於敬者甚多有，且信且疑者亦廣，甚於不信而但應故事者無限。所以昔人有云，能者養之以福，不能者敗以取禍。

朕未知其必然，爾諸文士陳其所以，朕將覽焉。

諭征虜大將軍永昌侯藍玉等敕 洪武二十一年三月辛巳

近者故元司徒阿速等來降，朕察其事情，知虜心惶惑，衆無紀律，度其勢不能持久。卿等宜整飭士馬，倍道兼進，直抵虜庭，覆其巢穴。其衆若降附，撫慰南來。毋失事機，以孤朕望。

（以上明太祖實録卷一八九）

命何榮襲父爵誥 洪武二十一年四月乙巳朔

當元之季，海内兵争，羣雄割據，不可勝數，其間能識時務而審去就者幾人哉？爾何榮父東莞伯何真，昔能輯衆，保有嶺南，俟朕平定之秋，不勞師旅，即納其土地而全其民人，可謂深識時務者矣。

朕嘉其誠，錫之封爵。近以高年令終，朕念不忘，今特命爾榮襲封東莞伯。爾其益勵忠誠，毋墜先業，永保禄位，以傳後人。敬哉！

諭占城國王阿答阿者詔 洪武二十一年四月壬子

爾居海島中，號令羣夷，以主其國。苟無恩信敷布於下以撫馭涵育之，安能君長一方，傳及子孫，保無虞邪？

爾近遣子來朝，即令中使送還本國。迨還，言爾所爲，鮮率厥典。朕初不之信，及以麻林機所陳爾國之事較之，乃有可信不誣者。今年四月，復得安南奏，云行人劉敏道出占城，真臘所貢象五十二隻，占城令人詐爲强寇，攘奪其四之一並奴十五人。

益知爾居南夷，不知尊敬中國，但以劫虜爲生。且强寇雖日行不義，尚識長幼尊卑之序，均分後出之理，豈可爲一國之長而可肆侮天下之大君哉？且如往歲所進象奴二人，自送爾子還，竟藏匿不遣。爾之所爲若此，一則無以小事大之心，一則失交鄰國之好。信義俱亡，何以保國？爾其滌慮改圖，毋貽後悔。

諭西平侯沐英敕 洪武二十一年四月癸亥

近得報，知已破百夷，思倫發遁去，可移軍漸逼景東。然夷性頑獷，苟未引咎乞降，必再入寇。定邊去滇池，遲行則用旬月，速行又難與戰。欲圖萬全，須隨地屯田，堅壁固壘，與之相持，以俟大軍四集，然後進伐。前此之勝，微指揮吴良堅守小寨，亦幾受侮。汝慎勿輕之，務在持重，相機決勝，覆其巢穴，乃爲善爾。

若其納款請罷兵〔一八〕，可諭以大義，令償我所費金，並進馬萬五千匹。景東累喪軍士，令貢象五百、牛三萬、象奴三百人。彼果順命，如數入貢，即許之。

諭按治江西監察御史花綸等敕 洪武二十一年四月丙寅

自今惟官吏貪墨鬻法及事重者，如律逮問，輕者但録其過，毋毛舉細事，以興大獄。如府、縣官俱當逮問，必存署事者一人，俟代者至，然後逮之。

諭贛州征進指揮同知張泰鎮撫彭詳等敕 洪武二十一年五月甲申

近者送至降寇，特命法司訊之。咸言有司貪墨，守禦官軍擾害，以故逃竄山林，羣聚爲盜。原其情，豈得已哉？今特宥之，給衣物放還。可遣往諸寨説餘寇，使其自新。少壯者令赴京，老疾幼弱悉縱之，俾各復業，不從者然後以兵捕之。

勞大將軍永昌侯藍玉等敕 洪武二十一年五月甲午

周秦禦胡，上策無聞；漢唐征伐，功多衛李。及宋遭遼金之窘，將士疲於鋒鏑，黎庶困於漕運，以致終宋之世，神器弄於夷狄之手，腥膻之風，汙濁九州，遂使彝倫攸斁，衣冠禮樂，日就陵夷。

朕用是奮起布衣，拯生民於水火，驅胡虜於沙漠，與民更始，已有年矣。近胡虜聚衆，復立王庭，意圖不靖，朕當耆年，及今弗翦，恐爲後患，於是命爾等率十餘萬衆北征。去年夏，游騎至金山之左，爾玉親拘納哈出來降。今兹復能躬擐甲胄，驅馳草野，衝冒風露，穿地取飲，禁火潛行，越黑山而徑趨，追踦蹤而深入，直抵穹廬，胡主棄璽遠遁，諸王、駙馬、六宮后妃、部落人民悉皆歸附，雖漢之衛青、唐之李靖，何以過之？今遣通政使茹瓛、前望江縣主簿宋麟齎敕往勞，悉朕至懷。

（以上明太祖實録卷一九〇）

賜信國公湯和還鄉敕 洪武二十一年六月甲辰

天地之意，將康兆民，間生英材，潛居草野。當前代之運季，命朕肇興，爾和天遣，置諸左右，智勇過人。曩者偃天下之兵，由爾冒冰霜而立伍，突炎暑以行師，饑不期食，渴不時飲，受危於兩陣未決之時，獲生於合變須臾之間，若此之勤苦憂勞，非一歲月而成功者也，乃三十餘年矣。今天下大安，爾亦年邁，命歸鄉里，營府以居。今告府完，挈家以往。

嗚呼！三十年於兹，視以尋常，今忽言歸，陡然欷歔，不能自已，由同患難於有年，致若是之傷也。且爾昔者之勳，已著彤庭；往日之勞，今爲民福矣。

嗚呼！功成名遂，爾我同心，丈夫至此，垂名不朽矣。今特賜白金四十錠、黄金六錠、鈔三千錠、綵段四十表裏，爾其領之。

賜湯和夫人胡氏敕 洪武二十一年六月甲辰

婦之道，專内政而無妬，勤勞啓家，夫婦同心。若此古有之，今之人少見。惟朕臣湯和與爾夫人，同朕鄉里，當天下大亂之時，人各挈家避難，度依豪雄，所在如之。獨爾信國夫人，秉内政以助和啓家信國，立勳業於大廷，今也功成名遂，攜長幼而歸故鄉。

嗚呼！昔爾夫婦墨髮而來，今歸故鄉，皆蒼顔皓首。夫人淑德命婦，如之鮮矣！特賜助和之功、啓家之勞白金二十錠、黄金四錠、鈔五百錠、綵段三十表裏，夫人領之。

勞安慶侯仇成書 洪武二十一年六月辛酉

自朕創業，以有九有，惟卿中外勤勞，未嘗畏憚。邇年以來，海宇雖已寧謐，而遐遠小夷尚有弗庭者，以故累卿久鎮邊陲，東西攻守，恒無寧歲。近喜氛祲廓清，朕將偃戢六師，修文德以妥黔黎。卿雖高年，亦得華居美食，共樂昇平。忽聞感疾，實疚朕懷，是用遣人存問。嗚呼！當四方征討之時，挺戈萬里，櫛風沐雨，何暇自恤？疾之所生，良由是也。然今者澤被生民，功施社稷，豈不酬大丈夫之志願哉？爾尚慎藥石，節嗜慾，永臻眉壽，副朕至懷。

諭世襲武臣敕 洪武二十一年六月

爾今居位食禄者，豈爾之能哉？皆由爾祖父能撫恤軍士，流慶於爾也。

朕觀國初諸老成將官初起兵時，收撫士卒，或一二十人，或一百人、二百人，至四五百人，必以恩撫之，親如兄弟，愛如骨肉，故攻戰之際，諸士卒争先效力，奮身不顧，以此所向克捷。人皆稱其善戰，而不知由其善撫士卒，故能如此。甚至疾患扶持，服勞奔走，一如子弟之於父兄，無不盡心。至論功定賞，大者爲公侯，小者爲千百户；若以一人之身，無士卒之助，能敵幾何人哉？

今爾等承襲祖父之職，罔思富貴由士卒而來，或苦虐之，使强者致訟，弱者懷怨，衆心不輔，遇攻戰則先退，遇患難則棄走，上以敗國事，下以喪身家。此何異農夫種田，拔其嘉苗，致餓以死也？

夫爲人之長而虐其下不仁，敗國之事不忠，亡先人之業不孝，爾等何不思之？其賢父母、兄弟、妻子及鄉黨、朋友知事者，亦各以朕言互相勸戒，守法度，恤軍士，則永享太平安樂之福矣。

（以上明太祖實録卷一九一）

追贈故金山侯濮英爲樂浪公誥 洪武二十一年七月癸酉朔

丈夫生天地間，知事君之大義，立志愈堅，故能臨難舍生取義，名垂千載，耿耿不磨。爾都督濮英，以果勇之資，爲國將臣。昔命從征朔漠，方觀成功，何期失機，偶中彼計？然抗節盡忠，凜然不可奪，若斯之爲，古今有數耳。

嗚呼！舍生就死，立大節於當時，忠義動天地，芳名垂不朽，真可謂烈丈夫矣。朕嘉爾志，悼念不忘，特越侯爵，追封爾爲樂浪公。爾其有知，服兹寵命。

諭廣西都指揮使司敕 洪武二十一年七月丙子

凡百夷戰象之夫，悉放還。其馴象衛軍士，令於南寧屯種。見獲之象，則令占城象奴送至京。

追封安慶侯仇成爲皖國公誥 洪武二十一年七月辛巳

德懋懋官，功懋懋賞，此古聖王之定制也。所以漢高立國，悉侯諸將；唐有天下，徧封功臣，而褒贈之典，歷代尤重焉。

曩者元政不綱，羣雄角立，爾安慶侯仇成從朕渡江以來，夙夜勤勞，身先士卒，嘗能以弱制强，以少克衆，及彭蠡之戰，尤有巨功，是以朕遵古制，用錫侯爵以報爾，有年於兹矣。今者以疾而逝，朕甚感傷，然爾爲將臣，而能善始善終，使偉績榮名著在方册，可謂肩於古人、流芳千載者矣。朕昔與爾有誓，生封侯，死封公，今特追封爾爲皖國公，謚莊襄。爾其有知，服兹寵命。

告天下武臣詔 洪武二十一年七月己丑

天下武臣雖已致仕而年未六十者，依原衛所陞等署事，以半禄給之。

諭征南將軍潁國公傅友德等敕 洪武二十一年七月丁酉

東川、芒部諸夷，種類雖異，而其始皆出於羅羅。厥後子姓蕃衍，各立疆場，乃異其名曰東川、烏撒、烏蒙、芒部、禄肇、水西，無事則互起争端，有事則相爲救援。若唐時閣羅鳳亡居大理，唐兵追捕，道經芒部諸境，羣蠻外稱歸順，内實狙詐，聚集凶醜，據險設伏。唐將不備，遂墮其計，以致喪師幾二十萬，皆因將帥過信無謀故也。

近稱東川諸蠻不叛者，號爲循良，固未可逆詐，然須預加防閑，嚴整師旅，使彼不得肆其姦謀，然後賊可破也。

諭征南將軍潁國公傅友德等敕 洪武二十一年七月丁酉

今令諸夷執送東川蠻人，恐此令既出，蠻人詭謀亦由此生，將假此輩爲名，偵伺我軍。當愈加嚴慎，不可托以腹心，蓋蠻夷平日夫婦無倫，亂如羣犬，雖父子不相保，其言豈可信哉？

今欲降伏之，其地山勢險峻，道路崎嶇，林箐深邃，其人與猿猱無異，大軍一至，竄入林藪，猝難捕獲，宜且駐兵屯種，待以歲月，然後可圖也。

諭征南諸將敕 洪武二十一年七月戊戌

征討蠻夷，當加嚴慎。今征東川，其烏撒、芒部諸蠻外雖服從，中藏狙詐，倘或託以心腹，將有不測之變。龍海之蠻，姦詭尤甚，水西恐與賊陰謀，皆須防閑，有備無患。切宜慎之。

（以上明太祖實録卷一九二）

諭五軍都督府詔 洪武二十一年八月己酉

凡天下武官擅調千百户軍旗，混亂隊伍者，指揮、千百户杖而罷職，總小旗從者罪同，若身自首告者，陞一等。著爲令。

命察罕襲爵改封瀋陽侯誥 洪武二十一年八月癸丑

朕惟列爵建侯，子孫世禄，國之大典，非有勳勞者不得與焉。爾察罕父納哈出昔爲元臣，自元運告終，退守金山，幾二十載。比者知天道之莫違，率衆來降，朕嘉其能全一方之民，特封爲海西侯，肩於功臣。邇命從征百夷，冀其成功，忽途中嬰疾而逝，聞之惻然。然父死子襲，初誓不忘，兹特改封爾察罕爲欽承父業推誠效力武臣、柱國、瀋陽侯。爾尚一乃心力，上思朕所以待爾父之誠，下爲爾父報立國之功，豈不神人共鑑而福禄悠久者乎？勉之毋怠。

封後軍都督府都督僉事孫恪爲全寧侯誥 洪武二十一年八月戊辰

夫勳舊世禄之家，而能始終無過、建功立名者，自古至今，厥惟艱哉！爾孫恪父興祖開國將臣，四征强敵，實有功能，朕念不忘，俾爾常居左右，以觀厥成。又數年，復授爾職，謹敏小心，未嘗有過。近者命參大將，出師北征，乃能奮勇，克成厥功，以顯爾考，可謂忠孝之臣矣。

嗚呼！繼世顯榮，勤勞無二，既成世禄之功，宜受無窮之福。今特封爾爲開國輔運推誠宣力武臣、柱國、全寧侯，食禄二千石，以及子孫世世，爾尚益加敬慎，以保禄位，傳於永久。欽哉！

諭武臣敕 洪武二十一年八月

一曰，守邊之將，撫軍以恩。
二曰，邊境城隍，務宜高深。
三曰，修築城池，葺理以漸。
四曰，操練軍士，習於閒暇。
五曰，軍士頓舍，勤於點視。
六曰，體念軍士，毋得加害。
七曰，事機之會，同僚盡心。
八曰，沿海衛所，嚴於保障。
凡八條，頒之將士，永爲遵守。

諭五軍都督府臣敕 洪武二十一年九月丁丑

養兵而不病於農者，莫若屯田。今海宇寧謐，邊境無虞，若但使兵坐食於農，農必受弊，非長治久安之術。

其令天下衛所督兵屯種，庶幾兵農兼務，國用以舒。古之良將若趙充國輩，皆以此策勳當時，垂名後世。其藩鎮諸將務在程督，使之盡力於耕作，以足軍儲，則可以繼美於古人矣。爾都督府其申諭之。

封濮璵爲西涼侯誥 洪武二十一年九月丙戌

朕惟古者人臣盡事君之心，堅許國之志，其或臨於不測之難，則不貪生而喪節〔一九〕，寧殺身以成仁，故能垂名久遠，澤及子孫。

爾濮璵父英，往者從征沙漠，陷身虜庭，守義不屈，雖負敗軍之罪，能懷死節之忠，念其初心，良可哀憫。朕既加恤典，兹特封爾璵爲欽承父業推誠宣力武臣、柱國、西涼侯，食禄二千五百石，以及子孫世世。爾尚思乃父之艱難，以忠立志，以禮律身，永保禄位，傳之後人。爾其敬哉！

諭内外衛所詔 洪武二十一年九月戊戌

自今衛所以亡故軍士姓名、鄉貫編成圖籍，送兵部，然後照籍移文取之，毋擅遣人，違者坐罪。

諭天下郡縣詔 洪武二十一年九月戊戌

天下郡縣以軍户類造爲册，具載其丁口之數，如遇取丁補伍，有司按籍遣之，無丁者止。

（以上明太祖實録卷一九三）

命五軍都督府更定屯田法敕 洪武二十一年十月丁未

凡衛所係衝要都會及王府護衛軍士，以十之五屯田，餘衛所以五之四。

命徐允恭襲封魏國公誥 洪武二十一年十月丙寅

朕觀古昔名臣，當創業垂統之時，撫順摧堅，勤勞開國，及天下甫定，享有爵禄，爰及子孫，與國悠久，若是者簡册昭然，歷歷可數。

朕自渡江以來，爾徐允恭父達天資挺特，爲朕首將，屢命出師四征，奇謀妙算，席捲長驅，使羣雄束手，不數年間，廓清海内，是以威名遠振，勳業兼隆。行賞驗功，最於諸將，故生錫公爵，死授王封，雖古昔名臣，何以過此？

然功既成於前人，業必傳於後嗣，今特命爾允恭襲封魏國公，俾承父業。爾其永思前人之艱難，忠以立志，禮以守身，恪盡繼承之道，則神人共鑑，福禄永昌。敬之哉！

命常昇襲封開國公誥 洪武二十一年十月丙寅

昔先王之定天下，必剖符以封功臣，使其子孫世禄，與國咸休。其立子之法，論嫡而不論賢，或無嫡而立庶，則論賢而不論長，所以謹嫡庶者，其意遠矣。

爾常昇父遇春，昔從朕渡江，被堅執鋭，破敵摧鋒，東征西討，所向當先，開拓之功，十居七八。及天下大定，論功行賞，爾父已逝，時朕急於報功，既追封爾父以王爵，即以爾庶兄常茂襲封鄭國公，使世其禄，初不暇論其賢否。奈何爾兄茂不知起家之難，罔思報國之意，虧忠違禮，自取黜免。然爾父之功，朕實難忘，今特改封爾昇爲欽承父業推誠宣力武臣、右柱國、開國公，食禄三千石，以及子孫世世。

嗚呼！居高位，享重禄，非忠孝者不能。爾其以忠報國，以禮律身，益彰乃父之勳，毋蹈爾兄之失，則天必眷佑，昌及子孫，豈不與國同久？敬哉毋怠。

（以上明太祖實録卷一九四）

校記

〔一〕謙抑　原作『謙撫』，據嘉業堂本改。

〔二〕哉　明王世貞弇山堂别集卷二〇作『戒』。

〔三〕皇明詔制卷一、明書卷五一題作禮齒德恤孤獨詔。

〔四〕憂兵　皇明詔制卷一作『受兵』。

〔五〕此艱　皇明詔制卷一作『於此』。

〔六〕進士　皇明詔制卷一作『欽差』。

〔七〕贍　原作『瞻』，據皇明詔制改。

〔八〕『惟應』至『社士』二十五字　皇明詔制卷一作：『富貴人户，京師應天府、鳳陽府民年八十以上賜爵社士，九十以上賜爵鄉士；天下民人八十以上賜爵里士，九十以上賜爵社士。』

〔九〕大將　皇明詔制卷一作『將』。

〔一〇〕爾觀　原作『觀爾』，據廣方言館等本改。

〔一一〕衛門　原作『衛門』，據廣方言館等本改。

〔一二〕逐　原作『遂』，據錢謙益國初羣雄事略卷十一改。

〔一三〕者　原無，據廣方言館等本及後文補。

〔一四〕輔臣　明太祖實録卷一九三命察罕襲爵改封瀋陽侯誥作『武臣』。

〔一五〕成　原無，據廣方言館等本補。

〔一六〕往征　原作『往往』，據廣方言館等本改。

〔一七〕本篇據明太祖實録『赫語文與壽同』語及封朱壽爲舳艫侯誥增補。

〔一八〕納款　原作『衲款』，據明太祖實録卷一八四改。

〔一九〕貪生　原作『貪身』，據廣方言館等本改。

明太祖文集補編卷十

諭禮部詔 洪武二十二年正月壬申

自今凡遇大朝會，除已習儀及具服官員許入班，其餘便服人員止於午門外行禮，執事官於華蓋殿行禮，挂甲帶刀侍衛之人免拜。若常朝於奉天殿，五府、六部、都察院、通政司、錦衣衛、大理寺等官於殿内侍立，奏事止於華蓋殿。

諭遼東指揮使司敕 洪武二十二年正月庚寅

如高麗王至遼東，宜燕待之，命還其國。若使者來，勿阻。

諭思州宣慰使田琛播州宣慰使楊鏗詔 洪武二十二年二月甲辰

自今凡有朝命，至即行之，每季則遣人奏知。

賜温州府平陽縣知縣張礎敕 洪武二十二年二月癸亥

朕惟郡守、縣令，民之師帥，其職惟在愛民。愛民之道，撫以恩，守以法，民安而政不撓，斯爲稱也。

邇年有司任非其人，往往與軍衛交通，誅求朘剥，重苦吾民，失其職者多矣。乃者通政司言浙江金鄉衛因造軍器，意在擾民，爾温州府平陽縣知縣張礎執法不從，即具以聞。朕深嘉歎縣令之職實稱焉，特遣使以鈔三十錠、内酒一封往勞，以旌爾能。爾其領之〔一〕。

諭征南將軍潁國公傅友德等敕 洪武二十二年三月庚午朔

西南蠻夷自昔號稱難服，所以然者，其高山深林，草樹叢密，夏多霧雨，地氣蒸鬱，蛇虺蚊蟲之毒，隨處而有，人入其境，不服水土，則生疾疫，所以功多不就。

今得爾報，已平東川，降阿資，大勢已定。然諸蠻夷易變生亂，朕恐大軍一回，彼復跳梁嘯聚，豈不重勞吾將士乎？今且還軍，分駐要地，一以休息士卒，一以控制蠻夷。使至，爾等一如所諭。

諭户部詔 洪武二十二年三月辛巳

遣官運鈔往河南、山東、北平、山西、陝西五布政使司，俟夏秋粟麥收成，則於鄉村輻輳之處市糴儲之，以備歲荒賑濟。

賜南安侯俞通源鐵券文 洪武元年

朕觀歷代有父及其子、兄及其弟皆爲佐運之良臣者，心甚嘉之，然世不多見。朕起自淮右，駐兵和陽，爾兄通海以所部舟師來附，東渡大江，如履平地，乃克采石，定金陵，繼而兩平敵國，勳績著焉，何大功將集，遽然先逝？朕憫其勞，追封爲豫國公。爾通源實其親弟，因世其官，以平章鎮於江淮，從征中原，多效勞力。今天下已定，論功行賞，朕無以報爾，是用加爾爵禄，使爾子孫世世承襲。兹與爾誓：若謀逆不宥，餘犯死罪，爾免二死，子免一死，以報爾功。於戲！勤勞以立事功，恭儉以保禄位，尚其日慎一日，則富貴永延於世矣。

（以上明太祖實録卷一九五）

諭故元遼王阿札失里等敕 洪武二十二年五月癸巳

覆載之間，生民之衆，天必擇君以主之。天之道福善禍淫，始古至今，無有僭差。人君能上奉天道，勤政不貳，則福祚無期；若怠政殃民，天必改擇焉。昔者二百年前，華夷異統，勢分南北。奈何宋君失政，金主不仁，天擇元君，起於草野，戡定朔方，撫有中夏，混一南北。逮其後嗣不君，於是天更元運，以付於朕，自即位來，今二十餘年。

爾阿札失里等知天命有歸，率衆來附，朕甚嘉焉。朕每於故元來歸臣民，悉加優待，況爾本元之親屬者乎？今特於泰寧等處立泰寧、福餘、朵顏三衛，以阿札失里爲泰寧衛指揮使，塔賓帖木兒爲指揮同知，海撒男答溪爲福餘衛指揮同知，脱魯忽察兒爲朵顏衛指揮同知，各領所部，以安畜牧。自古胡人無城郭，不屋居，行則車爲室，止則氈爲廬，順水草，便騎射爲業。今一從本俗，俾遂其性，爾其安之。

諭禮部敕 洪武二十二年六月丙子

朕削平禍亂，以一天下，二十餘年，而朔漠尚未清。近命永昌侯藍玉等率師直渡大漠，俘虜其衆，虜主脱古思帖木兒逃竄北歸，未達和林，爲也速迭兒所害。惟知院捏怯來等擁兵自固，去逆效順，率衆來歸。朕旋給印章，各授以職，而失烈門稱疾，不與使者相見。爾禮部可移文往諭捏怯來：若失烈門有意南來，可令入朝；決意北嚮，從其所欲。古之有殺身亡家而立名者，有保身全家而求生者，人之志固有不同，不可强也。

（以上明太祖實録卷一九六）

諭五軍都督羅棡等詔 洪武二十二年九月甲戌

凡至京比試軍士，射中三箭者賞鈔十錠，二箭者八錠，一箭者五錠，仍各賜鈔三錠爲道里費。不中者亦賜鈔三錠遣還，仍令明年再至比試。射不中者，軍移戍雲南，官謫從征，總小旗降充軍伍。

命王威襲爵誥 洪武二十二年十月辛酉

朕觀自古虎臣奮威勇，取功名，善其始終者鮮矣，而功業及於後人，悠久弗替者爲尤鮮。

爾王威父志，早負勇果之資，從朕渡江，東征西討，屢著勳績。及天下大定，行賞論功，位膺侯爵，既復以壽終於家，豈不爲善始善終者乎？然勳既著於當時，福必延於後嗣，今爾威服除，命爾爲六安侯，以襲父爵。爾其誠以立心，忠以爲國，則神人鑑悅，父業益彰，而禄位悠久矣。敬哉勿怠。

命郭振襲爵誥 洪武二十二年十月辛酉

昔武王定天下也，將有超羣帥者分茅以侯，子孫相繼，與國終始。朕每觀載籍，未嘗不欣慕焉。

爾郭振父子興自幼驍勇，從朕渡江，當開創之時，宣忠效力，爲國勳臣。朕遵先聖之典，雖無分茅列土之任，錫以侯封，食以重禄，子孫相繼，丹書鐵券，明有誓言。前歲以疾終於家，爾振今既服除，特命襲封鞏昌侯，以承父業。

嗚呼！眠霜臥雪，拓土開疆，爾父之功，非一日所積。爾其思前人之艱，益懋厥功，以保禄位，與國同久，豈不美哉？敬之勿怠。

（以上明太祖實録卷一九七）

諭思倫發敕 洪武二十二年十一月己卯

麓川僻居西南，遠在萬里，非中國所圖也。豈特麓川爲然？若雲南之地，道路險遠，其民仰巢顛崖，俯飲川澗，獸形夷面，俗無倫理。

曩因故元遺孽梁王不順天道〔二〕，擅生釁隙，誘我邊陲〔三〕，藏匿有罪，誑惑愚民以倡亂，延及良民，故地雖荒遐，人雖化外，不可以不征，遂命征南將軍傅友德等帥甲士三十萬往問其罪，於是雲南悉平。獨爾思倫發復效尤梁王，納我逋逃，又數年矣。金齒、景東之役，皆爾所致，朕謂爾欲圖人民，廣土地，與中國較勝負，故敢數生釁隙，繼命諸驍將率師屯營，且耕且守。今爾來訴往者犯邊之罪，不由於己，皆刀廝郎等所爲，未審其果然否？

爾雖聲言歸誠，於心實懷不軌，果若此，何以釋我諸將之憤乎？如欲釋憤，當躬修臣禮，悉償前日用兵之費，則麓川無問罪之師，土酋各保世禄；不然，則旌麾所向，醜類爲空。

諭西平侯沐英敕 洪武二十二年十二月甲辰

周王遷鎮雲南，至日，擇第居之。應有軍民之務，爾英自理之。

授六尚局宫官敕 洪武二十二年十二月己酉

朕觀帝王爲治，必自齊家始，未有家不齊而能治國平天下者。周之内宰，以陰禮教六宫九嬪，以婦職之法教九御，各有所司，非細故也。朕起布衣，陟尊位，而於内治之道不敢忽焉，是以内設六尚，以職六宫，斯列聖相繼之道也。近年精選民間淑德入宫者數人，使兼六尚事，人各克勤，事多周備。今特命某爲某官，爾尚克遵前規，慎守乃職，毋怠毋忽。

其外有家者女子，服勞既多，或五載六載，歸其父母，從與婚嫁。婦人受命年高者，許歸以終天命，願留者聽其在宫闈，及見授職者，家給與禄，視外品等差。

賜魯王檀謚册文 洪武二十二年十二月

朕惟有天下者，必封建諸子，藩屏帝室，所望恪守彝訓，永終天年，而或有不如願者，豈足慰朕心？

爾檀教自孩提，期於成立，及年既長，遂錫魯封。夫何之國以來，昵比匪人，怠於政事？屢嘗屈法伸恩，冀省厥咎，乃復不知愛身之道，以致夭折。

生封死謚，古典昭然。嗚呼！父子，天性也；謚法，公議也。朕於爾親雖父子，詎得以私恩廢公義？今特謚爾曰荒，昭示冥漠，用戒方來。

招諭故元兀納失里大王書 洪武二十二年十二月甲子

昔中國大宋皇帝主天下三百一十餘年，後其子孫不能敬天愛民，故天生元朝太祖皇帝，起於漠北，凡達達、回回諸番君長，盡平定之。太祖之孫以仁德著稱，爲世祖皇帝，混一天下，九夷八蠻，海外番國，歸於一統。百年之間，其恩德孰不思慕，號令孰不畏懼？是時四方無虞，民康物阜。

自脱歡帖木兒皇帝即位，政出權臣，法度廢弛，是以上天降亂，民墜塗炭，草野間豪傑因而並起。朕時在淮甸，見生民靡寧，乃與鄉黨、豪傑糾合士馬，不四五年，羣雄悉定，故元番將降附者接踵而至。凡兩遣兵，直抵漠北，時稱帝者脱古思帖木兒奔往也速迭兒之地，遂遇害。其餘士馬爲知院捏怯來、國公老撒、丞相失烈門三人所有，今已悉來降附，朕處於美水草、蕃畜牧之所，俾樂生安業。

朕今主宰天下，遣使告諭爾兀納失里大王知之。如有所言，使還，其具以聞，朕有以處之。

（以上明太祖實録卷一九八）

諭河南右護衛及儀衛司敕 洪武二十三年正月丁卯

周王遷鎮雲南，應有官軍校尉、儀仗，俱遣赴雲南參侍。命河南布政使司與道里費，由陝西連雲棧陸路以往。

諭遼東都指揮使司詔 洪武二十三年正月癸未

凡高麗國人於境内懋遷者，勿禁。

諭遼東都指揮胡旻朱勝敕 洪武二十三年正月庚寅

率所操馬軍往大寧，候總兵官調遣征進。其駝、牛、馬非備戰者，悉發大寧運糧，直抵征進所在，以給軍餉。

諭故元丞相咬住太尉乃兒不花知院阿魯帖木兒等敕 洪武二十三年正月辛卯

前歲脱古思帖木兒北行，聞至嶺北，禍生不測。和林以南，消息不知，以此嘗遣使入沙漠尋訪。近聞爾等所在，再遣都御史鐵古思帖木兒往諭汝等：

元朝氣運已終，汝等領散亡之衆，在草野無所歸，度日甚艱，然不敢南來者，意必謂嘗犯邊境，故心中疑惑〔四〕。且如納哈出在遼東〔五〕，前後殺掠守禦官軍二萬餘人，及後來降，封以侯爵，大小將校，悉加官賞，朕何嘗以爲讎也？但邊境寧静，百姓安樂，即是好事。已令和尚國公、斡因帖木兒平章曉以朕意，想知之。汝等勿疑，領衆而來，必擇善地，使汝安居，各遂生息，豈不美乎？若猶豫不决，坐事失機，大軍一至，恐非汝之利也。

丞相忽客赤、怯薛官人阿憐帖木兒、太尉朵劣不花、國公孛蘭奚、司徒把秃、平章卜顔帖木兒、貴力赤，知院脱歡答里牙赤、八山葩剌八十、卜顔帖木兒、哈剌兀、失貴刀、札剌兒台、捏兀台、斡羅不花等，悉令知朕此意。

（以上明太祖實録卷一九九）

諭晉王棡燕王棣敕 洪武二十三年二月甲辰

詢及來胡，言殘胡甚少，騎者纔五千人，共家屬一萬口，馬稱之，有急則人皆一騎〔六〕，趁水草長行。大軍負載且重，追襲甚勞。

今降臣嘗與彼同仕大官，已使在彼，而晃忽兒又能辭説，由是其衆二心，欲南嚮者多，北嚮者少。

且將糧餉運至上都及口温，集於各程，然後再俟人來，知其所在，一舉而中矣。

諭武臣子弟詔 洪武二十三年二月庚申

凡武臣子弟嗜酒、博奕及歌唱詞曲，不事武藝，或爲市肆與民争利者〔七〕，皆坐以罪。其襲職依前比試不中者，與其父並發邊境守禦，不與俸。

（以上明太祖實録卷二〇〇）

命仇正襲父爵誥 洪武二十三年四月丙戌

自昔人臣未達，身居田野，不異庸人，雖有智能，何所施設？一旦得其依歸，奮威勇於開創之秋〔八〕，立功名於矢石之下，子孫世禄，與國同久，名垂簡册，豈不偉哉？爾仇正父成從朕以來，勤勞歲月，東征西討，累有成功，彭蠡之役，厥績尤著，所以生錫侯封，死褒公爵，方之古人，未有過焉。然功既成於前人，福必延於後嗣，今特命爾襲父爵爲安慶侯。爾其以禮法檢身，以忠孝立志，堅格一誠，則神人鑑悦，禄位悠久矣。

（明太祖實録卷二〇一）

遷户部尚書楊靖爲刑部尚書誥 洪武二十三年五月癸巳朔

於戲！昔聖人以德化天下，則民樂從者衆，違者寡，天下治矣。然聖人之心，必欲使天下之人皆爲善而無惡，共樂天之樂；有不然者，故又張刑制具以齊之。既而法行，則賞當其功，罰當其罪，民日遷善而去惡，於是上下相安，和氣充溢，天地清寧，可謂咸亨。

於乎！相繼之君臣，罔知大道，務小惠而傷大德，特簡刑以治之。法縱民玩，故姦者得以恣肆，良者含冤而受暴，雖欲善治，反不可得矣。以斯君臣言之，心非不仁，蓋慮淺而見薄，亦欲天下治耳，不期爲世之大病也，此鄭子産所以有政猶水火之喻，而焚溺之戒，可謂周於人情而熟於事理者也。

故治國者必擇仁人以治刑，蓋非仁人執法，國務之繁由此而生，朕甚閔焉。爾資善大夫楊靖，僉曰可，今特授爾爲刑部尚書。爾其敬慎體道，惟明克允。吉哉！

遷兵部尚書沈溍爲工部尚書誥 洪武二十三年五月癸巳朔

昔聖人之世淳樸，民俗敦厚，宫室什器，制不飾華，故所司之工，皆無異技奇巧。然而工務雖簡，其成也必精，其廢也必當，故一舉而無再爲，一廢而無再造，所以民逸者多〔九〕，勞者少，因是而官稱賢，君稱聖。

後之人受職任事，則不然矣。凡臨事之際，或務爲淫巧以勞人，或假公營私而害政，所爲如斯，豈有福臻而愆消者也？所以古人重其事而選任必在得人。

今朕設工部，必法古制，特以爾湣爲工部尚書，當敬事信工，無弊上下，汝惟良哉！

遷刑部尚書趙勉爲户部尚書誥 洪武二十三年五月癸巳朔

昔君天下者，首建倉廩府庫，備糧儲，藏金帛，以待軍國之需、庶職之禄給也，故必設官以司之。

古稱天子富有四海，所以昭滿盈、示戒儆也。若姦人在君之左右，使掌之，動以富爲首言，則君悦富而妄費，不問民之艱辛。若賢臣必欲致君者，當敷奏府庫之儲，乃民之膏脂，一有妄費，道德虧矣。知斯艱難，謹其出納，則府庫倉廩皆有餘，而禄給充，軍食足，民無横歛，國有常經，大道張，君德美矣。至於户口之登耗，必當盡心，朕於是職，必惟其人，今特命爾勉爲户部尚書。

於乎！量入爲出，毋擾於民，至公無私，永懷朕命。

遷工部尚書秦逵爲兵部尚書誥 洪武二十三年五月癸巳朔

兵始皇帝〔一〇〕，列聖繼之，而君之軍六，諸侯之軍三，大將率之，左右副將副之，偏、裨二將參贊之，其諸戰將則爲隊長，於是乎張九伐之威，天下定，民樂康。然將之職，有警則受命而行也。其軍之資給，功過之等第，必有屬焉，故立兵曹以總其務。所以務者，甲仗精，旗幟明，戈矛必利。兵行，芻糧爲之先，橋梁舟車無不具備，前期清道，使無暴尸，則軍士氣壯，武勇自倍。於斯之職，非忠良之士，奚稱此任？朕今以爾逵爲兵部尚書，爾其敬慎乃職，毋怠於事，使兵備修明，則朕惟爾嘉。懋哉！

諭國子監官敕 洪武二十三年五月己酉

移風善俗，禮爲之本；敷訓導民，教爲之先。故禮教明於朝廷，而後風化達於四海。今西南夷土官各遣子弟來朝，求入太學，因其慕義，特允其請。爾等善爲訓教，俾有成就，庶不負遠人慕學之心。

賜公侯伯奴軍鐵册文 洪武二十三年六月

曩者朕與羣雄並驅，於諸將中拔其出羣者爲帥首，以統諸軍。當是時，發號施令，所至摧堅撫順，敢有以五十步笑百步者斬。是令既行，三軍莫敢逡巡；間有違者，法必不貸。自渡江以來，平定天下，今三十有餘年，念諸將老矣，令其衣錦還鄉。特命爾等爲百夫長，各率兵百十有二人，以衛護其家，俟其壽考，子孫承襲，則兵皆入衛，罷其屯戍。爾尚欽哉！

（以上明太祖實録卷二〇二）

追封張赫爲恩國公誥 洪武二十三年八月甲子

自昔興王之臣，竭忠效力，功業著於當時者，生則享爵禄之榮，死則錫褒封之典。爾赫從朕渡江三十餘年，東征西討，累有戰功。邇年漕運，涉歷風濤，厥績尤著〔一一〕，朕嘗封爾侯爵，以報勤勞。今者因疾壽終於家，朕念相從之久，用遵彝典，追封爾爲恩國公，謚莊簡。爾其有知，服兹寵命。

（明太祖實録卷二〇三）

封中軍都督府都督僉事桑敬爲徽先伯誥 洪武二十三年九月壬寅

古者英雄欲立名於天地間，必待時而出，上佐人君，開拓疆宇，奮不顧身，以成其志。天下既平，則防姦禦侮，益盡忠貞，上下之間，永樂治安，故能膺爵賞於當時，垂英名於悠久。

朕當羣雄鼎沸之秋，提虎旅東渡大江，爾桑敬父世傑率舟師來歸，由是被堅執鋭，數著勤勞，既而殁於戰陣，已贈侯爵。然功在國家，朕不能忘，遂陞爾爲中軍都督僉事，俾承先業，屢從征伐，克底成功。兹又擒除姦兇，竦觀内外，豈不彰美於前人？

朕嘉爾忠，特封爲推忠協謀武臣、龍虎將軍、上護軍、徽先伯，食禄一千七百石，子孫世襲。爾其恪遵理道，益堅事上之誠，則神人鑑悦，福禄永昌矣。

（明太祖實録卷二〇四）

封右軍都督府都督僉事張銓爲永定侯誥 洪武二十三年十月甲申

大丈夫有志於功名者，必夙夜勤勞，始終無怠，方能建立勳業，流芳千載。朕歷觀往古之名臣，未有不由此道而能然也。

爾都督張銓，自結髮從朕渡江，東征西討，數著勳勞，至今三十餘年，而蒼顏皓首矣。昨命從大將征西南諸夷，尚能不憚鞍馬之勞，驅馳矢石之間，奮勇當先，一鼓而破强悍之夷，年雖高矣，志實壯哉，非始終無怠者，安能如是〔一二〕？

今特封爾爲開國輔運推誠宣力武臣、柱國、永定侯，食禄一千五百石，子孫世襲，以報功能。爾其敬哉！

（明太祖實録卷二〇五）

命五軍都督府及兵部臣敕 洪武二十四年正月乙未

往者軍官有犯法當死者，朝廷嘗貸之，謫徙雲南。今已久，必知改過，可歲以半俸給之。

諭户部詔 洪武二十四年二月癸酉

凡武臣得死罪而宥者，給半禄。笞杖徒流而宥者，全給。既死而有子孫者，亦給之。其祖、父致仕見給禄者，不復給。

（以上明太祖實録卷二〇七）

奉天殿試禮部會試中式舉人策 洪武二十四年三月丁酉

昔列聖之相繼，大一統而馭宇，立綱陳紀，禮樂昭明，當垂衣以治，何自弗寧？ 少壯盡行，内騷華夏，外戍八荒，牝馬胎駒於行伍，旌旗連歲於邊陲，此果好殺而有此歟？ 抑蠻貊欲窺而若是歟？

觀之往事，亦甚艱矣。 今欲罷乘機，絶遠戍，垂衣以治，又恐蠻貊生齒之繁，不數十年後爲中國患，當此之際，似乎失今可乘之機，豈不爲限？ 今興止未判，其於乘機絶戍〔一三〕，孰可孰不可？ 爾諸文士論之，以妥内外，朕將親覽焉。

命故誠意伯劉基孫廌襲爵誥 洪武二十四年三月辛丑

昔者元運既隳，豪雄鼎峙，海内瓜分。 當是時，士大夫甚衆，然汎汎從人者亦多，所以賢智之士必擇人而歸，以樹勳業，奠安生民，豈易從人而輕滅姓氏者邪？ 又若非義之從，雖死節不移。 噫！ 雖死名彰矣。

朕曩與羣雄並驅，數年之間，異聲教而擅征伐者不可勝數，孰辨真僞？ 爾祖誠意伯劉基乃括蒼之士，居勍敵之陲，密邇山寨〔一四〕，一聞朕命，乃間道兼程，星馳來歸，陳曆數之有在，議戡定之先機，及措安黎庶之道。其爲人也，義氣凜然，人莫敢犯，所以父子相繼殁於姦邪紊政之時〔一五〕，可謂不移其節矣。

初授伯爵以終身，因其節不移，今特以前爵授爾廌爲誠意伯，增禄二百六十石，共食禄五百石，子孫世襲。爾其敬哉！

諭齊王榑敕 洪武二十四年三月丙辰

山東都司各衛騎士，皆從總兵官潁國公傅友德調發，爾毋相參，遇有戰鬭，可自爲隊，或在總兵之左，或在其右，有膽略則當先，無膽略則繼後。若奏凱之時，寧使諸將言功，勿自矜伐。

八月終，秋高水冷，人馬入關，爾亦回京。

諭兵部詔 洪武二十四年四月癸酉

凡外衛軍官調京衛者，皆給道里費，俾挈其妻子，家於京師。

命禮部敕 洪武二十四年四月甲戌

置百官侍朝班序牌，大書品級，列丹墀左右，木栅之上，令文武百官照品序立侍班，違越者罰之。

諭燕王棣敕 洪武二十四年四月癸未

今上天垂象甚切，須體天心。凡北平護衛及都司各衛隘口，必當整備士馬，勵精器械，嚴爲守禦，不可怠肆。

勞涼國公藍玉敕 洪武二十四年五月丙午

朕昔率師渡江，諸將爲朕股肱者，獨中山武寧王、開平忠武王材勇謀略出諸將上，凡受命征討，未嘗挫衄。二王繼逝，求其統御三軍如二王者，蓋亦少矣。往歲嘗命爾副潁川侯率師討不庭於黔南，不數月而捷報。黔南既定，命爾副宋國公北取金山，遂掩襲虜庭，大捷而還。方之二王，亦庶幾焉。今年又命爾整兵燉煌、酒泉，使者至，言爾中途墜馬，右臂微恙，故特遣使往勞。爾其善自調護，以稱朕委任之意。

諭禮部侍郎張智等敕 洪武二十四年五月乙卯

古之儒者務學以明體適用，窮則忠信篤敬以淑諸人，達則忠君愛國而澤被天下。朕自御宇以來，擢用儒士，布列百司，思得其人，以稱其任，而卒少見，其故何也？良由師道不立，故成材罕聞。爾禮部宜以朕言諭天下，俾凡爲儒者，必恪遵先聖賢之道，以修己教人，毋徒尚文藝云。

（以上明太祖實録卷二〇八）

命禮部清理釋道二教敕 洪武二十四年六月丁巳

佛本中國異教也，自漢明帝夜有金人入夢，其法始自西域而至，當是時，民皆崇敬。其後有去鬚髮出家者，有以兒童出家者，其所修行，則去色相，絶嗜慾，潔身以爲善。道教始於老子，以至漢張道陵能以異術役召鬼神，禦災捍患，其道益彰。故二教歷世久不磨滅者以此。

今之學佛者曰禪，曰講，曰瑜珈；學道者曰正一，曰全真：皆不循本俗，汙教敗行，爲害甚大。自今天下僧道，凡各府、州、縣寺觀雖多，但存其寬大可容衆者一所，併而居之，毋雜處於外，與民相混，違者治以重罪，親故相隱者流，願還俗者聽。

其佛經番譯已定者，不許增減詞語；道士設齋醮〔一六〕，亦不許拜奏青詞。爲孝子慈孫演誦經典、報祖父母者，各遵頒降科儀，毋妄立條章，多索民財，及民有倣瑜珈教稱爲善友、假張真人名私造符籙者，皆治以重罪。

（明太祖實録卷二〇九）

賜東川侯胡海鐵券文 洪武三年

昔者聖君定爵報功，惟賢能受之。朕觀古制，漢封最多，然侯之名則同，其食禄世守者各有等差，爲功有先後，業有巨微，故食禄有等，官階有序，以辨輕重也。

咨爾海，開國以來，屢著勳勞，歷掌戍衛，克揚厥職。今平定雲南，功益昭著，特封爾侯爵〔一七〕，使爾子孫世世承襲。兹與爾誓：若謀逆不宥，餘犯死罪，爾免二死，子免一死，以報爾功。尚益加恭慎，以保禄位，延於永久，豈不偉矣？

免應天太平寧國鎮江廣德五府州官租之半且諭户部敕 洪武二十四年七月辛丑

我國家用兵之初，凡軍國所需，皆應天五府州之民供之。天下既一，朕念其勞，於是全免五府州民田之賦，官田則徵其半，所以優之者，未爲薄也。奈何民情玩愒，於當徵之賦，復賂所司而逋負之。朕所以全徵之者，蓋懲其玩耳。今復念前勞，未之能忘，繼今仍減半徵之。爾户部其明諭朕意。

諭秦府致仕長史文原吉敕 洪武二十四年七月壬子

朕聞古人有欲致君堯舜者，由其志高量大、誠心爲國而不爲己謀也。朕裂土地，分封諸王，擇賢以輔之，勢雖有小大，而其事體則一，故輔臣良則政清而民樂，輔臣姦則事煩而民困，苟有致君之志者，何古人之不可及耶？

左長史文原吉昔在秦府，終其任而國賴以安，民樂田里，一旦致政而歸，國凶而民擾。所以然者，由羣小儉邪，導其爲非，於是忠良姦宄，昭然可見，使朕念卿，夙夜不忘。特遣中使齎白金二錠、楮幣百錠、文綺帛三十匹賜卿，以養高年，至可領也。

（以上明太祖實録卷二一〇）

諭皇太子敕 洪武二十四年八月乙亥

爾自幼至長，未嘗遠出〔一八〕，今命爾巡行陝西。方渡江之際，天道赫然有變，雷起東南，爾征西北。以造化言之：雷，天威也。爾前行，雷後隨，威震之兆也。然一句之間，久陰不雨，占法主陰謀事。爾宜慎舉動，節飲食，嚴宿衛，親君子，遠小人，務在存仁養性，施恩布惠，以回天意。雷之嘉兆〔一九〕，未可恃也。爾其慎之。（明太祖實録卷二一一）

諭禮部詔 洪武二十四年九月乙酉朔

今後科舉歲貢，於大誥内出題，或策論、判語參試之。

諭西域別失八里王黑的兒火者書 洪武二十四年九月乙酉朔

朕觀普天之下，后土之上，有國者莫知其幾。雖限山隔海，風殊俗異，然好惡之情，血氣之類，未嘗異也。皇天眷佑，惟一視之，故受天命、爲天下大君者上奉天道，一視同仁，使巨細諸國，殊方異類之民，咸躋乎仁壽，而友邦遠國順天事大，以保國安民，皇天監之，亦克昌焉。

曩者我中國宋君奢縱怠荒，姦臣亂政。天監否德，於是命元世祖肇基朔漠，入統華夏，生民賴以安静七十餘年。至於後嗣不修國政，大臣非人，紀綱盡弛，致使在野者强淩弱，衆暴寡，民生嗟怨，上達於天。

簡在帝心，以革命新民。朕當大命，躬握乾符，以主黔黎。凡諸亂雄擅聲教、違朕命者兵偃之，順朕命者撫存之，是以華夏奠安。惟元臣蠻子、哈剌章等尚率殘兵於近塞〔二〇〕，生釁寇邊，爲生民之巨害。遣兵致討，勢不容已。

兵至捕魚兒海，故元諸王、駙馬及其部屬悉來降附。其間有稱自撒馬兒罕等處來貿易者凡數百人，遣使送歸本國。今三年矣，使者歸。爾別失八里王即遣使來貢，朕甚嘉焉。王其益堅事大之誠，通好往來，使命不絶，豈不保封國於悠久乎？特遣使嘉勞，其悉朕意。

（以上明太祖實録卷二一二）

諭禮部敕 洪武二十四年十月甲寅朔

三韓之地，君臣悖亂，二紀於兹，然無争城野戰，民安鄉邑。舊歲來告，王瑶嗣立，乃王氏苗裔，宜遣使以禮物勞之，觀其署政何如。

定生員巾服之制 洪武二十四年十月庚申

襴衫用玉色絹布爲之，寬袖皂緣，皂絛軟巾垂帶。

（以上明太祖實録卷二一三）

報宋國公馮勝涼國公藍玉書 洪武二十四年十一月丙申

朕觀天象，未利征討，慎毋輕舉。爾勝及左副將軍傅友德宜還京師，玉率諸將駐陝西，訓練士馬，且多市馬爲武備，待其有釁而後取之。朕當有後命也。

册潁國公傅友德女爲晉世子濟熺妃文 洪武二十四年十二月己卯

朕君天下，封諸子爲王〔二一〕，王嫡長子立爲世子，必選賢女以爲之配。今朕第三子晉王棡嫡長子濟熺年已長成〔二二〕，爾傅氏乃潁國公友德之女，宜以締姻。兹特授以金册，立爾爲晉世子妃，爾尚謹遵婦道，内助家邦。敬哉！

（以上明太祖實録卷二一四）

賜靖江王守謙書 洪武□□年

雲南諸夷雜處〔二三〕，地險人頑，守者非恩威並行不可得而長久，故能者必恩威兼著，賞罰嚴明，篤在防姦禦侮，不作無益之工，以疲士卒〔二四〕。域内無警，使樂有餘，士卒既安，士人畏威懷德，則久長必矣。

雲南冬無酷寒，夏無炎暑，氣候和平，可謂樂地。然爾戴罪而往，所居之室且可取容而已，所領軍士止存百人自隨，其餘悉與總兵官備禦。因糧於外，且積餘糧，以備明年屯種。舊守軍士皆是力農，僅能自給，若不度在下之情，必使坐食待盡，一有窘乏，大非便也。

爾所居非奉朕命，必欲稱及爾心，則人勞災興，有不可逃。爾其欽哉！

（以上明太祖實録卷二一五）

諭都督宋晟劉真敕 洪武二十五年二月癸亥

凡西番、回回來互市者，止於甘肅城外三十里，不許入城。

諭中軍都督府臣敕 洪武二十五年二月辛未

近内臣自河南還，言開封府大河濟渡處，寬者二十里，狹者猶十餘里，水勢汎溢。或天氣寒沍，舟人濟渡者手足皸瘃，艱苦尤甚，且使傳絡繹，候渡者常數百人。舟纔至岸，人争趨先登，既登而開，水工執櫓，未得措手足而舟已在急流中矣。非器堅利而人素習，少有不没溺者，而附舟强横之徒，又往往攘敚其器物以去，使束手無措，縱免没溺，而所損亦多矣。有司置而不問。

朕已嘗命給水工衣糧〔二五〕，使其專力於濟渡之役。今其害若此，爾都府即移文都指揮使司、布政使司並開封府，使巡察以時，常修治舟楫。若怠其事，首領官與攘敚水工器物者，皆論如律。

諭兵部詔 洪武二十五年二月癸酉

凡將校流罪以下，謫戍雲南、貴州者，俱復其官。

（以上明太祖實録卷二一六）

諭燕王棣敕 洪武二十五年三月甲申

朔漠雖平定，而殘胡散處絶塞，聚必爲患。其選北平都司并護衛騎兵之精鋭者六七千人，或萬餘人，間以乃兒不花等所部軍士，列爲隊伍，各裹餱糧，命北平都指揮使周興爲總兵官，遠巡塞北，搜捕殘胡，以絶弭邊患。其乃兒不花部曲諳知地形，令爲鄉導，必多擒獲。

諭刑部詔 洪武二十五年四月乙亥

凡在京獄囚犯，笞杖者俱宥之，徒流、雜犯死罪並重罪罰役者，悉發戍于邊。

（以上明太祖實録卷二一七）

封右軍都督府都督僉事俞淵爲越巂侯誥 洪武二十五年六月戊午

有功必賞，有罪必誅，此古先哲王不易之道。然賞罰之道，得其當而天下之人皆悦，是謂賞罰也。

朕即位以來，賞罰之行，悉遵古制。爾驃騎將軍、僉左軍都督府事俞淵，父廷玉及爾長兄通海，當朕開創之秋，以舟師來附，從渡大江，所向克敵，東征西討，厥績尤著。報功之典未及舉行，而爾父兄相繼捐軀於矢石之下。朕憫其忠誠，當天下大定，論功行賞之時，特贈爾父河間郡公，爾兄虢國公，仍封爾仲兄通源爲南安侯，以報爾父兄往昔之勞。豈意爾仲兄黨附權姦，負君親之恩義，身没之後，姦謀始露，稽之於古，揆之於律，在所不宥。然立功者前人也，造罪者後人也，以後人之罪而廢前人之功，朕所不忍。今特改封爾淵爲欽承父業推誠宣力武臣、柱國、越嶲侯，食禄二千五百石，子孫世襲，以毋忘爾父兄之功。於戲！忠以報國，禮以律身，惟忠與禮可以享爵禄於悠久。爾其敬哉，勿替朕命。

諭總兵官涼國公藍玉敕 洪武二十五年六月癸酉

都指揮使瞿能等，朕委以討賊，乃失機敗事，當寘諸法，姑宥之，俾立功自贖。彼月魯帖木兒等皆無父無君，詭詐萬狀，方大軍入境，遽信其降，歛兵以待，爲其所玩。比又遣人至京，往來之間，則彼之寨栅已修，糧餉已足，孳畜之類已收，精鋭之兵已選，與戰則難圖決勝。若大軍初到之時，彼寨栅未修，孳畜之類未收，精鋭之兵未選，速與決戰，必當致勝。乃不乘此機，而以詐爲誠，非愚而何？

即今彼寨中出者，不論多寡，盡拘收之，切莫縱還。近知其黨與最兇頑者，一楊把事及達達千户二人，速宜捕執之，乃其謀主也。既執之，彼再無與謀者矣。如獲領真卜，當即戮之。其月魯帖木兒多子，往往以之出質，若有來者收撫之。大軍必多方搜捕，毋信其虚言，必擒之而後已。

（以上明太祖實録卷二一八）

謚皇太子標册文 洪武二十五年八月庚申

朕惟先王之典，生既有名，殁必有謚，名所以彰德，謚所以表行，故行有大小，則謚有重輕，此古今通議，雖在至親，不敢廢也。

爾皇太子標居儲位者二十有五年，分理庶政，裨贊弘多，今焉永逝，特遵古典，從公議，賜爾謚曰懿文。

嗚呼！德以名彰，行因謚顯，公論所在，朕何敢私？

（明太祖實録卷二二〇）

諭總兵官涼國公藍玉敕 洪武二十五年十月戊午

月魯帖木兒兇頑無識，生死輕重，殊無顧藉，其用事者楊把事、達達千户二人而已。若大軍厭境，或有使來，恐是此人，宜即羈之，勿令復去。昔寇恂斬皇甫文而降高峻，用此計也。且月魯帖木兒其出也，或詭詐以覘我軍，不可信之。若知其所在，即遣兵進攻；若來降，密爲之防：所謂事起乎所忽，不可不慎。

其屯守建昌土軍三千人，宜收入營；諸將校亡者，捕送京師。又蘇州去西蕃甚邇，宜早定之。其栢興州賈哈剌境内摩坣等部，亦須除其兇渠，然後宥其餘衆，俾耕牧以供賦税。凡節制軍務，惟此最當留意。

追封西平侯沐英爲黔寧昭靖王誥 洪武二十五年十月己巳

嗚呼！爾英昔幼孤於擾攘之秋，若尋嘗視之，豈知有今日者耶？古語云『吉人天相』，所以天使爾於我依。當依朕之時，爾我皆不知有今日之勢。及爾日長，朕之王業漸昌，皇天眷命，遂一宇内，即以西境之號，封爾開國輔運推誠宣力武臣、榮禄大夫、柱國、西平侯，復爾本姓，繼爾宗祀。

天下之廣，四維之間，皆勇智者也。西南諸夷，非仁勇者難以控馭。自爾鎮後，於今十有一年矣，朕無西南之憂，所以屢加恩眷，廣錫賚産，冀朕之後及爾子孫共享富貴，以保全終始相遇之恩。何期天不假年，一疾長逝，不勝哀悼。今特追封爾爲黔寧王，謚昭靖。爾其有知，服兹寵命。

命沐春襲封西平侯往鎮雲南誥 洪武二十五年十月乙亥

世人早失怙恃，而撫育存恤者，恩亦父母也。昔者爾父沐英，當天下擾攘之秋，孤而且幼，無所依歸，朕特憐之，撫以爲子。從渡江左，至於長成。朕後有子，命復本姓，歸繼宗祀。因有勤勞，封爲西平侯，重禄厚賞，冀爲巨家，與國同久。曩命副征雲南，留鎮其地，能布恩威，蠻夷率服，朕無西南之憂者十有一年。邇者因疾令終，特越侯爵，錫以王封，慰之於冥冥。

今命爾春襲封西平侯。嗚呼！朕視爾父猶子，思昔提攜，猶動首育之心。爾當思爾父相從之幸，毋忘釋難之恩，忠誠爲國，夢寐存心，則鬼神有鑑，福禄永昌矣。敬哉！

報總兵官凉國公藍玉書 洪武二十五年十一月甲午

籍民爲兵甚不可，其民連年供輸煩擾，又以壯者爲兵，其何以堪？况兇渠已殄，人知順命，雖獷狎者漸革其習，戍守軍士皆有成規，何用增益，重困吾民乎？

其長河西、朶甘、百夷之事，朕惟兵久在外，不可重勞，但養鋭蓄威，徐議大舉，此非四十萬衆不可行也。今爾所統之兵，選留守禦，餘令回衛，爾即還京。

（以上明太祖實録卷二二二）

諭宋國公馮勝潁國公傅友德等敕 洪武二十五年十二月戊申

昔漢唐之禦胡虜，每秋高馬肥，知其入寇，乃設謀定策，伏兵以待之，否則必爲邊患。古今時勢雖異，而禦侮防患則同〔二六〕。今以十萬之衆捕獵塞上，手無尺寸之兵而耕耘田畝，可乎？故必伏兵甲以自防，立斥候以知警，則有備無患矣。期明年三月發京師壯勇及河南、山西鋭卒，鼓行塞上。爾等立屯既成，率數十萬衆，飆馳雷擊，蒐獵虜庭，耀張威武，不亦壯哉？

敕至，毋違朕命。

（明太祖實録卷二二三）

册美人李氏爲賢妃文 洪武二十六年正月丁未朔

妃嬪之立，所以資内助、廣後嗣也。朕稽古制，皇后以下各有員次，必婦行貞淑及有子者，然後進以位焉。

爾李氏自選入宫，事朕有年，生子桱，已封爲唐王。朕特遵古典，册爾爲賢妃。其敬慎之。

册美人葛氏爲麗妃文〔二七〕洪武二十六年正月丁未朔

朕稽古制，皇后以下各有員次，必婦行貞淑及有子者，然後進以位焉。妃嬪之立，所以資内助、廣後嗣也。爾葛氏自選入宫，事朕有年，生子㰘，已封爲伊王。朕特遵古典，册爾爲麗妃。其敬慎之。

册美人劉氏爲惠妃文〔二八〕洪武二十六年正月丁未朔

朕稽古制，皇后以下各有員次，必婦行貞淑及有子者，然後進以位焉。妃嬪之立，所以資内助、廣後嗣也。爾劉氏自選入宫，事朕有年，生子楝，已封爲郢王。朕特遵古典，册爾爲惠妃。其敬慎之。

（以上明太祖實録卷二二四）

諭諸番各族部落敕 洪武二十六年二月癸未

往者朝廷或有所需於爾，必以茶貨酬之，未嘗暴有徵也。近聞邊將無狀，多假朝命，擾害爾等，使不獲寧居。今特製金銅信符，族頒一符，遇有使者徵發，比對相合，始許承命，否者械至京師罪之。

諭西寧番僧三剌敕 洪武二十六年二月壬寅

自有佛以來，見佛者無不瞻仰，雖兇戾愚頑者亦爲之敬信，化惡爲善，佛之願力有如是耶。今番僧三剌生居西土，踵佛之道，廣結人緣，輯金帛以創佛刹。比者來朝京師，朕嘉其向善慕義之誠，特賜敕護持。諸人不許擾害，聽其自在修行，違者罪之。故敕。

（以上明太祖實録卷二二五）

諭燕王棣敕 洪武二十六年三月乙卯

阿魯帖木兒、乃兒不花俱有異志，雖撫之以誠，難保其往。人言夷狄畏威不懷德，果然，可遣人防送至京。胡人反側背恩，不可無備，爾護衛士卒每遇出獵，必選數千騎，被堅執鋭以訓練之，使之常習勞苦，則臨陣不怯。宋國公馮勝等今已召回，諭以防禦之策。舊降胡兵，非出征不可輕縱，恐盜馬潛遁，陰泄事機，所係甚重。若欲用以禦敵，常使參錯爲伍，庶幾無虞。

諭晉王棡燕王棣敕 洪武二十六年三月庚申

各統所轄都司軍馬，凡軍中賞罰，大者以聞，小者從宜處分，且諭以藍玉之變。將兵塞上，尤宜謹慎。今廣平、順德及山西遼、沁二州爲王天錫作耗〔二九〕，境内小盜因而延蔓，蓋守禦官軍不能討捕故也。宜遣人督捕，務在殄除此寇，以靖吾民。

賜僧三剌故元國師魏失剌監藏僧月監藏符 洪武二十六年三月丙寅

自古帝王致治，無間遠邇，設官以理庶務。稽諸典禮，復有僧官以掌其教者，非徒爲僧榮也，欲其率修善道，陰助王化，非真誠寡欲、澹泊自守者，奚足以任斯職？今設僧綱司，授爾等以官，給爾符契。其體朕之心，廣佛功德，化人爲善。欽哉！

（以上明太祖實録卷二二六）

諭工部詔 洪武二十六年五月丁卯

自今凡功臣卒，不建享堂。其墳塋、葬具，皆令自備。惟歿於戰陣者，官給之。（明太祖實録卷二二七）

諭朝鮮國王敕 洪武二十六年六月壬辰

昔在元季，羣雄並起，中原擾動，民被兵災，幾及二紀。朕訓將練兵，掃除羣雄，四征不庭。蠻夷率服，化鋒刃爲農器，諸將析珪儋爵，享有太平。奈何高麗屢懷不靖，詭詐日生，數搆釁端，屢肆慢侮，誑誘小民，潛通海道。朝廷命將鎮守遼東，輒遣人以金帛誘之，後王顓被弑，殺及朝使。今爾方遣使入朝聽約束，而乃陰令邊將誘女直人潛渡鴨緑江，意將何爲？

昔在漢時，高麗寇邊，漢兵致伐，高麗由是敗滅。及曹魏之時，陰懷二心，與吴通好，魏亦再加兵討。晉以爾國悖慢，焚爾宫室，俘爾男女。隋兵再伐，高麗之民，死傷塗地。唐兵討爾弑逆，平爾土地，爲九都督府。遼金至元，爾國屢造釁端，殺其信使，由是屢加討伐，宫室焚蕩，民庶斬虜，國滅君誅。監戒甚邇，爾猶蹈其覆車之轍，豈非愚之甚乎？

往歲請令王昌入朝，朕不之許。及後以瑶任國事，遂以其子奭來朝。及奭還國，瑶已被廢。爾乃廢絶王氏，自取其國。朕以爾能安靖東夷之民，聽爾自爲聲教。前者請更國號，朕既爲爾正名。近者表至，仍稱權知國事，又先遣使遼王、寧王所，逾月方來謝恩，何其不知尊卑之分乎？

朕視高麗不啻一彈丸，僻處一隅，風俗殊異，得人不足以廣衆，得地不足以廣疆。歷代所以征伐者，皆其自生釁端，初非中國好土地而欲吞併也。

朕聞金世宗時，高麗進表，啓函惟小石數枚〔三〇〕，及賀正，稱進玉帶，驗之乃石。世宗由是興師，破數十城。此前代事之可見者也。近者爾國入貢，復以空紙圈數十雜於表函中〔三一〕，以小事大之誠，果如是乎？

爾之所恃者，以滄海之大、重山之險，謂我朝之兵亦如漢唐耳。漢唐之兵，長於騎射，短於舟楫，用兵浮海，或以爲難。朕起南服江淮之間，混一六合，攘除胡虜，騎射舟師，水陸畢備，豈若漢唐之比哉？百戰之兵，豪傑精鋭，四方大定，無所施其勇，帶甲百萬，舳艫千里，水繇渤澥，陸道遼陽，區區朝鮮，不足以具朝食，汝何足以當之？

雖然，際天所覆，皆朕赤子，明示禍福之機，開爾自新之路。爾能以所誘千户女直之人送京師，盡改前過，朕亦將容爾自爲聲教，以安夷人。若重違天道，則罰及爾身，不可悔。

命禮部申嚴公侯制度僭移之禁敕 洪武二十六年六月辛丑

歷代聖君賢臣，必謹禮節、循法度者，所以畏神明也。蓋知畏神明，則知守禮法；一或不謹，則鬼神鑑之，將假手於人而禍患作矣。朕自即位之初，稽古定制，凡爵禄禮儀等殺皆著爲令，俾勳臣之家世守之。朕觀前代受封，皆爲虚號，其於禄食，止給繒布。我朝賜以膏腴土田，所以待有功者不爲不至，尚有不知分限以速罪戾者。已命翰林歷考漢、唐、宋故事，輯爲稽制録，頒之勳臣，使有所遵守。爾禮部其申明之，仍將公侯食禄及服舍器用等殺著爲定式，俾不至奢僭，亦保全勳舊之道也。

（以上明太祖實録卷二二八）

諭河南按察司僉事王平書吏高源敕 洪武二十六年九月丁巳

古之有志者，篤誠守己，事不苟爲。及其仕也，竭忠以事君，務公以福民，聲色貨利皆不能動，蓋其志已定於未仕之先，故生則富貴安榮，没則垂名史册。

朕臨御三十年矣，求賢之心，夙夜孜孜，而鮮有能副朕望，任風憲者無激揚之風，爲民牧者無撫字之實。

昨法司奏言，河南僉事王平同書吏高源按臨屬郡〔一二〕，其孟津、宜陽官吏聞王平至，即歛財爲賄賂計，平持法無私，不爲利動。朕聞之喜，若平者，真有志之士哉！特遣人賜平鈔百錠及衣被，高源賜鈔五十錠。爾其益勵初志，務公福民，則永有嘉譽。欽哉！（明太祖實録卷二二九）

校記

〔一〕其　原無，據廣方言館等本補。
〔二〕遺孽　原作『遺蘖』，據廣方言館本改。
〔三〕邊陲　原作『邊郵』，據廣方言館等本改。
〔四〕疑惑　原作『疑感』，據廣方言館等本改。
〔五〕納哈出　原作『納喊出』，據廣方言館等本改。
〔六〕人　原作『十人』，據日本内閣文庫本改。
〔七〕市肆　原作『市賜』，據廣方言館等本改。
〔八〕威勇　原作『威永』，據廣方言館等本改。
〔九〕者　原作『之』，據廣方言館等本改。
〔一〇〕皇帝　當作『黄帝』。

〔一一〕厥績　原作『厥迹』，據廣方言館本改。

〔一二〕安　原作『女』，據明太祖實録卷三八改。

〔一三〕戍　原無，據嘉靖池州府志卷九補。

〔一四〕邇　原作『爾』，據廣方言館等本改。

〔一五〕相繼　原作『相機』，據明劉薦大明功臣誠意伯翊運録御書詔誥襲封誠意伯誥券改。

〔一六〕醮　原無，據廣方言館等本補。

〔一七〕特封爾　原作『爾特封』，據明太祖實録卷二〇五改。

〔一八〕遠出　原作『出遠』，據廣方言館等本改。

〔一九〕嘉兆　原作『加兆』，據廣方言館等本改。

〔二〇〕哈剌章　原作『哈喇章』，據廣方言館等本及明太祖實録卷一九〇改。

〔二一〕子　原無，據廣方言館等本補。

〔二二〕已　原作『紀』，據廣方言館等本改。

〔二三〕雜　原作『離』，據明太祖實録卷一四二改。

〔二四〕疲　原作『彼』，據廣方言館等本改。

〔二五〕已　原作『以』，據廣方言館等本改。

〔二六〕防患　原作『仿患』，據廣方言館等本改。

〔二七〕本篇據明太祖實録『葛妃生子橏，已封伊王，册爲麗妃。劉妃生子棟，已封郢王，册爲惠妃。其册文與賢妃同』，及册美人李氏爲賢妃文增補。

〔二八〕同上。

〔二九〕王天錫　原作『王天賜』，據明太祖實録卷二二九改。

〔三〇〕函　原作『亟』，據明嚴從簡殊域周咨録卷一改。

〔三一〕函　原作『亟』，據殊域周咨録卷一改。

〔三二〕書吏　原作『書史』，據明史卷八二改。

明太祖文集補編卷十一

諭左軍都督輔臣敕 洪武二十七年二月甲午

朝鮮國屢入朝貢，既聽約束，乃復使人鈔掠邊境，爲國啓釁。近日，澉浦獲賊胡德等五人，問之，乃其國遣之出海劫掠、偵伺邊聲者。宜遣人往詰朝鮮李旦，何得無禮如此？今胡德所連之人甚多，朕不欲深究其事，姑與李旦言，俾知之。

（明太祖實録卷二三一）

奉天殿試會試舉人策 洪武二十七年三月庚子朔

昔列聖之馭宇也，其立綱陳紀，皆精思遠慮，至當無疵，著爲典章，垂法萬世。夫何歷代創業之君，於革命之際，必有損益？果前代立法有未善歟？抑時君樂於更張而有損益歟？

爾諸文士當立志之秋，正宜講此，其悉陳之，朕將覽焉。

（明太祖實録卷二三二）

諭宋國公馮勝敕 洪武二十七年五月己酉

天道以有餘補不足，人反其道，乃以不足奉有餘。體天道者，仁人也；以不足奉有餘者，非仁人也。嗚呼！禍福之來，皆自人致，故智人循理而行則家昌，愚人所行悖於理則家亡。朕命卿子出鎮西鄙，近以家人不從所役，來言於朕。朕察言觀色，良由不得其所故爾，然小人略無怨言，誠可愛惜。朕以卿昆弟相從於開創之初，具有功勞，且有姻親之愛，故不忍忘而爲卿言之。自今以後，所存役者，使得從容足衣食，俾無窘迫，自然效力，下無怨咨，則家道昌矣。

（明太祖實録卷二三三）

諭陝西都指揮使司敕 洪武二十七年九月丙寅

訓練將士，北自延安、綏德，西自蘭州，從魏國公徐輝祖等節制，候來春征討西番。

（明太祖實録卷二三四）

諭天下衛所敕 洪武二十七年十月庚寅

天下衛所屯田將士以時耕作，毋怠其事，每歲秋後，遣人上數京師。

勞泗州盱眙縣知縣方素易敕 洪武二十七年十一月癸未

古者賢知身仕於當時而名流於後世者，必其持心操節，始終一致，而不爲聲色貨利所移奪，故能廉以守身，仁以利民，民懷其惠而神降之福，卒致上顯父母，下榮妻子，身名俱全，永永不磨。

爾盱眙知縣方素易莅政三載，惠愛在民，俱稱廉能。今以内艱去官，民弗忍舍，詣闕懇留再任，非能盡牧民之職者，曷以致此？

嗚呼！若素易者，豈不追蹤古之賢知者耶？故特遣使齎鈔二百錠、衣被各一襲、靴襪二對，用旌爾能。爾其慎終如始，以福吾民。爾惟懋哉！

定皇城門禁法 洪武二十七年十二月甲戌

凡朝參午門，先放直日都督、將軍及應直帶刀指揮、千百户、鎮撫、散騎舍人，然後文武百官以次而入，不許攙越。其上直官軍俱三日一易，於朝退辰時交代，嚴加守衛。

凡内官、内使、小火者出門，須比對銅符。若本無銅符及有不比對輒放行者，守門官軍治重罪。仍密加搜檢，有公差帶金銀段匹出者，憑勘合照驗，亦須明白附寫往某處公幹及記所服衣服顔色、件數，回日點對，有不同者，即時聞奏。其工匠人等出入各門，依例搜檢，有誤帶鈔物在身者，許附寄各門，如出門夾帶鈔物者，許執奏。

凡官民軍人有事入奏，不許阻遏及問其事情，違者官軍皆坐罪。

（以上明太祖實録卷二三五）

賜宋國公馮勝鐵券文　洪武三年

咨爾開國輔運推誠宣力武臣、特進榮禄大夫、右柱國、宋國公、同參軍國事、食禄三千石馮勝，朕惟歷代創業之君，必有親同骨肉、愛若肢體之將，使之周旋左右出入，以防姦詐，遂得保全其身，施爲造化，以有天下。即是而觀，其功不小。

朕自淮渡江以來，爾兄國用實典親軍，導從有方，動合古道，俄而因疾長逝，朕念其勞，追封爲郢國公，憫其子幼，以爾勝繼之。爾勝十餘年間，居京師則除肘腋之患，歷征戰則建爪牙之功。敵犯龍江，帥奇兵而大挫羣寇；副將北伐，屢克捷而平定中原。宣力内外，佐成混一。今天下已定，論功行賞，朕無以報爾，是用加爾爵禄，使爾子孫世世承襲。朕本疏愚，皆遵前代哲王之典禮，兹與爾誓：若謀逆不宥，餘犯死罪，爾免二死，子免一死，以報爾功。

嗚呼！爾以忠誠，夙夜事朕，累除姦惡，爵禄之崇，由爾勤勞而致。尚其日慎一日，持守高盈，訓及子孫，保於永世。

（明太祖實録卷二三六）

諭守邊將士敕 洪武二十八年三月己亥

昔漢將趙充國征討西羌，所用芻糧未嘗仰給朝廷，皆由其勸課、撫綏有道，遂成大功，垂美千載。近緣邊列衛，因中原之民艱於供給，故立屯田之法，以代民力。奈何將校不能撫綏，又重困擾之，如東勝左衛百户吴信，不恤士卒，侵剋其賞賜，貪淫無厭，是致受害者稱訟。

夫邊衛士卒，居則望烽燧，出則禦寇盜，天氣早寒，田穀少獲，比之内地士卒勞苦加倍，而信又侵暴如此。使守邊者皆如吴信，田土何得而治，糧食何得而充，疆埸何以禦侮哉？今遣人往諭爾等，其恪遵朕言，毋如吴信爲也。

謚秦王樉册文 洪武二十八年三月癸丑

古之君國子民者，生則有爵，殁則有謚，爵以辨上下，謚以昭善惡，此古今不易之典，天下之公論也。

朕自即位以來，列土分茅，封建諸子，爾以年長者首封於秦，期在永保禄位，藩屏帝室，夫何不良於德，竟殞厥身？

烏乎！哀痛者，父子之至情；追謚者，天下之公議。義之所在，朕何敢私？兹特謚爾曰愍。

（以上明太祖實録卷二三七）

諭武定侯郭英停造遼王宫室敕 洪武二十八年四月辛未

遼東軍務物情，來者多言其艱苦，況邊境營繕，朕嘗爲卿言，不宜盡力以困之。今役作軍士皆强悍勇力善戰之人，勞苦過多，心必懷叛，故往往逃伏草野山澤間，乘間劫掠。

近者高麗表奏，言多不實，朕已命有司究之。聞彼自國中至鴨緑江，凡衝要處所儲軍糧，每驛有一萬、二萬石，或七八萬、十數萬石，東寧女直，皆使人誘之入境，此其意必有深謀。

朕觀高麗自古常與中國争戰，昔漢唐時，遼東地方皆爲所有，直抵永平之境，恃遠不臣，時時弄兵，自古無狀如此。今遼東乏糧，軍士饑困，儻不即發沙嶺倉糧賑之，必啓高麗招誘逋逃之心，非至計也。使高麗出二十萬人以相驚，諸軍何以應之？古人有言：『人勞乃易亂之源。』深可念也。

今營繕造作暫宜停止，且令立營屋以居，十年之後再爲之。

（明太祖實録卷二三八）

册秦世子尚炳爲秦王文 洪武二十八年六月丙寅

朕惟君天下者，必封建王國，使其子孫世世相傳，以蕃屏帝室，此古昔聖王不易之大法也。

朕自即位之初，法遵前聖，分王諸子，命爾父樉首王於秦，已有年矣，近以疾薨逝。今爾世子尚炳年已長成，特命爾襲封爲秦王。

爾其恪勤忠孝，親賢愛民，永爲藩輔。欽哉！

諭文武羣臣敕 洪武二十八年六月己丑

朕自起兵至今四十餘年，親理天下庶務，人情善惡真僞無不涉歷。其中姦頑刁詐之徒，情犯深重、灼然無疑者，特令法外加刑，意在使人知所警懼，不敢輕易犯法。然此特權時處置，頓挫姦頑，非守成之君所用常法。以後嗣君統理天下，止守律與大誥，並不許用黥、刺、剕、劓、閹割之刑。蓋嗣君宮生内長，人情善惡未能周知，恐一時所施不當，誤傷善良。臣下敢有奏用此刑者，文武羣臣即時劾奏，處以重刑。

諭文武羣臣敕 洪武二十八年六月己丑

自古三公論道，六卿分職，自秦始置丞相，不旋踵而亡，漢、唐、宋因之，雖有賢相，然其間所用者，多有小人專權亂政。

我朝罷相，設五府、六部、都察院、通政司、大理寺等衙門，分理天下庶務，彼此頡頏，不敢相壓，事皆朝廷總之，所以穩當。

以後嗣君並不許立丞相，臣下敢有奏請設立者，文武羣臣即時劾奏，處以重刑。

諭文武羣臣敕 洪武二十八年六月己丑

皇親國戚有犯，在嗣君自決，惟謀逆不赦，餘犯輕者與在京諸親會議，重者與在外諸王及在京諸親會議，皆取自上裁。其所犯之家，止許法司舉奏，並不許擅自逮問。合議親戚如皇后家、皇妃家、東宫妃家、王妃家、郡王妃家、駙馬家、儀賓家，魏國公、曹國公、信國公、西平侯、武定侯之家，朕皆已著之祖訓。爾五府、六部等衙門以朕言刊梓，揭於官署，永爲遵守。

諭兵部詔 洪武二十八年七月庚子

凡亡故、征傷武官，子弟襲職，如比試弓馬不中，仍令還衛署事，與半俸。二年後復比試，不中者降爲軍。

諭國子生詔 洪武二十八年七月戊午

孔子作春秋，明三綱，敘九法，爲百王軌範，修身立政，備在其中，未有舍是而能處大事、決大疑者。近諸生專治他經者衆，至於春秋，鮮有明之，繼今宜習讀，以求聖人大經大法，他日爲政臨民，庶乎有本。

（以上明太祖實録卷二三九）

祭嶽鎮海瀆諸神文 洪武二十八年八月丁卯

昔者元運將終，英雄並起，民受兵殃。時予亦與羣雄並驅，輯兵保民。上帝默相，山川效靈，所在必克，五年而兵偃民息，天下太平，今二十有八年矣。近者蠻夷酋長趙宗壽及奉議等州不循治化，負固殃民，故命將討之。兵興重事，不敢不告，所以告者，兵行十萬，各離父母妻子，道途饑飽勞逸，山嵐瘴氣，染患者有之，此行之難，予之所以憂也。

嗚呼！大軍經過，荆棘生焉，民驚且移。十萬之衆經過，未有不傷者也，用是致告於神。惟神鑑予誠懇，聞於上帝，敷佑三軍，使瘴癘之方化煙嵐爲清涼之氣，即殄渠魁，良民安業，軍士早還，以養父母，是其禱也。

賜中山侯湯和鐵券文 洪武三年

咨爾和，朕思猛將佐興王運，如雲之從龍於太虚，赫然布滿於雨間，神龍造化於其内，人莫能窺。頃刻霖雨，天地通和，民物皆遂其生，此雖龍之化，實雲之助也。

朕起自草萊，將多鄉里。爾和以英俊之姿，勢若熊虎，自朕定居江左，以爾列守毗陵。時姑蘇未下，其兵鋭狡，爾獨當之。彼欲窺我情實，爾能巡捕謹嚴，防禦周密，國之事情，彼終莫測，故我得施其運用，豈非若雲之從龍乎？自是西克永新，東取姑蘇，皆顯著勳績，授以征南將軍，兵至浙東、八閩，悉歸版籍，及副征山西、陝右，所至效勞，熊虎之將，可謂稱矣。

今天下已定，朕無以報爾，是用加爾爵禄，使爾子孫世世承襲。朕本疏愚，皆遵前代哲王之典禮，兹與爾誓：除謀逆不宥，其餘若犯死罪，免爾一死，以報爾勳。

於戲！秉忠效力，爲藩鎮於邊陲；際遇方今，實千年之一會。尚其宣爾勤勞，訓及子孫，以保禄位於悠久。

賜信國公湯和鐵券文 洪武十一年正月

古者哲王立綱陳紀，賞有功，罰有罪，執此道而天下安。

朕起自草野，賴諸將效力，平羣雄，定禍亂，君主華夷。當定功行賞之時，爾和雖居舊將之行，惟守毗陵，於忠有慊，雖未彰顯，其情在心。朕念相從之久，泯前過而封見功，爵以中山侯。

今者朕服念爾勤勞，特釋爾過，授以信國公之爵，食禄三千石，永爲子孫世禄，仍與爾誓：除謀逆不宥，餘犯死罪，爾免二死，子免一死。

於戲！人臣無將，可謂忠矣；威福不專，可謂智矣。爾其慎守斯道，以訓後世，敬哉毋忽。

（以上明太祖實録卷二四〇）

免山東税糧詔　洪武二十八年九月丁酉

朕起寒微，備知農事艱難。今天下大定已二十八年矣，民人供給煩勞。邇年以來，朝廷倉廩實，府庫充，而山東之民，供給遼東、山西、北平軍需，勞亦甚矣。今年應納官民秋糧，盡行蠲免。

免直隸應天等五府秋糧詔（一）　洪武二十八年九月丁酉

朕年二十八渡江，二十九入建業，秣馬礪兵，與羣雄並驅。凡軍興所需，皆出我江東五郡之民，以此平定天下禍亂，海内康寧。朕今老矣，思民效力，無可撫勞，今特以洪武二十八年官民秋糧盡行蠲免，少報前勞。

頒祖訓條章諭禮部敕　洪武二十八年九月庚戌

自古國家建立法制，皆在始受命之君，以後子孫不過遵守成法，以安天下。蓋創業之君，起自側微，備歷世故艱難，周知人情善惡，恐後世守成之君，生長深宫，未諳世故，山林初出之士，自矜己長，至有姦賊之臣，徇權利，作聰明，上不能察而信任之，變更祖法，以敗亂國家，貽害天下，故日夜精思，立法垂後，永爲不刊之典。如漢高祖刑白馬盟曰：『非劉氏者不王。』以後諸吕用事，盡改其法，遂至國家大亂，劉氏幾亡，此可爲深戒者。

朕少遭亂離，賴皇天眷命，剪除羣雄，混一天下。即位以來，勞神焦思，定立法制，革胡元弊政，至於開導後世，復爲祖訓一編，立爲家法，俾子孫世世守之。爾禮部其以朕訓頒行天下諸司，使知朕立法垂後之意，永爲遵守。後世敢有言改更祖法者，即以姦臣論無赦。

諭西平侯沐春敕　洪武二十八年九月壬子

前改雲南左、右二衛爲護衛，蓋此二衛官軍久居雲南，習於征戰，若爲護衛，則不可調遣，宜仍其舊。可改馬隆衛爲左護衛，餘軍置馬隆千户所〔二〕，分調越州衛官軍補之；景東、蒙化二衛以一衛爲右護衛。調雲南中衛於北勝州，置瀾滄衛；雲南後衛於廣南府，置廣南衛。其大理、劍川、鶴慶土軍，各隨其地置千户所，悉隸大理衛；以洱海、蒙化土軍，增置中左千户所，各隸原衛。官員就彼遷調。

諭征南將軍左都督楊文敕 洪武二十八年九月辛酉

凡獲奉議等處蠻寇軍器，俟班師之日，給與新置衛所軍士，餘收貯王府，俟廣西都司各衛缺用，則分給之。

（以上明太祖實録卷二四一）

諭征南將軍左都督楊文等敕 洪武二十八年閏九月丁卯

近聞奉議、兩江溪洞等處林木陰翳，蛇虺遺毒草莽中。雨過，毒流溪澗，飲之令人死。師入其地，凡行營駐劄，勿飲山溪水泉，恐餘毒傷人，宜鑿井以飲。爾等其慎察之。

（明太祖實録卷二四二）

諭陝西行都指揮使司敕 洪武二十八年十一月乙丑

西涼、甘肅、山丹屢被胡虜入寇，宜留精鋭軍馬備之，但時於境上巡邏，不可深入其地。若春秋耕獲之時，尤宜嚴加守備。

諭暹羅斛國蘇門邦王昭禄羣膺敕 洪武二十八年十二月戊午

朕自即位以來，命使出疆，周於四維，歷諸邦國。足履其境者三十六，聲聞於耳者三十一，風殊俗異，大國十有八，小國百四十九，較之於今，暹羅爲最近。邇者使至，知爾先王已逝，王紹先王之緒，有道於邦家，臣民歡懌。兹特遣人祭已故者，慶王紹位有道。敕至，王其罔失法度，罔淫於樂，以光前烈，其敬之哉。

（以上明太祖實録卷二四三）

諭緬國王詔 洪武二十九年二月庚寅

道里險遠，山川阻修，風殊俗異，此乃天造地設也。爾能勤使者，涉險遠，越鄰邦，衝煙突霧，晨進昏止，異風霜而至中夏，可謂難矣。古人有云，誠君子將有事於遠友，千里之外，神交而志通。今萬國之外〔三〕，爾能勤使遠修其好，美絶古而惟今。然排難解紛之事，朕之旨意，恨不一言而止，使彼此各罷兵守，樂黎民於市野。兩國之民，居處雖分，惟存關市之譏，是其和也。其或忿争不已，天將昭鑑，福善禍淫，遲速可待。敕至，爾其審之。

諭思倫發詔 洪武二十九年二月庚寅

朕惟中國古先聖人，馭頑禮德，各有條章，列聖相繼，守而行之，故上下相安，黔黎樂業，諸侯敬畏，世禄子孫，國祚緜長。

若列國敢有憑弱犯寡者，則天子發兵以眚之；賊賢害民者，亦發兵以伐之；暴内淩外，則興師以壇之；野荒民散，則用兵以削之；負固不服，則舉兵以侵之；賊殺其親，則正其罪以殺之；放弒其君，則明其罪以誅之；犯令淩政，則杜而絶之；内外亂，鳥獸行，則殄滅之：此九伐之法也。

爾思倫發律以九伐之法，宜加憑弱犯寡之罪。何以見之？歲以兵寇車里，不時侵掠八百，恃强犯緬，戛璃國小民寡而已平之。夫中國周臨四夷，與諸酋長地里相接，然朕未嘗恃强憑淩，絶滅其嗣者。雲南之地，已爲我有，似乎尚强以取之，非也，乃元世祖孫梁王者，恃元之苗裔，匿我有罪，納我逋逃，誘我邊守，是乃不得已而發問罪之師，非無故也。況元運天更，其苗裔不當安處於此。

爾麓川之蠢，初擅興金齒之役，次謀景東而寇定邊，理當發兵致討，朕釋而不較，未嘗强爾爲約束之邦，聽爾自爲聲教，今又幾年矣。近聞蠶食鄰邦，意在擴土地而擅有其衆，又將爲我西南之役。噫！未可。古中國聖人有云，山川、地理、人物之類乃神器也，非人强有，必天授然後得之。爾思倫發不修鄰邦之好，三面發兵，蠶食諸國，其貪也如是，其謀也如是。彼麓川周臨之國，始古至今，各有主者，未嘗合併。朕雖不能止爾，聽爾自爲，果天道使然，爾以人事應之，或者猶可。朕今戒爾守全，設或不守全而動，若不全虧，是爲全亡，然莫若守全以圖緜長，不亦美乎？

諭征虜前將軍指揮僉事胡冕宋晨等敕 洪武二十九年二月癸卯

近者苗蠻叛亂，諸洞之民被其迫脅，乃命爾等征之，意在殲厥兇渠，宥其脅從。爾等乃奮一時之威，一概戮之，其中豈無詿誤、不得其死者乎？

朕觀宋太祖時，曹彬爲將，不妄殺一人，其後子孫昌盛；曹翰殘酷，身罹窮窘：天道福善禍淫，昭然如此。爾等既往者不可追矣，後當爲戒。

（以上明太祖實録卷二四四）

免太平等五府田租詔 洪武二十九年八月丁未

朕定天下之初，軍國之需，皆取給太平、寧國、應天、廣德、鎮江五府州縣。朕既富有天下，思與爾民共享康寧，然猶慮恩施有所未洽，民力有所未蘇，是用蠲爾今年官民田租，以稱朕酬勞之意。

（明太祖實録卷二四六）

諭肅王楧敕 洪武三十年正月乙丑

古者兵出於農，人無寒餒，有寇則操戈以戰，無事則荷耒以耕，此良法也。今春氣方和，宜及時督軍屯種，遇有征伐，爾其親率精兵，與長興侯耿炳文等進討。

諭秦王尚炳敕 洪武三十年正月乙丑

邇者沔縣及陝蜀間有盜，已命長興侯耿炳文等總兵征討。爾宜練士卒，繕甲兵，時巡邏，以備不虞。況爾年幼，尤當夙夜警惕無怠。

諭別失八里王黑的兒火者敕 洪武三十年正月丁丑

朕即位三十年，西方諸國商人入我中國互市，邊吏未嘗阻絶。朕復敕吾吏民不得持强欺謾番商，由是爾諸國商獲厚利，疆場無擾，是我中國有大惠與爾諸國也。

向者撒馬兒罕商人有在漠北者〔四〕，吾將征北邊，執歸京師。朕令居中國互市，後知爲撒麻兒罕人，遂俱遣還本國。其君長知朝廷恩意，遣使入貢。吾朝廷亦以知其事上之禮〔五〕，故遣使寬徹等使爾諸國，通好往來，撫以恩信，豈意拘吾使者不遣。吾於諸國未嘗拘留使者一人，而爾拘留吾使，豈禮也哉？是以近年回回入邊地者，且留中國互市，待寬徹歸，然後遣還。及回回久不得還，稱有父母妻子，朕以人思父母妻子，乃其至情，逆人至情，仁者不爲，遂不待寬徹歸而遣之。是用復遣使齎書往諭，使知朝廷恩意，毋使道路閉塞而啓兵端也。

書曰：『怨不在大，亦不在小。惠不惠，懋不懋。』爾其惠且懋哉！

諭寧遼諸王敕 洪武三十年正月

自東勝以西，至寧夏、河西、察罕腦兒；東勝以東，至大同、宣府、開平，又東南至大寧，又自鴈門關外西抵又東至遼東，又東至鴨緑江；又北去不止幾千里，而南至各衛分守地；又自鴈門關外西抵黄河，渡河至察罕腦兒；又東至紫荆關，又東至居庸關及古北口北，又東至山海衛外：凡軍民屯種田地，不許牧放孳畜。其荒閒平地及山場，腹内諸王、駙馬及極邊軍民，聽其牧放樵採。其在邊所封之王，不許占爲己場而妨軍民。其腹内諸王、駙馬，聽其東西往來，自在營駐，因而練習防胡。或有稱爲自己山場、草場者，論之。

特示此圖，吾子孫其世守之。

（以上明太祖實録卷二四九）

諭右軍都督府敕 洪武三十年二月丁酉

古者帝王馭世，必嚴夷夏之辨者，蓋以戎狄之人貪而無厭，苟不制之，則必侵侮而爲邊患矣。今朵甘、烏思藏、長河西一帶西番，自昔以馬入中國易茶，所謂懋遷有無者也。邇因私茶出境，馬之入互市者少，於是彼馬日貴，中國之茶日賤，而彼玩侮之心漸生矣。

爾右軍即移文秦蜀二府長史司，啓王發都司官軍於松潘、碉門、黎雅、河州、臨洮及入西蕃關口〔六〕，巡禁私茶之出境者。朕豈爲利哉？制馭夷狄，不得不然也。

（明太祖實録卷二五〇）

奉天殿試舉人策 洪武三十年三月癸丑朔

朕聞古之造理之士，務欲助君，志在行道，受君之賜而民供之，所以操此心，固此志，以待時機之來，張君之德，布君之仁，補其不足而節有餘，妥蒼生於市野。於斯之士，古至於今，歷代有之，載之方册，昭如日月，流名千萬世不磨。

朕自爲王、爲帝三十四年，尚昧於政事，豈不思古而然歟？抑志士之難見歟？諸生敷陳其道，朕親覽焉。

諭蜀王椿敕 洪武三十年三月癸亥

秦蜀之茶，自碉門、黎雅抵朵甘、烏思藏，五千餘里皆用之，其地之人不可一日無此。邇因邊吏譏察不嚴，以致私販出境，爲夷人所賤。

夫物有至薄而用之則重者，茶是也，始於唐而盛於宋，至宋而其利博矣。前代非以此專利，蓋制戎狄之道，當賤其所有而貴其所無耳。

我國家榷茶，本資易馬，以備國用。今惟易紅纓雜物，使番夷坐收其利，而馬入中國者少，豈所以制夷狄哉？爾其諭布政司、都司嚴爲防禁，無致失利。

諭楚王楨敕 洪武三十年三月壬午

自古至今，有土有衆者務謹身心，觀天道，察人事，不敢自暇自逸。劉向云：人君候五星出入，所舍何分，進退休咎，務必知之。蓋人事作於下，則天道應於上，可不謹哉？其分茅胙土之君，亦有一國之休咎，苟於神人之理漠然無知，如之何而能膺大貴而有土有衆也？吾諭爾久矣，前者親與天文書一帙，備載周天列宿，意在爾務知五星出入，洞燭禍福，以修人事也。

舊歲熒惑入太微，不可不慮，況太微居翼軫之度。翼軫，楚分野也；太微，天庭也，五星無故而入，災必甚焉。自熒惑之入，吾憂不已，且熒惑徑入而東往猶可也，今順入而逆出已八十日矣。在内庭十日，有死君者，有死后者，死宰相者，況八十日乎？今爾子因疾而逝，天象豈不可信？災非止此，更有甚焉，爾當省愆慎德，以回天心。故諭。

諭兵部敕 洪武三十年三月壬午

巴茶自國初徵收，累年與西番易馬。近因私茶出境，致茶賤馬貴，不獨國課有虧，殆使戎羌放肆，生侮慢之心。蓋由守邊者不能禦防，或濫交無度，縱放私茶，或假朝廷爲名，横科馬匹，以致番人悖信。

朝廷初不知此，但謂西番不順，豈知邊吏有以激之？ 故嘗命曹國公李景隆齎金牌勘合，直抵西番，以傳朕命，令各番酋領受，俾爲符契，以絶姦欺。 尚恐邊衛將士巡防不嚴，私茶出境，爾兵部備傳朕意，諭邊守者知之。

（以上明太祖實録卷二五一）

諭晉王棡燕王棣備邊十事敕 洪武三十年四月乙酉

其一曰，向者發往開平防邊，擒胡大小將校，宜遣人閱實明白，具籍以聞。 是時塞草方青，胡人必順水草而南，宜謹斥候，廣布置，務殫智慮，設法隄防。 每一堠用馬二疋，而以三十堠爲一路，計用馬六十疋。 其相去或二十里，或三十里，則設一路，總十路則用馬六百匹。 其布置之法，則由内而外，其近裏則二十里爲一堠，計十堠；外則十五里爲一堠，又計十堠。 又外則十里爲一堠，又計十堠。 以此撙節，一路可望五百里，少有烽警，則無不先知矣。

其二曰，須選人領精騎，或五六千，或七八千，在百五十里至二百里外一路潛伏，以偵望之，則可知彼之虚實矣。

其三曰，所設十路斥堠，每處爲三十層，每層馬二匹，東西相去二百里廣，受所發防邊將校，東五層内，西五層内，皆須在十層兩間，以候遠望消息，仍令每堠壘砲積薪，務嚴備豫，晝則望煙，夜則望火，至加防慎，則彼之多寡亦可知矣。

其四曰，王所統大軍，除發去都督等員率領隄備，其餘護衛，或一萬，或二萬，王親率於附近屯所往來牧放，仍須被堅執鋭，夙夜加謹。望遠者去王約三十里，不許頃刻有怠。王之隊伍，常在斥堠以裏，不宜久駐一處，東西南北，往來莫測，又須趁逐水草，隨營牧放，以就孳焉。

其五曰，今年八月二十日，晉王、燕王起程；九月一日，遼、寧、谷、代起程，務在約量程途，同至京師。朕别有議，非面諭不可也。

其六曰，今年屯種，自東勝至開平，開平至大寧、廣寧，須於五月一報禾苗長養何如，七月再報結實何如，十月又報所收子粒若干。一歲三報，不惟使朕知邊儲虚實，而屯軍亦不至懈力矣。

其七曰，晉王、燕王宜督諸王並都司、行都司報知孳畜預戰馬數，必從行太僕寺點視稽驗，自洪武二十三年至於今，通計所産駒若干，悉數以聞。

其八曰，京師發去江淮太僕寺孳生馬及戰馬，八年之間，數該七萬。王督諸王及都司、行都司以逐年領馬之數，稽其原領月日暨受馬月日，條列具陳，仍命太僕寺督併，更加號令，催督都司、行都司，毋容少怠。

其九曰，向者所發有罪大小將校，須悉心點視，立成隊伍，其中有名到而人不至及有病亡者，皆須明白具數以聞。

其十曰，不分大小官員並軍校等，凡領騍馬，驗其關領月日，每年納駒一匹，仍須審其孳産有無，不可一概徵索。

特諭爾知，如敕奉行。

諭燕王棣書 洪武三十年四月辛卯

玉林、天城皆西北要地，非堅城深池不可以守。今山西軍已築玉林城，其天城城，宜令北平軍士築之。期今歲完，否則來年完之，毋促役以困其力也。

諭征西將軍長興侯耿炳文武定侯郭英敕 洪武三十年四月辛卯

四川、陝西兩界相接之地，自定天下以來，番漢頑民多潛遁山谷間，不供征徭，不懼法度。近者高福興等從山賊作亂，阻官道，殺人民，故命爾等討之。大軍既至，其良善者招諭，付所司編管爲軍；餘不順化者，必平之乃可班師。山深道險，難以騎戰，如軍中有馬，宜發還都司牧養，止留二三千可也。應有機務，條列以聞。

諭晉王棡燕王棣書 洪武三十年四月辛卯

近欽天監奏，占天象，當有胡兵入寇。朕以爲不特天象可徵，以人事度之，胡人亦有是謀，何也？前歲秋，山西塞外降胡逃歸嶺北，此數人居山西八年，安得不以中國虛實爲胡人謀乎？此胡人入寇之端也。

自今其令都司、行都司簡閱步卒、騎兵，或三萬，或二萬，常兼數萬步卒，而騎兵每五百以一將領之，五百分爲五隊，每隊領以一戰將，而五將咸聽一將之令，往來折衝，以摧賊陣。步兵亦如騎兵之法，選將領之，嚴飭隊伍，與騎兵並進而夾攻。我馬雖少，步兵則多；胡馬雖多，彼無步卒。苟有侵犯，可與戰矣。其深體朕意，毋忽。

（以上明太祖實録卷二五二）

命楚王楨湘王柏征古州洞蠻敕 洪武三十年五月乙卯

近西南蠻夷作亂，爾若能於此時與民同憂，即率護衛軍馬親往征之，豈不稱爲賢王？

今乃以都司奏兵不足，請調用屯軍，爾護衛兵則置而不用，所爲如是，何耶？

夫尊居王位，安享富貴，宫室、衣服、輿馬之奉，皆民力所供，而不能爲民禦災捍患，則鬼神必怒，百姓必怨，福禄將薄矣；若能奮威武，除民患，山川鬼神亦將助順，福禄庶可悠久。

敕至，即選護衛精鋭，期七月二十日進討，以湘王爲爾副，仍統領都司所屬諸衛軍馬，務在殄滅兇渠，以安民庶。

諭晉燕代遼寧谷六王敕 洪武三十年五月己巳

驗之歷代天象若此者，邊戍不寧，往往必驗。今天象與往者正同〔七〕，不可不慎也。其應雖非今歲，然二三歲間灼有寇邊者，宜令軍馬東西布列，各守其地。

今爾等所守地方不下六千里，急遽難爲聚會。每處軍馬多者不過一二萬，而胡人之馬計有十萬。其不出則已，設若南行，馬勢必盛，自非機智深密，晝夜熟算，孰能制之？

兵法云：致人，不致於人。多算勝，少算不勝，況無算乎？吾今老矣，精力衰微，機思謀慮，艱於運籌。爾等受封朔土，藩屏朝廷，若不深思遠慮，倘或失機誤事，非惟貽憂朕躬，爾等安危亦繫於是，可不慎哉？

吾今略與爾謀：或今歲，或二三歲，大軍未會，止是本護衛及都司、行都司軍馬各守分地，多不過一二萬，倘遇胡馬十數萬寇邊，不宜與戰，或收入壁壘，或據山谷險隘之處，夾以步兵，深伏以待之。彼見我不與之戰，必四出鈔掠，俟其驕怠分散，隊伍不嚴，我以馬步邀截要道，破之必矣。若一見胡馬，輒以三五千或一二萬輕與之戰，豈特不能勝之，必至失利。務在深藏設計，待彼肆志馳騁，則一鼓可擒其首將矣。

諭中軍都督僉事陳信等敕 洪武三十年五月己巳

高麗地界遼左，其國君臣畏威而不懷德，此以誠撫，彼以詐應；此以仁義待之，彼以譎詐來從。昔嘗誘我遼東守將李謚爲叛，朝廷先覺，故不能爲害，今不可不爲之備。此夷不出則已，使其一出，必有十萬之衆，定遼境土與之相接，宜陰戒斥堠，以防其詐。凡事有備，庶不失機。其慎之哉！

諭晉王棡燕王棣敕 洪武三十年五月辛未

今塞草豐茂，山後地高，夏無酷暑，宜用心爲備。上天垂象，不可頃刻自安，爾其訓練士馬，控弦以備之，庶幾無患。

奉天殿試下第舉人策 洪武三十年六月辛巳朔

天生烝民有欲，必命君以主之；君奉天命，必明教化以導民。然生齒之繁〔八〕，人情不一，於是古先哲王設五刑以弼五教，善者旌之，惡者繩之，善惡有所勸懲，治道由斯而興，歷代相因，未嘗改也。

朕承天命，君主生民，宵衣旰食，三十餘年，儲思積慮，惟欲妥安生民，其不循教者亦有，由是不得已施之五刑。今欲民自不犯，抑別有其術歟？爾諸文士陳其所以，朕將覽焉。

諭楚王楨湘王柏敕 洪武三十年六月丁亥

前者命爾兄弟以七月二十以前進兵征勦洞蠻，今占天象，太白七月三日伏，兵未可行，十月二十三日，當夕見西方太白出高，深入者勝，此用兵所當知也。

今指揮齊讓兵已壓蠻境，即遣人語之，令且出奇設伏，嚴爲備禦，休息士馬，以乘其弊，待太白出後，則併力討之。如生擒蠻人，不可輕殺，蓋兵以安民，非殃民也。

諭晉王棡燕王棣敕 洪武三十年六月庚寅

近者人自塞上來，知爾兄弟統軍深入。古人論兵，貴乎知己知彼：若能知彼，又能知己，雖不能勝，亦無凶危；不知己，又不知彼，猝與敵遇，凶莫甚焉。

且以知己言之，我朝自遼東至於甘肅，東西六千餘里，可戰之馬僅得十萬。京師、河南、山東三處馬雖有之，若欲赴戰，猝難收集。苟事勢警急，北平口外，馬悉數不過二萬，若逢十萬之騎，雖古名將亦難於野戰，所以必欲知己，算我馬數如是，縱有步軍，但可夾馬以助聲勢，若欲追北擒寇，則不能矣。

今爾等率數千馬，離開平三四百里，駐曠塞中，況無輕騎遠偵，以知敵情，設使胡兵數萬，晝潛夜行，隱柳藏荻，猝然相遇，彼以數萬，我以數千，何以當之？若欲縱轡馳行，其將何以全軍士哉？今吾馬數少，止可去城三二十里往來屯駐，遠斥堠，謹烽燧，設信砲，猝有警急，一時可知。胡人上馬，動計十萬，兵勢全備，若欲折衝鏖戰，其孰可當？爾等不能深思熟慮，提兵遠行，不與敵遇，則僥倖耳，設若遇之，豈不危哉？方今馬少，全仰步軍，必常附城壘，倘有不測，則可固守保全，以待援至，此上策也。

噫！吾起寒微，因天下亂，不得已入行伍中，不二年從者如雲，猶且聽命於雄者。又二年，帥將士東渡大江，秣馬厲兵於建業，以觀天下之變。其諸雄皆放肆無籍之徒，雖曰無藉，而元亦不能馭。乃命中山武寧王、開平忠武王總兵四征，與羣雄並驅，又不數十年，羣雄殄滅，偃兵息民。

當並驅之時，張士誠稱王於姑蘇，陳友定扼險於八閩，方國珍擅命於甄越〔九〕，杜遵道、劉太保僭亂於中原，徐貞一、陳友諒相繼僭號稱尊於江漢〔一〇〕，兵無紀律，同類相夷。元義兵李察罕輩奮起河洛，劉太保莫能與敵，梁地遂平。察罕之兵徑入齊魯，滅亂雄毛氏之類，渠帥雖能嬰城固守，及與察罕拒戰，所在敗北。察罕兵驕氣盈，心詐志狂，所以卒殞於敵手。未久，察罕之甥王保保帥兵，一切作爲，蹈舅之謀，不能服衆，以致部下聲言效忠朝廷，請命加誅王保保。自是元内外釁生，首將擅兵於外，大臣弄權於内。

朕觀是機，發兵討之，自洪武元年兵渡江淮，長驅齊魯，席捲河南，遂入潼關。復遣大將由鄚下趨真定，移營通州，元君棄城北歸，而幽薊之區悉定矣。西入晉冀，晉冀乃平；兵渡河西，關中亦定。不三年而天下一統。

噫！吾用兵一世，指揮諸將，未嘗敗北，致傷軍士。正欲養鋭以觀胡變，夫何諸將日請深入沙漠，不免疲兵於和林，此蓋輕信無謀，以致傷生數萬。今爾等又入曠塞，提兵遠行，設若遇敵，豈免凶危？

自古及今，胡虜爲中國患久矣。歷代守邊之要，未嘗不以先謀爲急，故朕於北鄙之慮尤加慎密。爾能聽朕之訓，明於事勢，機無少懈，雖不能勝，彼亦不能爲我邊患，是良策也。善勝敵者，勝於無形。爾其慎哉！

（以上明太祖實録卷二五三）

諭征南將軍都督僉事顧成等敕 洪武三十年七月壬子

獸聚鳥散，蠻夷之情耳。捕之則又逃竄，徒勞師旅，不如姑緩之，俟一二年再舉可也。敕至，爾即移兵討五開等處。

諭燕王棣敕 洪武三十年七月丙子

夫用兵之道，在明號令。號令既出，難以姑息，違者必正其罪，師出以律故也。使軍將信其事而無違，或臨戰陣，或近敵壘，庶不失機；少有姑息，諸軍必慢其將，視以爲常，誤事不可勝言。故用兵必嚴號令，使賞罰明。賞罰既明，摧堅撫順，易爲成功。

近左護衛千户李璿奏山海衛指揮黄佑故慢王令，如此之人，苟不明罰示衆，何以號令三軍，以一衆志乎？近聞發往開平贖罪指揮、千户及衛所鎮撫，鬻所乘馬騾徒行，將何以揚威武而制胡人哉？

敕至，即罪黄佑於開平以徇，賣馬騾者，繫送京師。

諭楚王楨敕 洪武三十年八月辛巳

今黔陽等處蠻人聚衆劫掠，必謂官軍征進，故乘夜出没，欲梗阻餉道，沮我師行。今發官軍二萬四千餘人，從爾護衛軍後，至則令護衛指揮一人總之，與都督湯醴、甯忠駐營黔陽、辰溪之地。如蠻人復來，就擒捕之，以通驛道。

諭楚王楨敕 洪武三十年八月丙戌

往者諸將東征西討，朝廷何嘗運糧隨軍？今爾率兵，止在一隅，欲請糧三十萬石，豈不可愧？况三十萬糧儲在靖州者，欲備銅鼓立衛，五開缺食，不可輕費也。

爾兄弟計所統軍已不下十萬，尚未能勦除蠻寇，九月間當别遣總兵官，發京師大軍進討。爾兄弟在軍中，當肅部伍，不許分營。比大軍未至，苟有才謀樹立功名，先除羣蠻，以安民庶，豈不偉哉？此師之出，務令勦絶兇渠，然後班師。出征日期九月二十六日，預令爾知之。

諭曹國公李景隆敕 洪武三十年八月甲午

古人安不忘危，治不忘亂。今天下平定已久，恐兵事懈弛，緩急罔濟，近天象有警，尤不可不慮。特命爾佩征虜大將軍印，往河南訓練將士，大小官軍，悉聽節制。兵法云：用之在乎機，顯之在乎權。汝其慎哉！

諭平羌將軍都指揮齊讓敕 洪武三十年八月戊申

爾招諭蠻民，聞有降者，乃留寘營中，此豈兵家受降處置之法？凡營壘曲折，兵馬動静，彼豈不知？一旦背叛，必有倉卒不測，此事切當慎之。

昔元時洞蠻作亂，調三省軍馬征之。蠻人詐降，厚以金銀賂其平章及左右之人，平章遂推誠待之，不疑其詐。賊乃乘其無備，夜入其營，生禽平章以去，衆皆不知，又閹而奴之，以爲戲笑，此覆轍可爲鑑戒。

自今有來降者，當詢其山川地里、人口錢糧，預爲籌畫，然後散其部曲，收其器械，庶幾不墮其詐，易於勦滅。爾其慎之！

（以上明太祖實録卷二五四）

諭楚王楨湘王柏敕 洪武三十年九月癸亥

前命爾兄弟帥師征蠻，既不親臨戰陣，建立功勳，宜各以護衛軍一萬、銅鼓衛新軍一萬、靖州民夫三萬餘築銅鼓城。每面三里，城池宜高深，坊巷宜寬正，營房行列宜整齊，期十一月訖工，令銅鼓衛指揮、千百户守之。其銅鼓軍士，除留一千守衛，餘從總兵官征進，至耕種時仍還本衛。

爾兄弟可率築城護衛軍士還國，繪圖來奏。

討西南夷祭告嶽鎮海瀆之神文 洪武三十年九月乙亥

昔元末兵争，傷生者衆，予荷皇天眷命，海嶽效靈，諸將用命，戡定禍亂，兵偃民息，今三十年。

邇者西南戍守將臣，不能宣布恩威，虐人肥己，致令諸夷苗民困窘怨怒，合攻屯戍，擾我善良。予不得已，命將出師討之，然山川險遠，草木障蔽，煙嵐雲霧之間，吞吐呼吸，多生疾疫，與蠻賊持久，未遂成功，是用再命大軍征討，以除患安民。然諸將校各辭父母妻子，深入其地，歷涉險危，冀神斡造化之機，消瘴癘之氣，使兵不黷武，諸夷早附，各歸營壘，養老慈幼，是所望也。神其鑑之。

諭征虜前將軍都督楊文等敕 洪武三十年九月乙亥

都指揮齊讓討賊，久而無功，故命爾等代之。凡用兵行師，以嚴明爲勝，賞罰必當功罪，然後恩威並行，人心悅服。如分遣官軍入山追捕，日可行十五里、十里或二十里，暮即還營，如此則出入有時，寇不得肆其狙詐。

若五開蠻人果來連搆，即調兵會征南將軍、都督僉事顧成同剿捕之。其安陸侯吳傑、江陰侯吳高以事獲罪，可與步騎三四千，俾之立功。甯都督、湯都督嘗領兵爲楚湘二王宿衛，駐營黔陽、辰溪之地，二人亦令從征。宋都督、劉都督亦各與軍一二萬，俾自當一路。仍先檄思州宣慰司土官轉運糧餉，以足軍用。

諭古州從征將士敕 洪武三十年九月乙亥

兵征既久，未見成功，蓋齊讓老矣，且無智謀，宜不能馭將士也。今特命左軍都督楊文佩征虜前將軍印，代齊讓爲總兵。爾諸將士當思奮力決戰，以蓋前愆。

折收天下逋租詔 洪武三十年十月癸未

朕荷天眷，代元爲君，統一寰宇，主宰生民，已三十年矣，設官分職，各有攸司。邇年郡縣租賦因官吏不職，不能宣布條章，民愈窮困。今敕户部，凡天下積年逋賦，皆許隨土地所便，折收絹布、金銀等物，以免民轉運之勞。爾百司一媢朕命，毋怠。

諭征虜前將軍都督楊文敕 洪武三十年十月丙戌

十月七日，齊讓已遣武昌左衛指揮朱俊械蠻寇林寬及潭洞賊首楊通秀至京，觀其人皆庸懦愚人，宜不能爲此亂計，諸蠻中必有桀驁者爲謀主，特愚弄林寬、楊通秀，嗾其倡亂，事急則令其來降，爲緩兵之計，乃其狡謀也。作亂之原，實在諸洞蠻酋。今寬等具言諸蠻詭詐狀，爾等宜次第捕滅。其令寬等投降，皆是虛詐，意在沮我大軍。若大軍遠行，必於中途設伏，掩我不備。慎毋遠掠。

諭思倫發敕 洪武三十年十一月癸酉

爾遠離鄉土，經涉歲月，不能無懷土之思。强臣爲亂，勢不自容，奔逃至此，欲謀還國，非將勇兵强不可得也。

朕今送爾至雲南，與西平侯且駐怒江上，先遣爾平日心腹之人入國中，諭爾還國之意，以觀國中之向背。立衛騰衝，以觀其勢。若威遠、遠幹已附朝廷，他郡亦皆聽命，則刀幹孟反逆之威日消，腹心之人效順者多，爾歸國之期可數日而待矣。若輕易而進，而刀幹孟之勢方盛，國人腹心莫與爲敵，則爾之疆土終非爾有也。

答廷臣問安敕 洪武三十年十二月癸未

昔有元治世，民庶乂安，何其至正之君失於勤民，慢於事神，由是假手羣雄，倡亂華夏。兵興之時，朕潛草野，不得已而從戎。當時倡亂稱尊者幾人，恣爲吞併，自相磨滅，如此者十有七年。朕西定荆楚，東平吴越，北撫華夏，爲衆所推戴，定鼎金陵，國號大明，改元洪武，三十年於兹，朕壽亦七十矣。静而思之，非皇天眷命，安得居天位若是之久哉？古語云：『天不與首亂。』豈非朕無心於天下而以救民爲心，故天特命之乎？

近者失調受疾，卿等頻來問安，禮也。堯、舜、禹、湯、文、武之世，皋、夔、稷、契、伊尹、周、召爲之臣，其有志匡主一也。朕以此示卿，卿等宜竭忠修職，副朕至懷。

諭思倫發還雲南敕 洪武三十年十二月乙巳

古語有云：『民之所好好之，民之所惡惡之，此之謂民之父母。』蓋人心之所在，即天理之所在，善治民者，必求夫民情焉。

今爾思倫發長有平緬一方，而與民心好惡不同，故爲下人之所不容而歸於我。朕思爾以父祖世澤，民故推之，今一旦失民之心，背國之俗，棄墳暮、離親戚而來〔一一〕，久而不歸，則境土非爾有矣。然是非不可不明，天討不可不正，已遣將問罪刀幹孟，故命爾還舊邦。

諭西平侯沐春敕 洪武三十年十二月乙巳

思倫發窮而歸我，當以兵送還其土。若至雲南，令且止怒江，遣人往諭刀幹孟毋爲不臣，必歸而主；如其不從，則聲其罪以討之。

（以上明太祖實録卷二五五）

諭西平侯沐春敕 洪武三十一年二月庚子

遠夷詭詐誠有之，然姑從所請，以伺其變。其忽都所守諸路，爾可從宜撫諭。若刀斡孟之虛詐，當審度其宜而處之，毋自失事機。

賜晉王棡謚册文 洪武三十一年三月己未

朕惟先王之典，生有名，殁有謚，所以彰其德、表其行也。曩者封建諸子，王爾於晉，爲國藩屏，於兹有年。邇者因疾永逝，特遵古典，賜謚曰恭。嗚呼！謚法者，古今之公議，不可廢也。爾其有知，服斯寵命。

（以上明太祖實録卷二五六）

諭燕王棣敕〔一二〕 洪武三十一年四月乙酉

邇聞塞上烽火數警，此胡虜之詐。彼欲誘我師出境，縱伏兵以邀我也，不可墮其計中。今秋或有虜騎南行，不寇大寧，即襲開平，度其人馬不下數萬，豈可不爲之慮？烽起之處，人莫宜近，雖望遠者，亦須去彼三二十里。

可西涼召都指揮莊德、張文傑，開平召劉真、宋晟二都督，遼東召武定侯郭英等，會兵一處〔一三〕，遼王以都司及護衛馬軍悉數而出，北平、山西亦然，步軍須十五萬，布陣而待。令武定侯、劉都督、宋都督翼於左，莊德、張文傑、都指揮陳用翼於右，爾與代〔一四〕、遼、寧、谷五王居其中，彼此相護，首尾相救，使彼胡虜莫知端倪，則無不勝矣。

兵法：『示饑而實飽，内精而外鈍。』爾其察之。

諭左軍都督府楊文敕 洪武三十一年五月戊午

兵法有言：『貳心不可以事上，疑志不可以應敵。』爲將者不可不知是也。

朕子燕王在北平。北平，中國之門户。今以爾爲總兵，往北平參贊燕王，以北平都司、行都司並燕、谷、寧三府護衛選揀精鋭馬步軍士，隨燕王往開平隄備。一切號令，皆出自王，爾奉而行之。大小官軍悉聽節制，慎毋貳心而有疑志也。

諭武定侯郭英敕〔一五〕 洪武三十一年五月戊午

朕有天下，胡虜遠遁久矣，然萌孽未殄〔一六〕，不可不防。

今命爾爲總兵，都督劉真、宋晟爲之副，啓遼王知之。以遼東都司並護衛各衛所步軍，除守城馬軍及原留一百存守斥候，餘皆選揀精鋭統領，隨遼王至開平迤北，擇險要屯駐隄備。一切號令，悉聽燕王節制〔一七〕。

諭燕王棣敕〔一八〕 洪武三十一年五月乙亥

朕觀成周之時，天下治矣，周公猶告成王曰：『詰爾戎兵。』安不忘危之道也。今雖海内無事，然天象示戒，夷狄之患，豈可不防？朕之諸子，汝獨才智克堪其任，秦晉已薨，汝實爲長，攘外安内，非汝而誰？已命楊文總北平都司、行都司等軍，郭英總遼東都司並遼府護衛，悉聽爾節制。爾其總率諸王，相機度勢，用防邊患，乂安黎民，以答上天之心，以副吾付託之意〔一九〕。其敬慎之，勿怠。

祝天詞 洪武三十一年閏五月

壽年久近，國祚短長，子孫賢否，惟簡在帝心，爲生民福。

（以上明太祖實録卷二五七）

校記

〔一〕明書卷五一題作免江東五郡秋糧詔。

〔二〕馬隆　原作『馬隆衛』，據大明會典卷一二四及明史卷九〇改。

〔三〕萬國　廣方言館等本作『萬里』。

〔四〕在　原無，據廣方言館等本補。

〔五〕知其　殊域周咨録卷一五作『其知』。

〔六〕潘　原無，據廣方言館等本補。

〔七〕與　原作『於』，據廣方言館等本改。

〔八〕繁　原作『煩』，據廣方言館等本改。

〔九〕甄越　明何喬遠名山藏卷四作『甌越』。

〔一〇〕徐貞一　廣方言館等本作『徐真一』。

〔一一〕墳暮　殊域周咨録作『墳墓』。

〔一二〕明郭勛毓慶勳懿集卷二題作諭武定侯郭英等敕。黄彰健明太祖實録校勘記認爲本文係僞作，南炳文則論證其非。

〔一三〕『遼東』二句　毓慶勳懿集作『爾等會兵一處』。

〔一四〕爾與　毓慶勳懿集無。

〔一五〕黄彰健據毓慶勳懿集認爲本文係僞作，南炳文則論證其非。

〔一六〕萌孽　廣方言館等本作『萌蘗』。

〔一七〕『一切』二句　毓慶勳懿集作『一切發號施令，皆爾等位置，仍聽王節制，如制奉行』。

〔一八〕王崇武奉天靖難記注認爲本文爲明太祖實録館臣僞造。

〔一九〕吾　廣方言館本作『朕』。

安徽古籍叢書

黄山書社

明太祖集全編

下

〔明〕朱元璋／撰　諸偉奇　孟凡勝　周挺啓／校點

明太祖集全編下册目次

明太祖文集輯佚

御製大誥

御製大誥續編

御製大誥三編

御製大誥武臣

御製紀非録

皇明祖訓

御製資世通訓

御注道德真經

卷上

卷下

孟子節文

附録

明太祖集全編之三

明太祖文集輯佚

周挺啓 輯

明太祖文集輯佚

天變許令臣民言過詔

詔曰：

朕本寒微，因元多事，試與羣雄並驅，十有七年，艱難萬狀，方得偃兵息民，稱尊海内，紀年洪武，今已九春秋矣。邇者欽天監奏五星紊度，日月相刑，於是静居自省。考古今乾道變化，殃禍在乎人君。尋思至此，惶惶無所措手足，惟詔臣民，許言朕過。於戲！於斯之道，惟忠者仁人之心，能鑑朕之不德，假公營私，又非賢人君子。故兹詔示，想宜知悉。

洪武九年閏九月□□日。

禁諸司姦貪擾民詔

詔曰：

天道以有餘而補不足，人不奉天，故以不足奉有餘。嗚呼！罪盈自己，惡怒人神，天譴既臨，尚惡不已，復造多非，蠹政害民。如户部侍郎郭桓、胡益、王道亨闔部等，刑部尚書王惠迪、侍郎葛修闔部等，兵部侍郎王志闔部等，工部侍郎嚴志德闔部等，禮部尚書趙瑁闔等，貪贓亂政，罪已分明，及其問贓下落，尚惡不已，爲此也其殺身之計，不將實計所在供招太平，妄指平民爲實，以致一時不能格彼姦心，良善受害。嗚呼！朕爲民設官，爲民造福，既不勝任，而且罪盈，法古天討，以除民害，因此愈加害民，必欲除姦復生姦，其擾害吾民，實朕不才之所致。今詔天下：『凡我良民，憐朕不敏，以居君位。』嗚呼！書不云乎：『天位艱哉！』寢食不安，以圖民康，仰天俯察求治，姦貪愈增，如此人心，爲之奈何。然自詔之後，凡擾吾民者，大赦不赦。

洪武十八年六月二十七日。

免災傷地方秋糧詔

詔曰：

嗚呼！天位艱哉然如是。朕自即位以來，十有八年，不遑暇食，以措民生，奈何内外之臣，數用弗當，罪實在予一人，以致上天垂戒，災於萬姓，所以水旱相仍。今聞山東、北平雨水愆期，農艱栽植，歲苗有虧。詔書到日，今歲秋糧盡行蠲免，有司如命，毋擾吾民。於戲！上帝好生，使宰民者爲民造福，朕統天下，代天理物，設諸有司，分掌牧民，自詔之後，體朕至意，樂吾民生。故兹詔示，想宜知悉。

洪武十八年七月□□日。

册立皇太孫詔

詔曰：

曩古列聖相繼馭宇者，首立儲君。朕自甲辰即王位，戊申即帝位，於今二十九年矣。操將練兵，平天下亂，偃天下兵，奠萬民於田里，用心多矣。及一統以來，除姦暴，去豪强，亦用心多矣。近來蒼顔皓首，諸司爲重嫡孫允炆，以九月十三日册爲皇太孫，嗣奉上下神祇，以安民庶。詔告臣民，想宜知悉。

赦藍黨胡黨詔

詔曰：

朕荷累世祖宗修仁積德，有感於皇天后土，眷命朕躬，亦命諸英勇者爲之助，平禍亂於諸雄擾攘之時。朕自甲辰即王位，戊申即帝位，尊居兩間，兵偃民息，今三十年矣。邇者朝臣其無忠義者李善長等，陰與搆禍，事覺，人各伏誅。今年藍賊爲亂，謀泄擒拏，族誅已萬五千人矣。餘未盡者，已榜赦之，猶慮姦頑無知，尚生疑惑，日不自寧，今特大誥天下：除已犯已拏在官者不赦外，其已犯未拏及未犯者，亦不分藍黨、胡黨，一概赦宥之。嗚呼！古之忠臣義士，當時感格人神，歡動祖宗；其亂臣賊子歷代爲患者，不但不能感格人神於當時，亦累祖宗憂囚於地下。朕今大誥臣民，自生疑惑者許以自新。故兹詔示，想宜知悉。

洪武二十六年九月初十日。

仍免江東五郡秋糧詔

詔曰：

朕定天下之初，一應供給，皆出太平、寧國、應天、廣德、鎮江五府之民。宇内康寧，已有年矣。思民效勞，無可撫勞，今特以洪武二十九年秋糧，不分官民田地，盡行蠲免，均工夫役，依期來赴。故兹詔示，想宜知悉。

洪武二十九年八月二十二日。

再選誤落科第詔

詔曰：

朕荷皇天眷命，賜有中土，因土宇之廣，人民之衆，日思月慮，精神有限。邇來科第一節，託之儒臣，有失打點。選後朕於冗務隙中，將下第文詞過目，知爾文詞典雅，所答中題，一時誤落。今後爾再選來，復爾科第。

洪武三十年三月十一日。

諸司拖欠税糧許折輕齎詔

詔曰：

朕荷皇天眷命，代元爲君，統一寰宇，主宰生民，尊稱宇内，已三十年矣。每念設官分職，各有攸司，邇年以來，各府州縣夏税秋糧因貪官吏弊，不能宣布條章，愈見民力艱苦。今特敕户曹行下諸司，所有積年税糧拖欠未完者，許折輕齎，以免轉勞之苦，以悉人民欠輸之罪。故兹詔示，想宜知悉。

洪武三十年十月□□日。

遺詔

詔曰：

朕受皇天之命，膺大任於世，定禍亂而偃兵，妥生民於市野，謹撫馭以應天，今三十一年矣。憂危積心，日勤不怠，專志有益於生民。奈何起自寒微，無古人之博智，好善惡惡，不及多矣。年以七十有一，筋力衰微，朝夕危懼，慮恐不終。今得萬物自然之理，其奚哀念之有？皇太孫允炆仁明孝友，天下歸心，宜登大位，以勤民政。中外文武臣僚同心輔佐，以福吾民。凡喪葬之儀，一如漢文無異。布告天下，使明知朕意。孝陵山川，已因其故，無有所改。

洪武三十一年閏五月十一日。

（以上清康熙刻本明書卷五十一）

與魏國公書

聖諭謄黄，皇帝聖旨、吴王令旨：

見爲征討廬州城池事。除令安慶翼元帥朱文輝總率畢家等寨軍馬，收取舒城，及調監軍周或節制，同知程德權與同曹平章監點軍馬，取由便道，駐劄伺候，總兵官到日，攻取城池外。今委中書省左相國徐達充總兵官，統率平章常遇春、胡廷瑞、金吾侍衛親軍正都護馮國勝、雄武衛親軍指揮使傅友德等，大勢軍馬，直抵廬州。務在擒獲渠魁，克取城池。依奉施行者。

龍鳳十年三月□□日。

又

皇帝聖旨、吴王令旨：

見爲應援安陽攻取廬州城池事。今委自中書省右丞廖永忠統領各衛軍馬前去總兵官中書左相國徐達處，參隨征進，聽受節制。依奉施行者。

龍鳳十年五月□□日。

又

吴王令旨：

命中書省左相國徐達充總兵官，統率各衛軍馬直抵荆襄、湖南等處，點視城池，撫安軍民。依奉施行者。

龍鳳十年八月□□日。

又

吴王令旨：

命中書左相國徐達充總兵官，統率各衛大勢舟師馬步官軍前去，克取淮東、泰州等處城池，撫安黎庶。大小官軍，悉聽節制。依奉施行者。

龍鳳十一年五月□□日。

又

吴王令旨：

命中書左相國徐達充總兵官，統領各衛大勢軍馬進取張寇城池，各衛將士，悉聽節制。依奉施行者。

龍鳳十一年十月□□日。

又

吴王親筆，差内使朱明前往軍中，説與大將軍左相國徐達、副將軍平章常遇春知會：

十一月初四日，捷音至京城，知軍中獲寇軍及首目人等陸萬餘衆。然而俘獲甚衆，難爲囚禁。今差人前去，教你每軍中將張軍精鋭勇猛的留一二萬，若係不堪任用之徒，就軍中暗地去除了當，不必解來。但是大頭目，一名名解來。

龍鳳十二年十一月初五日。

又

親筆前去教總兵知會：

前日廬州俞平章報説安豐軍情緊急，教早發軍去應援。二月十九日，再差人前來家中，説那廝也則是這般樣子，我每舡守沙河口，修東正陽，他連日把馬哨，一逢東正陽回去，下在劉備城下，多日無糧，依舊退回安豐。不知已後事勢。今再差人報與你總兵官知會，你每那裏若是擇的馬軍時，便差馬軍來，擇不得時也罷。

龍鳳十二年二月二十日親筆。

又

令旨説與總兵官知會：

二月二十一日，參軍都事到家説，稱海安壩上除孫指揮守城，其餘軍馬都來泰州。抹子上教常平章上水寨，這幾説都好，江淮省也無甚麽事。前日報那邊軍馬事勢，輕重不一，俞平章取軍緊急，大蓋本官自來不曾獨力主事，所料未到，是有取軍切切。近日報來，安豐止則添得竹二一支人馬，欠五千人。這幾日安豐無糧，本軍將欲都退，不爲大害，你每且休上舡來我這裏。又聽説張九四軍好幾支過江了，你每且將軍那在泰州，等他來攻海安，殺他一場，再做商量。

龍鳳十二年二月□□日。

又

親筆謹封：

前差小先鋒軍中説話，取劉平章、薛參政領軍馬五百來家，去安豐廝殺，這等賊是俞平章取的緊，爲這殺便來取來。如今俞平章見那裏事慢，欲又差人來，男子之妻多在高郵被擄。總兵官爲甚不肯給親完聚發來，這箇比殺人，那箇重？當城破之日，將頭目軍人一概殺了倒無可論，擄了妻子，發將精漢來我這裏，陪了衣糧，又費關防，養不住。殺了男兒，擄了妻小，敵人知道，豈不抗拒？星夜教馮副使去，軍前但有指揮、千户、百户及總兵官的伴當擄了婦女的，割將首級來。總兵官的罪過，回來時與他說話。依奉施行者。

龍鳳十二年三月□□日。

又

吴王令旨：

說與總兵官徐達，攻破高郵之時，城中殺死小軍數多，頭目不曾殺一名。今軍到淮安，若係便降，係是泗州頭目，青旛黄旗，招誘之力不是你的功勞。如是三月已裏，淮安未下，你不殺人的緣故，自說將來者。依奉施行者。

龍鳳十二年三月□□日。

又

吴王令旨：

教總兵官徐相國將領官軍三萬名乘船，並軍馬二千名前去克取安豐城池，其餘官軍留於淮安鎮遏。仰依奉施行者。

龍鳳十二年四月□□日。

又

今再差剋期齎批前去，教左相國與同委官朱文正會議，須要留下精細能幹邊上頭目鎮遏淮安。編排隊伍，務要防姦，此城係新降軍馬，理宜乘大軍兵威在彼，事斷其初。若不如是，正軍起去多，留鎮淮安少，恐編排隊伍，有不得頭目做的，怨怒一生，不可不防。就編伍之時，有明白獗强不伏，及深藏機密暗地抱怨，似這等人，休與軍管，休留在淮安，就稱兵威在彼，徐徐起發前來，務要力行。其安豐攻取竹寇，不可遲緩，急宜速去，到彼必擒此徒。如經過濠州，虛實動静，降與不降，略看便過，仍留韓平章攻取。

龍鳳十二年四月□□日。

又

親筆直至安豐總兵官軍前知道：

即日徐州參政陸聚差人齎到公文，説稱王保保遣水陸賊黨欲犯地方，告兵策應。爲此教剋期來説與你知道，軍前將安豐賊寇已行困住，量必有可獲。其大軍内摘撥方便船隻、能幹軍士頭目前去徐州，殺獲賊徒，救護城池，就觀王保保軍勢若何。批至，速差軍舡前去，毋得遲慢。

龍鳳十二年四月□□日。

又

三次據江陰報，賊依然在范蔡港扎，不敢上流，此計專在掣兵，餘無攻城大戰之計。軍中止教廖右丞回水寨，大軍不必動，江陰頭目每也這般説。將來鎮江那軍也教回來，他在江上如此怠慢。一月之後，我必剋泰州。泰州克，江北解，然此你每軍中好生用心關防，今就教江陰來使往軍前見總兵官，你再省會他，來使教回江陰。親筆。

又

吴王令旨：

命左相國徐達做總兵大將軍，平章常遇春做副將軍，統領大勢馬步舟師征取浙西、蘇州等處城池，招撫軍民，仰大小官將悉聽節制。依奉施行者。

龍鳳十二年八月□□日。

又

教總兵官徐達、常平章知會：

姜堰、黄橋但係民軍往來路過處所，彼處之民不許屯集於這幾處。果係復業人户，許令散居元宅，一旦有謀時刻，如何便聚集起，此我之利也。店市之民，不可屯於要道，理合移於水蕩中間沙洲處所，拘其船隻，使民智勇不能施，亦我之利也。平定通州，别行處治。若使遷發爲軍，恐通州下面左右之民，聞此一聲，速去之心甚重，彼各持刃與我相拒，未可也。軍中再思。

又

十一月初三日，内使來報捷音，已見來降頭目姓名，一名名分曉。今差内使李順齎批前去軍前，教總兵官左相國徐達、平章常遇春知會：黄舡到日，可差精細官人及伴當人等管伴，押解頭目王、吕、朱、梁及一應大頭目星夜赴宜興，上岸鎖項前來。其餘小軍，節次如法押送赴京，我自做區處。其賊人首目，毋得久留軍中，恐防有詐。

龍鳳十二年十一月□□日。

又

劉都事來說，土軍王僊被豁鼻馬殺了他。王信、王仁見圍了豁鼻馬，你每可問道差人去與王家通。親筆差人前去泰州軍前，教同知於今月遲一會。

吴元年正月□□日。

又

親筆前去軍中，教總兵官左相國知：

近體知淮安頭目陳驢子並元帥三十名，又有蘇州城内走出來降的馬軍、院判、元帥、萬户五名，及李司徒下貴亦一十名。此等之人，見日久蘇州不下，密地打話，甚有姦意。就你根前小人兒知道，不敢對你說。今發親批，至日火速差人牢固伴解前來，庶免憂慮。批至，毋分星夜。

吴元年正月□□日。

又

親筆教總兵官大將軍、副將軍知：

正月二十六日，剋期翟狗兒到京，方知平章十九日自杭州回至軍中，更見杭州事體皆定。有人從杭州來説，平章省會來降人衆，甚是磊落不詐，正合我之本情。今爾兩員大將，一員杭州去，一員率衆攻蘇州。爾兩員所辦之事，皆使我無憂，我喜我喜。今就差人前去你兩箇處説知，蘇州既圍定了，可將虎賁士一衛盡數發來。

吴元年正月親筆。

又

總兵官處，問瘦朱兄弟及江上殺死我軍逃去的沈十，見在何處營内？留下馬的官軍每姓名開來，教我知道。等那廝來時，好合那廝説話。軍中切計尋蔣英、劉振、牛鎮撫、熊天瑞及各年叛將的軍人，都教拏來。

又

吳王書諭大將軍、副將軍及諸將等：

二月二十一日，尅期來齎至。所稟事務，件件詳細，一一皆聽命令而後行，此古賢臣之當爲，今合其道。然而吾觀於内事務，多有軍中可以不稟便行者數事。今後軍中合用之物，急則從急，緩則從緩，庶幾便當。吾與諸人同起於淮地，十有六年，今事業已成，諸將臣我之心愈見切切，社稷之隆，邦家之固，真可見矣。昔鄧禹見光武，諫曰：『今山東未安，赤眉、青犢之屬，動以萬數。更始既是常才，而不自聽斷，諸將皆庸人崛起，志在財幣子女，争用威力，朝夕自快而已，非良臣明智，深慮遠圖，欲尊主安民者也。』此更始之不才，諸將狂愚，終無漢光武、鄧禹君臣之所得。往者湖廣陳友諒、姑蘇張士誠，兵非不多，將非不廣，錢糧非不足，奈二生皆效更始之所爲，諸將亦效更始之部屬，以致今日爲爾諸將所得。近聞軍中有民人生理，鄉外無擾，諸將歡和，爾等焉得不與鄧禹同名於天下乎！

吳元年二月□□日。

又

竹家迆北將來的軍，一個也休放在那安豐，在家軍十分爲數，將五分來，滑的便將來，善的放在那裏。

又

大軍自下山東，所過去處，得到迆北省院官員甚多。吾見二將軍留此等於軍中，甚是憂慮。恐大軍下營及行兵，此等雜於軍隊中，忽白日遇敵不便，夜間遇偷寨者亦不便，況各各皆係省院大衙門，難以姑假稱之。

又

親筆至日，但有權柄之官員，無分星夜發來，布列於南方，觀望城池，使伏其心，然後用之，決無患已。如濟寧陳平章、盧平章等家小，東平馬德家小，盡數發來。至京之後，安下穩當，卻遣家人一名，前赴彼舊官去處言信，人心可動。

又

親筆前去軍中，教總兵官大將軍左相國、副將軍常遇春：

今爲太倉守禦人員事，教你每知道，即日選到舊日隨軍渡江頭目朱禹，係黑張副使跟前的，今於宣武衛充千户。文書到日，教充太倉衛指揮副使，就做太倉衛總兵官。新降的那普萬户，教充僉事，封印一同守禦。見守太倉千户劉衡提回，軍前聽調。

吴元年四月□□日。

又

令旨：

教徐相國可將水陸軍馬二萬人，前去取攻興化、高郵、淮安。此數城賊兵，高郵軍民不滿五千，淮安僅有六千人，興化不過是衆百姓自守。水陸軍，揚州取四千五百，直擣高郵南門、西門，泰州軍前將起一萬五千人，共輳二萬人。常平章屯海安，别令能幹頭目領三千人守海安城，平章軍馬屯於海安城四外，不時出没，巡哨通州鹽場等處，是必小心。張寇見我軍馬去攻淮安，深入淮地，離大軍甚遠，必來與常平章廝殺；不然，使大舡於鎮江上下攻略地面，所料不過如此。你每有的高見識，尋思說將來。這帖子須要拏去教常平章也見，除打高郵、淮安、興化軍馬外，其餘不問軍馬，都教常平章領，在海安征守那裏地面。再贅，我的見識則是如此。你每見得高處、强處、便當處，隨著你每意兒行著，休執著我的言語，恐怕有見不到處，教你每難行事。

十八日。

又

差人去軍前徐相國、常平章跟前，取莊元帥、青旗李、蔣郎中、王指揮、李司徒處新發遣看沂州軍馬。除土人外，實有多少正軍？如正軍數目較多時，務要俵，在益都、濟南、濟寧、徐州、邳州俵了之後，老小完聚畢日，卻將馬步精鋭軍挑揀，隨軍征進。大頭目老小逐時隨機，都發來淮安。

又

吴王聖旨：

命中書右丞相信國公徐達做總兵征虜大將軍，中書平章軍國重事鄂國公常遇春做總兵征虜副將軍，統領大勢馬步舟師，前去征取中原等處城池，招來軍將，安撫人民。大小將士悉聽節制。依奉施行者。

吴元年十月□□日。

又

教總兵官將各營内新舊見在馬匹數目報來，毋得隱瞞。就教小先鋒將手抹來回話。

吴元年九月初三日。

又

近有一箇摩泥及一箇面前，須要一發取來。其王指揮，教徐相國止以差使發落回來。除文書上有名字外，餘者閒人、雜人，教盡數發來，毋容留在軍中。

又

如得王信，沂州若是善降了，得其京城本部軍，令兩衛權行守禦沂州，將王信父子老小盡數起來淮安軟拘，王信不可離了左右。如得了益都、濟南、濟寧三郡，每郡除益都令一衛軍馬守禦，王信本部軍就留五千，共一萬人。其濟南、濟寧，亦同這箇緣故。務要將王信軍馬指以守城爲由，分散各處。王信軍既在各處聽調，密令各處守禦指揮，索取各處軍人老小完聚，亦令守禦沂州，指揮隨時。

又

今差小先鋒前去總兵官處，議撥馬軍。二月十八日，江淮省俞平章差王執印來説，即日竹二將馬八百匹、步有九千，共計萬數，自柳灘子渡入安豐。如今水起，拏住人問，説蔣見在陳州，整舡隻護送糧來安豐。爲這般，俞大舍見領舡劄在東正陽修月城守了，差哨舡哨沙河口，絶他來的糧道。安豐城裏見無糧食，便添上這軍，一發食用的無了。如今竹二見領馬離正陽七里地劉備城劄，與我船軍每日對陣，至晚又回劉備城，馬止有八百，内有中者少。爲這般，俞平章差人來説，添得馬軍來，與他廝殺，絶住糧道，安豐先下。切詳俞平章所説，北方來的人馬，不過則是這些，時下如此，若不與戰，絶其糧道，先奪安豐，恐爲後患。我如今教小先鋒來你每軍中，若擇得劉平章、薛參政，於内選五百好馬來前去聚。著廬州家裏馬軍，火速去殺那廝一陣，了便來。你每商量好時，便發來。如往，要機密著，不要人知。

與徐達常遇春馮勝書

即目王保保今秋八月十五日，已將關中及潼關失了，又被張思道、李思齊追過潼關兩日路程。孔興、脱列白、天保怒兵入三晉，俞寶棣州大勝，殺王保保軍馬三陣，追過青河，溺水死者不計其數，得了馬多。即目王保保起了百姓往北去。當如今汴梁、南陽、唐、鄧等處俱各不寧，河南府八月内被洛河水發漂了三千餘家，倉糧流了一半。這的是迆北消息，如今你軍前但得張家一大陣時，便將任亮及他那軍發來，我自有道理。虎兒將批你看。

又

吴王親筆，差人齎至軍前，教左相國徐達知會：

今後就陣獲到寇軍及首目人等，不須解來，就於軍中典刑。近自十月二十五日二更二點，都督府斷事牢内所禁張寇首目二十四名，將牢子打死，逃出城外，至龍灣，三更時分，將一隻解軍需的船拏去。隨時跟捕去龍灣，發快舡跟趕，必是可獲。今後不必解來。

吴元年十月二十四日。

又

這廝每好歹先救高郵，他有徐左丞領過的人馬，王保保再添他些。他那裏水路、旱路都便當，他馬步必從天場路上來，徐便從水路，或是射陽湖來興化，由瓠子角或是寶應來。北里來的王保保軍馬，必是欺着我軍馬，他來太師營那裏、曹元帥守的那裏廝殺。可先整兵在高郵候他，來拏那廝。通州有張九四外甥兒在那里，這兵是疑兵，必不敢便到海安，你每可作急整理高郵。

又

沂州已下，未知總兵攻取山東何處？若取益都，黃河内必撥好將，將新舊黃河但係王保保人馬往來要路處絶斷，勿使救兵往來，我官軍得以自在攻取山東城池。如不先取益都，山東邊海城池，爲我環裏於内，豈不囊中之物？可不取而招來。此説係是坐家之論，軍前隨機應變，又在自謀，勿以我遠料之言爲必然。

沂州既下，王信來，其部下得力頭目盡數收拾，與王宣父子等管解來。但係能幹頭目，勿留於軍中，勿聽巧説。頭目解起，軍人全用，然是全用，須要分於各郡，隨我軍征守。每軍各帶老小，於所守城内住坐。止可數千調用，不可滿萬。若山東城池都下，止留萬軍守益都，其餘衆守濟寧、濟南，其大軍進取燕、冀、河、洛，然後相機而動。兵馬既往濟寧、濟南、益都，其徐州可添舊軍守禦。其王信守梁城頭目其名克誠者，得之可行枷解來。陸參政知此意，只教陸參政尋此人。

吴元年十一月十九日，差梅右丞弟去軍前。

又

皇帝聖旨：

説與徐丞相，如下了慶陽時，教馮都督掌總兵官印信，總領大小將士，軍馬屯駐慶陽，節制各處城池。合用軍儲，從長規措置，如少時，問百姓每借助些供用。其鞏昌、臨洮、蘭州等處，見守的官人每都不動，如軍馬少處，添撥將去，務要安妥。再看蒲州四外寧静不用軍馬守禦時，教康同知將見領軍馬分二停親自領，去山西省守禦，提調太原、平陽城池，留一停添守陝西。其各處城池，都要擺布守禦停當，然後徐丞相同湯大夫將領一千馬軍回來，商議定功行賞。那守鎮邊城的官人每，先將照會去與他，誥命送在各官家裏。我與大將軍安葬鄂國公常平章了時，隨後一同親往軍前，定奪守邊。今教李平章、吴僉都督去軍前與總兵官定議，各項事務了畢，吴僉都督就在慶陽馮都督處駐守，教李平章去陝西省，與耿僉都督一同守禦。宜令准此。

洪武二年七月□□日。

又

皇帝聖旨：

教右丞相信國公徐達做征虜大將軍，浙江行省平章李文忠做左副將軍，右都督馮勝做右副將軍，御史大夫鄧愈做左副副將軍，御史大夫湯和做右副副將軍，總率大軍征取地方，大小將士，悉聽節制。宜令准此。

洪武三年正月□□日。

又

皇帝制諭征虜大將軍徐達，副將軍馮勝、鄧愈、湯和：

朕起布衣，爾等備知。近爲浙江左丞胡德濟怯陣，本將軍合爲之事，又乃行枷前來，此非古將之風。爾等豈不知穰苴、莊賈剋期會軍之令，卻從軍中解往京師，以君問彼之罪。

若以凡慢功之人一一解來，天子處治，人必料將軍不敢擅自殺人，人皆慢功，則將軍之威名何如？嘗言曰：『閫外將軍令。』若將軍爲立千萬年美名，凡有犯者，不必送於天子，須當以斬斫自由。若胡左丞至京師，緣治國與治軍不同，念其救信州之勇，守諸暨之功，不忍誅之。似此將軍，難以率衆。今後但有犯令者，將軍當依令斬斫自由。可依奉施行者。

洪武三年四月□□日。

又

説與大將軍知道：

恁四箇好生議的穩當，將著那軍馬合往何處征進呵便去。説那甘肅省也無甚麽軍馬，如可守時節，就撥人守了。其餘那土番、西蜀的那些地方，可就將軍馬收了那裏了，大將都把大將裏下來省氣力。這是我家中坐著説的，未知軍中便也不便，恁只揀軍中便當處便行。到那有騾馬的地面呵，連羣教頭目每趕將些來臨濠，我看就臨濠牧養。別無甚麽説的緣故，止是就陣得的人及陣敗來降的王保保頭目，都休留他，一箇也殺了。止留小軍兒就將去打西蜀，了後就留些守西蜀便了。

洪武三年四月二十日辰時。

又

得了西蜀，留守官員姓名於後：

唐都督、陸都督、陳都督、何文輝、王文簡、周立、耿三等。其餘留守蜀内邊城處，皆能幹千户守之，聽成都調遣。所得蜀軍就留，參了舊人守鎮。其西蜀頭目盡來赴京。凡守禦千户，從大將選精鋭的有見識人守。除守四邊外，成都留兵三萬。

洪武三年四月三十日筆。

又

如今北平都衛裏及承宣布政司裏行快，多是彼土人民爲之。又北平城内有箇黑和尚，出入各官門下如常，與各官説些笑話，好生不防他。又一名和尚係是江西人，秀才出身，前元應舉不中，就做了和尚，見在城中與各官説話。

又火者一名姓崔，係總兵官莊人。本人隨别下潑皮高麗黑閧朧，問又有隱下的高麗，不知數。

遣文書到時，可將遣人都教來，及那北平、永平、密雲、薊州、遵化、真定等處鄉市舊有僧尼，盡數起來，都衛快行、承宣布政司快行盡數發來。

一名太醫，江西人，前元提舉，即目在各官處用事。又指揮孫蒼處有兩箇回回，金有讓孚家奴也，教發來。

又

皇帝聖旨：

教魏國公徐達前去北平，整理城池，操練軍馬。仍教濟南等衛指揮僉事盛熙等統領軍馬，跟隨魏國公聽調。宜令准此。

一合調軍馬：濟南衛指揮僉事盛熙領本衛官軍二千户。濟寧左衛指揮僉事房寬、厲達領本衛官軍五千户。青州衛指揮僉事周興領本衛官軍四千户。萊州衛指揮同知胡泉領本衛官軍三千户。徐州衛指揮僉事司整李彬領本衛官軍二千户。

洪武四年正月□□日。

又

皇帝聖旨：

教太傅中書右丞相魏國公前去山西，整點城池，操練軍馬，凡有調遣迆西迆北征進，從便施行。太原、朔州、大同、蔚州、東勝軍馬及新附達達軍馬官員人等，悉聽節制。宜令准此。

洪武四年七月□□日。

又

皇帝聖旨：

教太傅中書右丞相魏國公徐達做總兵官、征虜大將軍，大都督府左都督曹國公李文忠做左副將軍，右都督宋國公馮勝做右副將軍，衛國公鄧愈做左副副將軍，中山侯湯和做右副副將軍，統領内外各衛軍馬於北平、山西等處從便駐劄，相機調遣。仍令大小官員悉聽節制。宜令准此。

洪武六年三月初十日。

又

説與大將軍等：

王保保此來恐非實意，謹防虛詐。鐵冠曾言：『子月有戰。』此人今來，其前賊普賢奴、乃兒不花、魁的斤賊衆又恐烏合來擾我邊，不可不防。其王氏被疑逼而逃近塞上或有之，不可全信，不可全不信。廣伏精兵，務討實信。前者京師發去拏獲的當道驢可放過去，盧國公孩兒亦教去。爾等諸將出入塞上，非一二千騎不可輕行，曠漠中忽遇勁敵，子細子細！

洪武六年十月二十七日。

又

皇帝手詔諭大將軍徐達：

兵書有云：『制人而不制於人。』卿等率軍塞上已有日時，其中動静衆寡，王保保安得不知？多算勝少算，況無算乎？此兵法之確論。近有自軍中來者，言及王保保處逃軍一名，盜彼印信，前來我營，觀其來意甚篤，然而古之智將有鬼神不測之機。今吾爲將軍籌之，爾所率者騎士，皆前日王保保部屬，力不及隨征舊主，安知心地果然乎？吾所諭者，但恐來人入間，當以誠待，亦以機防，以備不虞。勿使與人暗言，恐中姦計。勿誅降人，老子云：『抗兵相加，哀者勝。』今王氏力微，智思無數，不可不備。當籌之萬千，勿欺敵，勿忘機，保全諸軍，不戰而屈人兵，乃爲上智。卿其勉之。

洪武六年閏十一月二十八日。

與曹國公手書

保兒知道：

如今爾做總兵官，調遣北平、通州、永平、會州、大興等處軍馬，務要恩威允當，機謀中節，毋得妄行事務。前常平章在時，軍中合用之物，本官設法指取，並不曾缺了；凡守禦城池官員，他亦能知誰可誰不可。蓋本官調遣諸人，能知詳細。這幾年，我來不曾臨軍中，次等頭目，多不知所行得量如何。所以徐常二將軍在外，多用至誠報我，所以不疑。動止大軍之權，都教他每去施行。今常已無了，使我如失手足。爾在通州住了幾時，忽往北平去，教孫華二都府官，將那軍隊伍，務要精細，毋作虛名，錢糧儉用，庶使我不廢心力。爾若不能似前將鄂國公，我那憂煩何可當也？爾當體常平昔，調兵施行。

洪武二年七月二十四日親筆。

又

親批付男朱文忠：初蒙上賜姓爲子，洪武三年始復姓李。

六月初四日，威平見陶元帥率兵前來添力，守禦城池，俟秋涼水枯，方遣還營。如陶洪元帥並大小頭目軍人至建興翼，多加撫恤。毋得妄分彼我，有失頭目軍心，一旦誤事，知罪犯不輕。更有守禦南門元帥葛俊，多有謀勇，張賊前來數遭，是不失利，皆能處，亦與多加替我撫恤，使頭目心安。只此親批，付陶將去。不及印。

六月初四日批示：

再行親批，如軍人到，速支按月糧米。謹省押。

又

親筆説與保兒、老兒：

親筆至日，無分星夜，將齎行糧取直逕便路至大將軍徐丞相處。作急作急！

洪武二年八月□□日。

又

説與保兒、老兒：

火速將兵星夜前往軍前大將軍處，一同破王保保，去的遲時，誤了事不便。兵可取孟津渡河，由洛陽、陝州、潼關入陝西省至軍前，不然時別路恐轉了。作急行動。

洪武二年八月十日。

又

説與保兒、老兒：

如今大同張都督言，老荅荅於蓋里坡駐扎，孔興、脱列伯軍馬與彼聲勢相應，爲武朔等郡人民被害。若你不曾到總兵官根前時，可差人去總兵官處計稟了，可以往西京大同，去時軍馬一到，時必有大勝。若已到總兵官軍前時，且守西邊界首，不必再動，候來春再舉。我雖這般説，計量中不如在軍上多知備細，隨機應變的勾當，你也廝活落些兒也，那裏直要我都料定？今後但凡近處遠處有聲息機務，相應調兵便行，不必拘滯，恐誤事機。不可不十分小心謹慎，用心調用。

洪武二年九月初八日。

又

皇帝手書記駙馬李禎：

今年正月，保兒帥師北征，大獲勝利，勇冠三軍，威振塞外。在朕歡忻，於禎可賀。然今既回京，速遣還家省侍。禎當更加多訓，勿作非爲，使滿朝稱善，豈不偉歟！臨書誠祝，想宜知悉。

二年十二月初八日。

又

説與華孫知道：

保兒、老兒做總兵官，你那裏在城馬軍，都併過鐵鎗，好漢便要，不好拘了馬，選好漢騎。我這裏發了三四百併了鐵鎗的人來，卻無馬，你那裏併下馬來時，與他騎將去廝殺。拏馬但是紅羅山、錦川來的好人，敢併鎗的，便與馬騎了，支米兩石。我教宋奉御來看，著保兒分支，須要一一整齊。若不依了時，從軍律治你，依了我説的，明日拏了老達達時節，便見你每功勞。

洪武三年正月□□日。

又

母舅説與保兒知道：

火者狗兒將到手本一個，上面寫著的皆是犯號令的人。手本上打的也打的是，殺的也殺的是，若不如此，這作歹不怕。你在那軍中調守許多軍馬，務不要偏向，凡事都要中平服人，但有偏向，不要服衆，中平人喜。再説與你，家屬三月二十五日起杭，已至京師，房屋具備了，我心已安，也教爾知道。

洪武三年四月九日。

又

説與曹國公李文忠：

吾與師肇業，諸將勤勞，風霜連年，久矣朕所不忍。前者胡虜犯邊，遣征虜大將軍太傅中書右丞相徐達及右都督宋國公馮勝並爾等將兵邊陲，多方備禦。今北虜既遁迹，二心之民略入，可無大患矣。然又聞忽有胡騎五十疋及從騎驀然來哨，又不可算無敵，故遞文至軍中，令徐將爾諸人塞上過冬。日夜思之，徐馮諸將已勤甚矣，爾雖亦勤，雖同他論。

今命爾將一切大小侯省指揮等官騎士，潛養鋭於山西，以防虜寇。教徐馮赴京過冬，恤我開國之大勳。胡虜出没，爾獨當之，當深謀以備，勿怠。

洪武六年十月十三日。

又

説與曹知道：

如今塞地草青，胡馬當肥，此時彼中必知我軍中動静。今後再有些須胡馬時，可候他果實如何，得他彼中虚實，料我十分得勝時，方纔出軍與戰。若不能知彼，止知於己，不可輕出。得勝之後，絶不可深追。徐馮二將已於四月初六日至京，但與議論彼中事務，二將自言不容在家久住，月内就行。爾當訓教軍士，整齊隊伍，以候二人至。此親筆到日，可將那裏守禦的步軍，權時撥與馬軍看馬。馬軍既不在那裏留守呵，明日戰罷了時，馬自回京來，步軍仍各還衛。軍中一切事勢，十分謹慎。諸侯省官都知道。

洪武七年四月初八日親筆。

又

説與曹知道：

四月初十日貼乜赤解赴京師，隨即釋放。詢問胡君及王保保所謀何如，本人但言四五月必戰，凡戰必在天城、白登地面。又説王保保若見我這裏馬軍，好歹退一退，佯走一走，等我這裏馬軍離了步軍時，他卻來與戰。再説道王家這小的只是用枴子馬熟，更説必有伏馬。貼乜赤親聽得的謀算，不敢虛説，如今我問得貼乜赤這般言語。彼中虛實頗得，其陣勢伏兵皆知之矣。今後本人若來天城、白登，來時我這裏務十分仔細，戰勝不可深追，切莫速戰。當持久以待彼中動静，然後發兵，庶得穩當。不可輕易，謹慎謹慎！

洪武七年四月初十日親筆。

又

母舅親筆，教保兒知道：

如今遼東已勝了，小達達那裏，時下不敢輕動。即目乃剌不花與伯顏兩箇在恍忽灘自廝殺，乃剌不花止有三千馬軍，有二千能的，其餘無用。伯顏有馬軍約二千名，止有五百精銳。見都互相殺的弱了，正好攻取。我調湯和前去陝西，率馬五千之上，往北行。今便更調爾往西行，將馬軍好的五千，將大同一千，太原五百，共六千餘名，於保德州渡河，南手裏教湯和引著，壯手裏爾攻乃刺不花後。火速於二月十七日午時出西北門，星夜西行，與濟寧侯同去。道兒且留北平，大將軍月書到來。

洪武九年二月初七日親筆。

又

說與保兒知道：

今年正月二十一日，月犯房第二星，主次將憂。又二月初六日，木星退行，犯太微垣左執法星，主將相憂。又三月初八日，火星犯井，主將軍有罪。我如今將這應有天象，一一寫將去爾看，爾宜晝夜謹慎，恩威毋得妄行，日省自身，修德以感天人，不致事生，可保富貴。

洪武九年三月九日親筆。

又

說與大將軍知道：

梅二舍來，方知王保保真實消息。那廝如今東去北平七百里，南離大同五百里。把做勍敵呵去我疆場甚不遠，不可不備。時當夏首，塞上馬肥，恐彼又來相擾。況四月、五月以天象言之，秦、晉、燕三地分有戰，未知正在何處。然此則是大將軍處，整兵謹備，觀隙而動。赴京一節，尚未可輕回。

又

老舅家書付保兒：

教你知道驢馬做的人，當自從守住江西，好生的行事不依法度。近來我的令旨，爲開按察司衙門，他三日不接我言，教在江上打著船，便似教化的一般。他又差人往浙西城子裏官賣物事。及至開我令旨，不許軍民頭目來聽。密行號令，但有按察司裏告狀的，割了舌頭，全家處死。在那裏姦人家妻女，多端不仁。我禁人休去張家那下買鹽，他從江西自立批文，直至張家鹽場買鹽，江上把截的不敢當，儘他往來。南臺城裏倉與庫四處俱各有物。其餘多等不仁不孝的勾當，我心裏悶，説不的許多。保兒且知道這幾件，你父親到時，自有話與他説也。保兒守城子，休學驢馬，你想你母親，你便休惱。我凡事依首領官行。那家好男子他好公主的父親以致這弟□□□□做的事好，驢馬所言。驢馬者，朱文正也。

的令史都弄。下闕

（以上清光緒廣雅書局刻本王世貞弇山堂别集卷八六）

命鄧愈爲湖廣行省平章政事敕 至正二十五年四月

今遣遇春取安陸、襄陽，汝兵繼之，所得州郡，撫其降附。近聞擴廓帖木兒集兵汝寧，汝能愛軍恤民，人心自歸。爾其念之。

（明談遷國榷卷二）

命汪廣洋胡惟庸爲左右丞相詔 洪武四年正月

天下已定，有功盡封，大將收戈解甲於武備之庫，息馬家庭，從善樂游，功名兩全，古何過哉！　中書左丞相李善長事朕十八年，寅至戌歸，勤勞多矣，漢之何參，無以尚也。其年既高，驅馳侍立，朕心不忍，業許致政。今以中書右丞汪廣洋爲中書右丞相，參知政事胡惟庸爲中書右丞，總理軍國重事焉。

（國榷卷四）

稽古定制書序 洪武二十九年十二月

昔先王制禮，別尊卑，定貴賤，上下秩然，朝代雖改，禮樂制度多相因也，或有損益，小過不及而已。朕自定天下以來，立綱陳紀，頒布天下，有年歲矣。至若官民房室，墳塋碑碣，亦嘗斟酌前代，著畫一制。豈期姦臣胡惟庸故紊條章，俾諸功臣不遵守，雖先塋碑碣亦不樹立。最甚無如藍玉，房屋家奴，人至數百，馬坊廊房，皆用九五間數，營店舍宅垣中，招集百工，與爲市易，心欲背朝廷爲亂。夫自古賢人君子，一心公朝，念所食祿，不耕不蠶，坐享民供，又敢興販，與之争利。今我文武臣往往不屬厭，使子弟、奴僕、家人坐賈行商，至出外倚勢中鹽，越資攙次，撓法多端。今命翰林酌唐宋制，定墳塋碑碣丈尺，房屋間架，及食祿之家興販禁例，編類成書，永遵守之。嗚呼！　敬聽朕言，聿求多福。

（國榷卷十）

諭徐達書 至正二十五年十月

軍旅重事，尤宜加慎。如獲張士誠將校，遣來吾自處之。

又 至正二十五年十一月

爲將之道，貴於持重。進師攻取，宜加審察。近聞提兵遠出，深入重地，此甚不可也。若常平章獨提偏師，備寇江上，即有緩急，誰當爲之應援者？宜還師泰州，兼總馮國勝所部，留兵萬五千人，以取未下州郡，爾居中節制，見可而進，協和諸將，一乃心力，以成大勛。毋或輕動，以失事機。

又 至正二十六年正月

爾所請策皆善。前報彼軍事勢重不一，及俞平章請軍甚急，蓋因其未嘗獨將，料度未至如此。安豐竹昌糧盡將遁，此不足慮。士誠兵多有渡江者，宜且收兵駐泰州，彼若來攻海安，擊之。

又 至正二十六年正月

江陰送至士誠降將秦德等二十人，言士誠之志，無日不在泰州、高郵，已而遣兵渡江，其驍將單莊亦與徐達趨淮安矣。高郵、淮安宜慎方略，勿墮其計。

又 至正二十六年正月

士誠由高郵嘯聚，以有吴越，高郵蓋其巢穴也。大軍被之，彼必來救。今聞徐義兵已入海來援，王保保亦將兵南來。吾料王保保馬步必假道天長，徐義舟師或由射陽湖，或出瓠子角，或出寶應，以趨高郵。二兵苟合，不可不備。通州有士誠從子號『火眼張』者，乃疑兵，必不敢出。夫軍之勝敗，在主將賢否，王保保雖擁重兵，然千里遠來，其勢必敝，徐義狠愎自用，軍無紀律，以我節制之師，當之可勝。爾但秣馬厲兵俟之。

討張士誠檄文 至正二十六年五月

伐罪救民，王者之師，考之往古，世代昭然。軒轅氏誅蚩尤，殷湯征葛伯，文王伐崇侯，三聖之起兵也，非富天下，本爲救民。

近覩有元之末，主居深宫，臣操威福，官以賄成，罪以情免。臺憲舉親而劾讎，有司差貧而賣富。廟堂不以爲慮，方添冗官，又改鈔法，役四十萬人堙塞黄河，死者枕籍於道，哀苦聲聞於天。致使愚民誤中妖術，不解偈言之妄誕，酷信彌勒之真有，冀其治世，以甦其苦，聚爲燒香之黨，根據汝潁，蔓延河洛。妖言既行，兇謀遂逞，焚蕩城郭，殺戮士夫，荼毒生靈，無端萬狀。元以天下錢糧兵馬而討之，略無功效，愈見猖獗，然而終不能濟世安民。是以有志之士，傍觀熟慮，或假元氏爲名，或託鄉軍之號，或以孤兵獨立，皆欲自爲，由是天下土崩瓦解。

予本濠梁之民，初列行伍，漸至提兵，灼見妖言終不能成事，又度胡運難與成功，遂令兵渡江。賴天地祖宗之靈及將帥之力，一鼓而有江左，再戰而定浙東。陳氏稱號，據我上游，爰興問罪之師。彭蠡交兵，元惡授首。其父子兄弟，面縛輿櫬，既待以不死，又封以官爵。將相皆置於朝班，民庶各安於田里，荆襄、湖廣，盡入版圖，雖德化未及，而政令頗修。

惟兹姑蘇張士誠，爲民則私販鹽貨，行劫於江湖，兵興則守聚兇徒，負固於海島，其罪一也。又恐海隅一區，難抗天下全勢，詐降於元，坑其參政趙璉，囚其待制孫撝，其罪二也。厥後掩襲浙西，兵不滿萬數，地不足千里，僭號改元，其罪三也。初寇我邊，一戰而生擒其親弟；再犯浙省，揚矛直擣於近郊，首尾畏縮，又乃詐降於元，其罪四也。陽受元朝之召，陰行假王之令，挾制達丞相，謀害楊左相，其罪五也。佔據浙江，錢糧十年不貢，其罪六也。知元綱已墜，公然害其江浙丞相達識帖木邇、南臺大夫普化帖木兒，其罪七也。誘我叛將，卻我邊民，其罪八也。凡此八罪，有甚於蚩尤、葛伯、崇侯，雖黄帝、湯、文與之同世，亦所不容，理宜征討，以拯天下，以濟斯民。

爰命中書左丞相徐達率令馬步官軍舟師，水陸並進，攻取浙西諸處城池。嘗戒軍士，征討所到，殲厥渠魁，脅從罔治。凡我逋逃臣民、被陷軍士，咸宥其罪。其爾人民，果能復業，即我良民。舊有房舍地土，依額納糧，以供軍儲，餘無科取，使汝等永保鄉里，以全室家。此興師之故也。敢有千百相聚、旅拒王師者，即當移兵勦滅，遷徙宗族於五溪、兩廣，永離鄉土，以禦邊疆。果有賢哲，或全城歸附，或棄來降，予所賞賜，非所敢吝。凡予之言，信如皓日，咨爾臣庶，毋或自疑。故牓。

討張士誠諭臣民令 至正二十六年十一月

予聞帝王之治世，其初也乘天下之擾攘，不得已而起兵。及其甚也，擾天下之未一，亦不得已而用兵。自有元失御，中原鼎沸，四海瓜分，予時爲民於淮上，進不能上達，退不能自安，是以不得已而起兵。至於撫有江東，土地漸廣，民物漸多，而四面皆敵國，民無一日安，不得已而用兵如是。西平陳漢，跨有蜀川，南定百粤，北有荆襄，以及徐泗。惟浙西張氏與我壤地相接，屢擾我邊境，誘納我逋逃，故興問罪之師。淮東郡邑，首先歸定，旅拒者加之以刑，來降者寵之以爵。遂命大將軍左相國徐達、副將軍平章常遇春總兵東入太湖。是以湖州舊館守援之將李司徒、吕左丞等百有餘名，精兵七萬餘衆，節次歸附。復命浙東省右丞朱文忠統兵東北，破桐廬，克富陽，駐兵浙右。杭州守臣平章潘原明差官送款，以全城聽命，可謂識天時人事之俊傑，有合予弔民伐罪之初意。已敕征行將士，凡府州城郭鄉村軍民之家秋毫無犯，官府倉庫舊的有主，封籍以待，敢有侵漁，以律論罪。其潘平章等大小官員即我藩輔，各安其職。故兹令諭中外知悉。

（以上明嘉靖刻袁褧金聲玉振集平吴録）

命中書省禮部定議郊廟及百神祀典制 洪武元年

朕思天地造化，能生萬物而不言，故命人君代理之。前代不察，聽人民祀天地，祈禱無所不至。普天之下，民庶繁多，一日之間，祈天者不知其幾，瀆禮犯分，莫大於斯。古者天子祭天地，諸侯祭山川，大夫士庶，各有所宜祭。其上下合祭之神，禮部其定議頒降，違者罪之。

（金聲玉振集洪武聖政記卷上）

聘元明道書院山長陳遇書 元至正十六年四月八日

予惟胡元入馭，天厭其德，豪傑兵興，共爭疆域，黎庶流亡。天命歸予，提兵東渡，遂取臺城。歷思自古創業，誠難獨理，用是側席以求，爰定太平。先生世居江左，才兼文武，超越等倫，賢哲天生，實我良輔。倘以生民爲念，應天順人，敷陳遠略，非欲奮爪牙以黷武，其實資文德以安民。助成大業，列爵胙土，以報功德，與國終始，豈不偉與！拱後車塵，起展素蘊。

（四部叢刊本查繼佐罪惟録列傳卷七）

示帳前都指揮使司首領官郭彦仁書 至正十八年四月

自龍鳳三年調汝專掌征行兵案，今來將及一載，多受勤勞。更兼軍中調和士卒，其間中正甚厚。吾託汝於軍中，正使晝夜無憂，家眷不必多慮，時遣人齎送糧薪。雖今將士英雄，實賴賢豪謀佑，勇者必勝，大事速成。彼事一節，正謂保指揮我之親男，胡大海我之心腹，前者曾聞二人不和。且保指揮我親身也，胡院判即我心腹也，身包其心，心得其安，心若定，身自然而定。汝必於我男處丁寧説知，將胡院判以真心待之，節制以守之，使我所圖之易成。只此。

（金聲玉振集國初事迹）

賜宋濂書

曩者先生教吾子，以嚴相訓，是爲不佞也。以聖人之文法，變俗言教之，是爲疏通也。所守者忠貞，所用者節儉，是爲得體也。昔聞古人，今則親見之。

（金聲玉振集國初禮賢録）

特進光禄大夫左柱國太傅中書右丞相征虜大將軍魏國公贈中山王謚武寧徐公達神道碑

大明中山武寧王姓徐氏，諱達，鳳陽府鳳陽縣人。家世農業，王年二十有二，值元末兵興。歲癸巳，朕集義旅，王來麾下。朕視其所以周旋幾二年，動静語默，悉超羣英，於是命爲帥首，凡有徼征，以代朕行，又幾一載。明年乙未，朕被敵所執，敵之帥首亦爲我軍所執。明日，王來以身代；朕歸，縱敵帥首易王還。已而從朕渡江，下采石，定太平。時機務浩繁，姑孰之郡，密邇大江，況元帥首蠻子海牙率舟師以拒江面，爲朕肘腋之患，不暇率兵西征，乃命王爲將，擇精兵數千，東取溧水、溧陽。王兵至，守者不戰，民庶咸安。明年丙辰春二月，敗元舟師於采石，王仍屯溧水。三月，召王從征建業。越十日庚寅，師入建業。越七日丁酉，命爲大將，浮江而下，水陸並進，東取京口，大破元師。京口已定，東探浙右。

時張士誠擅稱名號，遣將已據毗陵，旌旗相望，其守者潛遣間諜誘我斥堠。王察知，遣使歸告：『賊勢少窘，益兵可不？』朕遣戰將千餘員、甲士十三萬，師徒會合圍毗陵。張士誠自姑蘇發其弟張九六將兵數萬來援，王遣兵逆戰，不移時破之，生擒張九六。城守猶堅，朕復益新附二萬，帥首密從，傾營入城，助彼來戰。初，我軍環其城而營之，因新附者叛，四方去其三，獨王固守其南。開平王猶營東南外一舍之餘，扼彼援兵，尚未驚疑，聞新附者叛寇迫王營，王拒守且戰，開平自外來援，内外夾攻，大敗其衆，擒其守將張德，餘軍敗入其城，王復還而困之。士誠自姑蘇遣將吕珍夤夜入城，督兵以守，與王相抗。初彼軍雖少，糧且足用，戰守益堅，及誘降入，軍多糧少，戰且狐疑。丁酉春，守將吕珍潛遁，城下。師旋，復遣征寧國，城圍援至，王發兵扼要而戰，援者敗，俘斬者衆，旬日城降，宣城亦附，凱旋。

時四方羣雄甚多，朕固守江東數郡，命王秣馬厲兵，以觀四方之勢。又明年戊戌，命王點兵固守建業，朕親下浙東，金華既平，六月，師未幾還。遣王西征，兼程水陸，並進徽北。秋，命王西征池州，師抵而平。陳友諒遣兵來救，斬首萬級，生擒三千餘。

時張士誠發兵來寇，宜興城陷，遣王將兵復取。師抵城下，不旬日城復，生擒三十，餘皆戰死。其年，維揚元義兵盡歸。

壬寅秋，王從朕下潯陽，陳友諒敗潰。時張士誠發兵攻長興，王留守潯陽。未幾，召歸。師次中塗，令復守潯陽。比至，陳兵已入城守，王遣兵與戰，陳兵復潰，俘斬數千，獲其眷屬戰騎。彼時潯陽之境空荒，棄而弗守，師旋建業。

癸卯春正月，取豫章，内變，王復討平。張士誠北寇壽春，朕親往援，王爲前部，張兵敗北，旋師金斗，周圍其城。戰間，陳友諒大率兵寇豫章，王罷金斗之圍，歸整舟師解豫章之難。秋七月，師次彭蠡，陳友諒罷圍逆戰，王身先諸將，敗陳一巨艘，死者千五百人。自是彼軍勢弱，我軍威震，由王身先。

癸卯歲，留王守京，朕西征武昌下。克陳之後，其年，大會兵於京師。乙巳歲，命王取淮東、淮陰諸州，仲夏師旋。歲丙午，命率甲士二十萬東取吴越，鏖戰於吴興皂林之野，生擒張兵六萬，不戮一卒，盡赴京師。冬十有一月，師抵姑蘇。明年丁未秋九月，姑蘇下，兼浙左之太平，詔班師。命王西略蒼梧，九谿率服，還軍京師。

洪武元年戊申春正月，朕即大位。二月，命王爲征虜大將軍、銀青榮禄大夫、上柱國、録軍國重事、右丞相、太子少傅、信國公，命率甲士二十五萬，北定中原。抵齊魯而民安，所過輯兵守禦，規畫足食，兵不民擾，所得壯士，帥而徂征，不煩朕念。北齊既平，命渡河南，兵至大梁，父老壺漿以迎。西下洛陽，長驅崤函，直抵潼關。守者拒戰，王命宋國公馮勝拔之。朕命拒關而守，諭歸大梁。比下河内，由鄴下趨趙州，抵臨清。其年八月三日，比入胡都，捷奏平胡。復命西下晉冀，如命，井陘長驅，晉冀以平。

二年春正月，召渡河西。兵入關中，守者皆棄，全有關内之地。召歸，天下太平。

三年冬十有一月，論功行賞，命王爲開國輔運推誠宣力武臣、特進光禄大夫、左柱國、太傅、中書右丞相、征虜大將軍，改封魏國公。

五年夏五月，衆議北入沙漠，王至嶺北，兵疵而還，敕命沿邊輯守，歲鎮於燕，口外餘民自是收盡，海内無虞。

十七年甲子，太陰數犯上將，朕惡之，召罷北鎮，勞於家。是年臘月二十有一日染疾，朕恐之，星馳四召，名醫咸至。終疾弗瘳，明年乙丑二月二十七日己未薨。特封中山王，謚武寧。享年五十有四。爰以是年四月十八日己酉，葬於鍾山之陰。生男四人，世子允恭襲封魏國公。女四人，長女燕王妃。

王平昔言簡慮精，當提兵之時，命出不二，諸將敬若神明。所至之處，攻城不屠，與人不戲。凡受命而出及功成而旋，每不自矜。至於封姑蘇之府庫，置胡公之美人，財寶無所取，婦女無所愛，忠志無疵，昭明乎日月。既薨，朕恐歲月幽遐，磨迷偉績。朕特親筆，生前張我武威，偃兵息民，混一區夏，奠安人神之勞，以示子孫，耿光萬世，勒諸堅石，樹當神道。

歌曰：

景命昌兮天彰，錫我英俊兮忠良。幽韜祕略兮神機，默温温兮兼剛。乘旄鉞而征征兮既出，幡幢繚繞兮雄氣軒昂。戰騎靈兮蹄疾，旌旌烈烈兮前行。六軍濟濟兮甲胄，戈矛燦爛兮精鋩。舍之兮周廬星列，屬櫜兮比比懸傍。刁斗聲頻兮令密，山川妖魅兮奚藏？彎弧力勁兮射欃槍，幾披星月兮秋霜。奮忠海内兮孰前當，摧撫順兮我武惟揚。

（明萬曆刻本國朝獻徵録卷五）

加授西城禪師詔

佛教肇興西土，流傳遍被華夷。善世兇頑，佐王綱而理中道。今古崇瞻，由兹深而願重。是致三界而脱塵，永彰而不滅。爾僧吉祥，本西域之良臣，生而慈敏，妙契善符，懷如來之大法，捨父母之邦，衝陰埃而突瘴霧，越流沙而東行數萬里，達我斯地。朕觀爾勞深願重，特加善世禪師，以伸善道，更加木兒只怏列失思巴藏卜爲副都禪師，統制天下諸山，繩頑禦惡，相爲表裏以施行。於戲！佐王綱而善不善者，理道幽微，曠劫不生，千古不滅，願力行深，體行思之，無往不復，戒哉！故兹詔示，想宜知悉。

洪武七年十一月□日。

諭司務敕

敕各衙門司務二員，坐所東南角，面西，將守籍吏二名終日在堂，專紀本衙門出入文書，隨即附簿，驗其應速者速，遲者遲。明日，勾銷下注。或字差錯，不許塗抹，於傍圈注。逐日記載事件，至晚計定卷數、字數，庶可稽考。若事有可速者而遲之，耽誤公事矣。若可速之事多不當矣，惟克果斷，乃無後艱。其司務之設，職專甚重，其所練劚也，其出非常。若勤於督責，精於注銷，使各衙門官吏皆不入刑憲之初，其司務之才能，已稱堂上之任矣，又何考試之疊疊？故敕。

洪武二十八年六月。

（以上明鈔本孝陵詔敕）

教民榜

以六諭教萬民：一曰孝順父母，二曰尊敬長上，三曰和睦鄉里，四曰教訓子孫，五曰各安生理，六曰毋作非爲。

（明萬曆刻本訓行録卷上）

諭征南將軍傅友德等制 洪武十五年二月

制諭征南將軍潁川侯傅友德、副將軍永昌侯藍玉、西平侯沐英：教都督謝熊等於雲南開設都指揮使司，謝熊都指揮使掌印，馮誠指揮使左封印，戈預指揮使右封印。雲南諸處守禦各衛所大小官軍悉聽節制。

洪武十五年閏二月十五日。

諭總兵官潁川侯傅友德等敕 洪武十五年九月

敕諭總兵官潁川侯、永昌侯、西平侯，及平涼侯、安陸侯知道：

六月初八日，貴州都司文書至京師，知盤江路道尚未通行，兼説目下並無升合口糧。如此艱辛，符到之日，將各處守城寨官軍，若無糧用時，且將城寨不守，盡數出去會做一處，將那有糧蠻人都打了，取糧用。休固守不肯那移，久後軍馬饑荒了。符到水西，留四百守城，看靄翠變也不變。普定、雲南也如此。將水西、普定應有軍馬都會一處，每日去蠻子住處攻打要糧用，他那有工夫去打我空城。只這般依着，如敕奉行。欽此。

洪武十五年九月初二日。

又 洪武十五年十月

烏撒若平，便趨芒部。既平芒部，烏蒙若半真半假來歸，且虛待着。東川若降，亦虛待着。且把軍十數萬都調，毋役，西蒲等處盡勦了，然後復往烏蒙、東川，水西人在後下手，當日回奏。除欽奉行外。

洪武十五年十月初一日。

爲征南事諭禮部敕 洪武十五年十一月二十五日

征南將軍奏烏撒、烏蒙、東川、芒部並雲南土官等既降又叛，因此自六月從雲南將兵，由仁德府將東川牛羊收與軍。計羊三萬、牛一萬。又烏蒙邊上經行，收羊六千、牛二千五百。至烏撒，收到牛羊五萬，芒部牛羊四萬。這般説呵，他那烏撒、烏蒙、東川、芒部四處把事怎地服事，土官教如此不至誠，引將軍去路，壞了好地面。當初我這裏用兵，可爲普定、安贇招咱每的軍，藏了有罪的人，去拏安贇。安贇已拏了。取雲南的緣故，爲雲南梁王使人來俺根前打細，通了流官及火者每，爲這般征雲南。雲南既定，梁王自死，家小都來俺行了，那各處土官不曉事，叛甚麽？若曉事不作歹呵，將那大軍踏踐壞的人口頭疋納差發呵，幾年用得了？那廝每許大地方，如何無一箇曉事的把事，都這般不知天道人事，可惜攪壞了你部家。即便出榜去，教土官百姓知道，教聽者俺的言語，安分守己當差，休做歹不聽説呵。俺再用心，他每當不得。

諭雲南詔 洪武十六年正月

奉天承運，皇帝詔曰：

自有元失馭，羣雄並起，聲教異爲，蒸黎各擅，是致廢興，民不聊生。朕秣馬勵兵於江左，控弦三十萬以觀，諸雄弗成，乃命征虜大將軍平元都，肅靖華夏，奠安黎庶。邇年以來，士不彎弧，馬牧平野，農耕有餘，人皆樂福。惟爾西南諸夷，密邇聲教，恃嶮弗庭，納逋逃，匿有罪，坐受四川之任，肆侮中華。凡我朝臣，孰不奮恨，是以特興問罪之師。今雲南既平，諸夷服從，故詔諭以更生之恩，所有事宜，條列於後：

一、雲南地方所居人民，士農工商，各安生業。

一、雲南諸夷處所，有便於水草牧放者仍舊。

一、本處人民既已歸附，各務生業，毋得擅帶弓箭，執把鎗弩。敢有違者，擒而罪之。手無兵刃我良民。若害及無兵刃者，治以重罪。

一、本處人民往往製造毒藥，有傷善良。詔書到日，毋得似前違造。

一、本處人民歸附之後，凡有訴訟，須要經官陳理，毋得擅相讎殺。

一、烏撒、烏蒙、東川、芒部諸夷土官既降復叛，潛害兵士，若便盡行勦捕，緣罪酋長，恐累良民。今事已定，其有畏避軍馬逃竄山林者，詔書到日，自行出官投首，與免前照，仍舊生理。間有首惡，仍復不悛，潛匿山菁，有能擒獲首告者，重加優賞。

一、普定、普安、西靖等處使客經行驛路，本處土人潛入深菁，邀阻往來。發兵搜捕，已行得獲。今後人民各安生理，毋得似前阻滯。如有阻滯經行，照依地方勦捕。

一、自永寧至烏撒衛，由可渡河，亦係使客經行大道。本處土人毋得阻滯人行，如有阻滯經行，照依地方勦捕。

一、雲南、普定被大軍征伐者，爲隱藏向倉官龍小廝及招誘逃軍，所以受問罪之師。今後各處土官毋蹈前非，隱藏有罪之人。

一、府州縣學校，宜嘉興舉。本處有司選保民間儒士堪爲師範者，舉充學官，教養子弟，使知禮儀，以美風俗。

一、民間鰥寡孤獨不能自存者，所在官司設養濟院，月給口糧，以全其生。

一、各處仕宦人員流寓在彼，及本處人民如有懷材抱藝願仕者，有司禮送赴京，以憑擢用。

一、舊有各處官民人守，因兵隔越願還鄉里者，聽。

於戲！知天命者福臻，昧天理者禍至，信如四時，速如影響。播告諸夷，想宜知悉。

洪武十六年正月初三日。

命紀事奉御徐保傳諭雲南總兵官敕 洪武十六年正月初三日

軍中十分要仔細，天象自今年六月至十一月犯畢三次，主軍中有大戰。防水中下毒，有姦謀。若軍下營處，須自穿井喫水。若無糧時，不要守城，會着大軍，不問蠻子在那裏，直要尋見拏了方守城。

又 洪武十六年正月初三日

雲南至畢節立界牌，牌上寫着土官把事名字，教他供給守禦處糧食。如是地界上截了，軍照依地方勦捕。不供給也去，照依地方勦捕。

諭雲南總兵官敕 洪武十六年六月初二日

雲南之地，古與中國相去不甚遠，止是山川險阻，其土產不厚，以此歷代馭是方簡。今雲南雖得，就中糧食艱辛。近聞永昌侯軍先出瀘敘，食糧優養，其意甚好。又不知於瀘敘可過幾時？若軍駐瀘敘不久，欲還曲靖等處糧食秋收，又不知幾何地里？土民可供幾何？通計食至明年新糧交過，可以放心。不然，若所收不及所用，大軍既回，民人不供，將徒廢前日之勞。每人來説亦子九寨人民密邇四川，恃嶮不當差發。今遍自大軍雲南一行，此等中途多損傷軍士，甚是不悛前過。今次莫若將軍回趁時，於內食踐糧食一冬，將彼軍中人擒獲些出來，使之畏懼，又且聲勢。雲南守禦，來春軍回，休食瀘、敘軍糧。故兹敕諭。

諭總兵官征南將軍潁川侯傅友德等敕 洪武十六年七月

諭總兵官征南將軍潁川侯傅友德、副將軍永昌侯藍玉、西平侯沐英：

近有人來，言及回軍一節。朕即深思，復料曲靖等處糧儲，雖目前可以支吾，其冬春未見善謀。假使曲靖所下種子八百餘石，驗種得糧，不過收稻八千餘擔，止得四千餘米。以守禦軍士每軍一月約用三斗給之，不滿四月。自八月食新糧起，至十一月終糧盡矣，欲接明年夏麥，尚有六箇月無糧相接，未審那軍以何充腹？今符前去，爾諸人議，有糧軍回，雲南無後患。若守軍無糧，大軍既回，其守軍必逃。軍逃日久，城中必虛，蠻人知其所以，其患復作，事難制矣。以今之計，大軍既出在外，邊臨雲南，甚有生硬地方，大軍可於彼哨糧養口，以候諸郡收集糧米，接着明年夏麥，大軍方回，是其妙也。不然未善。符至，多方穩當方可。故兹敕諭。

洪武十六年七月十二日。

諭車里詔 洪武十六年六月

奉天承運，皇帝詔曰：

朕荷天地祖宗之靈，統一寰宇，薄海内外，罔不臣服。曩因雲南恃嶮弗庭，阻我聲教，是用命將致討，今已平定。爾車里即聽一介之諭，乃能向化來歸，遠貢馴象，誠意可嘉。今因使還，特遣正使左正言龐源，副使定定、陳均往宣朕意，併賜以金段表裏各四。卿其欣承，以盡朕撫安之道，咸遂其生，則予汝嘉。故兹詔示。

洪武十六年□年□□日。

諭金齒平緬詔 洪武十六年

奉天承運，皇帝詔曰：

曩因雲南匿有罪，納逋逃，惑我邊守，命將潁川侯帥甲士三十萬，問罪梁王。其西南諸夷，從拒敵二載餘，今已平定。惟金齒之疵實也先忽都之爲，非平緬之謀。又爾平緬，不恃遠嶮，生歸指揮王真等，事大之誠可驗矣。嗚呼！造福福民，福歸於己，首禍殃民，殃將自受。兹爾詔示，想宜知悉。

洪武十六年□年□□日。

授土官俄陶景東府知府制 洪武十七年正月

奉天承運，皇帝制曰：

曩者興師入黔中，夷人效順，悉歸版圖。然其間山谷嶮昧，蕃漢錯雜，習俗殊異。朕每即其豪長而任之，不欲數爲紛更者，期於安邊息民耳。景東土官俄陶懷忠内附，不煩王師，居守從征，並著勞效，修朝首歲，臣節益恭。宜令襲守其土，以靖一方，特授中順大夫、景東府知府。爾吏曹如敕奉行毋怠。

洪武十七年正月二十一日。

授土官木德麗江府知府制 洪武十七年正月

奉天承運，皇帝詔曰：

朕設爵任賢，懸賞待功，黜陟予奪，俱有成憲。惟蠻夷土官不改其舊，所以順俗施化，因人授政，欲其上下相安也。乃者命將入黔中，土官木德世守銅川，量力審勢，率先來歸，復能供我芻餉，從我大兵，削平鄧川三營之地。獻歲云初，萬里來貢。似兹忠款，宜加旌擢，今授中順大夫、麗江府知府。爾吏曹如敕奉行毋怠。

洪武十七年正月二十一日。

命酋長高政爲楚雄府同知制 洪武十七年正月

奉天承運，皇帝制曰：

自古帝王御遠人之道，得其地則署土官以長之，務緝夷民，使安生業，以廣一視同仁之化也。曩者大軍平雲南，爾高政酋長一隅，輸情納款，招集民庶，迭著功勤，朕甚嘉焉。今命爾爲奉議大夫楚雄府同知。於戲！官成不怠而福臻，狃集從欲而咎至，克盡貳職，益懋前修，以副朕委令之意。往欽哉！

洪武十七年正月二十一日。

命土官阿散制 洪武十七年正月

奉天承運，皇帝制曰：

所至爲討不廷，務在懷來，服從即止。前遣大軍平雲南，凡能歸附效順者，皆不失職。爾阿散舊爲土官，自知嚮義，送款轅門，資助兵費，繼從征討，頗著勳勞。今命爾仍管兵士，守護邊疆。若能益加公勤，及時訓練，鎮靖彼方，則當考功實授，以示寵擢。敬哉敬哉！

阿散太和縣正千夫長兼試千户職事。

洪武十七年正月二十一日。

諭吉安侯平涼侯南安侯等敕 洪武十七年二月二十六日

這蠻子每只怕馬，你每到那裏，大理有些銀子，看有多少，就將那銀子買上一萬馬，放在海子裏看養操練。上、下關部都要做成城子，海子裏打幾隻船，兩頭來往行走。好生撫恤那裏百姓。欽此。

授土官那直元江府知府制 洪武十七年二月二十七日

奉天承運，皇帝制曰：

中國之於四裔，猶衣裳之於冠冕、水木之本源，分至明也。故忠順者受賞，昏傲者罹□，時乃天道，非朕敢私。爾土官那直望著邊氓，禄承世守，及朕命將南征，輸誠款附，以全其衆。今年春修奉職貢，萬里來朝，朕甚嘉焉。特授中順大夫、元江府知府。爾尚益勵忠誠，以安夷甸，則子子孫孫永保世福。爾宜懋哉！

洪武十七年二月二十七日。

命鎮撫周貴翟忠傳諭雲南大理等處敕 洪武十七年三月初三日

恁去説與雲南、大理等處守禦衛所：

有發到的有罪斷發軍人，編入伍，着他種田。把關去處盤獲有罪斷發，但是曾刺字、不刺的，刺旗、不刺旗的逃囚軍人拏住，發與原衛所收，將爲首逃的廢了示衆。又各衛所上緊屯種，儘問軍人每，若是有糧，便差内官送將家小來。欽此。

諭總兵官西平侯等敕 洪武十八年正月十二日

雲南係在徼外，金齒亦甚遐荒。曩者諸將平定之後疵焉，於是命指揮李觀率兵撫守。其觀固守忠誠，今年段惠叛而能平定之，朕甚嘉焉，今差人往勞。及首密謀總旗者，爾西平侯等速爲用心撫字，使知朕意，如制奉行。欽此。

諭雲南都司西平侯沐英制 洪武十八年三月初三日

制書到日，將原撥守雲南等衛官旗照名陞用。此數係是滿坐原撥數目，如有一切事故，備細開來。止陞見在官旗，小軍舊者陞小旗，舊者不足新軍。洪武初能者，亦可陞用。除補各衛數足外，其餘官旗赴京。如制奉行。欽此。

一、原任指揮同知，今陞世襲指揮使。

一、原任指揮僉事，今陞世襲指揮同知。

一、原任正、副千户並衛鎮撫，今陞世襲指揮僉事。

一、原任百户，今陞世襲副千户。

一、總旗陞除世襲百户。

一、小旗陞充總旗。

一、爲事復職征進官，止依舊授職事。

諭車里軍民府知府刀砍制 洪武十九年九月

皇帝制諭車里軍民府知府刀砍曰：

朕承天命，君主華夷，惟天覆地載、帝命宰民者，孰知其數哉？ 然而聞我聲教者，莫不重譯來庭，朕惟推至誠以待之，所以内外無聞、遐邇咸安也。 誠以天下至大，生齒至繁，非一人所能獨治，所以所在酋長，朕特各因其俗，俾之□位治其民，未嘗設心吞併，妄興九伐之師。

曩平雲南，惟爾車里不候我師之至，速遵治化，朕甚嘉焉。 所以特遣使者，齎朕詔諭，命爾仍守其土，以安生民。 獨麓川、平緬恣肆强暴，吞併地方，嘗爲爾車里之患。 及雲南既平，復天命，擅興金齒之役，後納款奉貢。 朕重念民罹兵禍，特原其罪，俾守舊疆，悔過自新。 何期稔惡不悛，今歲復敢肆侮，跳梁西南，以爲景東之役，上天昭鑑，罪不容誅。 今特遣禮部主事劉之微、舍人劉瑾、丁子良齎擎朕命，陞爾車里軍民府爲軍民宣慰使司，以爾刀砍爲亞中大夫、車里軍民宣慰使。 爾當合謀於鄰邦，凡與麓川、平緬有讎者幾邦報來，朕當奉天之命，發大兵一同聲罪致討，誅鋤兇惡，復爾原失地方，安爾居民。爾其精白一心，必如朕命，以成乃功。故諭。

洪武十九年九月二十四日。

諭右軍都督府僉都督王誠敕 洪武二十一年三月十六日

右軍差舍人前去播州、水西、烏撒、烏蒙、霑益、尋甸、建昌、武定、馬湖各各土官處説知：不想禄肇不肯當差，芒部、東川與白夷私通，已差阿奴亦結暗地往來，要與我每廝殺。如今東川、芒部這等心歹。爲這般，且不與白夷廝殺，先與東川、芒部討得分曉了方過去。我每無糧，這軍馬且在禄肇地面上種二年田，卻去芒部種二年田，再過東川種田二年，方去白夷廝殺。我則這般要與白夷廝殺，無糧難去。既是東川通了他，必請將白夷軍來，與他每就東川廝殺，卻不省了我每行遠路？我每自種自喫，着修營寨，成家在東川、芒部地面上，請白夷十萬、二十萬軍來東川、芒部，納與他人糧、象糧、馬草料，與我每戰。俺的差發不當白夷差發，卻當説與水西等處土官，這東川、芒部人、禄肇人，你每體藏他走在你地面裏，隱下了不便與你土官，早前我買馬征達達，他每不肯，如今達達征取了也，他每不曾將馬助氣力，倒通了白夷。説與衆土官知道。欽此。

諭右軍都督府僉都督張銓等敕 洪武二十一年四月十一日

雲南在中國西南，曩者胡元分命梁王世守其地。自朕有天下，凡四夷酋長能奉天命、奠安生民者，朕未嘗輕於征伐。惟梁王不知天時人事，恣爲不道，容納逋逃，數爲邊寇，虐害生民，由是命將軍潁川侯率甲士三十萬聲罪致討，□平地方。諸夷來庭者，悉令世職，以撫其民。獨麓川一隅，始則肆侮於金齒，諸將莫不憤惋，欲行勦滅。朕不忍再勞軍士，故不加誅，姑容納款。彼乃弗遵聲教，潛納有罪，入爲邊患。朕遂命將帥□沿邊屯種，以鎮邊疆。今彼又復率衆來寇，狀聞，朕即發兵二十萬徑往彼處。近捷書來奏，已爲邊將所敗，殺獲人衆數千、象四十餘隻，遺類遁歸。然所發二十萬衆已在中途，不可止遏，必欲問罪於彼。爾右軍都督府行下沿邊車里軍民宣慰使司、順寧府、元江府等處土官知道：教車里整飭兵象，其餘土官各備兵甲，聽候大軍，會合勦捕。今後但有麓川商賈往來各處者，就行捉獲，解赴京來。欽此。

命旗手衛指揮劉玉傳諭西平侯沐英敕 洪武二十一年四月二十二日

一、若彼有三萬，我將四萬對住，另將好軍或一萬，或二萬、三萬，卻去他來路上等着，或相去一程，二三日程，截他歸路，看緊慢就取者吉寨拜打景東。與他相對着的車，日夜粘住，不許他退。設若那廝見後面大軍攻動城寨退的緊，卻十分追得緊。

一、凡要打那一箇寨，先教人看了賊周回地勢，何處可安七稍砲。若可安時，預做下砲，或二十人墜一座，三十人墜一座。這等砲做一百座，臨行一根木頭，四人可扛，行者到根前圍了，立起來便打。

一、此時馬軍不知實有多少數，若有三五千，止將三五千馬出在那廝後面三四程，攻打後寨。那象也則是嚇人，如今京城見有牙象八十隻，使他打人，並打草人一般打，則是行遲，没馬一小行快，人趕得上他。若無馬時，及馬少時，你每則步軍對住，陣後往來，着馬折衝。或數千馬，或一萬馬來往，衝近根前射象，不多時便拏得他。

一、若大軍到了二十萬時，止將對得住的幾萬與相持着，便着十四五萬去後面五六程下營，攻取城寨。

諭西平侯沐英等敕 洪武二十一年五月十三日

一、如今凡拏住的蠻人戰象，休將來，留在雲南教馬。如今京師發狠教象來雲南。近日真蠟國王真箇經由占城、安南趕到象進貢，又俺自家廣西十萬山内拏了二百三十隻，京師累年安南、占城、暹羅等國進到舊象八十餘隻，已自教成了，備辦明年發至雲南，今遍不用象得了。此夷京師象隻還往雲南來也不來時，明年春間發。不用，分開各城子裏養，回話來。

一、設若白夷有人出來説話求免時，問他索取後項物件：金齒損了的官軍，將出一萬五千馬來，纔賠償這些人；景東節次損了出哨官軍，將出五百象來陪償，更出屯牛三萬頭、青腿象如三百箇，方纔罷征。

一、件白夷無人來時，並不許差一箇人去。

一、設若白夷差人到時，正人送赴京師，小人放回一二。

一、今秋景東、蒙化、樂家等處糧在地者，令兵收拾。

一、白夷此敗後，一邊差人説話，一邊差人做買賣。若如此，但係買賣人，不問何等幹事人，盡行送赴京。

命錦衣衛百户吴昇傳諭西平侯敕 洪武二十一年七月二十八日

你趕上潁國公，和潁國公説；趕不上時，直到雲南與西平侯説：

將雲南布政司管下的百姓五萬九千有零户、八萬六百有零丁，除當馬站、急遞、鋪口使了的，餘外的見一户要一丁，自備鎗刀，跟大軍下營征白白。若不肯去的，等大軍征了白夷回來，着總兵官領軍拏了遷了。欽此。

又

説與西平侯：

着吉安侯、平凉侯在倘塘驛上下緊要處屯種，那些軍來出軍。着南安侯回來，你説與他，没有嫂子，教他來。欽此。

（以上金聲玉振集雲南機務抄黄）

諭高麗王辛禑使臣沈德符詔 洪武十三年

爾國君臣詐肆，曩殺我使臣，殆恃其滄海環疆、重山嶮阻乎？昔隋唐欲以騎射之長勝，或未得志。朕身攘夷狄，伐不道，水陸通征，靡不向化，爾仍逞其兇頑，則舳艫數千，精兵數十萬，且問使者安在？爾知滄海與我共之乎？其歲貢馬千匹，良馬百匹，黄金百觔，白金千觔，布萬疋，不墜藩節，朕姑赦之。

諭魏國公徐達曹國公李文忠備邊敕 洪武六年

創業之初，君臣固共艱難，事平之後，豈不欲少與之休息，但居安慮危，不可不慎。今聞胡人窺塞，有入寇之意，再命卿等總率大軍，往鎮邊陲。然夷狄豺狼出没無常，但欲保障青野，使來無所得，俟其惰歸，率精鋭擊之，必掩羣而獲。卿等皆老將，臨機制勝熟矣，非朕所能遥度者。至邊宜先圖上方略，使朕覽之。

（以上民國玄覽堂叢書續集本四夷廣記）

大明律序

朕有天下，仿古爲治，明禮以導民，定律以繩頑，刊著爲令，行之已久。奈何犯者相繼，由是出五刑酷法以治之，欲民畏而不犯，作大誥以昭示民間，使知所趨避，又有年矣。然法在有司，民不周知，特敕六部、都察院官將大誥内條目撮其要略，附載於律，其遞年一切榜文禁例，盡行革去。今後法司只依律與大誥議罪，合黥刺者，除黨逆家屬並律該載外，其餘有犯，俱不黥刺。雜犯死罪並徒流遷徙笞杖等刑，悉照今定贖罪條例科斷。編寫成書，刊布中外，使臣民知所遵守。

洪武三十年五月□□日。

（明萬曆刻本大明律卷首）

敕諭授職到任須知

志人未官，不可不知受任應行之事。但肯於閒中，先知到任須知，明白爲官之道，更有何加？若提此綱領，舉是大意以推之，諸事無有不知辨與不辨。若人懶於觀是綱領，雖是聰敏過人，官爲之事，亦不能成。若能善讀勤觀，則永保禄位，事不勞而疾辨。此書所載，學生及野人輩皆可預先講讀，以待任用。且五經、四書，修身爲治之道，有志之士，固已講習，此書雖麤俗，實爲官之要機，熟讀最良。故兹敕諭。

授職到任須知目録：一、祀神；二、恤孤；三、獄囚；四、田糧；五、制書榜文；六、吏典；七、吏典不許那移；八、承行事務；九、印信衙門；十、倉庫；十一、所屬倉場庫務；十二、係官頭匹；十三、會計糧儲；十四、各色課程；十五、魚湖；十六、金銀場；十七、窑治；十八、鹽場；十九、公廨；二十、係官房屋；二十一、書生員數；二十二、耆宿；二十三、孝子順孫義夫節婦；二十四、官户；二十五、境内儒者；二十六、起滅詞訟；二十七、好閒不務生理；二十八、祇禁弓兵；二十九、犯法官吏；三十、犯法民户；三十一、警迹人。

（明萬曆刻本明會典卷九）

責任條例 洪武二十三年

洪武二十三年敕：

方今所用布政司、府州縣、按察司官，多係民間起取秀才人材孝廉，各人授職到任之後，略不以到任須知爲重，公事不謀，體統不行，終日聽信小人浸潤，謀取贓私，酷害下民，以此仁義之心淪没，殺身之計日生。一旦繫獄臨刑，神魂倉皇，至於哀告懇切，奈何虐民在先，當此之際，雖欲自新，不可得矣。如此者往往相繼而犯，上累朝廷，下辱鄉閭，悲哀父母妻子，孰曾有鑑其非而改過也哉！所有責任條例列於後：

一、布政司治理親屬臨府，歲月稽求，所行事務，察其勤惰，辨其廉能，綱舉到任須知内事目，一一務必施行。少有頑慢及貪汙，坐視恬忍害民者，驗其實迹，奏聞提問。設若用心提調催督，宣布條章，去惡安善；儻耳目有所不及，精神有所不至，遺下貪官汙吏及無藉頑民，按察司方乃是清。

一、府臨州治，亦體布政司施行。耳目有所不及，精神有所不至，遺下貪官汙吏及無藉頑民，布政司方乃是清。

一、州臨縣治，亦體府治施行。耳目有所不及，精神有所不至，遺下貪官汙吏及無藉頑民，本府方乃是清。

一、縣親臨里甲，務要明播條章，去惡安善，不致長姦損良。如此上下之分定，民知有所依，巨細事務，訴有所歸，上不紊政於朝廷，下不銜冤於滿地，此其治也歟！若耳目有所不及，精神有所不至，遺下無藉頑惡之民，本州方乃是清。

一、若布政司不能清府，府不能清州，州不能清縣，縣不能去惡安善，遺下不公不法，按察司方乃是清。

一、按察司治理布政司、府州縣，務要盡除姦弊，肅清一方。耳目有所不及，精神有所不至，巡按御史方乃是清。儻有通同貪官汙吏以致民冤事枉者，一體究治。

一、此令一出，諸司置立文簿，將行過事迹逐一開寫。每季輪差吏典一名，齎送本管上司查考。布政司考府，府考州，州考縣，務從實效，毋得誑惑繁文，因而生事科擾。每歲進課之時，布政司將本司事迹，並府州縣各齎考過事迹文簿赴京通考，敢有坐視不理、有違責任者，罪以重刑。

嗚呼！今之布政司不拏所屬貪贓官吏，又不申聞闒茸不才，諸等不公不法亦不究問，府文到司，並不審其爲何，但知遞送而已，府亦以州文如此，州亦以縣文如此，自布政司至府州皆不異郵亭耳，所以不治，爲此也。

（明萬曆刻本明會典卷十二）

致駙馬李禎書 洪武二年七月，皇帝手書付駙馬李禎折。

皇帝手書付駙馬李禎：

今年六月二十九日夜，忽夢朕之先君及慈母於平昔家舍間，駙馬亦在其傍。朕豪哭多時，覺來知是一夢。不三日間，遣官詣府看視。七月十四日，内官回言駙馬安好，朕甚歡。又見天興至，奉到皇后禮甚厚，太子筆甚精，多謝誠意。天興火者就帶數字，以序骨肉之情。七月初，有人自北平來，言保兒趕上胡元也速丞相，與彼交戰，獲馬一千疋，得到番官平章、左右丞等三百餘員，迤邐追趕達達皇帝，往草地裏去了，未知再報何如？今以先報，令駙馬知，安心勿慮。手書不備。

洪武二年七月十四日書。

祭光禄寺竈神文 洪武二十五年十二月

朕經營天下數十年，事事按古有緒。維宫城前昂後窪，形勢不稱，本欲遷都，今朕年老，精力已倦，又天下新定，不欲勞民。且廢興有數，只得聽天。惟願鑑朕此心，福其子孫。

（清顧炎武天下郡國利病書卷十三江南一）

逆臣録序

朕觀自有載籍以來，亂臣賊子何代無之，然未有不受誅戮而族滅者云何？ 人君開創基業，皆奉天命，故遣將出師，無征不克，無堅不摧。 其亂臣賊子初無他意，因奉君命，總數十萬精鋭以出戰，將不下數千百員，所向成功，皆戰將與士卒之力也。 及其功成，歸之大將，見其若此，以爲己能，遂起異謀。 孰不知君奉天命則昌，臣奉君命則勝； 若違君命、逆天心，安有不滅亡者乎？

嗚呼！ 朕本布衣，因元綱不振，羣雄蜂起，所在騷動，遂全生於行伍間，豈知有今日者邪？ 繼而英俊來從，乃東渡大江，固守江東五郡，日積月增，至於數十萬，修城池，繕甲兵，保全生齒，以待真人。 此朕之本意也。 奈何皇天眷命，兵威所加，無堅不摧，疆宇日廣，爲衆所推，元歸深塞，遂有天下。

自乙未渡江，至今洪武癸酉，已三十九年矣。 即位以來，悖亂之臣，相繼疊出。 楊憲首作威福，胡、陳繼踵陰謀，公侯都督，鮮有不與謀者。 賴天地宗廟社稷之靈，悉皆敗露，人各伏誅。

今反賊藍玉又復逆謀，幾構大禍。 其藍玉幼隸開平，數從征伐，屢有戰功。 初與胡陳之謀，朕思開平之功及親親之故，宥而不問，累加拔擢。因諸將已逝，命總大軍，號令所加，孰不聽其指麾，故所向有功。藍玉見其若此，自以爲己能，殊不知此乃皇天后土福佑生民，眷顧我朝及將士之力所致。設使不授以命，不與士卒，縱有勇力，能敵幾何？此等愚夫，不學無術，勇而無禮，或閒中侍坐，或飲宴之間，將以朕爲無知，巧言肆侮，凡所動作，悉無臣禮。及在外，非奉朝命，擅將官員陞降，黥刺軍士，不聽詔旨，專擅出師，作威作福，暗要人心。朕數加誡諭，略不知省，反深以爲責辱，遂生忿怒，乃同曹震、朱壽、祝哲、汪信等合謀，陰誘無知指揮莊成、孫讓等，設計伏兵，謀爲不軌。其公侯都督皆係胡陳舊黨，有等愚昧不才者，一聞陰謀，欣然而從；有等無義公侯，雖不爲首，謀危社稷，任他所爲，坐觀成敗，欲爲臣下之臣。豈期鬼神不容，謀泄機露，族滅者族滅，容忍者容忍。其容忍者若能知感，省躬自責，則必永遠無患，與國同久。特敕翰林將逆黨情詞輯録成書，刊布中外，以示同類，毋得再生異謀。

洪武二十六年五月朔日序。

（明抄本逆臣録卷首）

遣詹同渡江敦勸田興書 洪武三年

元璋見棄於兄長，不下十年，地角天涯，未知雲遊之處，何常暫時忘也？近聞打虎留江北，爲之喜不可抑。兩次詔請，更不得以勉强相屈。文臣好弄筆墨，所擬詞意，不能盡人心中所欲言。特自作書，略表一二，願兄長聽之。

昔者龍鳳之僭，兄長勸我自爲計，又復辛苦跋涉，參謀行軍。一旦金陵下，告遇春曰：『大業已定，天下有主，從此浪迹江湖，安享太平之福，不復再來多事矣。』我故以爲戲言，不意真絶迹也。皇天厭亂，使我滅南盜，驅北賊，無才無德，豈敢妄自尊大，天下遽推戴之。陳友諒有知，徒爲所笑耳。三年在此位，訪求山林賢人，日不暇給。兄長移家南來，離京甚近，非但避我，且又拒我。昨由去使傳言，令人聞之汗下。雖然，人之相知，莫如兄弟。我二人者，不同父母，甚於手足，昔之憂患與今之安樂，所處各當其時，而平生交誼，不爲時勢變也。世未有兄因弟貴，惟是閉門踰垣以爲得計者也。皇帝自是皇帝，元璋自是元璋。元璋不過偶然作皇帝，並非作皇帝便改頭換面，不是朱元璋也。本來我有兄長，並非作皇帝便視兄長如臣民也。願念兄弟之情，莫問君臣之禮。至於明朝事業，兄長能助則助之，否則聽其自便。只敘兄弟之情，斷不談國家之事。美不美，江中水。清者自清，濁者自濁。

再不過江，不是脚色。

（民國刻本明太祖革命武功記卷一）

平西蜀文

洪武四年九月三十日，朕親紀征蜀二道總兵官功之低昂，以旌忠勇有智之將，又張無謀鈍兵之徒。爾基再作平蜀頌一章，爲傅將軍、廖將軍千萬年不朽之功。朕聞『雲從龍，風從虎，聖人作而萬物覩』，此蓋上古聖君臨御，恩及海内，故賢者讚揚；若非聖君，安敢受此美稱善揚者也？

朕本淮民，因元失政，豪傑忿争，吾承人後，偶獲多兵，訓練爲我調用，有時命將四出，有時親征一方，不五六年間，羣雄歛迹。惟西蜀一隅，限山阻險，是有戴壽者，假明之童孩，負固不伏，陰生詭計，説誘諸洞蠻夷，爲我邊民患。於是發兵二道，命將分行。三年冬，平章楊璟、德慶侯廖永忠率舟師抵瞿塘，戴壽以合蜀軍民與之決戰，平章楊璟兵敗，收兵僅能與之對壘。當年冬，潁川侯傅友德將兵由西番道經階文，逾月而抵緜漢，蜀兵莫敢當鋒。其戴壽者，恃瞿塘之險，選老弱守之，盡拔堅關之兵西行，與潁川侯戰。道逢潁川侯，一戰戴壽披靡，再戰因逼成都。其攻衢關舟師總兵者，尚未盡知。將軍潁川侯木牌書其戰勝次第，順川江而放流。德慶侯獲之，連壘而進，乘機破關，搗虚而至僞京師，幼主明昇銜璧率文臣請降，戴壽爲傅將軍生擒於成都，於是中國清寧。論將之功，傅一，廖次，低昂是焉。

天佑我邦，師出一律，將忿揚揚。馬蚚蹄踏，盡角聲張。惟我潁侯，智勇難量。羌人稽首，壺漿道傍。勞我軍行，緜漢是降。蠢爾戴壽，率衆來當。一戰披靡，拒城且藏。旬日困逼，詣軍請降。傅將功就，再歌瞿塘。天生廖將，與傅成雙。江風浩浩，起我旌幢。泊舟連壘，直破衢關。生俘僞主，市肆無干。遣使飛捷，一刻數關。天産名將，兵出農間。非朕有能，實由天鑑。有臣在南，家居括蒼。生而能文，舉筆何難？謂我採擇，黼之班班。

（明萬曆刻本紀録彙編卷三）

周顛僊人傳 洪武二十六年九月

顛人周姓者，自言南昌屬郡建昌人也。年一十有四歲，因患顛疾，父母無暇常拘，於是顛入南昌，乞食於市，歲如常顛，如是更無他往。元至正間，失記何年，忽入撫州一次，未幾仍歸南昌，有時施力於市户之家，日與儔人相雜，暮宿閭閻之下，歲將三十餘。俄有異詞，凡新官到任，必謁見而訴之。其詞曰：『告太平。』此異言也，何以見？當是時，元天下承平，將亂在邇，其顛者故發此言，乃曰異詞。

不數年，元天下亂，所在英雄據險，殺無寧日，其稱僞漢陳友諒者，帥烏合之衆，以入南昌，其顛者無與語也。未幾，朕親帥舟師，復取南昌。城降，朕撫民既定而歸建業，於南昌東華門道左見男子一人，拜於道傍，朕謂左右曰：『此何人也？』左右皆曰：『顛人。』朕三月歸建業，顛者六月至，朕親出督工，逢顛者來謁。謂顛者曰：『此來爲何？』對曰：『告太平。』如此者朝出則逢之，所告如前，或左或右，或前或後，務以此言爲先。有時遥見以手入胸襟中，似手討物，以手置口中。問其故，乃曰：『蝨子。』復謂曰：『幾何？』對曰：『二三斗。』此等異言，大概知朕之不寧。當首見時，即言婆孃歹，又鄉談中常歌云：『世上甚麽動得人心？只有胭脂胚粉動得婆孃嫂裏人。』及問其故，對曰：『你只這般，只這般。』每每如此，及告太平。終日被此顛者所煩，特以燒酒醉之，暢飲弗醉。明日又來，仍以蝨多爲説，於是製新衣易彼之舊衣。新衣至，朕視顛者舊裙腰間藏三寸許菖蒲一莖，謂顛者曰：『此物何用？』對曰：『細嚼飲水，腹無痛。』朕細嚼，水吞之。

是後顛者日顛不已，命蒸之。初以巨缸覆之，令顛者居其内，以五尺圍蘆薪，緣缸煆之，薪盡火消，揭缸而視之，儼然如故。是後復蒸之，以五尺圍蘆薪一束半，以缸覆顛者於內，周遭以火煆之，煙消火滅之後，揭缸而視之，儼然如故。又未幾時，以五尺圍蘆薪兩束半，以缸覆顛者於內，煆煉之，薪盡火消之後，揭缸視之，其煙凝於缸底，若張縣狀，顛者微以首撼，撼小水微出，即醒無恙。

命寄食於蔣山寺，主僧領之。月餘，僧來告：『顛者有異狀，與沙彌争飯，遂怒不食，今半月矣。』朕奇之，明日命駕，親往詢視之。至寺，遥見顛者來迓，步趨無艱，容無饑色，是其異也。因盛殽饍，同享於翠微亭。膳後，朕密謂主僧曰：『令顛者清齋一月，以視其能否。』主僧如朕命，防顛者於一室。朕每二日一問，問至二十有三日，果不飲膳，是出凡人也。朕親往以開之，諸軍將士聞之，争取酒殽以供之，大飽弗納，所飲食者盡出之。良久召至，朕與共享食如前，納之弗出，酒過且酣，先於朕歸道傍，側道右邊，待朕至。及朕至，顛者以手畫地成圈，指謂朕曰：『你打破個桶，做一個桶。』發此異言。當是時，金陵村民聞之，争邀供養。

一日，逢後生者，俄出異詞：『噫！教你充軍便充軍。』又閒中見朕，常歌曰：『山東只好立一個省。』

未幾，朕將西征九江，特問顛者曰：『此行可乎？』應聲曰：『可。』朕謂顛者曰：『彼已稱帝，今與彼戰，豈不難乎？』顛者故作顛態，仰面視房之上，久之穩首正容，以手拂之曰：『上面無他的。』朕謂曰：『此行你偕往可乎？』曰：『可。』詢畢朕歸，其顛者以平日所持之拐擎之，急趨朕之馬前，摇舞之狀，若壯士揮戈之勢，此露必勝之兆。後兵行帶往，至皖城無風，舟師難行，遣人問之，顛者乃曰：『只管行，只管有風，無膽不行便無風。』於是諸軍上牽，以舟泊岸，泝流而上，不二三里，微風漸起，又不十里，大風猛作，揚帆長驅，遂達小孤。朕曾謂相伴者曰：『其顛人無正語，防閒之，儻有謬詞來報。』馬當江中，江豚戲水，顛者曰：『水怪見前損人多。』伴者來報，朕不然其説。顛果無知，棄溺於江中。至湖口，失記人數，約有十七八人，將顛者領去湖口小江邊，意在溺死。去久而歸，顛者同來，問命往者：『何不置之死地，又復生來？』對曰：『難置之於死。』語未既，顛者猝至，謂朕欲食。朕與之食。食既，顛者整頓精神、衣服之類，若遠行之狀，至朕前鞠躬舒項，謂朕曰：『你殺之。』朕謂曰：『被你煩多，殺且未敢，且縱你行。』遂糗糧而往，去後莫知所之。

朕於彭蠡之中大戰，之後回江上，星列水師，以據江勢。暇中試令人往匡廬之下顛者所向之方，詢土居之民，要知顛者之有無。地荒人無，惟太平宫側草莽間一民居之，以顛者狀云之，謂民人曰：『是曾見否？』對曰：『前者俄有一瘦長人物，初至我處，聲言：「好了，我告太平來了，你爲民者，用心種田。」語後於我宅内不食半月矣，深入匡廬，無知所之。』

朕戰後歸來，癸卯圍武昌，甲辰平荊楚，乙巳入兩浙，丙午平吴越，下中原、兩廣、福建，天下混一。

洪武癸亥八月，俄有赤脚僧名覺顯者至，自言：『於匡盧深山巖壑中見一老人，使我來謂大明天子有説。』問其説，乃云國祚。殿廷儀禮司以此奏。朕思方今虚誑者多，朕馭宇内，至尊於黔黎之上，奉上下於兩間，善聽善見，恐貽民笑，故不見不答。是僧伺候四年，仍往匡盧，意在欲見。朕不與見，但以詩二首寄之。去後二年，使人詢之：『果曾再見否？』其赤脚者云：『不復再見。』

又四年，朕患熱症，幾將去世，俄赤脚僧至，言：『天眼尊者及周顛僊人遣某送藥至。』朕初又不欲見，少思之，既病，人以藥來，雖真假，合見之。出與見，惠朕以藥。藥之名，其一曰温良藥兩片，其一曰温良石一塊。其用之方，金盆子盛著，背上磨著，金盞子内喫一盞便好。朕遂服之，初無甚異。初服在未時間，至點燈時，周身肉内掣，此藥之應也。當夜病愈，精神日强一日。服過三番，乃聞有菖蒲香，盞底有丹砂沈墜，鮮紅異世有者。其赤脚僧曰：『某在天池寺，去嵩有五里餘，俄有徐道人來，言竹林寺見詩，往視之。某與同往，見天眼尊者坐竹林寺中。少頃，一披草衣者入，某謂天眼曰：「此何人也？」對曰：「此周顛是也。方今人主所詢者，此人也，即今人主作熱，爾當送藥與服之。」天眼更云：「我與顛者和人主詩。」某問曰：「詩將視看。」對曰：「已寫於石上。」某於石上觀之，果有詩二首。』朕謂赤脚曰：『還能記乎？』曰：『能。』即命録之，見其詩麤俗，無韻無聯，似乎非詩也。及遣人詣匡廬召至，使者至，杳然矣。朕復以是詩再觀，其詞其字皆異尋常，不在鐫巧，但説事耳，國之休咎存亡之道已決矣。故紀之，以示後人。

祭天眼尊者周顛僊人徐道人赤脚僧文 洪武二十六年八月

昔者具色相，空萬物而空萬法，外色相而離之，以存一靈，斯若是，歷萬劫於無量。今者神神妙用，幽隱於廬嶽，獨爲朕知而濟朕。雖然，朕終不佞於利濟之恩，當以禮謝。雖然，神已靈玅不測矣。尋常無礙於上下，逍遥乎兩間，周遊乎八極，翫閲人情，猝然禮至，杳然弗應，豈不爲世所嗤？故先期京師已告諸祠，又遣使至廬嶽之下，禱於廬嶽之神，方以禮進，禮不過謝而已矣。今世之人，知幽明之理者鮮矣。敢請倏然而顯，倏然而隱，使善者慕而不得，惡者見而難親，豈不有補於世道者歟？

（以上明萬曆刻本紀録彙編卷六）

祀南嶽之神禍文　洪武三年七月

維洪武三年歲次庚戌七月丁亥朔越七日癸巳吉，尚寶館使臣胡鉉今蒙中書省點差，欽賫祝文致祭于南嶽衡山之神，皇帝制曰：

磅礴中國之南，參穹靈秀，生同天地，形勢巍然。古昔帝王登之，察地利以安生民，故祀之曰衡山，於敬則誠，於禮則宜。自唐始加神之封號，歷代相依至今。曩者元君失馭，海内鼎沸，生民塗炭。予起布衣，承上天后土之命，百神陰佑，削平暴亂，正位稱尊，職當奉天地、享鬼神以依時，統一人民，法當式古。今寰宇既清，特修祀儀。因神有歷代之封號，予起寒微，詳之再三，畏不敢效。蓋神與穹壤同始，靈鎮南方，其來不知歲月幾何。神之所以靈，人莫能測，必受命於上天后土，爲人君者何敢預焉！予懼不敢加號，特以南嶽衡山名其名，依時祀神。惟神鑑知。尚享！

祀炎帝陵祝文　洪武四年正月

維洪武四年歲次辛亥正月乙酉朔越二十二日丙午，皇帝元璋謹遣翰林國史院編修官臣雷燧敢昭告于炎帝神農氏之陵：

朕生後世，爲民於草野之間，當有元失馭，天下紛紛，乃乘羣雄大亂之秋，集衆用武。荷皇天后土眷佑，遂平暴亂，以有天下，主宰庶民，今已四年矣。君生上古，繼天立極，作烝民主，神功聖德，垂法至今。朕典百神之祀，考君陵墓在此，然相去年歲極遠，朕觀經典所載，雖切慕於心，奈稟性之愚，時有古今，民俗亦異，仰惟神聖，萬世所法，特遣官奠祀修陵。聖靈不昧，尚其鑑納焉。尚享！

（以上永樂大典卷八千六百四十八）

諭平章李伯昇敕

國家治兵，以備不虞。自古賢君，皆安不忘危，治不忘亂。今重兵之鎮，唯在北邊，然皆坐食民之租税，將不知教，兵不知習，猝欲用之，豈能濟事？且兵食一出於民，所謂農夫百養戰士一，若徒疲民利以供閒卒，非長策也。古人有以兵屯田者，無事則耕，有事則戰，兵得所養而民力不勞，此長治久安之道，然必委任得人，庶不廢事。命爾伯昇往真定統理軍政，凡鎮守屯田訓練之務，爾皆專之。

（古今圖書集成方輿彙編職方典卷一百六）

諭中書省臣敕

蘇、松、嘉、湖、杭五郡地狹民衆，細民無田以耕，往往逐末利而食不給。臨淮朕故鄉也，田多未闢，土有遺利，宜令五郡民無田產者往臨濠開種，就以所種田爲己業，官給牛種舟糧，以資遣之，仍三年不徵其稅。

計畝授田敕

古者井田之法，計口而授，故民無不授田之家。今臨濠之田連疆接壤，耕者亦宜驗其丁力，計畝授之，使貧者有所資，富者不得兼併；若兼併之徒多占田以爲己業，而轉令貧民佃種之，罪之。

賜臨濠造作軍士衣米敕

憂人者當體其心，愛人者每惜其力。朕嘗親軍旅，備知其疾苦，凡有興作，未免資軍民之力，土木之工，亦甚難集。朕進一膳，即思天下軍民之饑；服一衣，即思天下軍民之寒。今臨濠造作之士，宜加給米五斗、衣一襲，庶不至饑寒也。

（以上古今圖書集成方輿彙編職方典卷八百三十七）

柏子潭神龍效靈碑

昔元末，帝紀至正十有四年，歲次甲午秋七月，朕率兵駐滁陽，正禾苗暢茂之時，值天久旱，農樹將槁。時所帥者衆，憂恐乏食，皇皇不已，於是詢於滁民之耆年者曰：『滁陽郡在方册，其來遠矣，水陸英靈，孰民懷之？』語既，郡耆默然，中有志士楊文素者曰：『滁之西南，有山曰豐山，陽谷有巒，巒側有淵，名曰柏子潭，淺深莫測，神龍出没往來乎其間。前代雨暘愆期，凡官守於斯者，必懇禱於是，誠則輒應，於是每遇旱患，祈必豐稔。滁民懷澤，臨淵而建祠，先後人相繼，無不仰瞻。今天久不雨，必詣神祠，陳其所以，或者雨乎？』朕既聽是云，即策馬極所在，去將百步，稅騎而步趨，欽欽而臨淵懇思之，洋洋乎在淵，躍躍乎遊雲。於是齋焉飯僧，臨祠而禱之。

初，土民有云，凡禱之日，潭必有異，或魚尾於淵，或鼋鼍浮於面，斯雨澤之先兆者。朕亦欲是，至期無見。禱已畢矣，親躋巒側，立淵西崖，扳弧俯睬，以矢入淵者三，祝謂神曰：『曩有禱於神者，謂神有異，今乃無是。今與神約，期三日，神若我答，無不神敬；設杳然，還可祠於淵乎？』祝畢乃歸。是日天朗，明日萬里無雲。三日，其晴愈甚，漏當巳正之間，纖雲不飛。待至午漏將正，出睬四天，滁之西南豐山之右，墨雲一點，昭示碧天，其巨如斗。

噫！久旱不雨，今碧天萬里，所望之雲不過如斗量，豈濟哉？果若不答，神必我較，將有他變歟？於是闔息於中堂。少頃睎外，澹影幽陰。即出仰睎，嗚呼！欻然忽然，墨雲已徧太虚，雷轟天外，電掣九霄，霖雨大作。時朕冒烈風迅雷，即詣神祠謝神，如朕所約。邑中去潭多不三里餘，比至潭所在，山川滂沱盈溢，無不浩浩蕩蕩。神乃我答，不傷不溢，民穫豐稔。

朕自去此三十餘年，若遇旱患，心目朝向是方，意欲詣祠而禱，斯慕神之切也。遂於洪武十八年冬十有二月十一日特敕有司，建亭宇，刻堅石，著神龍效靈碑樹立當淵，所以昭示澤民之驗。

（古今圖書集成 方輿彙編 職方典卷八百四十二）

洪武十年初建國祭泰山文

朕荷上天后土之眷命，蒙神之效靈，以致平羣雄，息禍亂，君主黔黎於華夏，統控蠻夷，于今十年，中國康寧。然於神之祀，若以上古之君言之，則君爲民而禱，歲有春秋祈報之禮。於斯之際，有望于神而祭者，有巡狩於所在而燎瘞者。今予自建國以來，十年于兹，國爲新造，民爲初安，是不得親臨所在而祀神也。特遣開國忠臣李文忠，道士吳永輿、鄧子方以代予行，奉犧牲祝帛於祠下，以報效靈。自今以後，歲以仲秋詣祠致祭，惟神鑑之。

洪武十一年秋報祭泰山文

惟神靈峙方嶽，鍾秀后祇，主司生民，厥功允大。時維仲秋，禮當報祀，特命使者奉犧牲祝帛詣祠致祭，伏維鑑之。

（以上古今圖書集成方輿彙編山川典卷十六）

祭小孤山文

維洪武二年歲次己酉七月癸巳朔越十六日戊申，遣官工部侍郎范，謹以時羞庶品之奠，致祭於小孤山之神曰：

肇造邦基，制作未備，自今春遣良工詣湖南等處大興造作，勞民甚衆，今工已成。命有司差人夫駕船撐簰，順流而下。神司江流，故遣官報知，謹以牲牢香酒，式陳明薦，唯神鑑焉。

（古今圖書集成方輿彙編山川典卷一百四十五）

洪武三年祭河瀆文

源於崐崘，其行也曲屈，其激也有聲，浩浩蕩蕩，洶湧莫測，自有天地則有之。古之人君尊曰河瀆之神，未嘗加號，於敬則誠，於禮則祖。自唐始加神之封號，歷代相因至今。曩者元君失馭，海内鼎沸，予起布衣，承上天后土之命，百神陰祐，削平暴亂，正位稱尊，職當奉天地，享鬼神，以統一人民，法宜式古。今寰宇既清，特修祀儀，因神有歷代之封號，予起寒微，詳之再三，畏不敢效。蓋神與穹壤同始，其來不知歲月幾何，神之所以靈，人莫能知其造化，必命於上天后土，爲人君者，何敢預焉？予懼不敢加號，特以西瀆大河名其名，依時祀神，惟神鑑知。

（古今圖書集成方輿彙編山川典卷二百二十六）

遣祭東海之神祝文

生同天地，浩瀚之勢既雄，深淺之處莫測。古昔人君名之曰海神而祀之，於敬則誠，於禮則宜。自唐以及近代，皆加以封號。予因元君失馭，四方鼎沸，起自布衣，承上天后土之祐，百神之助，削平暴亂，以主中國，職當奉天地、享鬼神以依時，式古法以治民。今寰宇既清，特修祀儀。因神有歷代之封號，予起寒微，詳之再三，畏不敢效。蓋觀神之所以生，與穹壤同立於世，其來不知歲月幾何，凡施爲造化，人莫可知，其職必受命於上天后土，爲人君者，何敢預焉？予懼不敢加號，特以東海名其名，依時祭祀，神其鑑之。尚享！

（古今圖書集成 方輿彙編 山川典卷三一五）

以孔希範知曲阜縣事敕 洪武二十八年

古昔盛時，仕者不出其國，生於其鄉而治其鄉國之民，故能察其好惡，知其土俗，拯其疾苦，政教行而民從之也易。後世或私於其鄉，於是此道不復也久矣。惟爾孔氏，以先師裔孫之故，前代特遣治其鄉邑，庶幾古昔之意焉。茲命孔希範爲承仕郎知曲阜縣事，爾尚杜爾私，窒爾欲，無以勢陵下，無以親撓公。爾祖不云乎：『不能正其身，如正人何？』其務正身以宣政化，使鄉邑之民蒙爾之惠，謂聖者之子孫果異於衆人，不亦善乎？

（古今圖書集成 明倫彙編 官常典卷一一一）

朱氏世德碑記

本宗朱氏，出自金陵之句容，地名朱巷，有通德鄉。上世以來，服勤農桑。

五代祖仲八公娶陳氏，生男三人：長六二公，次十二公，其季百六公，是爲高祖考，娶胡氏。生二子：長四五公，次即曾祖考四九公，娶侯氏。生子曰初一公、初二公、初五公、初十公，凡四人。初一公配王氏，是爲祖考妣，有子二人：長五一公，次即先考，諱世珍，元初籍淘金户。金非土產，市於他處，先祖初一公困于役，遂棄田廬，攜二子遷泗州盱眙縣。

先伯考五一公十有二歲，先考纔八歲。先祖營於泗州，置田治產。及卒，家日消，由是五一公遷濠州鍾離縣，其後因至鍾離居。

先伯考性淳良，務本積德，與人無疾言忤意，鄉里稱善人。先伯娶劉氏，生子四人：重一公、重二公、重三公生盱眙，重五公生鍾離。先考君娶徐氏，泗州人。長重四公生盱眙，重六公、重七公生五河縣，某其季也，生遷鍾離後。

戊辰年，先伯考有孫六人，興兵以來，相繼而没。先兄重四公有子曰文正，今爲大都督。重六、重七俱絶嗣。曩者父母因某自幼多疾，捨身皇覺寺中。甲申，父母、長兄俱喪，次兄守業，又次兄出贅劉氏，某託迹緇流。

至正二十四年，天下大亂，淮兵大起，掠入行伍，乃招集義旅，兵力漸衆，因取滁和。龍鳳二年，帥師渡江，駐兵太平。常念先考君常言，世爲朱巷人，宗族俱有，平日每有鄉土之念，即訪朱故宗族之所，遂調兵取句容。明年克金陵，而朱巷距城四十里，舉族父兄昆弟四十餘人至，始得與之敘長幼之禮，行親睦之道。

但朱氏世次，自仲八公之上不可復考，今自仲八公爲高曾而下，皆起家江左，歷世墓在朱巷，惟先祖葬泗州，先考葬鍾離，此我朱氏之源流也。

爰自金陵、太平，駐節開府，爲基本之地，實鄉郡焉。屢次征伐拓地，吳楚、甌越，方數千里，由是屢膺顯爵，乃龍鳳九年三月十四日内降制書：曾祖考稱爲資德大夫江南等處行中書省右丞上護軍司空吳國公，祖妣吳氏吳國夫人；先祖考稱爲資德大夫江南等處行中書省平章政事上柱國司徒吳國公，祖妣王氏吳國夫人；先府君開府儀同三司録軍國重事平西右丞相吳國公，先妣陳氏吳國夫人。

以閏三月十三日祗謁先塋，焚黄告祭，遵舊典也。重念報本禮行宜厚，今勉建事功，匪由己能，實荷先世靈長之澤，垂衍後昆，宜得報恩，三代並爲上公，以遂爲子孫者之至願。書曰：『作善降之百祥。』積善之家，必有餘慶。先祖父積功累善，天下報施，茂於厥後，凡我子孫，皆當體祖宗之心，蹈德存仁，以永其緒於無窮，是我之所望也。於是備書於後，以傳信將來，有所考焉。

（古今圖書集成明倫彙編氏族典卷七十六）

錫告恒嶽文

磅礴中國之北，參穹靈秀，生同天地，形勢巍然。古昔帝王登之，察地利以安生民，故祀之曰恒山，於敬則誠，於禮則宜。自唐始加神之封號，歷代相因至今。曩者元君失馭，海内鼎沸，生民塗炭。予起布衣，承上天后土之命，百神陰佑，削平暴亂，正位稱尊，職當奉天地、享鬼神以依時，統一人民，法當式古。今寰宇既清，特修祀儀，因神有歷代之封號，予起寒微，詳之再三，畏不敢效。蓋神與穹壤同始，靈鎮北方，其來不知歲月幾何，神之所以靈，人莫能測，其職必受命于上天后土，爲人君者，何敢預焉？予懼不敢加號，特以北嶽恒山名其神，依時祀神，惟神鑑知。

（古今圖書集成博物彙編神異典卷二十四）

祭告中鎮文

屹立霍山，作鎮中興，生同天地，形勢巍然。古先帝王察地利以安民生，故祀之曰霍山，於敬則誠，於禮則宜。自唐始加神之封號，歷代相因至今。曩者元君失馭，海内鼎沸，生民塗炭。予起布衣，承上天后土之命，百神陰佑，削平暴亂，正位稱尊。職當奉天地、享鬼神，以統一人民，法當式古。今寰宇既清，特修祀儀。因神有歷代之封號，予起寒微，詳之再三，畏不敢效。蓋神與穹壤同始，其來不知歲月幾何，神之所以靈，人莫能測，其職必受命於上天后土，爲人君者，何敢預焉？予懼不敢加號，特以中鎮霍山名其神，依時祀神，惟神鑑知。

（古今圖書集成博物彙編神異典卷二十六）

祀先農文

洪武元年正月十七日告祭於先農之神：

惟神生於天地開闢之初，創田器，别嘉種，以肇興農事。古今億兆，非此不生，永爲世教，帝王典祀，敬不敢忘。因天下亂，集兵保民者，一紀於兹。荷天眷佑，海内一家，臨御稱尊，紀綱黎庶。考典崇祀，神載策書。今東作方興，禮宜告祭，謹命太常寺築壇於京城之陽，躬率百司，詣壇展禮。緬惟神明造化，萬世如新，冀發太古之苗，寶初生之粟，爲民立命，昭祀無疆。謹以制幣犧齊、粢盛庶品，肅備常儀，陳其名薦，以神作主。尚饗！

（古今圖書集成博物彙編神異典卷三十五）

釋迦牟尼佛文

天下大道，惟善無上。其善無上者，釋迦是也。固大慈忍志，立大悲願心，行無所不至，化無所不被。論性原情，談心妙理，潔六塵之無垢，净六根之無翳，去諸魔而清法界，制外道以樂人天。斯行斯修，而歷劫無量，乃降兜率，至於梵宫。既捨金輪，而猶苦行於雪嶺，時道成午夜，明星相符。朕觀如來，以己之大覺，而欲盡覺諸法界衆生，其爲慈也大，其爲悲也深，可謂無上者歟！昔釋迦之爲道，孤處雪嶺，於世俗無干；及其道成也，善被兩間，靈通上下，使鬼神護衛而聽從；故世人良善者愈多，頑惡者漸少。所以治世人主，每減刑法而天下治，斯非君減刑法，而由佛化博被之然也，所以柳子厚有云『陰翊王度』是也。

（古今圖書集成博物彙編神異典卷八十九）

徵袁友仁詔

詔曰：

聖帝親賢，四海仰咸熙之烈；明王顧俊，萬年頌至治之休。朕荷天地及祖宗之靈，中天建極，撫治萬方，思得賢才，以弘化理，蒐羅天下，擢用不遺。處士袁友仁遂養裕于身心，風聲裕于家國，躬逢明盛，宜顯勳猷。兹特下詔徵求，赴京任用，共致太平之盛，幸追上古之隆。所在有司，勉爲勸駕，服兹詔命，馳驛趨朝。

（古今圖書集成經濟彙編選舉典卷四十四）

教民榜文

農民有等懶惰，不肯勤務農業，以致衣食不給，已嘗差人督併耕種。今出號令，止是各里老人勸督，每村置鼓一面，凡遇農種時月，五更擂鼓，衆人聞鼓下田。老人點閘不下田者責决，務要嚴督見丁著業，毋容惰夫遊食。若老人不肯督勸，農人窮窘爲非，各治其罪。

又

今天下太平，百姓除糧差之外别無差遣，各宜用心生理，以足衣食，如法栽種桑麻棗柿棉花。每歲養蠶，所得絲緜，可供衣服。棗柿豐年可以賣鈔，儉年可當糧食。里老常督，違者治罪。

（以上古今圖書集成經濟彙編食貨典卷三十七）

大祀文

朕聞太極之化，天開於子，地闢於丑，位極既定，虚其中爲寰中，而人生於寅。人生滋多，非聖莫馭，天生君主，爲民立命。洪荒之時，莫知誰始，今載於書，開天立極，首興彝倫者，伏羲、神農、黄帝是也。法三皇而守行者，少昊、顓頊、高辛、唐、虞。其損益禮樂、大備其文者，夏、商、周也。下至秦漢，以及於唐、宋、元。

嗚呼！天惟自然而常者，三綱五常也。聖人度人情而措彝倫，不逆其性，務從於善。每聞昔君欽若昊天，莫敢有怠，朕即位以來，祀天饗地，奉宗廟社稷，當齋期必有風雨，臨祭乃歛，每以爲憂。京房有言：『郊祀鬼神，必天道雍和，神乃答。若有飄風驟雨，是爲未善。』於是命三公度土，工部役梓人，於南郊創大祀殿合饗。

朕度古人南郊祭天，以陽生之月；北郊祭地，以陰生之月。獨以義起，不知至陽祭之至陰之月，至陰祭之至陽之月，於理可疑。且掃地而祭，其來甚遠，尚質不華，令天地之饗，與人大異，將人之饗，亦執古不變乎？古則汙尊抔飲，茹毛飲血，巢居穴處，今可行乎？殆必不然。因定歲祭天地於首春三陽交泰之時，合祀天地，前期致齋五日，内二日以告仁祖，三日正齋。風和日暖，乃夜升壇，山川草木不摇，江海不波，太陰中天，神恍臨降，故合祀宜也。

（古今圖書集成經濟彙編禮儀典卷一百六十八）

翰林院侍講學士朱升誥

奉天承運吳王聖旨：

朕惟洙泗集羣聖之大成，新安爲文公之闕里，先後相望，斯文盛昌。況新安之有人，與前賢而同氏，允謂博古通今之士，耆年碩望之英，是宜備顧問於內庭，參密命於翰苑，兹惟華要，用寵師儒。朱升趨鏘禮法之場，超卓傳注之表，羣經獨得其趣，諸子莫遁其情，網羅百家，馳騁千古，自其潛心積慮，至於皓首蒼顔，用功勤矣。朕自開基以來，歲每徵聘。戔戔束帛，爲矜式於國中；青青子衿，來英才於館下。議禮作樂，郊廟所資；修己及人，國家所尚。擢登玉署，侍講彤闈，鳳池兼掌乎絲綸，麟史仍參於筆削。天地交泰，有資贊翊之功；雲漢昭回，共致文明可治。可翰林侍講學士、中順大夫、知制誥、同修國史，宜令朱升准此。

吳元年四月□日。

翰林院學士兼東閣學士朱升誥

奉天承運皇帝聖旨：

咨爾前侍講學士朱升，才佐帝業，學本國師，文注子經，武貫韜略。眷我同宗之老，實爲耆哲之英。掌絲綸王言益大，秉筆削麟史至公。翰林文宗，重冠文臣之選任；黄閣民極，尤簡耆舊之綸宣。領此兼官，錫以新命。可翰林院學士、兼東閣學士、嘉議大夫、知制誥、兼修國史，宜令朱升准此。

洪武元年二月□日。

免朱升朝謁手詔

朕聞謀臣委以心腹，宜其知無不言。爾朱升新安師儒，懷抱著述。及有元失馭，羣雄擾攘，歲次丙申，朕造基金陵，他非智者，朝東趨而暮西往，孰知適從。未幾兵會新安，爾察曆數，觀天文，擇主就聘。首陳三策，朕實嘉行。新安款降，不俟兵刃，四方之士，杖策來從，皆卿齒德倶尊倡之也。每奉徵聘，即棄家從朕，親率六軍。東征婺州、諸暨、處州、巫子門、洋子江諸砦，俘獲龍江，西伐銅陵、江州、洪都、武昌、安慶，北援壽春、金斗，南服猺蠻。

著言趨吉避兇，往無不克。衛余難於禁江口，爾寧不顧己軀；足兵餉於鄱陽湖，衆躍聲震天地。及收撫僞漢黎庶，擒逆張，取中原，謀猷多中。豈非知無不言，言無不驗者乎！豈非受委心腹，輔運名世者乎！爵爾官居宥密，制畫叢脞，年邁心神俱勞，特免爾朝。於戲！太公韜略興周室，方叔功名照汗青。懋爾前勳，同盟勳册，稱朕至意，毋怠永臧。

賜朱升召書 吴元年十一月二十日

元璋頓首奉書允升宗長閣下：

去冬宗長著伐婺州，得貞屯、悔豫卦，云此主公得天下之象也，昔晉公子重耳得此卦而復國，今伐婺州，便得果然，豈非天誘丹衷，使愚得天下，益堅諸將一心以輔佐歟？何得婺州之前知也！及議進兵處州，著得復卦一爻有變，占云：『直候十一月陽生陰消，其城可得。』蒙教據守，閱九箇月矣。愚欲親往觀兵，值江北報急。今特差人齎書詣請刻來議決大事，萬勿遲誤，幸甚！前八月五日，已遣人奉達左右，煩訪山中有精天文著數者，邀請同來。可再致意，肯同宗長來佐助者，必以佳賓右之。惟亮詧不具。

（以上明萬曆刻本朱楓林集卷一）

付都事陶安劄 至正十八年十月二十四日

江南等處行中書省龍鳳四年十月二十四日參議府左右司等官奉鈞旨，仰本省首領官掾史分派房分掌管事務奉此。參議府左右司官圓議，分派到各房事務，開坐各各職名，稟奉鈞旨，仰照依後項事，同署文案分科掌管，各守乃職，毋紊法度，日生事件，照科掌行。奉此省□除外，今委自本職與本省都事王徵事公同提調掌管兵房一應文字，爲此今開前去，合下仰照，依上施行，須至劄付者。

事件：守禦各翼、關防盤詰、調遣征進、各項功賞、招諭榜文、申報公務、守禦門禁、軍前報捷、勾取官軍、設置急遞鋪。

右劄付都事陶安。

付陶安令旨 至正二十四年二月

皇帝聖旨吴王令旨：

陶安可授黄州府知府，宜令陶安准此。

龍鳳十年二月□□日。

又 至正二十四年十二月

皇帝聖旨吴王令旨：

陶安可授鄱陽府知府，宜令陶安准此。

龍鳳十年十二月□日。

授陶安江西參知政事敕 洪武元年四月

奉天承運皇帝聖旨：

於戲！水之有源，事乃有因，朕之王業，孰知其由乎？惟朕有臣。前翰林學士陶安幼而志於學，長而明道，未能施用。因天下亂，朕自西渡江東來，其安率父老迓朕駐姑孰，首言曰：『方今海内鼎沸，羣雄奮争，不過子女玉帛耳，非民之父母也。將軍至此，有何道哉？』朕曰：『爾所言者何也？』安曰：『願將軍反他雄之所爲，操王業之度，招賢納士，首取金陵，駐蹕於此，以匡天下，安願以身許之。』朕遂諾。後不數年間，大江之南，盡爲我定。

初安歷案牘，後守鄱陽。鄱陽之民果勁而頑，及安至，賊乃叩城。安與守將謀禦之，頃而縛賊，賊乃息，撫之以風化，山民遂無亂者。於戲！水之源，事之因，王業之由，惟安之謂乎！至建國紀年之初，詔入京師，授以翰林學士。今兵入中原，得山東，朕欲少健者開省山東，經理諸事，以南昌郡西省參政汪廣洋者，其人不貪而純粹，可職山東。惟安有道，可署西省，以代廣洋者。詔卿速行，導吾民以良。於戲！惟天生賢，爲國民寶。安秉道學之正，以誠格天，慎之戒之。可中奉大夫江西等處行中書省參知政事，宜令陶安准此。

洪武元年四月□日。

追封陶安祖父姑孰郡侯敕 洪武二年正月

奉天承運皇帝聖旨：

前人積德，衍餘慶於孫枝；後嗣立功，推隆恩於祖考。爰篤勸賢之義，用章報本之誠。中奉大夫江西等處行中書省參知政事陶安祖父陶大宥，賦性循良，爲人倜儻，兄弟敦其友愛，鄉黨服其老成，再世生賢，詒謀有素，乃際興王之運，實爲佐命之臣。既視草於内廷，遂陞華於大省。著此勳庸之茂，致予基業之成。宜有榮封，及其所自，歆此絲綸之重，永爲泉壤之光。可贈嘉議大夫尚書禮部尚書上輕車都尉，追封姑孰郡侯，宜令准此。

洪武二年正月□日。

追封陶安祖母姑孰郡侯夫人敕 洪武二年正月

奉天承運皇帝聖旨：

朕當臨御之初，爰舉追封之典。恩既隆其大父，禮宜及於重闈。中奉大夫江西等處行中書省參知政事陶安祖母杲氏，天性柔嘉，閫儀端肅，起家本於勤儉，睦族盡其慈和。善積于躬，慶延于後，爰有孫子，爲我儒臣，佐運宣勞，以身許國。兹用頒夫大誥，俾勞及於前人。惟爾淑靈，歆兹殊渥。可追封姑孰郡夫人，宜令准此。

洪武二年正月□日。

追封陶安父姑孰郡公敕 洪武二年正月

奉天承運皇帝聖旨：

父子有親，念此過庭之訓；君臣主義，體其陟岵之思。用廣至恩，特頒明綍。中奉大夫江西等處行中書省參知政事陶安父陶文興，存心慤實，造行直方，奉親則甘旨如富家，撫幼則義方有遺訓，致其嗣子，爲朕名臣。首詣轅門，大業藉謀謨之重；陞參玉鉉，分垣資佐理之能。且際會於風雲，每興感於霜露。兹加封爵，以及嚴親，尚冀英靈，歆此榮寵。可贈中奉大夫江西等處行中書省參知政事護軍，追封姑孰郡公，宜令准此。

洪武二年正月□日。

追封陶安母姑孰郡公夫人敕 洪武二年正月

奉天承運皇帝聖旨：

子兮思報，常懷寸草之心；母也霑恩，今錫五花之誥。念劬勞於既往，舉彝典於斯時。中奉大夫江西等處行中書省參知政事陶安母徐氏，資稟嚴明，行能端淑，事舅盡其孝敬，睦族致其謙和。全四德以相夫，法三遷以訓子。遂逢興運，大展奇才。居翰院而摛文，陞省垣而執政。每念倚閭之望，兹封上郡之榮。惟爾有靈，克昌厥後。可追封姑孰郡夫人，宜令准此。

洪武二年正月□日。

追封陶安妻喻氏姑孰郡夫人敕 洪武二年正月

奉天承運皇帝聖旨：

創造邦家，必賴良臣之助；輔佐君子，實由内子之賢。頒以殊恩，同其峻秩。中奉大夫江西等處行中書省參知政事陶安妻喻氏，幼遵母訓，長肅閨儀，奉姑得其歡心，主饋守其常法。且服勞於蠶績，思警戒於鷄鳴，德有可嘉，壽胡不永，弗及見夫名爵之顯，良可憫也。兹行恤典，用錫綸音，胙以上郡之封，正以夫人之號，用昭盛典，永賁幽扃。可追封姑孰郡夫人，宜令准此。

洪武二年正月□日。

封陶安妻陳氏姑孰郡夫人敕 洪武二年正月

奉天承運皇帝聖旨：

家道之成，必資於内助；恩封之典，宜及於中闈。兹用褒嘉，以昭恩禮。中奉大夫江西等處行中書省參知政事陶安妻陳氏，早自望族，嬪于慶門。婦道肅雝，恪守閨門之訓；德容婉順，克修鞶帨之儀。相爾良人，成此功業，位正玉堂之署，職參華省之垣。夫貴於朝，妻榮於室，事理爲當，品秩攸同。爰頒鸞誥之新，永作魚軒之賁。可封姑孰郡夫人，宜令陳氏准此。

洪武二年正月□日。

祭江西參知政事陶安文 洪武元年九月

皇帝遣江西有司致祭于故中奉大夫江西等處行中書省參知政事陶安之靈：

朕念爾生長姑孰，秉性聰明，習先聖之道，所目皆通。當□元科舉之時，惟爾適中鄉選，出羣儒之上，使閭里增輝，爾祖宗亦陰悦。奈□元疑吾漢南，雖有道之士，不居要職。俄遇朕渡江，慨然相副，於今十有四年，曾負勤勞。今年授爾西省參知政事，朕思當此英雄逞志之秋，文章光耀之際，其闡聖賢之學，正在今日。奈何天不假年，如水之東逝，使朕欷歔而淚襟者何也，蓋不忘同患難以至於今故耳。特令有司列牲祭之，明文以諭。靈之不昧，尚饗！

洪武元年九月□日。

（以上清同治刻本陶學士先生文集卷首）

授宋濂太子贊善大夫誥

朕以太子爲天下之本，其東宫官屬，必選文學行能之士以居其任焉。承事郎禮部主事宋濂，爾以純謹之資、老成之學，執筆柱下，視草詞林，繼司業乎胄監，復考禮於儀曹，皆稱其職。況輔導東宮，歷年已久，擢爲贊善，孰曰不宜？爾尚守職惟恭，思盡忠益之道而輔贊之，庶稱朕委任之意。可授奉議大夫太子贊善，宜令宋濂准此。

授宋濂翰林學士誥 洪武三年正月

翰林之職，掌制作而備顧問，必擇能文有學居焉。起居注宋濂生於金華文獻之邦，正學淵有自來矣。況侍朕歲久，深知其人，嘗由儒臺陳訓東宮，記言右史。邇者總修元史，尤究心於筆削，朕甚嘉之。是用陞擢，俾司代言。爾尚夙夜恭勤，務展所藴，使文詞通暢，治體昭明，庶副朕簡拔之意。可授翰林學士知制誥兼修國史，宜令宋濂准此。

授宋濂國子司業誥 洪武四年二月

國子學職專教育人材，以備國家之用，必選明經有德者爲之師，則模範正而學業進矣。翰林國史院編修宋濂，學足以明道，文足以垂世，當朕創業之始，即入春宫，訓我儲貳，則温文之資，實由輔導。繼擢左史，掌我記注，則日侍左右，諫正爲多。朕以前元紀傳未及纂修，爰求其人，非汝弗稱，故特俾居翰苑，以任總裁。爾果能追遷固之蹤，成一代之史，朕用嘉焉。兹特命司成均之業，爾尚推明師道，以訓誨諸生，必使見諸實用，則爲稱職矣。往其欽哉！可授奉議大夫國子司業，宜令宋濂准此。

授宋濂翰林侍講學士誥 洪武六年九月

翰林之職，掌制作而備顧問，必擇能文有學之士居焉。奉議大夫太子贊善大夫宋濂，以舊德之士，純正之辭，事朕十有四年。其居左史，職詞林，佐成均，近侍於帷幄，黼黻於治道，論思於講筵，所裨多矣。比任贊善之職，尤多輔導之功。兹俾復翰苑之清華，修我朝之實録。爾尚夙夜恭勤，務展所藴，使文辭通暢，治體宣明，庶副朕簡任之意。可授翰林侍講學士中順大夫知制誥同修國史兼太子贊善大夫，宜令宋濂准此。

授宋濂翰林承旨誥 洪武九年六月

三皇五帝之馭天下，其文武之能，君臣皆備而善焉。至於三代之臨御，禮樂射御書數，君臣尤精。繼至秦漢以來，人不知古有文武史分，各爲之圖，故聖賢鮮矣。朕出自草萊，非兼備之才，蒙上天授命，位極兩間，凡生民休息，百神祀事，盡敕文武輔導以成之，是致鬼神享而軍民安，又九年矣。然文者翰林院尚未有首臣，朕於羣儒中選，皆非真儒，人各虚名而已。獨宋濂一人，侍朕左右，十有九年，雖才不兼文武，博通經史，文理幽深，可以黼黻肇造之規，宜堪承旨，宏燦明文，壯朕興王，特敕爾中書，奉行毋滯。

（以上清康熙刻本宋學士全集附録）

命劉璉爲考功監丞敕

皇帝敕曰：

朕自即位以來，法古命官，列布華彝，各人如所在宣朕命，署政事。已往者十年，其間最否未知，必稽其所以方明，故設考功之名爲監。其職若非心腹不佞、事可委令者，安得而專其事哉？於斯之職甚微，於斯之要甚切。所以切要者，言其大小之職，必由此而黜陟焉。若非人而職此，必佞大而賂小，以全其考，愚君枉法，非止一端，故在選人而得人，方稱斯職。朕於斯監，非不再搜才能，奈何空眼無知，是謂得人之難。爾劉璉非愚下之才，但委是職，以驗平生。於戲！公私黑白，惟丈夫者別之，愚下混淆，安能昭著？今特命爾爲承務郎考功監丞，戒哉戒哉！

洪武十年八月初三日。

以劉璉爲江西參政誥

皇帝制曰：

昔者二帝三王之設官也，爵分五等，列國天下，使守其土，子其民，世世祿給焉。惟周諸侯不法，爲秦所有。秦監周事，遂罷列國，爲郡縣而治之。斯法也，制也，自漢承而行，唐宋皆然。元蹈中國，體之然也，郡縣之多，寰宇之廣，其中書不能一一總其事，又設方面大臣流其職，理方隅之務。所職之名，漢曰州牧、刺史，唐因之，宋改而曰安撫，元亦名曰行省，此皆歷代總郡邑而專方隅者也。邇來朕有天下，更行省爲承宣布政使司。所以承者，朕命也；宣者，代言之也；布者，張陳之所以；政者，軍民休戚、國家利病。所以四者，必去民之惡而導民之善，使知有畏從，於斯之職，可不重乎！若非其人，則方隅之軍民失所仰瞻；若得其人，則方隅之軍足食，民樂耕，其鰥寡孤獨不失其所焉。不但如是而已，則朕雖菲才，德必彰矣，國家磐石矣。朕於斯廣訪多搜，人皆愚下之愚，稱朕之意者杳然。今江西承宣布政使司缺右參政，朕特以爾考功監丞劉璉爲中奉大夫江西等處承宣布政使司右參政。汝往欽哉！

洪武十一年四月初三日。

祭江西參政劉璉文

維洪武十二年歲次己未九月甲午朔越二十有一日甲寅，皇帝遣國學生陸居敬諭祭于江西布政司參政劉璉之靈曰：

曩者渡江之初，爾父即來相從，謀謨左右，每竭忠誠。及天下大定，特封爲誠意伯，告老還家，竟以疾終。重念爾父之勞，遂命爾爲江西布政司參政。爾能繼承父志，律身以廉。何期年未四十，一疾長往，訃音遠來，良用嗟悼。特以牲醴祭奠，爾其饗之。

（以上清康熙刻本太師誠意伯劉文成公集卷首）

慰劉基書

今日聞知老先生尊堂辭世去矣。壽八十餘歲，人生在世，能有幾箇如此？先生聞知，莫不思歸否？先生既來助我，事業未成，若果思歸，必當且寬於禮，我正當不合解先生休去。爲何？此一小城中，我掌綱常，正宜教人忠孝，卻不當當先生歸去。昔日徐庶助劉先主，母被曹操將去，庶云：『方寸亂矣，乞放我歸。』先主容去，使致子母團圓。然此先生之母若生而他處，以徐庶論之，必當以徐庶之去。今日先生老母任逍遥之路，踏更生之境，有何不可？ 先生當以寬容加餐，以養懷才抱道之體，助我成功，那時必當遣官與先生一同鄉里薦母之劬勞，豈不美哉！

諭劉基書

元璋頓首奉書伯温老先生閤下：

愚與先生自江西别後，屢有不祥，皆應先生前教之言，幸獲殄滅姦黨，疆域少安。收兵避暑，遣人專詣先生前，虔求一來，望先生發蹤指示耳，日夜懸懸。六月二十二日剋期回得教墨，諭以六月、七月間舉兵用事，不利先動，當候土木順行，金星出現則可。使愚一見教音，身心勇躍，足不敢前。如此者何？ 蓋以先生一二年間以天道發愚，所向無敵，今不敢違教。然擇在七月二十一日甲子，未得吉時，是以再差人星夜詣前，望先生以生民爲念，德教爲心，早賜來臨，是所願也。如或未可即來，可將年月、吉日、時辰、方向、門户擇定，密封發來，實爲眷顧。惟先生亮察，不備。

諭劉基帖

郎中胡深轉奉到先生喻以守備之書，知人情之見，山中豪傑可否，盡在其書。愚觀先生之誠，又何言也！似先生有此護顧之心，梏城可使愚高枕無憂矣。

諭劉基書

元璋頓首奉書伯温老先生閣下：

去歲先生行，曾言湖廣之事，一去便得，然得不得，直候正月盡間，二月内可得。果然初至湖廣，賊人詐降，後又堅壁不出，至今未下，實應先生之言矣。兹者再行差人齎書詣前，專望先生早爲起程前來，萬幸。希亮察，不具。

賜劉基書

皇帝手書付誠意伯劉基：

近西蜀悉平，稱名者盡俘於京師，我之疆宇，比之中國前王所統之地不少也。奈何故元以寬而失，朕收平中國，非猛不可？然歹人惡嚴法，喜寬容，謗罵國家，扇惑非非，莫能治。即今天象疊見，且天鳴已及八載，日中黑子又見三年。今秋天鳴震動，日中黑子，或二或三或一，日日見之，更不知災禍自何年月日至。卿山中或有深知曆數者、知休咎者，與之共論封來。前者舍人捧表至京，忙忘問卿安否，今差剋期往卿住所，爲天象事。卿年高，家處萬峯之中，必有真樂。使者往而回，勿齎以物，茶飯發還。

洪武四年八月十三日午時書。

授劉基御史中丞誥

奉天承運皇帝聖旨：

太史公之職，天下欣聞；中執法之官，臺端清望。惟親信之既久，斯倚注之方隆。前太史令兼太子率更令劉基，學貫天人，資兼文武，其氣剛正，其才宏博。議論之頃，馳騁乎千古；擾攘之際，控馭乎一方。慷慨見予，首陳遠略，經邦綱目，用兵後先。卿能言之，朕能審而用之，式克至於今日，凡所建明，悉有成效。且栝蒼爲卿鄉里，地壤幽遐，山溪深僻，承平之世，民猶據險，方當兵起，乘時紛紜。原其投戈嚮化，帖然寧謐，使朕無南顧之憂者，乃卿之嘉謨也。若夫觀象眡侵，特其餘事，天官之署，借重老成。以至讞獄審刑罰之中，議禮新國朝之制，運籌決勝，功實茂焉。乃者肇開烏府，丞輔需賢，斷自朕衷，居以崇秩，清要得人，於斯爲盛。於戲！紀綱振肅，立標準於百司；耳目清明，爲範模於諸道。永綏福履，光佐丕圖。可資善大夫御史中丞兼太子贊善大夫，宜令劉基准此。

洪武元年三月□日。

授劉基弘文館學士誥

奉天承運皇帝聖旨：

朕稽唐典，其弘文館之設，報勳舊而崇文學。以舊言之，非勳著於國家，猶未至此；以儒者言之，非才德俱優，安得而崇？爾資善大夫御史中丞劉基，朕親臨浙右之初，爾基慕義，及朕歸京師，即親來赴。當是時，栝蒼之民尚未深信，爾老卿一至，山越清寧。節次隨朕征行，每於閒暇，教以孔子之言，開導我心，故頗知古意。及將臨敵境，爾乃晝夜仰觀乾象，慎候風雲，使三軍避兇趨吉，數有貞利。於戲！蒼顏皓首之年，當撫兒女於家門，何方寸之過赤，眷戀不捨，與朕同遊。後老甚而歸，朕何時而忘也？可御史中丞兼弘文館學士，散官如前，宜令劉基准此。

洪武三年七月□日。

追封劉基祖父庭槐永嘉郡公誥

奉天承運皇帝聖旨：

天眷我邦，生英才而翊運；世濟其美，立功業以承家。是以得賢爲用，而必推其本焉。

資善大夫御史中丞兼太子贊善大夫劉基祖父劉庭槐，志樂詩書，義乎鄉里，積善餘慶，發於孫枝。今朕褒賞功臣，煥揚禮典，追榮頒寵，爵及先世，此祖德之明效而國家之至恩也。松楸有輝，益厚來昆。可中奉大夫中書參知政事護軍，追封永嘉郡公，宜令准此。

洪武元年十一月二十九日。

追封劉基祖母梁氏永嘉郡夫人誥

奉天承運皇帝聖旨：

國有壽俊，爲善治之資；家有賢孫，乃重闈之慶。顧兹盛事，是用推恩。資善大夫御史中丞兼太子贊善大夫劉基祖母梁氏，出自高華，著其賢淑，積德垂範，以開後人，遂能作朕名臣，卓爲腹心耳目之寄。故追封之典，及其太母，亦以體孝孫之心也。領兹嘉命，女壤其光。可追封永嘉郡夫人，宜令准此。

洪武元年十一月□日。

追封劉基父爚永嘉郡公誥

奉天承運皇帝聖旨：

士有厚德而立報，雖不在其身，必有賢嗣而得時，足以大其後。資善大夫御史中丞兼太子贊善大夫劉基父劉爚，世爲右族，人服令名。蘊設施之才而無求於時，貽文學之傳而能善其子，是以其子行義方於古人，謀猷著於日用，朝廷所賴，士民所瞻，皆遺訓之功，力善之徵也。賜命表一門之盛，列爵居五等之尊，大郡疏封，玄堂永賁。可贈資善大夫御史中丞上護軍，追封永嘉郡公，宜令准此。

洪武元年十一月□日。

追封劉基母富氏永嘉郡夫人誥

奉天承運皇帝聖旨：

母氏劬勞，爲人子者思報罔極之恩。惟立身揚名，以顯其親，斯亦可以爲孝矣。資善大夫御史中丞兼太子贊善大夫劉基母富氏，貞資婉範，媲德生賢，孟軻成大儒，王珪爲名輔，致兹樹立，蓋有其原。爵禄優榮，不逮於養，然母之貴，每因其子，功庸既昭，霈恩宜厚，劬勞之報，庶遂其心。可追封永嘉郡夫人，宜令准此。

洪武元年十一月□日。

封劉基妻富氏永嘉郡夫人誥

奉天承運皇帝聖旨：

淑女配君子，致内治之有成；人主得賢臣，霈封恩而並及。資善大夫御史中丞兼太子贊善大夫劉基妻富氏，功德端茂，閨閫嚴明，佐此名卿，嘉哉儀範，中饋盡其愛敬，家道至於和平。爵秩從夫，禮文合古，錫以金花之誥，爰疏郡境之封，祇服榮光，茂膺多福。可封永嘉郡夫人，宜令富氏准此。

洪武元年十一月□日。

（以上清康熙刻本太師誠意伯劉文成公集卷一）

賜張以寧翰林侍讀學士誥

奉天承運皇帝聖旨：

翰林之職，掌制作而備顧問，必擇能文有學之士居焉。以爾張以寧起自南閩，宦于朔土，文學之名，著聞久矣。兹來事朕，爰試其才，俾登清要之班，使贊代言之任。爾尚夙夜恭勤，務展所蘊，使文詞通暢，治體昭明，庶付朕簡賢之意。可翰林侍讀學士朝列大夫知制誥同修國史，宜令張以寧准此。

洪武三年正月□日。

賜張以寧詩序

朕聞歷代賢君，必有賢臣能事其主者，居則規諫有方，出則能示威德，以撫四夷。漢之陸賈於南越，馬援持書於竇融是也。朕居江左，十有六年，思慕此等之臣，終未得至，怏怏於心。自即位之初，特遣翰林官知制誥事張以寧、典簿牛諒使安南，初未知其懷抱如何。去後今年實封來奏，朕再三覽之，喜不自勝。以寧至彼，其王已行長逝。彼國人請授王印於世子，我以寧言：『此吉禮，非兇事也。今爾國有喪，況來文伊先君之名，非世子之名，降之非禮也。爾國當遣使往奏，庶依大禮。』於是國人從之。今使者至，如以寧實封之言。朕思安南僻在外夷，瘴煙甚重，古人以爲要荒，聖人不居之地，賢者不遊之處，恐瘴煙乖其體故耳。今我臣以寧，抱忠貞之氣，奮古能使之風，執之以大義，守之以法，使安南復命而後降印。又安南國中人民官屬，以我中國揖爲大禮，見人長揖爲禮畢。惟我以寧，能評之以禮，使彼國中今行稽首、頓首之拜。觀其所以，我以寧非獨抱忠貞而使能其事者，速能化夷行中國之禮，可謂智哉。於戲！抱忠貞之氣，奮守節之剛，非生性之自然，歷練老成，愚夫猛士可乎？使之善者，以寧也。綴詩以勉之，句雖不聯，朕本非儒，文之不深，專述其事耳。

（以上明成化六年張淮重刻本張氏至寶集卷首）

初召宋訥敕符 洪武十三年

朕君天下十有三年矣，意野無遺賢，雖夙夜孜孜以求賢，賢何弗至。今四輔官杜斅抱忠爲國，舉所知宋訥才堪任用。符到之日，有司禮送赴京，以稱朕意焉。

問宋訥疾敕 洪武十六年七月二十日

人之生也，其罔極之恩，在於父母。其或有疾而醫之，可而不可者，而有神焉。何哉？蓋志人率性履道而不迂，以誠而輔政，故神相之。卿秉天命之性，發仲尼之誠，施己之幽德修道教人，所以病不病而速差，以其有神也。故敕。

（以上明萬曆刻本西隱文藁附録）

寬恤蘇州稅糧詔

洪武四年，中書省宣使張彬齎詔開讀：

免過秋糧二百四十二萬六千八石百有奇。

又

六年八月奉旨：

今年三四月間，蘇州各縣小民缺食，曾教府縣鄉里接濟。我想那小百姓好生生受，原借的糧米不須還官，都免了。

又

七年中書省劄付奉旨：

體知蘇州、松江、嘉興三府百姓每好生缺食生受，今年夏稅合納的絲緜錢麥等物盡行蠲免，恁省家便出牓去教百姓知道。有司糧長，毋得科擾。

（以上四庫全書本吴都文粹續集卷二七）

賜僧無念詩序

皇帝諭僧無念：

佛生西乾，爲浄飯國王，既長，悲憫衆生罪重嵬山，愆深曠海，因是有警於累世因緣，遂入雪山，棲嵓屋樹，六載道成，歸演妙法，天人感聽。其所説也，爲戒生死解脱。其釋伽之道，靈通上下，妙貫三界，博被寰中，此其所以尊稱大覺金仙也。邇來通靈侯秘奏，知有僧無念者，方今羣僧中是可謂神僧，陛下可召會之。於是即遣内臣帆舟星馳，數日達京師，即日面見。

朕目是僧，雖壽有年，其頂相巍然，色聲俱備者。嗚呼！自童子忘慾，至於壽高，自受業而成人，辭本師之席，雲水寰中，尋方問道，謂高名而不已，方乃内觀。噫！身外無身，戒外無戒。在處有佛，又何指方尋佛？本性即佛，佛外更何有佛？佛外更尋他佛，又何佛之有哉！今無念定若河山，戒照日月，於斯之時，獨出世界，念僧他日脱去，其名長壽，如日月在天，猶諸水所在，有水無水，皆水也，豈不千江有水千江月，萬里無雲萬里天。嗚呼！久同天地，名垂不朽，此無念者也。

師從童子問青玄，世事茫茫學坐禪。幻出漸知身是佛，老來悟得性通天。朱門不謁藏金錫，茅屋幽棲飲碧泉。召至九重談妙法，問伊落魄幾經年。

懷僧無念特賜松實詩序

朕於庶務隙中，將世人心意較之是非，析之兩端，思之再三，謀之不已。其人之情意變態多端，倏此倏彼，是非混淆，紛然難析。朕閱人既多，歷事且久，尚不能治不善而安良於仁壽之域，此果不師古而有此善耶？抑人心不古而亦有此耶？嗚呼！静觀熟慮，人之情意殆至古今倏然忽焉，反覆不常，艱於治政。古人有云：『犯刑憲如飲食，嫉良善如仇隙。』信有之不誣也。嘗聞西方有大聖人，不教而自化，不治而不亂，此大覺金仙之道也。朕於繁慮中，觀踵佛之道者能如是，快美哉！出三界而不輪迴，神通妙用，無礙於上下，逍遥乎兩間，出世者也。前者，僧無念戒律明於皎月，定慧穩若丘山，暫來一會，去此常懷，懷之不已，遣人就見。特以松實供之，兼勞以詩。

志空五蘊隱藤蘿，深行由來積歲多。山鬼鑑知常擁護，水神到處每撝訶。戒如皎月天將說，定若威嵬世欲歌。幾度有時懷善者，命齎松實詣盤陀。

（以上四庫全書本吴都文粹續集卷三二）

諭國子監丞敕 洪武十五年

監丞專掌罪罰諸生之不守學規者，毋得署錢糧文卷。典簿專掌錢糧文卷，毋得輒罪生員。掌饌則專掌師生飲食而已。若提督養牲供食，灑掃堂舍，則監丞、典簿、掌饌皆與焉。囚徒膳夫不聽使令有誤飲食者，再犯笞五十，三犯處斬。盜物者割其足筋。若管束不嚴，其刑杖一百。有通外人盜監中諸物者處斬，發其家口安置雲南。

（明萬曆刻本南雍志卷一）

賜長興侯耿炳文鐵券文

朕以武功定天下，將多出鄉里，皆竭忠效力，此帝業所由成也。咨爾炳文，以英勇之資，從朕渡江以來，累立戰功，坐戍長興，軍肅民安。時姑蘇未平，爾獨堅守，敵來臨境，能俘獲而斬之，朕由是無東顧之憂。及平浙西，以功陞居督府，征取中原，從朕北巡，分鎮陝右，爾勳益茂，朕甚嘉之。今天下已定，論功行賞，朕無以報爾，是用加爾爵禄，使爾子孫世世承襲。朕本疏愚，皆遵前代哲王之典禮，兹與爾誓：若謀逆不宥，其餘若犯死罪，爾免二死，子免一死，以報爾功。

於戲！昔光武之興，耿弇父子皆立功當時，揚名後世，而爾父子兄弟忠顯著于一門，蓋有光于昔焉。尚其篤爾忠貞，加之恭慎，以保令名，訓及後嗣，延于永世，不亦美歟！

（明崇禎刻本吴興藝文補卷二九）

明太祖集全編之四

御製大誥

周挺啓　校點

御製大誥

序

朕聞曩古歷代君臣，當天下之大任，閔生民之塗炭，立綱陳紀，昭示天下，爲民造福。當是時，君臣同心，志同一氣，所以感皇天后土之監，海嶽效靈，由是雨暘時若，五穀豐登，家給人足。斯君臣之逝，遐且久矣，育民之功，載諸方册，猶如見存。君子讀誦至斯，陡然情懷感激，仰慕於千萬古之下，恨不目擊耳聞，樂此昇平，以爲慶幸。

昔者元處華夏，實非華夏之儀，所以九十三年之治，華風淪没，彝道傾頽。學者以經書專記熟爲奇，其持心操節必格神人之道，略不究衷。所以臨事之際，私勝公微，以致愆深曠海，罪重巍山。當犯之期，棄市之屍未移，新犯大辟者即至。若此乖爲，覆身滅姓，見存者曾幾人而格非。

嗚呼！果朕不才而致是歟？抑前代汙染而有此歟？然況由人心不古致使而然。今將害民事理昭示天下，諸司敢有不務公而務私，在外贓貪，酷虐吾民者，窮其原而搜罪之。斯令一出，世世守行之。

洪武十八年十月朔序。

君臣同遊第一

昔者人臣得與君同遊者，其竭忠成全其君，飲食夢寐，未嘗忘其政。所以政者何？惟務爲民造福，拾君之失，擠君之過，補君之缺。顯祖宗於地下，歡父母於生前，榮妻子於當時，身名流芳，千萬載不磨，專在竭忠守分。智人悟之，有何難哉？今之人臣不然，蔽君之明，張君之惡，邪謀黨比，機無暇時。凡所作爲，盡皆殺身之計，趨火赴淵之籌。

官親起藁第二

曩古之君，除堯、舜、禹、湯、文不過尚書略節之紀，餘無備載，難以測云。其秦不可法。自周至於漢、晉、唐、宋，當時賢人君子臣於斯歷代者，受任方隅，所任之事，各必躬親理之，所以視吏卒如奴僕，待首領官若今之參謀，善者禮之，不善者奏聞黜之。凡所施行諸事，議論已成，正官、首領官親行草藁，役吏精書之，而乃書押印行。所以事多端正，並無過誤稽遲。所以食天之禄，安如盤石，名流萬古，耿耿而不磨。

胡元制治第三

胡元入主中國，非我族類，風俗且異，語意不通，遍任九域之中，盡皆掌判。人事不通，文墨不解，凡諸事務，以吏爲源。文書到案，以刊印代押，於諸事務忽略而已。此胡元初治焉。三十年後，風俗雖異，語言文墨且通，爲官任事者略不究心，施行事務仍由吏謀，比前歷代賢臣，視吏卒如奴僕，待首領官若參謀，遠矣哉！

朕今所任之人，不才者衆，往往蹈襲胡元之弊。臨政之時，袖手高坐，謀由吏出，並不周知，縱是文章之士，不異胡人。如户部侍郎張易，進以儒業，授掌錢穀，凡諸行移謀出吏，己於公廨袖手若尸。入奏錢糧概知矣，朕詢明白，茫然無知，惟四顧而已。吁！昔我中國先聖先賢，國雖運去，教尤存焉，所以天命有德，惟因故老，所以不旋踵而雍熙之治，以其教不迷也。胡元之治，天下風移俗變九十三年矣，無志之徒竊效而爲之，雖朕竭語言、盡心力，終歲不能化矣。嗚呼艱哉！

薦舉首領官第四

或有忠臣在職，數觀首領官吏，倘有大智之士屈在下寮，一時不能上達，其忠臣不特己用其賢能，又將速薦以安社稷，致君堯舜，豈肯泛用無藉，隱匿非常之才？古者聖臣嘗以此爲常，又不以爲罕矣。

論官之任第五

朕命諸司官前往任所，每常數數開諭，導引爲政，勿陷身家。其諭之辭曰：『汝知不才者乎？今所在有司，坐視患民，酷害無端，政由吏爲。吏變爲姦，交頭接耳，議受贓私，密謀科歛。愚姦既成，帖下鄉村，聲徵遍邑，民人嗟怨。此果交頭接耳、密謀徵歛，機軸之深乎？民人既怨，何謀之良哉？汝不見事覺之後，受刑在禁，議罪已明，身居工役之場，贓在數千里外，妻子收存者有之，眷屬無之者有之，多在異姓收藏，臨期欲以爲用，安得而至耶？是致家破身亡，贓爲他人所有，比若是而無益。守俸如井泉，井雖不滿，日汲不竭淵泉焉。賄賂之財，何益之有哉！汝往任事，勿蹈前非。』

軍人妄給妻室第六

山西洪洞縣姚小五妻史靈芝，係有夫婦人，已生男女三人，被軍人唐閏山於兵部朦朧告取妻室。兵部給與勘合，著落洪洞縣將唐閏山家屬起赴鎮江完聚。方起之時，本夫告縣，不係軍人唐閏山妻室。本縣明知非理，不行與民辨明，擒拏姦詐之徒，推稱内府勘合，不敢擅違。及至一切内府勘合應速行而故違者，不下數十餘道。其史靈芝，係人倫綱常之道，乃有司之首務，故違不理，所以有司盡行處斬。

刑部追問妄取軍屬第七

刑部尚書王峕，將史靈芝並本夫及妄取軍屬姦夫盡行提取在部，不行明坐妄取他人妻室爲妻之罪，又不問鄉貫同否，曾無日前有姦，卻乃吹毛求疵，詢問出史靈芝三歲時，曾定與姦夫唐閏山兄爲婚。其人未出幼已故，靈芝長成，與姚小五爲婚，已生男女三人。王峕尚欲差人原籍，勾取三歲媒合之人，意在動擾良民。持權妄爲，有乖治體，非止一端。

尚書王峕誹謗第八

刑部尚書王峕，持五刑以弼五教。峕所習者，先聖之道；及其行也，不體先聖之教，縱姦頑之志，鬱良善之心，懷暴誹謗，惟在沽名。凡奏刑名，增減情辭，故行出入，每每不當。御史唐鐸按實將欲勾問，其王峕面傷唐鐸，徑引唐則天故事，上侮朝廷，下慢執法之官。其詞曰：『你入我罪，久後少不得請公入甕。』今所言王峕之事，不過一二爾，不才多矣。

陝西有司科斂第九

陝西布政司、按察司官、府州縣官王廉、蘇良等，害民無厭，恬不爲畏。造黄册，科斂於民；朝覲，科斂於民；買求六部寬免勘合限期，科斂於民；徵收二税，促逼科斂於民；造上中下三等民册，科斂於民。其贓官、贓吏實犯在獄，招出民人、官吏，指定姓名，各寄鈔銀、氈衫、氈條、氈褥、氈韈、頭疋等項，各照姓名坐追。其布政司、府州縣聞此一至，且不與原指寄借姓名處追還，卻乃一概遍府州縣民科要，平加十倍。如此害民，其心略不將陝西百姓於心上，躊躕民人苦楚。且如西涼、莊浪等處，河州、臨洮、岷州、洮州軍人缺糧，著令民人攢運。地將盈雪尺餘，深溝陡澗，高山峻嶺，莊農方息，勞倦未甦，各備車輛，重載涉險，供給軍儲。中路車頹牛死者有之，人亡糧被盜取者有之。若牛死車存，人在中途，進退兩難，寒風凜冽，將欲墮指裂膚，上畏法度，謹遵差期，雖死不易，苦不勝言。設若到衛交納，淋尖跌斛，加倍輸納，無敢妄言。如此艱辛，布政司、府州縣官、按察司官，果曾軫念於民？爲此法所難容，各科重罪。

山西運糧第十

山西布政司、按察司、府州縣官關賢、武宣等，贓貪無厭，視民豈如禽獸！且如澤潞等州，平陽等府，糧餉北供，山高風猛，地概溜冰，雪盈川野，冷切人骨，寒逼牛心，中途車摧牛死，雖有人存，進退兩難。且納糧之難，猶頗少苦，其納草之艱甚矣。一車之草，比度鴈門，止足澤潞車牛之用。民人負細軟，詣大同、蔚朔、鴈門等處，易草輸納。有司欲取民財，實難言語，故行刁蹬，必欲本處載去。致使民人轉運艱辛，不勝之苦，惟天可知。嗚呼哀哉！有司食天之禄，豈有天災人禍不至者耶？今之所犯，法所難容。

淩説山場竹木第十一

湖州府官吏劉執中等，不謀公而謀私，將籍没淩説山場所産木植砍伐二十九萬，設計差夫搬運，賣遍府縣，然後止差五千人搬運。後與各各人夫及推官吕惟賢等通同作弊，除各匿入己外，止解二萬餘根至京。自取之禍，安可逃乎？

五府州免糧第十二

應天、宣城、太平、廣德、鎮江五府州，爲是興王之地，久被差徭，特將夏秋税糧不時全免。惟元宋入官田地，我朝籍没之田，民田全免。官田若令全免，民難消受，所以減半徵收。凡免糧去處如此，但凡民糧不一概全徵。其應天等五府州縣數十萬没官田地夏秋税糧，官吏張欽等通同作弊，並無一粒上倉，與同户部官郭桓等盡行分受。君子詳觀，果可容乎？

武進縣夏税第十三

常州府武進等縣官吏鄧尚文等，將民人夏税十分以九分上倉，一分入己。聲言民人科歛未足，巧於富户處借納，如此害民。既徵不足，借於富户，果後以何陪還？此以觀之，富民不免致害，終無陪還之意。

廬州府夏税第十四

廬州府夏税，知府韓克佐等不憂民艱，言十八年夏税小麥粃細不堪爲糧，欲令民抵斗米折。朕諭户部：天時所收如此，當以此上倉。況此際時當六月，舊收稻糧已絶，小民盼望新麥已成，若不徵麥而徵米，是故虐其民。其廬州府官之罪、户部之罪，可得而逃乎？

張夢弼私遞贓私第十五

通政司經歷張夢弼，子在朝，父在鄉，父子同謀，夤緣朝官，搆爲黨比，私遞贓私，坐名前去山西沁水縣追取。其本縣官朱坦等，不於本家追取，一概以爲營計，科歛吾民，擾動一縣，代姦陪贓。其縣官及張經歷父子，果可釋乎？

吏毆官長第十六

各處有司，惟務姦貪，不問民瘼，政聲醜陋，愚民所恥。所以蘇州常熟吏人沈尚等，衢州開化吏人徐文亮等，眇視二縣官長鄧源、湯壽輕等，於廳毆打。罪雖吏當，官何人也？

皂隸毆旗軍第十七

蘇州府崑山縣皂隸朱升一等，不聽本縣官李均約束，毆打欽差旗軍，罪至極刑。若旗軍縱有贓私，所司亦當奏聞區處，安可輕視？

皂隸毆舍人第十八

金華府縣官張惟一等，出備銀、鈔、衣服等項，齎送欽差舍人。舍人不受，就欲擒拿，特令府官封收其物。府官自知其難，舍人臨行，其府官發忿，故縱皂隸王討孫等毆打舍人。事覺，皂隸斷手，府官之罪，又何免哉？

攬納户虚買實收第十九

各處納糧、納草人户，往往不量攬納之人有何底業，一概將糧草付與解來。豈知無藉之徒將錢赴京，止買實收，糧草並不到倉。及至會計缺少，問出前情，其無藉之徒惟死而已。糧草正户，罰納十倍，姦頑還可逞乎？

雨澤奏啓本第二十

各處有司諸事奏啓本及雨澤奏啓本赴京，中間多有不書寫姓名，有寫而不稱臣者。以數千里、數百里造文一紙，以對人君，姓名尚不謹書，此果爲人臣之禮乎？於中不恤吾民可見矣。

勾取逃軍第二十一

十二布政司、按察司、府州縣官，爲兵部勾取逃軍，或有頑民犯法，各部勾取。其布政司、府州縣貪圖賄賂，不將正犯解官，往往拿解同姓名者。因贓迷惑其心，止知己利，不知良善受害，無可伸訴。若將犯罪受刑之苦以己推之，豈有貪贓害於良善者？且罪人受刑，罪重晝則枷項杻手，夜則繫項鈴足；輕則鐵索牽行。父母妻子悲啼，送程倉卒，一時催起，路無盤費。是後父母妻子收拾盤纏，意在往供，有司刁蹬，不與引行。既而買引，沿途追趕，有中途病死者，有飲食不節而負病者。所勾之人惟恐違限，日加箠楚，雖有微命，猶在幾死之間。若法司審理不明，即作真犯擬罪。若上官既明，吏不枉法，方得放歸，其苦萬端。當時法司肯將此苦量推於己，豈有良善受害哉？然有司因此無辜於善良，天鑑不遠，一旦發露，罪及身家。如此者數數開諭，每每加刑，曾有幾人而省此禍殃！

婚姻第二十二

同姓、兩姨、姑舅爲婚，弟收兄妻，子承父妾，此前元之胡俗。朕平定之後，除元氏已成婚者勿論。自朕統一，申明我中國先王之舊章，務必父子有親，君臣有義，夫婦有別，長幼有序，朋友有信，方十八年矣。有等刁頑之徒，假朕令律，將在元成婚者，兒女已成行列，其無藉之徒，通同貪官汙吏，妄行告訐。致使數十年婚姻，無錢者盡皆離異，有錢者得以完全。此等之徒，異日一犯，身亡家破，悔之晚矣。胡人之俗，豈止如此而已？兄收弟婦，弟收兄妻，子承父妾。有一婦事於父，生子一。父亡之後，其妾事於正妻之子，亦生子一。所以夫婦無別，綱常大壞，與我中國聖人之教何如哉！設理舊事，難爲者多矣，所以元氏之事不理爲此也。今後若有犯先王之教，罪不容誅。

賣放浙西秋糧第二十三

户部官郭桓等收受浙西秋糧，合上倉肆百伍拾萬石。其郭桓等止收陸拾萬石上倉，鈔捌拾萬錠入庫。以當時折算，可抵貳百萬石，餘有壹百玖拾萬未曾上倉。其桓等受要浙西等府鈔伍拾萬貫，致使府縣官黄文等通同刁頑人吏沈原等作弊，各分入己。

諭官生身之恩第二十四

朕常命官，每諭生身之恩最重。其詞云何？曰：汝知父母之慈乎？且初離母身，乃知男子，母徑聞父：『生兒矣。』父既聞之，以爲禎幸。居兩月間，夫妻閱子寢笑，父母亦歡。

幾一歲間，方識父母，歡動父母。或肚踼音倘，或擦行，或馬跁音扒，有時依物而立，父母尤甚歡情。然而鞠育之勞，正在此際。所以父母之勞，憂近水火，以其無知也。設若水火之近，非焚則溺。冬恐寒逼，夏恐蟲傷，調理憂勤，勞於父母，豈一言而可盡？及其長也，有志四方，能不致父母之憂，此爲孝也；更能異閭里之子，出民上，衣食豐，奉於父母，溫凊之道以時，送終之期設備，人子之道無以加矣。

今爲官者往往不才，父母在堂者，忘鞠育之恩而妄爲；彼雖不知父母之慈，父母之慈未嘗有間。良妻在室，故忘夫婦之道，烏合野婦；彼雖不知良妻之節，良妻之節未嘗有間。且如福建道御史于敏，初任衛知事，犯法遭刑，其妻擊鼓以救，朕屈法以赦之，以全貞良之婦。朕謂敏曰：『京師人煙輻輳，刁詐容貌者多。少年婦女居京，一心於夫者鮮矣，惟欲夫終日不歸，歲月不還，得以自由。今汝之妻，孰父母之良哉？柔訓如是，間有者也，是勿自棄。』諭後，復任御史。不踰年，復作非爲，罪當徒役。其妻復救，仍准貞良，赦之。復諭曰：『良哉之妻，汝勿自棄。』仍前御史。復不踰歲，大肆姦頑，交結朋黨，比周京內。一犯之後，朕親審問。自知罪惡淵深，朗然自筆姦黨之情，略無阻滯。朕謂曰：『汝何若是？』對曰：『人到神思昏處，不知如何又作非爲，大抵喫不過内外人朝説暮説浸潤，一時見利忘身。』朕謂曰：『此時如何？』曰：『臣臨刑方覺，悔之不及。』此于敏若是而對。朕所審況非一日，所對未嘗異詞。

嗚呼！愚頑終化不省，臨刑方覺，死而後已。嗚呼！生身之恩既不能報，貞良之妻自棄不撫，古至於今，若此者鮮矣。

開州追贓第二十五

有司務在問民疾苦，撫安良善，罪姦治頑，伸冤理枉。其大名府開州州判劉汝霖，係江西布政司九江府耆儒，受任以來，不將所學運用以持心，而乃棄先聖先賢之道，私邪妄作，上謗朝廷，下虐良民。其北平布政司、按察司官吏李彧、趙全德等，通同六部官郭桓等，十二道丁廷舉等，寄借贓鈔。各官事發，坐名定數，遣人追取。本州官吏羅從禮等，分寄一萬七千貫。州判劉汝霖竟不將前項所寄贓鈔照名追還，卻乃帖下鄉村，遍處科民，代陪前項鈔貫。朕知諸處有司一體如是，故出詔播告天下官民人等：『所有物件錢物寄借，須憑文約。如無，諸司不理，理者抵罪。』其州判劉汝霖視爲泛常，仍復出帖科民，甚至禁錮其民，逼令納鈔。其帖之詞曰：民不以朝廷追贓爲重。致有開州耆民，不忍坐視民患，赴京面奏者五人焉。即遣人按治，果如奏狀，於是將州判劉汝霖梟令於市。

朝臣優劣第二十六

洪武十八年，户部試侍郎郭桓事覺發露，天下諸司盡皆贓罪，繫獄者數萬，盡皆擬罪。或曰：『朝廷罪人，玉石不分。』吁！朕聽斯言，所言者理哉！此君子之心，惻隱之道，無不至仁。此行推之於君子則可，小人則不然。且都察院詹徽、刑部掌部事唐鐸，二者異同，下人所事亦異同。徽剛斷嫉惡，不容姦僞，所役之吏，髮蓬面垢，容愁肌瘦，不異羈囚，蓋不得肆其貪有若是。其鐸，始友及臣，至今三十四載。其人交不知變色，絶不出惡聲，德有餘而才少不足，屢被小人相累，陷極刑者二三。朕深知其德，宥而弗罪，以眷其德也。今姦人、小人不然：徽剛則謗訕滿朝；鐸重厚無疵，其姦人、小人反爲懦而無爲，一切行移計稟，皆舞文弄法以愚之，賄賂公行，鐸無奈何。

嗚呼！聰明決非者以爲非，淵泉其德、海容其物以爲愚。人心之不古有此耶！當諸司酷害於民，有能惻隱民艱，不與同類，科斂之際，或公文不押，或阻當不行，或實封入奏，以恤吾民。此際不分輕重，豈不妄及無辜？每每科無阻當，徽無惻隱，混貪一概，又何分之有哉？

問贓緣由第二十七

如六部有犯贓罪，必究贓自何而至。若布政司賄於部，則拘布政司至，問斯贓爾自何得，必指於府。府亦拘至，問贓何來，必指於州。州亦拘至，必指於縣。縣亦拘至，必指於民。至此之際，害民之姦，豈可隱乎？其令斯出，諸法司必如朕命，姦臣何逃之有哉？嗚呼！君子見而其政尤勤，小人見而非心必省。

京民同樂第二十八

在京人民，朕於静處少有暇心，即思必與同樂。不期愚民爲胡陳所誘，一概動摇，至今非心不格，面從心異。曩者愚民奔走門下，紛然競起，搆作馬前之卒，爲奇謀，爲吏役之道自慶。姦狡蔽其仁心，是非迷其本性，由是身亡家破。邇年以來，坊廂人户不許差役，使得遂其生。今者諸司犯法，贓在坊廂，其坊廂村店人等不奉朕命，固替姦貪隱匿，直至身亡家破而後已。今後天下内外、城市鄉村，凡我良民，無得交結官吏。設若家道生受，誤用官吏贓私錢物，纔聞官吏發露，即於所在官司首告，與免交結之罪。

官民犯罪第二十九

今後官民有犯罪責者，若不順受其犯，買重作輕，買輕誣重，或盡行買免，除死罪坐死勿論，餘者徒流遷徙笞杖等罪，賄賂出入，致令冤者不伸、枉者不理，雖笞亦坐以死，法司罪同犯者。此犯不分贓之巨微，除失錯公罪不坐，凡私的決，並不虛示。

僧道不務祖風第三十

僧尼、道士、女冠，敢有不務祖風，混同世俗，交結官吏，爲人受寄生放，有乖釋、道訓愚之理，若非本面家風，犯者棄市。

民不知報第三十一

民有不知其報，而恬然享福，絕無感激之心。因不知其報，不知其感激，一日天災人禍並至，茫然無知其由，憂愁滿室，抱怨横嗟，孰不知不知其報而若是耶？且以社稷言之，古先哲王立壇以祀之，嚴恭祇奉，未敢有怠。何也？蓋社，五土之神；稷，五穀之神。五土發生五穀，爲民立命，天子不能遍祭於天下，則諸有司立壇所在而祭之。又立大社大稷於雉闕之右，與廟相對，親之也。所以春祭於社，祈嘉穀之生成；秋之祀，是報成也。凡良民造理者，居一方一隅，食土之利，不拘多少，其心日欲報之。其誠何施？以其社稷立命之恩大，比猶父母，雖報無極。良民有此念者，家道不興鮮矣！

方今九州之民，有田連數萬畝者，有千畝之下至于百十畝者，甘於利其利，而不知其報者多矣，然而未嘗不爲富破其家資，以保其富。嗚呼！至此之際，怒貫神人，天災人禍由是，所以破家資，不過賄賂有司，君差不當，小民靠損，所以不知其報在此也。若欲展誠以報社稷，爲君之民，君一有令，其趨事赴功，一應差稅，無不應當。若此之誠，食地之利，立命之恩，斯報矣。咸云：君養民，果將何以育之？君之服食，皆民所供，衣食既係民供，果何養民哉？然君之養民，五教五刑焉。去五教五刑而民生者，未之有也。所以五教育民之安，曰父子有親，君臣有義，夫婦有別，長幼有序，朋友有信。五教既興，無有不安者也。民有不循斯教者，父子不親，君臣不義，夫婦無別，長幼不序，朋友不信，强必凌弱，衆必暴寡，鰥寡孤獨，篤廢殘疾，何有之有焉？既不能有，其有命何存焉？凡有此者，五刑以加焉。五刑既示，姦頑斂迹，鰥寡孤獨，篤廢殘疾，力弱富豪，安其安，有其有，無有敢犯者，養民之道斯矣。今之頑民，罔知立命之由，妄破家資，買囑官吏，故犯憲章。身亡家破，由人神之監見也。百祥百殃，信矣哉！

水災不實第三十二

有司牧民，水旱災傷，是爲急務。自朕即位以來，各處水旱災傷，蝗蝻生發，民人告災，有司多不准理。及至准理，通同無藉頑民，以荒作熟，以熟作荒。以荒作熟，小民愈覺艱辛；以熟作荒，無藉頑民以爲得志，孰不知天災人禍至有日矣。嗚呼！君子、小人得有司之位者，當災傷之際，君子所以難爲，小人易爲。云何？君子受理，被頑所誣，所以受與不受者兩難哉，蓋由頑民致是。小人徑理，以其賄賂行焉，誣上虐下，竟不爲畏。且如高郵州民有水災，朕令進士詣踏。未至災所，其有司、民人即以災册至。進士謂曰：『未曾沿丘履畝，先進是册，爲何？』曰：『馬前册。』嗚呼！民有不淳者，其同知劉牧不才尤甚。若允馬前册以進，更微與顔色交談，馬前册爲實哉，賄賂公行矣。其進士不諾，必欲親詣災所。其同知劉牧與頑民議，將已熟禾稼盡行剷去，引水灌其地，若此者若干頃畝。嗚呼！所以君子未敢受理者，爲此也；同知劉牧易爲受理者，亦爲此也。

姦吏建言第三十三

紹興府餘姚縣吏葉彦彬，父亦在閒之吏。其子邑呼曰小疾靈，以黄冠符篆印作縣印，用使批文，下鄉騙民，被弓兵史敬德覺露。本吏賄於有司，虛有罪，實釋之。後以吏役起赴京師，其吏心懷舊恨，外名仁義，内包禍心，建言便民事理，中含報讎於弓兵史敬德等二人。依所言章，皆以人至法司。對問間，所言事内已虛三件，況實報讎告人。御史王式文徇情，出妄告之罪。御史王式文因别事不公者多，由小疾靈因事發露，墨面文身，挑筋去指，書吏梁仲真亦然。既刑之後，皆繫獄中。係原問小疾靈之官，不餘數日，乃與小疾靈同獄。疾靈係是有罪之徒，因罪未決，得以縱横，繞房代人書寫。疾靈事内被告者，知疾靈姦詐百端，難以口對免，曰：『毋我對詞。』疾靈知被詐者畏懼，謂曰：『若毋對，爾將何我益？』曰：『以銀相送。』時在獄中，不便取與，人各與花押一枚爲照。是後各出繫獄，果送鈔銀布疋。時朕親問諸司，疾靈他犯又將及身，促爲所知，畏懼罪責，乃以鈔銀緞絹布疋，赴通政司首。嗚呼！人不畏法，有若是歟！疾靈繫獄處所，黥刺斷筋者盈牢，呻吟動地，膿血交流。本身之罪未決，輒敢於苦楚處受贓。父本老吏，朝廷起取，即推風疾不起。其子赴京，父子俱至。疾靈被獲，傍云：『父亦在是。』詢及疾靈：『伊父果來乎？』對曰：『歸矣。』遣人試捕，就京被獲。父子無端，有若是耶！詢情鞠弊，其罪甚深，父子皆死，孰不目擊耳聞？其他犯者，尤有甚焉。

倉庫虛出實收第三十四

天下倉廒並庫藏等處，官攢斗級人等有犯贓私，問贓自何而得，必供虛出實收，與納户某人，接受錢物若干。當此之際，憑招勾納户到官，加倍追陪。當該法司不行，如敕究問追徵，罪如犯者。

行人受贓第三十五

行人受命而出，或捧制書，或尋常差使，或催督六部、都察院公事。所在受贓者，問贓自何而來，必供諸司所與。擒至諸司，問此賄賂錢物從何而至，必供取之於民。其害民之姦，豈可隱乎？當此之時，除民人被其威逼科斂不罪外，官吏與者、受者罪同。

民陳有司賢否第三十六

自布政司至於府州縣官吏，若非朝廷號令，私下巧立名色，害民取財，許境内諸耆宿人等，遍處鄉村市井連名赴京狀奏，備陳有司不才，明指實迹，以憑議罪，更賢育民。及所在布政司、府州縣官吏，有能清廉直幹，撫吾民有方，使各得遂其生者，許境内耆宿老人，遍處鄉村市井士君子人等，連名赴京狀奏，使朕知賢。凡奏是奏非，不許三五人十餘人奏。且如府官善政，概府所屬耆老，各縣皆列姓名具狀。其律內不許上言大臣美政，係干禁止。在京官吏人等毋得徇私黨比，紊亂朝政。在外諸司，不拘此律。

籍沒攬納户第三十七

攬納户攬到人户諸色物件糧米等項，不行赴各該倉庫納足，隱匿入己，虛買實收者，追物還官，然後處以重刑，籍沒家產。

安保過付第三十八

所在府州縣安保之家，並說事過錢人，皆以口舌利便說誘，是致君子一時被其昏愚，隱入憲章。今後敢有如此者，處以重刑，籍沒家產。

詭寄田糧第三十九

將自己田地移丘換段，詭寄他人，及灑派等項，事發到官，全家抄沒。若不如此，靠損小民。

冒解罪人第四十

所在有司官吏，上司着令勾解罪人，往往賣放正身，將同姓名良善解發。今後若此，該吏處以重刑。

折糧科歛第四十一

浙西所在有司，凡徵收，害民之姦甚如虎狼。且如折收秋糧，府州縣官發放每米一石，官折鈔二貫，巧立名色，取要水脚錢一百文，車脚錢三百文，口食錢一百文。庫子又要辨驗錢一百文，蒲簍錢一百文，竹簍錢一百文，沿江神佛錢一百文。害民如此，罪可宥乎！

重科馬草第四十二

馬草事，户部侍郎郭桓等官，受要應天、太平、鎮江、寧國、廣德五府州納草人徐添慶等户贓鈔，不行追徵合納馬草，卻於已納安慶府人户内，多科補納五府州原欠數目。以致農忙時月勾取各各人户到官，問出前由，害民之姦纔方顯露。

諭官無作非爲第四十三

諸衙門官到任，朕嘗開諭：『無作非爲，顯爾祖宗，榮爾妻子，貴爾本身，以德助朕，爲民造福，立名於天地間，千萬年不朽，永爲賢稱。』去後，曾幾人依朕所諭？到任之際，掌錢穀者盜錢穀，掌刑名者出入刑名，使冤者不伸，枉者不理，致使銜冤無訴。縱然欲訴，下情不能上達；間有達者，朕知其然，擒姦貪，獲無道，置之極刑，或加流竄，刑以徒役，決以笞杖，是非分明。死者且已，生者以是飾非，謾朋友，誑鄉曲，皆曰本身無罪，乃云朝廷刑暴，如此謗訕者多矣。朕嘗開諭之際，甚是明白，往往不依朕言，反自取禍。

且如惡人犯罪，善者過誤遭刑，二者有畏笞杖傷及肌膚者，有畏死而不得生者。二者畏罪甚矣，乃以金帛賄賂於當該。其當該者，反不以揚祖宗、榮妻子、貴身惜命爲重。前二者畏死買生，爲官者反不畏死，徑接受其贓，將自己性命故入憲章。臨刑赴法，纔方神魂蒼惶，仰天俯地，張目四視，甚矣哉，悔之晚矣！豈止晚矣，終不獲生。如兵部侍郎王志，爲勾捕逃軍等事，受贓二十二萬。朕親問之：『爾貪何若是？』對曰：『財利迷其心，雖君、親亦忘之。』曰：『今如何？』對曰：『臣臨刑方覺，悔不及矣。』嗚呼！財利之迷人，非正人君子、至賢之士，不可得而免矣。嗚呼！免何難哉，其不用心爾。

曩元末之時，羣雄並起，孰不以子女玉帛爲先，良騎美服爲上，酣歌作樂爲奇，生離人父母妻子爲妙？　朕亦擾攘中，於斯數事爲何不能？　其保身惜命而不敢。當未定之時，攻城略地，與羣雄並驅十有四年餘，軍中未嘗妄將一婦人女子。惟親下武昌，怒陳友諒擅以兵入境，既破武昌，故有伊妾而歸。朕忽然自疑：『於斯之爲，果色乎豪乎？』智者監之。朕爲保身惜命，去聲色貨利而不爲，蓋爲慕聲色貨利者，數數朝興暮敗。監此非爲，終不同其愚。志量豈難哉！

社學第四十四

好事難成，且如社學之設，本以導民爲善，樂天之樂。奈何府州縣官不才，酷吏害民無厭。社學一設，官吏以爲營生。有願讀書者，無錢不許入學。有三丁、四丁不願讀書者，受財賣放，縱其愚頑，不令讀書。有父子二人，或農或商，本無讀書之暇，卻乃逼令入學。有錢者又縱之，無錢者雖不暇讀書，亦不肯放，將此輳生員之數，欺誑朝廷。嗚呼艱哉！天災人禍，若不災於此官此吏，載在祀典之神無憑可敬。似此善道難爲，惟天可監，智人詳之。朕恐逼壞良民不暇讀書之家，一時住罷。復有不知民艱，茫然無知官吏害民者，數言社學可興。吁！　古云爲君難，誠如是。爲臣不易，果然哉！　間有忠良，同兇頑之徒聯銜，日被所汙，終不能清，不易哉甚矣。嗚呼！惟天可監。兇頑之徒，何父母所生，造惡以陷人，終化不醒？神明監焉，禍有日矣，遲疾焉。

耆民奏有司善惡第四十五

今後所在布政司、府州縣，若有廉能官吏切切爲民造福者，所在人民必深知其詳。若被不才官吏、同寮人等捏詞排陷，一時不能明其公心，遠在數千里，情不能上達，許本處城市鄉村耆宿赴京面奏，以憑保全。自今以後，若欲盡除民間禍患，無若鄉里年高有德等，或百人，或五六十人，或三五百人，或千餘人，歲終議赴京師面奏：本境爲民患者幾人，造民福者幾人。朕必憑其奏，善者旌之，惡者移之，甚者罪之。嗚呼！所在城市鄉村耆民智人等，肯依朕言，必舉此行，即歲天下太平矣。民間若不親發露其姦頑，明彰有德，朕一時難知，所以囑民助我爲此也。若城市鄉村有等起滅詞訟，把持官府，或撥置官吏害民者，若有此等，許四鄰及闔郡人民指實赴京面奏，以憑祛除，以安吾民。嗚呼！君子目朕之言，勿坐視縱容姦惡患民。故囑。

文引第四十六

凡布政司、府州縣耆民人等赴京面奏事務者，雖無文引，同行人衆，或三五十名，或百十名，至于三五百名，所在關津把隘去處，問知面奏，即時放行，毋得阻當。阻者論如邀截實封律。

民知報獲福第四十七

方今富豪之家、中等之家、下等之家，富者富安，中者中安，下者下安。去古既遠，教法不明，人不知其報，反造罪以陷身。富者田多詭寄，糧稅洒派他人；中者姦頗少同；下者因無可恃，歲被靠損者有之。上中數犯，罪責者有之，有傾家覆産者有之，蓋由不知其報而致然耶？若使知報之道，知感激之理，則於閒中起居飲食，不時舉手加額，乃曰：『稅糧供矣，夫差役矣，今得安閒，上奉父母於堂，下撫妻子於室。』雖篤廢殘疾，富有家資，除依差稅外，餘廣家資，本身生不能捍本家之患災，其兇頑之徒，孰敢稱名道姓而盜取之？云何？蓋君，禮法之所治也：禮，人倫之正，民間安分守禮者多；法，治姦繩頑。二者並舉，遍行天下，人民大安。所以孝子順孫，得奉祖宗父母。父母已逝者，除歲時祭祀外，餘有其有，優游於家庭，遂歡妻撫子於一生，絶無禍殃。爲何？蓋爲知其報矣。

僞鈔第四十八

寶鈔通行天下，便民交易。其兩浙、江東、西民有僞造者，甚惟句容縣楊饅頭。本人起意，縣民合謀者數多，銀匠密修錫板，文理分明，印紙馬之户同謀刷印。捕獲到官，自京至於句容，其途九十里，所梟之尸相望。其刑甚矣哉，朕想决無復犯者。豈期不逾年，本縣村民亦僞造寶鈔，甚焉鄰里互知而密行，死而後已。嗚呼，若此頑愚，將何治耶！

郭桓造罪第四十九

造天下之罪，其造罪患愚者無如郭桓甚焉。其所盗食糧，以軍衛言之，三年所積賣空，前者榜上若欲盡寫，恐民不信，但略寫七百萬耳。若將其餘倉分，並十二布政司通同盗賣見在倉糧，及接受浙西四府鈔五十萬張，賣米一百九十萬不上倉，通算諸色課程魚鹽等項，及通同承運庫官范朝宗偷盗金銀，廣惠庫官張裕妄支鈔六百萬張，除盗庫見在寶鈔、金銀不算外，其賣在倉税糧，及未上倉該收税糧，及魚鹽諸色等項課程，共折米算，所廢者二千四百餘萬精糧。嗚呼！古今貪有若是乎！其郭桓不才，乃敢如是。其中所分入己者幾何，罪及同謀，愚頑者生死紀必枚焉。空倉廩，乏府庫，皆郭桓爲之。

揚州魚課第五十

揚州瓜埠河泊所，欠魚課鈔四萬張。其郭桓著令追陪，通同揚州府知府戰慎，不令網業户及湖官陪償，卻乃行下富户追陪。追鈔既足，各人分受入己，變買銀兩。其所欠四萬贓鈔，行下湖官原籍江西布政司追陪。及其鈔至，猶且因循不進，意圖入己。雖未入己，由是而犯。嗚呼！揚州魚户欠鈔，指以湖官原籍江西，著令江西布政司追陪。其布政司不才，將平民一概科陪，又非揚州河泊所民。初本所欠四萬，今兩處共追八萬。揚州四萬已行入己，重復追徵四萬，又欲侵欺。君子監焉，人有如此無狀者。

吏屬同惡第五十一

府官、州官、縣官，府吏、州吏、縣吏，一切諸司衙門吏員等人，初本一概民人，居於鄉里，能有幾人不良？及至爲官爲吏，酷害良民，姦狡百端，雖刑不治。朕思是官是吏，其父母妻子聞此酷害良民，如何並不推己以戒之、以諫之，致令身家禍焉？詳觀其屬，非同惡相濟，豈如是耶？

納糧入水第五十二

納糧人户及收糧倉官、斗級人等，身亡家破，皆自招也。且如大軍倉廒，每間不下萬餘石，良民務以乾圓潔浄上倉，姦頑無藉之民但知己之圖利，不知所壞甚多。且如有納一千石者，通同倉官人等，入水上倉，比所納者，止是一千入於萬石之中，一蒸之後，滿廒盡壞。所納甚少，所壞甚多，天災人禍豈有不至者耶？

納豆入水第五十三

馬料豆，年年有等姦頑人户通同倉官人等，拌水袢豆，以增斛面，弊同乎米。米壞尚有可食者，豆壞六畜不食，人何用之？每倉一間不下萬餘石，因一户姦頑攙水交納，濕熱一蒸，盈廒皆壞，如此者多矣。及期拏住官攢人等，治以極刑。無知朝廷艱辛者，乃曰刑酷，孰不知此等之徒，姦頑無厭。近爲郭桓敗露，倉拆廒移，平基毁牆，得見官攢人等造禍之深有如此。將米豆稻成千餘石，或百石，盡行埋瘗於地下，一概毁爛，其數不少。設心如此，君子監焉。

造册科歛第五十四

置造上中下三等黄册，朝覲之時，明白開諭：毋得擾動鄉村，止將黄册底册，就於各府州縣官備紙劄，於底册内挑選上中下三等，以憑差役，庶不靠損小民。所諭甚明。及其歸也，仍前著落鄉村，巧立名色，團局置造，科歛害民。此等官吏，果可容乎！

積年民害逃回第五十五

積年民害官吏，有於任所拿到，有於本貫拿到。此等官吏，有發雲南安置充軍者，有發福建、兩廣、江東、直隸充軍者，有修砌城垣二三年未完者。這等官吏，皆是平日酷害於民者，且如勾逃軍，賣正軍，解同姓。朝廷及當該上司，勾拿一切有罪之人，賣正身，解同姓。朝廷著追某人寄借贜鈔，皆不於某人處正追，卻於遍郡百姓處一概科徵代陪，就中剋落入己不下千萬。其餘生事科擾及民間詞訟，以是作非，以非作是，出入人罪，冤枉下民，銜冤滿地。其貪婪無厭，一時筆不能盡。此等之徒見在各處，軍者軍，工者工，安置者安置。設若潛地逃回，兩鄰親戚即當速首，拿赴上司，毋得容隱在鄉，以爲民害。敢有容隱不首者，亦許四鄰首。其容隱者同其罪而遷發之，以本家産業給賞其首者。

差使人越禮犯分第五十六

皂隸係是諸司衙門執鞭縋鐙、驅使勾攝公事之人。此等之徒，往往承差於所屬衙門，幹辦公務，或勾罪人，徑入公廨，據公座而坐者有之，當道直行者有之，從正門入者有之。嗚呼！公廨朝廷所設，禄君子，貴賢人，分理庶務，民人瞻仰之所，豈是奴僕皂隸人等入正門，馳當道，坐公座，有乖治體。此等之徒，父母不教，妻子不諫，致使奴僕之體褻慢官制。今後敢有如此者，全家遷入雲南。當該主使者，臨遣之時，不行省會，毋得犯分，杖一百。其容令入正門，馳當道，坐公座，此等衙門官吏，不行舉覺，杖一百，流雲南。已將洪武十八年秋九月，爲水災事，揚州府差皂隸宋重八下高郵州傳遞事務，其高郵州同知劉牧，輒令本卒入正門，馳當道，坐公座，劉牧跪與執結。嗚呼！其同知劉牧不才，不如一婦人爾，自賤其體，受皂隸宋重八辱。興化縣知縣敖德真，皂隸宋重八到縣亦欲如此，知縣敖德真執法不從，以致事覺。已將同知劉牧、皂隸宋重八杖斷流入雲南煙瘴，興化縣知縣敖德真受賞。嗚呼！君子小人有若此之異乎！自今以後，各宜慎之。敢有不遵者，當該受辱衙門，拿赴京來。吏員、承差人等敢有如此者，其罪尤甚。若六部、都察院、在京諸衙門及駕前校尉、力士、旗軍、行人等，非捧制書，止受批差，敢有似前越禮犯分者，許所在官長實封入遞。

今後除朝廷差委各處要招打斷外，其布政司、都司、按察司、鹽運司、府州縣，毋得輒差吏員、承差、皂隸人等於各衙門要招打斷。敢有如此者，罪亦如之。

祭祀不敬第五十七

開諭：爲一郡一邑之主，豈止牧民而已？其鬼神必欲依之，陰陽表裏，以行人道。故諭之，出則辭於神，入則告於神。官長既敬，民必畏從之。民人既敬，鬼神奠安，一方善惡，災臨福臨，必不至於妄加。諭後，曾幾人虔恭寅畏？豈止不畏，江浦縣知縣劉進等，盜其祭帛；鞏縣知縣饒一麟等，未祭而先食其牲牢臟肉；聞喜縣丞周榮，以活鹿送人爲玩物，以死肉奉祀於山川社稷之神。嗚呼！人有不才者如是，然不旋踵而亡者幾人，其禍安得而逃耶？

鄉飲酒禮第五十八

鄉飲酒禮，朕本不才，不過申明古先哲王教令而已。所以鄉飲酒禮，敘長幼，論賢良，別姦頑，異罪人。其坐席間，高年有德者居於上，高年淳篤者並之，以次序齒而列。其有曾違條犯法之人，列於外坐，同類者成席，不許干於善良之席。主者若不分別，致使貴賤混淆，察知或坐中人發覺，主者罪以違制。姦頑不由其主，紊亂正席，全家移出化外，的不虚示。嗚呼！斯禮始古先哲王之制，妥良民於宇内，亘古至今，興者鄉里安，鄰里和，長幼序，無窮之樂，又何言哉！吾今特申明之，從者昌，否者亡。

鄉民除患第五十九

今後布政司、府州縣在役之吏、在閒之吏，城市鄉村老姦巨猾頑民，專一起滅詞訟，教唆陷人，通同官吏害及州里之間者，許城市鄉村賢良方正豪傑之士，有能爲民除患者，會議城市鄉村，將老姦巨猾及在役之吏、在閒之吏幫縛赴京，罪除民患，以安良民。敢有邀截阻當者梟。今拿赴京之時，關津渡口毋得阻當。

沉匿卷宗第六十

金吾後衛知事靳謙，始由小吏起取赴京，見其年壯聰敏，徑授金吾後衛知事，操持案牘，掌管衛兵。初見聰敏，朕以爲必然至誠，託以心腹，雖有機密事務，亦曾使令究焉。幾歲間，事頗不律。如不律者，皆罪之，獨謙且免。謙不知其恩，數犯以爲常，朕方知非是懷恩之士。命斷事官稽衛卷宗，令謙親挾卷宗赴斷事官覿面考對。及其至官，一衛卷宗十不存一。於是着追明白，謙終日支吾，獨以肌膚以拒刑，又令妻妾擊鼓以訴。覈之不實，斷事官覆奏，朕親問之，謙不以卷宗奏答，卻言斷事官誹謗朝廷。試將與斷事官周士銘對問，委實謗言。朕復問謙：『斷事罪已，爾一衛卷宗安在？』謙不答。復問卷宗有無，亦不答。再問到了卷宗有無，謙回言：『到了無。』於是凌遲處死。嗚呼！金吾後衛，謙未任之先，軍七千餘。自謙到任，增至八千餘，其一切賞賜月支，其數浩大。謙盜賣倉糧數多，剋落月支並賞賜，其數亦浩大。故不立案，必欲支吾，意在偷生，安可免乎？

馬站第六十一

站馬之設，遠在萬里，報不逾二旬，安民之道甚矣。洪武初，兵方息，民方生，餘資何有。彼時，自京至於西涼、北平、山西、山東、遼東、四川，皆設馬驛，着定民人自備。其良民奉命，竭家資以備走遞。時一馬千貫者有之，九百貫者有之，七八百貫者有之，貴矣哉！以此觀之，何民不因馬驛而貧矣。嗚呼，良矣哉！古先哲王之教，民間相傳，良民趨事赴功，終不爲怨，教之良矣。良民之良，良尤甚矣。洪武十四年、十五年，獄有囚者，命人視審之，謂曰：『死者欲生乎？徒者欲免乎？』皆曰：『願。』曰：『爾破家資，買馬入驛，以便走遞，代先勞之民。』從之。於是脫羈去禁，各着驛所。一至驛所，即買病馬以應之。未久馬死，數以鈔賂驛官，不半年餘，其賄賂之財，可買上等馬一疋。其姦頑之徒，寧可不買馬入驛，惟務賄賂驛官。以致使臣至驛闕馬，令人輿行。事發，着買馬二疋，復工役無休。於斯之時，姦民愈愚。嗚呼！中上之民，着令走遞，終歲人馬不闕，雖是家道窘逼，亦不敢有違。以此觀之，良者愈良，姦者愈愚，驗矣哉！

開諭糧長第六十二

糧長，往常民間不便，蓋是有司官不肯恤民，止是通同刁詐之徒，生事多端，取要財物，民人一時不能上達。如今教你每户家做糧長，民有事務，糧長除納糧外，開中會鄉里一萬石糧内長者、壯者，與他説，各處府州縣從古設社稷壇場，官長每祭祀。春謂之祈風雨以時，五穀豐登；秋謂之報成也。古先哲王所奉之社，五土之神；稷，五穀之神。五土發生五穀，立人性命。王者不能遍祭，所以所在食其利者，令有司設壇以祀報之。又於京内皇城之外，闕之右，立太社、太稷，以對宗廟而祀之，特親之也。所以春祈秋報，爲民造福。今民有數千畝、萬畝或百畝、數十頃、數十畝者，每每交結有司，不當正差。此等之家，不知千萬畝田，千萬畝天覆，數百十頃、畝者如是。其風雨霜露與地相合，長養五穀。其家食其利以安生，往往不應正役，於差靠損小民，於糧税灑派他人。買田不過割，中間恃勢移丘换段，詭寄他人。又包荒不便，亦是細民艱辛。你衆糧長會此等之人，使復爲正，毋害下民，了畢畫圖貼説。果有荒田，奏知明白除豁。糧長依説辦了的是良民，不依是頑民。民有不遵者，具陳其所以。

妄告水災第六十三

鎮江丹徒民有告水災者曹定等，所告二百三十七頃，所踏止一百六十五頃。踏官拘草藁而視之，其藁中之辭曰：『某頃某丘，可作某頃某丘。』以熟作災，以災作熟。初朕聞水災，急令人踏，意在賑濟佃户，有産之家罷給，豈期刁詐之徒有此？所以各處有司，每逢人間水旱災傷往往不受理者，爲其刁詐之民相累也。且如丹徒曹定等，以熟作荒者六十八頃九十八畝，本家田萬畝有奇，以熟作荒者四頃七十三畝。彼爲狀首，將民間餘災不報，以荒作熟，坑陷善良。爲此，着修城一百五丈。嗚呼！鎮江府，京師羽翼之郡，肇基先勞之民，天下既平，數免徵税，止是當夫。自洪武十四年免徵秋夏税糧，至洪武十八年，五年並不曾徵税。今年妄告水災，竟不知姦出何意，所以不赦者爲此也。

姦貪誹謗第六十四

姦貪無福小人故行誹謗，皆説朝廷官難做。且府州縣止以秋糧夏税言之，民人已將秋糧夏税納矣，不甚勞於有司，一税辦矣。其府州縣官有就倉盜賣者，有與頑民相通，接受贓私，虚出實收者。此果民人難管，二税艱徵，陷官於罪責耶？實由貪而自取滅亡耶？府州縣官專一宣布條章，辨民曲直，民有户婚田地，鬪毆相争，一是一非，初招明白，不甚難於官吏。既知是非，輒起貪心，倒持仁義，接受贓私，禍善福頑，以招自身之禍。此果刑名之難歟？實姦頑之自取歟？嗚呼！絶賢輔我，所用皆非忠志之士，自作非爲，强聲君過，妄彰君惡，逢親友於所在，掩非飾過，昧己謾人，天災人禍，豈有不遇者耶！

設立糧長第六十五

糧長之設，本便於有司，便於細民。所以便於有司，且如一縣糧該十萬，止設糧長十人，正副不過二十人，依期辦足，勤勞在乎糧長，有司不過議差部糧官一員，赴某處交納，甚是不勞心力。嗚呼！其不才有司官吏，通同姦頑，夤緣作弊，故行零碎，先後設計留難，紊亂不勞心力之事，自取滅亡。教化風俗乃有司之首務，民有風俗未美者，朕何嘗速責於有司？必待自漸而成。刑名失出失入，爲其人人精神有限，智識短長，未曾輕責失出失入之官。錢糧盡在民間，徵斂不足，其頑在民，何嘗即責有司？所以責者，接受贓私，故行出入罪名，於糧虚出實收，就倉盜賣，有時妄起科徵。如此虐吾良民，所以罪者爲此也。便於細民之説，糧長就鄉聚糧，其升合斗勺，數石、數十石之家，比親赴府州縣所在交納，其便甚矣。奈何愚民猶有謗言，乃曰受害，此人情之難處。有等糧長，貪婪無厭，將自己合納二税，盡爲衆户所包，少有不從，倚官挾勢，臨門弔打，細民從之。有等糧長，心懷仁德，性體柔懦，上不倚官，下不挾勢，並不令細民包納本户二税，從實催徵。民情不然，欺侮懦弱，故行過期不足，反累善良。嗚呼！吾言至此，惟天可監，君子詳觀。

徵收不時第六十六

嗚呼！有司官吏不才害民，有若是耶？專以二季徵税爲姦計。麥方弔旗，而催夏税。秋税，穀秧方節，早催秋税。窘民於青黄不接之時，逼民於結實未堅之際，頻於箠楚，得贓緩矣。及其糧成期至，可以上倉，其官吏人等故行遷延，刁蹬留難，不得便於上倉，直待有益於己而後已。嗚呼！天災人禍不至，其徒自死，必有日矣。

户部行移不實第六十七

户部尚書茹太素，左侍郎張易，右侍郎張文質，本部郎中吕士威、王士廉、劉景顔，員外郎蒲如真、黄安，及主事傅友文、王毅、徐阜良、接恭、李益、王肅、部文燁、姚德榮、蔚綬、方彦逸等官，故推闒茸，將應施行事務故不施行。及至督責，口稱事務繁冗，發落不開。於是命總目日事若干，以憑考驗。十月十八日早，來呈十七日事件，數該一百四十三件。敕給事中張衡、監察御史胡昌齡，比日考對所單之數。各各公文皆非十月十七日本日公文，盡是十月初三日連日累至十七日，故不施行垛下數目。纔命稽考，卻乃星夜將半月故行沉滯公文，妄作十七日接納，發放一百四十三件，面欺以爲冗繁。細察所以，十七日本日止有公文六件行移。以此觀之，面欺平詐一百三十七件。海内智人觀之，姦頑無藉之徒，擅敢肆侮如是。

御史汪麟等不才第六十八

廣東道監察御史汪麟、户部主事王肅，係洪武十八年進士。登科之後，朕嘗愛惜，分布各司，於公文並不署押，政事與正官一體施行。所以不押字者爲何？恐見任官不才，有累進士，所以事雖辦而字不押，倘有事務差遲，罪歸見任，特意優容進士。其諸進士不才者多，恩且不懷，姦猾日務，獨汪麟、王肅尤甚。見其恩不懷而詐日習，於是實授以職，命事諸司。

未久，户部主事王肅，藏匿錦衣衛力士支賞册，内力士四千名。本衛知事累次索取，推稱亡去，終不肯與，致令衛知事陳叔銘奏聞。朕親問之：『其册安在？』曰：『亡矣。』朕謂曰：『斯册一失，弊大矣。所賞人各鈔壹錠，布二疋，計鈔四千錠，布八千疋。爾若堅執不與，本衛必重造關支。支則支矣，其後將不逾月，小吏通同庫藏，憑所亡之册一概盜支，罪甚矣哉，爾可免乎！』朕言至此，明旦，主事王肅以册來首。嗚呼！郭桓死而未朽，爾乃疾蹈其蹤，燈窗之學安在？

廣東道御史汪麟，初在北平道，不押公文，特使涉歷諸事。其汪麟常不居道，四散優游。都御史題名榜示：『進士汪麟不着道爲何？』明旦懇告諸生，於都堂求免，從而去之。既授監察御史之任，輒懷己私上言，其首辭曰：各部所任之官，動履紊錯，日獲譴責，然諸事不能一一盡理。次曰妙選布政司、有司。三曰御史本達情以廣言路，問刑名失職，方今刑名輕重爲能事，問囚多寡爲勳勞。如此懷私妄誕，惑亂朝政。曲赦其罪，竄居金齒，以成見在志人。

刑餘攢典盜糧第六十九

龍江衛倉官攢人等，爲通同户部官郭桓等盜賣倉糧，其官攢人等已行墨面文身，挑筋去膝蓋，仍留本倉守支。不逾半年，進士到倉放糧，朝發籌二百根，至晚乃收二百三根。進士詰焉，乃是已刑之吏康名遠仍肆姦頑，偷出官籌，轉賣與一般刑餘攢典費祐，盜支倉糧。嗚呼！當是官、是吏受刑之時，朕謂斯刑酷矣，聞見者將以爲戒。豈意攢典康名遠等肢殘體壞，形非命存，惡猶不已，仍賣官糧。此等兇頑之徒，果將何法以治之乎？

和州魚課第七十

和州判官唐仲芳與同知州邵傑，將本州青沙坊等河泊所原辦課鈔一萬九千四百四十貫各分入己。及至上司催督起解，卻將本州人户不分城市鄉村一概科斂，每户一貫、二貫者有之，或三貫者有之，以此補納前項課程。本州人户數多，科徵鈔數倍於課額，除陪官外，仍復各分入己。如此貪婪無已，罪惡貫盈，致有人吏計彥彰首告發覺。良民被其剥害，不可勝言。

教官妄言第七十一

天下府州縣學官，咸懷先聖先賢之道，於斯至精者，方敢領受是任，敷演先聖先賢之道，以開天生上智之人，以明中材之士，以訓下愚之徒。學校之設，豈非禮之徒易居之所？實乃賢人君子端本澄源之所。設使君子居是，其徒日漸君子矣；惡人居是，其徒日漸兇徒矣。

洪武十八年冬十月，寧國府教授方伯循，實封寧國府知府韓居一，其辭曰：『於齋戒未祭，先食牲牢肉臟，又且飲酒。』及其勾問，其府官並無二項非爲，餘罪不律者有之。詢其所以，府官嚴督學校，以致教授方伯循、生員張恒等五名憾是督責，遂於祭祀之際，窺伺府官飲茶。教授方伯循自行飲酒，徑率諸徒詣齋所，將府官祭服四面揪捽，若奉上司明文擒拿有罪者。如此非爲，人神共怒。且府州縣教官，禮義風俗忠孝出焉，凡遇祭祀，則當訓誨生徒，明以持心守戒之道，至期率赴壇所陪祀羣神。非獨本禮誠敬，將後生徒爲政，不勞祀神熟矣。其寧國府教授方伯循，不獨不本禮以奉神，於壇所大辱掌祭之官，可謂罪不容誅。又有餘罪：納學糧不明，改換文案，以致本府撿舉，非止一端。嗚呼！有司提調學校，助君之急務也。生徒有姦頑者，師卒不能化，且得府官助其威嚴以成成效，豈不美歟？奈何反與不才生徒，誣辱提調官？罪當皆死。所在學校，想宜知悉。

成造馬船第七十二

雲南烏撒、烏蒙、東川、芒部、水西、松潘、客疊、碉門、黎雅等處，每歲進馬不下二萬餘疋，爲是各處遞運所官夫作弊，故將船隻缺少，以致將川江船隻打過，往往不得依期回還。所以着令沿江州郡，每處添造船二十隻。其各郡欽依造完者有之，十分中完備七分者有之。惟太平府同知陳汝器、繁昌縣知縣王景東、當塗縣丞張郁、蕪湖縣主簿周仁等，監工官倉大使潭演道，副使胡海、高泰、房景賢等，指以造船爲由，將闔郡一概科歛，剥削於民，止造到船二隻。及至遞運，仍缺船隻，復將川江船打過赴京。事覺拏到，問出情弊，罰各官自於龍江成造四倍。終歲不起。各官亡者，仍拿家屬併工造完。似此姦頑，還可逞乎？

冒解軍役第七十三

鳳陽臨淮縣知縣張泰、縣丞林淵、主簿陳日新、典史吴學文，爲勾補逃軍事，受要逃軍陳保仔錢鈔，逼令民人管伍、管歪兒兄弟二人充當異姓軍役，兄頂陳保仔軍，弟頂王虎子軍，各各着役，以致告發。又河南嵩縣知縣牛承、縣丞毋亨、主簿李顯名、典史趙谷安，亦受要逃軍趙成錢鈔，逼令征進雲南有功、留守烏撒軍人趙成子鐵驢，代充逃軍趙成軍役，以致告發。此兩縣官員盡行典刑。

頒行大誥第七十四

朕出是誥，昭示禍福。一切官民諸色人等，户户有此一本。若犯笞杖徒流罪名，每減一等，無者每加一等。所在臣民，熟觀爲戒。

後序

皇上有天下以來，海宇之廣，生齒之衆，幾務之繁，思得賢才與圖治道。若稽古典，内設六卿，外建十有三道，道有所屬府州縣。雖職任大小，其上爲朝廷分憂，下爲生民造福，則一而已。

日者，中外臣庶罔體聖心，大肆貪墨。原弊所由，起於六曹，爲罪之魁，莫甚郭桓。六曹端本澄源之地，而乃贓貪不法，交通所屬，重爲民害。其或根株蔓延，能卓然自拔，密緘上聞可也。乃一概剥民，涇渭淆矣，何尤乎人？上弗忍生人之無辜也，不得已施之五刑，致使有生之命代彼當死之命。設若守分，則俸如井泉之不竭。顧乃貪婪，譬猶潢潦，其涸可立而待。斯玉音日夕所宣諭也，聞者宜惕然矣，而犯者自若；復不忍棄絶之，載勞聖慮，條畫成書，頒示中外臣民，家傳人誦，否者罪之。罪之者以其玩法，雖罪之，實所以生之也。題曰大誥。

臣三吾竊惟皇上圖治，不遑暇食，猶乃營繕是書，以爲世戒，其愛民之意深矣。臣謹請序其後記。臣頃在田野，欽覩犯諭、戒諭、榜諭，悉象以刑，不無駭焉。暮年有幸，得依日月之光，親見罪犯者繼，乃信向所象刑不徒象矣。是誥也，成周『乃洪大誥治』之誥，非直州長黨正歲時所讀之法之比也。玉音所臨，莫不曰：『大哉皇言乎！一哉皇心乎！』自今官欽遵之爲官箴，不敢非法以撓害乎民；民欽守之爲彝訓，不敢違法以交通乎官：將見比屋可封，堯舜之治，復見于今日矣。

洪武十八年十月望日，承務郎左春坊左贊善臣劉三吾謹序。

明太祖集全編之五

御製大誥續編

周挺啓　校點

御製大誥續編

序

上古好閒無功，造禍害民者少。爲何？蓋謂九州之田皆係於官，法井以給民。民既驗丁以授田，農無曠夫矣，所以造食者多，閒食者少。其井閭之間，士夫工技，受田之日，驗能准業，各有成效，法不許誑。由是士農工技各知稼穡之艱難，所以農盡力於畎畝，士爲政以仁，技藝專業，無敢妄謬。維時商出於農，賈於農隙之時，四業題名，專務以三：士、農、工，獨商不專，易於農隙。此先王之教精，則野無曠夫矣。

今朕不才，不能申明我中國先王之舊章，愚夫愚婦，效習夷風，所以泯彝倫之攸敘，是致壽非壽，富非富，康寧不自如，攸好德鮮矣。考終命寡聞，姦惡日增，本古五刑而不治，雖出五刑以誅之，亦何懼焉？朕皇皇宵晝，思治窮源，無乃曠夫多，刁詐廣，致有五福不臻，兇災迭至，殃吾民者爲此也？今朕復出是誥，大播寰中，敢有不遵者，以罪罪之。具條于後。

洪武十九年春三月望日序。

申明五常第一

今再誥一出，臣民之家，務要父子有親；率土之民，要知君臣之義，務要夫婦有別；鄰里親戚，必然長幼有序，朋友有信；衆尊有德，不拘年之壯幼，不序長幼之分：此古人之大禮也。此誥也，朕本非能，不過申明先王之舊章，而民從之，家和户寧，吉哉！倘有不如朕言者，父子不親，罔知君臣之義，夫婦無別，卑凌尊，朋友失信，鄉里高年並年壯豪傑者，會議而戒訓之。凡此三而至五，加至七次，不循教者，高年英豪壯者拿赴有司，如律治之。有司不受狀者，具在律條。慎之哉！而民從之。

松江逸民爲害第二

自開國以來，惟兩浙、江西、兩廣、福建所設有司官，未嘗任滿一人，往往未及終考，自不免乎贓貪。官固非人，實由所在吏卒並在閒不務生理之徒、安保茶食之輩，浸潤説誘陷害者多。間有執法爲政以仁，超然而出，其甚不多。今洪武十九年，松江府吏卒有犯，都察院詢問害民之由。其所供也，止松江一府，其不務生理者，專於衙門阿附役吏皂隸，夤緣害民。吏，其名曰正吏，曰主文，曰寫發。皂隸，其名曰正皂隸，曰小弓兵，曰直司。牢子，其名曰正牢子，曰小牢子，曰野牢子，此三等牢子，除正牢子合應正役外，餘有小牢子、野牢子九百餘名，皆不務生理，紛然於城市鄉村擾害吾民。詢情至此，官貪於上，吏卒横加虐害於下，其吾松江之良民豈不哀怨而動天乎！朕聞之，愈加宵衣，不遑寧處。於是復誥，再與吾民約：從吾命者，五福備於身家；不從吾命者，五刑備坐於家身。所以約者，里甲要明，户丁要盡。户丁既盡，雖無井田之拘，約束在於鄰里。除充官用外，務要驗丁報業，毋得一夫不務生理。是農是工，各守本業，毋許閑惰。巨賈微商，供報入官，改古之制，常年守業。消乏不堪，復入官報，更名某業，不許在閒。此誥既出，賢者、良者互相勸勉，樂天之樂。嗚呼！誥由是而不遵，未有不刑者也。

互知丁業第三

先王之教，其業有四，曰士、農、工、商。昔民從教，專守四業，人民大安。異四業而外乎其事，未有不墮刑憲者也。朕本無才，申先王之教，與民約告。誥出，凡民鄰里，互相知丁，互知務業，具在里甲。縣州府務必周知市村，絶不許有逸夫。若或異四業而從釋道者，户下除名。凡有夫丁，除公占外，餘皆四業，必然有效。若或不遵朕教，或頑民丁多，及單丁不務生理，捏巧於公私，以搆患民之禍，許鄰里親戚諸人等拘拿赴京，以憑罪責。若一里之間、百户之内，見誥仍有逸夫，里甲坐視，鄰里親戚不拿，其逸夫者或於公門中，或在市閭裏，有犯非爲，捕獲到官，逸夫處死，里甲四鄰化外之遷。的不虛示。

一、知丁之法，某民丁幾，受農業者幾，受士業者幾，受工業者幾，受商業者幾。且欲士者志於士，進學之時，師友某氏，習有所在，非社學則入縣學，非縣必州府之學，此其所以知士丁之所在。已成之士，爲未成士之師，鄰里必知生徒之所在，庶幾出入可驗，無異爲也。

一、農業者，不出一里之間，朝出暮入，作息之道，互知焉。

一、專工之業，遠行則引明所在用工州里，往必知方。巨細作爲，鄰里採知。巨者歸遲，微者歸疾。工之出入，有不難見也。

一、商，本有巨微，貨有重輕，所趨遠邇，水陸明於引間。歸期難限其業，鄰里務必周知。若或經年無信，二載不歸，鄰里當覺之，詢故本户。若或託商在外非爲，鄰里勿干。朕所以命知丁者，但願民得其壽爾。若不申明先王之教，使民恣肆冗雜，搆非成禍，身墮刑憲，乃朕不能申明先王之教，致民墮於刑憲，將不得其死者多矣。若或遵朕申明之教，頓然皆入仁壽之鄉，樂天之樂，豈不快哉！而民從之。

辨驗丁引第四

此誥一出，自京爲始，遍布天下，一切臣民，朝出暮入，務必從容驗丁。市村人民舍客之際，辨人生理，驗人引目。生理是其本業，引目相符而無異，然猶恐託業爲名，暗有他爲。雖然業與引合，又識重輕巨微貴賤。倘有輕重不倫，所齎微細，必假此而他故也，良民察焉。

驗商引物第五

今後無物引老者，雖引未老，無物可鬻，終日支吾者，坊廂村店拿捉赴官，治以遊食，重則殺身，輕則黥竄化外。設若見此不拿，爲他人所獲，所安之處，本家、鄰里罪如之。

再明遊食第六

再明遊食，互知生理。此誥一出，所在有司、鄰人里甲，有不務生理者，告誡訓誨，作急各著生理。除官役占有名外，餘有不生理者，里甲鄰人著限遊食者父母兄弟妻子等。一月之間，仍前不務生理，四鄰里甲拿赴有司。有司不理，送赴京來，以除當所當方之民患。設若不拿，此等之徒，非幫閑在官，則於閑中爲盜。幫閑在官，教唆官吏，殘害於民，不然爲賊鄉里。是誥一出，四鄰里甲不能拘拿赴官赴京，此人或爲盜，或幫閑爲吏、爲皂隸，所爲不善，犯之日，四鄰里甲同坐其罪。的不虚示。

明孝第七

嗚呼！古先哲王之要道流至于今，朕不能申明敷教于臣民，致臣民之愚有若是耶？洪武十九年三月、四月，所在有司、耆宿舉到人材，皆稱孝廉。朕謂來者曰：『有司耆宿舉爾是否？』對曰：『是。』曰：『孝何孝？』曰：『父母根前晨省昏定，供奉飲膳，説的言語不敢違了。』朕復謂曰：『止此乎？』曰：『是。』嗚呼愚哉！以爾所言，人子之道未見盡善，而稱孝廉，不亦難乎？且孝，冬温夏凊，晨省昏定。飲膳潔凈，節之。父母有命善正，速行毋怠；命乖於禮法，則哀告於再三。父母已成之業毋消；父母運蹇，家業未成，則當竭力以爲之。事君以忠，夫婦有别，長幼有序，朋友有信。居處端莊，莅官以敬，戰陳勇敢，不犯國法，不損肌膚，閑中不致人之罵詈。朝出則告往某方，暮歸則告事已成未成。縱過歸期，父母指方而眄望，不致憂戚。嗚呼！孝子之節非止一端，豈有但供飲膳而已？設使供飲膳爲孝，孰不能之？其各節行孝幽微，備明于首，注于足。從吾命者，家和户寧，身將終老，世將治焉。

冬温夏凊，晨省昏定。冬寒則奉父母以温，夏炎則奉父母以涼。清晨則問父母一宵安否，至暮則俟寢方歸，斯謂之孝也。

飲食潔浄，節之。父母飲食，必要十分精潔，供必以時，且得其中，不使過多，則謂之孝。

父母有命善正，速行毋怠；命乖於禮法，則哀告再三。父母之命，其合理者，則速爲奉行；若不合於理者，則哀告再三。若一概奉行，則致父母有殃，安得爲孝？雖違命而告至再三，實至孝也。

父母已成之業毋消。人子承守父母産業者，必使常存，不至典賣及犯法而消廢，則謂之孝。

父母運蹇，家業未成，則當竭力以爲之。父母衰老，不能生理，況家業未成，子竭其力以成之，不致父母窘於衣食，則謂之孝。

事君以忠。孝子事君，知無不言，心無姦邪，上補於君，下有益於民。禄奉已亡，見存祖父母、父母，是謂大孝。

夫婦有別。人家有子，有孫，有兄，有弟，有侄，體先王之要道，别之以夫婦，家和户寧，是其孝也。若使混淆，不如禽獸，是謂不孝。

長幼有序。人有長幼，居家則有伯叔兄弟，鄰里則有高年少壯。凡人居家無長幼之分，出則無長幼之序，其所被辱者多矣，此其所以不孝也。使其居家有長幼之分，出則有高年之敬，是其孝也。

朋友有信。人不能無朋友，必擇可交者與交，使言語可復，皆無虚詐。若事有參差，必能諫正，不至於善交之怨、惡交之陷，故謂之孝。

居處端莊。人於起居動静之際，威儀要肅，則人望而敬之，不敢褻狎，故謂之孝。

莅官以敬。士有禄位者，若能持己以敬而臨乎人，則事輯而人愛敬之，必不陷身於罪戾，故謂之孝。

戰陳勇敢。人之居行伍者，當戰陳之時，必奮勇以當先。成功則榮膺名爵，殁身則忠義旌顯，垂於千古，故謂之孝。

不犯國法。人皆父母之生，若不謹守法度，至遭罪責，則傷父母之遺體矣，故必保身毋犯，則謂之孝。

不損肌膚。君子愛護其體，爲父母之遺體也。設使無藉被人揉辱，肌膚爲之傷，是爲不孝。

閒中不致人駡詈。人於閒中，若放肆妄誕，取人駡詈，則辱及父母矣。故閒静中必謹言以保其身，則謂之孝。

朝出則告往某方，暮歸則告事已成未成。嗚呼，先王之道，至孝之哉！所以明所向之方，使父母暮指方而望。歸告事成與未成，使父母知其善與不善。至此之際，父母無猶豫之憂，欒然而快哉，此其所以孝也。

耆宿第八

從古至今，所在有司，凡公事有大者，非高年耆宿不備。所以古設耆宿，務必德行超羣，市村稱善。所以拔居羣民之上，名爲耆宿。凡賢人官於是方，公事疑難，則會而請決之。所以必此而事備，以其高年，歷事也多，聽記也廣，其善惡易難之事無不周知，以其決事也必當。凡諸有司，用是耆宿，無不昌焉。今之爲官者，官雖善而吏不善。官雖善，不知用耆民之道。吏不善，惟務贓貪。更加所用耆宿又非其人，官雖善而事不行矣。至此而事不行者何？ 蓋吏貪而揑巧，耆宿不才以同謀，虐民之禍，由是而蜂起。所以甚者云何？蓋謂充耆宿者，皆係無藉小人，苟延壽至於高年。是等有昔爲皂隸者，有爲簿書者，有屢犯過惡者，有弓兵者，有説事過錢者，皆爲今之耆宿。其善人官於一方，皆不審實明白，去此之徒，崇尚德人，又將同惡相濟，以患吾民。誥至，所在有司務必崇尚德人，上助朕躬，下福生民。無藉之徒見此，即早退去。若或年高不能生理，居家格非，撫兒孫以善己，得終天年，豈不智哉？ 設若不奉朕命，仍復在官應當耆宿，運不良之謀，陷有德之官，害天民之善者，非有天災，又必假手於法司，身亡家破有日矣。誥至，所在高年有德者，一聞有司禮請，速出贊襄，廣吾求治之道，以安生民。不言天祐之，陰騭既行，豈有不昌耶？

有司超羣第九

洪武十八年以來，府縣正官、佐貳官超出羣職者十有三員，朕悉加勞。

一、安慶府懷寧縣丞陳希文。爲指揮畢寅朦朧具奏，誣圖民地，縣丞陳希文執法不允。府官又令人以言誘之，陳希文曰：『如此旨意，難便奉行。』指揮畢寅親詣縣求浼，縣丞陳希文令皂隸將指揮搶出。朕聞之，就令本官鞫問指揮畢寅。事完，本官赴京朝覲，特燕享之，陞青州府知府。

一、徽州府祁門縣知縣何敏中、縣丞李善、主簿李文鼎。言本府容留積年老吏一十五名，作老先生名色，在房主寫文案害民，及本府擅差禁子凌景隆等以催辦未完事爲由，到縣索要鈔錠，威逼本縣吏劉原善身死。事聞，朕甚嘉之。特差行人持敕勞以尊酒，就陞知縣何敏中爲本府知府，縣丞李善爲廬州府同知，主簿李文鼎爲本縣知縣。

一、常州府宜興縣主簿王復春。言常州府不公事：一、歲進細米分派不均。二、孤老月糧不支。三、起解農桑絹疋。四、砍辦公解木植害民。朕甚嘉焉，特命進士齎符，勞以尊酒，就陞主簿王復春爲本府同知。

一、建陽縣知縣郭伯泰、縣丞陸鎰。爲旗軍往廣東提取積年民害吏，將各吏疏放在路，經由本縣，索舡擾民。知縣郭伯泰等將旗軍固禁，復枷罪吏，以狀來聞。特遣行人持敕勞以尊酒，陞知縣郭伯泰爲泉州府同知，縣丞陸鎰爲福州府通判。

一、池州府知府王希顔、推官林惟賢。爲舍人劉鑾兒承差管解囚人，經由本府，本人馳正道，直入公廳。知府王希顔等就將舍人擒拿問招，加之以刑。以狀來聞，朕嘉其執法不避權勢，特命使勞以尊酒。

一、嘉興府崇德縣知縣畢輝、縣丞齊搏。爲旗軍小劉馳正道，入公廳，差人管解。以狀來聞，特遣使勞以尊酒。

一、諸城縣知縣朱允恭、金壇縣丞李思進。爲洪武十八年諸司造罪害民，知縣朱允恭、縣丞李思進亦在合提囚數。其諸城父老李興等、金壇父老丁原德等連名詣闕來訴，本官爲政有方，情詞懇切，咸欲舉留。朕聞嘉異，特遣使持敕齎醴以勞，仍令朱允恭、李思進復職。

如誥擒惡受賞第十

前者大誥一出，民有從吾命者。惟常熟縣陳壽六爲縣吏顧英所害，非止害己，害民甚衆。其陳壽六率弟與甥三人擒其吏，執大誥赴京面奏。朕嘉其能，賞鈔二十錠，三人衣各二件。更敕都察院榜諭市村，其陳壽六與免雜泛差役三年，敢有羅織生事擾害者，族誅。若陳壽六因而倚恃、凌辱鄉里者，罪亦不赦。設有捏詞誣陷陳壽六者，亦族誅。陳壽六倘有過失，不許擅勾，以狀來聞，然後京師差人宣至，朕親問其由。其陳壽六豈不偉歟！

有司不許聽事第十一

凡諸司衙門，如十二布政司，不許教府州縣官吏聽事，府不許教州官吏聽事，州不許教縣官吏聽事，縣不許教民間里甲聽事。嗚呼！聽事之名，實貪贓之巨禍，所以民誤生理，官廢公務。凡有此者，獲罪甚焉。今後有司呼喚里甲人等親詣衙門聽事，故行留難刁蹬捶楚，非罪捶楚而裂吾民肌膚者，罪不赦。敢有如此，許民赴京面奏。嗚呼！吾惜民而畏天焉，臣從之乎！

妄立幹辦等名第十二

往常布政司及諸有司，但聞係是朝廷差遣人員，不問有無承制，或是六部差使、五軍遣行、各衛勾軍，如此數等不辨，一概阿從。所以承差之徒，不拘貴賤，所到衙門，徑由中道，直入公廨，據公座，口出非言。諸司阿奉，略不奏聞。布政司聽六部所囑，府州縣聽布政司囑，州縣聽府囑，縣聽州囑。所以布政司吏員、皂隸、承差入府州縣，徑由中道，直入公堂，據公座，口出非言，凌辱府州縣。其無藉爲政有司之徒，其身不正，雖辱無訴。所以府吏、皂隸，及非朕旨意亂政壞法、巧立名色的當人、幹辦人，擅差至州，徑由中道，直入公廳，據公座，口出非言。州差下縣者與府同。嗚呼！世絶君子乎，賢人乎？非朝廷立法，閒民擅當的當名色、幹辦名色。嗚呼！官擅與立名，民擅承之，豈不知亂政壞法之律，罪當處斬，公然爲之？異日拿至京師，官民皆梟於市，又何怨耶！此令一出，仍蹈前非，必罪有所歸。

戒吏卒親屬第十三

天下諸司所用走卒不可無者，持簿書亦不可無者，然良家子弟一受是役，鮮有不爲民害者。朕今獨條特諭諸走卒、持簿書之父母兄弟妻子：嗚呼！戒之哉，毋爲民害。良心發於父母，嘉言起於妻子，善行詢於弟兄。凡走卒、簿書之家，有此三戒，害民者鮮矣。爲人父母妻子兄弟者，善聽吾言，戒哉戒哉！

吏卒額榜第十四

今後十二布政司、府州縣諸司衙門，凡有當僉應役皂隸，或親身，或代替，或傭他人，在任之官將額設名數明出榜文，告之於民。本衙門皂隸某，當房掌文案吏某，各各定名若干，餘無濫設、容留不明之人。某榜之辭曰：除榜上有名外，餘有假以衙門名色稱皂隸、稱簿書者，諸人擒拿赴京。

遣牌喚民第十五

十二布政司、府州縣，凡有臨民公務，遣牌下鄉，指鄉村，坐地名，下姓氏，遣牌呼喚。民至，撫綏發落。有司不如命者，民赴京訴。若牌至民所，三呼而民不至，方遣皂隸詣所在勾拿。民至，必詢不至之由。所以詢者爲何？恐民單夫隻妻，爲生理而遠出，或近處急事有妨。果如是，非民得罪也，若加以罪，實有司故虐吾民。設若有辭，有司之罪，巨微不赦。

戒之哉！

濫設吏卒第十六

諸司衙門官吏、弓兵、皂隸、祇禁，已有定額，常律有規，濫設不許。今所在有司，故違法律，濫設無藉之徒。其徒四業不務，惟務交結官府，捏巧害民，擅稱的當、幹辦、管幹名色，出入市村，虐民甚如虎狼。律有常憲，亂政者斬。所在官吏，並非吾良民者，搆此非爲，姦狡百端，致令吾良民受害。今再誥一出，敢有仍前爲非者，的當人、管幹人、幹辦人，並有司官吏，族誅。誥不虛示。設若誥不能止其弊，所在鄉村吾良民豪傑者、高年者，共議擒此之徒，赴京受賞。若擒的當人一名，幹辦人一名，管幹人一名，見一名賞鈔二十錠。的不虛示。

官吏下鄉第十七

十二布政司並府州縣，往常官吏不時親自下鄉，擾吾良民，非止一端。數禁不許，每每故違不止。洪武十七年，將福建布政司右布政陳泰拿赴京師，斬首於市，敕法司行下諸司，毋得再犯此行。諸司承受禁文，非止一紙，動經五七次，諸司明有卷宗。其無藉殺身之徒，終不循教，仍前下鄉擾吾良民。且如洪武十八年、十九年，無爲州同知李汝中下鄉擾民，罪已不赦。湖州府官吏、烏程縣官吏易子仁、張彦祥，不將被水災人户赴京賑濟，通同豪猾，當告水災之時，以熟作荒，以荒作熟，以多作少，以少作多。以多作少者，爲其善人被災本多，當報之際，減災報數。以少作多者，爲與富豪交結，將少作多。以荒作熟亦如之，以熟作荒亦如之。致令烏程縣民傍湖者缺食，朕終不能明其數，所以賑不及之。至今慊慊，無可奈何。

民拿下鄉官吏第十八

十二布政司及府州縣，朕嘗禁止官吏、皂隸，不許下鄉擾民，其禁已有年矣。有等貪婪之徒，往往不畏死罪，違旨下鄉，動擾於民。今後敢有如此，許民間高年有德耆民，率精壯拿赴京來。

擅差職官第十九

十二布政司及諸司去處倉場、庫務、巡檢、閘壩等官，各有職掌，暫時不可離者。前十二布政司及府州縣官，往往動經差使倉場、庫務、湖池、閘壩、巡檢等司官員離職辦事。罪得亂政之條，合該身首異處。前事已往，今後敢有如此者，比此罪而昭示之，其各官擅承行者如之。

糧長妄告叔舅第二十

吴江縣正糧長張鏐孫，係張奇二親侄；副糧長朱太奴，係盛夔外甥。其侄因糧告叔，外甥告舅。初朕不知，止知此二糧長告兇頑之户，不行輸納官税，差人提取至京。問間，一名張奇二，係正糧長張鏐孫親叔；一名盛夔，係副糧長朱太奴親母舅。嗚呼！古先哲王大道養民，務在彝倫攸敘，否此民不堪命。今糧長張鏐孫等，正告叔，副告母舅，絶滅綱常，彝倫大壞。其告也，正陷叔父於聚衆，副陷母舅同惡。嗚呼！倚恃官威，多科吾良民多矣。其錢一萬貫，米六千石，更除包納本户外，猶不能本彝倫而優親長，豈不梟令於鄉間？其科也，一斛面糧三斗，一使用糧三斗，一水脚舡錢、神福錢一萬貫。科已畢矣，各各侵欺入己，復回鄉里團局造册，每户復科三斗。朕觀如此，若不速治，將不久而民不聊生。朕問間，其叔面奏其侄，弟役身於馬驛，盤費不供；父犯事軍役雲南，終歲不供，存亡不問；騙詐他人之妻回家，宿娼於市肆。朕聽是言，嗚呼！梟令之刑，宜其然乎！

糧長金仲芳等科斂第二十一

糧長之設，首便於有司，次便乎良民，所以設立之時，定殷實之家。當闕勘合之際，面聽朕言。朕乃竭氣語，諭之再三，曰毋害吾良民。更兼前大誥內，戒敕分明。豈其所在糧長，不遵大誥，仍前爲非，虐吾民者多矣。且如嘉定縣糧長金仲芳等三名，巧立名色凡一十有八：一定舡錢，一包納運頭米，一臨運錢，一造册錢，一車脚錢，一使用錢，一絡麻錢，一鐵炭錢，一申明旌善亭錢，一修理倉廒錢，一點舡錢，一館驛房舍錢，一供狀户口錢，一認役錢，一黄糧錢，一修墩錢，一鹽粟錢，一出由子錢。

糧長瞿仲亮害民第二十二

上海縣糧長瞿仲亮，被納户宋官二連名狀告，科斂太重，納糧既畢，拘收納户各人路引，刁蹬不放回家爲農，致令告發，差人拿至。朕諭糧長瞿仲亮曰：『汝除淋尖跌斛外，更科使用神福錢一萬貫，爾如何使用？』對曰：『神福錢，其納户密邇近拜。』問糧長，又是支吾，各各當面對奏。官二等糧起松江，本府燒愿一次，至蘇州一次，無錫一次，皆是官二等自備。直至出江，方纔照舡俵鈔，每舡六貫。朕諭糧長：『餘鈔何用？』曰：『舡錢用。』納户曰：『官二等一十七石，葛觀一、黄觀二二户各一十石，皆係自挑赴倉。』嗚呼！當面的對如此，爲納户所艱，支吾不行，惟俛首而已。嗚呼！既已富豪，朕命辦集錢糧，爲朕撫恤細民，無生刁詐，廣立陰騭，以待子孫縣遠，豈不善哉！何本户該納糧儲，衆户已行包納，猶且無厭，巧立名色，需索百端，以致告發，身亡家破。臨刑卻乃神魂倉皇，莫知所知，惟欷歔而乞免。可得免乎？

俏家第二十三

嘉興府有父母不教逸民徐戩等共七名，虚造印匣，用物包裹，當糧舡行時，將此印匣負背循河而行，以爲催糧者，所在聲言督責。至江都縣楊子橋，止臨路民舍，以案置匣於上，架筆硯於傍，點視盤詰衆多糧船，留難刁蹬，以取鈔貫。被給事中緝捕至彼，各人難隱姦頑之情，詣前首告。徐戩等係是俏家，官肯容乎？必當厚謝，致被擒獲赴京，以罪罪之。今民間如此者尚未已。嗚呼！若不互知丁業，其頑民無藉者多，遊食者廣，良善何當？朕將焉治？所以知丁之條，吾良民必助吾以行，即日昇平矣。

韓鐸等造罪第二十四

工部侍郎韓鐸，洪武十五年以儒士起發赴京，任吏科給事中。至洪武十七年，與同科給事中彭允達、吏部尚書陳敬等，將取到十二布政司儒士與諫院等各官，私下定擬職名，作見行事例，朦朧奏啓。事覺，法司以交結近侍律處斬，妻子流二千里。朕閔初任，釋放寧家。因眷戀幹才，復取赴京，頓挫姦頑，發往雲南煙瘴盤江安置，使改非心。抵所在，不數月取回，命爲工部司務。到任之際，察知堂上並四子部人各贓貪，其鐸得此緣由，職雖在微，一時作威作福。闔部羣官因鐸知己之非，被鐸捶楚辱詈，雖堂上之官，亦俛首以受，莫敢誰何。不兩月餘，諸人姦貪，盡在鐸之腹中矣。其鐸後陞本部侍郎，歛威結黨，遂同諸官贓貪亂政。

一次，洪武十八年，月日不等，賣放木瓦匠顧受四等一千五百名，土工孫貴等三百名，木匠狄阿演等五百名，木艌匠王富二等一百五十名。又與工科給事中楊霖賣放人匠一百名，得鈔一萬三千三百五十貫：給事中哈安七百貫，侍郎李禎二千一百五十貫，員外郎陳侃、主事郭昇各分一千八百貫，郎中陳恭分一千三百五十貫，員外郎郝彬、主事邵炳、魯瞻各分三百貫，郎中侯恒禮分二百貫，楊霖又分一百五十貫，鐸本名分四千三百貫入己。

一次，十八年八月、九月，關支人匠金斗等食錢，同侍郎李禎剋落鈔三千貫：郎中侯恒禮、主事郭昇各分五百貫，員外郎郝彬、主事邵炳各分一百貫，鐸與侍郎李禎、員外郎陳侃各分六百貫入己。

一次，十八年九月二十日，同侍郎李禎、員外郎王大用盜賣蘆柴二萬八千束，得鈔一萬四千貫：侍郎李禎、員外郎王大用各分三千貫，主事張鳳、司務宋原各分二千貫，鐸分四千貫入己。

一次，洪武十八年七月二十七日，與本部尚書徐本、侍郎李禎於奉天門奏，大勝關抽分場見在抽分木炭九十萬斤，奏旨搬運。爲無人夫，未准搬運。後兩月餘，發放搬運原奏炭數。不期鐸窺俟萬幾之冗，以爲朕必失記，故將前項炭數止存九萬，餘者盡皆分賣。著令搬運原數，其鐸面欺，應對原奏炭止九萬斤。知鐸大肆姦頑，送法司窮問。鐸以前情供招在官，已將前項炭數盜賣不存。

嗚呼！鐸之在任，節次賞鈔七百餘貫。先犯死罪，釋免安置煙瘴，使改非心，想必從化。及其取至，都無半年，諸姦並作，遂致殺身。總計韓鐸等節次取受贓鈔，除隱匿入己外，實供招到官，共該三萬三百五十貫，木炭八十一萬斤。侍郎韓鐸八千九百貫，侍郎李禎五千七百五十貫，郎中侯恒禮七百貫，郎中陳恭一千三百五十貫，員外郎陳侃二千四百貫，員外郎郝彬四百貫，員外郎王大用二千貫，主事郭昇二千三百貫，主事張鳳二千貫，主事魯瞻三百貫，主事邵炳四百貫，司務宋原二千貫，給事中哈安七百貫，給事中楊霖一百五十貫。

禮部盜出財物第二十五

禮部試侍郎章祥等六員，出自民家。祥任禮部試侍郎，始初精神才幹可以作爲。然雖禮樂已定，臨期亦要支分。本官到任半年餘，持節行册妃禮，已娶三府王妃。朕生日之期，冬至之節，賀正之禮，皆大會朝班，凡經三次，參差並無。及其命部賞賜，婚禮銀鈔出庫，通同近侍，盜出銀錠，虛出鈔貫。同謀事覺，雖未供指，本官已行神思荒促。凡所作爲，不數日間顛荒恍惚，於事莫知所知。拿至法司，未及治罪，因病身故，餘者員外郎辛欽等五名受刑。

教人受贓第二十六

徐州豐縣丞姜禮，在任之時，家至户到，歛民寶鈔，替犯人納贓，指此爲名，盡行已用。爲此作積年民害，拿至法司，發付修城。未久釋免，降等敘用。未行，恐本縣部民中在京職序班身役朱士廉，泄在任害民尤甚，親詣本官下處送鈔一沓，請勿泄弊。本官畏罪，不敢領受。縣丞姜禮曰：『你不接，久後無錢工役，拏甚麽清！』嗚呼！己罪方免，又教人受贓，陷人於死地。愚莫甚於此，姦頑更何以加，遂致己身不免。

重支賞賜第二十七

十二布政司起到能吏，發付在京掌管親軍文册，其事至易。各吏衆口一辭，來訴甚多，皆言不解管軍吏事。朕諭曰：『爾虐吾良民多矣！今見管軍無取，故不欲是役，豈是無知管軍吏事？且軍律法已定，隊伍分明，開國至今，已有年矣。且如百户司吏所管之軍，旗軍人等一百一十二名，雖不下文墨，屈指知其有無。爾言不能者爲何？爾役有司，錢糧巨者數十萬，細微冗曠者升合勺撮；刑名則有户婚田地、水火盗賊；問刑則人情難辨；擬罪則法律幽微；教化則賢人善爲，小人不能。今爾自府州縣以能吏起至，能前項如許，今不能管百人之數，是其誑也。』

嗚呼！其姦貪小人，置之於仁壽之鄉，不能順受，徑欲直趨兇折之地，愚由是而不遷，陷身而後已。嗚呼愚哉！及其著役也，通同上下，結交近侍，關支月糧，報名賞賜，重支一次者有之，冒支兩三次者亦有之。事覺窮之，皆無文案可考。所以觀隙重支，其罪顯然，皆殺身而後已。所以殺身者：鎮南衛吏范彦彰、王復、李堅、孫子才、于孜、費敏、張谷玉、王時彦、劉汝昌、王顯、李秉；府軍衛吏李中、王顯、王俊榮、李守德、張彬、吴玄保、王麒、陳關生；府軍左衛吏張整、宗文富、田彦實、梁弘道、王宗道、盧文、賀仁、羅以文、過權、柏居敬、王希順、萬本成、王留住；廣洋衛吏劉順、崔居從、張士延、陳子山、邵茂、陳德名；江陰衛吏柳公逸；金吾後衛吏陳惟善；府軍後衛吏楊剛；神策衛吏劉彬；天策衛吏艾仁美；江浦衛吏李茂德；虎賁右衛吏金潤；龍驤衛吏張文恕；驍騎右衛吏陳應發；鷹揚衛吏劉驥；羽林左衛吏李昇；水軍左衛吏張曙；留守左衛吏姜敏；留守右衛吏王用；留守中衛吏李春、燕企源；武德衛吏王希文、程安；龍江衛吏紀彦良。嗚呼！若此犯非一番，殺非數人，吏筆易爲迷惑，其心終化不醒，身亡家破者多矣。

用囚書辨文案第二十八

五軍都督府首領官掾吏陳仔等，自到任以來，並不親筆起藁。凡有書寫，多令典吏、囚人起藁立意，然後押字施行。及至事理參差，朕乃駁問，其各守領官惟皇皇瞠目四視，凡奏目内事，惟知大意，本末幽微，莫能解分。結交近侍、兵科給事中孫勖等，支出征官軍盤纏，賞賜工役軍人，優給幼官兒男，恤賜軍屬，動經數十萬錠，其數甚大。經歷都事陳仔等，卻乃盤桓曲折，用盡機謀，幽微其情，妄出鈔錠亦不下數十萬，於此等卻乃善能，平昔不務公而務私，計至殺身而後已。

科取巡攔第二十九

應天府宣課司官點與巡攔，其大使張從義等定計害民，自將以爲良計，豈知由此計而殺身。且如巡攔時子清一户，家有三丁，一丁充軍，常川在役，一丁身役巡攔，本官計役一丁，作做飯名色，常欲差占。每朝要肉三斤，副使于進二斤，司吏攢典陳禮等人各一斤，皆係巡攔出辦，故難本户，待買之後方已。事覺身亡。

故脱賊黨第三十

山西都司斷事陳允中，爲管州山賊不時劫民，被承差採取木植。旗軍張士能等於無人煙可疑去處，拿獲男子二名，問係送糧供給賊人人數。發下斷事廳，會石州同知俞桓問備細情由，本民從實供招。其斷事石州同知等、官吏陳允中等，通同受財，將供送賊糧民人脱放，反將捕獲軍人張士能等各杖一百充軍，爲此，各人處斬。嗚呼！軍士在野獲得可疑之人，軍之役分當然。或者錯拿，別無騙詐情由，亦無縱放姦頑，安有治其罪耶？

枉禁凌漢第三十一

十二道按察司爲朕耳目，所在激濁揚清，進賢退不肖，豈期任非其人，所在事枉人冤？且如浙江按察使陶晟，贓貪不已，治下皆輕薄小吏。洪武十八年，將會稽縣知縣凌漢吹毛求疵，入獄收監五月有餘，有罪無罪，並不與決，故意枉禁凌漢。及朕覺，陶晟已待罪在京，朕思伊父相從之舊，已行釋免在閒。爲枉禁凌漢，復枷項前去浙江按察司，取凌漢至京。其陶晟至按察司，公然項帶沉枷，徑趨公座，將凌漢出獄至其前。其晟大肆無禮，身已受刑，猶憾凌漢，謂曰：『爾漢何由使上知爾在禁？』漢對曰：『外無代訴者。』晟曰：『家有甚人？』漢曰：『二子皆稚，長不出十一，次方八歲，一女七歲，遠在河南。自到任以來，並入禁月日，妻子未知存與亡。』漢語既，晟又令獄卒復收入禁，半月方起。晟如此姦頑！初，朕命晟帶刑往取，星馳前來。所以星馳者，爲漢年高，恐疾於獄中，所以救之速者爲此也。晟故不畏法，乃敢復淹禁半月而後行。及其抵京也，就舡又監四日方交法司。嗚呼！晟有罪，朕宥之，復有罪，磨難令省之，終不自省，愈肆姦頑，殺身後已。

鈔庫作弊第三十二

寶鈔提舉司官吏馮良、孫安等二十名，通同户部官粟恕、郭桓，户科給事中屈伸等，並鈔匠五百八十名在局抄鈔。其鈔匠日工可辦十分，諸匠等止認辦七分。朕明知力尚有餘，從其認辦，所以得存三分，不欲竭盡心力。後三處結黨，諸匠盡力爲之，洪武十八年二月二十五日造鈔起，至十二月天寒止，盡力所造鈔六百九十四萬六千五百九十九錠。臨奏鈔數，已匿一百四十三萬七千五百四十錠，於廣源庫雜諸處所進商税鈔堆積。所奏進者五百五十萬九千五十九錠，將混同商税鈔堆積，以代外來商税課程。且如太平府進納折收秋糧鈔，並江西承差李民憲等解課程鈔一十萬至，其進鈔人先謀通户部及鈔庫官，内將十萬就庫檢沓，如數貼作折收秋糧鈔並課程鈔名色，虚出實收，來人執憑。外十萬鈔，與解來人四處共分。事甚昭然。嗚呼！當計此之謀，爲利所迷，自將以爲終身不犯，豈知不終年而遭刑。古先哲王諭之曰：『毋作聰明。』觀今此之徒，先王之諭良哉，今不循者墮命矣。

魚課擾民第三十三

所在湖池河泊，地理所在，從古至今，辦集課程一定不易之所。邇年以來，姦邪小人受任，將從古以來不係辦課所在小溝、小港、山澗去處，下流雖通辦課去處，其小溝、小港、山澗及灌溉塘池、民間自養魚鮮池澤，皆已照地起科，並不係辦課去處。小人生事，貪心無厭，搜求擾民，將農民小溝、小港、山澗、灌溉池塘、養魚池澤，取魚罾網罩籠之類一概搜拿，聲言要奏，如此虐民。今後敢有仍前奪民取採鰕魚器具者，許民人拿赴有司。有司不理，拿赴京來，議罪梟令，以快吾良民之心。

東流魚課害民第三十四

東流江口河泊所官陳克素通同業户人等，侵欺本所魚課一萬貫入己。復通同東流、建德兩縣官吏王文質等，詭言兩縣不行闌棧江口，致使魚隨水去，有虧國課，因搆成謀，將兩縣山村人民驗丁歛鈔。二縣之民，所歛之鈔不下數萬。及其歛就，官數猶不納足，其餘盡皆分受入己。及其進納魚課，其河泊所官陳克素起程之日，假有親喪，遽然丁憂。嗚呼愚哉，其罪何逃？捕至，不能隱其情，從實供招在官。嗚呼！先次儘一所魚湖課入己，猶心不足，通同有司盡歛兩縣民財均分，猶且未厭，尚將官課有虧，致身死而後已。智人戒之。

湖池水面錢第三十五

所在湖池，民舟經涉，其河泊之官敢有妄取水面錢者，罪不赦。

追贓科斂第三十六

洪武十八年，爲郭桓不法，通同諸司將天下錢糧盡行廢壞。事覺，諸司官贓有所在，於是遣人詣所在追取。所在見任有司，皆係不才之徒，通同原寄借之人，借此追贓名色，一概遍邑科斂，擾吾良民。已斂百分到官，所進惟原贓耳，以數論之，所進者百分之一。其原寄借之人，亦有良心發見者，從實送還。有等無藉與官吏同謀，一文不出，所科良民鈔內，猶且有分送至京也。朕恐民頑，後復如此交結官吏，仍欲寄借，誘引爲非，所以納鈔畢，修街蓋房，以磨頑愚。以朕觀之，蓋房砌街之役險哉，幾死而免，今盡行脱去。未審此際曾無省者乎？設若不省，終不循朕化，命將棄焉。何以見？初寄借之時，事覺臨追之際，有司不才，令民代陪，衆皆入己。今誥遍天下，再有如此者，有司悔過者不敢，民知誥不與，所寄借者必欲赴官，納後工役不免。嗚呼險哉，可不戒乎！

妄奏官屬第三十七

艾祖丁係回回人氏，任大理寺左少卿，凡詳審刑名，其心務在出入。其同任在寺進士楊吉，執政明刑。其艾祖丁等官，數皆不律，内大理卿邊泰，被進士唐盛等具奏情狀，已行治罪。其艾祖丁心生妬忌，生事羅織楊吉，爲無短可訐，止將出入緣由羅織，朦朧具奏。其辭曰：『楊吉不遵禮法，於公堂上大辱臣等。』朕敕都御史按問，及其復命也，乃艾祖丁誣奏楊吉。祖丁抵其罪而無憾，誅之。

匿姦賣引第三十八

兵馬指揮趙興勝係是國初舊根刻期人數，年深命爲瓜州巡檢。制胡惟庸心腹人，同僚兩員皆被胡惟庸朦朧收下，一名月魯帖木兒已死，獨興勝獄存。垂亡之際，妻擊登聞鼓，取至京師。後陞爲南城兵馬指揮，警巡坊廂一切非爲之人。洪武十八年夏，民人陳來安首平涼侯男造反，興勝匿而不奏，被同僚指揮法則刺不從，纔方朦朧奏聞，又不詳細。及至鞫問平涼侯男，其弊多端，因而將興勝平昔職掌稽求所以，又路引之弊贓多，凡出軍民引一張，重者一錠，中者四貫，下者三貫，並無一貫、兩貫引一張者。其引紙皆係給引之人自備，興勝卻乃具文關支官紙，三年間一十五萬有奇。已往之年不追，止追十八年半紙劄，其鈔已盈萬計。嗚呼！中姦臣之計垂亡，活而復官，家給人足，奈不知感恩之報，乃又匿告反之情，所以不赦而誅之爲此也。

董演虛誑第三十九

軍吏董演初以小吏起到，發充興武衛六合屯軍吏。因公道經山下，遇虎搏人，人人皆驚走，獨演奪軍手槍，挺身捕虎。其虎捨已搏之人，徑來趨演，演乃格殺之。本衛官以演格虎之狀來聞，朕嘉雄猛，即授承敕郎，養威於近侍。其演不數月侮於寡婦，法司具奏如律，朕釋之。方免未久，逢人狂妄，假勢凌人，數入京師上元縣分付公事，沮壞縣治不已。忽陷倉脚夫王三等於死地，捏詞具狀來聞，朕將以爲是，准其所奏。得旨後私下没楊三、玄保家產，僞造非言，上罔朝廷，下虐黎民。其應天府京尹孫鳳等明知虛誑，輒便黨比阿從。都不期年，亂政壞法，豈止一端？由是囚而皆殺之。

刑獄第四十

所在官於司獄，役於獄典、獄卒者，曩古役是者，機秘而理焉。所以機之幽微，其在禁者，皆自招其禍而至刑，非善之善者也。雖罪有輕重，其獄情外不得而知之者，以其輕重同牢，若一囚事泄，闔獄之情露矣。先王之治獄也，使幽其情，令囚内外憂之。嗚呼！囚體深遠，外而父母妻子不得而易見者也，内而囚心懸望，欲眷屬之語，何由而至耶？雖隔壁不聞其音，對門無復可語。間出獄外，遥見眷屬，豈若路人？嗚呼！聖人之治良哉。云何？爲先王之制此刑此法，頓民之頑心。罪輕者，異日與決之後，囚獲生歸，眷屬以謂死者復生，妻子又諫，父母兄長誡，昔友者勸，皆訴獄之幽情、機秘之狀。由是而良心發見，囚亦爲是而云繫獄之不易也。所以先王舉此制，而司獄、獄典、獄卒奉行毋怠，所以囹圄長空。

今之主典者不然，内外情通，教囚番異，刑具顛倒臨人。所以顛倒臨人者，應枷而枷，應杻而鎖，應杻而脱去，應鎖而不鎖；非枷而枷，非杻而杻，非鎖而鎖，非杻而杻。爲何？爲欲財也。嗚呼！囚犯五刑，至獄之日，畏此刑具，方嗟前日之非，豈無自新之爲？雖有此心，悔之晚矣。神魂皇皇，夢寐恍惚，終不得而免，甚矣哉懼乎！其爲司獄、獄典、獄卒，不覩是囚之貌態，不度囚之憂心，又不以己推之，是致囚買生而離死。其主典者見利忘害，徑受財而趨死焉。所以趨死者，教囚番異，接受贓私，縱囚自在，走泄獄情，縱囚在逃，令服毒藥，獄殺囚徒。所以今之獄囚，輕重顛倒，犯者相繼，囹圄不得而虚也。嗚呼！囚畏死而貪生，罄家資以賄賂；主典貪財，致身亡而覆姓。吁！是誥一出，不奉朕命，仍復爲之，世將焉治？

再誥刑獄第四十一

再誥刑禁。司獄、獄典、獄卒，人人必要深知禁囚之機。凡在禁之囚，司獄、獄典、獄卒但係畏懼刑法、保身惜命之人，一切囚詞，不教他人走泄獄情。自己雖然主典，亦不肯將囚詞輕與閒人知會，何況縱人走泄事情？其囚罪輕重，雖然如律已定，主典亦不與囚易知。此所以機之幽者爲此也。

夫賢人君子之典獄也，保囚即保身也。囚無横死，身無禍殃。設使囚亡非法，重則累及其身，非重泛濫而苦囚，愆延於後嗣。所以賢人君子之典獄也，不分囚之輕重，常以善言以妥之，苦寒則置温之，炎暑則置涼之，飲食則節之，病則醫之。所以主囚之道，古人必此而爲之理焉，所以前所誥機秘而理幽爲若是。

嗚呼！凡職於典獄者、役於監獄者，知此機秘理幽，行朕所申先王之道，未嘗不家妥而身子昌焉。朕所以重誥者，自世亂方定以來，知理者亡，無藉者進，所在刑獄非罪而死者多矣，有罪而非法死者亦多矣。所以無罪而死者多，由苦寒而逼，炎暑而蒸，飲食不節，病無醫藥，蓋謂主典欲財而無與，或受他人之財，代其報讎，無罪而死者由是。有罪而非法死者，亦因寒暑、醫藥並欲財而無與，不待律法定，而人已亡矣。所以非法死者爲此也。

嗚呼！朕出是誥，凡主典刑禁之人，父母妻子、親戚朋友當以朕言勸誡之，行朕之道。其陰騭之理、惻隱之心，以爲常道，行之於歲月日時，將後陰騭博被於獄囚。雖釋、道處身於物外，儔燈侶影苦行於終身，何若此修之速疾也？嗚呼！凡人父母妻子、親戚朋友，必以朕言誡勉之。

相驗囚屍不實第四十二

嗚呼！人心危險，果若是歟？朕自馭宇以來，務必人人同仁，使身不遭兇禍，所以切切圖治，必欲人安。爲何？朕嘗以己之父母推之，以己之妻子推之，代他姦頑不才之憂，皇皇無已。所以皇皇無已，爲年壯者非爲，父母在堂，妻嬌子幼，一旦殺身，致老父母思昔襁哺，朝夕翫愛，提攜撫育，至於身壯，子雖不才而至刑，其父母慈子之情未嘗以子不才而有間，所以朝夕瞠目四視，子在而遊方，終不獲生歸矣。夫婦年邁，新婦嬌弱，有孫孩童，艱理家事，切思若是，將必窘於衣食。情懷至此，哀傷感憶，晝夜欷歔而不已，神人聞之亦也感傷。爲此朕惡人不思父母妻子，妄爲百端，所以刑姦頑不孝之徒，意在所刑者少，歸善者多，人人必思父母之劬勞，爲夫綱子綱必能。

豈期刑愈重而犯愈多。洪武十八年、十九年，一樣姦謀，朝棄市數人，當日同謀死罪者又數人，此數人不鑑朝殺者，姦與己姦同。嗚呼！前誅血未乾、屍未移，本人已造殺身之計在身矣。且如洪武十九年春三月十四日，刑部子部、總部司門二部郎中、員外郎、主事、都吏等官吏胡寧、童伯俊等，恣肆受財，縱囚代辦公務，書寫文案，被司獄王中以狀來聞。覺姦頑之情態，於是朕親詣太平門，將各官吏捶楚無數，刖其足，發於本部昭示無罪者。嗚呼！以此法此刑，朕自觀之，毫髮爲之竦然，想必無再犯者。豈期未終半月，其都官員外郎李燧、司務楊敬，將在禁死囚邵吉一屍停於獄内，通同醫人、獄典、獄卒等，作三屍相驗，以出有罪者張受甫等二人，受財四百八十貫。嗚呼！人心之危，有若是耶！吁！以此觀之，世將安治？智人觀之。

故更囚名第四十三

刑部比部主事吏員王進、阮貞等，不鑑總部司門部官吏胡寧、童伯俊等束手，一切書寫文案盡皆因成。各官心在出入人罪，貪婪無厭，致因鍾淵無錢使用，雖然召保在外，終羈不得而歸，致令闔家死者二十口，皆非有罪，一旦絶滅，並無噍類。事覺，斷足于部。生者苦楚不禁，血尚不止，死者屍未遠移，其比部主事王進、吏阮貞等，將工役囚徒納册於役所。一名丁洪僧，臨刺也，卻作工洪生；一名馬伴舅，卻作馬道四；一名朱宅保，卻作朱哲保；一名余關住，卻作于關住；一名王阿轉，卻作王阿專；一名楊添孫，卻作王太僧；一名祖復奴，卻作祖佛奴；一名黄甫名，卻作黄福名；一名蔣均路，卻作蔣均禄；一名鄭守真，卻作鄭壽真；一名朱友常，卻作朱友恒。嗚呼！朕馭宇内，眄望一二年間，民樂雍熙之治。其刁頑之徒得居官位吏役者，務以善爲惡，以惡爲善，凡百務要顛倒其事，取利肥己，此等終不能免其兇罪。雖然刑死者多，生者未嘗肯戒。以此官此吏，順音更人姓名，以有贓私，覺而伏罪，豈不愚哉！

追問下蕃第四十四

前軍斷事官、提控案牘司吏施德莊等，於洪武十九年三月十四日，刑部總部司門部官吏胡寧、童伯俊等，縱囚書寫文案，各官吏束手在閒，就令囚人楊遇春說事過錢，各受贓私。被司獄王中覺其事，人各刖足鞭背，不知數目。不過半晝，已死數人，活者半存。當刖足鞭背之時，特令五軍斷事官、大理、刑部、都察院，十二道會視刑之。豈期前軍斷事等官吏施德莊、楊耀、喬方，於四月初四日問泉州衛指揮張傑等私下蕃事，接受指揮張傑等銀四百七施德莊分銀一百七十兩，楊耀、喬方各分銀一百五十兩。將原告百户范源擬作虚告，朦朧奏聞，意在殺無罪而脱有罪，身受贓私。朕命諸司會審，露出姦情。嗚呼！前番贓私未終二十日，人已死訖一半，此等官吏不將非者爲戒，殺身爲寒心，公然冤枉無罪者。今各官人各死於有罪，是其宜也。

灑派包荒第四十五

民間灑派、包荒詭寄、移丘换段，這等俱是姦頑豪富之家，將次没福受用財賦田産，以自己科差灑派細民。境内本無積年荒田，此等豪猾，買囑貪官汙吏及造册書算人等。其貪官汙吏受豪猾之財，當科糧之際，作包荒名色徵納小户。書算手受財，將田灑派，移丘换段，作詭寄名色，以此靠損小民。此誥續出，所在富家當體朕意，將田歸於己名，照例當差。倘不體朕意，所在被害人户及鄉間鯁直豪傑會議，將倚恃豪傑之家捉拿赴京，連家遷發化外，將前項田土給賞被擾羣民。的不虚示。

糧長妄奏水災第四十六

糧長之設，初關勘合。朕諭糧長曰：『今勘合上，不許將地方犬牙相制，易爲催辦。其中户多有買田不過割的，教過割了；田多灑派了的，教收在本户自身裏；移丘换段的，各歸本主，詭寄的如之。不從的來奏。若區内果有積年荒田，有司不行除豁，其刁頑之徒借此名色包荒虐吾民者，爾糧長從實具奏，以憑除豁積荒，召民佃種。凡有水旱災傷，將所災頃畝人户姓名從實報官，憑此賑濟。』其糧長唐謙等目擊耳聞前去，心生譎詐，將前所諭數等民艱盡行隱匿。

洪武十八年水災，糧長唐謙等撥置不良之户，以災一分具告十分，中間以荒作熟，以熟作荒，以災作熟，以熟作災。其狀首已被拘拿，本人暗中使鈔買囑官吏，亦用錢物買囑該收糧衛分，不行具奏。本人糧未至，朦朧直待農忙，見將吴江縣糧長葛德潤淮災，又顧常、陸仲和准災，唐謙等纔方出奏。萬石之糧，止納一千者有之，二千者有之，餘有八千、九千不納者。爲此刁頑，拿下鞫問情由，卻乃從實供招在官，以致罪發雲南。嗚呼！朕，君也，與民約，民失信不從教，而置身於禍，愚哉！設使良有司對彼宣布條章，闡敷五教，此等頑民豈不悔之甚也歟！

糧長郗阿仍害民第四十七

糧長郗阿仍，自朕命有司召糧長面聽宣諭，其郗阿仍坐視不出，令徐添長代替赴京。本人在家，朋黨譚理、徐付六、周伯賢、譚真五、張二、徐付三、莊壽二、胡付四起立名色，科擾糧户。其擾民之計，立名曰舡水脚米、斛面米、裝糧飯米、車脚錢、脱夫米、造册錢、糧局知房錢、看米樣中米、燈油錢、運黄糧脱夫米、均需錢、棕軟篾錢一十二色，通計歛米三萬七千石，鈔一萬一千一百貫。正米止該一萬，便做加五收受，尚餘二萬二千石，鈔一萬一千一百貫。民無可納者，以房屋准之者有之，揭屋瓦准者有之，變賣牲口准者有之，衣服、段疋、布帛之類准者亦有之，其鍋竈、水車、農具盡皆准折。嗚呼！似此姦頑，貪婪無厭，虐民之心，甚如蝮蛇，其仁心莫知所在，直至身亡家破而後已。嗚呼愚哉！臨期悔者晚矣，何不早推己以及人。朕終化不醒，直至臨刑不免，頑矣哉！

逃吏更名第四十八

嗚呼！人不能自生，終於取死者，無如蘇、松、嘉、湖四府之吏。終於取死不得自生者顧顯等，罪之魁者無出於顯。且顯，初本原顯，因犯工役在逃，還家改名顧源，仍復爲吏。

拘拿赴京，着令工役，亦復在逃，改名顧顯，依然縣吏，至殺身而後已。其次，更名一次者有之，二次者有之，更其字而捏怪多端者甚廣。朕今將各人名題于首，犯注于足，所在臣民，觀之戒哉。

一名陳玄。本名陳真，爲吏。爲事改名陳忠，仍充長洲縣吏。爲事工役在逃，改名陳玄，復夤充蘇州府吏。

一名顧源諟。先充蘇州府吏，爲事在逃，改名顧源，仍充本府吏。

一名鄭恒。先充本府典吏，爲事逃回，改名鄭武伯，復參蘇州府典吏。

一名王允。先充府吏，爲事逃回，改名王權，仍充蘇州府吏。

一名蔣思賢。先充吏役，爲事逃回，改名蔣賢，即蔣成，復充蘇州府吏。

一名黄仲達。先充吏役，爲事逃回，改名黄通，復充常熟縣吏。

一名王文。先充吏役，爲事在逃，改名王彦文，復充常熟縣吏。

一名高文。先充吏役，爲事在逃，改名高名，復充常熟縣吏。

一名王文達。先充常熟縣吏，爲事在逃，改名王文，復充江陰縣吏。

常熟縣官亂政第四十九

凡任有司，職掌務在牧民。其牧民之道，務在興民之利，除民之害。洪武十八年，常熟知縣成蒐奇到任未久，從姦則聽蘇州府知府張亨分付，參逃囚逃吏黄通等，各各更名爲吏。自己所用，盡收市鄉無藉之徒爲吏，掌行文案。明知不可，略無畏懼，恣肆妄爲。未及週歲，動止滿前，皆是小人。嗚呼！志人受任，清姦頑而進良善，所以民受其福，己功亦成。今知縣成蒐奇罔知君臣之道，昧於牧民之理，朋黨小人，亂政壞法，自取滅亡。嗚呼！不膺福而膺禍，愚之哉！

一、沮設糧長，以致秋糧不足。

一、糧長之設，本便縣司，干計民人自當。

爾成蒐奇交結無藉糧長沈玠等，違朕旨意，將地方犬牙相制，巨者徵收，細微蒙蔽，以致本縣比常設糧長之數内缺一名，以致萬石不足。其間所在奇零數户，意在使朕艱知。今也艱逃刑憲，又何怨哉！

朝臣蹈惡第五十

六部、六科給事中、承敕郎、參軍、倉場衛分，日逐隨朝，朕之所言，目擊耳聞。棄人於市，有同僚，有異司、異府、異場、異科各各不等衙門，此非一二人耳，各人身親見之。其屍未移，各人繼踵而爲非。今將各人名題于首，犯注於足，智人觀之。

一、吏部主事蕭惟一。爲誤將奏本出外，被守衛軍搜出，送察院鞫問，卻索本部官銀三百兩，如無便亂指。

一、鷹揚衛知事王貞。爲優給故官舍人，剋落鈔一千二百貫。

一、六科給事中並承敕郎、尚寶司、各衛知事，交結朋黨，互相蒙蔽，盜出銀鈔衣服：給事中言信、盜出入己鈔六萬三千五百貫，衣服二十二件。盧敏、分鈔二萬九千貫，紵絲褡護一件。王庭、分鈔三萬貫，襖子二件。李悅、分鈔一萬貫，襖子二件。孫詢、分鈔二萬五千貫，襖子二件。張德規、分鈔五千貫，襖子三件。劉士貞、分鈔一萬一千貫，襖子一件。張悅、分鈔八百貫。董思敬、分鈔一千貫。沈煒、分鈔五百貫。楊菀、分鈔一千二百貫。俞誠、分鈔八百貫。張綬、分鈔一千三百五十貫。楊賓、分鈔三百五十貫，段子一疋。倪濬、分鈔九百五十貫，段子一疋。欒執中、分鈔一千四百五十貫。吴亨、分鈔七百貫。魏庭實、分鈔一千六百貫。田禮、分鈔五千二百五十貫。王列、分鈔七百貫。王榮祖、分鈔一千五百五十貫。任企宗、分鈔五百貫。劉存禮、分鈔八百一十貫。錢德仁、分鈔五百貫。許訥、分鈔一千四百貫。常銘、分鈔五百貫。張誼、分鈔一千二百一十貫。徐煥、分鈔四千貫。王鶴、分鈔六百五十貫。杜魯、分鈔一千五百五十貫。賀裕、分鈔四百貫。楊永、分鈔五千二百貫。劉士原、分鈔四百貫。崔振、分鈔一千二百一十貫。張文甫、分鈔四百貫。陳廉、分鈔四百貫。羊廷顯、分鈔一千一百五十貫，圓領一件。劉謐、分鈔一千二百貫。王鵬、分鈔七百二十貫。路軏、分鈔七百貫。馬翺、分鈔五千貫。彭子敬、分鈔一千貫。陶鎔、分鈔五百貫。李讓、分鈔五百貫。焦愉、分鈔三百貫。靳俊、分鈔四百貫。孫敬、分鈔四百貫。周仲義、分鈔四百貫。王玘、分鈔四百貫。孫勖、分鈔五百五十貫。許文輝、分鈔一千貫，襖子二件。張文中、分鈔五百五十貫。和雍、分鈔一千二百七十貫。胡肅、分鈔九百貫。康寧、分鈔八百五十貫。伍子開、分鈔六百貫。黃順理、分鈔六百貫。趙璧、分鈔一千一百貫。哈安、分鈔一千五百八十五貫。孟達善、分鈔一千五百一十貫。張均禮、分鈔五百貫。黃普，分鈔九百五十貫。參軍王斌、分鈔二千貫。史玄齡，分鈔八百貫。承敕郎爲追問秋糧事，節次將犯人江仲庸等招狀改抹作弊，及通同言信等私置人匠食錢則例簿，於尚寶司用印，誣證受贓。殷裕、分受鈔一千二百十三貫。蕭韶、分受鈔一千二百十三貫。黃畊、分受鈔六百五十貫。謝文，分受鈔六百五十貫。承敕庶吉士廖孟瞻，分受贓鈔四百五十貫。金吾前衛知事侯時舉，分鈔五百貫。尚寶司少卿姜徐關，分鈔三百五十貫。尚寶司丞安壽，分鈔三百五十貫。龍驤衛知事彭景中，分鈔一千八百貫。龍江衛知事汪傒任，分鈔一千八百貫。錦衣衛知事陳叔銘，分鈔四千貫。府軍右衛知事李潤，分鈔四百貫。江陰衛知事吳中，分鈔七千貫。前軍都督府經歷陳仔、分鈔四百貫。都事劉仲寧，分鈔四百貫。後軍都督府都事杜清，分鈔五百貫。虎賁左衛知事趙信，分鈔二千貫。豹韜衛知事郭麟，分鈔五千五百貫。留守右衛知事辛諒，分鈔三千貫。廣武衛知事王清，分鈔五千貫。興武衛知事王規，分鈔五百貫。羽林左衛知事蔡均。分鈔四百貫。

一、龍江抽分場副使李興。通同工部侍郎韓鐸等，盜賣蘆柴二萬八千束。

一、金吾前衛千百户紙德等四員。通同鈔庫官孫安等，將太平進到折收秋糧鈔一萬貫存留在外，虚出實收。各門印押長單，與納户收照。

一、監察御史武希顔。爲丁祭赴太學齋宿，卻與刑部主事許桐及監生高霖等三名飲酒。

一、監生陳孜。爲差往長洲縣査踏水災，於僧寺造册，恃勢争房，將名藏主拷打身死。

一、虎賁右衛吏魏叔温。將兵部節次發下軍人王成等七十四名，已編隊伍，卻受謝從義等鈔一百三十五貫賣放。

一、留守左衛吏李仲恭。故行刁蹬水軍，不支三箇月糧，卻於糧榜上朦朧開寫具奏。

一、廣洋衛百户洪福。爲差往華亭縣抄扎犯人家財，卻通同害民猾吏，著犯人招指良民，致傷人命。

一、留守右衛百户吴祥、李英。爲監工將囚人買到石頭，私下貨賣。

嗚呼！此輩皆係洪武十八年新誅姦惡貪婪之後，人人不畏其法，仍繼踵而爲非。吁！可謂之難教者歟，難禁者歟！

諸司進商税第五十一

洪武十九年，十二布政司率諸有司及魚湖諸色司局等衙門官吏，進呈十八年金銀鈔錠錢帛之類，總計府州縣司局等衙門二千四百三十七處。至之日，所進之文，奏本一，啓本一，諸物件文册一。量此三件，甚不繁冗，當措辦此件，已有數月。其來有七千里至京者，有八千里至京者。進奏之時，令人細閱奏目、啓劄，有倒使印信者，有漏使印信者，有全不用印信者，有不書名姓者，並身不稱臣者。文書有有總無撒色者，有有撒無總者，有縣、局不分課程混淆者。如此者，布政司、府州縣皆如之。朕諭羣職曰：『爾等數千里、數百里爲此辦集，凡經半年。今至也，皆無人臣之禮。當未起之時，孰罪加臨？爾等皇皇其心，諸事顛倒。爾必欲姦貪，故作此態乎？今執爾來文，不消加刑問罪，即此真犯，別何辭焉？』羣職默然。嗚呼！前屍未移，後屍繼至。此番羣職若論如律，數千中得生者、輕罪者渾無。爲其初任，故且釋之，令戴罪往悛。其得罪：布政司一十二處，鹽運司一處，府一百六處，州一百二十九處，縣九百八十一處，税課司局八百二十八處，河泊所三百七十九處，庫二處。

解物封記第五十二

嗚呼艱哉！朕竭心力，不能化聰愚之不善，奈何？且如立一法，去姦去弊，必欲保全臣民。其所立也，多因事而制。雖因事而制，未嘗輕發，必慮之萬全，然後敷於臣民。久之，終未見成效。嗚呼，艱矣哉！

且如洪武初，天下諸司差人解物赴京，照該倉庫送納，一至中書下部，照數收受。一起解絹者，數具千疋，其該部點掣二百，以爲不堪，著令解物人再進堪中換去。其解物者收買依數兑换，備數送庫，交納了當，赴部欲取原絹，部官吏已入己矣，並無有還者。解者以狀來聞。朕知此弊非起於洪武之初，其來久矣。所以知者爲何？爲拿住貪官汙吏，問出前情，已將各官吏棄市矣。朕籌慮數月，立法布於諸司：『今後諸司凡有解進之物，於本衙門公同印押，封記牢固，省令解物人休開。物至，朕號令該部毋得擅開封緘，直抵當該庫分，庫官辨驗開封。堪中則如法收受，不堪則如數奏聞。此便於臣民者也。』此出未久，其所在諸司通同起解者，並不公同緘封，惟是散盛解行，卻乃廣用印信封皮，令解物人於身藏帶。於所解之物無所關防，沿途或以微抵巨，或以賤易貴，或虚買實收，止納一半，覬朝廷之隙爲之，全不納者有之，有抵庫而不如數者有之。鞫問其由，其印信封皮懸帶在身，至京方用。謂曰：『何若是？』對曰：『已與官吏交通，自起至京，便於抵换，虧折自由。』

嗚呼！前爲中書、六部庫藏人員刁蹬留難解物者，朕特設此法，以便解物之人，更不陷官吏於不易。此法之良，雖神天亦謂之便，而況人乎！其趨死之徒見此法此行難以作弊，故不依允，直至殺身而後已。

經該解物第五十三

今後各府州縣解納應合入官諸色物件，非正官、佐貳官、首領官或該吏，須得一名親起解則可。若或不然，仍差無職役、無藉頑民及無底業者解送，則治罪官吏甚不輕恕。所以禁者爲何？自開國以來，朝廷小人在位者多，動止互相朋黨，所以天下有司數差無藉之徒解納諸色物件。及至京也，有週年不納，虚買實收而歸者有之；有使訖一半，而妄言原本不足而來者有之。及其稽也，原來本足。由此殺身，歲非一二人，猶不能止其姦，豈不罪在有司？今後敢有如此者，倍追之後，官吏殺之，妄承行者亦殺之。

江西解課第五十四

江西左布政使馮叡等通同廣濟庫官攢江日新等，將在庫諸色課程、贓罰等項偷盜分受入己。臨差進呈，其布政使馮叡等不將舊經首尾庫官江日新差來進呈，卻差新到任庫官朱恕。恕不能推脱，就而承行，慮恐不便，索率庫攢人等起解赴京。其所奏狀啓劄，内將諸色物件混淆概聞，不分何者税課若干，贓罰若干。如此欺侮朝廷，豈人臣之禮哉？嗚呼！因利所迷，其謀愚若是耶？若將奏狀啓劄云及稚子老妻，亦難蒙蔽，而上聞朝廷，可乎？

吁，嘗聞世不絶聖，國不絶賢，今朕馭宇，所用之人咸若是，奈何？於心豈不愁焉憂矣乎無已！

民拿經該不解物第五十五

諸處有司解納諸物，若官吏親自解赴京納，連年通同户部、兵部、刑部、工部、户科、兵科、刑科、工科給事中，陰謀結黨，虚出實收，每常事覺，誅戮者甚多。餘人復任是職，不數月仍蹈前非。如安慶府、蘇州府、江西布政司等處，臨解物之際，多不差經該人員，每每著令富户起解，故意虐吾良民。此誥一出，凡在官之物起解之際，須差監臨主守者。若是布政司、府州縣不差監臨主守，故差市鄉良民起解諸物，因而賣富差貧，許市鄉年高耆宿、非耆宿老人及英壯豪傑之士，將首領官並該吏幫縛赴京。若或深知在閒某人，或刁狡好閒民人教此官吏，一發幫赴京來。有司官吏精目是誥，勿墮此憲，敢有故違族誅之。何故極刑如是？蓋謂此差一行，及至抵京倉庫等處，朕一時不知，其不畏死之徒，往往刁蹬留難，動經數月弗得歸還，或半載未歸者有之，必賄賂而後已。當起解之時，有司託此名色使用錢，已歛民矣。及其行也，令民自備，爲因重復害吾良民。此等官吏，一犯族誅，爲其害重也。

一、湖廣黄州府原感湖河泊所魚户劉復三。管解魚油二千五百斤，赴丁字庫進納，原數欠少五百斤，用鈔八十貫與本庫副使唐顔，虛買實收。

一、湖廣衡州府桂陽縣解物人翟用等。解課赴京，用鈔一百五十貫付丁字庫官攢唐顔等，虛買實收桐油五百八十四斤。

一、蘇州府胡達等。起解洪武十八年桑絲折絹，奏目内明有絹六百三十九疋，及其進納，止有絹一十三疋。

一、江西九江府赤湖河泊所錢福六。解課赴丁字庫進納，用鈔三百一十貫與本庫官攢紀麟等，虛買實收魚油、香油五百五十七斤。

一、浙江紹興府傖塘税課局大使莫仲和。解課赴京，奏目内明開見錢鈔三千九百貫五十五文，及至進納，卻少一千六百一十四貫四百文。

一、安慶府龍南蓮若湖河泊所官鄭德榮。奏目内明開見解魚油二千一百五十八斤，魚鰾二十四斤，及至進納，並無魚油、魚鰾，推稱未到，意在虛買實收。

一、湖廣辰州府辰溪縣知縣蔡德茂。奏目内明寫見在瓜鐵五千二百九十七斤，及至進納之際，並無前項瓜鐵，卻推稱因罷場冶不敢起解，意在虛買實收。

一、北平府通州三河縣。奏目内明開見解桑絲折絹九十五疋，麻八百六十五斤，緜花四百三十二斤，及至進納，並無前項絹、麻、緜花，意在虛買實收。

科斂驢匹第五十六

蒲州知州孫景德，到任未及週歲，其剥削於民，其姦有不勝之巧。朕初命官牧民，務在先王之教敷，使民復古，日出而作，日入而息，鼓腹而歌，曰無官逼之憂，無盜厄之苦，是以作息自然，朕嘗慕此。何期此輩，同人之人，心神禽獸，罔知稼穡之艱，徵斂吾民，急如倒懸。其誅也宜其然乎！犯注于尾，君子詳觀。

一、知州孫景德。爲起解課程赴京，於本州減莊等九十八里，每里科斂脚力驢一頭，共科驢九十八頭，内將四十頭賣放與司吏喬思義，各分入己，止將五十八頭馱載課鈔赴京。又於六房每房斂盤纏五十貫，共三百貫入己。及先因公幹赴布政司回還，到本州典吏王勉家，置備羊酒，與伊父王直同座而飲。如此貪婪無禮，以致告發。

吉州科斂第五十七

有司之務，專在興民之利，除民之害。民有好善者，有始無終，則有司導引以進其善。民有不善頑惡者，屢化不悛，則執法以刑之，論罪輕重以施行，毋使過、不及，務必三綱舉，五常施。其賢人君子之爲有司也，必欲上佐朝廷，下福生民，惟學校爲之急務。

洪武十九年，山西平陽府吉州烏仁關巡檢吴子昱以狀來聞，吉州知州游尚志爲生民之患，豈止一端。指以生員爲由，逼令爲生員者二百餘户勾至，受贓放歸。以中鹽事，客商已繳原買官引畢矣，其知州游尚志復徵民加倍，每一引重追引五道，無者追鈔五貫。又每户用柴五十斤，炭一十斤，以巡闌爲由，多差人户賣放，少點應當進納商税課程。科民驢二百四十頭，每頭要鈔三貫，向後除存留外，其餘盡行賣去。嗚呼！有司興舉學校，實爲朝廷端本澄源之所。其知州游尚志，不能端本澄源，上沮朝廷之意，下酷害於生民，指學校爲名，貪要贓私，沮壞作養之意。觀其情狀，可不誅乎！

錢鈔貫文第五十八

鈔法之行，皆云貫錠。銅錢之行，皆云萬千百文。若以錢云文數，一文至千百數萬可以言之。以鈔云文數，並無奇零十文、五十文。今會稽等縣河泊所官張讓等故生刁詐，廣衍數目，意在昏亂掌鈔者。如會稽魚課鈔，本該六千六十七貫二百文，所進鈔本卻寫作六百六萬七千二百文。及至關勘合，入庫交納，其鈔並非奇零文數。已將各官吏治以重罪，今後敢有如此者，同其罪而罪之。

民間差發第五十九

官府一應差發，皆是細民應當。正當富家，卻好不曾正當官差。算起買囑官吏，不當正差，私下使用錢物，計算起來，與當差不争來去，不知如何愚到至極之處。你這等豪民，卻買免不當。貪官汙吏故差豪民，使你等買免。賣盡豪户，然後定差貧民。貧民無物可買，著實應當。嗚呼！似此小民，尚且應當。此害此苦，年年有之，不曾見細民家破人亡，大户刁頑直至家破人亡後已。此誥一出，豪富之家聞有差發，隨即應當，不許出錢買免。爾若出錢買免，官吏貪汙，心無厭足，其差故疊疊至門。不買官吏，著實應當，其官吏無可奈何。今後一體朕意，倘有官吏刁蹬百端，爾勿賄賂，少加窘逼，縛吏赴京來奏。所在良民，必依朕言，官吏自清，民無横害。不依朕言，誘引官吏貪汙，事發全家遷於化外，不許與良民同於中國。的不虛示。

剋減賑濟第六十

河南水災，連併三年，民患水甚。二次敕駙馬都尉李祺、梅殷賑民於災處，賑後終歲不聞賣棄兒女。洪武十八年災，敕户部差行人齎鈔詣河南，會布政司、按察司、當該府州縣賑如前例。賑後未及終歲，朕聞之，民有賣兒女者，陳州民亦有易其妻者。嗚呼哀哉！海内之亂，朕憑諸英俊，委命大將軍中山武寧王、開平忠武王等躬擐甲冑，不五年而偃兵，紀年洪武，今十有九年矣。歲不能任賢，以致水災之濟不周，致陳民賣妻，鄭民賣子，原武之民艱甚。

嗚呼！兵，凶事也，尚可平之。姦貪小人，甚若凶器，五教不循，五刑弗懼。無如鄭州知州康伯泰、原武縣丞柴琳，各將賑民錢入己。康伯泰一千一百貫，柴琳二百貫，布政使楊貴七百貫，參政張宣四千貫，王達八百貫，按察司知事謝毅五百貫，開封府同知耿士能五百貫，典吏王敏一千五百貫，鈞州判官弘彬一千五百貫，襄城縣主簿杜雲昇一千五百貫，布政司令史張英一千五百貫，張巖五百貫。貪匿之後，天寒地凍，其嚴凝之氣禦非其宜，則有墮指裂膚。其災民腹饑，被體之衣且薄，更兼日無可炊之糧，老幼艱辛，未免號呼於天。其貪婪之徒，豈不天討有罪乎？其鄭州知州康伯泰，原武縣丞柴琳，布政司參政張宣，開封府同知耿士能，鈞州判官弘彬，襄城縣主簿杜雲昇等，坐視民患，略無慚色，由是捕鞫之，情理昭然。除參政張宣等功臣之子免死充軍外，其有司官吏，宜其然而死乎！

路費則例第六十一

今後每歲有司官赴京，進納諸色錢鈔並朝覲之節，朕已定下各官路費脚力矣。若向後再指此名頭科民鈔錠脚力物件，官吏重罪。每有司官壹員，路費脚力共鈔一百貫，週歲柴炭錢五十貫。吾良民見此，若此官、此吏仍前不改非爲，故行攪擾，隨即赴京伸訴，以憑問罪。

一、進商税路費脚力鈔一百貫。

一、朝覲路費脚力鈔一百貫。

一、週歲柴炭鈔五十貫。

閑民同惡第六十二

今後敢有一切閑民，信從有司，非是朝廷設立應當官役名色，而於私下擅稱名色，與不才官吏同惡相濟、虐害吾民者，族誅。若被害告發，就將犯人家財給與首告人，有司凌遲處死。

不對關防勘合第六十三

嘻，貪官汙吏財利迷其心，不才有若是耶！　蘇州府知府張亨、知事姚旭，視朕命如尋常，以關防爲無事。曩者無官，詐稱有官擾民，非官差而私造印信，詐稱差使，騙詐取財，擾害吾民。數次拿獲，盡行典刑了當，想必人畏。未久，數數又犯，所殺又多，其禁不止。於是設置勘合，凡布政司、府州縣、管軍都司等軍職衙門，命各收一册，皆係半印勘合，凡有差使，若往某衙門公幹，即將應該去處填寫勘合，前去幹辦公務。本處衙門聞有差使人員到來，即索勘合比對，如無，幫縛赴京。縱有勘合，比對不同，亦行拿赴京來。其令所出，甚是明白。其蘇州府知府張亨、知事姚旭，被假千户沈儀齎僞造御寶文書至府，不行比對勘合承接，即便當廳開讀，行下屬縣，意在通同擾民作弊，被巡按御史雷昇及百户戴能盤獲。事發，假千户沈儀並伴當四名，人各凌遲處死，知府、知事梟令。今後布政司、府州縣、都司軍職衙門等有勘合去處，凡遇稱係差使人員，即要勘合比對。如是仍蹈前非，不對勘合，以致姦邪擾亂事務，雖不同情，罪同蘇州府官。的不虛示。

姦宿軍婦第六十四

給事中王默，進士易聰，序班洪文昌，斯三人，兩志士，一人才，正當精英少壯之時，以學問則已超羣類矣。洪文昌雖非學校之出，出自民間，已超民矣。所任之職，或周旋於朕前，或從遊於殿庭，以賢者論之，貴矣哉！今三人心忘立志，性務姦頑，苟合無藉之婦，通姦不已，敗常亂俗。法司所以論如律者爲此也。

關隘騙民第六十五

各處關隘把截去處巡檢、弓兵，將逃軍、逃囚一概受財，縱令逃去。及至拿住賊盜，不行火速解官，卻乃教唆誣指平民。拿獲私鹽，尤其騙詐民甚。此等不才，誥布之後，仍前爲事不公。事發到官，治以重罪。

縱囚越關第六十六

巡檢之設，本爲察姦頑而捕私邪，使境内民安，是其責任也。其所任巡檢皆不得其人，人皆不度其所掌是其重事也，往往將越關逃軍、逃囚，雖髡髮墨面文身，受財而縱行之。嗚呼！止知目前之利，不知向後之害。洪武十九年四月初十日，蘇州府管下七縣地方，捉拿黥面文身髠髮在逃囚徒一十三名，無黥刺一十九名，逃吏二十五名，逃軍六名。下法司並各衛鞫問經過隘口受財脱放情由，一一供招在官。因此囚徒，罪及貪婪巡檢七名，弓兵一十五名，皆不免死。此誥一出，所在把隘去處應有囚徒，不許賣放。如前受財縱放囚徒在逃者，自將以爲不犯，豈期大誥一出，鄉里之人不容，拿獲到官，問出前情，罪不能免，豈不險哉！

阻當耆民赴京第六十七

洪武十九年三月二十九日，嘉定縣民郭玄二等二名，手執大誥赴京，首告本縣首領弓兵楊鳳春等害民。經過淳化鎮，其巡檢何添觀刁蹬留難，致使弓兵馬德旺索要鈔貫，聲言差人送赴京來。如此沮壞，除將各人押赴本處，弓兵馬德旺依前大誥行誅，梟令示衆，巡檢何添觀刖足枷令。今後敢有如此者，罪亦如之。

歲進野味第六十八

應天府河泊所、常州府武進縣、江西布政司、湖廣布政司，皆爲歲進野味。湖廣原本進鹿，改寫麂進。江西本進天鵝，改寫天鴈。其解物者，物有活者，則途中宰食之，存皮以進。又以死易活進，以肥易瘦，以微抵巨。龍江河泊所進鰣魚於光禄司作鮓，其所進之人將鰣魚去首去尾，以爲己用，所進者不過中身一塊爾。嗚呼！因朕不才，三綱不明，五常弗度，致使當該有司官吏並解物無藉之徒，罔知君臣之義，故敢肆侮。常州府工房吏楊仲和、獵夫孫華一等以香貍進，數本五枚，甲首先食其一，該吏又食其一，所存者三。及其進也，死者又一，止有二焉。嗚呼！其敬之心安在，此果臣民乎？

民擅官稱第六十九

民有不才越禮犯分者，朕今諭誡之。嗚呼！書不云乎：『天命有德，五服五章哉！天討有罪，五刑五用哉！』朕自馭宇以來，民有無官稱官者，往往皆然。一日聞稱官者，謂曰：『爾官稱由祖至今，始爾曾職？』對曰：『自祖父以來，並不曾有爲官者。』曰：『祖既無官，爾亦無職，人稱爾爲官，爲何？』曰：『人相敬爾。』曰：『爾無赧乎？』曰：『久矣，市鄉多如此。』噫！聖人之教遠矣，朕申明未周，至民無禮。狂民越禮犯分，豈無禍焉！書不云乎：『臣無有作威作福。』作威作福，兇焉。爾庶民擅官稱，擅官稱且無赧，豈不由是而根禍？朕諭之後，鄉民有曾充糧里甲者，則以糧里甲稱，非糧里甲則以字稱。若遇耆民，長其父者則稱伯，下其父者則稱叔，長於己者則稱兄，下於己者則稱弟，歲如父者亦稱伯。本朝曾官者則以官稱，兄弟皆官稱，子孫舍人稱。雖一人終考而無疵，再無爲官者，子孫同朝稱舍人，兄弟稱官，隨朝世世稱官、稱舍人。無官者毋敢擅稱，稱者、受者各以罪罪之。果頑而違令，遷入遐荒，永爲邊卒。是其禁也，聽戒之毋犯。

居處僭分第七十

民有不安分者，僭用居處器皿、服色、首飾之類，以致禍生遠近，有不可逃者。誥至，一切臣民所用居處、器皿、服色、首飾之類，毋得僭分。敢有違者，用銀而用金，本用布絹而用綾錦紵絲紗羅，房舍棟梁不應彩色而彩色，不應金飾而金飾；民之寢牀舡隻不應彩色而彩色，不應金飾而金飾，民牀毋敢有暖閣而雕鏤者，違誥而爲之，事發到官，工技之人與物主各各坐以重罪。嗚呼！天尊地卑，理勢之必然；富貴貧賤，神明之鑑焉。有德有行者至於貴，陰騭無疵者至於富，德行俱無，陰騭杳然，刁頑姦詐至於賤。此數説也，宰在天地鬼神，馭在馭世之君。所以官有等差，民有富貧，而至賤者也豈得易爲而用之乎！

逃軍第七十一

誥到之日，所在有司官吏往日曾受逃軍財物買囑，不行起發，今大誥遍滿天下，兩鄰里甲不許影射。若不早爲曉諭有司官吏，必是兩鄰里甲照依大誥事内拘送赴京，那是有司官吏其罪難逃。誥到，肯聽朕言，將境内逃軍省令里甲、親戚人等或百或千或十，各各令里長送赴京來。一里長十名者送十名，五名者送五名。當該有司差佐貳官該吏，用前路關文，一程程關給食米，不致逃軍失所，送赴京來。若逃軍改名換姓影在境内，聞誥到日，三五人自行赴官首告，赴京著役。如在京衛分，赴在京衛分；各都司衛分，赴各都司衛分。雖是在逃十年、十五年、十七八年、三五年，亦行盡皆出首，與免本罪，仍前著役。如不出首，兩鄰里甲見了大誥，毋得隱藏逃軍。雖是至親，必須首告，免致鄉村良民被捉拿逃軍連累受苦。敢有違朕之言，仍有勾逃軍官吏生事攪擾良民，其良民中豪傑之士、耆宿老人會議捉拿赴京，見一名賞鈔五錠。如是仍前影射，被人告發或挨勾得出，兩鄰並影射之家盡行拿充軍役。衆百姓，我説的言語聽著，你若不聽，便三家兩家垛一丁爲軍。比及如此，你衆人只休隱逃軍在鄉，卻不免致動了你每户下人丁。看了我的言語，你每衆百姓將附近逃軍，家下影射的逃軍，衆人好生撫綏送出來，各衛軍亦不缺役，你每衆百姓安樂。便是你百姓受了逃軍財物，隱藏十年之上，如今送出來，也不問你每要罪。

嗚呼！因無藉不良之家，心生姦詐，屢次故違號令，影射逃軍，致令貪官汙吏賣遍同名同姓，異姓者亦皆受害。嗚呼！朕居京九重，知天下拿逃軍，擾害吾良民，民怨已滿朕耳。你影射逃軍之家，如何不將仁心發見，改革前非，坐視羣民受害，一家父母妻子兄弟並無一箇爲善者，皆是同惡相濟之人。此誥出後，仍前故違，許令鄰里耆宿並豪傑之士會議，將隱藏逃軍之家全家拿赴京來，遷居化外，家私就賞捉拿之人，免致捉拿同名同姓，逼抑異姓良民。朕言至此，耆民、豪傑之士必從朕命，方乃是安。此患不除，終無寧息。智人見之，毋視尋常。

吏卒贓私第七十二

吏卒贓貪，豈能盡革？然曩古至於近代，吏卒人等雖要贓私，取於末節，紀綱大法，未嘗敢壞。所以紀綱大法，罪之輕重，招詞卷宗，款詞不異，卷宗分明，年月次序，日期題判，不紊粘聯，使稽無遺失之患，刷無倒判之姦。此等大綱大紀既立，贓貪於末節，雖盈滿貫，豈不容誅？是誥再三，豈止刑而說？一切錢糧金帛諸等事務，當體前說焉。智人覺之。

容留濫設第七十三

容留罷閒，擅便濫設祗禁吏員等項，律已有條。所在諸司往往故違律法，委身受刑，容留此輩，以致剥削吾民。每每加罪於此等官吏，人誰不知？今洪武十九年，有司仍然故犯。

一、溧陽縣知縣李皋，容留閒吏在鄉，結黨害民，藂狎皂隸潘富等非爲。

一、蘇州府知府張亨等，將屢犯在逃黥刺之吏分付常熟縣參充縣吏。黄通等五名其吏在逃數次，一得承行文書，結黨下鄉虐民，得錢多少，拆字戲云。其云：『且如得錢一萬，乃呼一方，得鈔一千，更稱一撇。』嗚呼！剥吾良民脂膏，不知足而不知懼，拆字終日以爲戲爾。是官是吏，其罪可得而免乎！

一、長洲縣丞吕直等，容積年害民野牢子葉清甫等四十三名營充弓兵；頑民周子能等一十七名把持縣事，説事過錢；周繼先等十二名專一恃頑，替人出官；逃囚朱璿等六名，縱容在縣。如此長惡，罪在不赦。

一、嘉定縣知縣張敬禮等，縱容閒吏陸昌宗匿過，復入衙門，把持官府，以秋糧爲由買批下鄉，騙詐小民。

一、浙江按察司僉事王翰等，故縱紹興逃軍杜康一等一十四名在鄉擾民，告發到官，又行遷延不問。憲司本以除惡，乃令縱惡，罪將焉逃？

一、高郵州吏顧仲可等並書手一十三名，已經造罪，黥刺回家，仍然在州教唆詞訟，結攬寫發，擾害良民。

一、南昌府新建縣丞鄭宗道，容留罷閒官吏楊傑等在縣説事過錢。

一、連江縣土著猾吏鄭世環等三十二名，在鄉結黨害民，致使本縣以狀來聞。各吏罪將焉逃？

罪除濫設第七十四

民有不能修福而造禍者，無如蘇松兩府市井良民中刁頑不良之徒，造禍有如是耶！人皆市井之徒，民有四業，此等之徒，一業不務，惟務好閒，結搆官府。此等之類，松江一府坊廂中，不務生理、交結官府者一千三百五十名，蘇州坊廂一千五百二十一名。嗚呼！務業者有限，此等不務生理者如許，皆是市井之徒，不知農民艱苦，餘業費心。此等之徒，幫閒在官，自名曰小牢子、野牢子、直司、主文、小官、幫虎，其名凡六。不問農民急務之時，生事下鄉，攪擾農業，芒種之時，栽種在手，農務無隙。此等齎執批文抵農所在，或就水車上鎖人下車者有之，或就手内去其秧苗鎖人出田者有之。嗚呼！公務有不急者，尚不棄農時，況無事乎！今二府不良之徒，除見拿外，若必欲搜索其盡，每府不下二千人，皆是不務四業之徒。嗚呼！此等之徒，上假官府之威，下虐吾在野之民。野民無知，將謂朕法之苛。野民止知如此，不知此等之徒，上假朝廷，下假官府，朕朝治而暮犯，暮治而晨亦如之，屍未移而人爲繼踵，治愈重而犯愈多。宵晝不遑寧處，無可奈何。設若放寬，此等之徒愈加昌熾，在野之民豈得而安生？嗚呼艱哉！刑此等之徒，人以爲君暴；寬此等之徒，法壞而綱弛，人以爲君昏。具在方册，掌中可見，其爲君者，不亦艱哉！朕除此無藉之徒，諸處不良之徒見朕是誥，當戒之哉！勿蹈前非，永保吉昌。設否此誥，身亡家破矣。戒之哉！戒之哉！

市民不許爲吏卒第七十五

今後諸處有司衙門皂隸、吏員、獄卒，不許用市井之民。其市井之民多無田産，不知農業艱難。其良善者將本求利，或開鋪面於市中，或作行商出入，此市中之良者也。有等無藉之徒，村無恒産，市無鋪面，絶無本作行商。其心不善，日生姦詐，豈止一端？惟務搆結官府，妄言民之是非。此等之徒，設若官府差爲吏卒，其害民之心那有厭足？所以良民受害不已者，爲市井無藉之徒爲簿書之吏，爲祇禁獄卒等，其毒甚如蝮蛇。誥布民間，有司仍前用此，治以死罪。市井之徒見充此役者，見誥即早退去。若仍前擅應此役及暗搆爲是，皆死。閭巷鄰里知而不拿，長成姦惡，自取擾害，治以罪責。知此無藉仍應此役，衆耆民及少壯者拿赴京來，以憑區處。的不虛示。

慶節和買第七十六

天下府州縣，今後毋得指以慶節爲由，和買民物。往往指此和買名色，不還民錢者多，此弊虐吾民久矣。誥出，敢有如此者，許被擾之民或千或百或十，將該吏拿赴京來，斬首以除民患。

造作買辦第七十七

朝廷凡有諸色造作，文書明下有司，止許官鈔買辦，毋得指名要物，實不與價。果有違吾令者，許被科之民或千或百或十，齎大誥拿該吏赴京。物照時估給鈔，將該吏斬首，以快吾良民之心。

議讓納糧第七十八

催糧之時，其納户人等糧少者，或百户，或十户，或三五户，自備盤纏，水覓舡隻，旱覓車輛，於中議讓幾人總領，根隨糧長赴合該倉分交納，就鄉里加三起程。其糧長並不許起立諸等名色，取要錢物。其議讓領糧交納人既是加三領行，毋得破調不敷。若科糧之時，民有頑者故不依期，刁頑不納，糧長備書姓名，赴京面奏。拿與糧長對問，非是糧長排陷，實是頑民故違，闔家遷於化外。糧長捏詞朦朧奏聞，罪如之。

斷指誹謗第七十九

蒸民之中有等頑民，其頑也如是，其姦也如是，其愚也如是。嗚呼！非頑非姦非愚，蓋去古既遠，老壯相傳，爲民之道迷矣。由相代之帝敷教而不精，致令民頗聰明者而作聰明，所以反成至愚。今朕不能申古先哲王之道，所以姦頑受刑者多。

洪武十九年，福建沙縣民羅輔等十三名，不務生理，專一在鄉搆非爲惡。心恐事覺，朋姦誹謗，卻説：『如今朝廷法度好生利害，我每各斷了手指，便没用了。』如此設謀，扇惑良善，以致告發，拿捉到官。朕謂曰：『爾等既斷了手指，諸事艱爲，安坐無憂凌暴，爲何？』輔等默然。嗚呼！人皆説人君養民，朕觀之，人君宫室、服食、器用皆民所供，人君果將何以養民哉？所以養民者，在申古先哲王之舊章，明五刑以弼五教，使民知五常之義，强不得凌弱，衆不敢暴寡，聚兵積糧，守在四夷，民能從化，天下大安：此人君養民之道也。爾輔等不遵治化，造罪淵泉，自殘父母之遺體，是謂不孝；捏詞上謗於朝廷，是謂不臣。似爾不臣不孝之徒，惑亂良民，久則爲禍不淺，所以將爾等押回原籍，梟令於市，闔家成丁者誅之，婦女遷於化外，以戒將來。吁！朕制法以養民，民乃搆姦而自罪，全家誅之，朕豈得已乎？智人鑑之。

交結安置人第八十

昔先王之治，人有罪而非甚者，則屏於化外，使不得與良民同於中國。維時民良，見有罪者則羞與之齒，心甚疾之，所以教化流行，人民大安。朕嘗慕此，法古爲治，罪姦制頑，欲懲一而戒百。奈何今之人心不然，見善則遠而不從，見惡則趨而黨比。如李子中等九名，先爲造罪淵深，遷徙福建沙縣安置，磨其姦頑之心，使得自省。其李子中等怙惡不悛，搆非日甚，復入衙門，交結官吏、頑民汪澄、林均澤等。其澄等不以子中得罪於朝廷，輒與交友，朋黨搆非。吁！使子中等之罪，縱朝廷罪之不當，澄等豈得與之來往？况子中等罪惡貫盈，法不容宥而宥之。澄等既不能疾惡，卻乃同惡相濟，殺身之罪可得而逃乎？

力士催磚第八十一

自元兵亂，豪傑最多。朕嘗撫恤頭目軍士，並無失錯，所以肯聽號令的，如今封公封侯，做指揮、千百户、衛所鎮撫，這的是撫綏的成效。近年以來，起取民間有力壯士充校尉，隨駕出入。因見好漢，著令四方打差，實是恩撫這等壯士。爲甚麽這般說？因各衙門皂隸、駕前行人，遇有差使，至其所在，雖不需索，動止便以財物相送。再思皂隸、行人，於朝無功，於民無益，到處所受贓私，動經千百。此等贓鈔並無人訐告，禁也禁不住。爲此令力士打差，若得此財，卻不恩養壯士，隨駕出入。豈期力士周金保等八名，爲催辦城磚事差往常州等府，至彼受財無厭，又行脱放有罪囚徒，受彼贓私，經九月不至。差人詣所在捉拿，本人已於本處娶訖妻室，蓋造院宅，置買牲口，就彼爲家。嗚呼！不知恩者有如是。若止接告狀錢物懷歸，分送若干歸家養父母，留若干己用，更知朕恩，終身無患。一旦被酒色財物迷惑其心，恩不知，害不見，以致殺身。

牙行第八十二

天下府州縣鎮店去處，不許有官牙、私牙。一切客商應有貨物，照例投税之後，聽從發賣。敢有稱係官牙、私牙，許鄰里坊廂拿獲赴京，以憑遷徙化外。若係官牙，其該吏全家遷徙。敢有爲官牙、私牙，兩鄰不首，罪同。巡闌敢有刁蹬多取客貨者，許客商拿赴京來。不應税而税者，且如海南民有取新婦者，其縣官將下禮牲口並新婦俱要税錢，已行拿赴京師，治以死罪。今山東膠水縣丞歐陽祥可不鑑前非，又將人家下禮牲口索要税錢，詐取財物，自取之罪，安可逃乎？所以罪同海南縣官者，爲其蹈惡也。

秦昇等怙終第八十三

嗚呼！人有怙終不悛者，果然。曩爲崑山縣水災事，朕命進士秦昇、張子恭、王朴往視災所，務必以實歸告，賑濟細民。昇行之日，朕謂昇曰：『爾年壯方行，朕有囑焉。此行防民姦詐，其誘説非一端。其誘説之道，或以女色，或以金銀錢鈔，或以疋帛，或以諸等玩好，覘視爾情，果何等可以動爾之心？設使數等不能動其心，必又以豐美肴羞盛筵以待。爾果志堅，勿墮此計。』

昇既聽，詣所在，即違此教。首與舊識教諭漆居恭會，次與茜涇巡檢姚誠會，亦是同類生員。其漆居恭爲教諭，姚誠爲巡檢，因與相合，浸潤說誘，筵宴、銀鈔、緞疋、衣服、靴布等物，盡行受納，將民人成熟田二萬二千六百畝作災妄奏，致令監生覆踏不同。彼時秦昇已陞户部左侍郎，張子恭、王朴除工科給事中。雖是作弊分明，不肯輕易便問本人，詣災所拿到原根查踏水災隨從人員，問出作弊真情，未及十分，十分中不過三四。朕謂法司曰：『昇等年幼方仕，未可盡究其弊，略知一二，不解見任，姑待革非。』止是畫影圖形，昭示刑狀，頓剉成人。昇已親筆供招在官，明日見出示象形，昇乃以是飾非，意在上謗朝廷，指名摭拾當道御史，將親筆所招盡皆不認。復命法司更道復問，被原根查踏水災皂隸、弓兵、吏員人等，將昇等本末作弊緣由罄其所以，露昇非爲。及將昇親筆所招置昇面前，昇默然無對。初不欲究盡其弊，止知一二。既是怙終，必要務知本末，所以不能隱諱姦貪。其所得之贓，除衣布、銀兩、靴物外，鈔該一千一百貫，親招在官。令法司引赴奉天門。

朕謂昇曰：『朕教爾多矣，今終不從，此際何如？』昇對曰：『初好來，知縣李均與瓜一箇，曾推腹痛不食。後爲教諭漆居恭、巡檢姚誠、吏卒陸安等皆曰：「此間知縣已去十五矣，官人逃不去。」昇被說不過，領受贓私。今日死得是，死得好。』朕謂昇曰：『未嘗曾教爾死，已命法司不解見任，待爾去非就善。今不聽朕命，吾何救爾？』令錦衣衛與爾刃器，給爾繩索，從爾自盡。内除王朴性不怙終，見任不解。』昇等默然而往，詣玄津橋，觀刃器，視繩索，謂傍曰：『臨終也，上且加恩於我。』就繩而縊。嗚呼！造罪淵深，不能自活者，有如是耶！

查踏水災第八十四

進士行人差遣查踏水災，詢問民瘼，有等父母善教之子〔一〕，從實踏勘，以災來聞，姦詐奏罪，民瘼備知。有等父母不教之徒，所在州縣，民瘼不問，貪要贓私，接受馬前文册，或徹票批，坐視過期，動經旬月。及其歸也，一概誣詞妄奏。計不才者一百四十一名：進士秦昇、張子恭、王朴、李哲、陳益、海永清、卓閏、繆均、趙泰、張端、衛善初、王蒙、張瑩、黄惟清、譚子英、甘友信、衛浚明、楊志明、龐清、金惟一、宋仁桂、凌輅、顧諟、劉觀、陳綬、劉庸、張義、胡本、周從善、張和、李伯沖、陳洵仁、張翥、陳善生、劉輻、孫翥、向寶、趙剛、蔡玄、譚彦方、丁麟、辛民、熊政隆、黄健、張軏、韓毅、田忠、彭慶、齊肅、彭仁俊、葉耀、張山、沈志遠，餘二十八名；行人李良、張魯、叢觀、薛昭、饒禮、吴貫、吴武、馮吉、張仁、高仁壽、薛秉彝、邢楷、鄧仲保、姚伯華、楊京、廖中、唐誠、劉允、趙士弘、趙景春、熊士良、譚文淵、畢敏、何原琛、熊文淵、熊希遠、李進、薛貞、鄭士玄、朱名輝、朱邦憲、馬奉先、李焕然、楊勉學、聶怨、孫銘、劉仲輔，餘二十三名。

水災不及賑濟第八十五

往爲有司徵收税糧不便，所以復設糧長，教田多的大户管著糧少的小户。想這等大户，肯顧自家田産，必推仁心，利濟小民。當復設之時，特令赴京，面聽朕言。關給勘合，不許地方犬牙相制，只教管著周圍附近的人户，易催易辦。若區内田有灑派的，教收在自户下，不過割的，便過割了。如果有積年荒田，明白具本來奏除豁了。各各糧長目擊耳聞前去，一至本鄉，巧立名色，其弊多端，剥削吾良民，不可勝言。地方依舊犬牙相制，民間灑派、包荒、不過割的，俱不來奏知，卻通同刁猾頑民，妄告水災，本災一分，告災十分。及至差人詣所在查踏，卻乃多方設計，賄賂所差進士、行人、監生，扶同准災，捏合回奏。其被災人户，災本一分，今告十分，並不敢將此等人户一概赴京賑濟。以致實災小民，混淆難以分别，至今不得賑其貧乏。使朕宵衣，皇皇無已。吁！朕設糧長，本欲便於細民，不期此等之徒姦貪無厭，身家不顧，實爲民患。惟天可鑑，智人詳之。

婚娶第八十六

古至如今，凡人父母，未有不慈者。其慈之道，非是强爲，實是自然之道。有等愚父母止知寬愛爲慈，豈知寬愛反害於子。其寬愛害於子者爲何？寬則無教，愛且姑息，致子諸事不能，止靠祖業。父母方逝，身既不能，産業日消，窘於衣食。是其不慈也，是其反害也。有等慈父母，外加嚴容，内懷寬愛，善教不墮刑憲，比子長成，諸事善爲，終世不乏衣食。雖曰嚴容，其寬愛之道顯矣。朕自開國以來，凡官多用老成。既用之後，不期皆係老姦巨猾，造罪無厭。及至進用後生，皆是年壯英俊。初，父母且賢，致令習學經書，通達古今，已成士矣。其父母寬愛之道，得其宜也。至此之際，各各父母反爲愚夫愚婦。子既年壯，公私作爲無有不可者。朕既授以官，且有厚禄，隻身在任，朝出暮歸，寒暑爲之自調，湯藥亦爲之自舉。其父母愚而不與之娶，致令孤守厚禄，淫慾之情横作。一旦苟合於無藉之婦，暮去朝來，精神爲之妄喪，財物由是而空虚，天生誠實之性因而散亂，雖古智人君子，莫復其原，豈不艱哉！今以誥告，凡在京有官君子之父母，即早婚娶前來，以固子天生自然之性。不然，暫染娼優，汙合村婦，性一乖爲，莫可得而再治。其諸父母，早爲之計。

頒行續誥第八十七

朕出斯令，一曰大誥，一曰續編。斯上下之本，臣民之至寶，發布天下，務必户户有之。敢有不敬而不收者，非吾治化之民，遷居化外，永不令歸。的不虚示。

後序〔二〕

曩爲天下臣民不從教者多，朕於機務之隙，特將臣民所犯條成二誥，頒示中外，使家傳人誦，得以懲戒而遵守之。誥行既久，近監察御史丘野奏，所在翻刻印行者字多訛舛，文不可讀，欲窮治而罪之。朕念民愚者多，況所頒二誥字微畫細，傳刻之際，是致差訛。今特命中書大書重刻頒行，使所在有司就將此本，易於翻刻，免致傳寫之誤。敢有仍前故意差訛，定拿所司提調及刊寫者，人各治以重罪。

洪武十九年冬十有一月二十五日諭。

校　記

〔一〕詢問民瘼有等父母善教　十字原缺，據全明文補。

〔二〕標題爲整理者所加。

明太祖集全編之六

御製大誥三編

周挺啓 校點

御製大誥三編

序

朕爲臣民有不善者，往往造罪淵深。及其犯也，法司究問，情弊顯然。以其弊也，弊甚多端；以其情也，情甚姦深。由是法司原情擬弊，凡律所該載者，各隨所犯，備施五刑，如此者非一年矣。其姦頑之徒未嘗肯格心向善，良民君子每被擾害，終無一歲優閒。朕才疏德薄，控馭之道竭矣。遂於洪武十八年冬十一月，首出大誥前編，以示臣民。其誥一出，良民君子欣然遵奉。惡人以爲不然，仍蹈前非者疊疊，不旋踵而發覺。發覺速者爲何？爲良民君子，知前誥之精微，一心欽遵，有所怙恃，乃與姦惡辨。所以强凌人者，衆暴人者，以計量致賺人者，設諸不正邪謀之徒，專以此爲良善之害者，一施即爲良善之所擒。所以發覺之疾也，所以良善之志伸矣，含冤者漸少。然無藉姦頑尚不知善良秉大誥以除姦頑，設心無知，輕生易死，犯若尋常，上累朝廷用刑之慘，下滅身家，若此者又非一二人。朕慮不忍，以續編再出，警省愚頑，使毋仍蹈。誥出，良民一見，欽敬之心如流之趨下；巨惡之徒，尚以爲不然；中惡之徒，將欲遷善而不能。云何？以其惡已及人，盈于胸懷，著于耳目矣，終被善良所擒。朕觀若是，斯二誥于民間，良民君子坦然無憂，伸於諸惡之上；其姦頑之徒，屈於善良之下，雖不死者，終是囚徒。以前二誥，良民君子欽遵有益，人各獲安。邇來兇頑之人，不善之心猶未向化，朕復出誥以三示之。姦頑敢有不欽遵者，凡有所犯，比誥所禁者治之。嗚呼！良民君子之心，言不在多，其心善矣。兇頑之徒，雖數千萬言，終不警省，是其自取也。此誥三頒，良民君子家傳人誦，以爲福壽之寶，不亦美乎！

洪武十九年冬十有二月望日序。

臣民倚法爲姦第一

於戲！世有姦頑，終化不省有若是。且如朕臣民有等姦頑者，朕日思月慮，籌計萬千，務要全其身命，使揚祖宗，顯父母，榮妻子，貴本身，共安天下之民。朕所設一應事務未嘗不穩，一一盡皆的當。其不才臣民百般毀壞，不行依正所行，故意亂政壞法，自取滅亡，往往如此，數百數千矣。故入此姦頑、終了殺身者，莫知其數。且如朕爲布政司、府州縣並軍職衙門，恐各官吏才力不及，特設良法使行之。其法已定，其法已良，有等不才姦頑，故意妄生枝節擾亂，使上不能清其事，官吏人民易爲作弊。及至事發，使彼自清簿書，少減輕其罪。當此之時，意在求生，其心切切。及其理也，自亦莫能知，是亂之極也。

嗚呼！其貪心勃然而起，迷其真性，造惡如此，雖欲自求生路，亦也不能。況朝廷及他受害者，如府州縣官不能，朕設良法，使安其禄位。其常熟縣秋糧四十萬石有零，教糧長三十餘名掌之。臨催糧時，省會三十餘名人糧辦已。本以大户爲糧長，掌管本都鄉村人民秋夏税糧。其官吏見法正且清，難爲作弊，卻乃設計亂法。其亂法之計，將糧長不許管領本都鄉村納糧人户，調離本處，或八九十里、一百里，指與地方，使爲糧長者，人户不識，鄉村不知。其本都、本保及鄰家錢糧，卻又指他處七八十里、百十里人來管辦，務要錢糧不清，田地不真，易爲作弊，如此擾害細民。朕將原設三十餘名糧長革去，從本縣並各處有司設法自辦。其常熟官吏用六百有零里長催辦，其爲首者既多，姦民乘此，其弊紛然，常熟縣官莫能誰何，加以自取肥己，一旦發露，官吏殺身，姦民又罪若干，皆亂政壞法自取也。初爲上司輕易虐辱所屬，朕命不許，凡有合行事務，公文往來，必欲事成其所屬。建昌縣知縣徐頤等，恃倚朕命，二十次、四十次、三十次、十七八次不答應，致使公事有妨。如此亂法，事覺皆處以極刑，盡是沮壞安身之法，自取殺身之禍。如民人亂法，朕見府州縣官吏苦民極甚，特不許有司差人下鄉，有司官吏亦不許親自下鄉。法已行，官吏守者且有一半，民甚安矣。有等恃倚誥文，非理抗拒有司里甲糧長，不肯趨事赴工，以致家破人亡者多矣。嗚呼！姦頑之徒難治，扶此彼壞，扶彼此壞。觀此姦頑，雖神明亦將何如！今將各各所犯條列于後，觀者戒之。

一、建昌縣知縣徐頤，爲本縣夏税違限不納，本府帖下催督二十八次，恃頑不答，卻乃詭生巧計，暗令納户黄文哲等赴所納倉分虚買通關。事發，刑部差旗軍張觀、音保等提取。本官將刑房吏喻俊輕隱藏，暗圖賄賂，接受鄧子富等三名鈔四百餘貫，脱放各人，卻令吏房吏徐文政抄批支吾。是後，本縣官吏二十餘日不於正門出入，潛於後門往來。各軍等候日久，不見提到，每日止於縣前伺候，忽見抄批吏徐文政，拿住欲同赴京。本官發怒，故將各軍羅織，搶入縣廳跪問，誣以直行正道，於縣門下監鎖。内三名脱歸，面奏前項事情。本官聞知，纔將原監鎖軍人疏放。及至坐提本官，又行令弟徐二舍會集老人張克成等七十餘人，至京妄保。行至江北，止分四十二人赴京，妄訴官有政事。如此姦狡百端，凌遲示衆。

一、松江府知府李子安，爲欽差旗軍傅龍保等十五名到府抄扎犯人計三家財，提取贓吏夏時中等三名，比對勘合之後，李子安不與旗軍知會，私自將計三家抄扎，剋落家財作弊，又將夏時中等三名受財賣放。各軍因見弊多，欲帶該吏張子信赴京回話，本吏將鈔十貫相送，被各軍送到本府封記。李子安慮恐各軍到京發其姦貪，卻乃將帶本府吏典、皂隸人等，搶奪該吏回去，及將旗軍傅龍保等十二名收監。又三名走脱，欲行赴京，其知府李子安與守門鎮撫閉門邀截回還，鎖禁五十餘日。自知非理，朦朧妄申都察院定奪。都察院著令解院施行，其李子安又行設計，卻將旗軍解赴府軍前衛，以致事發，凌遲示衆。

一、江浦縣知縣楊立，爲欽差旗軍到縣追徵胡黨李茂實鹽貨事。知縣楊立每日於各里長家飲酒，其江浦去京止隔一江，本官並不以公務爲重。及見旗軍催督追鹽，本官先與給事中句端面約，故不答應，卻用掌記書寫事情，差皂隸送至給事中句端家。句端接入房内，備寫緣由，仍令皂隸將回，傳遞消息。別無上司明文，卻稱我於給事中處討得分曉來了，如今不要追鹽，每引止折鈔四貫。如此結交近侍，欺罔朝廷，事發，凌遲示衆。

一、甘泉縣知縣鄭禮南等，爲催徵洪武十八年欺隱税糧事，本府四十八次帖下催徵，本縣並不答應。又爲追徵贓糧、贓銀等事，累催不見次第。本府委自知事李固親到本縣著追，其知事到於撫安驛安歇，再三令人唤知縣鄭禮南、主簿婁本前來取招。鄭禮南不服，婁本出驛將領祗禁二十餘人，將知事李固扯去紗帽，揪住頭髻，再三揉辱，喝令祗禁搶去監禁。如此頑惡，凌蔑上司，罪可容乎！

一、開州同知郭惟一，不畏國法，惟務設計贓貪害民。本州耆宿董思文等再三勸諭本官：『如今大誥頒行，務要安民，官人不可如此。』其同知郭惟一發忿嗔怪，耆宿董思文等因此赴京陳告。其同知郭惟一率領祇禁人等，將耆宿董思文邀截回州，收監在禁，監死董思文一家四口，以致董思文侄董大赴京告發。其郭惟一梟令示衆。

一、德安縣丞陳友聰，通同里長唐祐等，欺隱茶株，不行踏勘，接受本人羅絹布共十匹，鈔八十貫。本府帖下二十七次提取，縣丞抗拒不服。及府委推官坐提，卻行會集吏典、弓兵、里長、茶户周鼎等三十餘人，將推官等搶揪入縣，喝令打死勿論，隨即幫縛枷杻拘監。卻寫奏啓本，差典吏易達、禁子馬興等，管押陳推官等九名赴京，遮掩前非。及至憲司差喻承差同本府知府黄維清前去追提，又行會集周鼎等將門把住，自執鐵叉拒敵。肆惡如此，凌遲示衆。

一、定陶縣知縣劉正，爲按察司追徵贓鈔事，移文一十七次，本縣不行答應。因差禁子陳良並兖州府差禁子李仕成到縣，坐追贓鈔四千七百八十貫。知縣令兵房吏趙謹將酒一瓶、鷄一隻與各人飲喫。各人説稱：『知縣不行追徵贓鈔，卻送鷄酒來。』知縣卻説：『你喫也不追徵，不喫也不追徵。』後因拿承差皂隸陳良等鎖收在禁，行枷杻手起解，又行商量：『我不曾追得贓鈔起，他不曾坐公廳，騎官驢，若到京，我縣家有罪。』因分付長押：『中途放了，我只不要他告狀便了。』如此姦頑，罪可容乎！

一、萊陽縣丞徐坦，爲勾軍事，府帖一十一次下縣催勾，徐坦與兵房吏劉英等收贓一百貫，不行挨勾。及至本府差典吏董志、禁子杜黑馬到縣提勾官吏，卻誣董志等爲馳當道，入正門，枷杻赴京。聞知本府具奏，纔將軍丁張玉山勾解搪塞。凌遲示衆。

一、溧水縣主簿范允，爲抄扎姦黨張名善家財，本縣頑民湯希悦等隱匿抄扎財物，冒告文引，私下遞與張名善盤費，以致民人霍進等到縣告發。其主簿不以隱匿抄扎家財爲重，卻行受要湯希悦等鈔四百貫，紅綾二匹，泯滅其事。向後霍進等欲行赴京陳告，又令湯希悦等邀截回還。故意受贓不理，卻敢稱説：『便告我，也赦我三箇死罪。』他每不要本縣來往，致被霍進等告出前情。如此怙恩肆惡，梟令任所。

一、嘉定縣民蒲辛四，一户分爲三户。大誥未頒時，蒲辛四充耆宿，時常騙要里民周祥二錢物。大誥頒行，蒲辛四畏懼告發，父子三人將周祥二幫縛家内，用油浸紙撚插於周祥二左足大指、二指兩間，逼令招爲害民弓兵。嗚呼！民有不良者如此。父子三人，分作三户，名開户不開。其蒲辛四充耆宿，一男充里長，孫充甲首，皆爲鄉里之害。及至將周祥二幫縛赴京，通政司驗問，足有火燒瘡腫。蒲辛四語言妄對，拿下問出前情，梟令示衆，籍没其家。

一、嘉定縣民沈顯二，詐稱魚湖頭目，與鄰人周官二將積年害民里長顧匡幫縛赴京。行至蘇州閶門，耆宿曹貴五勸和，沈顯二接受鈔一十五貫，綢一匹，銀釵、銀鐲等物，就行脱放。顧匡畏懼再後事發，親自赴京出首。耆宿曹貴五聞知本人欲首，我係勸和人，必相連累，隨與一同赴京出首。其民人周官二一聞此事，畏懼首發，亦行赴京出首。其沈顯二聞此三人赴京，星夜趕至淳化鎮，意在一同出首。其周官二、曹貴五、顧匡設計，卻將沈顯二幫縛面奏。至通政司，沈顯二杻脱在逃。周官二、曹貴五又行設計，卻將原拿里長顧匡仍前幫縛赴通政司告。通政司審問：『顧匡係你同伴拿人的人，你如何拿他？』周官二言説：『顧匡本是我每原拿的人，沈顯二受財脱放，我等各人畏懼事發，一同赴京出首。不期沈顯二續後趕來，我等一見沈顯二到，卻將沈顯二作騙人財物幫縛前來，故意隱下前情。今沈顯二杻脱在逃，我等又將原拿顧匡幫縛首告。』嗚呼！民有姦頑者若是，所設計謀，尋常語言説出來，人也早晚不能曉解其計。似此姦頑，四人皆梟令示衆，籍没其家。

一、歸安縣楊旺二明知本都里長攢造文册，雇倩良民文阿華在家書寫，甲首盛秀二助勞，係是辦集公事，並無科歛害民情由。卻乃姦貪恣惡，將文阿華、盛秀二幫縛拿至安吉縣地面，私自監禁一月，百般欺詐銀鈔等物，脱放各人。爲無人保領還家，心恐事發，仍將各人拿來。如此排陷小民，肆姦玩法，梟令示衆。

一、安吉縣民金方，佃種本縣民潘俊二田一畝六分，兩年田租不行交還。其潘俊二赴金方家取討，本人反行嗔怪發狠，將潘俊二作害民豪户幫縛，騙要本人黄牛一隻、猪一口，宰請衆人飲喫。又行虚勒要潘俊二已收田租並不曾騙要牛隻文書三紙，然後將潘俊二幫縛前來。如此騙害良民，梟令示衆。

一、崇德縣民李付一等，見充本縣里甲，爲起夫於沿海地面築城防倭，擾民生理，二次牌勾，故意抗拒不答，俱各在逃。本縣批差甲首王辛三勾喚，李付一稱説：『待我宰羊賽願，同你赴縣辦事。』因設計詐請王辛三飲酒，醉後將本人作害民甲首幫縛赴京，言稱王辛三騙我羊酒飲喫。如此誣誑，各人凌遲示衆。

一、烏程縣民余仁三等二十九名，係本縣富民游茂玉佃户。游茂玉爲見水災，余仁三等各各缺食，將自己糧米俵借各人食用。其余仁三等不行備辦交還，卻嗔游茂玉取討，因結搆頑民一百餘人至游茂玉家，將本人房屋門户俱各打碎。游茂玉爲見兇頑，潛躲他處。余仁三等於游茂玉家搜出原借米文約，其糧長閔益亦在其中，同惡相濟，將原借米文約唱名俵還各户。又於游茂玉家箱籠内搶出銀四十五兩，鈔七十五貫，首告買免。又將游茂玉家山羊二隻宰殺賽神，卻將游茂玉作豪民幫縛赴京。如此兇頑，除將余仁三、閔益、嚴三保等梟令示衆，其餘各人發化外充軍，家下人口遷發化外。

一、歸安縣民慎右三等，明知本都民人許福三、張勝四係是民害，自合即拿赴京，卻不合指以幫縛民害爲由，恐嚇許福三等財物，致被福三等逃躲。因將許福三房屋門户毀壞，雞鵝羊酒，私宰羣飲，詣神祈卜，然後將許福三等拿來。行至上元縣土橋，又行設計，逼令本人虛寫借米四十七石文約一紙與我，我只將你作幫虎名色拿去，免致梟令、抄扎。行至通濟門外，又行設計，將所拿二人分作二起妄告，冒請賞給，以致被拿人告發。免死發廣西拿象，人口遷于化外。

一、歸安縣民戴興四等，爲恃頑不納秋糧，里長陳勝佑雇倩農民丘華一前到伊家催取。其戴興四等嗔怪本人到家取索，卻將丘華一作幫虎拿來，致被通政司審出前情。免死發廣西拿象，全家抄扎，人口遷于化外。

一、蘇州府吴縣糧長於友本係胡黨，數曾犯法，面刺死囚隱送同罪。本人因與胡惟庸通謀，其弟於名，職内藏庫官，掌管錢帛，偷盜庫藏財物，已發寧夏充軍，本人亦發鳳陽屯種。後本人將『隱送同罪』四字起去，還鄉復業，充洪武十八年糧長。至十九年，本區内里長盛宗欲行赴京陳告本人胡黨事，其於友將本人邀回，置禮求免。略得少暇，卻率家人及鄰里分使胡惟庸錢物者沈革六等二十名，將里長盛宗作害民弓兵幫縛赴京。朕親面見，其里長盛宗從前分訴於友爲惡緣由，黨弊昭然。於是命法司發回本貫，梟令示衆，籍没其家。

進士監生不悛第二

嗚呼！爲人子不才，徒勞父母鞠育慈愛之心，莫甚於進士、監生王本道等三百六十四名。且如父母養兒女也，初無兒女，纔覺有孕，夫妻不勝之喜。月分既足，得生男子，以爲大喜，女生亦爲之喜。既生，百日之間，酣睡中時或爲之笑，父母視之亦爲之喜。將週，或肚踼音倘，或擦行，或馬跁音扒，有時依物而立，父母尤甚歡情。然而，鞠育之勞，正在此際。所以父母之勞，憂近水火，以其無知也；設若水火之近，非焚則溺。冬恐寒逼，夏恐蟲傷，四時增減衣服，調理憂勤，勞於父母，豈一言而可盡？今王本道等不能推父母之慈情，立志在於禄位，顯揚祖宗，豐奉父母，而乃姦計日生，殺身之道數履。在近者每朝面諭，姦迷其心，頑不肯遵；選行者，諭之尤甚，人各面從心異。朕言如水，人心如石，沃之既久，未見少潤，加以鐫鑿，未見成文，不能化者有如是耶！王本道等將前所說父母之勞，數十年燈窗之苦，不數月一時盡喪。嗚呼！君子觀之，豈不惜哉！志士豈不恨乎！且諸生年幼，況初入仕，凡有所犯，必免之更免，以待成人。獨王本道等，兩犯不悛，至於四犯。由是雖有一犯者，不得不誥之天下。今將各生所犯，名題於首，概注於足。所在志士賢人君子，目此以推心，成人於悠久，立名於天地間，未知聽乎！

四犯　死罪　進士王本道。任刑部主事。一次淹禁無招糧長身死，戴徒罪還職。一次受贓一百貫，戴絞罪還職。一次水災受鈔五十貫。一次受贓六十貫，禁死原告。處決。

三犯　死罪　進士羅師貢、任監察御史。一次爲水災受贓，戴流罪還職。一次爲水災受贓一百貫，戴絞罪還職。一次受贓，故出邀截實封李典史死罪。處決。劉輻。任光禄司署丞。一次爲水災受贓四十七貫五百文，戴流罪還職。一次爲水災受贓一百十七貫，戴絞罪還職。一次剋落官鈔九十三貫，剁指書寫。

二犯　死罪　進士陳宗禮、任監察御史。一次爲紊亂朝政，戴斬罪還職。一次爲朦朧奏舊監生作新監生疏放，戴斬罪還職。張翬、任監察御史。一次爲受贓十貫，出人死罪，戴砌城安置罪還職。一次爲受贓二百十貫，戴絞罪還職。李哲、任監察御史。一次爲水災受鈔五十貫、衣服二件，戴流罪還職。一次爲變亂成法，戴斬罪還職。黄健、任户部主事。一次爲水災受鈔三十五貫、青紵絲一匹，戴流罪還職。一次爲水災受鈔九十貫，戴絞罪還職。徐誠、任刑部主事。一次爲水災受鈔三十七貫五百文、氈衫一領，戴徒罪還職。一次爲水災受銀一十兩，計前贓戴絞罪還職。龐守文、任刑部主事。一次爲受贓五十貫，朦朧奏准，戴斬罪還職。一次爲受贓九十貫，戴絞罪還職。李巽、任工部主事。一次爲水災受鈔四十貫，戴徒罪還職。一次爲受贓五百五十貫，戴絞罪還職。凌輅、任漢陽府知府。一次爲水災受鵝酒並鈔十貫，戴徒罪充書史。一次爲搜求楚王細事，杖一百，戴死罪還職。孫翥、任嘉定縣丞。

一次爲水災受鈔五百六十七貫五百文、緑紵絲一段，該絞追贓。向寶、任兵部員外郎。一次爲水災受銀五兩，又教秦昇妄奏，戴流罪還職。一次爲水災受鈔五百六十七貫五百文、緑紵絲一段，該絞追贓。蔡玄、任給事中。一次爲水災受鈔四十貫、衣服一件，戴流罪降除長洲縣丞。一次爲空押差批受鈔四百貫，戴絞罪降除兩淮鹽倉副使。張山、見役浙江書吏。一次爲水災受贓五十貫，戴流罪還職。一次爲水災受鈔四十貫、二喬畫一軸，計前贓戴絞罪降充書吏。葉耀、見役浙江書吏。一次爲水災受贓五十貫，戴流罪還職。一次爲水災受鈔四十貫、醉楊妃畫一軸，計前贓戴絞罪降充書吏。陳郁、任刑部主事。一次爲穿黄色衣服，戴斬罪還職。一次爲變亂成法，爲從減等，戴流罪還職。龐清、任揚州府試知府。一次爲水災受贓四十貫，戴徒罪降充書吏今任。一次爲欽差旗軍將帶該吏赴京，强行奪回，戴斬罪還職。王朴、任監察御史。一次爲水災受贓一百貫，戴絞罪還職。一次爲姦頑誹謗不辦事，處決。辛民、任工部主事。爲水災受鈔二十貫、銀五兩，戴徒罪還職。一次爲受買炭等鈔五百五十貫，該斬追贓。徐彦和、任監察御史。一次爲水災受贓，戴罪還職。一次爲故禁平人致死，處決。張翥、任吴江知縣。一次爲水災受鈔六十貫、緜布一匹、靴一雙，戴流罪還職。一次爲阻當耆宿拿人赴京，戴斬罪還職。周從善、任吴江縣丞。一次爲水災受鈔五十貫，戴流罪還職。一次爲阻當耆宿拿人赴京，戴斬罪還職。趙泰；任阜平縣丞。一次爲水災受銀三十兩、鈔二百五十貫、衣服四件，戴絞罪還職。一次爲水災受鈔三百四十貫、銀五十兩、羅布六匹，就任追贓戴罪。監生田斌、任監察御史。一次爲脱放逃囚，受贓一百三十貫、絹十匹，戴絞罪由亳縣主簿改除今職。一次爲受贓八十貫，減輕陳至善罪名，戴斬罪還職。蹇煜、任太平府經歷。一次爲水災受鈔三十貫、銀二兩，戴徒罪讀書今任。一次爲受贓擅自巧立受給名色，罪該梟令。鍾道玄、任監察御史。一次爲聽宋正心設計，逼令曹英等招承，戴一百安置罪還職。一次爲受贓八十貫，減輕陳至善等罪名，戴斬罪還職。王克順、任監察御史。一次爲先踏水災，受鈔八十貫，戴流罪還職。一次爲受鈔八十貫，減輕人罪，該斬。黄克庸。任江浦縣丞。一次爲科歛受鈔五十貫，戴流罪還職。一次爲受鈔一百一十貫，該絞。

流罪　進士魏安仁、任嚴州府同知。一次爲詐冒丁憂，戴徒罪發充書吏。一次今任爲故出人罪，戴罪降除翁源縣典史。李伯沖、任旌德縣主簿。一次爲水災受鈔三十貫，戴徒罪還職。一次爲監支月糧受鈔四十八貫，戴流罪還職。萬質、任監察御史。一次爲巡按失職，戴一百安置罪還職。一次爲受贓四十五貫，陷害軍官，戴一百安置罪還職。胡寧、任刑部主事。一次爲禁死無招糧長，戴徒罪還職。一次爲受贓五十貫，故禁平人致死，爲從減等，戴流罪還職。高沖；任刑部主事。一次爲禁死無招糧長，戴徒罪還職。一次爲受贓五十貫，故禁平人致死，爲從減等，戴流罪還職。監生何鳴、任刑部郎中。一次爲淹禁囚死，戴徒罪還職。一次爲變亂成法，爲從減等，戴流罪還職。盛如英。任安鄉縣丞。一次爲舉保人材不當，戴杖罪還職。一次爲科歛鈔三百貫，戴流罪還職。

一犯　死罪　進士徐敏、任萬寧縣丞。爲解課受鈔一百一十貫，戴絞罪還職。魏惟古、任吏科給事中。爲水災受鈔一百貫並衣服等物，戴絞罪還職。王牧、任沙河縣丞。爲水災受鈔六十貫、銀十兩，戴絞罪還職。陳綬、任刑部主事。爲水災受銀十五兩、鈔二十五貫、青紵絲一匹，戴絞罪還職。彭慶、任工部郎中。爲水災受鈔八十兩，戴絞罪還職。田忠、任兵科給事中。爲水災受鈔八十貫，戴絞罪還職。董薩、任兵部主事。爲選武官受贓一百五十貫作弊，戴死罪還職。樊士信、任兵部主事。爲水災受鈔一百貫，戴絞罪還職。王進、任刑部主事。爲受鈔五十貫，朦朧奏准，戴斬罪還職。林同、任刑部主事。爲受鈔五十貫，朦朧奏准，戴斬罪還職。鄧偉奇、任刑部主事。爲受鈔五十貫，朦朧奏准，戴斬罪還職。顧諟、任工部員外郎。爲水災受鈔六十五貫、銀五兩、皂羊皮靴一雙、緑綾圓褶一領，戴絞罪還職。楊居正、任監察御史。爲不公等事，受鈔三百貫，戴絞罪還職。卓閏、爲踏水災受鈔三十七貫五百文、銀七兩五錢、木緜衣服一件，免死發金齒充軍。海永清、爲踏水災受鈔三十七貫五百文、銀七兩五錢、木緜衣服一件，免死發金齒充軍。袁宗弼、任昌平縣丞。爲水災受鈔八十貫，戴絞罪還職。陳至善、任來安縣丞。爲科斂民錢，邀截實封，該斬禁錮書寫。石岳、任麻城縣丞。爲秋糧受鈔八百六十八貫，戴絞罪還職。陳迪、任刑科給事中。爲受解鈔人鈔一百五十貫，該斬追贓。王恪、任繁峙縣丞。爲水災受鈔八十貫，戴絞罪還職。張翀、任太康縣丞。爲剋落賑濟鈔五百貫，戴斬罪還職。楊新、任杞縣丞。爲剋落賑濟鈔三百五十貫，戴斬罪還職。魯望、任陵水縣丞。爲修船等事受鈔一百貫，戴絞罪還職。句端、任刑科給事中。爲交通江浦知縣楊立作弊，處斬。陳迪、任刑部主事。爲先接受糧長鵝酒，漏泄事情，戴斬罪還職。鄧祐、任定襄縣丞。爲進課結交近侍，戴斬罪還職。姚復、任工部郎中。爲受盜賣官炭鈔四百五十貫，追贓。高起、任工部員外郎。爲受盜賣官炭鈔四百貫，追贓。張善同、任茶陵縣丞。爲分課程鈔三百貫，戴斬罪還職。陳善生、任光禄司監事。爲水災節次受鈔九十五貫，戴絞罪還職。楊克紹、任刑科給事中。爲盜勘合賣囚，處決。應孟呂、任兵科給事中。爲選武官作弊，處決。吴淵、任庶吉士。爲詐傳旨意作弊，處決。李忠、任壽陽縣知縣。爲解課盜用鈔五百貫，該斬追贓。

錢巽、任黿白縣丞。爲造課程册受銀七兩、鈔五十五貫，戴絞罪還職。龐安、任刑部主事。爲受鈔八十貫，戴絞罪還職。程士箴、任監察御史。爲具本變亂成法，戴斬罪還職。余瑲、任金華府通判。爲水災受鈔八十貫，戴絞罪還職。陳基、任徽州府推官。爲受鈔九十貫，故出人罪，戴絞罪還職。劉觀、任太谷縣丞。爲水災受鈔六十五貫、銀五兩、皂羊皮靴一雙、紅綾團褶一領，戴絞罪還職。高成、任陽江縣知縣。爲解課科鈔九十貫入己，戴絞罪還職。魯瞻、任工部主事。爲賣放人匠，受鈔四百二十貫，戴絞罪還職。邵思恭、任刑部主事。爲具奏變亂成法，戴斬罪還職。謝謙；任益都縣丞。爲受鈔七十貫，擅接無勘合行移，戴凌遲罪還職。監生張友端、任宿松縣知縣。爲受鈔一百貫、圓領二件，戴絞罪還職。李登、任宿松縣主簿。爲分受官價鈔六十五貫，戴斬罪還職。高巍、爲水災受鈔三百二十貫，戴絞罪發江西按察司書吏。陳德宣、任新喻縣丞。爲城磚事受鈔一百二十貫，戴絞罪還職。傅温、任泰州知州。爲伸訴事受鈔五十貫，銀十兩，戴絞罪還職。胡桐、任陽城縣主簿。爲受鈔一百三十貫，戴絞罪還職。郭選、任刑部司務。爲受葉通鈔五十貫，朦朧具奏免刺砌城，戴斬罪還職。丘岳、爲通姦囚婦漏泄事情，免死工役。諶克貞、任金華府同知。爲違誥下鄉擾民，處決。何璵、任嵊縣知縣。爲違誥下鄉擾民，該斬。陳慶、任冀城縣知縣。爲水災受鈔一百二十五貫，戴絞罪還職。汪銓、任絳縣知縣。爲水災受鈔一百五十貫，戴絞罪還職。張煥、爲差往山西盤糧，受鈔一百六十貫、銀十兩、絹六匹，戴絞罪追贓。俞文、任安邑縣主簿。爲因公擅科絲布一百六十六匹，受鈔七十貫，戴絞罪還職。邵克敬、任刑科給事中。爲交通江浦縣知縣楊立作弊，該斬。王智、任來安縣知縣。爲燒毁實封並買重作輕，該斬禁錮書寫。彭壽、任林縣知縣。爲水災受鈔一百二十五貫，戴絞罪還職。兀俊民、任斷事官。爲受鈔九十貫，故出人罪，戴絞罪還職。鄧繼先、任建德縣主簿。爲受劉蘭友等鈔二百貫，戴絞罪還職。曾觀生、任都昌縣丞。爲娶妻等事受贓一百六十貫，戴絞罪還職。林謙禄、任豐縣主簿。爲解課等事受贓二百十貫，又行宿娼，戴絞罪還職。張福生、任宜興縣丞。爲受鈔五百貫，不行追贓，戴絞罪還職。黄宗名、任寧都縣丞。爲分受銀二十兩，放保極刑老吏，戴絞罪還職。李海、任東鹿縣丞。爲解課科鈔一百十貫入己，戴絞罪還職。車德、見任鄆城縣主簿。爲造官吏過名册進呈，不開真犯緣由，戴斬罪還職。李亨、任霑化縣主簿。爲分受課鈔八十貫，戴斬罪還職。申瑩、任萬泉縣主簿。爲受鈔一百貫，脱放民害，戴絞罪還職。歐遷、任丹陽縣主簿。爲編排糧長地方，變亂成法，戴斬罪還職。胡子巽、任合肥縣丞。爲秋糧事受鈔一百十貫，戴絞罪還職。劉志聰、任桃源縣主簿。爲受鈔六十貫，捏合檢屍，朦朧具啓，戴斬罪還職。陳必文、任陽春縣丞。爲解課受鈔七十五貫、銀五兩，戴絞罪還職。袁子玉、任開建縣丞。爲解課受鈔九十貫，戴絞罪還職。沈養、爲查黄册將出小帖，漏泄事情，戴斬罪讀書。尹玄、任斷事官。爲受指揮何聚鈔六十貫、銀十三兩，戴絞罪還職。謝載、任户部司務。爲填批不關勘合，戴凌遲罪還職。王璵、任南城縣丞。爲分受贓銀七十四兩，戴斬罪還職。樊遅、任兵部主事。爲選武官扶同作弊，戴斬罪還職。竇禮、任吏部司務。爲揭籍點吏作弊，戴斬罪還職。張哲、任吏部司務。爲揭籍點吏作弊，戴斬罪還職。郭真、爲覆踏水災受鈔一百貫，圓領衫二件，戴絞罪還職。閻文、任吴縣主簿。爲阻當耆宿拿直司赴京，戴斬罪還職。劉溥、任桐城縣主簿。爲秋糧分受鈔一百五十貫，戴絞罪還職。杜用、任曹縣知縣。爲賣放積年民害等事，受鈔一百五十貫及阻當耆民赴京奏事，處斬。李淪、任曹縣主簿。爲受鈔四百四十九貫、銀四十五兩、絹三十匹，出人罪名，處絞。尹福護、任儀真縣丞。爲受贓三十貫，枉問軍職，戴斬罪還職。田疇。任海門縣知縣。爲受周寬等鈔二百九十五貫，戴絞罪還職。

徒流罪　進士陳仲述、任監察御史。爲具本變亂成法，爲從減等，戴流罪還職。李義、任刑部主事。爲具本變亂成法，爲從減等，戴流罪還職。徐復、任刑部主事。爲具本變亂成法，爲從，戴流罪還職。黄德安、任監察御史。爲受贓五十貫，故出人罪，戴流罪還職。馬通、任監察御史。爲故出人死罪，戴流罪還職。嚴震、任監察御史。爲巡按失職，戴一百安置罪還職。胡本、任宜君縣丞。爲水災受鈔五十貫，戴流罪還職。任勵、任刑部主事。爲水災受鈔六十貫，戴流罪還職。劉文貴、爲水災受鈔三十貫、銀四兩，戴流罪還職。李子清、任吉水縣丞。爲追贓受鈔五十貫、銀五兩，戴流罪還職。郝知微、任諸城縣丞。爲水災受鈔六十貫，戴流罪還職。仇益、任監察御史。爲水災受鈔一百貫並衣物，均分入己，戴流罪還職。厲宗義、任刑部主事。爲相因受鈔五十貫，戴流罪還職。張敏、任監察御史。爲水災受鈔七十五貫，戴流罪還職。許靈、任延津縣丞。爲馬草科鈔五十貫，戴流罪還職。聶以大、任監察御史。爲水災受鈔五十五貫，戴流罪還職。楊志銘、任户部主事。爲水災受鈔四十五貫，免杖流發金齒充軍。何魯、任監察御史。爲巡按失職，戴一百安置罪還職。閻察、任監察御史。爲受贓故出人死罪，戴流罪還職。宋點、任監察御史。爲受贓故出人死罪，戴流罪還職。熊政隆、任寧化縣丞。爲水災受鈔六十貫，戴流罪還職。宋仁桂、爲踏水災受鈔五十貫，免杖流發金齒充軍。甘友信、爲踏水災受鈔六十貫，免杖流發雲南安置。趙剛、任華亭縣丞。爲水災受鈔四十貫，衣服一件，戴流罪還職。衛俊明、任監察御史。爲水災受鈔四十五貫，免杖流發金齒充軍。張軏、任户部主事。爲水災受鈔六十貫，戴流罪還職。王順德、任光禄司署丞。爲水災受鈔七十五貫、氈衫衣靴等物，戴流罪還職。張義、任光禄司監事。爲水災受鈔五十貫，戴罪發充監生。程以善、任監察御史。爲水災受鈔五十貫，戴流罪還職。張敏德、任監察御史。爲水災受鈔五十貫，戴流罪還職。彭仁俊、任户部主事。爲水災受鈔五十貫、銀二兩五錢，戴流罪還職。沈志遠、任監察御史。爲水災受鈔五十貫、銀二兩五錢，戴流罪還職。陳洵仁、任刑科給事中。爲水災受鈔六十貫、緜布一匹、靴一雙，戴流罪還職。周成、任監察御史。爲水災受鈔三十貫、銀四兩，戴流罪還職。謝思義、任監察御史。爲水災受鈔六十貫，戴流罪還職。姚傅、任監察御史。受鈔四十貫、衣服二件、靴一雙，戴流罪還職。曾玉、任興業縣丞。爲解課受鈔七十貫，戴流罪還職。黄敬中、任龍泉縣丞。爲城磚事受鈔七十貫，戴流罪還職。周月華、任靈寶縣丞。爲水災受鈔五十貫，該流罪。又爲伊父結交官吏，抄扎發楚雄充軍。朱瞻、任承敕郎。爲水災受鈔三十貫、銀五兩，戴流罪還職。項復、任承敕郎。爲水災受鈔五十貫、衣服一件、靴一雙，戴流罪還職。周弼、任監察御史。爲監支軍糧受鈔五十貫，戴流罪還職。蔡瑛、任户部主事。爲監支馬料受鈔五十貫，戴流罪還職。李濬、任蘭溪縣知縣。爲私鹽事受鈔七十五貫，戴流罪還職。徐宗武、任密縣丞。爲水災受鈔七十五貫，戴流罪還職。姚文珙、任刑部主事。爲相因屍受鈔六十貫，戴徒罪還職。程顒、任開城縣丞。爲水災受鈔五十貫，戴徒罪還職。譚子英、任工部主事。爲水災受鈔五十貫，戴徒罪還職。韓毅、任平山縣丞。爲水災受鈔四十貫、絹三丈，戴徒罪還職。張瑩、任賀縣丞。爲水災受鈔四十貫、絹三丈，戴徒罪還職。丁麟、任監察御史。爲水災受鈔二十貫、銀五兩、靴一雙，戴徒罪還職。

齊肅、任監察御史。爲水災受鈔十五貫、緜布一匹，戴徒罪還職。黃維清、任九江府知府。爲水災受鈔十五貫、緜布一匹，戴徒罪還職。張和、任監察御史。爲水災受鈔三十貫，戴徒罪還職。陳益、任監察御史。爲水災受緞絹緜衣服等物，戴徒罪還職。衛善初、爲踏水災具奏詐不以實，戴徒罪發充書吏。王蒙、爲覆踏水災回奏詐不以實，戴徒罪發充書吏。王肅、任户部主事。爲迷失官文書，免杖徒發雲南充軍。應宗義、任户部主事。爲迷失官文書，免杖徒發雲南充軍。劉宗海、任監察御史。爲水災受鈔二十五貫、紵絲一匹，戴徒罪還職。王遜、任上高縣丞。爲水災受鈔二十五貫、紵絲一匹，戴徒罪還職。王瓛、任容縣丞。爲受買求照覷鈔四十貫、銀三兩，戴徒罪還職。李烜、任刑部主事。爲禁死無招糧長，戴徒罪還職。孫仁、任吏科給事中。爲直入宮殿中門，戴徒罪還職。金惟一、任監察御中。爲水災受鈔四十貫，戴徒罪發充書吏。周原、任辰州府推官。受買求寬限鈔三十貫，戴徒罪還職。陳順、任順昌縣丞。爲散筆科鈔一百貫入己，戴徒罪還職。陳順成、任監察御史。爲受鈔五十貫，押死囚人六名，戴徒罪還職。任靖、任刑部主事。爲料豆事妄奏不實，戴徒罪還職。王恒；任監察御史。爲水災受鈔四十貫，戴徒罪還職。監生劉文暵、任武寧縣丞。爲查城磚分受鈔七十八貫，戴流罪還職。張淵、任監察御史。爲先踏水災受鈔八十貫，戴流罪還職。虞震、爲踏水災受鈔八十貫，戴流罪讀書。楊熊、任監察御史。爲先踏水災受鈔一百五十貫、紵絲一匹半，戴流罪還職。潘恒、任斷事官。爲具本變亂成法，爲從減等，戴流罪還職。武用文、爲踏水災受鈔八十貫，戴流罪讀書。吴範、爲踏水災受鈔八十貫，戴流罪讀書。吴德貴、任臨安縣丞。爲踏水災受鈔八十貫，戴流罪還職。劉福、任黃縣知縣。先爲水災受鈔八十貫，戴流罪還職。張文中、任東平州同知。先爲水災受鈔八十貫，戴流罪還職。連洪、任清平縣知縣。先爲水災受鈔八十貫，戴流罪還職。仝潤、任垣曲縣知縣。先爲水災受鈔八十貫，戴流罪還職。田振、任欒安縣丞。先爲水災受鈔四十貫、銀二兩半，戴徒罪還職。龍存仁、任福寧縣知縣。先爲水災受鈔六十貫、銀四兩，戴流罪還職。徐泰、任盂津縣知縣。先爲水災受鈔八十貫，戴流罪還職。丘野、任監察御史。爲具本變亂成法，爲從減等，戴流罪還職。顧一舉、任句容縣主簿。爲水災科鈔五十貫入己，戴流罪還職。李忠、任監察御史。爲見人下水不救，戴一百安置罪還職。吴敬、任監察御史。爲見人下水不救，戴一百安置罪還職。陳嘉言、任唐縣知縣。先爲水災受鈔八十貫，戴流罪還職。王毖、任渾源州同知。先爲水災受鈔六十貫、銀四兩，杖一百、流三千里砌城。楚惟善、任揚州府推官。爲受鈔五十貫，同謀藥死人，免杖流工役。常慶、任泰州判官。爲受鈔五十貫，將被藥死人扶同撿屍，免杖流砌城。歐陽岳、任黄巖縣知縣。先爲水災受鈔八十貫，戴流罪還職。張復禮、任溧水縣知縣。爲受鈔五十貫，免杖流砌城。南榮甫、任監察御史。爲伸訴不問，杖一百安置。劉憲、任刑部員外郎。爲受鈔五十貫，將囚鎖開放，鐲脚本部書寫。柴愚、任盱眙縣主簿。爲將許嫁未過門女作犯人妻抄扎，戴流罪還職。單貴、任盱眙縣丞。爲將許嫁未過門女作犯人妻抄扎，戴流罪還職。本官的名胄孫係進士出身。趙安養、任崇陽縣丞。爲受鈔五十貫，故縱逃軍，戴流罪還職。孫勵、任夏津縣主簿。爲受鈔六十貫，買免運豆，戴流罪還職。李益、任静樂縣主簿。爲閉納秋糧受鈔六十貫，戴流罪還職。陳鳳、任雄縣丞。爲科斂里長鈔六十貫，戴流罪還職。孫讓、任黎城縣丞。爲閉糧受鈔七十五貫，戴流罪還職。劉璧、任蘭溪縣主簿。爲告私鹽受鈔七十五貫，戴流罪還職。李震、任山陰縣丞，爲那移官錢，戴流罪還職。

彭惟中、任臨清縣知縣。先爲水災受鈔一百貫、紵絲一匹，戴流罪還職。崔郁、任安邑縣知縣。先爲水災受鈔一百貫、紵絲一匹，戴流罪還職。黄燧、任衛輝府同知。爲先踏水災受鈔一百十六貫，戴流罪還職。賀遜、任工部司務。爲賣放人匠受鈔七十貫，戴流罪還職。蕭嗣源、任邵武府通判。先爲水災受鈔七十五貫，戴徒罪還職。李平、任陝州同知。先爲水災受鈔三十五貫、紵絲一匹，戴徒罪還職。曹恒、爲踏水災受要糧長衣服妄奏，戴徒罪讀書。金鑄、爲踏水災分受鈔三十貫、銀二兩，戴徒罪讀書。王著、爲踏水災受鈔三十五貫、銀二兩五錢，戴徒罪讀書。錢宗、爲踏水災受鈔三十五貫、銀二兩五錢，戴徒罪讀書。田禮、爲踏水災受鈔三十五貫、銀二兩五錢，戴徒罪讀書。吴德淵、爲踏水災受鈔三十五貫，戴徒罪讀書。苟平、爲踏水災受鈔二十貫、銀三兩、帽一頂，戴徒罪讀書。温鐸、爲踏水災受鈔三十五貫，戴徒罪讀書。張經、爲踏水災受鈔三十五貫，戴徒罪讀書。李義、爲踏水災受鈔五十貫、靴一雙，戴徒罪讀書。景源、爲踏水災受鈔四十貫，戴徒罪讀書。劉永、爲踏水災受鈔四十貫，戴徒罪讀書。熊弼、爲踏水災受鈔三十四貫，戴徒罪讀書。龍佐、爲踏水災受鈔三十五貫、銀二兩五錢，戴徒罪讀書。商善、任沂水縣丞。爲踏水災受銀五兩，戴徒罪還職。楊逵、任曲周縣主簿，爲水災受銀五兩，戴徒罪還職。盧英、任禮科給事中。爲先踏水災受鈔四十貫、銀二兩五錢、條一條，戴徒罪還職。張澤、任監察御史。爲先踏水災受鈔三十貫、銀五兩、衣服一領，戴徒罪還職。黄紹祖、任刑部郎中。先爲水災受鈔五十貫、布衫一領、條一條，戴徒罪還職。王全、任斷事官。先爲水災受鈔六十貫，戴徒罪還職。袁岳、任袁州府推官。先爲水災受銀五兩，戴徒罪還職。白涓、任定襄縣知縣。先爲水災受銀五兩，戴徒罪還職。丁湘、任錦衣衛知事。先爲水災受鈔四十貫、衣服一件，戴徒罪還職。劉俊、爲踏水災受要衣服等物，戴徒罪讀書。宛賢、任廣昌縣丞。爲受寬限鈔三十貫、盤纏鈔九十貫，戴徒罪還職。蒙遜、任浦江縣知縣。先爲水災受鈔五十貫、銀二兩五錢、衣服等物，戴徒罪還職。習文真、任遂安縣知縣。先爲水災受鈔五十五貫、銀四兩，戴徒罪還職。彭子安、任永康縣知縣。先爲水災受鈔六十五貫，銀二兩五錢，戴徒罪還職。吴奎、任禮部司務。爲争皂隸奏對不實，戴徒罪還職。馬伯馴、任成武縣知縣。先爲水災受銀四兩、鈔五貫，戴徒罪還職。楚温、爲踏水災受鈔三十四貫，戴徒罪發充書吏。黄禎、爲踏水災受鈔三十貫、銀二兩，戴徒罪讀書。鄧思恭、爲踏水災受鈔三十貫、銀二兩，戴徒罪讀書。馬宗魯、爲踏水災受鈔三十五貫，戴徒罪讀書。龔文志、爲踏水災受鈔五十貫，戴徒罪發充書吏。孫景賢、爲踏水災受鈔五十貫，戴徒罪發充書吏。高昇、爲踏水災受鈔四十貫，戴徒罪讀書。王會同、爲踏水災受鈔四十貫，戴徒罪讀書。程鵬、爲踏水災受鈔四十貫，戴徒罪讀書。牛麟、爲踏水災受鈔四十貫，戴徒罪讀書。畢昱、爲踏水災受鈔四十貫，戴徒罪除蘇州府權通判。蘇清、爲踏水災受鈔四十貫，戴徒罪除泗州權同知。潘奎、爲踏水災受鈔四十貫，戴徒罪讀書。王寧、爲踏水災受鈔五十貫，戴徒罪讀書。趙通、爲踏水災受鈔五十貫，戴徒罪讀書。王謙、爲踏水災受鈔五十貫，戴徒罪讀書。高鼎、任密雲縣知縣，爲水災受鈔五十貫，戴徒罪還職。王訥、爲踏水災受鈔五十貫，戴徒罪除廣南府通判。劉嘉、爲踏水災受鈔四十貫，戴徒罪除越州同知。徐德芳、爲踏水災受鈔三十七貫五百文，戴徒罪讀書。李華、任福安縣知縣。先爲水災受鈔四十二貫五百文，戴徒罪讀書。趙鐸、爲具奏不實，工役在逃，被獲釋放爲民。姚福貴、任鄮都縣知縣。先爲水災受鈔三十七貫五百文，戴徒罪讀書。于淵、爲踏水災受鈔三十貫，戴徒罪讀書。崔通、爲踏水災受鈔三十貫，戴徒罪讀書。鄧廷秀、爲踏水災受鈔三十貫，戴徒罪除雲南黑鹽井提舉。穆通、爲踏水災受鈔五十貫，戴徒罪除順德府推官。馬驥、爲踏水災受鈔二十貫，戴徒罪發充書吏。陳順民、爲踏水災受鈔五十貫，戴徒罪除嵩嵐州同知。張克允、爲踏水災受鈔四十貫，戴徒罪除開封府經歷。袁亨、爲踏水災受鈔三十貫，戴徒罪除松江府經歷。張遜、爲踏水災受鈔四十貫，戴徒罪聽差。喬幹、爲踏水災受鈔三十貫，戴徒罪讀書。楊允、爲踏水災受鈔、布衣服等物，戴徒罪發充書吏。馬祥、爲踏水災受鈔、布衣服等物，戴徒罪發充書吏。崔燦、爲踏水災受鈔、布衣服等物，戴徒罪發充書吏。王視遠、爲踏水災受鈔、布衣服等物，戴徒罪發充書吏。朱茂、爲具啓房屋不實，免杖徒工役。呂宗敬、爲踏水災受鈔三十貫，戴徒罪除蘇州府推官。王觀、爲踏水災受鈔三十貫，戴徒罪除蘇州府知府。李俊、爲踏水災受鈔三十貫，戴徒罪發充蘇州府吏。呂昭、爲踏水災受鈔四十貫，戴徒罪除臨安府同知。張彬、爲踏水災受鈔二十貫、銀三兩、帽一頂，戴徒罪讀書。董珫、爲踏水災受鈔三十五貫，戴徒罪讀書。王洪、爲踏水災受鈔三十二貫五百文，戴徒罪讀書。姚遵、爲具啓房屋不實，免杖徒工役。陳政、爲水災受鈔四十貫，戴徒罪讀書。徐冕、爲踏水災受鈔四十貫，戴徒罪讀書。王亨、爲踏水災受鈔二十貫，免杖徒准工。秦昭、爲踏水災受鈔二十貫，免杖徒工役。粟如才、爲踏水災受鈔三十貫，戴徒罪讀書。尹旻焕、爲踏水災受鈔三十二貫五百文，戴徒罪讀書。楊煦、爲踏水災受鈔三十二貫五百文，戴徒罪讀書。王希文、爲踏水災受鈔三十二貫五百文，戴徒罪讀書。陳禮、爲踏水災受鈔三十二貫五百文，戴徒罪讀書。丘思齊、爲踏水災受鈔三十貫、靴一雙、衣服兩件，戴徒罪讀書。李宏、爲踏水災受鈔二十貫、衣服一件，戴徒罪讀書。康本、爲踏水災受鈔五十貫，戴徒罪讀書。徐暠、爲踏水災受鈔三十一貫五百文，戴徒罪讀書。張翥、爲踏水災受鈔三十二貫五百文，戴徒罪讀書。沈常、爲踏水災受鈔二十二貫五百文，戴徒罪讀書。李翮、爲踏水災受鈔三十貫、衣服二件、靴一雙，戴徒罪讀書。王旴、爲踏水災受鈔三十貫、衣服二件、靴一雙，戴徒罪除蘇州府經歷。王政、爲踏水災受鈔三十貫、圓領一件，戴徒罪讀書。郭詡、爲踏水災受鈔三十貫、衣服二件、靴一雙，戴徒罪讀書。龔克威、爲踏水災受鈔三十貫、通鑑四本、網巾一箇、襪一雙，戴徒罪讀書。馬驥、爲踏水災受鈔三十貫、書四本、網巾一箇、襪一雙，戴徒罪讀書。吴鵬、爲踏水災受鈔三十貫、靴衣等物，戴徒罪讀書。袁敬先、爲踏水災受鈔三十貫、靴一雙、衣服二件，戴徒罪讀書。李默、爲踏水災受鈔四十貫，戴徒罪讀書。白懷素、爲踏水災受鈔十貫，具奏不實，戴徒罪讀書。李煦、任曲沃縣主簿。爲秋糧科鈔入己五十貫，戴徒罪還職。劉鳳、任祁陽縣知縣。爲水災受鈔四十貫、靴條等物，該徒。江秉彝、任辰州府同知。爲水災受鈔六十五貫、銀二兩五錢，該徒。賈彬、爲踏水災受鈔五十貫，免杖徒工役。曾文禄、任來安縣主簿。爲李達身死事，戴徒罪還職。武赳、任新城縣丞。爲抄扎事，戴徒罪調除煙瘴地面。易仁富、爲啓遷葬不實，戴徒罪讀書。孫英、任全椒縣知縣。爲具啓不實，戴徒罪還職。劉翀、任全椒縣主簿。爲具啓不實，戴徒罪還職。

杖罪　進士張公宣、任監察御史。爲酒醉直行東安門正道，戴杖八十罪還職。林黽年、任揭陽縣丞。爲枉道回家詭寄田地，戴杖一百罪還職。張端、爲踏水災受鵝酒等物，戴杖八十罪發充書吏。陳權；任奉化縣丞。爲提人下鄉擾民，戴杖一百罪還職。監生彭瑛、任魏縣知縣。爲不合聽教諭漆居恭使，請踏災進士，戴杖八十罪還職。馮敬、爲不合受一般監生韓毓央浼查册，戴杖八十罪讀書。韓毓、任桂陽縣主簿。爲不合央浼馮敬查册，戴杖八十罪還職。馮端、爲争占房屋，戴杖八十罪讀書。張顯、爲争占房屋，戴杖八十罪讀書。熊良、任留守右衛知事。爲糧斛給批，致被令史作弊，戴杖八十罪還職。温鐸、任池州府經歷。爲託病在家，僉書奏啓本，戴杖八十罪還職。趙公超、任天長縣主簿。爲不行根捉抄扎人口，戴杖八十罪還職。張大初、任湖州府通判。爲點替巡闌事，戴杖八十罪還職。馬宗魯、任蘭溪縣丞。爲私鹽不與發落紀録，杖八十罪還職。任白、任府軍衛知事。爲賞冬布，將無印長單進庫，戴杖一百罪還職。宋立。爲酒醉毀駡衛士，笞四十別用。

嗚呼！進士、監生本志士之學，人各聰明，及其管事也，貪婪姦頑之心並作。朕嘗憂念，以爲惜哉，遂於大班中竭氣語諭之再三，必欲諸進士、監生立志成人。特以目前居官有效者，指示而激勸之。如通政使蔡瑄、左通政茹瑺、户部侍郎楊靖、工部侍郎秦逵，皆同時由進士、監生而登顯職，各官乃能率職以稱朕心，其操也恪遵先聖先賢之道，故能伸於羣職之上，惟夙夜在公而已。所以其家税糧不供，差徭不役，有司吏卒無有登門者。其各家祖父伯叔年高者，朝涉田園以爲樂，撫兒孫以爲歡；或有居市者，隨其所以而遂其情，上無差科之擾，下無鄰里相欺之患。如此指示諭之，終不能化。王本道等三百六十四名，愈見姦貪，終不從命，三犯、四犯而致殺身者三人，二犯而誹謗殺身又三人，姑容戴罪在職者三十人，一犯戴罪者三百二十八人。嗚呼！志人君子，觀此可不爲之戒乎勸乎！

公侯佃户第三

公侯世禄佃田人户，往往不肯與民一例當差。此誥一出，今後一切雜泛差役，一體應當。敢有不當者，全家遷發化外。管莊人阻當，管莊人處斬。有司聽從囑託分付，一體處斬。且公侯佃田人户，秋夏二税辨納之際，比之衆民甚是易辨。凡收糧之時，各府遣人詣莊所催督，衆户送赴交納，並無刁蹬留難、淋尖跌斛，及上倉、蘆席、脚錢諸等使用並無，比之衆民減輕多矣。若再不與衆民一體當差，定遷化外。其管莊人倚恃公侯之家，上謾朝廷，下謾本官，假以各官佃户爲由，擅隱當差人民入己者處斬，的不虚示。

沽名肆貪第四

布政司官、府州縣官爲非者，莫甚於常州府同知王復春、青州府知府陳希文。且如同知王復春，先任宜興縣主簿，言常州府官差人下縣及鄉，擾害官民，訴甚有理，朕即命禮部差人齎朕制諭及酒醴以勞，即陞常州府同知。不半年餘，本官姦宄並出，親自下鄉，臨民科擾。青州府知府陳希文，本官先任安慶府懷寧縣丞，深知指揮畢寅係是昔亂保民砦主，其寅無厭之心，廣侵民地。寅聞民已告，赴縣意在囑託。希文欲圖賄賂，執大義以斥之，想必有賂，不期賂未至。府官不才，已受寅之囑託。府官代寅囑希文，希文不滿，固執大義以責之。朕聞之，遣使以勞，敕諭勵焉。至朝，即陞青州府知府。到任之後不逾年，差皂隸著令臨朐等三縣，需索糯米、蒸籠、鞍轎、粘轡等物。此物皆非各縣官吏已有之物，設使必欲應答，民受科矣。若此不已，上下交征，民無寧息。以此觀之，前者陽爲君子，陰爲小人。青州事覺，其罪安可逃乎！所以枷項，諸衙門封記，差人互遞有司，遍歷九州之邑，已而復罪。所在官者熟讀而戒慎之，毋蹈前非。

空引偷軍第五

所在官民凡有赴京者，往年往往水陸赴京，人皆身藏空引。及其至京，臨歸也，非盜逃軍而回，即引逃囚而去，此弊甚有年矣。今後所在有司敢有出空引者，受者皆梟令，籍没其家。關津隘口及京城各門盤獲到空引者，賞鈔十錠。賫引者罪如前，拿有司同罪。有等賫正引赴京，引本十人，至京之日，存留五名假作營生，餘五名，或偷囚，或偷軍，頂名而去，他日引後至，正名方歸。惟江西之民有等頑者，其姦尤甚。本引已偷軍囚去矣，卻乃故行哀憐，赴官陳告，同行將引先去，致曾以道等無引而歸。該司憐其所以，徑給引以往。如此數等，犯者已數人。今後敢有如此者，梟令於鄉閭，籍没其家，成丁家口遷于化外。

違誥縱惡第六

爲大誥出久，鎮江坊甲鄰里人等，坐視容縱韋棟等一十八名，上惑朕聽，歸則把持官府，下虐良民，養惡爲一郡之殃，束手不擒。韋棟等事發，將坊甲鄰里盡行責罰搬石砌城，其費有空其家者有之，有不能存活者有之，有不及搬運石塊而逃死者有之。嗚呼！比若是而得罪，何不依大誥擒惡赴京，一則受賞，二則立良民之名於一郡，使有司畏懼，不敢輕易虐害而頻科，抑且去同惡相濟之聲。其坊甲鄰里，姑息坐視者有之，同惡相濟者亦有之，以致耗財之役不免。所在城市鄉村，見此爲戒之，依朕命而行之，太平矣。

李茂實胡黨第七

鎮江新港李茂實係胡黨人數。初，未知茂實乃胡黨。由上元縣民孫才四投胡惟庸門下，説誘鄰里鄉民暗爲義兵，胡惟庸伏誅，本人逃竄。直至十九年於沙縣客店内事發，將至京師，詢問本人，本人供稱與鎮江李小官畏懼黨事漏泄，假商在外，不敢還鄉。所以著令法司行下鎮江，督令搜索李小官家屬，數次不獲。忽淫婦嚴阿周赴法司訴訟，因而訐出李茂實係李小官父。提取李茂實到官，招供明白：『洪武九年見胡惟庸，於惟庸家飲酒，西廳宿歇。明日，胡惟庸令李茂實領大銀一百三十箇，用車推赴船所，裝運至本家，遂作大商，支鹽二十萬引。』嗚呼！李茂實無知，不守己分，樂天之樂。朕，君也。茂實，富民也。家本不缺用，富且有餘，不能報天地陰騭之恩，猶敢捨朕生殺予奪之主而投門下，把持官府，欺壓良善，惡貫神人，所以出幼者皆誅之，是怒及神人也。

陸和仲胡黨第八

蘇州府吴江縣糧長陸和仲，當十八年糧長。其年水災民田，朕謂諸糧長曰：『今年水爲民患，低下之田必傷，爾等歸明白查踏，親自回奏。熟者輸納税糧，災者以憑賑濟。設有包荒、灑派、移丘换段，不行推收過割並積荒田地，以憑開除，以憑正收作數。』凡所聽者，糧長人等不下數百餘名，人各不聽朕命，歸則邪謀設計，將無藉之民妄爲狀首，伸訴水災。糧長竟不出名，亦不親詣災所，故行以一分災傷作十分報官，其中以熟作荒者多，以荒作熟者少。比比皆然，未有無者。及至差進士、監生人等親詣查踏，其糧長豪猾之民，各備資財、段匹、靴襪、冠帽、衣服、金銀、鈔錠，説誘進士、監生人等，朦朧作災來聞。准其奏，待災民來賑，久而不至。行下有司催併，其催併之詞，命户部謂有司曰：『有産之家不賑，無産之家佃户人等領赴京來。』其有司通同作弊，乃敢回文曰：『據各户所申，人各有田不多，皆非無田之户，係是有產之家，不敢受賑。』

嗚呼！贓心所迷，不知自己造罪淵深，亦不知民患有此，所以殺身。進士、監生初出爲人，未有不中此浸潤而汙名者也。初本糧長及有司不行執正主張，故生貪心，累及人多甚矣。所以不敢將民賑濟者爲何？災已報十分，所災者止有一分，若以全災將至賑濟，熟田之家良民安肯爲之？熟田之家良民人等既不准此，其罪發矣，所以姦頑不肯將至，正欲謾良善，隱熟田。所以災及災民，終無賑濟，無可伸訴。嗚呼！如此之徒，其身家吉昌，果有此乎！

未久，蘇州府吏楊復罪該斷没，籍没家私，於本家箱内搜出告胡黨狀三紙。原告沈慶童等三名告黨陸和仲，三番告黨，皆被此吏受財匿狀不行，以致陸和仲以一千貫買原告沈慶童等不語，又鈔一千六百貫買和勸人陸觀保等。因事之發，驗陸和仲所納糧，其糧一萬石，上倉止該七百石，尚有九千三百餘石恃頑託故不行上倉，意欲侵欺入己。因黨事發，身亡家破。嗚呼！惡人造罪，終不自已，直候殺身方止，家破人亡，智者詳觀。

指揮林賢胡黨第九

前明州衛指揮林賢，帥兵守禦，以備東海。所任之職，務在精操士卒，仿古名將，務要軍民安妥，使境内外無虞，竭忠事上，顯揚父母，貴其身名，榮及妻子，同諸將名書史册，垂年不朽，豈不偉哉！

本官出海防倭，接至日本國王使者歸廷用入貢方物。其指揮林賢移文赴都府，都府轉奏，朕命以禮送來至京。其歸廷用王事既畢，朕厚賞令歸，仍命指揮林賢送出東海，既歸本國。不期指揮林賢當在京隨駕之時，已與胡惟庸交通，結成黨弊。及歸廷用歸，胡惟庸遣宣使陳得中密與設計，令林指揮將歸廷用進貢船隻，假作倭寇船隻失錯打了，分用朝廷賞賜，卻乃移文中書申稟。胡惟庸佯言奏林指揮過，朕責指揮林賢，就貶日本。居三年，胡惟庸暗差廬州人充中書宣使李旺者，私往日本取回，就借日本國王兵，假作進貢來朝，意在作亂。其來者，正使如瑶藏主，左副使左門尉，右副使右門尉，率精兵倭人帶甲者四百餘名，倭僧在外。比至，胡惟庸已被誅戮，其日本精兵就發雲南守禦。洪武十九年，朕將本人命法司問出造反情由，族誅了當。嗚呼！人臣不忠者如是。

且昔者天下大亂，有志有德者，全民命，全民居；無志無德者，焚民居而殺民命，所過蕩然一空。天下羣雄以十數爲之，其不才無志者誠有七八。惟姑蘇張士誠，雖在亂雄，心本智爲，德本施仁。奈何在下非人，兄弟不才，事不濟於偃兵。然而相從者父母妻子，當歸我之時，各各見存。其餘從諸雄者，十七八年間，日遷月播，略無寧息。以其妻之説，朝爲己妻，暮爲他人之所有，若此者互相生離，後嗣不能立，父母不能奉。不幾年，諸來從朕者，一夫之後，再無異居，妻室爲之已有，男女歲爲之生産，祖宗後嗣已立。天下大定，守在四夷，其指揮林賢年將六旬，又將輔人爲亂，至黔黎之不寧，傷生所在，豈不得罪於天人者乎！遂於十九年冬十月二十五日，將賢於京師大中橋，及男子出幼者皆誅之，妻妾婢之。

秀才剁指第十

廣信府貴溪縣儒士夏伯啓叔侄二名，人各截去左手大指，拿赴京師。朕親問之，謂曰：『昔世亂，汝居何處？』對曰：『紅寇亂時，避兵于福建、江西兩界間。』曰：『家小挈行乎？』對曰：『奉父行。』曰：『既奉爾父行，上高山峻嶺，下深溝陡澗，還用手扶持乎？』曰：『扶持。』曰：『自後居何處？』曰：『紅寇張元帥守信州，伯啓還鄉復業。』曰：『向後何如？』曰：『教學爲生至今。』

朕知伯啓心懷忿怒，將以爲朕取天下非其道也，特謂伯啓曰：『上古自伏羲至于黄帝，少昊至于顓頊、高辛，無文可考。知大概者，堯禪舜，舜禪禹，禹傳家，湯放桀，武王伐紂。自此秦漢至于隋、唐、宋、元，天更其運祚者非一帝爾，所以一家之祚不能千年者何？蓋爲孰子孫皆能奉天勤民，不致上帝憂民之患以更運乎！所以更運者，爲其人君不稱天心而致然也。且人之生，父母但能生其身體而已，其保命在君。雖父母之命，非君亦不能自生，況常云人有再生父母，何謂再生父母？人本非罪，偶遇大殃而幾死，或遇人而免。所遇之人，不分老壯而出幼者，但能回生於將死之期，是謂再生父母。所以偶遇大殃而幾死者何？或路逢强賊，或坐家被劫，或讎暴相侵，路逢虎狼，墮於水火。於此得濟者，是謂回生之期。年雖蒼顔皓首，中此禍殃，自出幼而至壯者生之，是謂再生父母。何以見？命於此際本絶矣，自此而復生，命若初生矣，所以常云再生父母，宜其然乎。爾伯啓言紅寇亂時，意有他忿，至于天更歷代，列聖相傳，此豈人力而可爲乎！今爾不能效伯夷、叔齊，去指以食粟，教學以爲生，恬然不憂凌暴，家財不患人將，爾身將何怙恃？』伯啓俛首默然。噫！朕謂伯啓曰：『爾所以不憂凌暴，家財不患人將，所以有所怙恃者，君也。今去指不爲朕用，是異其教而非朕所化之民。爾宜梟令，籍没其家，以絶狂夫愚夫仿效之風。』而伯啓無對。命法司誥本貫決之。

嗚呼！當豪傑亂起，暴兵横作，挈家奔走，顧命之不暇，官軍近則依官軍，亂雄近則依亂雄。當此之時，偶遇大難，或逢仗義之士，能釋難全生於一時，或保命於數月，亦或幾歲，本人事雖不成，勢屬他人。其全生保命之恩、再生之德，其夢寐於終身有所不忘。其伯啓知朕代元爲君，意有不然，及其數至，天更歷代運祚，其伯啓雖死，默然而無恨，是豈理乎哉！

作詩誹謗第十一

嗚呼！去古既遠，賢聖遐迷，姦臣賊子既多，貪饕無厭而仕者麻樹。今之學仕者，欠究至理之精，所以京師江寧縣知縣高炳，以通經舉赴京師。其年太常司缺官，人材至京者雖不少，朕憂奉神之人必寡。其太常司官，若非寅畏勤政之士，不足助朕以格神，於是召諸儒來前。至列者甚廣，必欲以言知其所以，何下數千萬言交接而後知其人焉？若此，朕精神有限，對者詞多，豈能週遍而當乎？況特以言動其心者使應之，欲辨利鈍，凡此人多默然，其賢愚蓋不知矣，於是面選者多。時高炳已除工部員外郎，特見雍容之態在班，朕將以爲篤實，外貌若此，心必亦然，奉神必可，於是選入太常，職少卿。未及，作故而歸。又五年，以通經復至，命職江寧知縣。到任未久，非公而事覺，罪犯徒年，朕聞之。

嗚呼！學雖通經，愚若是乎！昔者太常之役，不過竭誠心而常懷畏懼，率領齋郎人等，周旋於上帝、后土、海嶽、四瀆、山川、社稷之神各壇上下左右而已。人生一世，何幸獲此職分，對越上帝神明，竭精誠以敬畏，以祈將來，不亦可乎！且四時之祭，定限不繁，官於是者，不過聲動人耳，其於筋骨之勞杳然無施，但敬畏爲務，如此可以效誠伸敬。其高炳名雖志士，衷實無神，傲天地而慢鬼神，棄清高之職，以有僞作故而歸。復以經書來朝，自造陷身之罪，罪非死罪，而敢褻慢，妄出謗言，以唐律作流言以示人，獲罪而身亡家破。嗚呼惜哉！其高炳年已蒼顔，於元不顯，於我朝至官，不能奮志以造民福，反構殃以殺身。設使奮志以造民福，或牧守一郡之安，或上助朕清寧寰宇，豈不使志者及鄉里有識者以爲嗟乎！爲何？炳有若是之才，當元正壯，元君未識，以爲棄才，今君用之，晏安寰宇，豈不能人者也？炳不能如是，昔在元時，志既不達，今得選用，一概自爲之傾覆，可謂之無藉之徒，甚非儒者之學矣。

造言好亂第十二

嗚呼！民有厭居太平好亂者，考之於漢、隋、唐、宋，此等愚民，累代有之，嗚呼惜哉！此等愚民，累爲造禍之源，一一身死，姓氏俱滅者多矣。愚者終不自知，或數十年、數百年，仍蹈前非。

且如元政不綱，天將更其運祚，而愚民好作亂者興焉。初本數人，其餘愚者聞此風而思爲之合，共謀倡亂。是等之家，吾親目覩，當元承平時，田園宅舍，桑棗榆槐，六畜俱備，衣糧不乏。老者孝子順孫尊奉於堂，壯者繼父交子往之道，睦四鄰而和親親，餘無憂也。

雖至貧者，盡其家之所有，貧有貧樂。縱然所供不足，或遇雨水愆期，蟲蝗並作，並淫雨滂而不收，饑饉並臻，間有缺食而死者，終非兵刃之死。設使被兵所逼，倉惶投崖，趨火赴淵而殁，觀其窘於衣食而死者，豈不優游自盡者乎？視此等富豪、中户、下等貧難，聞作亂翕然而蜂起，其亂雄異其教，造言以倡之。亂已倡行，衆已羣聚，而乃僞立名色，曰君曰帥，諸司官並皆仿置。凡以在外者，雖是亂雄，用人之際，武必詢勇者，謀必詢智，賢必尊德，數等既拔，其餘泛常，非軍即民，須聽命而役之。嗚呼！當此之際，其爲軍也，其爲民也，何異於居承平時，名色亦然，差役愈甚。

且昔朕親見豪民若干，中民若干，窘民若干，當是時，恬於從亂。一從兵後，棄撇田園宅舍，失犂桑棗榆槐，挈家就軍，老幼盡行，隨軍營於野外，少壯不分多少，人各持刃趨兇，父子皆聽命矣。與官軍拒，朝出則父子兄弟同行，暮歸則四喪其三二者有之。所存眷屬衆多，遇寒朔風凜凜，密雪霏霏，飲食不節，老幼悲啼，思歸故里，不可得而歸。不半年，不週歲，男子俱亡者有之，幼兒父母亦喪者有之，如此身家滅者甚多矣。如此好亂者，遭如此苦殃，歷代昭然，孰曾警省？秦之陳勝、吳廣，漢之黄巾，隋之楊玄感、僧向海明，唐之王僊芝，宋之王則等輩，皆係造言倡亂首者。比天福民，斯等之輩，若煙消火滅矣。何故？蓋天之道好還，凡爲首倡亂者，致干戈横作，物命損傷者既多，比其事成也，天不與首亂者，殃歸首亂，福在殿興。

今江西有等愚民，妻不諫夫，夫不戒前人所失，夫婦愚於家，反教子孫一概念誦『南無彌勒尊佛』，以爲六字，又欲造禍以殃鄉里。嗚呼！設若鼓倡計行，其良民被脅從而被註誤者甚不少矣。前者元朝驢兒，差僧一名，詭名彭玉琳，又曰無用，其新淦等縣愚民楊文德等相從爲之。比及緝捕盡絶，同惡之徒被生擒者數百名，所在殺死者又若干，眷屬流移他處中途死者又若干。吁，詭名彭玉琳、無用，乃元細作。其新淦等縣人民楊文德等輕同惡而相濟，累及良民，難於分豁者多矣，至於死地。以此觀之，豈不全家誅戮者也。今後良民凡有六字者，即時燒毁，毋存毋奉，永保己安，良民戒之哉！

蘇州人材第十三

蘇州人材姚叔閏、王謂，二生皆儒學。有人以儒者舉于朝廷，吏部行下蘇州府，取赴京師，朕欲擢用，分理庶務，共造民福。二生交結本府官吏張亭等，暗作主文老先生，因循破調，不行赴京，以就官位而食禄，匿於本郡，作害民之源。事覺梟令，籍没其家。嗚呼！古者士君子其學既成，必君之用。將老鄉無舉者，以爲恥焉。今二生名已在朝，舉者訴以實學。其二生以禄爲薄，以酷取民財爲厚，故重主文，貴老先生，而爲得計，以致殺身亡家。

嗚呼！『率土之濱，莫非王臣』，成説其來遠矣。寰中士夫不爲君用，是外其教者，誅其身而没其家，不爲之過。

妄舉有司第十四

河南府新安縣主簿宋玘，未任之先，經過洛陽縣店主宋二家，意欲再娶。到任後，憑本人爲媒，娶王婆婆女爲妻。就帶伊弟王福舟驢在家，説事過錢，將積年害民老吏甄儀等不行起發，受鈔一百五十貫，銀二十五兩，泯滅原卷姓名，投入井中，容留各吏在縣書寫害民，本人固自爲非。其典史李繼業因公會集耆民，發放公事既畢，特謂耆民劉汶興等一十三名曰：『如今主簿朝廷拿去，爾衆耆宿赴京保奏去。』耆民對曰：『不敢去。』其典史恐民：『你不想主簿在前你納糧時，主簿出帖，與你赴潼關近處糴糧上倉。你想這意思，也著去。你若不去保奏主簿，我將納糧的緣故，即調你他處送納。』耆老劉汶興等懼怕，回言：『去呵去，無盤纏。』典史云：『明日來，我與你盤纏。』及至衆老人明日赴縣，意在取討盤纏，並辭縣官。其本官閉門不出，令皂隸傳言：『官人今日病，你老子每去自去。』因此老人自備盤纏，徑赴京來妄訴。

嗚呼！朕將農民艱苦周折備云前二誥中，其典史李繼業終不惻隱於民，乃敢與主簿同惡相濟，又恐嚇耆民。然耆民劉汶興等見此惡黨，不將典史李繼業拿赴京來，輒便聽從妄奏，其徒流之罪有所不免。

馮叡累貪不悛第十五

江西承宣布政使司左布政使馮叡，續誥概彰非爲。今叡累貪不悛，致被法司問招明白。初，止知叡盜布政司庫内金銀錢物，每每應答朝廷，多是以是飾非。及其拿赴法司，詢問何人與謀，叡供盜庫錢物，係知印陳昱教唆作弊，分鈔四千八百五十貫，銀三百七十兩。又承差熊釗教唆，出脱逃吏金臨夫。其逃吏南昌府監禁在獄，本欲解赴京師，聽從承差熊釗教唆，唤府官至布政司，省令出脱，得鈔一千七百貫、銀二百兩。其叡到任已及二年，餘弊不稽，止此二弊共分贓鈔六千五百五十貫、銀五百七十兩。若將餘弊盡行稽考，贓不下萬數。所在爲官者，觀叡貪謀，豈不幽深且秘，神人不容，由犯之速，豈不戒哉！

逃囚第十六

自郭桓掌户部之時，天下錢糧金銀匹帛，不半年餘其桓弊盈寰宇。其貪婪之徒聞桓之姦，如水之趨下，半年間弊若蜂起，殺身亡家者，人不計其數。出五刑以治之，挑筋、剁指、刖足、髡髮、文身，罪之甚者歟！ 君子厭聞，賢人惡聽，智者格非。 庸庸無藉之徒，輕生如此。 如黥刺者，發充軍遐荒，往往帶黥刺而中途在逃。 有等押解者，親覩罪囚黥刺形狀，又不以爲寒心，接此囚錢物，特意縱放中途在逃。 爲大誥一出，鄰里親戚有所畏懼，其蘇、松、嘉、湖、浙東、江東、江西，有父母親送子至官者，有妻舅、母舅、伯叔、兄弟送至京者多矣。 其有親朕見親戚不忍罪囚再犯逃罪遭刑，親送出官，凡此等類，不加刑責，送著原發地所。 有等鄰里亦戚影射，四鄰擒獲到官者，本人梟令，田産入官，人口發往化外，如此者多矣。 所在巡檢、弓兵，受財縱放越境而逃者，同其罪者不行隱藏，不拿到官，同其罪者亦多矣。 嗚呼！ 不才無藉有如此耶？ 少。

且如守邊軍士，闢土開邊，功非淺淺，就留戍邊，永不敢回，孰敢違命而自由？ 其犯法囚徒，不揣開邊之功如此，犯法充軍，何幸得此！ 累惡不悛，初則本身犯罪，往往中途在逃，一次三次者有之，終不自省，直至家破，人口流移化外，本身受殺而後已。

縣官求免於民第十七

北平布政司永平府灤州樂亭縣主簿汪鐸等設計害民，妄起夫丁，民有避難者，受財出脱之，每一丁要絹五匹，被高年有德耆民趙罕辰等三十四名幫縛赴京。 行間，有的當人、説事人、管事人何濬等十名，翻然改圖，格前非心，一同輔助耆老趙罕辰等四十四名，將害民工房吏張進等八名幫縛起行。去縣四十里，其縣官主簿汪鐸等追趕求免，謂耆老言：『我十四歲讀書，燈窗之勞至此，你可免我此番，休壞我前程。』嗚呼愚哉！孰父母生此無藉不才之徒。官於是縣，是縣民瞻，今既不才，爲民所覺，乞憐哀免於耆民，縱然得免，何面目以居是任。嗚呼！興言至此，雖非本人，凡聽讀者亦皆赧焉。賢人君子，可不爲之戒乎！

遞送潘富第十八

民頑者，莫甚於溧陽、廣德、建平、宜興、安吉、長興、歸安、德清、崇德蔣士魯等三百七户。且如潘富，係溧陽縣皂隸，教唆官長貪贓壞法，自己挾勢持權。洪武十八年，知縣李皋係陝西人材，一到任後，與皂隸潘富等同謀害民，設計科歛，名色紛然。及其下鄉也，本人不行冠帶，徑與潘富等皂隸一般粧扮，頭戴宣帽。鄉民聞縣官至，耆民會而共迎，道傍待至。及其至也，乘驢者羣然。耆民謂曰：『縣官者何？』傍曰：『出皂隸一驢頭者，縣官也。』民知官矣。本官豈止如此，自到任不月中間，潘富用浸潤之計，將所取民財於蘇州買到女子一名，與本官爲妻，就舍潘富家。本官於本家往來三五遭，然後潘富占恡此女，不與本官，自行收要，本官亦莫誰何。潘富與諸吏教本官行害民計，著科荆杖，遍一溧陽所屬人民，盡要荆杖。及其有將荆杖至者，故推不好，不行收受，留難刁蹬，生事捶楚，民出錢矣。既得錢後，而乃荆杖息焉。爲此，民黄魯上章，朕親問之，遣人按治，情狀昭然。潘富在逃，境内民蔣士魯等一十三户，不思潘富害民之首，自溧陽節次遞至廣德，蔣士魯係儒士，引導前行。至建平縣，拈蹤追捕，建平民王海三等，潛遞復回溧陽。溧陽民朱子榮等，暗遞至宜興。宜興民杭思鼎等，暗遞至安吉。安吉民潘海，私遞至長興。長興民錢弘真等，遞至歸安。歸安民吴清甫等，遞至德清。拈蹤追及，德清民趙罕仁暗遞至崇德。崇德豪民趙真、勝奴，家盈數萬貲財，日集無藉之徒五十餘人在家，常川販賣私鹽，鄰里相朋者二百餘人。潘富遁於此家，追者至，本户將潘富遞入千乘鄉僧寺。僧澄寂、周原善卻將追捕者，率領二百餘丁終宵困逼，致被追者殺訖一名，殺傷一名，後天明而解去。追者回奏，將豪民趙真、勝奴並二百餘家盡行抄没，持杖者盡皆誅戮。沿途節次遞送者一百七户盡行梟令，抄没其家。嗚呼！見惡不拿，意在同惡相濟，以致事發，身亡家破，又何恨歟！所在良民，推此以戒狂心，聽朕言以擒姦惡，不但去除民害，身家無患矣。

官吏長押賣囚第十九

各處爲事囚徒，有司或差吏員，或弓兵，或皂隸，或長押人等，管解赴京。此等之徒，不知利害，惟務貪贓，中途賣放者有之，就於本處獄内賣放者有之。似此姦貪賣囚之徒，屢常拿住刑之，人各不畏其死，犯者相繼。此誥一出，敢有仍前賣放囚徒者，本身處以極刑，籍没家産，人口遷于化外。

巡闌害民第二十

歙縣民吴慶夫，買求本縣官吏，充作巡闌。其家父子兄弟於本處鄉村所在，上持官府之威，下懷肥己之姦，將鄉民程保家買到牛二隻、農田，著要税錢二十六貫。民程保不敢與抗，遂與之。本家蓋房，木料俱係是本處山場土産，其吴慶夫逼要税錢八十貫。販乾魚客人至于本鄉，著要税錢，准乾魚三十斤。嗚呼！民人起蓋房屋，居在萬山之中，木植係是土産，又係自己山場，民人樂太平之年，起蓋房屋以安家眷。今吴慶夫如此生事攪擾，民何得安？耕牛二隻係是客商處買來，已有入官文契，又行著要二十六貫。其賣乾魚客人，步挑至于深山去處，能者挑百十斤，力中者八十斤，力小者六十斤，本人税訖三十斤，又於遍處鄉村，不問有無門店，一概科要門攤。以此觀之，如此强豪姦頑，民何生理？遂命法司差人押發原籍，本人凌遲，其弟及男同惡害民皆梟令示衆。今後爲巡闌者，倚恃官威，剥盡民財，罪亦如之。三十分中，定例税一，豈有重疊再取者？今後敢有如此者，雖赦不宥。

著業牌第二十一

應天府上元縣知縣呂貞，自到任以來，並不將前所廢官員姓名、員數並所受殺身刑責，以爲推己之戒。本官任時，大誥頒行，民人一一遵守，見丁著業。其呂貞將民王七所告見丁著業事内事，盡行受財阻滯。嗚呼！有司惟在宣布條章，引民遵守，民若欽遵，實官之福也。呂貞所管上元一縣，民該數萬，頑惡豈無？當以至公之道，化惡爲善，不致詞訟紛然，盜賊消靡，是其宜也。貞於公不行，於私務作，將見丁著業號令一概阻滯，由是而獲罪殺身矣。

醫人賣毒藥第二十二

醫人王允堅，賣藥爲生。錦衣衛受監者廚子王宗，自知罪不可逃，慮恐刃加于項，令家人買毒，王允堅即時賣與，隱飯中入。外監門者力士楊貴受財放入，内監門力士郭觀保驗出，外監者荒。毒已到官，其外監者楊貴説内監者易其毒，復説内監門者往賣藥王允堅家恐要財物。王允堅拿至，以黑藥一丸授與王允堅自吞服之，久毒不作。朕知易藥矣，謂允堅曰：『當賣此藥，藥何顏色？』允堅曰：『紅丸。』曰：『幾枚？』對曰：『三枚。』噫！毒本三丸，色本赤色，今藥一丸，色且黑色。捕送飯遞藥人至：『爾買毒藥三丸，何送一丸？』對曰：『藥本三丸。』『何顔色？』曰：『赤，二丸尚存在家。』於是急遣人取至，果赤色。令賣藥人王允堅吞服，本人持藥在手，顔色爲之變，其態憂驚，猶豫未吞，督之乃服。既服之後，隨謂之曰：『此藥以何料成？』曰：『砒霜、巴豆，飯粘爲丸，硃砂爲衣。』曰：『服後何時人喪？』曰：『半晝。』語既，允堅淚墮。朕謂曰：『爾所以淒涼者，畏死如此乎？眷戀妻子如此乎？』曰：『一子見軍，一子在外，故悲焉。』嗚呼！其王允堅初賣毒藥以毒人，不行反顧，推眷戀妻子之心，徑以毒藥毒人。及其自服也，藥方入腹，眷戀之情，畏死之道，一時發見。嗚呼愚哉！至此而若此，亦何濟哉！然終不以此藥致本人之死，何故？若督令服此藥而死，是藥之也，解而後刑之，法也。隨問允堅：『此毒還可解乎？』曰：『可。』『何物可？』曰：『涼水生豆汁，熟豆湯，可愈。』朕謂曰：『此解不速，餘何速解？』曰：『糞清插涼水。』『糞清用多少？』曰：『一鷄子可。』於是遣人取涼水半碗，糞清一鷄子許，候至毒作，方與之解。少頃，允堅身不自寧，手搔上下，摩腹四顧，眼神張皇。朕謂曰：『毒何爾患？』曰：『五臟不寧，心熱氣升。』謂曰：『此毒身死，傷何經絡？』允堅對曰：『五臟先壞。命死矣，身墨黑。』謂曰：『幾時可解？何時不解？』曰：『三時候不解。』朕見毒興，令人與之解。本人痛利數番，其毒潔然，人復如初。明日，梟令以正其罪。

嗚呼！昔者古人制藥，惟積陰騭以生人。今之貨藥者，惟務生理，善能羣隊其藥，不施陰騭。少有逆其意者，即羣隊蠱者有之，即時毒者有之，圖利而賣與人傷生者有之。噫！如此不才者，犯法遭苦刑而殺身亡家者，非止一人而已。京師貨藥者往往不戒，蹈襲前非，將奈之何！此誥一出，所在貨藥之人聽朕言者，推己以及人，永爲多福。不然，此刑此犯，有不可逃者。

安慶解課第二十三

安慶府將洪武十七年冬季魚課鈔三萬九百七十四貫，差業户徐應隆等管解赴京交納。本人解赴京師聚寶門河下，覘視動静。自十八年三月至十九年三月，計一年之上，不行進納，通同前户部侍郎張易意在埋没，侵欺入己。其張易别爲贓私，已行提下，以致課程一向不曾入官。其望江縣吏汪誠接管本縣户房事，檢驗得文案内有起解課程數目，無實收入卷。本吏詢問本鈔在京師聚寶門河下隱藏，其吏徑赴京師，面陳其情，朕將本吏擢爲户部司務。其作弊，意在隱謾三萬課程鈔入己，及至首發，已自用過一千一百二十三貫，所以徐應隆等盡行治以死罪。噫！忘生捨死，偃兵息民，闢土開邊，如此功歸，賞不過二十萬文，上者匹不過十表裏。今此弊，户部試尚書茹太素首銜，張易公然作弊。若無餘罪攬擾被監，設使無事而弊成，張易爲之弊首，太素未知何如。嗚呼！如許大錢糧，豈有聯銜而忘其計者！今張易被誅，太素曲法而免。

團槽喂驢第二十四

北平布政司經歷董陵雲並府州縣官吏，定酷害良民計，以情推之，雖鬼神亦不忍聽，聞必爲之怒，人何不怨！且如大軍北行，朕所調之兵將及二十三萬，兩兵合脚力驢一頭，若使兵全至北平，驢該十萬有餘。兵到者將及一半，十萬有餘，驢該五萬有零。朕仰觀乾象，上帝戒焉，罷舉。兵歸各衛，驢留北平，命布民間，各户分養，甚便於民。莊農雖作生理，帶驢前去，羈絆於郊，不甚妨人，亦無草料之費。其經歷董陵雲與府州縣官吏設計，巧取民財，令民入邑，團槽喂驢，料民必爲之艱，賂必至矣。嗚呼苦哉！爲民父母，當方面者及牧守一方者，不能造民福而造民禍，有若是耶！且驢在野，各户分養，草料不費，人工不妨。役令團槽，每驢妨夫一名，出城取草，歸家取料，往復艱辛。且又設計於民，科斂棘針，擅蓋牢牆，其姦計亦如溧陽科荆杖同。患民之殃，不可勝數。其官吏董陵雲等恬然不以民爲艱，取財肥己，豈有天災人禍不至者耶？事覺，梟令之。見者戒之，推己以及人，毋蹈此非。

王子信害民第二十五

嗚呼！民頑難化，富者不能保其富，惟松江王子信頑惡爲最。本人田地廣有，佃户極多。若將一年分受私租，本分自用，計其人口，豐衣美食，十年不能用盡。洪武四年驗户，點充糧長，爲事免死刺發西河州充軍。至衛，就於本衛交結官吏。後詐計多端，私逃還家。又行交結官吏，稱爲軍身，常率佃户四五十名，軍容粧扮，擾害鄉民，欺壓良善。事覺，朝廷遣人勾捉王子信。本人卻將錢物累次買求拿捉人，多端破調，急不至京。及至勾至法司，問間姦僞無所逃，又乃設計，以家人作親侄，擊登聞鼓妄訴。又令妻妄訴，數番令人頂名到官，其詭詐非一。十九年六月初五日，拿獲到官，於本貫梟令，家財入官，田産籍没，人口流移。嗚呼！如此富豪，以巨富論之，王子信非上上，必上中，不居上下。今無所不爲，頑不聽教，執迷不化，身亡家破，死而後已。嗚呼！富者戒之。

私牙騙民第二十六

軍民有違令而不從教者，莫甚於應天府上元、江寧兩縣民劉二等，軍丁王九兒等一十四名。先爲天下府州縣及人煙輳集村店、馬頭去處，客商人等販賣物貨，多被官私牙行等高擡低估，刁蹬留難，使客商不得其便。商有强者，本利無虧。纔有淳良者，皆被牙行所制，本利俱傷，亦且留難遲滯。所以續誥頒行，明彰禁治。其劉二等暗出京師百里，地名邊湖，稱爲牙行，恃强阻客，以致拿縛赴京，常枷號令，至死而後已，家遷化外。此誥一出，所在人民，觀此以爲自戒。倘不奉命，罪同劉二等。

農吏第二十七

今後諸衙門官凡有公事，能書者務必喚首領官於前，或親口聲説，首領官著筆，或親筆自藁，照行移格式爲之，然後農吏謄真，署押發放。吏本粘連卷宗，點撿新舊，驗看遲速，知數目之精，未嘗公事主謀在乎吏。今往往正官、首領官憑吏立意，施行其事，未有不墮於殺身者也。此時姦貪猾吏已行不用，惟以農人役之。凡百公事，若吏無贓私，一切字樣差訛與藁不同，乃吏謄真之罪。設若與藁相同，主意乖違，罪坐官長，吏並不干。

揭籍點吏第二十八

吏部郎中劉焕等，朕命揭黄册，照丁數點選吏人。其應天府所屬六縣，若每縣點選三二十名，足勾使用，多者六七十名，十分備不缺矣。其郎中劉焕等，將溧水一縣選下有丁之户五千餘家，被給事中張衡奏發。以溧水一縣較之於九州之郡，若此僉點，不下數十餘萬以爲吏用，何處安插？爲此拿下法司詢問，爲何一縣點選若干？姦不能逃，實供在官。其詞曰：『焕聞揭册僉吏，故將有丁力之家廣選，書記姓名，聲出在外，故使民知。民畏爲吏，必有賄賂。』若此，吏曹選吏之權，今得揭册爲之，其所賄賂，甚非小小。嗚呼！前官屍未朽腐，受誅者血尚未乾，焕等一入吏曹，即蹈前非，是其難化也。

王錫等姦弊第二十九

禮部郎中王錫，係色目人，冒漢姓而曰王錫，掌祠部事。凡大駕、東宮、王駕出入並諸將征進，有所祭祀，牲口並屬本部收買。其王錫通同察院、刑部子部、光禄司少卿屈圖南，將斷没猪羊暗地移文，作收買破用。其所支官鈔，或數千，或數萬，抵下入己。致被主事李顯各因事發，訐出前姦。其色目王錫公然肆姦，招殺身之刑。大誥遍布臣民，初出未廣，禮部且有一本，員外郎尹巖時常看讀。色目王錫見之，故藏匿其書，亦被尹巖奏發。嗚呼！君子導人爲善，惟恐不善，導之再三。今色目王錫公然爲惡，見人爲善，惡人爲善，匿其誥，使人不知。誥已布天下矣，何匿之有哉！嗚呼！愚夫爲利之所迷，將以姦狡爲妙，孰不知殺身速矣。色目王錫由是而殺身矣。

工匠頂替第三十

工作人匠，將及九萬。往者爲創造之初，百工技藝盡在京城，人人上不得奉養父母，下不得歡妻撫子，如此者二十六七年。邇年以來，工多成就，人匠應合省差。朕爲事繁，一時不能打點。其所任工部官吏，惟務貪饕，本無大工，假此作爲由，將近九萬人設計勾差。一千二千方勾到京，文案明立到京月日，實不與上工，待一月後、半月後方許上工。及至關安家鈔並月支食錢，照依文案所立月日，一概關支鈔錠出庫。及其賞匠也，或萬或千，或數千人，止論上工之日准工。餘虛半月一月，鈔雖關出，諸色匠人不得，如此姦弊。諸匠雖關食錢、安家錢，工滿應放回還，不即與批，又行刁蹬留難，直至將安家錢、每月食錢勒要賄賂，方纔放歸，諸匠所得甚少。近年以來，愈見工減甚多，無處役使匠人，其工部官吏設計，將諸色匠人勾至便賣，得錢便放。來者方到，有錢賄賂即歸。未到者，連日發批勾取。被賣去者，到家都無半月，親戚鄰里雖欲面會，不能完全，又乃起程。似如此者，九萬工技之人，年年在途者有之，暫到京者有之，方到家者亦有之，無錢買囑，終年被徵工所役者有之。嗚呼！九萬工技之人，年年在途、在京、在家，皆無寧息，上廢朝廷之供，下殃百工技藝，惟工部官吏肥己爲奇。智人君子深察至此，豈不恨哉！九萬工技之人，至如此艱難跋涉，不得休息。

朕命進士秦逵職工部侍郎，掌行其事。本官到任未久，識此姦詭甚多，躬親來奏。其辭曰：『創造已定，工技有勞甚久。雖有些須未完，所用人匠甚不須多。臣將應用數目立定限期，編成班次，使輪流而相代之。其九萬之人，一班諸色匠人不滿五千，以此輪之，四年有餘，方輪一交。』朕見其詞善，可其奏，不月編成。除當該赴工者在京，餘有八萬五千盡皆寧家，各奉父母，保守妻子。嗚呼甚矣哉！秦逵爲諸色匠人造福有如此乎！此係良謀良政，公當無移。如此者將一年餘，第四班人匠心生姦計，侮慢朝廷，自取禍殃。朝廷既除多人徒勞汎濫工役，減省用人，其諸技藝人等必躬親赴工者乃當。人匠減少，所來者技藝不精，工有所誤，事多遲滯，責罰焉。人匠沈添二等二百七名，中有三名乃親身赴役，餘皆以老羸不堪、幼懦難用，以代正身，致使工不能就。點出姦頑，將幼丁老者盡發廣西充軍，復於家下，務必要正身赴官。如此者自取不寧，又何恨哉！今後諸色匠人敢有不親身赴工者，遷發雲南。

代人告狀第三十一

天下十三布政司良民極廣，其刁頑者雖有，惟江西有等頑民，姦頑到至極之處，變作癡愚。且如郭和卿告王迪淵等四十五名，皆係害民吏、皂隸、豪民。及至提到，其中二十名皆實，一十八名係是虛告。惟劉弘道等七名，令原告當面互相訴訟，惟原告郭和卿默然無對。通政司官謂原告曰：『何故不對？』原告曰：『和卿無可對。』『爲甚麼無對？』對曰：『此等被告，係是周繼奴寄與我姓名數目，和卿就與寄告其狀。』嗚呼！似此癡愚，上侮朝廷，下虐良民，爲害深重，莫甚此徒。十三布政司内除江西代人告狀，如此愚民，已行梟令處決數次。今郭和卿不以前犯爲懼，公然代人告狀，以致殺身亡家。其餘布政司刁民雖有，未見如此者。

詭名告狀第三十二

自古民之訴訟者，本爲被人冤抑苦楚，氣不能伸，所以不得已訴之於官，以求辯其曲直，明其是非，使冤伸而枉理，未嘗有無冤妄訴，故亂法度而煩官府者。今烝民中有等頑民，其姦其詐，不可勝言。如處州松陽縣民楊均育本與葉惟宗冤讎，不行明白具狀來告，卻將葉惟宗姓名寫狀，告其兄葉允名係積年老吏，弟葉允槐係逃軍。及至法司差人將帶原告詣所在勾提被告對問，其原告已自在逃。承差人詣本處，將原告姓名及被告人數照名提至松陽縣，承差人熟視，非是帶去原告。及至法司再三審問，其拿至原告葉惟宗曰：『惟宗自幼並不出鄉，亦不曾赴京告狀。今所告之人，係是惟宗兄弟，與我並無釁隙可告。』法司以聞，特命釋之。其葉惟宗曰：『惟宗雖蒙釋宥，亦當挨究告狀之人。』出獄後，於京城行走間，忽見鄉中熟識楊桃兒曰：『你如何出來？』其葉惟宗以情告之。熟識曰：『將你名字告狀的人，係是楊均育。本人見將伊母藥死，圖賴告我。我於通政司前拿住，搜出本人身上狀草一紙，係是你名字告狀。其人見在。』本人因同拿赴都察院，問招明白，凌遲處死。

嗚呼！民有巧生姦計，欲以嫁禍於人者，有若是歟？其楊均育如此設計，自以爲良，豈知神明撥置，不能害人，反以自害。使其安分守己，孰禍殃之相尋？今乃上干天憲，自取殺身，悔之何及。天下良民，觀之戒之。

有司逼民奏保第三十三

曩爲天下有司衆多，其賢否朝廷一時不能盡知，所以前頒二誥，凡所在有司有能宣布條章，撫吾民有方者，特許闔境高年有德耆民會議，連名赴京奏保，使朕知賢。今膠州官夏達可、長子縣官趙才、新安縣官宋玘、建昌縣官徐頣等，在任不以生民爲意，恣肆爲惡，惟務贓貪害民。事覺，法司差人提取，卻乃公然會集耆民，逼令赴京妄行奏保。且與耆民捏詞書記，教其熟讀，用此面奏，肆爲欺罔。其各各耆民，自合忿此姦貪害民之徒，即時擒拿赴京，陳其姦狀，以憑賞勞；卻不合聽受教唆，即與同惡，赴京面奏。設若不識欺誑，准其面奏，其歸把持公事，各人日盛一日，豈不爲民之巨害？奈何天理不容，欺誑之情一一自露，以致殺身亡家，人口遷于化外，雖悔何及。今後各處有司，若有姦貪之徒平日害民，及至事覺，逼令耆民奏保者，爾耆民即便拿來，一則除爾良民之害，二則爾耆民無同惡之罪，且受重賞，豈不偉哉！其果有善政實迹可言者，爾耆民自當如誥，會集闔郡高年有德者，一同赴京奏保，庶幾循良者顯名，姦貪者斂迹。爾耆民其敬聽朕言毋忽！

民拿害民該吏第三十四

朕設府州縣官，從古至今，本爲牧民。曩者所任之官，皆是不才無藉之徒，一到任後，即與吏員、皂隸、不才耆宿及一切頑惡潑皮夤緣作弊，害吾良民多矣。似此無藉之徒，其貪何厭，其惡何已，若不禁止，民何以堪！此誥一出，爾高年有德耆民及年壯豪傑者，助朕安爾良民。若靠有司辯民曲直，十九年來未見其人。今後所在有司官吏，若將刑名以是爲非，以非爲是，被冤枉者告及四鄰，旁入公門，將刑房該吏拿赴京來。若私下和買諸物，不還價錢，將禮房該吏拿來。若賦役不均，差貧賣富，將户房該吏拿來。若舉保人材，擾害於民，將吏房該吏拿來。若勾補逃軍力士，賣放正身，拿解同姓名者，鄰里衆證明白，助被害之家，將兵房該吏拿來。若造作科歛，若起解輪班人匠賣放，將工房該吏拿來。若民從朕命，着實爲之，不一年之間，貪官汙吏盡化爲賢矣。爲何？以其良民自辯是非，姦邪難以横作，由是逼成有司以爲美官。其正官、首領官及一切人等，敢有阻當者，其家族誅。

庫官收金第三十五

承運庫官李庭珪係通政司吏，考滿得除承運庫官，掌管金帛。前庫官范潮宗等偷盗庫藏財物，身被刑責，非止一端。吾見不才者貪心不已，施五刑而不拘常憲，法外不忍見聞者猶若干刑。死者已死，刑餘不死在庫以示再任者三人，想必見者寒心，必無犯者。其李庭珪收輕齎金銀，設計偷盗金二十四兩，意在深謀，以愚朕心。將納金者每十兩多秤五錢，以百兩計之，已出五兩；以千兩算之，金出一錠。其所折之金，何下數千百兩？若終收不犯，其所貪者正該幾何？糧長包賢等金已行收足，内多秤三十五兩，卻與糧長丁遵等設計，故作刁蹬，云糧長包賢少金一釐五毫。糧長徑入狀以奏，朕赦之，一釐五毫不能容民之欠，果何道哉？明日按問李庭珪，將所收本糧長金逐一秤驗，每十兩餘五錢。將五錢較之，一釐五毫果欠之乎！况糧長包賢等所納金七百兩，共餘三十五兩，豈有欠邪！其李庭珪特通糧長，以此一釐五毫來奏，料此一釐五毫尚爲欠數，豈有收受不精而有弊者乎！

其李庭珪之計，豈不深謀者也？何犯之亦速，此作聰明至極而有此耶？當在通政司時，公座之官，潔己奉公，李庭珪爲吏，官既公論。其李庭珪無所作爲，終一考吏役並無贓私，得陞承運庫官。此果李庭珪能守而至此耶？正官能守而保全耶？此實通政司官成其考也。今一得位而即喪，可見小人非君子不能全其命行者歟！

民違信牌第三十六

民有姦頑難治者如此。往常爲有司官吏，動輒差人下鄉勾擾，及官吏親自下鄉擾害，其良民被不才官吏、皂隸、弓兵人等酷害至極，無所伸訴。以其恃以官威，難以伸訴。古人爲官者，務必便民，冤者伸之，枉者理之。今不才官吏，無故害衆成家，虐害吾民，所以前編兩誥，禁止不准官吏下鄉，諸司亦不得差人勾擾，凡有一切公務必合用民者，止是遣牌。前誥所云三牌不至，方許遣人捉拿。誥布天下，有司遵奉。如頑民余永延等故行抗拒，不服牌喚，三牌不至者二百五十一户，有司以狀來聞者數矣。又最頑民人劉以能，不止三牌不行，倒將承差人幫縛赴京，以致問出前情，得罪甚不輕矣。

今後凡吾良民，但凡有司牌至，不問爲何事務，隨牌速赴衙門。倘或官吏着令辦事，諸等科差推派不均，自合當官哀告，以訴實情。實情既訴，若官吏不准，生事留難，或收入禁中，或散羈在外，不令還家，致使有妨生理，彼時赴京伸訴，必罪有所歸。今後良民欽遵朕命，毋蹈惡人之非。嗚呼！禁官吏之貪婪，以便民生，其頑民乘禁侮慢官長，及至禁民以貴官吏，其官吏貪心勃然而起，其仁義莫知所在。嗚呼！是其難治也。

朋姦匿黨第三十七

朝廷設置學校，教育生徒，所以望實材之用，而生徒之爲學者，所以學乎立身事君之道。自昔志士，莫不皆然。故其任職，罔徇親舊之私情，恪守事君之大節，惟務造福於民，所以顯身榮親，垂名千古。今監生中有等姦頑不才之徒，一得官位，輒忘所學，身名莫顧，惟務徇私作弊，壞政亂法，罪惡貫盈，不可容誅。

如潘行係金壇縣人，由監生任樂安縣知縣。周公煥係樂安縣人，由監生任太平府同知，丁憂回還樂安守制。其二人比先在監，實爲同堂生員。周公煥有叔周德泰，原任旌德縣丞，爲事刺面，僥倖回家。叔侄二人因時常於潘知縣家來往，説事過錢。縣民陳添用赴縣陳告民人羅本中係是胡惟庸行財之人，先被廖慶芳告發，已行用錢買息。本人懼怕黨事漏泄，因將財穀散與葉志和等五十八人，自後宰殺牲口，與各人夤夜商議，前往福建楊門庵，請給彭玉琳和尚旗號。回歸搶掠本都民人楊恩等家錢穀，意在積糧，接應彭玉琳作亂。

又見官軍剿捕，彭玉琳被獲，方纔止息。觀此情狀，其羅本中等係是舊逆餘黨，今次懼罪及身，又復倡謀作亂，首禍殃民，在法無赦。知縣潘行不思此徒設若謀成，其爲殃禍誠非淺淺，卻乃徇私，輒從周公煥叔侄並禮生耆宿曾原鼎等囑託，接受羅本中等銀鈔賄賂，聽其設計：『我今日教羅本中男羅伯彰，來告陳添用强占有夫婦人等事，相公可作比先日期題押，便顯得陳添用狀是妄告。及至着落里長體勘，羅伯彰所告俱係涉虚。』其周公煥叔侄等又行設計，與知縣潘行言説：『如今不如將陳添用只作積年民害解去便了。』因將陳添用並積年民害柳召生等共一十三人，枷釘起程。繼即聞知陳添用齎擎大誥赴京伸訴，知縣潘行聲言：『上位如今也饒我三箇死罪，他終不告我四狀。』然實恐陳添用告出前情，卻差皂隷楊添召與同周德太趕至土名大嶺，將陳添用脱放了當。其陳添用心忿知縣徇情枉法，酷害良民，又行赴京告其不法。知縣潘行聞知，即唤弓兵胡士亨等到縣，着令狀供管解陳添用等，行至進賢縣深山去處，有陳添用等將弓兵幫縛在樹，打開枷鐐，俱各逃走。如此捏詞，具本來奏，以致事覺。

嗚呼！昔人讀書，委身事君，尚有憂國而忘其家者。今潘行等不思朝廷教育之恩，不知榮身立名之道，不能造福於民，惟匿朋友之私，迷於賄賂之得，乃敢匿告反之情，再三設計陷害原告。如此同惡肆貪，朋姦罔上，罪怒神人，法不容宥。朕雖欲生之，其道無由，所以凌遲示衆。所在監生、進士居官者，觀此以爲大戒，立志成人於悠久，吉哉！

戴刑肆貪第三十八

古人制刑，所以禁姦止暴，使人視之而不敢犯。今有等姦貪頑惡之徒，視國法如尋常，受刑憲如飲食，雖身被重刑，殘及肢體，心迷贓私，恬不自畏，愈造殺身之計。如丹徒縣丞李榮中並應天府吏任毅等六名，先爲受贓五百七十五貫，賣放均工人夫一千二百六十五名，法司鞫問，情罪昭然，死不可逃。朕念此徒惟知貪贓，勇不畏死，所以特命法司止將此徒各斷十指，押回本處，將所賣人夫著勾赴工，使其流血呻吟，備嘗苦楚。若果起到原賣人夫，豈不餘生可存？何期此輩不體朕之至意，卻謂先時已受各人財物，遂匿其名，反將應免夫役鋪兵、弓兵、生員、軍户周善等數百餘家，一概遍鄉勾拿動擾，意在搪塞，於内又復受財作弊，以致被擾之家至京告出前情。嗚呼！見利忘生，怙終不改，有如此耶？使其因受刑責，翻然改圖，將前所賣人夫一名名從實勾解赴工，豈不復延餘喘於人世？顧乃恃刑肆貪，自速其死，梟令之刑，宜其然乎！

御史劉志仁等不才第三十九

朝廷設置百官，分理庶務，於中恐有未當，所以特設御史，司朕耳目，糾察百司，得以風聞言事，激濁揚清，號爲風憲之官。士生何幸，獲居是任。自昔有志之士，雖位登宰輔，而先不得爲御史者，於心終有未愜，其任可謂重矣。今朕設監察御史，任同乎古，往往由進士、監生即授是任。其中有等不才之徒，不知官之清要，不知職之在乎糾人，乃假御史之名，揚威脅衆，恣肆貪淫。

如劉志仁、周士良二人，俱由監生擢任監察御史，爲追問尅落課程等事前往淮安，暗行體察，明彰追問。其劉志仁等一到淮安，輒欲非爲，恐爲淮安、大河二衛守禦官所覺，於是提取二衛卷宗查刷。查出二衛俱將積年害民皂隸人等二百六名收補軍役，心喜其弊，聲言具奏，實肆把持之術，並不以狀來聞。自是與衛官日相往來，飲酒遊獵，因得大肆貪婪之心，時常挾妓飲宴，並不將巡闌陳五等原侵欺課程追徵還官，卻乃指以追贓爲由，故縱巡闌誣指平民，帖下鄉村，遍邑科擾。又行容留里長鞠七等説事過錢，受銀一百五十兩、金三十四兩、鈔二萬五千二百貫，如此害民。豈止如此，乃敢將民人夏良等故以指贓爲由，拘收各人妻小，捶楚威逼，因而姦騙。如此妄爲百端，以致事發。及至差錦衣衛千户蔣福前去追提，其劉志仁等自知罪不容誅，卻用銀七十兩、金肆兩、鈔五十貫、紵絲四表裏及縣布等物，買求本官至京好言，欲以掩其罪惡。

嗚呼！既已爲惡，事已發露，方用取受之贓轉賂於人，欲以求免，其可得乎！當其設計之初，把持軍衛，然後肆惡貪淫，自以爲不致敗露，豈知罪惡貫盈，神人共怒，罪將焉逃！所以劉志仁等凌遲示衆，以快吾被害良民之心。凡百有官君子，觀之戒之。

排陷大臣第四十

嗚呼！自古人臣爲國爲民者，其忠爲君，其仁爲民。其忠仁之道，若非始終動天地鬼神，使良民君子懷之，其始勤終怠者，奚足道哉！所以動天地鬼神，良民君子懷之者方可。云何？謂姦邪無藉者多，兼時君雜聽而無斷，忠臣艱於效忠，難於布君之德，若非忠以格天，鬼神呵護於良臣，而固社稷甚艱，爲人臣難於立名。嗚呼甚哉！古今之姦邪，爲國民之害，有若是耶？

洪武二十年正月二十九日，通政司奏有來告者，言都御史受賂。命錦衣衛收繫本人，朕親問之。明日，錦衣衛引至告人宋紹三，朕謂紹三曰：『爾何知徽之密？』曰：『鄰監囚人許原者，不知紹三告訐本人親兄許昂，原乃謂紹三曰：「你爲何事入禁？」久矣，紹三回曰：「告事甚多，不蒙發落。」紹三亦謂原曰：「你因何事而在禁？」原曰：「我事不妨，兄許昂已囑到都御史熟識人王舍，過銀十箇送與本官。」紹三聽知，爲其久禁，特來告訴。』朕謂紹三曰：『彼在禁之囚，盈牢千餘，押禁囚稠，凡所賄賂，意欲脱難者，賂恐鬼神知，安敢與鄰囚互知？設使一囚互知，不逾時盈牢者皆覺。今在禁者衆，其主囚御史愚鈍者多，貪財者廣，公明者少，致囚幾年數月數旬數日往往有之，非爾一而已。爾今來訴，無乃擅聽人遣乎？』紹三俛首，託病甚。朕觀人情容貌，此設心矣。命錦衣衛覓許原所在，隨詣原問北平道索取許原。御史任輝等云：『本人已發户部矣。』即於户部取索，户部該吏言原已於正月二十八日身故。朕聽所言，噫！是設心矣，其姦用計非淺淺哉！何以見？許原二十八日死，宋紹三二十九日具狀，況許原本囚原犯欠糧事，追徵足備，已於户部無相干涉，本道已行完結。設此計後，强謂未審虚實，推與户部，密令人藥死，以絶對問。由是朕命錦衣衛，著要北平道原問御史何哲等，及監送皂隸張榮，並户部看監禁子陳聰四、該吏孟敏，朕爲之親問，略見情僞，命雜推之。明日，問者來告，御史何哲、任輝等皆妨賢病國之徒，邪謀設計，轉折既多，情理深重。於是，命中書翰林等官概明情由，備開節次，以告臣民。

一、凌遲示衆四名。三名何哲、任輝、齊肅，俱任北平道監察御史。何哲先爲追問尤榮一告不應事内，受鈔七十貫、銀十兩，將一干人不曾提問，被都御史詹徽舉問。又爲編管小牢子遲慢，被都御史喝罵搶出。因此懷恨，於洪武十九年十二月二十八日，與同道御史任輝、齊肅商議，會同各道御史魏卓等十八名言說：『我前日爲兩件事不停當，被都御史當衆辱詈，又奏了喫打，好生惶恐。受氣不過，如何是好？』衆人回說：『你且耐心，待尋得他些事，再做商量。』至洪武二十年正月初十日朝回，因邀魏卓等十八名至家喫茶，詐捏詞情，對各官言說：『我本道有兩起原告，一名許昂，告曹爲是胡黨，許昂不曾與曹爲對證。徐阿真告莫糧長不法事，倒被發去充軍。只把這兩件事，著人告他受了銀子便了。』各官回說：『待各道人齊時，大家商量。』至本月二十七日，哲又與衆御史言說：『如今我道裏有一名原告宋紹三告狀，都院五十日不與給批提人。如今只放保著他去通政司告，准也由他，不准也由他，只說道是許原教他去告。』如此捏詞排陷，妨賢蠹政。一名魏卓，任四川道監察御史。除同謀排陷都御史事情與何哲相同外，又欲提問太倉衛指揮使孫茂。其卓揣知本官係是動舊，不行明白奏聞，朦朧具本，送科給批，將本官一概提取，意在陷害勳臣。及平日在道問事，因罪本有一分，輒增作二三分，文致其罪。其囚一分情真，增以二分，文飾無罅，意在獻能，希求陞用，故使是非混淆，如此亂政。

一、同謀排陷，罪在不宥，姑容戴罪鐐足在道問囚一十四名：一名喬鼎，任浙江道御史。一名張澤，任河南道御史。一名甘泉，任陝西道御史。一名鄭珇，任廣西道御史。一名張敏，任四川道御史。一名李子實，任浙江道御史。一名程士箴，任廣東道御史。一名程善，任山西道御史。一名茹太素，任福建道御史。一名鄭能，任山東道御史。一名傅弼，任浙江道御史。一名蔡用强，任湖廣道御史。一名丁麟，任江西道御史。一名趙恒。任江西道御史。

拖欠秋糧第四十一

設置糧長，惟在催徵本區内一萬石税糧，其税糧俱係各户自行辦納，本非難辦之事，自合依期納足。其糧長人等，卻將各各人户税糧徵收入己，故意抵頑，遷延不納，直至下年秋熟，方纔將下年秋糧補納上年欠數。蓋是姦臣胡陳並郭桓等在時，倉廒不明，糧數不精，糧長人等慣於虚買實收，妄稱足備，自以爲得計。不知自洪武十八年以來，朕知其弊，特命户部將各衙門歲用糧米逐月分派，一月置倉一廒，一年置倉一十二廒，倉糧數目精明，難以仍前作弊。因此顯出姦頑不納糧，糧長張時傑等一百六十名，身亡家破。今後糧長務要依期納足，如是仍蹈前非者，一體治罪不赦。

驛丞害民第四十二

沅州黔陽縣安江驛丞李添奇，自洪武十五年到任，恣肆爲非，害民非止一端。每月取要驛户酒七十壜，茶、油、鹽各七斤，喂猪白粟米一石二斗，喂鷄、鵝、鴨穀一石二斗，及拘驛夫妻小到家紡織，又擅拆官船改造作自己船隻，裝載瓦器買賣。豈止如此，科斂驛夫銀鈔，收買良民來興等三名作本家驅口，占據驛夫五名在家使唤，不行走遞。後權安江巡撿司，違法做造生牛皮鞭，身帶腰刀，時常飛放擾民。及生員齎擎詔書到司，在外飛放，不行迎接開讀。如此慢君虐民，神人共怒，致被土民李子玉等率精壯拿獲赴京，罪不可容，所以斬趾，枷令驛前，所在驛官，觀之戒之。

頒行三誥第四十三

此誥前後三編，凡朕臣民，務要家藏人誦，以爲鑑戒。倘有不遵，遷于化外，的不虛示。

後序

臣聞昔列聖之馭宇，必明綱常，正法度，使號令賞罰粲然布于天下。是以民無少長，皆知教化之當從、法度之當守，所以民淳俗厚，罔罹刑憲。於是，上契天心，光明寒暑，時海宇寧謐，民樂雍熙，至今照燿簡册，何其盛哉！奈何三代以降，漢、晉、唐、宋之君因循爲治，先王之教日衰月替，俗漸澆漓。降及胡元，以夷風制治先王之教，華夏之風於是掃蕩無餘，民俗愈偷，可勝歎哉！

欽惟皇上，神聖文武，受天眷命，統有天下，十九年于兹，深慕二帝三王之治，宵旰不遑，欲丕變胡俗，復我中國先王之治；奈乏賢爲輔，所以治之雖嚴，而犯者自若。皇上深念從古至今，無有不可變之俗，無有不可化之民，故於機務之隙，特將官民過犯條成二誥，頒示中外，使民知所勸懲。未幾，民有從命者，將所在姦惡之徒擒獲至京，以除民患。於是，皇上知斯民有從命之誠，有可化之機，所以至者特加賞勞，以激勸之。然而，民狃於汙習，雖暫革面，猶未格心，其中因法爲弊者，姦詐百生，異乎尋常，神明鑒察，其情其罪，卒莫能逃。

皇上復慮天下官民仿效成風，自取刑戮，特撥機務，復條此誥，使其知此姦此計罔能欺誑，徒自殺身。天下官民誠能體皇上惓惓之心，鑑此非爲，格心從化，庶幾至治可興，華風復振，將見人有士行，比屋可封，享五福於悠久，豈不美歟？臣叨備侍從，目覩皇上憂勤圖治之切，恐官民弗能悉知，不揣蕪陋，謹拜手稽首，書此于後云。

洪武十九年冬十有二月二十五日，承務郎左春坊左贊善臣劉三吾謹序。

明太祖集全編之七

御製大誥武臣

周挺啓　校點

御製大誥武臣

序

洪武二十年十二月，爲管軍衙門，在京都督府首領官，十二衛各衛指揮、千户、百户、鎮撫、知事、衛令史、典吏、軍吏、總旗、小旗；在外各都司首領官，各衛指揮、千户、百户、鎮撫、知事、衛令史、典吏、軍吏、總旗、小旗；中都留守司經歷、知事，並陳州、潁州二衛，苦軍妄支錢糧。指揮胡璉、陳勝等，遼東梅都指揮，廣西耿都指揮，平陽千户所千户彭友文等二員，魯府護衛蔡指揮、毛千户等，這等官人，上壞朝廷的法度，下苦小軍，略不有些哀念，將那小軍每苦楚也不如猪狗。

且如人家養箇鷄狗及猪羊，也等長成然後用；未長成，怎麼説道不喂食、不放？必要喂食看放有條理，這等禽獸畜生方可用。如今軍官全家老小，喫着穿着的，這見受的職事，都是軍身上來。這軍便似他家裏做飯的鍋子一般，便似倉裏米一般，又似莊家種的田一般。這軍官每如今害軍呵，他那心也那裏是箇人心，也趕不上禽獸的心，若比草木也不如。

草木知春秋，當春便生，當秋便死。似他這般害軍呵，卻便似自家打破鍋子要飯喫麽道，卻似露天地裏放着米，眼前喫一頓，別的都爛了，明日再要米喫，有也無？卻如莊家種田，本是一百畝，足本家食用，内賣去十四五畝，荒了數畝，尚且要飽飯喫，得也不得？如今做總兵官，貪財殺降，科斂出征頭目、守衛管軍指揮、千百户、鎮撫、旗首人等，如此害軍呵，卻不似打破鍋子、爛了米、荒了田、賣了田？似這等爲總兵的，望有功封公封王封侯，這等名爵裏想着要呵，得也不得？那内外衛分指揮、千百户、鎮撫、旗首，害得軍十分苦楚，望長遠受用，如何能勾？這等害人的人，這箇不有天災，必有人禍。似這等災禍應呵應，則有遲有疾。

且如在京的管軍官吏人等，我每日早朝晚朝，説了無限的勸戒言語，若文若武，於中聽從者少，努目不然者多，其心專一害衆成家。及其犯法到官，多有懷恨，説朝廷不肯容，又加誹謗之言，爲這般凌遲了這誹謗的人若干。及自有一等不誹謗，甘心受貶，做軍三二年、五七年、十數年，纔可憐他，召回復職，到任都無兩月，其害軍尤甚前日，更加姦騙軍婦。似此等愚下之徒，我這般年紀大了，説得口乾了，氣不相接，也説他不醒。

我將這備細緣故做成一本書，各官家都與一本。這話直直地説。軍官有父母的，父母每教誡。有兄弟、妻子的，便教生些仁義之心，則把那小軍身上穿的衣服，口裏喫的飯，下的那箇小房子兒都看了，自家心裏尋思，把做自家做軍，似這等過活，受得將去，也受不將去？ 若是將心比心，情意度量到根前，果實過不去呵！ 那做父母、妻子、兄弟，怎麽可憐小軍，發些仁慈心，教那爲官的休害小軍。 我許大年紀，見了多，擺布發落了多，從小受了苦多，軍馬中我曾做軍來，與軍同受苦來，這等艱難備細知道。 這般比並着說，這愚頑貪財不怕死的，說了乾無事。 似這等難教難化，將了怎地好？ 這文書各家見了呵，父母、妻子、兄弟、朋友怎麽勸誡，教休做這等惡人，合着天理仁心了行，卻不好？ 有一等官人家，父母、妻子、兄弟一同害人，滿家兒並無一箇發仁心的。 似這等全家兒壞了的，也好些箇。 這文書裏說得明白，一件件開得分曉。

若還再如此害軍，便是自己犯了又犯一般，難說你不曾見文書，不知道。 這文書又不是吏員話，又不是秀才文，怕不省得呵！ 我這般直直地說着，大的小的都要知道，賢的愚的都要省得。 這書與管軍的人造福，不是害他的文書。 不聽不信呵，家裏有小孩兒每不記呵，犯法到官，從頭兒計較將來，將家下兒男都問過，你記得這文書裏幾件？ 若還說不省得，那其間長幼都治以罪。 爲此，特將不才無藉殺身亡家亡名之徒條陳于後，仁者智者觀之。 管軍人員，毋違我訓，毋蹈前非。 故敕序爾。

冒支官糧第一

陳州指揮胡璉等六員，潁州指揮陳勝等十九員，這火官人，百般害軍，共冒支官糧三十八萬，各分入己。陳州、潁州這兩處的軍，自洪武元年便擺布他屯種自食，到今屯種二十年了，便做五年各軍屯種，不起關官糧喫，也有十五年不關糧了。他卻今年也動文書說無糧，明年也動文書說無糧，卻將官糧冒支入己。這三十八萬糧，都是百姓每血汗裏種出來的，他卻妄費用了，如何消受得？天災人禍必然到他身上。爲他有軍功上頭，且則發去雲南出征。若是再撒潑皮呵，你怕他逃得將去。

常茂不才第二

鄭國公常茂，他是開平王庶出的孩兒。年紀小時，爲他是功臣的兒子，又是親上頭，撫恤他，着與諸王同處讀書，同處飲食，則望他成人了，出來承襲。及至他長成，着承襲做鄭國公。他卻交結胡惟庸，討他母親封夫人的誥命，又姦宿軍婦，又姦父妾，多般不才。今年發他去征北，他又去搶馬、搶婦人，將來降人砍傷，幾乎誤事。他的罪過，説起來是人容他不得。眷戀開平王上頭，且饒他性命，則發去廣西地面裏安置。這等人，你怕他長久得？

耿良肆貪害民第三

耿良，着他做廣西都指揮。自他做都指揮時，與布政司官、府州縣官交結，生事作爲，百般科歛，將百姓每害得荒了，以致連年嘯聚不已。及他事發，差人拿問，共計二十八招，都是害軍害民的歹勾當，因此上取回他來打殺了。及打殺了他，廣西的百姓都安然無事，也不反了。這般看來呵，那是百姓每要反，則是被他逼淩得没奈何了，所以如此。這等害人的人，若不罪他呵，天也不肯。今將所犯略節條陳于後：

一、騙要黄知府銀六百兩、金一百兩入己。

一、剋落軍人月鹽鈔三千三百八十一貫入己。

一、爲起蓋譙樓，科鈔一萬三千貫、銀一千八百兩入己。

一、强將民人杜道蔭秋糧米三百五十石搬運回家。

一、拘收指揮韓觀出征所得水黄牛六百五十四頭、馬七疋入己。

一、挾讎妄奏充軍官吏不肯出征，將吏人三十八名廢了。

一、挾讎妄奏李巡檢推瘸不肯出征，張司吏交結官府，致將李巡檢割斷腿筋，張司吏梟令了當。

一、强娶韓鎮撫姐姐爲妾。

一、私役軍丁，栽種苜蓿，喂養自己馬疋。

一、教唆軍人告南寧衛王指揮，索要本官玉條環等物入己。

一、脱放犯姦百户邢文，受要本人黄牸牛一隻。

一、賣放偷官鹽所吏劉彦章。

一、挾讎將赦免宰殺牛隻民人一十八名，復拿監問。

一、將追到犯人佘仲玉銀六十兩、鈔四十九貫、銅錢三萬六千文入己。

一、唤軍婦吴四姐在家姦宿。

一、挾讎將言李指揮不公事人姜子華杖八十。

一、强娶軍人鐵脱思女。

梅義交結安置人第四

遼東都指揮梅義，他父親已有胡黨的意，因論親上，不曾罪他，只貶去遼東做都指揮，着他重新立功。他到遼東，全不思量做好勾當，卻容縱爲事發充軍的人在家，並各官家教學下棋、打雙陸、行醫、賣卦，及令管軍數揭貼各城門鑰匙。這般若長遠呵，必致壞事。似這等有罪的人，容留他在閒，卻教好軍替他屯種，顛倒把好軍勞苦壞了。及至人動實封，又將邀截回去，這是箇該死的罪過，他又敢犯。事發，又且姑容他的性命，則全家發去邊遠住坐。其同爲不才都指揮潘彝、葉增姑容還職，着他立功贖罪。若再做壞了呵，你怕饒他！

千户彭友文等餓死軍人第五

平陽守禦千户所千户彭友文、謝成等二員。彭友文領軍五百出外築城，兩箇月不支與行糧。那軍有些盤纏的，將就過活了。那窮了無盤纏的，又怕法度，不敢去强奪人的喫，則得忍饑做工，把一百軍都餓死了。若是那五百軍忍饑不得，都亂搶將起來呵，怎地好！其謝成掌印在家，那五百軍家小，啼哭去他根前告無糧，他又推説無印信的文書，不肯關與，略不推些仁心，以致各軍家小忍饑生受。印信既是他掌在家裏，那軍前那再得一顆印來使與他？他這般無理，事發處斬。那餓死一百軍的千户彭友文，便着他與一百軍對鎗，他對不過了，被亂鎗殺死。爲甚麽了敢這般殺他？他既無仁心愛那小軍，我又如何把仁心愛他？若不殺他呵，那一百人餓死的，果實得何罪？

儲傑曠職第六

浙江都指揮儲傑，他在任數年，專一與布政司官、有司官交結，日日歌唱喫酒，軍也絕不操練，海賊也不設法關防，以致沿海百姓常被劫掠，他全然不以爲事。又常推稱風疾，及至歌唱喫酒，卻又無事，將浙江一都司的事都廢壞了。他罷任後，方指揮建言沿海築城，海賊見防備得周密，再不敢上岸，百姓每方得安息。我與他許大名分，他卻撒潑做壞了，於巡防捕盜絕無一些功勞。看來則是他薄福，消受不得。而今貶去金齒，若再推風疾，又無功勞，必然奈何得他緊！

儲欽等擅收軍役第七

淮安衛指揮儲欽，貪受贓鈔，將應提積年害民人等二百六十名收充軍役。全州千户所千户喬義，受銀六十四兩、鈔二十貫，將害民吏賓真等收充軍役。溫州衛指揮焦益，受銀八兩，將閒吏林道玉收充軍役。太倉衛指揮康鑑、陳銘、卜榮、葉山，受要贓鈔，容留皂隸湯回、倉脚夫錢官真等，補充軍役。這等吏員、皂隸人等，都是積年在鄉交結有司，把持官府，說事過錢，酷害百姓之徒。朝廷本欲除去這等惡人，着那好百姓每得安，指揮儲欽等卻俱各貪受贓私，容留在衛，將朝廷法度壞了。這等人容在下面，你怕他有甚麽好勾當。他在鄉既害百姓，在衛必然害軍，官人每也好歹被他連累壞了。其儲欽發去雲南，喬義、焦益發大寧充軍，康鑑、陳銘、卜榮、葉山發廣西拿象。看來今日他每這等遭貶呵，何不當初依本分，守着本等職事，好房子下坐着，關着俸米喫，卻不快活麽道！他卻務要這般撒潑做呵，不知他心裏果然是如何？

呪詛軍人第八

金吾後衛百户秦仲良，差他領軍出海運糧，行至太倉泊船，各軍自備鈔貫買酒肉祭神祈福，不曾將去送與他。他因此懷恨各軍，當日晚夕就在船頭對天燒香，呪説道：『這一隻船就太倉河裏沉番了，把這一船的蠻軍都渰死了。若是不沉了，至那黑水洋裏也教沉了。我爺兒四五箇，便做死了我時，我也有兒子出來承襲做官。』他後來這事發露，貶去雲南屯種。他已自做官了，卻和那小軍每争些酒食，做這等見識，説將起來，也惶恐死人。似這等人，他如何去管得那人下，你怕他逃得將去！

科歛害軍第九

大同前衛百户李隆，爲要買馬，科軍人孫德等鈔四百四十九貫、布四疋、銀四兩入己。鎮南衛百户楊廳保科各軍鈔五貫入己，百户趙忠科各軍米一十六石、鈔七十五貫入己。敘南衛指揮夏晟，科各軍茜草一百斤做人事送人，又每旗科釘三千箇打船做買賣。寧海衛千户張麟、潘德，爲改造鎗甲，科各軍鈔八十七貫，各分入己。金吾後衛百户于保，爲屯種買牛，科各軍鈔七十五貫五百文入己。金山衛百户張敬，爲買牆板，科各軍鈔三十貫入己。萊州衛百户孫驥，爲畫圖本，科各軍鈔二十六貫入己。河南衛百户侯顯，爲蓋自己房屋，科各軍鈔八十貫入己。這火官人，如此科歛害軍！那小軍每一月止關得一擔兒倉米，若是丈夫每不在家裏，他婦人家自去關呵，除了幾升做脚錢，那害人的倉官又斛面上打減了幾升，待到家裏，咔音伐過來呵，止有七八斗兒米。他全家兒大大小小要飯喫，要衣裳穿，他那裏再得閒錢與人？這千百户每直這等無仁心，他關了許大俸錢，倒又去科歛害軍。科這窮軍每的鈔，回家去買酒買肉喫呵，便如將他身上的血來咔喫一般。喫了這等東西，有甚麽長進，神天也如何肯？而今都發去邊遠充軍了，看他去做軍時，果實過活得不過活得？

守門阻當第十

撫州千户張邦、董昇等，將他自家的鵝鴨放在各門上，卻着守門的軍人，但有挑擔米穀過往的，便去取要米穀來喂養。又但凡有客人出入，便以批引爲由，多般刁蹬，有鈔與他，纔肯放過。他在那裏如此害人，也不思量要長久，則是貪財潑做，卒至今日把職事弄壞了。有這等無知的愚夫！

教人作弊第十一

鎮南衛百户黄伯賢、陶義，他去與監放糧監生吴偉等説：『而今你身上衣服藍藍縷縷，如何不多放些糧出來買衣服穿？』監生回説：『我不敢，且有甚麽道理放得出？』他説：『多着幾箇軍來，便關出去了。』監生應許。他除正數關糧軍人外，多添軍人二名，赴倉關支，致被鎮撫丁旺奏發。每日軍官犯事，我發落他時，便聚集頭目每來省會他，着知道休去犯，似這等也多遍了。他聽得我言語，絶不以爲事，又去誘引監生偷糧作弊。這等愚夫，也化他不過來，所以都將廢了。

邀截實封第十二

青州護衛千户孫旺，逼令軍人自縊身死。其餘軍人赴京伸訴，他差人邀截回去，將各軍監在牢裏，誣賴他通同馬四兒作耗，致將軍人四名凌遲處死，餘軍盡發雲南。事發，千户孫旺亦將凌遲處死。兖州護衛指揮蔡祥，千户毛和，鎮撫梁時、顧信等，百般苦軍，致有軍人糟法保赴京告狀，行至鳳陽浮橋，他差人趕回去，妄啓魯王將軍人打死分屍。事發，千户毛和等自知罪重，脱監在逃，指揮蔡祥凌遲處死。平陽梅鎮撫，有被害軍人，赴京告指揮李源，他替李源邀截回去。事發，梅鎮撫閹割，發與李源家爲奴。處州衛指揮顧興、魏辰、屠海、雷震、盛文質、夏庸等，有軍人陸達之等赴京，告張知府收糧作弊，他與有司交結，差人趕回監問。事發，免死發金齒充軍。福州左衛千户單友才、百户邵興，將赴京告狀軍人嚴三趕回，杖斷一百。事發，發金齒充軍。這火官人，都是邀截實封該死的罪過，中間最無理的是青州千户孫旺、兖州指揮蔡祥等。小軍每被他害得荒了，没奈何則得赴京伸訴，他又把他攔截回去。則這般攔將回去，已自犯法了，他又去妄奏妄啓，將軍人排陷殺了，這箇情理説將起來，如何容得？所以都將他凌遲處死，着他償那軍的性命。其餘的且饒他死，則發去充軍了。今後管軍的官人每，休學他這等大膽，若是倚着有功，犯到根前，果實情理重呵，也饒不過。

圖財殺人第十三

昌國衛千户傅旺並男傅良，同千户余亨、包榮、羅金，鎮撫楊忠、王勝等，貪圖財利，將者額殺死。者額是雲南的土官，有緣故上，發他全家在昌國住坐。其千户傅旺等見他有家私，如常去問他借金銀。借了幾遍了，者額不肯。他因此上懷恨者額，與千户余亨等商量，使令軍人杜和、燕帖木告他謀反，領軍人劉可觀等去他家裏，將者額殺死，搶了他四皮箱金子、兩皮箱銀子、三皮箱鈔並一應家私。又拿他八箇人，誣賴他爲首，將凌遲了，共殺訖八十六人。事發，千户傅旺等都將凌遲處死。這件事若果實是他謀反了，拿鎗拿刀，出來對陣，這等呵，遮莫殺了他多少人，怕怎地？他而今卻也無形無迹，又把做他告的，告得是，也合動文書，奏得朝廷知道，如何敢便殺他許多人，他卻圖謀他家私。敢這等大膽做，神天如何容得他？便做眼前不發露，久後裏天災人禍不在他自家身上，也在他子孫身上見。

打死軍人第十四

豹韜衛百户王德甫，爲失去官木，打死軍人任良。府軍前衛百户王斌，爲撑駕征北船隻，打死軍人佴德旺。羽林左衛百户闞秋，爲領軍斫竹，打死軍人周添。鎮海衛百户侯保，爲看守船隻，打死軍人喬海秀。天策衛千户陳安，爲燒磚，打死軍人鄔仲真。錦衣衛百户萬成，爲監造營房，打死力士于青。事發，都教償命了。做軍官的，務要撫恤得那小軍好。撫恤得好呵，衆軍每感戴，神天也歡喜。這等有陰騭呵，明日必然會長遠，子孫出來也會長進。百户王德甫等，他將小軍打死了，若是在陣上違了號令，便打死了也不妨，而今因些小事兒，都將他打死了。這等呵，如何不着他償命！

冒支官絹第十五

府軍右衛千户朱德，府軍前衛千户許壽、左弢，龍驤衛千户戴楫，鎮撫丘魯，金吾後衛千户李茂，羽林右衛千户王寅，鷹揚衛百户甄祥、朱壽，府軍後衛百户居義，龍虎衛百户周驢，武德衛百户張弘，虎賁左衛鎮撫弓顯，府軍左衛鎮撫嚴整等，俱爲關支軍人冬衣絹匹，通同承運庫官黄伯學等，冒支出官絹二千五百九十匹，各分入己。事發，都着他戴罪出征。這許多絹，都是百姓每供將來的。百姓每多少艱難，纔做成得一匹；又多少艱難，纔運得到京城，收在庫裏。如何敢自家輕用了？不是有功的，也如何敢輕與？他每平白地裏多關出許多去，都將妄費用了。這是天財，如何容易消受得？

剋落糧鹽第十六

襄陽衛千户孫齊，剋落各軍月糧三百石入己。千户周銘，剋落軍人鹽鈔二百貫入己。鎮南衛百户周原德，剋落軍人月鹽三十三斤入己。福州左衛百户劉義，剋落軍人鹽鈔二十二貫五百文入己。台州衛鎮撫錢興，剋落軍糧三百七十八石入己。紹興衛百户王伯當，剋落軍人鹽鈔九貫八百文入己。定遼衛百户靳允恭，剋落軍糧一十八石入己。應天衛百户袁思誠，剋落軍人屯種稻穀一十石、小麥一十五石入己。沂州衛百户王仁美，剋落軍人鹽鈔四十貫入己。永州衛百户毛思盟，剋落軍人鹽鈔二十貫入己。儀真衛百户劉仲賢，剋落賞軍蘇木二十二斤入己。平陽衛百户何敬，剋落軍人賞賜鈔一百貫入己。事發，都貶去邊遠充軍。那小軍每每月關的糧，及關得些兒賞賜，全家兒都望着他。做官的不能撫恤他，倒又去剋落了他的東西，也將心去度量一度量，果實過得去不過得去？這等無仁心的人，你怕他得長久，子孫出來怕會長進？

賣放胡黨第十七

凡抄劄胡黨及提取害民官吏人等，都差軍官、軍人前去。爲甚麽不差別人，止差軍官、軍人？每日差一箇行人出去，有司打送，動輒數百貫鈔，這等人白身在草窠裏出來，又無功勞，他卻便得了許多東西。因此上都差軍官、軍人，便他得了些東西，也是出過氣力的人，卻不强似與那白身無功勞的人？其寧都衛指揮邢旺、汪海，千户嚴福等，不體這意思，又去作弊，接受胡黨家人李應名等五名鈔八百五十貫、銀六十兩、金十兩，卻將各人賣放，着伴當陳彦一送出通濟門去訖。水軍衛鎮撫張龍，接受胡黨陳詠等鈔五百貫、銀二十兩，將各人户下人口脱放。當初着他抄劄胡黨時，則要抄得精細，不走了人，其餘家財不問多少，都將與他。他卻作弊，將罪人賣放，把法度壞了。這等不知恩的人，若不罪他呵，那撒潑的怎地怕？

賣放軍人第十八

應天衛百户韋真，接受軍人葉德驥銀四兩、鈔二十貫、紵絲襖子一件，將本軍脱放。興化衛鎮撫陳林，接受軍人王受鈔五十一貫，將本軍脱放。太原左衛百户劉雲，接受軍人薛尚文、荆希成等銀四十兩、鈔四十貫，將各軍脱放。錦衣衛百户裴興，接受力士蔣次五等八名鈔九十貫、夏布五匹，將各人脱放。事發，都發去邊遠充軍。而今做指揮、做千百户的，你怕是他一箇人的功勞？都是衆軍每做成與他的。若無了軍呵，便做是一箇好男子，也陣上渾當得幾箇人住？ 當不住可便輸了。 不知他卻如何只要貪財，把軍都賣了，被財利迷了他心，一來把軍法壞了，二來身子也不顧了。 這等愚夫，若不治他呵，久後裏怎地好？

縱賊出没第十九

真定衛百户張顔，領軍緝捕賊人四達子，他騎的馬被賊人搶去，卻使人將米二石前去與他贖回。 寶慶衛千户沈真，他先做長沙衛百户時，有僧人楊雲峯，係是前元閭兒國公差來打探消息的人，他明知本僧係是姦細，不行捉拿，卻與交結來往。 振武衛指揮夏興、百户朱才，有打獵軍人温大等一十名被賊人拿去，他不行領軍追趕，縱賊劫掠。 這幾箇都是在外守禦的官人，他平日不肯操練軍士，關防的見識也全無，只是貪財苦軍。 及有賊人來往劫殺，他不領軍追捕，倒去與他交結來往。 這等無知愚夫，若在外面長遠呵，不將大事壞了？ 所以張顔、沈真都將殺了。 其指揮夏興、百户朱才，且饒他死，發去馴象衛充軍，若是再這等呵，必然不放過他。

防倭作弊第二十

漳州衛千户李原、謝興，百户侯義、結良、于德、永福等，不肯用心防備，被倭賊上岸劫掠，殺死軍人五名，卻做病死報官。千户李琛，百户陳思名、汪福領軍防倭，他將軍人撥去砍柴，以致賊人上岸殺掠，又行先走。事發，都發去雲南充軍。福州左衛指揮陳謙、右衛指揮張壽等領軍防倭，他都着去煎鹽曬魚，把軍人多滸死了。事發，都發十萬山拿象。興化衛千户郭福，將壯大正軍賣放了，卻把幼小軍丁收入隊伍，及至出海防倭，衆小軍兒纔見賊人，即便退走，郭福就陣被倭殺死。有這一火愚夫，着他在海上守禦，他全然不以爲事，軍也不操，隊伍也不整點，好軍便賣放了，又私役做買賣。海上百姓每連年被倭賊攪得荒了，原來他都在那裏這等大做，所以都將貶了。若是有志氣的人，這裏正要立功，他如何肯這等把名分來弄壞了？

因姦殺人第二十一

薊州衛千户宗聚，他喚軍人王羣兒妻周氏回家姦宿。後其夫差使回來聽得，將他婦人歐打。這婦人對宗聚說：『而今我丈夫得知這事了，要打死我。』宗聚回說：『我和你對付了他的性命，你與我做娘子，有的是好衣服、頭面與你，卻不强似與那箇窮軍做婦人？』就做泥人兒一箇，和鐵釘遍身釘了，教本婦將回家埋在炕下。王羣兒後被魘鎮病倒了，本婦又去與宗聚說：『他如今雖病，看來也死不得他。』宗聚又將毒藥與本婦回家，毒死其夫。

其夫服毒後，又不死，本婦將鐵斧在其夫頭上連打兩下，被四鄰救住，不曾得死。後其夫病好，將大誥赴京伸訴，宗聚又去攔截，奪下本軍盤纏鈔貫，將他大誥燒壞了。似這等無理的人，若不殺他呵，天也不肯！

姦宿軍婦第二十二

錦衣衛千户王成，他先爲缺少軍人，發去遼東出征。去了幾年，在那裏生受，可憐他，着取回來復職。他復職也未曾得久，便把在遼東的艱難來忘了，又無理起來。差他在滁州管軍屯種，他倚着官勢，唤軍人王和卿、劉信妻小回家姦宿。似這等不才無藉之徒，如何饒得他？又金吾前衛指揮馮裕、滁州衛百户劉驢兒，容藏在逃軍婦在家姦宿，也都貶去邊遠充軍了。又儋州千户王興，領軍收捕賊人，因而將好百姓家婦人拿回姦宿，本婦不從，又將小刀於他手上戳訖一刀。蒲州千户張保，節次强姦百姓妻女。似這等情重的，都殺了。今後軍官每敢再有這等無藉的，拿住不饒。

男女混淆第二十三

男子婦人，必要有分别。婦人家專一在裏面，不可出外來，若露頭露臉出外來呵，必然招惹淫亂的事。而今有等愚夫愚婦，好生不守道理，把風俗壞了。便如曲靖衛指揮牛麟，他在雲南討一箇婦人做妾，每日與同僚官喫酒，便着這婦人出來同座喫酒，因此上被指揮柳英誘引私通，教本婦將毒藥毒死牛麟。有這等無知的婦人家，如何着他與男子漢喫酒？指揮柳英與那婦人喫一會酒了，自家的性命也被人害了。若是有分別呵，那裏有這等事？指揮柳英與那婦人，都將殺了。今後敢再有這等的，拿住一般罪他。

以妾爲妻第二十四

祥符衛指揮郭祐，他去征進雲南，取到一箇婦人回家爲妾。他聽信本婦揑説是非，將乙未年間原娶正妻曹氏如常打罵，連他兒女家人二十六口趕出另住，每日止與他帶糠粟米八升，卻將雲南取來的婦人收爲正妻，如此不才。事發，貶去雲南。他乙未年娶的結髮夫妻，到今三十餘年，有兒有女了，且當初離亂時東奔西走，多少艱難，纔過活得到而今。而今天下太平了，他做官享俸禄，正好夫妻每受快活，他卻將他娘兒每趕出了，一日止與他帶糠粟米八升，他二十六口人，如何過？這等無恩義的，也那裏是箇人！

勾軍作弊第二十五

永平衛所鎮撫馮保，他本衛差他去仁和縣勾逃軍沈福七、謝福二兩名。他到那裏，勾到沈福七親兄沈福六。他接受本人銀十兩、鈔四十貫、白綾襖子一件、緜布二疋，將本軍脱放，卻拿里長施一代他解官，又將百姓謝一打要招做逃軍謝福二解官。事發，貶去金齒充軍。他本等的正軍，將脱放了，卻將好百姓拿去替他做軍。如此害人，着百姓每埋冤負屈，你怕他這等人能勾長久？

監工賣囚第二十六

留守中衛千户郭成，差他監領囚人砌城。他接受囚人舒餘慶等鈔三百貫，將他賣放回家，卻將鈔六十一貫，去土工宋官保處買到死屍一箇，頂做舒餘慶，相視埋了。事發，免死發金齒充軍。他爲貪財了，將有罪的人賣放，卻將一箇千户的名分弄壞了。有這等薄福的小人！

私役軍人第二十七

施州衛指揮樂信，占留軍人九十二名在家做買賣。敘南衛指揮徐毅，占留軍人一十五名在家役使。大同前衛百户劉海，私役軍人在家砍柴賣鈔。外面守禦的軍官，務要把軍整點得齊整，如常要不缺少了叫唤呵，便都在眼前。他而今多占在家裏使唤，倘或有些緊急要軍用呵，怎地好？這等人，所以都不饒他。

生事害民第二十八

杭州右衛指揮陳祥，他領軍出海捕倭，與令史魏克銘商量，以批引爲名，將捕魚船隻阻當，多般刁蹬，取要鈔貫方肯放他來往，共取受鈔一千二十一貫入己。後有軍人王鑾子，去都司告令史魏克銘係是積年民害，他又着千户陶真將原告趕回。事發，貶去金齒充軍。海邊百姓每常被倭賊害得没奈何，他做守禦巡捕的，絶不見他報些功勞來，則在那裏生事害民，又將害民的猾吏隱藏在衛，商量作弊。他也不思量保守名分，則一味潑做，直至而今做壞了纔罷。

生事苦軍第二十九

海寧衛千户費進，他以起蓋營房爲由，差軍出外砍竹子並茅。及至軍每千辛萬苦砍得回來了，他卻將來堆在城裏，出號令不許各軍出去砍柴，就將這茅草做柴出賣。軍人每家裏無柴燒，又出城去不得，没奈何，則得去買他的做柴燒。小軍每一月止關得一擔兒米，喫也尚且不勾，又那裏有錢來買柴。他做千户的，每月關了十六擔俸米，卻這等無仁心害那軍，若不罪他呵，那小軍每怎當？

排陷有司第三十

青州衛百户王玘，他在蒙陰縣守禦，多般去害百姓。將帶子縣花俵與百姓，每二十斤要他布二十四匹。又將黄蠟、香油等物俵與里長、甲首，多收價鈔。又聽姦婦囑託，詐傳旨意，將蒙陰縣官拿下拷打，勒要招承害民事理，捏詞妄動實封，惑亂朝廷。似這等無理呵，怎地不殺他！

寄留印信第三十一

鎮南衛百户胡鳳，將他掌的印信，寄在小旗方細普家，三日不取。印信是箇關防，軍職衙門的更是緊要，必須十分掌得仔細，如何可將寄放在別人家裏？百户的印信，干礙一百户的軍馬，倘或人將去印幾紙文書出來呵，好生不便當？這等人，利害也不知，他如何做得那管軍的官人？所以將他發去金齒充軍了。

説事過錢第三十二

成都前衛千户胡中，四川布政司爲鹽法事將客人葉惟茂等監問，他與蔣指揮家人蔣均俊通同前去胡參議處，求浼從輕發落，過付錢鈔，就内抽減鈔三百二十貫、銀四十兩、紵絲一匹、鹽一引入己。又接受客人張潮英等銀十兩、鈔十五貫。着他在外廂守禦，他本等的事都不整理，卻去交結有司，説事過錢。這等不才的，如何不罪他！

明太祖集全編之八

御製紀非録

周挺啓　校點

御製紀非録

序

朕觀曩古之列土者，其數該萬，自黄帝至于堯、舜、禹、湯、周，其諸國在堯舜時尚全，自禹後漸削，至周存者甚寡。所以存者寡爲何？爲上乖天意，阻君命爲，奉天勤民之道茫然無知，奢侈無度，淫泆無厭，以致神人共怒，身亡國除，至秦盡滅之矣。惟漢、隋、唐、宋南北諸國，以子孫列土，異同古制損益，授之以福。然其諸受封之子，放肆不才，殺身亡國，具載史册，善者能幾人哉？

今朕諸子列土九州之内，朕願藩屏家邦，磐固社稷，子子孫孫同始終於天命，何期周、齊、潭、魯擅敢如此非爲？此數子，將後必至身亡國除，孝無施於我。使吾垂老之年，皇皇於宵晝，驚懼不已，爲何？噫，軍功者皆英俊也，撫有餘則可，豈有辱之用爲羽翼乎？急之必變。民天命也：有德者，天與之，民從之；無德者，天去之，民離之。今周、齊、潭、魯將所封軍民一概凌辱，天將取而不與乎？是子等恐異日有累於家邦。爲此册書前去，朝暮熟讀，以革前非，早回天意，庶幾可免。汝其敬乎！

洪武二十年春二月十有六日序。

歷代藩王爲惡，叛逆自殺十二人：

漢

濟北王興居，楚王戊，趙王遂，衡山王賜，淮南王安，燕王旦，廣陵厲王胥，東平煬王雲，楚王英，廣陵王荆，勃海王悝。

唐

譙王重福。

叛逆被誅者十六人：

漢

吴王濞。

吴

富春侯孫峻、弟琳，魯王霸。

晉

義陽王威，趙王倫，齊武閔王冏，成都王穎，河間王顒，西陽王羕。

唐

長樂王幼良，廬江王瑗，巢王元吉，齊王祐，漢王元昌，永王璘，肅宗玄孫熅。

專權亂政被誅者二人：

魏

武安侯爽。

晉

會稽王道子。

謀叛貶死者一人：

漢

淮南厲王長。

殺人幽死者一人：

宋

祈國公宗説。

廢爲庶人，除去原封國土，因循絶滅者九人：

漢

濟東王彭離，坐劫掠殺人。趙繆王元，坐暴虐殺人。常山王勃。坐私姦，擅縱囚徒。

三國

魏楚王彪，坐謀逆。吴齊王奮。坐殺諫者。

晉

譙王文思。坐與郡小謀逆。

唐

常山王承乾，坐謀逆。蜀王愔。坐游獵擾民。

宋

漢王元佐。坐縱火焚宫。

貶爵削地者十二人：

漢

梁王襄，坐不孝。昌邑王賀，坐淫戲無度。長沙王建德，坐縱火燔民舍及誣告内史。濟南王康，坐招徠姦猾，謀議不軌。阜陵王延，坐怨望造逆謀。東海王政，坐私取中山簡王妃及盜掖庭出嫁女。樂成王黨，坐犯禁及殺内侍三人。陳王鈞，坐殺人及取掖庭出女爲小妻。樂成王萇。坐驕淫不法。

魏

彭城王據。坐交通土宫及慢令違例。

晉

東海王越。坐專擅威權。

唐

滕王元嬰。坐居喪飲宴，累惡不悛。

罪惡昭著，宥罪復國者十三人：

漢

梁孝王武，膠西于王端，趙敬肅王彭祖，淮陽憲王欽。

魏

東海王霖。

晉

竟陵王楙，武陵王澹，梁孝王彤。

唐

淮安王神道，隴西恭王博義，郃王守禮，濮恭王泰。

宋

華原郡王允良。

今秦、周、齊、潭、魯爲惡，并靖江累惡不悛。

秦　王

一、不修國政。於王城内開挑池沼，引滻水灌之，於中蓋造亭子，又築土山，令各窑燒造琉璃，故事排列山末以爲玩戲。如此勞人。

一、往先，文長史在職時，諸般事務撥置停當，卻行凌辱本官。及本官告老去職，不聽人諫，親信小人，以致政事銷靡。

一、假廝兒王婆子係元朝宮裏使喚的，取來在宮住歇，聽其教誘爲非，以致王婆子常引其子王二、王六出入宮内。

一、容縱范師婆出入宮内，以致其子范保保如常假裝内官，在宮宿歇。

一、差劉鎮撫同火者等前去蘇杭等府節次買取人家女子。其各女子父母兄弟親戚一同帶來，母則入宮住過。又加重賞，妄費民財。其兄弟親戚俱各在外寄住藏趓，使人無處尋覓，時常引入宮内。

一、差陳婆同火者吴泰又去蘇杭等府，要似紙上畫的一般模樣女子買來。本人無處尋買，二次差人催取，將火者吴泰剜了膝蓋，將陳婆就於杭州打死。

一、聽信婦人李僧奴，差人於在城咸寧、長安二縣民人處買金子。及其買到，著銀匠銷過，内銷出銀子，與李僧奴看。本婦言説：問他買金子，他卻攙入銀子；而今只問他買銀子，看他再攙甚麽。依聽所説，又差人買銀子，如此攪擾百姓。

一、草場内羊兒有十五萬有餘，又聽信庫官人等將庫内爛鈔於民間强買羊隻，卻回街上貨賣。又軍人每五家散羊一隻，要新鈔七貫。

一、每年剪下羊毛，差人騎坐驛馬，起百姓車輛，裝載於河南、鳳翔、鳳陽、揚州等處貨賣。

一、取到北平會煎銀子回回一名，教護衛軍人校尉於淘銀洞採取石頭煎銀，以致凍壞軍人。

一、於蒲城、渭南二縣取到娼妓彭女伴姑等六名，節次在宫歌唱荒淫。

一、强買民間夏布，將行頭人等枷令在街。

一、三護衛每百户下散與鈔一十五貫，著要買紅普魯一箇。

一、將課程鈔散與在城百姓買金子，致令民人一家夫婦二人無處買辦，俱各縊死。又聽信庫官余大使、董副使，差校尉曹總旗等，前往涇陽龍橋强買百姓金子。

一、明知繡匠耿孝、銀匠楊仁詐傳令旨，去行院處買金子，也不罪他，止枷了八日都放了。

一、容留待詔趙虎兒出入宫内爲非。

一、常留旗手陳允、吴忠、周全三名，在根前説是非。又差他三人强買民間馬匹、羊隻、金銀等物。

一、常令張畫士在宫裏揀畫，以致本人如常在宫宿歇。

一、明知左右使唤丫頭王官奴等有娠，不行窮究，止打了幾下。

一、又聽信席婆誘説，差校尉人等出外，俵與百姓爛鈔收買金子，以致民間將兒女房舍貨賣。

一、買到杭州女子王官奴在宫，凡有事務便與商量。他説可行便行，不可行便不行。

一、常留女子母親陸媽媽在宫撥置爲非。

一、常差假廝兒王婆子於各官家探問寶石并玉器，收取入宫，又不還鈔。

一、嫌本處女子脚大，又差人於蘇杭收買女子。

一、陝西老人因見累次買金，百姓生受，具本來啓。反將本人枷了排門，號令不與飯喫，餓死了。

一、打掃宫殿，搜出男子一人在龍牀上睡着，不行窮究，止著號令死了。

一、容留醫人趙小兒、劉鎖兒、杜虎兒在宫夜宿看病，以致爲非。

一、容留二儀人觀音堂尼姑在宫看病，住了十日，以致爲非。

一、於軍民家擡取寡婦入宫。

一、容留舊日爲非火者九名，另蓋房子在遵義門外與住，不著欽差内官得知。

一、容縱妳子丈夫并兒子常行出入宫内。

一、唤瞎眼男子在宫門上唱詞。

一、唤算命人裴先生等入宫算卦。

一、不親近正人，常與旗手水眼張説話。

一、唤林通山華先生入宫，於各門上畫門神，又於正宫門上畫符。

一、唤唱琵琶詞人汪德亨在宫唱詞，過夜方出。

一、差校尉總旗李福，引領三護衛、親丁十五名前往廣東買珠子。

周王

一、射死本府儀衛司校尉。

一、差護衛頭目軍士，乘坐驛船驛馬買賣。

一、取生員顔鈍已定婚女子。

一、將安置囚人到府使唤。

一、洪武一十三年，不聞命擅率妃嬪人等棄其本國，來居鳳陽。由是召至，謫遷雲南。

一、謫遷雲南及至召回，問以雲南并經過州郡城池廣狹、山川地理險易、民情風俗，皆無所知。自古至今，愚蠢無有如此者。

齊王

一、起蓋僧寺，勞民動衆，以致罪及官吏，死者甚多，笞杖徒流者不少。

一、將護衛頭目用刀砍斫，以致都司見其胡害，頭目申請挪開衙門。都司衙門既挪，其護頭自亦必心懷畏縮，何心守衛？　如此作藩一方，有何威儀令人瞻仰乎？

一、於王城内起築土山，山上蓋造房屋以爲游玩，勞人動衆。

一、招納賓客，自古所忌。乃於各王封内選揀舊日頭目，以生猜疑。

一、聽信舊根魯王小人説誘，發鈔萬餘貫，遣本人往蘇杭收買書畫。

一、擅將軍婦夫亡者皆强配之。

一、山東與湖南地方相去四千餘里，卻差人往長沙放筏。如此勞人，自古所無。

一、不觀經史，親近好人，卻喚生員陳勝教唱詞曲。及至朝廷得知，差人前去提取陳勝，又令本人自縊身死。

一、聽信指揮郱庸等左使，殺死指揮、千百户、校尉人等，并全家殺死，計四百八十一名。

一、聽信指揮郱庸等，擅將山東布政司各府州縣人民僉點校尉。

一、擅將山東都司布政司、按察司并各衛府州縣官每月日時聽候發放，有妨諸司辦事。

一、擅將山東府州縣學生員揀選在府使喚。

一、山東軍民大小衙門，但有公文赴朝廷者，俱要從典儀所驗過方許入遞。如此所爲，其禍不小。

潭王

一、用鐵骨朶打死典仗。

一、用皮鞭一千下打死典簿。

一、令丁指揮男將伊父行打。

一、將護衛指揮并紀善共四人，用繩縛足，倒懸井中。

一、用鐵鞭打長史常曾。

一、打折火者臂膊。

一、以火炙拳火者手。

一、以丸彈火者。

一、用磚砌牆，四面縱活虎於其中，令軍士於内搏殺。由是責甚，令其改過行仁，豈期愈見垂爲酷害下人。責後還長沙，入山採捕，獲生豹一枚，至大城月城内，於軍人守禦密處故縱放之。其豹傷人，人幾死，殺豹以免。後復入山採捕，護衛將士擒活獐鹿詣前，乃曰不用，縱去，惟尋活虎來獻。將晚，獵無所取，命護衛將士仍將前所獲活獐鹿擒來。如此不仁，責人以難。

一、宮中命龍虎山道士於殿庭内置道家神像一壇，及各柱上書寫門對妄言。又將玉帝諸天神名號刊爲板，五寸闊八九寸長一幅，書玉帝天神名號於上，如此者甚多。宮殿十焚及六七，餘下卑小房舍中𣪍穢地所所撇者有之。如此褻瀆，豈有不死者？

一、於宮中造淫褻器具，授之於宮中老婦，非禮百端。

一、命宮人老婦將大便丸成彈丸，令其吞服之。吞服後，復謂曰美乎，衆老婦不敢以穢應，但云好耳。纔云美好，令復吞之。如此非爲。

一、閑常於宫中彎弓執矢，望殿庭高處，或脊或瓦，不問破壞，一概射之。設若自殺，常存於國，殿庭不久而頹壞。前首建藩國新造殿庭、城隍等項，有司不才，已損民力十陪。若以此作費再爲，民有不勝之苦。所以不能享富貴而自殺者，爲此也。

一、五宣托故不至，自驚終於自殺，以其惡之甚也。

魯王

一、打死淮安畢指揮，及打儲指揮幾死。

一、打護衛指揮幾死。

一、先爲赴京不行精潔身體，祭祀所過山川用酒泡飯，昏醉在船。

一、縱妃出宫遠遊孔林及襲封家。

一、凡燕齊經過本國，不出迎接。

一、用弓射紀善張庸，旁中典仗項衣。

一、打死火者二名。

一、不思保身，恣爲淫褻，服食龍虎固真等丹，兔絲子、無比山藥等丸，燥毒致死。

代王

一、周王不命，代王前去鎮守，將王於周地，不期至彼一概無知，居宿不任内官。内使出外，令校尉等奪馬軍馬疋騎坐，手執儀仗。馬軍本用隄防，顛倒步行。管馬老千户不與校尉馬疋，輒令左右打死。又不數月，打傷人甚多。

靖江王

古人有云：『誅君之子不立。』此説去古既遠，驗所無憑，具在史册。然朕未爲以必然。朕不幸有骨肉乖離之患，且從孫守謙之祖，幼因皇考惜之甚，及壯，無狀甚焉。其非奉父母之道，有不可勝言。嗚呼！嘗云孝順還生孝順子，忤逆還生忤逆兒。守謙之祖無道，致守謙父幼隨母而孤，雖在未出幼之先，同守謙之祖母備歷諸艱，以難枚舉云何。

昔元承平，朕家因遭疫癘，眷屬亡其半，家道蕭索，餘存者人各東西。由是守謙之祖母攜守謙之父棲於父母之家，所以備歷諸艱。

當是時，朕方出幼一載餘，方臨一十有七歲之初。自嬰之孩時多疾，皇考捨於僧寺。及長，太后將許之，皇考不許，因循未入釋氏。疫癘既臨，人亡家破，朕因而托身佛門。居六載而天下亂，親戚星散，南北隔越，無所音問。

元至正甲午，朕帥師滁陽，守謙之祖母攜守謙之父至。時朕隻身，舉目略無厚薄之親，雖統人衆，於暇中凡有眷屬之思，莫不欷歔而涕泣焉。俄而侄男至，况守謙之祖母七月適守謙之祖，九月朕生，是嫂見朕生長也。分離數年，擾攘中一見眷屬復完，其不勝之喜復何言哉！於是，撫守謙之父，自滁陽至和陽，渡江至姑孰，入建業，守謙之父長矣，命習武藝，以掌兵戎。不期忘前日之艱、寒微之極，恣肆兇頑，無所不爲，逆天之非，又何言哉！大逆之道既泄，朕恐爲人所譖，特召面審之，其應之詞雖在，神人亦所不容。其逆兇之謀愈推愈廣，由是鞭後而故。

時守謙育之於宫中，既出幼後，朕思宗祖不避先王之忌，誅君之子復立，以靖江爲國。去未久，而蹈父之非，淫泆並作，小人是從。及至取回京師，砌磋琢磨，以待成人。其守謙聽姦臣胡惟庸、陳克名所教，作文以觸朕怒。其文兼詩，詩引蓼莪以思父，文云：『出無所怙，入無所恃。』又曰：『不戀鞍馬之嬉遊，不戀金飾之高樓，願住茅檐之矮屋，甘心老死於桑林。』冒瀆之詞，難以筆盡。朕思祖宗，不忍加戮，復使力農以艱之，如此者七年。復召歸來，使帥兵以試之。帥師既行不數月，早無所不爲。朕尚未知，命入雲南，若早革非，命王大理。何期所過之處，軍民首目盡爲之害。嗚呼！被害者來聞疊疊。

暫住雲南，未入大理，着令軍民衙門措置應用物件飲食之類，頭疋名數，非止一端。朕觀需索物件内，雖有應合應辦者，若在修身改過格心向善者，自當飲食儘其所有，不當如此需索奢侈，淫泆過度。設使如此奢侈過度，豈是革非向善之心？這等需索奢侈玩好之具，皆是前代不才子孫由如此而殺身亡國者也。其玩好之具，下令催辦。據軍民衙門以狀來聞，甚是緊急。其令曰：『某件敢有違背者，全家抄没。』『某件敢有違背者，治以重罪。』嗚呼！設心玩好准備，放肆淫泆，其令急如星火。

且如隻身前去，命造大小牀一百二十二張，硃紅卓、金漆卓，項數具列條目，硃紅楪、金漆楪、黑漆楪不下數百，具列條目，書寫大字二尺高。硃紅硯座并小硯座五座，外馬槽九枚，内馬槽五枚。嗚呼，朕内廐馬槽止一枚，今守謙比增四倍；其所設内官衙門，比朕京師大内内官衙門比加一倍，其裱褙弔字及彩畫金漆卓面板三片，其裁尺八枚、五尺一枚、四尺一枚、三尺二枚、二尺四枚，皆用梨木爲心，猫竹緣邊。此等尺樣，朕實罕聞。

嗚呼！但肯設心改過，推人之難，將征南諸將軍士所在以言勞之而過。不期勞言並無，放肆忿怒有餘，將靖州關市一火焚空，陳指揮啓諫罰跪永晝，鞭死本官。沅州打死千户一員、軍二名，曲靖衛有功老指揮打損兩員，雲南稅務副使打死一員，開國舊人吴指揮打損腿筋。晝夜搶劫，雲南太華、筇竹等六寺僧財、佛像、香爐、花瓶等，盡行將去。各軍正在收成之際，自種自喫，起行間着令都司務要千五百人搬挑行李，所過驛分將驛馬騎去，甚多不還者。二當領軍於五開之時，各處需索錢鈔，買婦女搽面粉六桶，意欲赴京以飾婦人。

又着令安慶府變賣黄蠟。

嗚呼，無志不才小人，有若是耶！　當貶爲庶民，使力農，以知艱。其祖母恐其不能，不忍使勞筋骨，特以本身使數女子二人納婿，二人代守謙力農。一聞召赴京，令其管事即呼二婿根隨，沿途打死一名。嗚呼！代守謙力農已七年矣。方復王爵未穩，代力之人早被箠死，大數内撥去内官又打死一名，又打殘疾不能行履一名。如此非爲，箠可盡乎？若是有志者，每日三飡飲食，隻身在途，在彼不消需索，有無肴羞，飽而已矣。略此，誰不稱善？何其過安幾百年天下奢侈帝王子孫之爲。嗚呼，蓋由守謙祖父愆積淵深，禍重巍山，有所感而致然乎！

用衛印作王寶：

一、自古無此等不才，乃敢用大理衛印作王寶，行令旨於平緬取索，致致被平緬驗出不係王寶，將差去人拘囚不放。如此辱累家邦。

打死官軍人等：

一、至沅州擺渡，打死千户一員、征進馬軍二名。

一、鞭死陳指揮、王百户二員。

一、楊宣慰差長官進見，打一百下，身死。

一、將雲南稅課司副使董時傑打二百七十下，身死。

非理打頭目：

一、於靖州，將小李指揮打藤棍一百四十下。

一、至平越，將包指揮打藤棍五十下。

一、將千户郝誠打藤棍八十七下。

一、至曲靖，將指揮使朱輔等二員打損。

一、田宣慰處差長官一員進見，打藤棍一百下。

一、爲起房，嗔吉安侯，將指揮李成打藤棍四十七下。

一、往太華寺，至二更時分方回，嗔怪指揮胡淵不行迎接，當街打藤棍四十下。

一、將雲南前衛指揮高斌打藤棍十下。

擅立衙門名色：

一東耳房，一西耳房，一司衣司冠房，一司履司被房，一司藥房，一司仗房，一司書房，一司湯房，一典膳房，一内使厨，一酒房，一庫房，一青廁。

娶有罪人女爲妃：

一、聽信指揮張瑄等説合，將幼軍老幼翟智次女收取爲妃，因與張瑄妻及老翟等同座飲宴。次日賜張瑄銀八十兩、馬四疋，千户孫仁、喬政各馬二疋。

一、與待召徐信妻於楚雄衛同歇。

一、於楚雄衛娶到幼軍朱家女兒一箇。又娶幼軍花家女兒一箇，次日將即花家女兒配與司冠力士。

一、將幼軍丁道受妻入府宿歇，至次日送還本家。

劫掠僧寺財物：

一、太華寺：佛像十五軸，經書二櫃，銅佛二尊，畫十一軸，袈裟二領，衣被十二件，氈條十五條，井口布四箇，蚊帳一頂，經袱二條，銅器三十一件，磁器二十四件，漆器五件。

一、圓照寺：佛像二軸，經文六部，書七部，畫四軸，銅器三件，衣服二件，銀十五兩，雜物四件。

一、筇竹寺：佛像三十二軸，經文六部，度牒一道，書十二部，被二條，銅器八件，磁器八件，雜物十三件，紙一百五張。

一、華亭寺：佛像五軸，經文二十八部，書四部，畫一軸，磁器二件。

一、寶曇寺：佛像七軸，經文十六部，書二部，畫八軸，雜物十八件。

一、大悲寺：佛像八軸，經文五部，畫四軸，銅器四件。

招納安置有罪人於部下：

一名蔡帽兒，一名施印兒，一名夏關，一名朱信可，一名林佛生，一名陳彦良，一名王仲和，一名吴五六，一名桂宗敬，一名韓宜可，一名王用彰，一名張文。

中賣鹽貨：

一、於雲南布政司指以買緞爲由，支官銀五百兩，令幼軍力士於各鄉村强糴米麥。中到安寧鹽一百引，把住倉口攙奪，資次關支，卻令幼軍擔駄於街市貨賣。

一、令火者將帶銀兩前去鄧川、浪穹等處，俵與各村人民糴米四百二十名。差屯軍於上五井中鹽趕起軍人房屋三間，關出三千五引，大理當街置局貨賣。

各頭目處取索火者小廝：

一、吉安侯處索火者十名。

一、大理衛索火者五十名。

一、楚雄衛索火者十一名、小廝十五名。

一、金齒衛索火者十名。

一、順寧府索火者二名。

一、太華寺索小廝二名。

一、將雲南左衛指揮王俊監收，令人到家搜捉勒要火者三名。

一、曲靖衛指揮每員要火者二名，千户每員要一名，共要火者一十一名。

一、臨安衛要火者、小廝二十四名。

各官處索取頭疋：

一、告安侯處要羊二百隻、牛一百隻、馬不拘數〔一〕。

一、曲靖衛要馬四疋。

一、楚雄衛要馬五疋。

一、納樓、茶甸等土官處要馬五疋、牛五隻、羊十隻。

一、建水等州土官馬二疋、牛二隻。

一、阿迷等州土官馬二疋、牛二隻、羊四隻。

各頭目處取索物件：

一、買辦過物件銀兩九百六十四兩。

一、紵絲十匹。

一、青白緜布四十五匹。

一、各色絹三十二匹。

一、斜皮四十八張。

一、細白并生苧布二疋。

一、鹿皮三十一張。

一、各色牛皮十二張。

一、馬皮三張半。

一、狸皮十六張。

一、羊皮十三張。

一、兔皮六張。

一、馬皮靴六雙。

一、氈衫六領。

一、絨襪十二對。

一、緜六斤。

一、金線一百十五條。

一、絨線絲線三斤四兩。

一、生絲一斤。

一、木炭七十四擔。

食用需索過度：

一、米三百九十九石。

一、牛三十六隻。

一、羊一百二十九隻。
一、鷄一千二百隻。
一、酒。八十二壜又一百八十三瓶。
一、燒酒。一壜又七瓶。
一、鷄彈二千一百二十箇。
一、油六百六十斤。
一、麵二千五百七十七斤。
一、蜜一百九十七斤半。
一、胡椒二十七斤十三兩。
一、沙糖二百五十斤。
一、胡桃一千五十箇。
一、松子一斗。
一、西瓜一百九箇。
一、茶六十五斤。
一、乳線七斤。

一、猪一百六口。
一、鵝一百八十六隻。
一、乾酒。五十四壜又三十二瓶。
一、鴨彈六百箇。
一、鮮魚。一百箇又一百斤。
一、猪油一百六十三斤。
一、酥油八斤又一瓶。
一、米□一百斤。
一、花椒二十斤十三兩。
一、鹽八百五十斤。
一、栗子一百五十箇。
一、乾柿四十箇。
一、豆粉七十九斤半。
一、醬二百七斤。
一、生姜六百十斤。

一、蠟燭一千六百根。
一、蘑菇二斤。
一、大酒糟三百斤。
一、酒麯七百斤。
一、馬料稻麥豆共一百三十九石。
一、乾笋三斤。
一、木耳十二斤。
一、豆腐八百八十塊。
一、花籃十八箇。

帶去各處鋪陳什物：

一、帳子三頂。絹帳二頂、紅紗帳一頂。
一、被二十一條。紵絲被九條、錦被二條、雙羅緜被一條、緜布被八條、綾被一條。
一、褥子八條。錦褥一條、繡褥二條、紵絲褥一條、緜布褥四條。
一、青緜布舒地鋪二張。
一、繳柱布四疋。
一、緜布一疋。
一、花氈六條。
一、氈衫八領。
一、青布繳壁一箇。
一、紅紗二十丈。
一、青布門簾六頂。
一、白氈八條。
一、虎皮一張。

一、繡枕五箇。

一、青縧布踏凳鋪一條。

一、銅面盆一箇。

一、紅油脚盆一箇。

一、新碗四十箇。

一、銅壺瓶二箇。

一、錫壺瓶一箇。

一、紅卓子十隻。

一、白卓子五隻。

一、紅油面盆一箇。

一、楪二百四十箇。

一、磁碗八箇。

一、銅鍋三箇。

營私馳驛：

一、差力士馬祖觀馳驛往臨安，取安置人韓宜可等三名，一同馳驛到雲南。

一、差力士小旗彭保兒、葉成赴臨安取索火者，馳驛。

一、差力士小旗吴勝、力士方麟赴臨安買沙糖，馳驛。

一、差火者免兒往臨安買沙糖，馳驛。

一、差人馳驛往臨安取單鉞相見，與馬二疋、衣裳一套。後二十餘日，追還馬疋、衣裳一套。後二十餘日追還馬疋、衣服，卻說：『你有功於國家，無功於我。你與我是讎人。』復差力士押回臨安。

一、差人馳驛往楚雄，取軍吏陳伯武相見。其陳伯武原係靖江伴讀，既至，見靖江仍前爲非，苦諫，隨將本人枷鎖發回。

一、差百户曲林、力士小旗彭保兒等往大理，整理房屋討糧，馳驛。

一、指揮張瑄領幼軍并家小，於沿途各驛起馬，同妻小騎座。

一、各處取索火者、小廝、物件，給都司差批四十七紙。除不給驛外，實起馬差批三十九紙。

一、起驛馬一疋，與鎮撫黄忠騎坐。

一、差力士葉成着大理衛撥船四隻。

一、經過吕合驛，騎去燕色騍馬一疋不還。

一、經過禄豐驛，騎去驛馬一疋不還。

縱人伴爲非：

一、指揮張瑄經過普安，起夫一千五百名挑送軍人行李。又將緞子一疋，强買知府普定馬一疋。

一、千户喬政、百户翁和將本管軍陳狗兒姐買，令張瑄主張勒娶爲妻。

一、喬千户、婁百户、孫百户等至楚雄，將各村人民老李等綁縛歐打。又行搜捉袁指揮家火者、馬疋，因詐各村鷄酒糧米等物。

一、力士周馬兒等爲根隨，前往太華寺，走死雲南前右二衛隊伍馬二疋。又行詐傳言語，分付鹽課司攙奪，資次支出客人車玄壇保鹽一十七引，受相謝銀十七兩。又搶掠太華等寺紵絲、銀疋、花單、手巾、鈔貫等物入己。

一、醫人袁志學根隨前往大悲寺，搶掠銀五兩、白絹被一條、白氈條一條。

一、力士舒景名根隨前往太華寺，搶掠銀七兩、繡納被一條、氈條一條。

一、力士馬祖觀差往臨安起取安置人，勒要王指揮刀一把、靴一雙，又要知府棕帽一頂。又於太華寺搶掠氈衫、花氈。又行私宰牛隻。挾讎詐傳令旨，勒要軍吏吴谷張泥金一兩、白粉一斤，賣鈔四十貫。

一、與待召徐信銀兩緞疋，强娶軍人長劉女與本人爲妻，及用王府臥牀、漆卓及紅紗燈籠、鼓樂等物。又聽本人妄啓，將雲南前衛軍人枷令追徵財物。

一、沿路縱令蘇總旗、安總旗、侯總旗及力士吴勝、周馬兒、郎腈兒，將各驛鋪陳收去入己。

一、令鎮撫步飛將靖州演武亭并新起營房燒毀。

一、指揮張瑄收娶雲南都司紅絹帳幔二頂入己。該絹三十六疋。

一、見力士侯總旗小旗郎賭兒打人，得好賞牛一隻、羊一隻。

一、與曹舍勒取夏百户女爲妻。

需索什物過度：

一、牀一百二十二張。内硃紅一張。

一、帳幔三頂。紅羅一頂、紅緜布二頂。

一、卓子一百三十三隻。内硃紅三十六隻，各色九十七隻。

一、裱褙梨木卓面板三片。

一、紅緜布繳柱八條。

一、各樣桶七十五隻。内硃紅漆八隻。

一、紅硃杉木廚三箇。

一、碗五百五十三箇。金漆一百四十箇，各色三百九十三箇。

一、漆楪二百五十箇。

一、盞子一百五十三箇。

一、象牙合兒二箇。

一、鞍轎四副。鞦轡事件全。

一、褥子三條。内紵絲二條、緜布一條。

一、席子一百十張。

一、木櫃九箇。内紅油一箇。

一、馬槽十四枚。

一、屏風七面。

一、象筯三十雙。

一、青石磨三副。

一、象牙掌笓子十副。

一、鍋大小七十一口。

一、交椅十二把。内硃紅二把。

一、蠟燭臺五對。硃紅三對、銅二對。

一、架四十九箇。内硃紅五箇。

一、朱紅扛子二條。

一、裱褙梨木裁板二片。

一、香爐、花瓶四副。

一、缸十九口。

一、銅火爐二箇。

一、盆三十四箇。硃紅二箇。

一、板凳十二條。

一、燈籠三十八箇。内紅紗四箇。

一、裁尺八枚。

整理房舍需索過度：

一、令大理衛拆去旗纛廟，起後堂五間。

一、令大理衛辦棕毛一千十二斤蓋宫殿。

一、令大理衛蓋造大廳五間、兩廊十間。

一、令大理衛造房五間、酒房五間、小房三間。

一、令大理衛修整房屋，除已完外，又行起造大小房屋六十一間。

一、令大理衛起蓋倉廒兩眼。

一、著辦板瓦五千片。

一、着辦紫榆木二十六條。

一、着辦大猫竹一百十五根。

一、着辦好杉木。

一、着辦胡桃木。

一、着辦各色木五十根。

一、着辦乾板二十八片。

蓋寺齋僧：

一、蓋圓通寺。磚三千四百九十箇，灰九千七百八十斤，瓦一千八百五十五片，松木五十五根，竹二十二擔。

一、請到僧衆於雲南都司後堂做齋三晝夜，又於廣備倉支米五十三石給與各僧。

需索不急顏料：

一、生漆二斤半。

一、搽面粉六桶。

一、銀硃三斤。

一、土黄五兩。

一、泥金三兩二錢半。

一、金箔二百十四貼又五百張。

一、石黄十一兩五錢。

一、滕黄五錢。

一、磁黄二兩。

一、土粉一斤半。

一、銅緑四兩。

一、大青二兩。

一、三青四兩。

一、青花二兩半。

一、紅花二十三斤。

一、乾臙脂一百張。

一、硃花一兩。

一、銅線五兩。

一、銅花絲四兩。

一、金粉六錢。

一、石緑一斤四兩。

一、石青六兩六錢。

一、大緑六兩。

一、二緑四兩半。

一、三緑八兩。

一、緑花五兩。

一、二青二兩。

一、銅青十一兩。

一、靛花青十六斤。

一、黄丹十二斤十兩。

一、緜臙脂一百箇。又半兩。

一、水膠六十九斤。

一、鐵線一斤四兩。又四十條。

一、光粉一斤半。

一、紫粉十五兩。

一、土紅四兩。

一、明礬九斤五兩。

一、皂礬二斤半。

一、綠礬四兩。

一、百藥煎二斤九兩。

一、姜黃九兩。

一、蘇木一斤十兩。

一、槐花半斤。

一、梔子一斤五兩。

多需紙劄筆墨：

一、榜紙二千九百五十張。

一、青紙四百張。

一、紅紙四百張。

一、黃紙一千五百張。

一、筆九十枝。

一、各色紙二千四百八十張。

一、墨一斤又十八定。

一、各色香三百十斤。

一、前項若干需索，皆係雲南罕有之物，故責人以難需索之物，所以下人難爲，衆口嗷嗷。召回安置祖鄉，使終世爲民。又不改過，不以羈囚爲重，又於羣牧監索取馬疋乘坐，及各親戚處攪擾，召至京師，鞭數十禁錮之。

歷代藩王爲惡計六十六人：

叛逆自殺者十二人。叔時二人，兄時三人，弟時二人，侄時五人。

叛逆被誅者十六人。父殺二人，叔殺二人，兄殺五人，叔殺七人。

專權亂政被誅者二人。侄殺一人，宗族殺人。

謀叛貶死者一人。兄時。

殺人幽死者一人。伯時。

廢爲庶人因循絶滅者九人。祖時一人，父時二人，兄時二人，侄時四人。

貶爵削地者十二人。伯時一人，兄時三人，弟時二人，侄時五人。

罪惡昭著、宥罪復國者十三人。父時三人，兄時五人，伯時一人，叔時一人，侄時三人。

本朝秦、周、齊、潭、魯爲惡并靖江累惡不悛。齊王在國，終日閑逸戲耍，假權於郝庸、任弘、王敬、沈豹、徐璘等，以致諸人妄爲，計擅殺四百八十二人：

指揮五員，千户九員，百户二十員，鎮撫三員，知府一員，王府官二員，舍人十二名，生員四名，軍人二十七名，校尉二百名，婦人一名，全家男婦一百九十八口。

校　記

〔一〕告安侯　疑當作『吉安侯』。

明太祖集全編之九

皇明祖訓

周挺啓　校點

皇明祖訓

序

朕觀自古國家建立法制，皆在始受命之君。當時法已定，人已守，是以恩威加于海内，民用平康。蓋其創業之初，備嘗艱苦，閲人既多，歷事亦熟，比之生長深宫之主未諳世故，及僻處山林之士自矜己長者，甚相遠矣。

朕幼而孤貧，長值兵亂，年二十四委身行伍，爲人調用者三年。繼而收攬英俊，習練兵之方，謀與羣雄並驅，勞心焦思，慮患防微，近二十載，乃能翦除强敵，統一海宇。人之情僞，亦頗知之。故以所見所行，與羣臣定爲國法，革元朝姑息之政，治舊俗汙染之徒。且羣雄之强盛詭詐，至難服也，而朕已服之；民經世亂，欲度兵荒，務習姦猾，至難齊也，而朕已齊之。蓋自平武昌以來，即議定著律令，損益更改，不計遍數，經今十年，始得成就。頒而行之，民漸知禁。

至於開導後人，復爲祖訓一編，立爲家法，大書揭于西廡，朝夕觀覽，以求至當。首尾六年，凡七謄藁，至今方定，豈非難哉？蓋俗儒多是古非今，姦吏常舞文弄法，自非博采衆長，即與果斷，則被其眩惑，莫能有所成也。今令翰林編輯成書，禮部刊印，以傳永久。凡我子孫，欽承朕命，無作聰明，亂我已成之法，一字不可改易。非但不負朕垂法之意，而天地祖宗亦將孚佑於無窮矣。嗚呼，其敬戒之哉！

祖訓首章

一、朕自起兵，至今四十餘年，親理天下庶務，人情善惡真僞無不涉歷，其中奸頑刁詐之徒，情犯深重、灼然無疑者，特令法外加刑，意在使人知所警懼，不敢輕易犯法。然此特權時處置，頓挫奸頑，非守成之君所用常法，以後子孫做皇帝時，止守律與大誥，並不許用黥、刺、剕、劓、閹割之刑，云何？蓋嗣君宮生內長，人情善惡未能周知，恐一時所施不當，誤傷善良，臣下敢有奏用此刑者，文武羣臣即時劾奏，將犯人凌遲、全家處死。

一、自古三公論道，六卿分職，並不曾設立丞相。自秦始置丞相，不旋踵而亡。漢、唐、宋因之。雖有賢相，然其間所用者多有小人，專權亂政。今我朝罷丞相，設五府、六部、都察院、通政司、大理寺等衙門，分理天下庶務，彼此頡頏，不敢相壓，事皆朝廷總之，所以穩當。以後子孫做皇帝時，並不許立丞相。臣下敢有奏請設立者，文武羣臣即時劾奏，將犯人淩遲、全家處死。

一、皇親國戚有犯，在嗣君自決。除謀逆不赦外，其餘所犯，輕者與在京諸親會議，重者與在外諸王及在京諸親會議，皆取自上裁。其所犯之家，止許法司舉奏，並不許擅自拿問。

今將合議親戚之家，指定名目，開列于後：

皇后家、皇妃家、東宮妃家、王妃家、郡王妃家、駙馬家、儀賓家、魏國公家、曹國公家、信國公家、西平侯家、武定侯家。

一、四方諸夷，皆限山隔海，僻在一隅，得其地不足以供給，得其民不足以使令。若其自不揣量，來撓我邊，則彼爲不祥。彼既不爲中國患，而我興兵輕伐，亦不祥也。吾恐後世子孫倚中國富强，貪一時戰功，無故興兵，致傷人命，切記不可。但胡戎與西北邊境互相密通，累世戰爭，必選將練兵，時謹備之。

今將不征諸夷國名，開列于後：

東北

朝鮮國。即高麗。其李仁人及子李成桂今名旦者，自洪武六年至洪武二十八年，首尾凡弑王氏四王，姑待之。

正東偏北

日本國。雖朝實詐，暗通奸臣胡惟庸謀爲不軌，故絶之。

正南偏東

大琉球國、朝貢不時。王子及陪臣之子皆入太學讀書，禮待甚厚。小琉球國。不通往來，不曾朝貢。

西　南

安南國、三年一貢。真蠟國、朝貢如常，其國濱海。暹羅國、朝貢如常，其國濱海。占城國、自占城以下諸國，來朝貢時，内帶行商，多行譎詐，故沮之。自洪武八年，沮至洪武十二年，方乃得止。其國濱海。蘇門答剌、其國濱海。西洋國、其國濱海。爪洼國、其國居海中。湓亨國、其國居海中。白花國、其國居海中。三弗齊國、其國居海中。浡泥國。其國居海中。

凡古帝王以天下爲憂者，唯創業之君、中興之主及守成賢君能之。其尋常之君，將以天下爲樂，則國亡自此始。何也？帝王得國之初，天必授於有德者。若守成之君常存敬畏，以祖宗憂天下爲心，則能永受天之眷顧；若生怠慢，禍必加焉，可不畏哉？

凡每歲自春至秋，此數月尤當深憂，憂常在心，則民安國固。蓋所憂者，惟望風雨以時，田禾豐稔，使民得遂其生。如風雨不時，則民不聊生，盗賊竊發，豪傑或乘隙而起，國勢危矣。

凡天下承平，四方有水旱等災，當驗國之所積，於被災去處優免税糧。若豐稔之歲，雖無災傷，又當驗國所積，稍有附餘，擇地瘦民貧處，亦優免之。不爲常例，然優免在心，臨期便決，勿使小人先知，要名于外。

凡帝王居安，常懷警備，日夜時刻不敢怠慢，則身不被人所窺，國必不失。若恃安忘備，則姦人得計，身國不可保矣。其日夜警備，常如對陣，號令精明，日則觀人語動，夜則巡禁嚴密，姦人不得而入。雖親信如骨肉，朝夕相見，猶當警備於心，寧有備而無用。如欲迴避左右，與親信人密謀國事，其常隨内官及帶刀人員，止可離十丈地，不可太遠。如元朝英宗遇夜被害，只爲左右内使迴避太遠，后妃亦不在寢處，故有此禍，可不深爲戒備？

凡警備，常用器械、衣甲不離左右，更選良馬數疋，調教能行速走者，常於宫門喂養。及四城門，令内使帶鞍轡各置一疋，在其所在，一體上古帝王、諸侯防禦也。

凡夜當警省，常聽城中動静，或出殿庭，仰觀風雲星象何如，不出則候市聲何如。

凡帝王居宫，要早起睡遲，酒要少飲，飲要依時進，午後不許太飽，在外行路則不拘。

凡人之姦良，固爲難識，惟授之以職，使臨事試之，勤比較而謹察之，姦良見矣。若知其良而不能用，知其姦而不能去，則誤國自此始。歷代多因姑息，以致姦人惑侮，當未知之初，一概委用，既識其姦，退亦何難，慎勿姑息。

凡聽訟要明，不明則刑罰不中，罪加良善，久則天必怒焉。或有大獄，必當面訊，庶免構陷鍛鍊之弊。

凡賞功要當，不當則人心不服，久則禍必生焉。

凡自古親王居國，其樂甚於天子，何以見之？冠服、宮室、車馬、儀杖，亞於天子，而自奉豐厚，政務亦簡。若能謹守藩輔之禮，不作非爲，樂莫大焉。至如天子，總攬萬機，晚眠早起，勞心焦思，唯憂天下之難治。此親王所以樂於天子也。

凡古王侯妄窺大位者，無不自取滅亡，或連及朝廷俱廢。蓋王與天子本是至親，或因自不守分，或因姦人異謀，自家不和，外人窺覦，英雄乘此得志，所以傾朝廷而累身已也。若朝廷之失，固有此禍；若王之失，亦有此禍。當各守祖宗成法，勿失親親之義。

凡王所守者祖法，如朝廷之命合於道理，則惟命是聽；不合道理，見法律篇第十二條。

持守

凡吾平日持身之道，無優伶近狎之失，無酣歌夜飲之歡，正宮無自縱之權，妃嬪無寵恣之專幸。朕以乾清宮爲正寢，后妃宮院各有其所，每夕進御有序。或有浮詞之婦，察其言非，即加詰責，故宮無妬忌之女。至若朝堂決政，衆論稱善，即與施行。一官之語，未可以爲必然。或燕閑之際，一人之言，尤加審察，故朝無偏聽之弊。權謀與決，專出於己，察情觀變，慮患防危，如履淵冰，心膽爲之不寧。晚朝畢而入，清晨星存而出，除有疾外，平康之時不敢怠惰。此所以畏天人而國家所由興也。

嚴祭祀

凡祀天地、祭社稷、享宗廟，精誠則感格，怠慢則禍生。故祭祀之時，皆當極其精誠，不可少有怠慢。其風、雲、雷、雨師，山川等神，亦必敬慎自祭，勿遣官代祀。

凡祀天地，正祭前五日午後沐浴更衣，處於齋宮，次日早傳制，戒諭百官。又次日告仁祖廟，致齋三日行事。

凡享宗廟、祭社稷，正祭前四日，午後沐浴更衣，處於齋宮。次日爲始，至齋三日行事。

凡祭太歲、風、雲、雷、雨師，嶽、鎮、海、瀆、山川、城隍等神，正祭前三日，午後沐浴更衣，處於齋宮。次日爲始，致齋二日行事。春於大祀壇内從祭，秋擇日於本壇秋祭。

凡傳制，遣官代祀歷代帝王并旗纛、孔子等廟，前一日沐浴更衣，處於齋宮。次日遣官。帝王。春於大祀壇内從祭，秋於祭山川前一日遣官本廟致祭。旗纛。秋於祭山川日，遣官本壇致祭。孔子。春秋仲月上丁日，遣官致祭。

凡祭五祀，户、竈、門、井，於四孟月遣内官致祭；中霤於季夏土旺戊日，亦遣内官致祭。

謹出入

凡動止有占，乃臨時之變，必在己精審，術士不預焉。且如將出何方，所被馬忽有疾，或當時飲食、衣服、旗幟、甲仗有變，或匙筯失，杯盤傾，所用違意，或烈風迅雷逆前而來，或飛鳥走獸異態而至，此神之報也，國之福也。若已出在外，則詳察左右，慎防而回，未出即止。然天象人不能爲，餘皆人可致之物，恐姦者乘此僞爲，以無爲有，以有爲無，窒礙出入，宜加詳審。設若不信而往，是違天取禍也。朕嘗臨危幾凶者數矣，前之警報皆驗。是以動止必詳人事，審服用，仰觀天道，俯察地理，皆無變異而後運用，所以獲安。

慎國政

凡廣耳目，不偏聽，所以防壅蔽而通下情也。今後大小官員并百工伎藝之人，應有可言之事，許直至御前聞奏。其言當理，即付所司施行。諸衙門毋得阻滯，違者即同姦論。如元朝命相詔有云：『諸衙門敢有隔越中書奏請者，以違制論。』故内外百司有所奏請，悉由中書，遂致遷延沉溺，使下情不能上達，而國至於已也。

凡官員士庶人等，敢有上書陳言大臣才德政事者，務要鞫問情由，明白處斬。如果大臣知情者同罪，不知者不坐。如漢王莽爲相，操弄威福，平帝以新野田萬五千六百頃益封莽，莽佯不受。吏民上書頌莽功德者前後四十八萬七千五百七十二人，遂致盛權歸莽，傾移漢祚，可不戒哉！

禮儀

凡王國宫城外，立宗廟、社稷等壇。

宗廟 立於王宫門左，與朝廷太廟位置同。

社稷 立於王宫門右，與朝廷太社位置同。

風、雲、雷、雨、山川神壇 立於社稷壇西。

旗纛廟 立於風、雲、雷、雨、山川壇西，司旗者致祭。

凡祭五祀。用豕一，柷、帛、香、燭、酒、果。

司户之神 於宫門左設香案，正月初四日，門官致祭。

司竈之神 於廚舍設香案，四月初一日，典膳官致祭。

中霤之神 於宫前丹墀内近東設香案，六月土旺，戊日，承奉司官致祭。

司門之神 於承運門稍東設香案，七月初一日，門官致祭。

司井之神　於井邊設香案，十月初一日，典膳官致祭。

凡正旦遣使進賀表箋，王具冕服，文武官具朝服，滌寶用寶訖，置表於龍亭。　王率文武官就位，王於殿前臺上，文武官於臺下，行十二拜。　禮畢，王送表出宫城門，止離五丈地，文官送出國門，武官從王還宫。

凡遇天子壽日，王於殿前臺上設香案，具冕服，率文武官具朝服，行祝天地禮。　若遇正旦，拜天地後，即詣祖廟行禮。　畢，陞正殿，出使官便服行四拜禮，文武官具服行八拜禮。

凡帝王生日，先於宗廟具禮致祭，然後敘家人禮，百官慶賀。　禮畢，筵宴。

凡遇詔赦至王國，武官隨王侍衛，不出郊外。　文官具朝服出郊奉迎，安奉詔赦於龍亭，乘馬前導。　王具冕服，於王城門外五丈餘地，奉迎至王宫，置龍亭於正殿中。　王於殿前臺上，先行五拜禮。　畢，陞殿侍立於龍亭東側。　武官護衛，文官於臺下自行十二拜禮，跪聽開讀。

凡朝臣奉使至王府，或因使經過見王，並行四拜禮。　雖三公、大將軍，亦必四拜，王坐受之。

若使臣道路本經王國，故意迂迴躲避，不行朝王者，斬。

凡王府文武官，並以清晨至王府門候見。　朝，其王所居城内，布政司、都指揮司并衛府州縣雜職官，皆於朔望日至王府門候見，還國無虞，信報別王，方許來朝。　諸王不拘歲月，自長至幼，以嫡先至。嫡者朝畢，方及庶者，亦分長幼而至。週而復始，毋得失序。

凡諸王居邊者，無警則依期來朝，有警則從便，不拘朝期。

凡天子與親王，雖有長幼之分，在朝廷必講君臣之禮。蓋天子之位，即祖宗之位，宜以祖宗所執大圭，於上鏤字，題曰『奉天法祖，世世相傳』。凡遇親王來朝，雖長於天子者，天子執相傳之圭以受禮，蓋見此圭如見祖考也。

凡諸王來朝，祭祀辨與未辨，先常服見天子，三叩頭不拜。奉先殿見畢，不拘何殿樓閣門下，天子執大圭，王具冕服，敘君臣禮，行五拜三叩頭。見畢，諸王係尊長，天子係侄孫，引王至何便殿，王坐東面西，天子衣常服，敘家人禮，行四拜，不叩頭，王坐受。然雖行家人禮，君臣之分不可不謹。天子居正中南面坐，以待尊長。次見東宮，行四拜禮，如王係尊長，東宮答拜。

凡親王係天子伯叔之類，年逾五十則不朝，世子代之。孫侄之輩，年逾六十則不朝，世子代之。

凡親王來朝，若遇大宴會，諸王不入筵宴中。若欲筵宴，於便殿去處，精潔茶飯，敘家人禮以待之。羣臣大會宴中，王並不入席，所以慎防也。

凡東宮，親王位下各擬名二十字，日後生子及孫即以上聞，付宗人府。所立雙名，每一世取一字以爲上字，其下一字臨時隨意選擇，以爲雙名，編入玉牒。至二十世後，照便續添，永爲定式。

東宮位下：

允文遵祖訓，欽武大君勝，順道宜逢吉，師良善用晟。

秦王位下：

尚志公誠秉，惟懷敬誼存，輔嗣資廉直，匡時永信惇。

晉王位下：

濟美鍾奇表，知新慎敏求，審心咸景慕，述學繼前修。

燕王位下：

高瞻祁見祐，厚載翊常由，慈和怡伯仲，簡靖迪先猷。

周王位下：

有子同安睦，勤朝在肅恭，紹倫敷惠潤，昭恪廣登庸。

楚王位下：

孟季均榮顯，英華蘊盛容，宏才升博衍，茂士立全功。

齊王位下：

賢能長可慶，睿知實堪宗，養性期淵雅，寅思復會通。

魯王位下：

肇泰陽當健，觀頤壽以弘，振舉希兼達，康莊遇本寧。

蜀王位下：

悦友申賓讓，承宣奉至平，懋進深滋益，端居務穆清。

湘王位下：

久鎮開方岳，揚威謹禮儀，剛毅循超卓，權衡素自持。

代王位下：

遜仕成聰俊，充廷鼐鼎彝，傳貽連秀郁，炳耀壯洪基。

肅王位下：

贍禄貢真弼，縉紳識烈忠，曦暉躋富運，凱諫處恒隆。

遼王位下：

貴豪恩寵致，憲術儼尊儒，雲仍祺保合，操翰麗龍輿。

慶王位下：

秩邃寘台鼒，倪伸帥倬奇，适完因巨衎，鷟眷發需雎。

寧王位下：

磐奠覲宸拱，多謀統議中，總添支庶闊，作哲向親衷。

岷王位下：

徽音膺彥譽，定幹企禋雍，崇理原諮訪，寬鎔喜賁從。

谷王位下：

賦質僖雄敞，叢興闡福昌，篤諧恂懌豫，擴霽昱禎祥。

韓王位下：

沖範徵偕旭，融謨朗璟逵，亶韶愉顥慥，令緒價蕃維。

瀋王位下：

佶幼詮勛胤，恬珵效迥瑝，湜源諲哲暐，圭璧澈澄昂。

安王位下：

斐序斌延賞，凝覃濬祉襄，恢嚴顓輯矩，縝密廓程綱。

唐王位下：

瓊芝彌宇宙，碩器聿琳琚，啓齡蒙頌體，嘉曆協銘圖。

郢王位下：

偉聞參望奭，箴誨洎臯夔，麒麟餘積兆，奎穎曄璿璣。

伊王位下：

顒勉諟訏典，褒珂采鳳琛，應疇須冑選，昆玉冠泉金。

岥初斯建節，勖好必貞銓，執準符鈞正，詢旼汝勵虔。

薦諝演還暢，先施遂省稽，諏懽爰造就，適藝冀塤篪。

慧堅忻顧確，鑑潔綽侁孜，習獻增盈謐，臨饒軼績撝。

靖江王位下：

贊佐相規約，經邦任履亨，若依純一行，遠得龍芳名。

法律

凡皇太子，或出遠方，或離京城近處，若有小大過失，並不差人傳旨問罪，止是喚回面聽君父省諭。若有口傳言語，或齎持符命，或朝廷公文前來問罪者，須要將來人拿下，磨問情由，預先備禦，火速差親信人直至御前，面聽君上宣諭，是非明白，使還回報，依聽發放。

其諸王及王之子孫並同。

凡親王及嗣子，或出遠方，或守其國，或在京城，朝廷凡有宣召，或差儀賓，或駙馬，或內官，齎持御寶文書并金符前去，方許起程詣闕。

凡王國文官，朝廷精選赴王國任用。武官已有世襲定制。如或文武官員犯法，王能依律剖判者聽，法司毋得吹毛求疵，改王決治。其文武官有能守正規諫，助王保全其國者，毋得輕易凌辱，朝廷聞之，亦以禮待。

凡王所居國城及境內市井鄉村軍民人等，敢有侮慢王者，王即拿赴京來，審問情由明白，然後治罪。若軍民人等本不曾侮慢，其王左右人虛張聲勢，於王處誣陷善良者，罪坐本人。

凡親王有過重者，遣皇親或內官宣召。如三次不至，再遣流官同內官召之至京。天子親諭以所作之非；果有實迹，以在京諸皇親及內官陪留十日。其十日之間，五見天子，然後發放，雖有大罪，亦不加刑。重則降爲庶人，輕則當因來朝面諭其非，或遣官諭以禍福，使之自新。若大臣行姦，不令王見天子，私下傳致其罪而遇不幸者，到此之時，天子必是昏君，其長史司并護衛移文五軍都督府，索取姦臣，都督府捕姦臣奏斬之，族滅其家。

凡風憲官，以王小過奏聞，離間親親者斬。風聞王有大故，而無實迹可驗，輒以上聞者，其罪亦同。

凡諸王京師房舍，或頗華麗，或地居好處，姦臣恃權欲巧侵善奪者，天子斬之，徙其家屬于邊。

凡臣民有罪，必明正其罪，並不許以藥鴆之。

凡王遣使至朝廷，不須經由各衙門，直詣御前，敢有阻當者，即是姦臣。其王使至午門，直門軍官火者火速奏聞；若不奏聞，即係姦臣同黨。

凡王國內，除額設諸職事外，並不許延攬交結奔競佞巧知謀之士，亦不許接受上書陳言者。如有此等之人，王雖容之，朝廷必正之以法，然不可使王驚疑。或有知謀之士，獻於朝廷，勿留。

凡庶民敢有訐王之細務以逞姦頑者，斬，徙其家屬于邊。

凡朝廷使者至王國，或在王前，或在王左右部屬處，言語非理，故觸王怒者，決非天子之意，必是朝中姦臣使之離間親親。王當十分含怒，不可輒殺，當拘禁在國，鞫問真情，遣人密報天子。天子當詢其實，姦臣及使俱斬之。

凡朝廷新天子正位，諸王遣使奉表稱賀，謹守邊藩，三年不朝，許令王府官、掌兵官各一員入朝。如朝廷循守祖宗成規，委任正臣，內無姦惡，三年之後，親王仍依次來朝。如朝無正臣，內有姦惡，則親王訓兵待命，天子密詔諸王，統領鎮兵討平之。既平之後，收兵於營，王朝天子而還。如王不至而遣將討平，其將亦收兵於營，將帶數人入朝天子，在京不過五日而還，其功賞後領降。

凡朝廷無皇子，必兄終弟及，須立嫡母所生者。庶母所生，雖長不得立。若姦臣棄嫡立庶，庶者必當守分勿動，遣信報嫡之當立者，務以嫡臨君位，朝廷即斬姦臣。其三年朝覲，並如前式。

凡王國內，時常點檢軍中，不許隱匿逃亡。如或有之，止坐兩鄰、窩主及有司官并該管頭目，毋得問王，王亦毋得隱匿遮護。或姦臣故縱逃亡於部內，欲誣王者，將姦臣斬之，徙其家屬于邊。

內　令

凡自后妃以下，一應大小婦女及各位下使數人等，凡衣食、金銀、錢帛并諸項物件，尚宮先行奏知，然後發遣內官、監官，監官覆奏，方許赴庫關支。尚宮若不奏知，朦朧發遣，內官亦不覆奏，輒擅關支，皆處以死。

凡私寫文帖於外，寫者、接者皆斬。知情者同罪，不知者不坐。

凡庵、觀、寺院燒香、降香、禳告星斗，已有禁律，違者及領香送物者，皆處以死。

凡皇后止許内治宫中諸等婦女人，宫門外一應事務毋得干預。

凡宫中遇有疾病，不許唤醫入内，止是説證取藥。

凡宫闈當謹内外，后妃不許羣臣謁見。命婦於中宫千秋節并冬至、正旦、每月朔望來朝，其隆寒、盛暑、雨雪免朝。

凡天子及親王、后妃、宫人等，必須選擇良家子女，以禮聘娶，不拘處所。勿受大臣進送，恐有姦計。但是倡妓，不許狎近。

内官

凡内府飲食常用之物，官府上下行移，不免取辦於民，多致文繁生弊，故設酒、醋、麵、織染等局於内。既設之後，忽觀周禮酒人、漿人、醢人、染人之職亦用奄人，乃知自古設此等官其來已久，取其不勞民而便於用也。其他如各監、司、局及各庫，皆設内官職掌，其事甚易辦集。上項職名，設置既定，要在遵守，不可輕改。

凡各衙門内官、各監官職名：

太監 正四品。

左少監 從四品。　左監丞 正五品。

右少監 從四品。　右監丞 正五品。

典簿 正六品。

神官監 掌灑掃。

尚寶監 掌御寶、敕符、將軍印信。

孝陵神宫監 掌灑掃并栽種一應果木蔬菜等事。

尚膳監 掌供養及御膳并宫内食用之物，及催督光禄司造辦宫内一應筵宴茶飲。

尚衣監 掌御用冠冕、袍服、履舄、靴襪等事。

司設監 掌御用車輦、牀、被褥、帳幃幔等事。

内官監 掌成造婚禮妝奩、冠舄、傘扇、被褥、帳幔、儀仗等項，并内官内使貼黄一應造作，并宫内器用、首飾、食米、土庫、架閣文書、鹽倉冰窖。

司禮監 掌冠婚喪祭一應禮儀。制帛及御前勘合、賞賜、筆墨、裱褙書畫，管長隨當差内使人等出門馬牌等事，并催督光禄司造辦一應筵宴。

御馬監 掌御馬并各處進貢及典牧所關牧馬騾等項。

印綬監 掌誥券、貼黄、印信、選簿圖畫、勘合符驗、文册題本、誥敕號簿、信符、圖本等項。

直殿監 掌灑掃殿庭樓閣廊廡。

長隨奉御 正六品。

奉天等門官職名： 掌晨昏啓閉、關防出入。

門正 正四品。 門副 從四品。

各司官職名：

司正 正五品。

左司副 從五品。

右司副 從五品。

鐘鼓司 掌奉先殿祭樂、御樂，并宮内筵宴樂，及更漏、早朝鐘鼓。

惜薪司 掌宮内籌處所用柴炭等事。

各局庫官職名：

大使 正五品。

左副使 從五品。

右副使 從五品。

兵仗局 掌御用兵器，并提督人匠打造刀甲等項，及宮内所用梳篦、刷牙、針剪等物。

内織染局 掌染造上用并宮内一應段疋。

針工局　掌成造一應婚禮衣服，完備付内官監交收應用，并造内官人等衣服鋪蓋等項。

巾帽局　掌造内官人等紗帽靴襪及預備賞賜巾帽等項。

司苑局　掌宫内等處菜蔬并種田。

酒醋麵局　掌内宫人等食用酒醋麵糖等物。

内承運庫

司鑰庫　掌各門鎖鑰并收支錢鈔等物。

内府供用庫　掌上用香米并内用香燭油米，及内官人等飯食果木等物。

東宫官：

典璽局　掌璽寶翰墨之事。

局郎正五品。　局丞從五品。

紀事奉御　正六品。

典藥局　掌監同御醫修合藥餌，如法煎調供進。

局郎　正五品。　局丞　從五品。

典膳局　掌監造膳食供進。

局郎　正五品。　局丞　從五品。

典服局 掌冕、弁、冠、帽、衣袍、常服、佩帶、靴履等。

局郎 正五品。 局丞 從五品。

典兵局 掌甲胄、戈矛、弓矢、刀劍等。

局郎 正五品。 局丞 從五品。

典乘局 掌車馬。

局郎 正五品。 局丞 從五品。

王府官：

承奉司 掌管王府一應雜事，有事呈長史司并護衛指揮司發落，與内官衙門無相統攝。

承奉正 正六品。 承奉副 從六品。

典寶所

典寶正 正六品。 典寶副 從六品。

典膳所

典膳正 正六品。 典膳副 從六品。

典服所

典服正 正六品。 典服副 從六品。

內使六名 司寇一名，司衣三名，司佩一名，司履一名。

各門官：

門正 正六品。 門副 從六品。

內使：

司藥二名，司弓矢二名。

公主府：

中使司

司正 雜職。 司副 雜職。

職制

凡封爵，皇太子授以金册、金寶。妃止授金册，不用寶。親王授以金册、金寶。公主授以金册，婿皆稱駙馬都尉，賜誥命。皇太子嫡長子爲皇太孫，次嫡子并庶子年十歲皆封郡王，授以鍍金銀册、銀印，女皆封郡主，賜誥命。親王嫡長子年及十歲，朝廷授以金册、金寶，立爲王世子。如或以庶奪嫡，輕則降爲庶人，重則流竄遠方。如王年三十，正妃未有嫡子，其庶子止爲郡王，待王與正妃年五十無嫡，始立庶長子爲王世子。親王次嫡子及庶子，年至十歲，皆封郡王，授以鍍金銀册、銀印。子孫未封者，稱王子、王孫，□□□□□□。皇姑曰大長公主。皇姊妹曰長公主。皇女曰公主。自公主以上俱授金册。親王女曰郡主。自郡主以下俱授誥命。郡王女曰縣主。郡王孫女曰郡君。郡王曾孫女曰縣君。郡王玄孫女曰鄉君。

靖江王府合比正支郡王，遞減一等稱呼，女封縣君。

凡王世子承襲王封，朝廷遣人行册命之禮，授以金册，傳用金寶。

凡王世子并郡王娶妃，及郡王受封，并郡王嫡長襲封者，當先上聞朝廷，遣人止行册命之禮。

凡郡王子孫有文武材能堪任用者，宗人府具以名聞朝廷考驗，换授官職，其陞轉如常選法。如或有犯，宗人府取問明白，具實聞奏，輕則量罪降等，重則黜爲庶人，但明賞罰，不加刑責。

凡郡王子孫，授以官職，子授鎮國將軍，孫授輔國將軍，曾孫授奉國將軍，玄孫授鎮國中尉，五世孫授輔國中尉，六世孫以下世授奉國中尉。

凡立宗人府，以親王長者主領府事，以次官員皆用勳舊大臣，專領玉牒譜系，辨其親疏，敦睦皇族。凡宗室有所陳請，即爲上聞，聽天子命。

凡親王文武官，除長史及守鎮指揮并護衛指揮，初俱係朝廷所遣，至護衛指揮及千百户子孫世襲，王先與令旨准襲，然後差人齎誥赴京續誥、續黄，毋得阻當留難。其府縣官皆係朝廷除授，不在王府選用。

凡王府武官、千户、百户等，從王於所部軍職內選用，開具各人姓名實迹，王親署奏本，不由各衙門，差人直詣御前聞奏，頒降誥敕，仍照京官例給俸。

凡王左右及境內所用官屬，朝廷或欲起取，不問有無罪責，王即發遣，毋得阻當。

凡王府官長史司，左長史一員，正五品。右長史一員，正五品。典簿一員。正九品。審理所，審理正一員，正六品。審理副一員；正七品。典膳所，典膳正一員，正八品。典膳副一員；從八品。奉祠所，奉祠正一員，正八品。奉祠副一員，從八品。典樂一員；正九品。典寶所，典寶正一員，正八品。典寶副一員；從八品。紀善所，紀善二員；正八品。良醫所，良醫正一員，正八品。良醫副一員；從八品。典儀所，典儀正一員，正九品。典儀副一員，從九品。引禮舍人三員；未入流。工正所，工正一員，正八品。工副一員；從八品。伴讀四員；從九品。教授；從九品。庫，大使一員，未入流。副使一員。未入流。

凡指揮使司，本司官并屬官隨軍多少設置，不拘數目。品秩、俸禄，並同在京衛分。指揮使，同知，僉事；經歷司，經歷，知事；衛鎮撫司，鎮撫；千户所，正千户，副千户；所鎮撫，鎮撫；百户所，百户；儀衛司，儀衛正，正五品。儀衛副，從五品。典仗六員。正六品。

兵衛

凡王府侍衛，指揮三員，千户六員，百户六員，正旗軍六百七十二名。守禦王城四門，每三日一次輪直宿衛。其指揮、千百户、旗軍，務要三護衛均撥。

凡親王入朝，以王子監國。

凡親王入朝，其隨侍文武官員、馬步旗軍，不拘數目。若王恐供給繁重，斟酌從行者，聽其軍士、儀衛、旗幟、甲仗，務要鮮明整肅，以壯臣民之觀。

凡朝廷調兵，須有御寶文書與王，并有御寶文書與守鎮官。守鎮官既得御寶文書，又得王令旨，方許發兵；無王令旨，不得發兵。如朝廷止有御寶文書與守鎮官，而無御寶文書與王者，守鎮官急啓王知，王遣使馳赴京師，直至御前聞奏。如有巧言阻當者，即是姦人，斬之毋惑。

凡王國有守鎮兵，有護衛兵。其守鎮兵有常選指揮掌之，其護衛兵從王調遣。如本國是險要之地，遇有警急，其守鎮兵、護衛兵並從王調遣。

凡守鎮兵，不許王擅施私恩。其護衛兵或有賞勞，聽從王便。

凡王出獵演武，只在十月爲始，至三月終止。

凡親王府各給船馬符驗六道，以供王遣使奏報所用。

凡王教練軍士，一月十次，或七八次、五六次。若臨事有警，或王有閑暇，則遍數不拘。

親王儀仗：

令旗一對、清道二對、幰弩一張、白澤旗一對、戟一十對、矟一十對、弓箭二十副、刀盾一十對、絳引旛一對、掆鼓二面、金鉦二面、金鼓旗二面、花匡鼓二十四面、畫角一十二枝、板一串、笛二管、鑼二面、節一把、夾矟一對、告止旛一對、傳教旛一對、信旛一對、戲竹一對、笛四管、頭管四管、杖鼓一十二面、板一串、大鼓一面、響節四對、紅銷金傘一把、紅繡傘一把、曲蓋二把、方傘四把、戟氅一對、戈氅一對、儀鍠一對、殳叉一對、儀刀四對、班劍一對、梧杖一對、立瓜一對、臥瓜一對、骨朵一對、鐙杖一對、斧一對、幢一把、麾一把、誕馬八疋、馬杌一箇、鞍籠一箇、交椅一把、脚踏一箇、水罐一箇、水盆一箇、香爐一箇、香盒一箇、拂子二把、扇六對、唾壺一、唾盂一。

營繕

凡諸王宮室，並依已定格式起蓋，不許犯分。燕因元之舊有。若王子、王孫繁盛，小院宮室任從起蓋。秦王府、西安。晉王府、太原。燕王府、北平。周王府、開封。楚王府、武昌。

齊王府、青州。魯王府、兖州。蜀王府、成都。湘王府、荆州。代王府、大同。肅王府、甘肅。遼王府、廣寧。慶王府、寧夏。寧王府、大寧。岷王府、雲南。谷王府、宣府。韓王府、瀋王府、安王府、唐王府、郢王府、伊王府。

凡諸王宫室，並不許有離宫别殿及臺榭遊翫去處。雖是朝廷嗣君掌管天下事務者，其離宫别殿、臺榭遊翫去處，更不許造。

供用

凡親王每歲來朝，自備飲膳。其隨從官員軍士盤費、馬疋草料，俱各自備。毋得干豫有司，恐惹事端。

凡親王每歲合得糧儲，皆在十月終一次盡數支撥。其本府文武官吏俸禄及軍士糧儲，皆係按月支給，每月不過初五。其甲仗按缺撥付，所在有司照依原定數目。不須每次奏聞，敢有破調稽遲者斬。

凡親王錢糧，就於王所封國内府，分照依所定則例期限放支，毋得移文當該衙門，亦不得頻奏。若朝廷别有賞賜，不在已定則例之限。

凡親王、郡王、王子、王孫及公主、郡主等，每歲支撥。

親王　唐制，歲該谷四千八百石，絹四千八百匹，緜四百五十斤。宋制，領節度使，歲該谷二千四百石，錢四千八百貫，絹二百疋，綾一百疋，羅十疋，緜五百兩。今定米壹萬石。

郡王　唐制，歲該米七百石，田六十頃。宋制，領觀察使，歲該粟一千二百石，錢二千四百貫，絹二十八疋，緜五十兩。今定米貳千石。

鎮國將軍　唐制，歲該米六百石，田五十頃。宋制，郡王子以下量才授官，照其官品高下給禄。今定米壹千石。

輔國將軍　唐制，歲該米五百石，田四十頃。今定米捌佰石。

奉國將軍　唐制，歲該米四百石，田二十五頃。今定米陸佰石。

鎮國中尉　唐制，歲該米三百石，田十四頃。今定米肆佰石。

輔國中尉　唐制，歲該米二百石，田八頃。今定米叁佰石。

奉國中尉　唐制，歲該米一百石。今定米貳佰石。

公主及駙馬食禄米貳千石。

郡主及儀賓食禄米捌佰石。

縣主及儀賓食禄米陸佰石。

郡君及儀賓食禄米肆佰石。

縣君及儀賓食祿米叁佰石。

鄉君及儀賓食祿米貳佰石。

凡皇太子、次嫡子并庶子，既封郡王之後，必俟出閣每歲撥賜，與親王子已封郡王者同。女俟及嫁，每歲撥賜，與親王女已嫁者同。

凡郡王嫡長子襲封郡王者，其歲賜比初封郡王減半支給。

明太祖集全編之十

御製資世通訓

周挺啓　校點

御製資世通訓

序

朕於幼時，家貧親老，無資求師以學業，故兄弟力於畎畝之間，更入緇流，遂致聖人、賢人之道一概無知，幾喪其身焉。然雖不知聖人之道何如，其當時善人之言，彼雖不教我，我安得不聽信之？忽遇羣雄並起，於吾之命，如履薄冰，不數年間，獲衆保身。又數年，衆廣而大興，以統天下。時乃尋儒問道，微知其理。故日攻詢訪，博采志人，中積羣言，加以比較，是非其中。所言當者，非斯人之自能，乃上古哲人之善行，因斯人有志聽懷，今爲我學而爲我用，於斯人豈徒然哉？其有所言不當者〔一〕，皆斯人惰其學，況平日解悟差矣，是致作事倒爲，或又爲非，以覆身滅姓者有之。

吾嘗静以思之，凡君天下者，代天理物，統寰宇之大，負教臣民之重。上古哲王道與天同，今朕匪才薄德，卻乃握乾符而統寰宇，德將安在？於是，宵晝弗敢自寧，但見世人性愚而見淺，古有聖經賢傳立意深長，爲先儒注以繁辭，評論不一，愈遇後學者。朕特以一己之見，總先賢之確論，託謁者評之，直述其意，以引今後人。故爲之序云。

洪武八年正月□日。

君道章

朕於洪武初有謁者來見，謂朕曰：『元君否政，豪傑競生，民不保命已十有六年矣。今羣雄盡糜，君爲億兆主，政令可得而聞乎？』朕謂謁者曰：『罔知。』謁者曰：『堯舜之道載之於册，觀乎？』曰：『覽之。』曰：『其理何如？』『曰儉，曰素，曰勤，曰敬，曰祀，曰戎，曰親，曰内，曰外，曰孝，曰慈，曰信，曰仁，曰智，曰勇，曰嚴，曰愛，曰以時。以朕所識者，不過於斯十八事爾。』謁者曰：『敢請細以名之乎？』曰：『可。夫儉，勿過用物。素，不華其所居。勤，所以晝夜不忘於事，不息於當爲也。敬，不遑暇食以措安。祀，謹百神之祭不敢怠。戎，乃張皇六師以禦侮。親，親九族以化民。内，曰内宫分定而不紊。外，外之政内不干。孝，孝於父母以格天。慈，慈於爲父，以生孝子。信，信於始終不變，使人從。仁，仁於良善不罪。智，智於無道可誅。勇，勇於當爲者爲。嚴，嚴於威儀，以正百官。愛，愛民如赤子。以時者，使民不奪其時。』謁者曰：『君備知十八事而億兆安，何謂罔知？』曰：『此十八事聖人之道，朕雖欲仿之，卻被妄想私欲以相搏，苦其志以戰之，猶未得退，柰何？』謁者曰：『若此者，退矣。何患乎不君？』朕謂謁者曰：『爾爲儒士耳，士有士學，農有農學，工有工學，商有商學。其帝王之政務，爾能知之，亦曾學乎？』曰：『習矣。』曰：『士夫習王者之政，豈不僭分者歟？』曰：『古今士習王政，必欲爲帝王師，自上古弗禁，是得學也。臣年七十有五，時已過矣。恨壯不逢英明之君，老矣乎，空懷王者之政，惜無可教，自以爲終世而無可陳。忽上帝垂民福，陛下值元更，得君天下，爲生民主，臣雖衰朽，敢不俯伏天閽，對越陛下，以陳平生之所學，爲陛下思之？噫！臣更爲陛下深思之，五荒不可□，微行可絶遊。誠能備行臣之所陳，則生民多福，彼蒼□之。』

臣道章

朕謂謁者曰：『嘗聞歷代之臣多始而無終者何？』曰：『非仁人者不終，非忠者不終，非知三報一祀者不終，假公營私者不終，代報者不終，非孝者不終，非親親者不終，又侮瞞欺誑者不終，虛詐而自高者不終。於斯十七事有一者，不得其死，而況於備之者乎？以爾所言，請試名其的非仁者何？』曰：『仁者，仁愛於善人及萬物者。忠，爲人臣當竭己以奉君，勿欺，勿瞞，勿侮。三報：一曰爲蒙君恩而當思補報，格君之非，美君之政，助君以仁，此一報也；二曰奉父母，篤以溫凊甘旨，勤敬而不怠，諫父母之非懇切，至於没身不陷父母者，此二報也；三曰報報民。且天地生民極衆，無主者必亂，故天生君以主之，君設百官以助理之。民恐有衆暴寡、强凌弱，所以樂供税於朝，欲父母妻子無憂。君得税而分給百官，使不耕而食，不蠶而衣，特高其位而禄其家，使公正於朝堂，使民樂其樂。若果受斯職，行斯道，證民以是非，問民以疾苦，則福壽無窮矣。此三報也。否此道而公挾私讎，因公爲己，代人報怨，不孝於祖，不睦於親，欺誑侮瞞於君上者，虛民而詐取其所有者，自以爲尊能而眇視羣友者，此數事有一爲者，必不得其死。一曰祀，謂祀神鬼也。臣受職於外，所在或方或隅，君託以一方，其方隅之事，凡當爲之事，無有不可舉者。歷代之臣所以受天災人禍者，怠於教民祀神也。蓋君託於彼，務欲政令興，鬼神祀。况鬼神賴於此，必待祀事備，何其止知樂其身而充其腹，忘其所祀，民苦無憂，是致人神共怒，因有不得其死。』

民用前章

朕謂謁者曰：『世之有烝民，多貧而不富，多罪而不寧，累化而不從教，柰何？』謁者曰：『其多貧而不富、多罪而不寧者，有自來矣。云何？曰民人父母生其身，國王育其命，民愚終世，不求達者，以問其故，失其所報，鬼神折磨之。是有貧罪不寧之患，終世而不免。』朕謂謁者曰：『人之身命，本爲父母保養者，於君何有之哉？』曰：『父母所養者，身；君所養者，命。』曰：『何謂君所養？』曰：『王綱振而强暴息，使父母妻子各得性命，所有家資皆能保守，雖有强梁者，不敢擅取。此畏王法也。豈不見强盜欲人之財，異其面，别其聲，持火夜入人家。被劫者家財一空，不能抵敵，爲强所取者何？力不及也，爲此方知有君。明日赴官，訴其情，官乃捕其盜，誅其人，追贓以給其主。以此觀之，君豈不爲生民之性命者歟？保民之家資者歟？』曰：『如此者然哉！』謁者曰：『此民被盜，民之小禍耳，又有甚焉。若無君以主之，則一家皆被盡殺之者有之。是謂非君，民不可得而活。今之愚民往往不知所以，甚有誹謗者，官有所差亦不親赴者，因此獲多貧而不富，多罪而不寧是也。』朕謂謁者曰：『方今亦有富而頑、貧而良者，鬼神何不以富窮報之？』曰：『陰法遲而不漏，陽憲速而有逃。此等之徒，非身即子有不可免者。』

民用後章

朕謂謁者曰：『且如爲孝於父母者，朝出必告父母，言今日往東，若要歸來，抵日暮方還。所告者爲何？恐至晚不歸，使父母無方可望，其憂甚也。故遊必有方，孝之至也。歸必告吉凶，使父母樂而無疑。其能親親鄰鄰者，人若堅守親親鄰鄰之義，則終世而不貧。

何也？　六親九族、鄰里之中必有富者，人能富不嫌窮親鄰，則他日子孫或窮，諸親鄰則必養之者，是爲不貧。　若見鄰人有飢寒下賤者，能不欺侮，又給衣食者，其將必大昌。　見鄰人有財，其人頗愚，若詐而取、若瞞而盜竊者，鬼神鑑見禍焉，其必不昌。　若生子而教不爲非，有女則訓以善事夫，諫夫爲善，不助夫之爲惡，良哉！　豈獨良而已，不使人辱毁之。　若爲人子，見父不道，諫之以正，爲人夫諫妻以柔，爲人妻諫夫以良，遂得白髮相守。　爲人弟兄，所言者是從之，所言不是則諫之，善終而無禍矣。　處朋友，見善者習之，見惡者去之，此豈不志人者歟？』

士用章

朕謂謁者曰：『古今稱能士不得其位，何如？』謁者對曰：『古今稱能士者，名而已，非識時務者，人神安與位焉？　且名士者，坐視市村，自矜其能，聽世俗之諛譽，徒知紙上之文，諸事何曾親歷而自覩？　著書立言，徒咬文嚼字，以妨後學者；詢及行事，茫然哉。　高談闊論以爲能，於事無益。』朕曰：『以爾所言，士無用矣。』曰：『豈盡之矣？　如伊尹出於莘，傅説起版築，望來磻溪，甯戚扣角，百里奚牧牛，諸葛亮耕南陽，此皆善士而善賢也。』曰：『此數賢未得其位，所歷者何事？　所覩者何爲？』曰：『此數賢者，當未遇君之時，有志於爲造，故趨艱難而求日用，別是非以蓄其衷，未嘗區區以訓蒙，高枕日紅，蓬頭垢面，酣醉晝昏，以愚從愚，忘其所操，棄其所慮，是古非今，迋遇終日，安得擅食民膏焉？』曰：『若欲成有用之士，將何所施？』曰：『在格物之至精，慮人事之過熟，講書以人事，而言隨時而致宜，久之志將大矣哉，安得不爲君用？ 除此之外，口體腥穢，面色痿黃，袖手終朝，氣不舒而筋不暢，不能措諸事務。 況行步趦趄，豈異婦人者歟？ 故往往不達者爲此也。』

農用章

朕謂謁者曰：『世之農民，皆務本而且勞。 有不得足食者，有足食者何？』謁者曰：『不足者及足者，由勤惰所致耳。』曰：『勤惰之說，有名乎？』曰：『可。 且農之勤者，日出而作，日入而歸，因地利而耕，以時而種，勤除稂莠，以時而收，儉用不奢，酷暑無午，嚴寒不爐，忘寒暑以措農工，身絕奢侈，厚奉父母，誠信以睦親鄰，聞王令而不違。 備此數事，天地鑑，禾苗茂而歲登，於斯順昌。 因勤儉至孝而動鬼神，致有如是。 其惰農者，日出而眠，日在而歸，不察地利而耕，失時而種，稂莠怠除，時至而無收，微得不足，身所用者過，於父母之奉乃薄，失誠信於親鄰，聞王令不畏而違。 備此數事，天地鑑，禾苗不成，雖通天下之豐年，惰農之業乃不登，於斯否昌。 因怠惰奢侈不孝而怒鬼神，致有如是。』

工用章

朕謂謁者曰：『民人多巧，物物皆可成形，華飾威儀，壯觀其事，於斯觀之，能哉！所得傭工之資甚不少，何終世而爲匠，未見昌其家？』謁者曰：『此雖伎藝之精，不過小人而已，又非高見遠識以正己之伎藝者，所以終世不昌爲此也。』曰：『伎藝之人不過如此，其高見遠識正己者安用？』曰：『所以正己之伎藝，貴者工其貴，賤者工其賤。依國令以施巧，不使無知者犯分，若乃不昌，未之有也。今之伎藝者，不審國之所禁。富貴貧賤者，合得將圖彩仙靈、雕鏤飛走概用於臣民。況仙靈飛走乃帝王之所用，其非理之民欲之，其伎藝者從，歷代非良民者因有此。至與伎藝者兩忘其身家者有之，何止乎不昌哉？』

商用章

朕謂謁者曰：『世之有商賈或貧而或富者，終不能久，爲何？』謁者曰：『商賈之心，利重貪而無厭，其中詐取者甚多，兩平者間有。此等行藏，鬼神鑑見，所以或貧加於詐，或富加於兩平者，或又貧者富、富者貧，蓋彼各更心之不同耳。所以貧者獲富，以其革詐心而用誠實，以此而致富。或又富者貧之，因棄兩平之心而尚詐，獲不足而貧生焉。』朕謂謁者曰：『如此，則鬼神之報豈不疾如影響？』曰：『天網恢恢，信不誣也。』曰：『若此者，商賈安能穩當？』曰：『無他，但不盜詐而用兩平，則利本俱長，且無横禍焉。』

僧道章

朕謂謁者曰：『堯舜時民業果幾？』曰：『民業有四，所謂四者，士農工商。』曰：『何無僧道焉？』曰：『當堯舜時，僧道無。今之時有加此二流，民業以六，所以士農工商、釋與道。』曰：『僧道終身之後，果仙佛歟？罪愆歟？』曰：『皆有之。』曰：『何爲而達佛與仙？何爲而受罪與愆？』曰：『去貪嗔而不妄想，閉真陽而密靈神，其爲僧也佛，道也仙。如務貪嗔妄想，放真陽，張靈神，雖爲僧道，其墮彌深，永劫未離苦趣，有稽不謬。』曰：『彼僧道縱不入佛仙之境，但能窮居獨處，豈有罪深者耶？』曰：『知本性之不悟，久處其中，甚有汙於俗者，不成其家，罪之一也。家貧親老，終無人養而不歸養，罪之二也。道不成而絶後嗣者，罪之三也。身爲僧道，酒色是從，有傷二教，罪之四也。』曰：『如此者，縱使達斯道，僧道之學不過獨善其身，游食於民，使無之可乎？』曰：『不可。』曰：『何故？』曰：『天道使然耳。』曰：『其理果何？』曰：『益王綱而利良善，凶頑是化。世所不知其功，以其理道之幽微。王臣無憎愛其教；或憎或愛，皆非王臣之所爲。若烝民樂從者，世道昌，王仁矣。』

愚癡章

朕謂謁者曰：『世人愚多而賢少，爲何？』曰：『父母蠢而愚其子。』『夫何故？』曰：『子幼而不師人以教之，此其所以愚。』謁者曰：『願對陛下細陳愚人之狀。』曰：『愚人狀有幾？』曰：『愚之狀有七：一曰不知理，二曰因不知理則生不孝，三曰不知恥，四曰非理傷人，五曰爲賊，六曰爲妖，七曰爲癡。』曰：『愚、癡異乎？』曰：『人之愚者，不過初不知聖人、古人之理，故諸事妄爲耳，未必生成之癡。因愚之久，癡自此而生。』曰：『癡何故？』曰：『當爲而不爲，是爲癡。不可爲而爲之，是爲癡。此是因愚而生之者，非寒暑所侵，病由五臟而患也。』

教子章

朕謂謁者曰：『有父母不賢而不愚，子無師而乃仁，於六親和，父母孝，弟於兄，朋友信，睦四鄰，農者勤於農，士者勤於士，博精於人事，其源何如？』曰：『父母雖不賢不愚，淳心之人也，雖不外張，内必有理。其子不見師，家必父母爲之以自訓，所以博精於人事，以其家訓少通，其子能詢於衆。雖無一定之師，聽衆人所長，積之於心，甚於一師之學，又過常人者也。且一師之學，一人之見而已；其衆人之所知，聽之於心，豈不博精於人事者歟？』

造言章

朕謂謁者曰：『昔者天下安和，人民樂業，且是太平。何故小民拋家棄業，擅執兵器，奮然而起於鄉里，不相容甚至六親亦被殺害，被威逼者挈家從之。其爲首者擅稱皇帝名號，以拒天朝。初雄猛不可當，有不數月、數年或旬日，其勢如冰之見日，雪之迎湯，其身家父母妻子一概化爲泥土。初則未必不雄，終不能成於事者何？』謁者曰：『此等愚昧之徒，自上古有之，往往被殺久之又生，爲何？蓋生不學道理，日與無狀小人相處，積姦頑於心，不能變也，直至殺身是了。況此等之人，爲無道之君禍，爲新興之君福。』曰：『何以見之？』曰：『天下未亂之先，陛下身居草野，侶影朝暮，當時聽陛下所驅者誰？』曰：『無。』曰：『今日所馭者，兵非百萬而止，億兆仰瞻，人各立命，此皆親親爲之乎？人皆以鄉里從之乎？』曰：『非也。親不過百家，鄉里不過萬數，餘皆非識者。』曰：『此天與之乎？』曰：『然。』曰：『前首亂者不能爲而敗，陛下晚舉而統寰宇，此天與之，人歸之。首亂者不得而又代陛下爲驅除大勢耳。及陛下出，彼先亡天也。天下不與先亂者，以其先亂者不分親親鄉里及無罪良人一概殺之，上帝厭其惡，禍及其身。從古及今之賢者皆稱國王座子，及天下世界稱爲神器故也，蓋謂國家大事皆神天管着。故天不與，不敢取，取則必敗，爲此也。』朕謂謁者曰：『爾言胡殺無罪之人有罪，他初起之時若不如此，人何有怕？』曰：『然初起但不殺人，人不怕，又恐鄰里親戚拿了，不得不殺，纔殺人，上天又怒了。事將成而首亂者死，天命真人，故所謂神器也。昔秦末陳勝、吴廣以妖術惑衆，各稱王號，後皆爲人所殺，而成大業者乃漢高祖得之。後漢時，黄巾張角亦以妖術自稱天公將軍，後爲皇甫嵩所滅。隋時，宋子賢詐稱彌勒佛出世，聚香親，後亦爲人戮死，而唐太宗成其大事。唐玄宗時，王懷古揑造妖言，誑惑百姓，後乃爲唐所殺。宋時，王則以妖術僭號東平王，言彌勒佛治世，後爲文彦博所擒。古今明驗，可不戒歟！』

民禍章

朕謂謁者曰：『世有民禍者。』曰：『何謂民禍？』曰：『且如一村有百家，一城有萬家或千家。其間若有一箇，或男子，或婦人，或造妖言，或作潑皮，或爲强盗，或爲小賊，此爲民禍也。』朕謂謁者曰：『彼一男子一婦人，或妖，或頑，或爲盜賊，或爲潑皮，身做身當，於鄰里何禍之有？』曰：『古至如今，法干四鄰，雖不坐罪，亦問惡人之所以。或爲惡人誣指，或被貪官汙吏挾詐，輕則糜費資財，甚則喪及身家焉。』曰：『如此等之人，可得而昌乎？』

曰：『罪之又罪，禍之又禍，安得命耶？何至昌哉？』曰：『斯人之禍自何而至？』曰：『天殃人禍也，不可勉。嗚呼，上天之鑑人可不畏耶！』曰：『願陛下修明政刑，則上帝福之。』

民福章

謁者謂朕曰：『世之有民福者。』曰：『何謂民福？』曰：『且如一村一城，或千萬家爲鄰。中有一男子一婦人，彼父母有教，本身有德，家道又昌，百事順。鄰里若有愚頑，幾壞事及將欲作惡者，彼先知之，隨教而改，往往如是。其一村一城之人皆被其教，其市村終無橫禍互相連及，得享太平之世。此民之福也。』曰：『可終世及子孫者巨富乎？』曰：『上天之鑑，福之又福，將必大昌，豈止富而已乎！』

後序

臣聞古先哲王之治天下也，克盡君師之道，政教兼備，所以風俗厚而治化隆。後之爲君，能善其政者固有之矣，其兼師道而善政者猶或闕焉。欽惟皇上以生知之聖，聰明神武，撥亂世而歸之正，創業垂統，紀綱粲然，法度昭著，其於君道備矣，善政得矣。尚慮夫百官庶民未能盡其職分之所當爲，乃著書十有四篇，以示訓戒。首以人君所當爲者十有八事爲言，則皆皇上平日躬行心得之效矣；然猶不自滿足，有謙虚敬慎之意焉。次言人臣所不當爲者十有七事，其三其四則爲民用章。又以士農工商各爲一篇，合僧道爲一篇，念民之愚癡，欲民之教子，戒其造言，示以禍福，又各爲一篇，以勸徵之。辭意明切，誨諭諄至，無非欲其改過遷善，同享太平之樂，故名曰資世通訓。大哉言乎！斯言也信乎！克盡君師之道，而善教備矣。

嗟乎，爲人臣而能遵此訓，則爲賢臣，非徒有以垂功名於竹帛，又可以保富貴於子孫矣。爲民而能遵此訓，則可以保身全家，爲良民矣。爲士而能遵此訓，則知浮藻空言之無益，當思措諸事業以自效矣。爲農而能遵此訓，則不爲惰農，服田力穡，而有秋成之望矣。爲工而能遵此訓，則不爲巧僭無益之技，而有以利天下之用矣。爲商而能遵此訓，則不貪冒犯險，而有以通天下之貨矣。爲僧道而能遵此訓，則有以成仙佛之行，非徒能獨善其身，又可以化民爲善矣。斯言行於天下，非徒足以爲訓於當時，實足以垂訓於萬世矣。

臣壎以草茅愚質，備員翰林，伏讀再三，不勝感激。謹拜手稽首而書于簡末云。

洪武八年，歲在乙卯二月丙午，翰林國史院編修官臣趙壎謹序。

校　記

〔一〕言　原無，據高皇帝御製文集卷十五資世通訓序補。

明太祖集全編之十一

御注道德真經

周挺啓　校點

御注道德真經

序

朕本寒微，遭胡運之天更，值羣雄之並起，不得自安於鄉里，遂從軍而保命。幾喪其身而免，於是乎受制。不數年，脱他人之所制，獲帥諸雄，固守江左，十有三年而即帝位，奉天以代元統，育黔黎。

自即位以來，罔知前代哲王之道，宵晝遑遑，慮穹蒼之切鑑。於是，問道諸人，人皆我見，未達先賢。一日，試覽羣書，檢閱有道德經一册，因便但觀，見數章中盡皆明理，其文淺而意奥，莫知可通。罷觀之後旬日，又獲他卷，注論不同，再尋較之，所注者人各異見。因有如是，朕悉視之，用神盤桓其書。久之，以一己之見似乎頗識，意欲試注，以遺方來，恐今後人笑，於是弗果。又久之，見本經云：『民不畏死，奈何以死而懼之？』當是時，天下初定，民頑吏弊，雖朝有十人而棄市，暮有百人而仍爲之。如此者，豈不應經之所云？朕乃罷極刑而囚役之，不逾年而朕心減恐。復以斯經細覩，其文之行用，若濃雲靄羣山之疊嶂，外虛而內實，貌態仿佛，其境又不然。架空谷以秀奇峯，使昔有嵬巒，倏態成於幽壑。若不知其意，如入混沌鴻濛之中。方乃少知微旨，則又若皓月之沉澄淵，鏡中之覩實象，雖形體之如，然探視不可得而捫摸。況本經云：『吾言甚易知，甚易行，天下莫能知，莫能行。』以此思之，豈不明鏡水月者乎？

朕在中宵而深慮：明鏡水月，形體雖如，卻乃虛而不實，非着象於他處，安有影耶？故仰天則水月象明，棄鏡捫身則知己象之不虛，是謂物外求真，故能探其一二之旨微。遂於洪武七年冬十二月甲午，著筆强爲之辯論，未知後世果契高人之志歟？

朕雖菲材，惟知斯經乃萬物之至根，王者之上師，臣民之極寶，非金丹之術也。故悉朕之丹衷，盡其智慮，意利後人，是特注耳。是月甲辰書成，因爲之序。

御注道德真經卷上

道可道，非常道；名可名，非常名。

上至天子，下及臣庶，若有志於行道者，當行過常人所行之道，即非常道。道，猶路也。凡人律身行事，心無他欲，執此而行之，心即路也，路即心也，能執而不改，非常道也。道可道，指此可道言者，蓋謂過人之大道。道既成，名永矣。即非常之名，可行焉，可習焉。

無名天地之始，有名萬物之母。

道之幽微，静無名而動有益，即無極而太極是也。且如吾爲天下君，善政之機日存於心而未發，孰知何名？纔施行，則有賞罰焉。不但君心有賞罰，賢人君子有志，則皆能利濟萬物，所以無名天地之始。即君子仁心畜之於衷，發而濟萬物，則有名矣，豈不萬物之母云？

常無欲，以觀其妙；常有欲，以觀其徼。

無欲觀其妙，謂道既行，而不求他譽，以己誠察於真理，故云：『常無欲，以觀其妙。』又常有欲以觀其徼，非他欲也，乃欲善事之周備耳。慮恐不備，而又欲之，非聲色財利之所欲。徼，言邊際也。

此兩者同出而異名，同謂之玄，玄之又玄，衆妙之門。

爲前文奇甚，故特又讚之。

右第一章

天下皆知美之爲美，斯惡已；皆知善之爲善，斯不善已。

國王及臣庶有能行道者，篤能行斯大道，勿於道上加道焉，善上更加善焉。凡以巧上此二事者，美則美矣，不過一時而已，又非常道也。故美盡則惡來，善窮而不善至矣。若治天下者，務使百姓安，不知君德之何如，即古野老云：『帝力於我何有哉！』

故有無相生，難易相成，長短相形，高下相傾，音聲相和，前後相隨。

不過復前之文，故有比假之說。言既有即生無，既難即生易，既有長即生短，既有高而必生下，既有音聲諧和，内音必高低者相挾。

是以聖人處無爲之事，行不言之教。

聖人篤其已成之大道，已再不他爲，曰無爲。以不言之教，云不欲使民暴稱揚耳。故下文『萬物作而不辭』，是生長萬物，不言其能也。

萬物作而不辭，生而不有，爲而不恃，功成而不居。夫惟不居，是以不去。

言聖人利濟萬物，不自矜也；長養萬物，而不專自用也；功成而不居，乃成而不自主也，令有所屬。不去，是謂不棄也。

右第二章

不尚賢，使民不争；不貴難得之貨，使民不爲盜；不見可欲，使民心不亂。

草廬已注盡矣，吾再益之。老子之意深焉。夫尚賢之國，病多；貴難得之物，民患盜矣。夫多病者，比國有淳良之臣，天下措安，君尤尚賢，人詐賢可習矣。既能仿之，若他日親近，則淳良之臣非禍則去之。故老子云：『不見可欲，使民心不亂。』大概使民不知賢貴，不知貨財之難得，天下安。

是以聖人之治，虚其心，實其腹；弱其志，彊其骨。

是以聖人常自清薄，不豐其身，使民富乃實腹也，民富則國之大本固矣。然更不恃民富而國壯，他生事焉，是爲實腹、弱志、彊骨也。

常使民無知無欲。

使民無知無欲，即前文『不尚賢』『不貴難得之物』，致民不見而不貪是也。

使夫知者不敢爲也。

既知國之不尚，雖知可慕，亦不敢爲是也。

爲無爲，則無不治矣。

諸事先有勤勞，而合理儘爲之矣。既已措安，乃無爲矣。

右第三章

道沖而用之或不盈，淵兮似萬物之宗。

道之理幽微而深長，用之而無盡，息之則無形。若或驟盡用之，尤爲不當，是謂『道沖而用之或不盈』。且『淵兮萬物之宗』，言君子若履，則當徐之。

挫其鋭，解其紛，和其光，同其塵。湛兮似或存。

吾己之英明，若快利而且尖，當去其尖。如己之擾亂於心，當去其擾亂之心，澄之以清淨。己之心若晃耀之明，則斂之，且同時蓄英明於衷，朗然而存焉。其挫鋭、解紛、和光、同塵，蓋老子戒人諸事勿過甚，故存德以施仁。

吾不知誰之子，象帝之先。

老子歎問曰：『吾不知誰之子，象帝之先。』内有『帝象』二字，或難着注，依草廬以言天象。天之主宰而帝，但如此而云。

右第四章

天地不仁，以萬物爲芻狗；聖人不仁，以百姓爲芻狗。

此教人行事務用常道，不欲使暴惜物而暴棄物也。所謂芻狗，乃古祈禱之時，以草爲狗，而用之畢則棄之矣。若人君治則治矣，治後如芻狗，可乎？若天地交合以成四時，成則成矣，既成之後再不調四時，可乎？故天能成天地者以四時，常經萬古，不息無怠，未嘗時刻不運用也，所以能長久。人君措天下，若能體天之常造，則治民非芻狗矣。

天地之間，其猶橐籥乎？虚而不屈，動而愈出。

聖人之心，無不虚而無不實，無不惜而無不棄。所以惜者，常常惜之；所以棄者，常常棄之。是不棄而棄，不惜而惜，故民樂自然矣。特以鑄冶風匣比之：視之則虚而無物，動則其風源源，斂而視之，似乎無物也，未嘗不有也。大概言風機無時不有，聖人治道之心亦無時不專，故以橐籥云。

多言數窮，不如守中。谷神不死，是謂玄牝。玄牝之門，是謂天地根。緜緜若存，用之不勤。

人之浩氣乃神，神即氣也。人之軀中有心，心中有竅，呼竅爲谷，以氣爲神，氣若常存，即谷神不死。谷神不死，遂得長生。此以君之身爲天下國家萬姓，以君之神氣爲國王，王有道不死，萬姓咸安。又以身爲天地，其氣不妄，爲常存於中，是謂天地根。若有所養，則緜緜不絶，常存理用，則不乏矣。

右第五章

天長地久。天地所以能長且久者，以其不自生，故能長久。

天地不自生者，人本不知，天地自生不生，但見風雨霜露益於世人，亘古至今不息，未見天有自生者，故設詞以訓後人。

是以聖人後其身而身先，外其身而身存。非以其無私耶？故能成其私。

後其身者，儉素絶奢。身失者，勞心身而用治道也。有志於濟人利物外其身者，以其不豐美其身，使不自安而身存，乃先苦而後樂也。非以其無私，所以爲此而成其己道也，非私者何？

右第六章

上善若水。水善利萬物而不争，處衆人之所惡，故幾於道。

此老子導人行道，養性修德，行仁利人濟物者若是。蓋水之性無所不潤，無所不益，故善人效之，卑而不昂，用而有益，則道矣。

居善地，心善淵，與善仁，言善信，政善治，事善能，動善時。

人能訪有德之人，相爲成全德行，以善人多處則居之，其心善行廣矣。若與善人論信行，則政事無有不治者，故善治。既知治道之明，凡百諸事，皆善能爲造。及其動也，必合乎時宜。前『心善淵』者，以其積善多而行無竭也，若淵泉之狀。

夫惟不争，故無尤。

謂能其事矣而已之，不可太過也。

右第七章

持而盈之，不如其已。揣而鋭之，不可長保。

此如人將碗水而行，若滿而行則溢，若中而行則得，且不溢而不費，所以盈而行則費且得少，故亦以揣而鋭之以比，言不可保，云物與志皆不可太甚。

金玉滿堂，莫之能守。富貴而驕，自遺其咎。功成名遂身退，天之道。

世之有富貴者，每每不能保者何？蓋爲因富貴而放肆，高傲矜誇不已，致生他事，有累身名，是自遺其咎，莫之能保也。故人以『功成名遂身退』以戒之。功謂功大也。遂謂遂其志意已。身退謂當謙，而勿再尚之，非退去也。

右第八章

載營魄抱一，能無離乎？專氣致柔，能嬰兒乎？滌除玄覽，能無疵乎？

載謂以身爲車，以心爲寨，以神言魂。總而云之，身魂二物也，故託以載營魄之説爲文之妙。以老子之理言之，則神魂爲魄之主宰。人能以魂不離於魄，則人健矣。若使魂常在身不妄遊，是爲專氣。既不妄遊，亦無暗地私欲，即是滌除玄覽。私欲既無，混然矣，此所以嬰兒，其疵焉能有之？

愛民治國，能無爲乎？天門開闔，能無雌乎？明白四達，能無知乎？

君子之持身行事，國王治國以陳綱紀，豈無知而無爲？在動以時而舉必善。以心言之，則世間美惡無不周知，在乎去其惡而存其善者。君子可以利人，國王可以利濟萬物，即愛民治國者也。則不使神剛而爲雄，以此行之，是爲雌矣。故老子託鼻息爲天門，假氣神主軀之説。人若妄爲，勞筋骨而致氣麤暴，是爲雄。調停氣血以均，是爲雌，使身安則神久也。若身不安，則神亡有日矣。如治國者，君爲民之主，君乃時或妄爲，則民禍矣。民疲則國亡，信哉！

生之畜之，生而不有，爲而不恃，長而不宰，是謂玄德。

與民休息，使積蓄之，是謂生之蓄之。君不輕取，是謂不有。天下措安，君不自逞其能，是謂不恃。生齒之繁，君不專長，百職以理之，是謂長而不宰。奇妙道理，稱爲玄德。

右第九章

三十輻共一轂，當其無，有車之用。埏埴以爲器，當其無，有器之用。鑿户牖以爲室，當其無，有室之用。故有之以爲利，無之以爲用。

三十輻共一轂，是古時造車之法。每一輪以三十輻攢一轂，方成一輪，所以號曰三十輻共一轂，此是一輪也，係是備用副輪。言有車之家，有此是爲便利，當正車頽壞無輪之時，則以此輪爲用，即是有車之用。埏埴以爲器，埏埴，膠粘之泥，作器係是瓦器。有器之家，恐正器有所損壞，故先置以爲備。儻正器敝，則以此器代之，此所以有器之用。鑿户牖之説，言有房之家，門扇窗扇，當造房之時，已嘗足備。其有房之家，慮恐久有損壞，故特置餘以備之。所以經云：『有之以爲利，無之以爲用。』蓋聖人教人，務要諸事必欲表裏如法，事不傾覆，人王臣庶可不體之？

右第十章

五色令人目盲，五音令人耳聾，五味令人口爽，馳騁田獵令人心發狂，難得之貨令人行妨。

是以聖人爲腹不爲目，故去彼取此。

此專戒好貪欲、絶遊翫、美聲色、貴貨財者。此文非深，即是外作禽荒，内作色荒，酣酒嗜音，峻宇雕牆是也。腹喻民也，所以實其腹者，五色、五音、五味、田獵、貨財，皆欲使民有樂之。君不取而君有之，即捨彼而取此，後其身而身先，外其身而身存之道是也，妙哉！

右第十一章

寵辱若驚，貴大患若身。何謂寵辱？辱爲下，得之若驚，失之若驚。何謂貴大患若身？吾所以有大患者，爲吾有身；及吾無身，吾有何患！故貴以身爲天下，則可以寄天下；愛以身爲天下，乃可以託天下。

人君能以身爲天下，慮天下恐有大患，若身有苦疾，則天下安矣；不能以此者，天下危亡。故所以寵辱若驚。故小人不想得之職，得之則自驚且喜。然得已既久，富貴盈身，卻乃止知榮身其貴，卻莫知所保。其身有疾，便能知醫，能防貴之患，若防己之疾則保矣。不能如是，失之又驚。若人君肯以身爲天下，以百姓之身爲身，則帝王之身宇内可獨行而無憂。若以身爲身，天下爲天下，雖萬千之甲士從之，猶恐不禦也。是故帝王愛天下如愛己身，獲昌。

右第十二章

視之不見名曰夷，聽之不聞名曰希，摶之不得名曰微。此三者不可致詰，故混而爲一。

言理道之幽微如是也。所謂視之不見，言道；聽之不聞，言理；摶之不得，言氣。曰夷、曰希、曰微，言平淡無見也。此三者不可詰，言三物無形而有形，有象而無象，是難説也。混而爲一，乃專其氣、精其神也。

其上不皦，其下不昧，繩繩兮不可名，復歸於無物，是謂無狀之狀，無象之象，是謂惚恍。

其道其理，甚不彰彰，甚不昏昏，若言無則出，而井井焉事行矣。其機無名若斂，寂然莫知所之。或又有象而無象，有形而無形，蓋謂人心與道心至幽至微，非君子難守，故惚恍也。惚恍，不定而速疾也。

迎之不見其首，隨之不見其後。執古之道，以御今之有。能知古始，是謂道紀。

理道之混然，即視不見、聽不聞是也。人能執古大理道行今之時，即今之有也。人之道理，即天性也。所以天命之謂性，率性之謂道，修道之謂教，一然，此謂道紀。

右第十三章

古之善爲士者，微妙玄通，深不可識。夫惟不可識，故强爲之容。

君子所秉者，得天地至精之氣，乃神慧而不妄爲。使其動，則諸事有理焉。使其靜，則靈神於心，人莫知其所爲如何，故深妙難通。老子設詞假似，傍人强立名色以覘視。

豫兮若冬涉川，猶兮若畏四鄰，儼兮其若客，涣兮若冰之將釋，敦兮其若朴，曠兮其若谷，混兮其若濁。

指前君子之人，懷仁堅志，人輕不可得而知彼之機，故設七探之意，使欲知彼之機尤甚難知，蓋欲使後人修道堅如是也。又以猶、豫二獸名於其中，又以整然之貌見之，加以怠慢之情合之，添淳淳然混之，亦聲勢以動之，侮以諠譁窺之，凡如此者有七，終不得其真情。是以賢人君子之誠難動，其小人之心安能如是也？

孰能濁以静之徐清？孰能安以久動之徐生？

言有如此之能人，誰能見彼昏而使醒？君子以濁，何人使彼澄之以清？言君子以動，何人使彼静之？君子以安，孰能以智動之？君子之意未發，孰能以計使之漸萌？

保此道者不欲盈。夫惟不盈，故能敝不新成。

此蓋教人持身保道止是不欲太過耳，故所敝不新成。所以敝不新成者，不盈不壞是也。不新成者既不壞，安有新成就者？故保此道者如是，甚不難哉。

右第十四章

致虚極，守静篤。

言致虚極無他，乃去妄想私欲以盡耳。守静篤，使堅守其寡欲之心。篤，至誠也，實也。

萬物並作，吾以觀其復。夫物芸芸，各歸其根。歸根曰静，静曰復命，復命曰常，知常曰明。不知常，妄作，凶。知常容，容乃公，公乃王，王乃天，天乃道，道乃久，没身不殆。

君子之學道也，體天道而行四時之常經，是故處心虚極，以守静篤。其心以觀循環者，故法天地也。所以云萬物並作，然後觀復。命者，以其有始有終，未常紊也。君子之守道行仁，猶四時而序之則道矣。所以復命者，物生而長，長而成，成而斂，斂則復命矣。比明年復如之，所以云常。人能知常，則道明矣。若或不知常，不知序，妄爲則凶矣。所以知常者，容。知，謂知常道也。容，謂悦貌也。天下既悦，乃公。若能執此公道而行之，則君天下也。善能君天下者，道也。既守其道，王無不善終者，故不殆。

右第十五章

太上，不知有之。其次，親之譽之。其次，畏之侮之。信不足焉，有不信焉。

上等君子，道布天下，人莫知其功而有功矣。此太上也。中等之人，道未行時，欲人矜其已能，是謂譽之。下等之人，以力服人，將不服焉，是謂侮之。此事古今明驗，尚有不信者，故云信不足焉，有不信焉，即此是也。

猶兮其貴言。功成事遂，百姓皆謂我自然。

言君子之用事也，事成不欲使人揚其已能，故事遂。若揚能者，必巧其事，將不久必累成功矣。但人不言好而又不言否，則事平而且穩，雖不言，久日百姓將必美之，豈不自然？故自然也。

大道廢，有仁義；智慧出，有大僞；六親不和，有孝子；國家昏亂，有忠臣。絶仁棄義，民復孝慈；絶聖棄智，民利百倍；絶巧棄利，盜賊無有。此三者，以爲文不足，故令有所屬，見素抱朴，少私寡欲。

此仁義、智慧、大僞、孝子、忠臣，吾觀老子云妙哉，云何？蓋此等忠臣、孝子、智慧者，始自成湯，及周父子時，以及秦漢，至今疊出，此等猶甚不多，故老子所言無他，必欲有大道耳。所以大道何？昔三皇、五帝、堯、舜者，當是時，大道行焉，六親和，民無不孝，君天下者爲民而讓位，臣忠安用賢臣在位？王者朴實，奇巧何施？大道廢自禹不讓之後，成湯放，武王伐，所以有無仁義而顯仁義，有愚昧者顯智慧，有不孝者顯孝子。老子戒人，絶仁棄義，絶聖棄智，絶巧棄利，以此三絶示後人，使朝無争位，即君臣安矣。若以常人言，去此仁、義、孝、慈、聖、智、巧、利，卻乃天下安，豈不言未之有也？所以老子自云三者文不足，言人必不識其意也。故再有所屬，令人務尚儉而淳實，少私寡欲，是爲之屬也。

右第十六章

絶學無憂。

罄世務以充吾腹，所以絶學無憂。妙哉！嘗聞孔子無常師，蓋世人之學，未嘗能備其世事者。志士不過知世事之三五而已。惟世間之諸善，世之賢愚者雖多少之不同，皆能有之。常人不能備習，惟太上者獨能取諸人之善爲己之善，故爲非常道、非常名。經云太上，非道家之虚言。此云最上之人，言人不可與齊肩是也。又孔子無常師，以其博學也，博之既盡，其世事朗然矣。所以云四十而不惑，乃絶學無憂是也。

唯之與阿，相去幾何？善之與惡，相去何若？

世人愚而不學，故設唯阿之詞以戒之。相去幾何，言此二字即是應聲而已，於此應聲之間，不能分别是非，致人言惡，豈學者之所爲？其善之與惡，爲文不過表前文之深意。

人之所畏，不可不畏。荒兮其未央哉！

老子所以非常人者，爲此。且世人聞有可畏之事，人皆知有畏者，然猶不甚荒亂。至其極也，乃甚荒，其荒無解也。所以老子聞有此，而事未極先荒極，故能不荒而不畏也。草廬云：『央，猶盡也。』

衆人熙熙，如享太牢，如春登臺。我泊兮其未兆，如嬰兒之未孩。

此所以老子高出世人者爲此，及其習道也如是。至於他人奢華者，老子卻乃不如是，爲何？蓋謂學道與物樂不同也。所以不同者，道乃無形之理，善用無乏焉，故盈之而弗厭。其遊賞宴樂，乃用物而驕盈也。既盈而有虧，以蕩志而用物過也。是以老子懷素而守常，非如嬰兒之無知未兆，非心不知此之爲樂，蓋持道而不妄爲，以守天經地式也。

乘乘兮若無所歸。衆人皆有餘，我獨若遺。我愚人之心也哉！沌沌兮！俗人昭昭，我獨昏昏；俗人察察，我獨悶悶。漂乎其若海，飂兮若無所止。衆人皆有以，而我獨頑似鄙。我獨異於人，而貴食母。

乘乘若無所歸，云如乘舟之貌，非無所歸，言樂自然耳。言衆人皆有餘，我獨若遺，言衆皆樂，獨不遇，其中似乎有失於歡，若無物之狀，非也，乃守道也。所以云我豈愚人之心也哉？沌沌乎，昏濁之狀，以其忘機也。如昭昭察察，其常人之所爲；昏昏悶悶，乃守道之如是。豈昏昏而悶悶？云漂兮其若海，飂兮若無所止，此非海非飂，言其守道如是，人莫知其所之。海，曠也。飂，蕩驅也，長風。又云衆人皆有以，我獨頑似鄙。有以，云人皆如是。頑似鄙，俗癡薄也，非示此篤衷如是。我獨異於人而貴食母。食，養也，哺也。此二字無他，修道之堅也。

右第十七章

孔德之容，惟道之從。道之爲物，惟恍惟惚。恍兮惚兮，其中有象。惚兮恍兮，其中有物；窈兮冥兮，其中有精；其精甚真，其中有信。自古及今，其名不去，以閱衆甫。吾何以知衆甫之然哉？以此。

孔德之容者，言大德之貌，若行道者能踵斯以爲式，可不非常道也。且道德之爲物，聽視皆不見，忽有之，故下惟恍惟惚，恐學者之難窮而忘之。云恍兮惚兮，其中有物，其又惚兮恍兮，其中有象，慮人指爲真，虛而不實，特云有象，使知道德之理無不實也。亦言窈兮冥兮，其中有精，有精者然也。精，英華也。使夫守此而不改，則信同天地，則其中精甚，更有信焉。有信者何？亘古至今，其道未嘗有損，所以言其名不去，是爲不朽。以閱衆甫者，言道常存而萬物勝，所言觀物也。甫者，美麗也。又何以觀衆甫之然哉？云道不失信，常經以四時，源源不絕，生物之繁，以爲必然，故所以教人守此道，行以誠者，如影隨身，如響疾應是也。

右第十八章

曲則全，枉則直，窪則盈，敝則新，少則得，多則惑。

此教人持身行事勿過。學道修誠，以分真僞，所以曲、枉、窪、敝、少喻勿太過，惟多則惑，正爲學者雖能廣覽，而不分真僞，何如絶學也？真僞不分，則僞有禍焉，僞累善焉，所以唯阿是也。故云相去幾何。

是以聖人抱一，爲天下式。

擇善去惡，而爲之道，諸善一而諸惡靡，故爲天下式，豈不去多惑也？非常道由此而出焉。

不自見故明，不自是故彰，不自伐故有功，不自矜故長。夫惟不争，故天下莫能與之争。古之所謂曲則全者，豈虚言哉？誠全而歸之。

此四『自』字之設文，不過明前曲、枉、窪、敝、少、多六字之機也，但前通則後亦然矣。縱使盡知，不過泛文耳。

右第十九章

希言自然。飄風不終朝，驟雨不終日。孰爲此者？天地。天地尚不能久，而況於人乎？

此云小人之仿行道者如是，且政事方施於心，早望稱頌，故謂希言。希言者，希望人言好也。又自然者，復以非常道戒之，故董仲舒有言『正其誼不謀其利，明其道不計其功』，所以自然。義既正，道既明，他日自然乎！此自然者，戒也。道者，非非常之人安能如是？曰飄風不終朝，驟雨不終日，此設意以喻。孰爲此者？天地。乃曰誰云天地之勢不能終朝而風雨驟歟？此所以不知道者，故又云天地尚不能久，而況於人乎？所以言者，比希言若驟風雨之狀，縱有也不能久，故比云。

故從事於道者，道者同於道，德者同於德，失者同於失。

人能專其志，務於道，大者未嘗不非常道。有志布德，未嘗不有大德。若用邪心姦詭，未嘗不由姦詭而失身。所以下文有三同焉，復明此理者何。譬如人之在世，願作何等，必得何等來應，即是好此而此驗，喜彼而彼來，必然。

同於道者，道亦得之；同於德者，德亦得之；同於失者，失亦得之。信不足焉，有不信焉。

好此而得此，好彼而得彼。既云如此，又有且信且不信者，猶豫，甚有全不信者，即信不足焉，有不信焉。故下文又云跂者不立，跨者不行，亦再此也。

跂者不立，跨者不行，自見者不明，自是者不彰，自伐者無功，自矜者不長。其於道也，曰餘食贅行。物或惡之，故有道者不處也。

跂、跨者，亦比也。且跂，短足之人，一足不能立也。跨乃躍也，又跳也，又如跨騎未達鞍也。如此者，皆不行而不立，由人所好者孰焉。其四『自』字之説，有何難見也？不過使人毋得張聲勢耳。我儘作爲，惟取自然而已。餘食贅形，亦誇也。爾既自誇，人誰不笑？所以君子不取，爲此也。

右第二十章

有物混成，先天地生。寂兮寥兮，獨立而不改，周行而不殆，可以爲天下母。吾不知其名，字之曰道，彊爲之名曰大。

以先天地無極之氣理言之，以比君子仁德之心未施之意，井井於心，寂兮寥兮，獨立而不改，以其凝而不妄動，周行而不殆，可以爲天下母。不殆云時時省悟其道，不致有亡，既不亡，安得不利濟萬物？若以此道利濟萬物，豈不爲母哉？雖云彊爲之名，即太極之道也，故曰大。

大曰逝，逝曰遠，遠曰反。

大曰逝，所以逝者，謂道成而給於物也。物得而道，仍歸於我，豈不反也？遠，謂流行也。

故道大，天大，地大，王亦大。域中有四大，而王居其一焉。

謂天地同造化，王者法天地，執此道居兩間，若比天地，王豈眇然一人而已？何居四大之中一大？　蓋其道理之鴻濛，王乃持之，故云大。

人法地，地法天，天法道，道法自然。

此四『法』字，不過明四大也，是謂相繼而持大道焉。　所以人法地者，君天下，當體地之四序交泰，以爲常經而施政。　地法天者，聽風雨霜露，以生實收斂物焉。　天法道者，以無極之氣，自然徐成之也。　道法自然者，和氣沖而物不敝是也，故能自然。

右第二十一章

重爲輕根，静爲躁君。

持身之道如是，凡君子舉事，必先以身爲重，然後度所行之事，可全身立名者，方乃施之。　所以下『重』『静』『輕』『躁』四字，乃云不欲胡爲輕發，亦不許猶豫也。

是以君子終日行不離輜重。

終日行者，行道心也。　不離輜重者，以此輜重比身也。　其道理者，人心也。　心乃神魂所棲之處，若神魂而妄慮妄爲，使不守其心而縱其所欲，是爲離輜重也。　譬如帥師遠行而入敵境，豈有棄其軍糧而先行焉？　先行則失糧，所以君子持身若是。

雖有榮觀，燕處超然。

言守身之道甚堅如是，且吾有微寶齎持行途間，或曰他處有美翫者，欲與吾同往觀之，此所謂榮觀。君子但知守己之微寶耳，持心以静，不欲他美者，故燕處超然是也。

奈何萬乘之主，而以身輕天下？輕則失本，躁則失君。

此言因有發之矣，昔周穆王乘八駿而遊是也。豈不萬乘之主以身輕天下？紂乃斮朝涉之脛，剖賢人之心，何止乎躁？其不仁甚也，故所以失君。不但天下失君，其紂亡其身矣。

右第二十二章

善行無轍迹，善言無瑕謫，善計不用籌策，善閉無關鍵而不可開，善結無繩約而不可解。

君子之道，行人不能知，以其無誇己之言。其又不自矜，既不自矜，何有妄言？妄言既無，安有瑕謫？吾心終日守之以理道，小人將欲窺侮之，其來既非理道，安得不爲我所制？其爲計乎籌乎？吾有天下而守在四夷，民安物阜，君臣同心，軍民遂其生而同其志，吾雖無關鍵繩約而結者，孰能善可開而善可解？所以善閉善結者，皆譬言道養天下之人，則天下之人爲吾閉而爲吾結矣，解之乎？

是以聖人常善救人，故無棄人；常善救物，故無棄物：是謂襲明。

聖人之心，無善無不善。善者何？蓋謂道常善被於人物者，以其常道而常善也。所以無善者，其非理之人物自不善也。所云無善人物者，聖人未嘗有心棄之，奈何人物自棄焉。所以不棄而常救者，常道也。若能從斯道者，是謂不棄也。襲明者，聖人因此而終古今承其明耳，故曰襲明。

故善人，不善人之師；不善人，善人之資。

善教人者，不爲人師，乃能使人爲善。君子之所在，心善淵，身安乎？蕩蕩然與相處者，其有學乎？故不善人師，而人善也，所以無轍迹是也，汝知資乎？

不貴其師，不愛其資，雖知大迷，是謂要妙。

不教人而習我，是謂不貴其師。不與人之物，而人得我之道，是謂不愛其資。如此者似乎無知，乃有機，是謂要妙。

右第二十三章

知其白，守其黑，爲天下式。爲天下式，常德不忒，復歸於無極。

白乃光明也，將甚必有虧，故先守其黑。黑乃明之先兆，是以存其光而不欲盡也。如此者君子可爲式。但能用此者常，常有德之士，於心不忒；既不忒，當去其私欲，合精神爲一，以存乎其中，如先天地之理氣然，即無極是也。

知其雄，守其雌，爲天下谿。爲天下谿，常德不離，復歸於嬰兒。

此務教人不善彊而尚柔，乃云雄雌也。如此者，當以吾腹爲天下長江大河，所以長江大河能容百川之波濤。故欲君子以心比之，則常有大德。大德既有，不可矜誇，復若小兒無知之貌；又非真無知之貌，不過使心不妄爲耳。故小兒不能妄爲曰嬰兒。

知其榮，守其辱，爲天下谷。爲天下谷，常德乃足，復歸於朴。

既富而恐有所辱，守之以嚴，則不辱矣。如此者可爲天下谷。谷乃大山深遠低處是也。既若大谷，大谷比心胸腹也。又云若能如是，則常。常爲之德，既有如許大德而不誇，當以心爲淳朴。

朴散則爲器，聖人用之則爲官長。故大制不割。

朴散而爲器，則聖人用之。朴，道未行也；散而爲器，道布也。聖人用之，則爲官長；非官長也，云人主是也。淳於此而畜於中，散而爲道，周行聚則朴而混一；雖云散，未嘗曾散，所以云不割是也。

右第二十四章

將欲取天下而爲之，吾見其不得已。天下神器也，不可爲也。爲者敗之，執者失之。

此老子自歎之辭。朕於斯經乃知老子大道焉。老子云：『吾將取天下而將行。』又且不行，云何？蓋天下國家，神器也。神器者何？上天后土，主之者國家也，所以不敢取。乃曰我見謀人之國，未嘗不敗，然此見主者尚有敗者，所以天命也。老子云：『若吾爲之，惟天命歸而不得已，吾方爲之。』

凡物或行或隨，或呴或吹，或强或羸，或載或隳。是以聖人去甚，去奢，去泰。

行隨，行乃先，隨乃後，先爲不讓，後爲能弟。又或呴或吹：呴，徐徐出氣也；吹，乃急出也。所言急則乏疾，徐則有餘。如强、羸二字，强勝羸弱，其强必有衰，其羸必壯。載、隳之比，蓋以有載將有不載，有隳必又將興，故所以戒人，甚勿違天命而妄爲，是去甚、奢、泰之云耳。

右第二十五章

以道佐人主者，不以兵强天下，其事好還。

朕觀老子之爲聖人也，亘古今而無雙，夫何故？以其陰騭大焉。夫爲人臣者，不務以道佐人主，乃務尚兵强，喪人主也。當可發兵而猶豫，致君不發，亦亡君也。云其事好還者，乃非理之爲，神天不許也。若有此無故損傷物命，非身即子孫報之，理有不可免者。

師之所處，荆棘生焉。大軍之後，必有凶年。

此又喻君臣焉。謂凶年者何？蓋爲凡國家用兵，或轉輸邊境，轉輸則民疲用乏，是有凶年。或境内相争，言境内相争，農廢耕植，田野荒蕪，所以荆棘生焉。皆乏用，是爲凶年。

善者果而已，不敢以取彊。果而勿矜，果而勿伐，果而勿驕，果而不得已，果而勿彊。

此專復喻君臣若遇卒急與可爲，當疾便爲之。爲之而既勝，勿許聲張，即勿矜是也。彊謂勿愈尚兵也。其勿伐、勿驕，皆誇大也。果而不得已，是爲没奈何而爲之。是謂果而勿彊，此云爲我不得已而爲，豈我彊哉？

物壯則老，是謂不道，不道早已。

此再喻用兵若過，是謂老。早已，是謂既老必不久也。大概不可每每無故尚兵彊也。

夫佳兵者，不祥物。或惡之，故有道者不處也。

謂用兵得勝而歸，常常誇之以爲能用兵也。纔言能用，是謂不祥物。或惡之，言兵行處所，非損命則諸物不無被廢。物者何？錢糧、兵甲、旗仗、舍宇、津渡、舟車及馬，無有不損者，故物或惡之。爲此其上善度之，不處是也。

君子居則貴左，用兵則貴右。

此言兵凶事也，左乃生氣之方，故君子居左，以其生氣也。右乃屬金，金主殺伐，故用兵居右是也。

兵者，不祥之器，非君子之器。不得已而用之，恬淡爲上。

兵本是凶器，没奈何而用之，是以君子不得已而用之。縱使大勝，不過處以尋常。所以尋常者，即恬淡也。是謂勝不美。

勝而不美，美之者，是樂殺人也。樂殺人者，不可以得志於天下矣。

若人誇善用兵者，是謂喜殺人也。如此等不可式天下也。

吉事尚左，凶事尚右。偏將軍居左，上將軍處右。殺人衆多，以哀悲泣之。戰勝，以喪禮處之。

古所以慎人命者，幽哉！蓋爲不欲使凶事尚吉，重人命也。

右第二十六章

道常無名、朴。雖小，天下不敢臣。侯王若能守，萬物將自賓。

道無名，言仁心大德是也。朴，淳然於心，似乎微，孰敢以爲小朴？真道理也。不敢臣，即不敢小也。若王主之，萬物將自賓。自賓是人物來臣貢也。侯庶能守，將名同天地，可賢也。子以侯王並稱，侯乃過矣。

天地相合，以降甘露，人莫之令而自均。

言道之功、理之妙如是。言甘露降，人莫之令，即不知誰人使令如是；均，乃和氣自然而然。

始制有名。

德之造化如許，名乃云甘露，是其名也。即前無名有名之説，所以有名無名，道理未施則無名；既施着物，以物爲名，是謂有名。

名亦既有，夫亦將知止。知止可以不殆。

謂其名因物而有之，乃當止之，何故？蓋謂令君子措事既成，勿再加巧，加巧則復敝，不加巧是謂知止。既能知了足，可以不危，即不殆。

譬道之在天下，猶川谷之與江海。

道在君子之胸中，能堅持不忘，則如長江大河之水一般。世間之雲雨興作，百川泛溢，本海爲源，何以見之？海太陰，所集陰昇騰而雲雨作。如道之行，既行則溢江河，既溢江河，復朝宗於海，乃道之體用也。

右第二十七章

知人者智，自知者明。勝人者有力，自勝者彊。

能知人者，有智。能知自己何如，是爲小善。能善勝人者，雖不用力，是謂有力。自勝者是爲彊。彊然如此，此數事皆能知足爲當。

知足者富，彊行者有志。

吾有己物，守之而不貪，於我物甚堅，故得當富。又彊行者，言君子終日慮道不息，是爲有志，既有志，事將必成焉。

不失其所者久，死而不亡者壽。

不失其所者久，謂此數事能常常守之行之，將名垂萬古而不朽，是謂死而不亡者。壽孰不知？釋氏云不生不滅，即此是也。然猶恐人愚迷，特言虛無，此云實行大道得如是。

右第二十八章

大道汎兮，其可左右。

言大道大也，其理鴻濛，安可左右？

萬物恃之以生而不辭，功成而不居。

道之恩世間，萬物憑此而發生，既生萬物，道何言哉？言君子行道，務不誇爲上，所以不誇，即不辭。所謂不辭，即事業成而不任己之能是也。

衣被萬物而不爲主，常無欲，可名於小矣。

道如厚纊之衣被，被者蓋覆人物也。若言可名，道之德不欲使人名之，故止小也，即可名於小矣。

萬物歸焉而不知主，可名於大矣。

大道既施，萬物各得其所，吾不言能，而後萬物歸於我者。可爲大，即可名於大矣。

是以聖人能成其大也，以其不自大，故能成其大。

聖人善能利濟萬物，又不自誇其功，是謂能成其大。因本身不以爲大，所以成大，乃不成而成者矣。

右第二十九章

執大象，天下往；往而不害，安平泰。

執大象者，即道理本體也。又王者大位而大名，政事是也。又王位民之大寶，持之以常而不妄，則天下歸焉。歸者從也，即天下往。既衆庶之服歸，加撫以勞之，則天下安和，即安平泰。

樂與餌，過客止。道之出口，淡乎其無味，視之不足見，聽之不足聞，用之不可既。

君能撫養有方，雖有叛者，亦復歸也。過言去，止言復往。其謂道，無形無影，口説時無驗，亦無滋味，看又不見，耳聽之又無聲，愚人將謂無有，上善用之，終古不乏，是謂不可既。

右第三十章

將欲歙之，必固張之；將欲弱之，必固强之；將欲廢之，必固興之；將欲奪之，必固與之：是謂微明。柔勝剛，弱勝彊。魚不可脱於淵，國之利器不可以示人。

柔淺而機祕，智者能之。絶注。

右第三十一章

道常無爲而無不爲。

道治天下，專其志而守之。所守在心，所爲居衷，無形無影，乃道常存，即是無爲無不爲。

侯王若能守，萬物將自化。

大仁大德，常行而不改，久則天下順從，守常而行之。自化，言民必從是也。

化而欲作，吾將鎮之以無名之朴。無名之朴，亦將不欲。

王道布宇内，民從而國風淳。久之民富，人將奢侈，是以鎮之。謂爲王者，身先儉之，以使上行下效，不致縱欲是也。

不欲以静，天下將自正。

王者身行之，餘者不待化而自化，必然。

右第三十二章

御注道德真經卷下

上德不德，是以有德；下德不失德，是以無德。上德無爲而無以爲，下德爲之而有以爲。上仁爲之而無以爲，上義爲之而有以爲，上禮爲之而莫之應，則攘臂而仍之。故失道而後德，失德而後仁，失仁而後義，失義而後禮。夫禮者，忠信之薄而亂之首也。前識者，道之華而愚之始也。是以大丈夫處其厚，不處其薄；居其實，不居其華。故去彼取此。

大德周給萬物不自矜，聽其自然，所以有德，即是以有德。下德不失德，是以無德，謂德小而量薄，張其自己之能，反爲無德，即是以無德。上德無爲而無以爲，因其措事已定，別無可爲，亦不尚巧，即是無以爲。下德爲之而有以爲，以其尚巧也，即有以爲，將爲德壞也。其上仁上義上禮與夫四失，及處厚薄而居實華，此皆老子言世道盛衰，大道不立故也。何謂之大道？昔三皇五帝大道焉，如帝堯與舜，舜與禹，官制不更，禮樂有序，明君賢臣，天下安和，大道歟！盛歟！何謂衰？桀紂非君，以天下美身，政務消而邪事長，正聲去而淫聲生，是謂大道、德行、仁義、禮樂廢，此數事當三皇五帝在位，天下淳朴無顯也。此所以呼爲大道，自桀紂靡其道，致成湯放，武王伐，此臣乎？義乎？桀紂失唐虞之德而有如是，此盛耶？衰耶？然盛衰由此而見，仁義忠信自此而顯，安得不謂之衰焉？非世之善美也，乃不美也。故本經前云絶仁棄義之説，不欲見此而已。但欲三皇五帝之仁義耳，豈老子之過歟？

右第三十三章

昔之得一者：天得一以清，地得一以寧，神得一以靈，谷得一以盈，萬物得一以生，侯王得一以爲天下貞。其致之一也。

昔之得一者，即無極之初氣也。初氣者，大道理是也。以此氣而成天地，故天地得一以清寧。神乃乾坤之主宰，至精之氣，聚則爲神，變則無形而有形，是謂得一以靈。谷者，兩間人世也，天地虚其中而爲谷，和氣盈於兩間萬物生，以其多之故，是謂盈也。谷萬物各得合應之氣，至精者方萌，謂之得一以生。王臣乘此天地之精英而不僞，大道行焉，是謂天下貞。此云蓋謂教人務守大道不妄，乃君乃臣，乃士乃民，可爲暢然。

天無以清將恐裂，地無以寧將恐發，神無以靈將恐歇，谷無以盈將恐竭，萬物無以生將恐滅，侯王無以爲貞而貴高將恐蹶。

若天失此之氣理，將有裂壞；地失此，將有震動墜陷；神失此，將有不靈；谷失此，人世將無物；世間萬物失此，將不生而有滅；王臣失此，將無道而國亡；士君子失此，將傾覆尊貴也。

故貴以賤爲本，高以下爲基。是以侯王自謂孤、寡、不穀。此其以賤爲本耶？非乎。故至譽無譽。不欲琭琭如玉，珞珞如石。

爲仁人君子者，務尚謙卑爲吉，所以又云王稱孤、寡、不穀，此三字俗呼皆微小無德之名，王臣乃稱之，言其不自高也。小人誇己，可乎？所以俗云言吾惡者是吾師，言吾善者是吾賊。故下至譽無譽，不欲琭琭如玉，珞珞如石，此二説皆諂諛之稱。君子當守道而不改，尤有稱之。何小人好之甚，入惡地也。

右第三十四章

反者，道之動；弱者，道之用。天下萬物生於有，有生於無。上士聞道，勤而行之；中士聞道，若存若亡；下士聞道，大笑之，不笑不足以爲道。故建言有之：明道若昧，進道若退，夷道若纇。上德若谷，大白若辱，廣德若不足，建德若偷，質真若渝。大方無隅，大器晚成，大音希聲，大象無形。

道行則被萬物，物足用而道歸我。反也其動字，既歸又將動也。王臣君子持身守道，未嘗時刻有忘。寧者，所以能成王臣君子者，爲此道之用如是。世間萬物既有生，即有滅，理道自然，天地之綱紀也，所謂生於有，有生於無是也。所以古聖人終世而行道，日夕而持之，不敢有慢。中等之人或行或不行，或行者聞人稱之則又行之。或不行，謂道隱功遲之故，是云若存若亡。下等之人不但不行，相與言道，早發笑焉。又有不審而不答焉。或有言不可行道者，君子與小人論道，小人若迷途者，與行道難甚。若退與之平道，由梭行纇緯不抽。又云谷、辱、不足、偷、渝、無隅、晚成、希聲、無形數事，即前云善行無轍迹是也。守謙亦然。

道隱無名，夫惟道善貸且成。道生一，一生二，二生三，三生萬物。萬物負陰而抱陽，沖氣以爲和。人之所惡，惟孤、寡、不穀，而王公以爲稱。故物，或損之而益，益之而損。人之所教，我亦教之。强梁者不得其死，吾將以爲教父。天下之至柔，馳騁天下之至堅。無有入於無間，吾是以知無爲之有益也。不言之教，無爲之益，天下希及之。

嗚呼！老子聖哉！何明道之極也。且云道隱無名，誠然。道本先天地之氣，人何見而不見，如善貸且成，當哉！失道之理，無所不益，萬物賴此而生，豈不借資與人物焉？復云理道之幽微，又如是説。道乃先天地之一氣，以清升而爲天，濁沉墜而爲地，是爲一生二。天地乃曰二儀，與先天地一氣並作是三。二儀既立，四象昭昭，曰日月星辰是也。因有風雨霜露，四時成序，萬物生焉。又負陰而抱陽，物盛而歸源屬陰，歸源而復出，是爲抱陽。陽本剛，以陰貫之，則陰陽和。此謂自一以生二，自二以生三，自三乃生萬物。以陰趨陽之道，皆以卑以就能成也。君子之習道如是乎？更踰以上古國王所稱孤、寡、不穀，此三字人人以爲不貞之字，王者乃取名之，是謂謙也。又以盛衰以比損益，云常道也。以三教字言，前二教字言可教者，後一教字云不得其死者，此是謂不教之徒有此。老子云吾教父何？父，道理之本源，度之耳，非父親之父。言天下之至柔，馳騁天下之至堅，無有入於無間，是以知無爲之有益也。無有者何？言道體至柔至堅。無間者何？金石之類，惟陰陽能透知無爲之有益，爲此是也。謂其柔軟不着行迹耳。道也，子教不言之教，尤甚精。不言者，道理不言而物化，教歟？言歟？故所以無爲之益。無爲之益，是不作爲而有益。非不作爲，大理無時而不運，言君子欲措安，無時不務道，雖不言，意已成矣。發則中節，如四序之交，時至而應物也。此道非大人君子，雖多言不可教，故希及之。

右第三十五章

名與身孰親？身與貨孰多？得與亡孰病？是故甚愛必大費，多藏必厚亡。知足不辱，知止不殆，可以長久。

噫，深哉意奧！愚人將以爲老子不貴天爵乎？非也。其戒禁貪婪之徒，特以甚、多二字承其上文，又以二知字收之，再以長久示之，吾故比云。且國之大職，王之下冢宰之官極位，若非天命，棄其此而愛王位，可乎？六卿非君命而讒居相位，可乎？以次序校之，諸職事皆然。言孰親、孰多、孰病，君子之親，日親於道，多多於道；小人之病，病不務學道，貪非理之名，多藏貨物。其非理之名易奪，貨藏多而必恃，故厚亡。君子守有命之名，藏合得之物，是謂知足不辱，知止不危，可以長久，云永不壞也。

右第三十六章

大成若缺，其用不敝。大盈若沖，其用不窮。大直若屈，大巧若拙，大辯若訥。躁勝寒，静勝熱，清静爲天下正。

此云守道如守大器，謂吾有大甕盃，常恐有失有壞，是故不壞即不敝。大盈言吾有諸物盛多，守之似乎少，必不過用，是謂其用不窮。其有直屈、巧拙、辯訥，皆謙憂是也。此謙本有三，吾止以一直比之，餘皆同焉。謂吾心地本平生直實，又常常檢點日行事務，及所躁用處，莫不又有非仁人君子乎？ 本經如此而已。 謂君子持身守堅如是。躁本奮動之貌，内帶蒸熱之勢，因此可以强寒，即躁勝寒。 静，不動之貌，静中舍涼之勢，因此可以勝熱。 此云無他，大概喻君子守道行道，當審而果決，勿躁而勿豫也。 清静爲天下正，此言理道之守甚嚴，謂君天下者既措安之後，當堅守其定規，勿妄爲。 妄爲或改前人之理道是也。 改則亂，不改則天下平，是謂正。

右第三十七章

天下有道，卻走馬以糞車；天下無道，戎馬生於郊。 罪莫大於可欲，咎莫大於欲得，禍莫大於不知足，故知足之足常足。

明君賢臣在位，立綱陳紀，夷來蠻貴貊賓，天下無争，是謂有道。 慣戰之馬駕車以載糞，壯士化兵爲農器，即卻走馬以糞車。 若君不守道而行邪道，雖牧放孳生之馬，不得生於孳生處所，必生於戰場敵國郊境，即是戎馬生於郊。 此有之乎？ 有之。 何以見？ 君好非仁之勇而尚彊，及非理慕他人之寶，則戎馬生焉。 於斯之時，罪之大禍之深，安能釋也哉？ 皆失守道，不本仁也。 因不足而致是，人君若能知足，則天下國家不乏用矣，何他求焉？

右第三十八章

不出户，知天下；不窺牖，見天道。其出彌遠，其知彌少。是以聖人不行而至，不見而名，不爲而成。

不出户知天下，以其運慮備，安不忘危。不窺户牖見天道，以其以心行天心之事，不待倚牖而看也。其出彌遠，其知彌少，以其神不定而視聽亂也。又云聖人不行而至，不見而名，不爲而成者，謂道慮備，恩及萬物，即至不見其物，能知其名，所以哲。所以能成者，恩既施而物自化也。書不云乎：『元首明哉，股肱良哉。』聖人之心，其爲道也異乎？

右第三十九章

爲學日益，爲道日損。損之又損，以至於無爲，無爲而無不爲矣。取天下者常以無事。及其有事，不足以取天下。

聖人有志學道，道乃日積。日積日益也，久日道備，將欲作爲其道，聖人慮恐道行未穩，以此宵衣旰食，苦心焦思，致使神疲心倦，即是損之又損。然後道布天下，被及萬物，民安物阜，天下貞。是以聖人無爲，又無爲而無不爲矣。豈不先苦而後樂乎？昔聖人君天下，務繼前王之法以爲式，不改而行之，不恃富而不恃勇。聖人不言暴取他人天下，言人君能安己平天下，即是善取天下是也。謂常以無事故也。如不能安天下者，諸事擅興，民疲乏用，盜賊烽起，豪傑生焉，時乃整兵欲平之，可乎？未必也。此所以及其有事，不足以取天下是也。

右第四十章

聖人無常心，以百姓之心爲心。善者，吾善之；不善者，吾亦善之：得善矣。信者，吾信之；不信者，吾亦信之：得信矣。聖人之在天下歙歙焉，爲天下渾其心，百姓皆注其耳目。聖人皆孩之。

書云：『鬼神無常享，享于克誠。』當哉！孰不謂老子於斯道合？此云人能常善常德，天神常常加祐之。其不善之心方萌，則天神否矣。聖人之君天下，體此而教民，豈不法天者乎？即聖人無常心，以百姓心爲心是也。又孔子云：『不如鄉人之善者好之，其不善者惡之。』於斯人可取。奈何老子反之？兩善皆善，兩信皆信，果孰是非耶？噫！老子之文奇且甚。善者，吾善之，此美之矣。不善，吾亦善之，此懲之矣。信不信亦然。故得善而得信矣。人不知其文，謂老子果類之而反之。又謂君天下者心志不定，慮生妄爲，則民人效之。人皆亦然。又注其耳目，注謂着其意耳。謂聽其美汙之聲，目乃觀其善惡，所以聖人觀其所以，不欲身民如是，務秉之以道，常以心似乎小兒之無知，特守無爲之道，故天下安。

右第四十一章

出生入死。生之徒十有三，死之徒十有三。人之生動之死地，亦十有三。夫何故？以其生生之厚。蓋聞善攝生者，陸行不避兕虎，入軍不避甲兵，兕無所投其角，虎無所措其爪，兵無所容其刃。夫何故？以其無死地。

天地大道生人，本以十分爲率，因譬云或過三分，故號十有三生者。既言生，忽便云十有三死者，此死者即是前生之徒十有三。所以言者何？蓋爲人生於世，謂貪取養生之物多，是致取非其道，用非其理，反爲所傷是也。何以見之？曰酒色財氣，無病醫藥過劑，及有病不醫，飲食衣服不節，思欲過度，妄造妖言，奸邪犯憲，冒險失身，不畏鬼神，不孝不悌，於此數事，人未嘗有能免者。或云除奸邪冒險、不畏鬼神及不孝不悌外，餘皆善終，何以見非理也？曰以爾所云，此其所以往往多死非命者爲此也。因不知大理何如，故被物欲之善殺也。即動之死地十有三，非此者何？又云善攝生者有兩不避，人莫不以爲真，如是乎？ 非也。 言君子之爲人，務多持道，動合天理，於心不作邪謀，陷身之罪，安有致身於兕虎兵刃中，以其無死地也。 此云比君子之行藏，若此豈果然乎？ 又云天道好還，如小人務尚奸邪，動輒致人於死地，所以好還者，彼雖避兕虎而入兕虎中，彼雖遠兵甲而由兵甲而死。 其還也如是，其得也必然，此皆動之死地耳。

右第四十二章

道生之，德畜之，物形之，勢成之。 是以萬物莫不尊道而貴德。 道之尊，德之貴，莫之命而常自然。 故道生之、畜之、長之、育之、成之、熟之、養之、覆之。 生而不有，爲而不恃，長而不宰，是謂玄德。

此生、蓄、形、成四字，謂能君天下者多能保此四字，是謂善撫乾元之運。 前四字所該者何？ 無他，生之者萬物也。 畜者，既能生萬物，又能養萬物，是謂畜。 既畜之，分品類之，使各遂其生，乃形其貌，或不全者因其勢而就體以成之。 萬物既蒙恩之後，莫不欣哉。 物既樂乎天命，則乾元之運爲我所乘，則乃國祚永昌，若如此者，豈不貴德邪？ 若以道德言之，無形而有形，君天下者能垂衣裳而坐命之，使此二物周旋而不息，則天下貞安，是謂常自然。 其又云生之、畜之、長之、育之、成之、熟之、養之、覆之，此言天經地式，即四時交泰之理道焉。以其細名之，春生、夏長、秋收、冬藏是也。君當使臣庶樂其樂而有其有，長其長而不自主，設官以理之，此玄德焉。

右第四十三章

天下有始，以爲天下母。既得其母，以知其子；既知其子，復守其母，没身不殆。塞其兑，閉其門，終身不勤。開其兑，濟其事，終身不救。見小曰明，守柔曰彊。用其光，復歸其明，無遺身殃，是爲襲常。

始乃本根也，初也。母乃生物之祖。經云天下始、天下母，夫何故？大哉，道理之機，其始其母，本虚又實，是以其萬物由此而出焉。云始母，人能知大道，能如是生生不絶，則常守其大道。大道果何？曰仁、曰義、曰禮、曰智、曰信，此五者，道之化而行也。君天下者，行此守此，則安天下。臣守此，而名賢天下，家乃昌。庶民守此，而鄰里睦，六親和，興家不犯刑憲，曰貞郡里稱良。若天子臣庶堅守其道，則終身不危。人守之不妄爲，存心静慮，不言待用，是塞兑閉門，使應用中節，則終身不乏。不乏不勤也，言開其兑，濟其事，即是開口發放其事。終身不救，言守道既堅，發放中節，萬物遂其生，則終世無禍及身，亦無可救者，即終身不救是也。又云見小曰明、守柔曰彊，蓋謂自己本有所見，猶恐不廣，卻乃所見甚大，我所守持者甚軟，將久勝彊，言至謙下當得上上，是謂見小曰明、守柔曰彊是也。如此者，所守者暗，所用者有，大光其明，復爲我有。於此謙下，其用甚貞，所以無失身之殃，因此能乘大道之常，是謂襲常。

右第四十四章

使我介然有知，行於大道，唯施是畏。大道甚夷，而民好徑。朝甚除，田甚蕪，倉甚虛。服文采，帶利劍，厭飲食，資財有餘，是謂盜夸。非道哉！

謂大道之幽微，以爲比云。老子曰，如我者，使知大道真實處，但得一毫髮大，吾行道焉。然猶有畏之，所以畏之者何？慮恐不精故也。又如有路甚平且大，傍無荆棘，而人不由此而行，卻乃直趨微徑。其微徑也，傍多荆棘，虎狼伏焉，而人不畏而往遊。凡過者或得身安，乃僥倖耳。愚哉！此即大道甚夷而民好徑是也。有等非君子者，不知務本，朝掃堂上塵甚勤，其禾苗郊間盡荒。又一等非君子，倉庫甚無糧物，卻乃偏身衣錦繡。又等非良民者，持刃以食羊羔，多積貨財。以上比云無他，皆言人不務大道而務非理，惜哉！即徑、除、蕪、虛、采、劍、食、餘、夸非道哉是也。

右第四十五章

善建者不拔，善抱者不脱，子孫祭祀不輟。修之於身，其德迺真；修之於家，其德迺餘；修之於鄉，其德迺長；修之於邦，其德迺豐；修之於天下，其德迺普。故以身觀身，以家觀家，以鄉觀鄉，以邦觀邦，以天下觀天下。吾何以知天下然哉？以此。

此章不文，直述也。善建者，挺然立物之狀，雖有力之士不可拔，此云以德治天下。言吾有物，日夕堅持，終世而不脱，比云懷抱大道也。如是若能持此二事甚堅，天地歆享之事，雖子孫百世亦未絶焉。若修身、修家、修鄉、修邦、修天下，此五修備而天下安，則王乃吉，乘乾元之無休。復云五觀者，老子之教甚明，奈何意淺而機深，所以五觀者以取其驗，使治天下之君，務行其道焉。更言『吾何以知天下之然哉？以此』，蓋謂必然道可行，天下可治故也。老子云：噫！爾見否知否？前五修者未嘗不應乎道，修此而得此，修彼而得彼是也。五觀者，大概不欲君天下者以身爲身，而國爲國是也。當以身爲國，以國爲身，終子孫不壞也，所以云天下之然哉以此。

右第四十六章

含德之厚，比於赤子。毒蟲不螫，猛獸不據，攫鳥不搏。骨弱筋柔而握固，未知牝牡之合而峻作，精之至也。終日號而嗌不嗄，和之至也。知和曰常，知常曰明，益生曰祥，心使氣曰彊。物壯則老，是謂不道，不道早已。

含德之厚，即養德也。比於赤子者，言初生小兒無知，天性未曾開之，故老子以此爲首，發章之端。爲何？不過教人持身行道如是而已。恐時人不信，故又以禽獸蜂蠆至猛擊毒者復驗之，故云蜂者能以尾梢刺人甚毒，虎狼能咬食物者，鵰鷹善擊搏者，此四物使蜂子未出房，虎子方脱胎，鵰鷹裸而未翎，其有知乎？不知也。以其天性未散，不覺也。老子之意，欲人守道，心當以爲比方成大人君子，莫不又有不信者，又再比云此數物，當骨嫩筋軟之時，其持物也不能拏緊，固即緊也。道言握訣，先儒符道者，非仲尼之學也。因其不能握緊，即無知，是以不雌雄之交，乃言未知牝牡之合峻作是也。以其精淳，故又朝夕啼泣咽喉不啞爲何？亦是初生不知用力，所泣不過自然耳。此乃和氣也。喻君子能守自然之常道，則用事不乏無非，豈不若小兒之泣不啞然？特云知和曰常，知常曰明，此云守道知此將久，大理恍然而必通無疑。又益生曰祥，祥云非祥，益乃非自然而添力爲之者，是爲彊爲將不祥妖也。又比云以心使氣乃有力也，力出於氣，氣盡而力亡。驗乎言諸事勿彊爲乃貞，若彊爲，即是壯，壯即是盡，又老，既老必衰，既衰必亡，言如此者非道也。云早已，早已，盡也。

右第四十七章

知者不言，言者不知。塞其兑，閉其門，挫其鋭，解其紛，和其光，同其塵，是謂玄同。不可得而親，不可得而疏；不可得而利，不可得而害；不可得而貴，不可得而賤：故爲天下貴。

知者不言，謂君子能行道也，何哉？以其事物未至，無可應者，雖知也不妄言。其不知大道之徒，平昔略不曾涉歷諸事，與人相處終日，喃喃云知，自以爲辯；及其臨事，不能也。此小人學道未達是也。又塞、閉、挫、解、和、同，此六字，前三字言不張聲勢，後三字言謙下也。所以謂之玄同，言此幾事皆屬玄也。又六不字，蓋言前數事皆是大人君子幽微之大道：人欲親，不可見着；若欲疏，其形無；若欲得，其象不實；若欲害，則無體；若欲尊之，無從；若欲賤之，則不得微分之影可蹂：此所以天下貴。

右第四十八章

以正治國，以奇用兵，以無事取天下。吾何以知其然哉？夫天下多忌諱，而民彌貧；民多利器，國家滋昏；人多技巧，奇物滋起；法令滋章，盜賊多有。是以聖人云：我無爲而民自化，好静而民自正，我無爲而民自富，我無欲而民自朴。其政悶悶，其民淳淳；其政察察，其民缺缺。禍兮福所倚，福兮禍所伏。孰知其極？其無正邪？正復爲奇，善復爲訞，民之迷，其日固已久矣。是以聖人方而不割，廉而不劌，直而不肆，光而不耀。

此以正治國，老子着迹言之，下文以奇用兵，以無事取天下，文奇矣。正謂端正，治國文實，奇非譎詐用兵，謂施仁德於外，及盈布於敵，使慕而效順來歸，則彼此不傷物命。善平禍亂，善安天下，即以奇用兵。奇，奇於布德也。以無事取天下，無事，無事於戰也。又不得已而以奇用兵者，奇於師，出以律，彼屈而我直，王者之師奇於不殺物命。經云『吾何以知其然哉』，此言若依大道，事乃必興，故云其然哉。又云天下人民貧者多，民間鋒刃器械廣，盜賊多，此皆始亂之源。王昏多尚技巧，務虛不務國之正實，則獻奇物朝朝；刑政不明，法令彰彰，則冤屈有變。是以聖人絶奇用，務朴直，伸冤枉，誅讒佞。數事既行，黔黎咸寧，區宇清而風淳。故復云悶悶，言淳朴守無事，民俗實，君福也。亦言察察，謂苛政也。民多不足，此君之禍也。老子教君天下者，勿甚前奇，人將謂真用奇也。若言奇者，天下不巧者安能常久？雖云奇，實正之妙也。謂世人不知久，謂妄説爲奇，於斯之道果奇耶？正耶？此奇字，古今人名之錯矣。故聖人守正而不改，彊不恃能。道行焉，道成焉，民安物阜。

右第四十九章

治人事天莫如嗇。夫惟嗇，是以早復。早復謂之重積德，重積德則無不克，無不克則莫知其極。莫知其極，可以有國。有國之母，可以長久。是謂深根固蒂，長生久視之道。

治人苛以法，事天祈以福，苛則人變，祈疊禍生。若能治人省苛，事天祀以理，廣德以安民，則其德厚矣。雖不祈於天福，乃天福也。既感天如此，其福莫知其垠，則國穩矣，即有國早復。又云有國之母，其母即是君心大道，日夕勤練於丹衷，措國既固，可以久視，視者何？即社稷常存是也。所以常存者，即道之見用也。

右第五十章

治大國若烹小鮮。以道莅天下者，其鬼不神；非其鬼不神，其神不傷人；非其神不傷人，聖人亦不傷之。夫兩不相傷，故德交歸焉。

善治天下者，務不奢侈，以廢民財而勞其力焉。若奢侈者，必宫室臺榭諸等徭役並興擅動，生民農業廢而乏用國危，故設以烹小鮮之喻，爲王者馭天下之式。內有四其字設喻，蓋謂鬼本不神，因時君無道，故依草附木，共興爲怪，以兆將來，亦有戒焉。時君若知怪非常，能革非心，以正道心，則天意可招回焉；不然，則天雖不赦，必假手於可命者，則社稷移而民有他從，不可留也。故云神不傷人，非神不傷人，爲此也。若使神不降禍，君安民阜，則君之德達天，必天之恩下施，永無患矣。是有兩不相傷是也，故二德互歸焉。

右第五十一章

大國者下流。天下之交，天下之交牝。牝常以靜勝牡，以靜爲下。故大國以下小國，則取小國；小國以下大國，則取大國。或下以取，或下而取。大國不過欲兼畜人，小國不過欲入事人。兩者各得其所欲，大者宜爲下。

凡治國家，其德宜厚，其用宜儉，其法宜平，其勢常下，使天下民心若水，務要流來，此謂民順從，賢者趨之，則京師交集，豈不天下壯觀？故所以用雌雄比焉。凡世間諸物，皆雄動雌靜，是以靜得動失，言治國體此道行之則民富，非此則民貧國危。所以更言大國治小國，十分以撫懷之，則小國永臣而悅進焉。若大國失此道而他求，或欲取其國，則大國亦將不保焉，此謂大國生事於小國，欲兼併其地是也。若小國能守臣分，朝貢以時，務其理，則永保分茅胙土於一方，則常親大國矣。不然，忽起貪心，欲有大國，則小國亡焉。經云：我見謀人之國必敗，執者失之，而況加兵者乎？吾見其不得已而爲而爲之，老子之云不過，豈非天命可乎？朕知老子之教人，務使大者小之，小者微之，則永無玭矣。

右第五十二章

道者萬物之奥，善人之寶，不善人之所保。美言可以市，尊行可以加人。人之不善，何棄之有？故立天子，置三公，雖有拱璧以先駟馬，不如坐進此道。古之所以貴此道者何也？不曰求以得，有罪以免邪？故爲天下貴。

奥者幽深巨室，囊括萬物之所，大道利濟萬物，君子以爲至寶。惡人雖可暫得，不可常保，以其心不善也，即不善人之所保是也。譬如良言可鬻於市村，有之乎？有之。昔孔孟之書真美言也，至今儒士開學市村以訓蒙，爲肇家之業，賣乎？加乎？其不善之家有子，不爲儒者所教，何棄書之有？即人之不善是也。古者立天子，爵三公，位已正矣，官已職矣，又以駟馬拱璧以招賢。比若是，不如垂衣裳而坐行斯道。彼君臣不務大道，卻乃要名以招賢，及其賢至，賢何所爲？又云古之所以貴此道者何？以其不待求尋眼前，可得於心，疾守行之，則往日之非釋矣，此所以天下貴。

右第五十三章

爲無爲，事無事，味無味。圖難於其易，爲大於其細。天下難事必作於易，天下大事必作於
細。其安易持，其未兆易謀，其脆易泮，其微易散。爲之於未有，治之於未亂。合抱之木，
生於毫末；九層之臺，起於累土；千里之行，始於足下。夫輕諾必寡信，多易必多難，是以
聖人猶難之，故終無難。大小多少，報怨以德。是以聖人終不爲大，故能成其大。民之從
事，常於幾成而敗之。愼終如始，則無敗事矣。爲者敗之，執者失之。無爲故無敗，無執故
無失。是以聖人欲不欲，不貴難得之貨；學不學，復衆人之所過。以輔萬物之自然，而不
敢爲。

爲無爲，事無事，謂當可爲之事，先利時而爲之已盡，免致後多繁爲而不安也。又無事
之時，常恐有非理之事及於身，故先若有事而備之，乃得安於無事也。凡食物不過食
五味，用平常淡薄之味，則終世可爲有味矣。若飲食盡其味，則他日家資不及，五味不
全，則中平之味是爲無味也。若十分難事，以急輕圖，果難也。知其難措，所圖之德，
務要萬全，一圖便得，即易也。凡作大事，若急成功，必多不固，務要精建於初，勿使急
而不堅，方乃精細。其天下難事必作於易，天下大事必作於細，是繳上文耳。又云其
安易持，謂人欲久安者，必做久安之事，方乃易守。凡人無事之時，能先知備禦，何事
恐及於身者，是謂易知未來者。此數事非大人君子持大道之誠，不能如是。此道於有

志易學，無志小人似乎難親，故又比云其脆微二物，人皆以爲小可，將以爲不然。老子又比云若如此者雖脆雖微，其物事早有形矣，莫若治之於未有之先。恐人不信，復云滿抱之木，當初生之時，亦從苗芽毫髮之中，以至於斯。其寺中之塔甚高，由一磚自地而砌起。一千里之路，由當日脚下行將到彼。老子戒人不可欺小，不可恃大。又言人有求我者，我擅輕許之，乃其將應違之，謂吾有物不絕，儉而易用，棄將不久，而又自難。所以戒人務先子細艱難，然後獲吉。經云大、小、多、少、報、怨，此六字皆道理之未當，故有此。若能無此六過不足之愆，惟德是應，方成君子，超乎世人之上。凡世人之爲事，多有中途而罷其事而不爲者，往往有之。又戒慎終如始，則無敗矣，甚不文。又老子居周將末，見諸侯互吞，不有王命，數有爲者數敗之，又見執大位者又失之，故設此以喻世之不道者，使君子堅守其志，勿非天命而妄自爲高也。又先有學而後無學，反過常人之志，因此若達施及萬物，物得自然，無有不化者。

右第五十四章

古之善爲道者，非以明民，將以愚之。民之難治，以其智多。故以智治國，國之賊；不以智治國，國之福。知此兩者，亦楷式。能知楷式，是謂玄德。玄德深矣，遠矣，與物反矣，迺至於大順。

上古聖君，道治天下，安民而已。豈有將貨財聲色奇巧以示天下，使民明知？若民明知貨財聲色奇巧君好甚篤，則争浮利、尚奇巧之徒盈市朝，朝皆棄本以逐末矣。所以有德之君，絶奇巧，卻異財，而遠聲色，則民不争浮華之利，奇巧無所施其工，皆罷虚務而敦實業，不數年淳風大作。此老子云愚民之本意也，非實癡民。老子言大道之理，務欲使人君君臣臣父父子子，彝倫攸敘。實教民愚，罔知上下，果聖人歟？又言民難治，當哉？若使小民知有可取者，彼有千方百計，雖法嚴冰霜，莫知可治。老子設喻，故以智治，又不以智治，文何奥哉？非也。蓋謂民多智巧，王若以巧以計治民，則爲民禍；臣若以智臣君理政，則君之賊。是以朴民絶奇貴爲式，呼爲玄德，特以遠、深二字艱之，惟務儉爲主。

右第五十五章

江海所以能爲百谷王者，以其善下之，故能爲百谷王。是以聖人欲上人，以其言下之；欲先人，以其身後之。是以處上而人不重，處前而人不害，是以天下樂推而不厭。以其不争，故天下莫能與之争。

江河湖海至處低，所以能納天下諸山川之小水，戒爲君子、爲國家者能容而且納，大事成矣。若不處卑而處高，物極則反，高者低，低者高，理勢之必然。是以昔聖人勞身心而安天下，所以民親之愛之而不怨，無有謀者。若失此道而他爲，將有咎焉，人或争之不解。

右第五十六章

天下皆謂我道大，似不肖。夫惟大，故似不肖。若肖，久矣其細夫。我有三寶，寶而持之：一曰慈，二曰儉，三曰不敢爲天下先。夫慈，故能勇；儉，故能廣；不敢爲天下先，故能成器長。今舍慈且勇，舍儉且廣，舍後且先，死矣！夫慈，以戰則勝，以守則固，天將救之，以慈衛之。善爲士者不武，善戰者不怒，善勝敵者不與，善用人者爲之下。是謂不争之德，是謂用人之力，是謂配天古之極。用兵有言：吾不敢爲主而爲客，不敢進寸而退尺。是謂行無行，攘無臂，執無兵，仍無敵。禍莫大於輕敵，輕敵幾喪吾寶。故沉兵相加，哀者勝矣。

大道若愚，似乎真愚，若言我真大道，吾道久矣。又云其細，務要守道堅，造化精。三寶之説，因慈勇於行道，利濟萬物，因儉倉庫，實不敢爲天下先，言諸事物不肯先得先樂，乃成王基。器，神器也。若舍慈而勇，必貪必奢必狠。舍儉且廣，言廣用無時，舍後且先，志盡矣。復云慈者何？蓋謂與前慈異用，再喻之。若首將能以慈戰敵，野戰則必勝。夫慈戰，非慈而不戰，於心慈於衆士之命，不得已而戰，故守城必堅，縱被困圍，天必加護。何知加護？以其心有所不忍戰傷人命故。天鑑之外有四善，吾不審何？智者能之非凶善，盡此四善，騭同天地。此章皆言有道之兵，奉天討僞，將不妄爲，存仁厚德，君將無憂，而禍平矣。

右第五十七章

吾言甚易知，甚易行，天下莫能知，莫能行。言有宗，事有君。夫惟無知，是以不我知。知我者希，則我貴矣，是以聖人被褐懷玉。

甚易知，云文與字意甚易行此大道大德。善能知者，不過文内之意。莫能行，言文奥而愚不解者。言有宗，文有首也。事有君，借物爲主也。經云夫惟無知，言人不知我。知我者希，老子方貴，戲云聖人被布袍，懷抱美玉，以其外賤内貴也。

右第五十八章

知不知，上；不知知，病。夫惟病病，是以不病。聖人不病，以其病病，是以不病。

君子所爲惟務無轍迹，果然，使人不知，乃上。本不可教人知，使彼知道，是謂之病。如此者，人本不知我，將謂人知，把做知道備，乃無病矣。故聖人行道，終世而無病，爲守道之堅，持身以律。

右第五十九章

民不畏威，大威至矣。無狎其所居，無厭其所生。夫惟不狎，是以不厭。是以聖人自知，不自見；自愛，不自貴。故去彼取此。

謂王臣及士庶修身謹行，止務大道焉。經云民不畏威，大威至矣，言君天下者，以暴加天下，初則民若畏，既久不畏，既不畏方生，則國之大禍至矣，莫可釋。在士庶平日不可恣意慢法，眇人侮下，一日干犯刑憲，則身不可保。若言王大禍即大威，士庶則刑憲，乃大威矣。又無狎其所居，無厭其所生，王勿多花囿，勿多離宫，慎勿微行，勿近優伶，勿費民用，非理勿勞，動必以時，臣庶平日勿近愚頑凶暴，勿毁人技藝是也。又甚戒人云，古聖人凡事要先料其備者，備之則爲自知，其可備之凶將不自見也。又云自愛不自貴，無他，人之自身豈不愛？以其愛身，則先勞身而後身安，是去彼而取此是也。

右第六十章

勇於敢則殺，勇於不敢則活。此兩者，或利或害。天之所惡，孰知其故？是以聖人猶難之。天之道，不争而善勝，不言而善應，不召而自來，坦然而善謀。天網恢恢，疏而不失。民不畏死，奈何以死懼之！若使民常畏死，而爲奇者，吾得執而殺之，孰敢？常有司殺者，夫代司殺者殺，是謂代大匠斲。夫代大匠斲，希有不傷手矣。

治天下務專常道，以利羣生，勿尚苛暴。若苛暴，民爲所殺者多矣。若果而行此，是謂勇。當法天地，施大道，如四時之常經，居動以時，順其事而賞罰焉，則民被恩，活者多矣。設問於治天下者，此二事果從何耶？從勇則害，從不敢勇則利。又戒曰，天道幽微，惡盈而好謙，惟上帝好生，善與不善，禍福之降，有不可測者。雖上古聖人，嚴恭寅畏，乃不敢自安，難之又難。天不與萬物争，天常健而不息，萬物順時而自安，四序之交，若赴召者，不期而然。若有謀乎？此天道之昭昭。爲君者，敢侮天下而賤萬物，天憲不昏，雖不速而必報，其有畏乎？民不怕死，乃以極刑以禁之，是爲不可。若使民果然怕死，國以此爲奇。老子云，吾豈不執而殺之？噫！畏天道而孰敢？王者陳綱紀，各有所司，司之以道，民有可罪者，乃有司責之，官守法以治之。然如是猶有過誤者，故違者君有所不赦。天地以司君，君乃代天而理物，若或妄爲，其有救乎？即人主不赦過誤，故違者是也。

右第六十一章

民之飢，以其上食税之多，是以飢。民之難治，以其上之有爲，是以難治。人之輕死，以其求生之厚，是以輕死。夫惟無以生爲者，是賢於貴生也。

治國務欲民實，無得重斂而厚科；若重斂而厚科，則民乏用矣。民既乏用，則盜賊之心萌。盜賊之心既萌，將必持戈矛而互相戕，是謂難治。爲天下君勿過爲，過爲者何？五荒是也。若有爲此者，民多失養。既多失養，無所不爲，尤其難治。人皆輕死，所以輕死者，違法冒險以取食用，何故？舍死之甚，以其别無生路也。愚民無知，將以違法冒險可以養生，孰不知亦喪身矣。即是無以生爲者，是賢於貴生也。

右第六十二章

人之生也柔弱，其死也堅彊。草木之生也柔脆，其死也枯槁。故堅彊者死之徒，柔弱者生之徒。是以兵彊則不勝，木彊則共。故堅彊處下，柔弱處上。天下柔弱莫過於水，而攻堅彊者莫之能先，以其無以易之也。柔之勝剛，弱之勝彊，天下莫不知而莫能行。是以聖人云：受國之垢，是謂社稷主；受國之不祥，是謂天下王。

柔弱、堅彊、柔脆、枯槁，設喻也，所謂言生死者以其修救是也。能知柔弱、柔脆而皆生，堅彊、枯槁而皆死，其知修、救乎？若知修、救，則柔弱、柔脆之源何？此天地大道之氣，萬物無不稟受之，在乎養與不養、行與不行耳。若君及臣庶，君用此道天下治；臣用此道忠孝兩全，匡君不怠；庶人用此，家興焉。反此道者，豈不堅彊、枯槁？然人欲久調氣血以生之，木若久迎春和而植，以水灌之，此人木久矣。又云治家者以道律身，以禮役奴僕，則奴僕驅勞而治家者安。木枯根而深固，枝葉榮矣，則榦全而永年。豈不知諸事先理道而後成？故奴僕驅而主逸，枝葉繁而榦盛，皆撫綏乘氣之至也。故奴僕營而資給於家，枝葉繁而招雨露於榦，其理勢之必然！道哉，堅彊下而柔弱上是也。譬水最柔弱，金石至堅，言攻堅者復云莫之能先，乃言無可易水者，非也。石堅而不堅，水不能入，由氣先而水後，如此者雖堅無不透，雖剛無不柔，雖彊無不弱，此即大化流行，不言而治矣。君天下者體，爲臣下者效，士庶以此而律身，則世無惡矣。聖人量同天地，大德不吝，惠及生民，則天下衛社稷矣。君能寅畏上下，臣若時懼神明，士庶畏法奉祖，則君君臣臣，海內康寧，樂哉乎士庶，天下王。

右第六十三章

天之道，其猶張弓乎！高者抑之，下者舉之；有餘者損之，不足者補之。天之道，損有餘而補不足。人之道則不然，損不足以奉有餘。孰能以有餘奉天下？惟有道者。是以聖人爲而不恃，功成而不居，其不欲見賢邪？

君天下者及臣庶能行大道者，其大道之理若張新弓乎？或勁弱而不均，則減勁而起弱，此譬云爾。亦天道惡盈而好謙，所以大化如常，無昂而中不下，其功安在？乃損有餘而補不足是也。凡治天下，國用足而無餘，若乃有餘，民窮矣。誠能以有餘給民之不足者，則天下平，王道昭明焉。其臣民無有稱頌者，天相邦家，國永而且昌，何在乎譽美耶？如此者，君身乎上，臣足乎下，長健朝朝，豈不恒乎？士庶行此道者，則家和鄰里睦，朋友終身而不惡，貧者給之而不利，乃貞。

右第六十四章

正言若反。和大怨，必有餘怨，安可以爲善？是以聖人執左契，而不責於人。有德司契，無德司徹。天道無親，常與善人。

仇讎不分，雖善與之解，亦不能釋屈者之冤，心尚不謂之善。君能釋天下之大怨，則坐朝堂而布大道，修明政刑，釋無辜，刑有罪，賑貧乏，而中税斂，使民餘而不盡其所有，則冤解而怨平，上帝可親矣，君臣誠能體此而昌乎。不然，若居朝堂而握乾符，虐民以豐其身，斂衆繁科，盡民之所有，豈不司徹乎？ 天道昭昭，將有咎焉。 士庶能爲善者，雖解人之奮争，終不能解人之餘怨，所以不謂之善。 能貸物以濟人，匿約而不利，君子乎？ 善人乎？ 若貸人以物利，及本而倍之，盡貧者之所有，浄約而期來，比馮驩而孟嘗君乎？ 君子乎？ 小人乎？ 於斯之道，於貧者何苦甚？ 富者何毒堅？ 皇天無親，常佑善人，君當畏而臣民當善，福乃殷。

右第六十五章

小國寡民，使民有什佰之器而不用，使民重死而不遠徙。 雖有舟輿，無所乘之；雖有甲兵，無所陳之；使民復結繩而用之。 甘其食，美其服，安其居，樂其俗。 鄰國相望，鷄犬之聲相聞，使民至老死不相往來。

老子居周將末，諸侯奮争，以當時之勢譬喻後人，言間有能治國者，絶奢去玩，務道恤民，天乃佑。 四時序，風雨調，民遂耕營，倉廩實而衣被充，樂其樂而人善終，封疆雖無守而自堅，關鍵不閉而難入；雖有巨舟革乘，力士千鈞，皆無所施而無所陳。 彼此之民密邇，終是無棄此而往彼者，彼亦不來；非不來也，乃君之不貪爾。 若果有貪，即納逋逃，致鄰邦有問，安得如是耶？ 如民人豪富者，彼此各有佃田之人，納粟以奉其主家。若富者能綏之以德，所取者微，所與者厚，則人人皆蒙恩而按堵，能安其生業。若富民取不以道，役不以時，則其人將挈家而逃於他鄰矣。雖大小不同，理勢皆然。噫！君道敷民，特聽上天，誠有驗乎！

右第六十六章

信言不美，美言不信；善者不辨，辨者不善；知者不博，博者不知。聖人不積，既以爲人，己愈有；既以與人，己愈多。天之道，利而不害；聖人之道，爲而不争。

忠信君子之於世，道行天下，不謂人所驟誇美者，是爲上；若使人稱美者，即是自張聲勢。故美我者，我道不堅，即不美、不信是也。識我者，道將巧矣，必欲實行，不致人浮誇。嘗云明四目，達四聰，此非察察而求之者；纔若廣訪多求，不但不知，將有禍焉。聖人之明四目，達四聰，觀其自然，聽於不察。在國君則人無横禍，國無邪殃，即君不苛苛察察，身國自安。君子家身安矣，莫不因此而篤乎不知，是爲諸事杜，勿博於小人，勿察於姦，知必知於君子，聽必聽於賢人，則家國安矣。所以古聖人德不自張，功不自任，以此上天下若己之所有爲無者濟之，因濟他人，自己有多矣。是故愈與彼則己甚多，所以上帝好生惡殺，聖人君子體而行之，遂得雖終世而人不忘，以其德同天地。

右第六十七章

明太祖集全編之十二

孟子節文

周挺啓　輯校

孟子節文題辭

孟子七篇，聖賢扶持名教之書。但其生於戰國之世，其時諸侯方務合從連衡，以功利爲尚，不復知有仁義。唯魏惠王首以禮聘至其國，彼其介於齊、秦、楚三大國之間，事多齟齬，故一見孟子，即問何以利便其國，非財利之利也。孟子恐利源一開，非但有害仁義，且將有弑奪之禍。仁義，正論也，所答非所問矣。是以所如不合，終莫能聽納其説。及其欲爲死者雪恥，非兵連禍結不可也。乃謂能行仁政，可使制梃以撻秦楚之堅甲利兵，則益迂且遠矣。臺池鳥獸之樂，引文王靈臺之事，善矣。湯誓『時日害喪』之喻，豈不太甚哉！雪宫之樂，謂賢者有此樂，宜矣。謂人不得即有非議其上之心，又豈不太甚哉！其他，或將朝而聞命中止，或相待如草芥而見報施以仇讎，或以諫大過不聽而易位，或以諸侯危社稷則變置其君，或所就三、所去三而不輕其去就於時君，固其崇高節、抗浮雲之素志，抑斯類也。在當時列國諸侯，可也。

若夫天下一君，四海一國，人人同一尊君親上之心，學者或不得其扶持名教之本意，於所不當言、不當施者，概以言焉、概以施焉，則學非所學而用非所用矣。今翰林儒臣三吾等，既請旨與徵來天下耆儒同校蔡氏書傳，蒙賜其名曰書傳會選。又孟子一書中間詞氣之間抑揚太過者八十五條，其餘一百七十餘條，悉頒之中外校官，俾讀是書者知所本旨。自今，八十五條之内，課試不以命題，科舉不以取士，壹以聖賢中正之學爲本，則高不至於抗，卑不至於諂矣。抑孟子一書，其有關於名教之大，如孔子賢於堯舜，後人因其推尊堯舜而益知尊孔子之道；諸侯之禮，吾未之學，而知其所學者周天子盛時之禮，非列國諸侯所僭之禮。皆所謂擴前聖所未發者，其關世教詎小補哉！

洪武二十七年十月癸酉，翰林學士奉議大夫臣劉三吾等謹上。

孟子節文卷之一

梁惠王章句 凡六章

梁惠王曰：『寡人之於國也，盡心焉耳矣。河内凶，則移其民於河東，移其粟於河内；河東凶亦然。察鄰國之政，無如寡人之用心者。鄰國之民不加少，寡人之民不加多，何也？』

孟子對曰：『王好戰，請以戰喻。填然鼓之，兵刃既接，棄甲曳兵而走，或百步而後止，或五十步而後止。以五十步笑百步，則何如？』

曰：『不可，直不百步耳，是亦走也。』

曰：『王如知此，則無望民之多於鄰國也。

『不違農時，穀不可勝食也；數罟不入洿池，魚鱉不可勝食也；斧斤以時入山林，材木不可勝用也。穀與魚鱉不可勝食，材木不可勝用，是使民養生喪死無憾也。養生喪死無憾，王道之始也。

『五畝之宅，樹之以桑，五十者可以衣帛矣；鷄豚狗彘之畜，無失其時，七十者可以食肉矣；百畝之田，勿奪其時，數口之家可以無飢矣；謹庠序之教，申之以孝悌之義，頒白者不負戴於道路矣。七十者衣帛食肉，黎民不飢不寒，然而不王者，未之有也！

『狗彘食人食而不知檢，塗有餓莩而不知發，人死，則曰：「非我也，歲也。」是何異於刺人而殺之，曰：「非我也，兵也。」王無罪歲，斯天下之民至焉。』

齊宣王問曰：『交鄰國有道乎？』

孟子對曰：『有。惟仁者爲能以大事小，是故湯事葛，文王事昆夷。惟智者爲能以小事大，故大王事獯鬻，勾踐事吳。以大事小者，樂天者也；以小事大者，畏天者也。樂天者保天下，畏天者保其國。詩云：「畏天之威，於時保之。」』

王曰：『大哉言矣！寡人有疾，寡人好勇。』

對曰：『王請無好小勇。夫撫劍疾視曰：「彼惡敢當我哉！」此匹夫之勇，敵一人者也。王請大之！

『詩云：「王赫斯怒，爰整其旅，以遏徂莒，以篤周祜，以對於天下。」此文王之勇也。文王一怒而安天下之民。『書曰：「天降下民，作之君，作之師，惟曰其助上帝寵之。四方有罪無罪惟我在，天下曷敢有越厥志？」一人衡行於天下，武王恥之。此武王之勇也。而武王亦一怒而安天下之民。今王亦一怒而安天下之民，民惟恐王之不好勇也。』

孟子見齊宣王，曰：『爲巨室，則必使工師求大木。工師得大木，則王喜，以爲能勝其任也。匠人斲而小之，則王怒，以爲不勝其任矣。夫人幼而學之，壯而欲行之，王曰：「姑舍女所學而從我。」則何如？今有璞玉於此，雖萬鎰，必使玉人彫琢之。至於治國家，則曰：「姑舍女所學而從我。」則何以異於教玉人彫琢玉哉？』

滕文公問曰：『滕，小國也，間於齊楚。事齊乎，事楚乎？』

孟子對曰：『是謀非吾所能及也。無已，則有一焉：鑿斯池也，築斯城也，與民守之，效死而民弗去，則是可爲也。』

滕文公問曰：『齊人將築薛，吾甚恐，如之何則可？』

孟子對曰：『昔者太王居邠，狄人侵之，去之岐山之下居焉。非擇而取之，不得已也。

苟爲善，後世子孫必有王者矣。君子創業垂統，爲可繼也。若夫成功，則天也。君如彼何哉？彊爲善而已矣。』

滕文公問曰：『滕，小國也。竭力以事大國，則不得免焉，如之何則可？』孟子對曰：『昔者大王居邠，狄人侵之。事之以皮幣，不得免焉；事之以犬馬，不得免焉；事之以珠玉，不得免焉。乃屬其耆老而告之曰：「狄人之所欲者，吾土地也。吾聞之也：君子不以其所以養人者害人。二三子何患乎無君？我將去之。」去邠，踰梁山，邑於岐山之下居焉。邠人曰：「仁人也，不可失也。」從之者如歸市。

『或曰：「世守也，非身之所能爲也。效死勿去。」

『君請擇於斯二者。』

孟子節文卷之二

公孫丑章句 凡十三章

孟子曰：『尊賢使能，俊傑在位，則天下之士皆悦而願立於其朝矣。市，廛而不征，法而不廛，則天下之商皆悦而願藏於其市矣。關，譏而不征，則天下之旅皆悦而願出於其路矣。耕者，助而不税，則天下之農皆悦而願耕於其野矣。廛，無夫里之布，則天下之民皆悦而願爲之氓矣。信能行此五者，則鄰國之民仰之若父母矣。率其子弟，攻其父母，自生民以來未有能濟者也。如此，則無敵於天下。無敵於天下者，天吏也。然而不王者，未之有也。』

孟子曰：『人皆有不忍人之心。先王有不忍人之心，斯有不忍人之政矣。以不忍人之心，行不忍人之政，治天下可運之掌上。所以謂人皆有不忍人之心者。今人乍見孺子將入於井，皆有怵惕惻隱之心。非所以内交於孺子之父母也，非所以要譽於鄉黨朋友也，非惡其聲而然也。由是觀之，無惻隱之心，非人也；無羞惡之心，非人也；無辭讓之心，非人也；無是非之心，非人也。惻隱之心，仁之端也；羞惡之心，義之端也；辭讓之心，禮之端也；是非之心，智之端也。人之有是四端也，猶其有四體也。有是四端而自謂不能者，自賊者也；謂其君不能者，賊其君者也。凡有四端於我者，知皆擴而充之矣，若火之始然、泉之始達。苟能充之，足以保四海；苟不充之，不足以事父母。』

孟子曰：『矢人豈不仁於函人哉？矢人惟恐不傷人，函人惟恐傷人。巫匠亦然。故術不可不慎也。孔子曰：「里仁爲美。擇不處仁，焉得智？」夫仁，天之尊爵也，人之安宅也。莫之禦而不仁，是不智也。不仁不智，無禮無義，人役也。人役而恥爲役，由弓人而恥爲弓、矢人而恥爲矢也。如恥之，莫如爲仁。仁者如射：射者正己而後發；發而不中，不怨勝己者，反求諸己而已矣。』

孟子曰：『子路，人告之以有過則喜。禹聞善言則拜。大舜有大焉，善與人同，舍己從人，樂取於人以爲善。自耕、稼、陶、漁，以至爲帝，無非取於人者。取諸人以爲善，是與人爲善者也。故君子莫大乎與人爲善。』

孟子曰：『天時不如地利，地利不如人和。三里之城，七里之郭，環而攻之而不勝。夫環而攻之，必有得天時者矣，然而不勝者，是天時不如地利也。城非不高也，池非不深也，兵革非不堅利也，米粟非不多也，委而去之，是地利不如人和也。故曰：域民不以封疆之界，固國不以山谿之險，威天下不以兵革之利。得道者多助，失道者寡助。寡助之至，親戚畔之；多助之至，天下順之。以天下之所順，攻親戚之所畔，故君子有不戰，戰必勝矣。』

陳臻問曰：『前日於齊，王餽兼金一百而不受；於宋，餽七十鎰而受；於薛，餽五十鎰而受。前日之不受是，則今日之受非也；今日之受是，則前日之不受非也。夫子必居一於此矣。』

孟子曰：『皆是也。當在宋也，予將有遠行，行者必以贐，辭曰：「餽贐。」予何爲不受？當在薛也，予有戒心，辭曰：「聞戒，故爲兵餽之。」予何爲不受？若於齊，則未有處也。無處而餽之，是貨之也。焉有君子而可以貨取乎？』

孟子之平陸，謂其大夫曰：『子之持戟之士，一日而三失伍，則去之否乎？』

曰：『不待三。』

『然則子之失伍也亦多矣。凶年饑歲，子之民老羸轉於溝壑，壯者散而之四方者幾千人矣。』

曰：『此非距心之所得爲也。』

曰：『今有受人之牛羊而爲之牧之者，則必爲之求牧與芻矣。求牧與芻而不得，則反諸其人乎？抑亦立而視其死與？』

曰：『此則距心之罪也。』

他日見於王，曰：『王之爲都者，臣知五人焉。知其罪者，惟孔距心。爲王誦之。』

王曰：『此則寡人之罪也。』

孟子自齊葬於魯。反於齊，止於嬴。

充虞請曰：『前日不知虞之不肖，使虞敦匠事；嚴，虞不敢請。今願竊有請也：木若以美然。』

曰：『古者棺椁無度，中古棺七寸，椁稱之。自天子達於庶人，非直爲觀美也，然後盡於人心。不得，不可以爲悦；無財，不可以爲悦。得之爲有財，古之人皆用之，吾何爲獨不然？且比化者，無使土親膚，於人心獨無恔乎？吾聞之也，君子不以天下儉其親。』

沈同以其私問曰：『燕可伐與？』

孟子曰：『可。子噲不得與人燕，子之不得受燕於子噲。有仕於此，而子悅之，不告於王，而私與之吾子之祿爵。夫士也，亦無王命而私受之於子，則可乎？何以異於是？』

齊人伐燕。

或問曰：『勸齊伐燕，有諸？』

曰：『未也。沈同問：「燕可伐與？」吾應之曰：「可。」彼然而伐之也。彼如曰：「孰可以伐之？」則將應之曰：「爲天吏，則可以伐之。」今有殺人者，或問之曰：「人可殺與？」則將應之曰：「可。」彼如曰：「孰可以殺之？」則將應之曰：「爲士師，則可以殺之。」今以燕伐燕，何爲勸之哉？』

燕人畔。王曰：『吾甚慙於孟子。』

陳賈曰：『王無患焉，王自以爲與周公孰仁且智？』

王曰：『惡！是何言也！』

曰：『周公使管叔監殷，管叔以殷畔。知而使之，是不仁也；不知而使之，是不智也。仁智，周公未之盡也，而況於王乎？賈請見而解之。』

見孟子，問曰：『周公何人也？』

曰：『古聖人也。』

曰：『使管叔監殷，管叔以殷畔也，有諸？』

曰：『然。』

曰：『周公知其將畔而使之與？』

曰：『不知也。』

『然則聖人且有過與？』

曰：『周公，弟也；管叔，兄也。周公之過，不亦宜乎？且古之君子，過則改之；今之君子，過則順之。古之君子，其過也如日月之食，民皆見之；及其更也，民皆仰之。今之君子，豈徒順之？又從爲之辭。』

孟子致爲臣而歸。王就見孟子，曰：『前日願見而不可得，得侍同朝，甚喜。今又棄寡人而歸，不識可以繼此而得見乎？』

對曰：『不敢請耳，固所願也。』

他日，王謂時子曰：『我欲中國而授孟子室，養弟子以萬鍾，使諸大夫國人皆有所矜式。子盍爲我言之？』

時子因陳子而以告孟子；陳子以時子之言告孟子。孟子曰：『然。夫時子惡知其不可也？如使予欲富，辭十萬而受萬，是爲欲富乎？季孫曰：「異哉，子叔疑！使己爲政，不用，則亦已矣，又使其子弟爲卿。人亦孰不欲富貴？而獨於富貴之中有私龍斷焉。」古之爲市者，以其所有易其所無者，有司者治之耳。有賤丈夫焉，必求龍斷而登之，以左右望而罔市利。人皆以爲賤，故從而征之。征商自此賤丈夫始矣。』

孟子去齊居休。公孫丑問曰：『仕而不受禄，古之道乎？』曰：『非也。於崇，吾得見王，退而有去志，不欲變，故不受也。繼而有師命，不可以請。久於齊，非我志也。』

孟子節文卷之三

滕文公章句 凡八章

滕文公爲世子，將之楚，過宋而見孟子。孟子道性善，言必稱堯舜。

世子自楚反，復見孟子。孟子曰：『世子疑吾言乎？ 夫道一而已矣。成覸謂齊景公曰：「彼，丈夫也；我，丈夫也。吾何畏彼哉？」顏淵曰：「舜何人也？ 予何人也？ 有爲者亦若是。」公明儀曰：「文王我師也，周公豈欺我哉？」今滕絶長補短，將五十里也，猶可以爲善國。書曰：「若藥不瞑眩，厥疾不瘳。」』

滕定公薨，世子謂然友曰：『昔者孟子嘗與我言於宋，於心終不忘。今也不幸至於大故，吾欲使子問於孟子，然後行事。』

然友之鄒，問於孟子。

孟子曰：『不亦善乎！ 親喪，固所自盡也。曾子曰：「生，事之以禮；死，葬之以禮，祭之以禮，可謂孝矣。」諸侯之禮，吾未之學也。雖然，吾嘗聞之矣：三年之喪，齊疏之服，飦粥之食，自天子達於庶人，三代共之。』

然友反命，定爲三年之喪。父兄百官皆不欲，曰：『吾宗國魯先君莫之行，吾先君亦莫之行也；至於子之身而反之，不可。且志曰：「喪祭從先祖。」曰：「吾有所受之也。」』

謂然友曰：『吾他日未嘗學問，好馳馬試劍。今也父兄百官不我足也，恐其不能盡於大事。子爲我問孟子。』

然友復之鄒，問孟子。孟子曰：『然，不可以他求者也。孔子曰：「君薨，聽於冢宰，歠粥，面深墨，即位而哭。百官有司莫敢不哀，先之也。上有好者，下必有甚焉者矣。君子之德，風也；小人之德，草也。草尚之風必偃。」是在世子。』

然友反命。

世子曰：『然，是誠在我。』

五月居廬，未有命戒。百官族人可，謂曰知。及至葬，四方來觀之。顏色之戚，哭泣之哀，弔者大悅。

有爲神農之言者許行，自楚之滕，踵門而告文公，曰：『遠方之人，聞君行仁政，願受一廛而爲氓。』

文公與之處。

其徒數十人，皆衣褐，捆屨、織席以爲食。

陳良之徒陳相與其弟辛，負耒耜而自宋之滕。曰：『聞君行聖人之政，是亦聖人也，願爲聖人氓。』

陳相見許行而大悦，盡棄其學而學焉。

陳相見孟子，道許行之言曰：『滕君則誠賢君也；雖然，未聞道也。賢者與民並耕而食，饔飧而治。今也滕有倉廩府庫，則是厲民而以自養也，惡得賢？』

孟子曰：『許子必種粟而後食乎？』

曰：『然。』

『許子必織布而後衣乎？』

曰：『否，許子衣褐。』

『許子冠乎？』

曰：『冠。』

曰：『奚冠？』

曰：『冠素。』

曰：『自織之與？』

曰：『否，以粟易之。』

曰：『許子奚爲不自織？』

曰：『害於耕。』

曰：『許子以釜甑爨、以鐵耕乎？』

曰：『然。』

『自爲之與？』

曰：『否，以粟易之。』

『以粟易械器者，不爲厲陶冶；陶冶亦以其械器易粟者，豈爲厲農夫哉？且許子何不爲陶冶，舍皆取諸其宫中而用之？何爲紛紛然與百工交易？何許子之不憚煩？』

曰：『百工之事，固不可耕且爲也。』

『然則治天下獨可耕且爲與？有大人之事，有小人之事。且一人之身，而百工之所爲備。如必自爲而後用之，是率天下而路也。故曰：或勞心，或勞力。勞心者治人，勞力者治於人。治於人者食人，治人者食於人。天下之通義也。

『當堯之時，天下猶未平，洪水横流，氾濫於天下；草木暢茂，禽獸繁殖；五穀不登，禽獸偪人；獸蹄鳥迹之道交於中國。堯獨憂之，舉舜而敷治焉。舜使益掌火，益烈山澤而焚之，禽獸逃匿。禹疏九河，瀹濟漯而注諸海；決汝漢，排淮泗，而注之江，然後中國可得而食也。當是時也，禹八年於外，三過其門而不入，雖欲耕，得乎？

『后稷教民稼穡，樹藝五穀，五穀熟而民人育。人之有道也，飽食、煖衣、逸居而無教，則近於禽獸。聖人有憂之，使契爲司徒，教以人倫：父子有親，君臣有義，夫婦有别，長幼有序，朋友有信。放勳曰：「勞之來之，匡之直之，輔之翼之，使自得之；又從而振德之。」聖人之憂民如此，而暇耕乎？

『堯以不得舜爲己憂，舜以不得禹、皋陶爲己憂。夫以百畝之不易爲己憂者，農夫也。分人以財謂之惠，教人以善謂之忠，爲天下得人者謂之仁。是故以天下與人易，爲天下得人難。孔子曰：「大哉，堯之爲君！惟天爲大，惟堯則之。蕩蕩乎民無能名焉！君哉舜也！巍巍乎有天下而不與焉！」堯舜之治天下，豈無所用其心哉？亦不用於耕耳。

『吾聞用夏變夷者，未聞變於夷者也。陳良，楚産也；悦周公、仲尼之道，北學於中國，北方之學者，未能或之先也。彼所謂豪傑之士也。子之兄弟事之數十年，師死而遂倍之。昔者孔子没，三年之外，門人治任將歸，入揖於子貢，相嚮而哭，皆失聲，然後歸。子貢反，築室於場，獨居三年，然後歸。他日，子夏、子張、子游以有若似聖人，欲以所事孔子事之，彊曾子。曾子曰：「不可，江漢以濯之，秋陽以暴之，皜皜乎不可尚已。」今也南蠻鴂舌之人，非先王之道，子倍子之師而學之，亦異於曾子矣。吾聞出於幽谷、遷於喬木者，未聞下喬木而入於幽谷者。魯頌曰：「戎狄是膺，荆舒是懲。」周公方且膺之，子是之學，亦爲不善變矣。』

『從許子之道，則市賈不貳，國中無僞，雖使五尺之童適市，莫之或欺。布帛長短同，則賈相若；麻縷絲絮輕重同，則賈相若；五穀多寡同，則賈相若；屨大小同，則賈相若。』

曰：『夫物之不齊，物之情也。或相倍蓰，或相什伯，或相千萬，子比而同之，是亂天下也。巨屨小屨同賈，人豈爲之哉？從許子之道，相率而爲僞者也，惡能治國家？』

墨者夷之因徐辟而求見孟子。孟子曰：『吾固願見，今吾尚病，病愈，我且往見。』夷子不來。

他日，又求見孟子。孟子曰：『吾今則可以見矣。不直則道不見，我且直之。吾聞夷子墨者，墨之治喪也，以薄爲其道也。夷子思以易天下，豈以爲非是而不貴也？然而夷子葬其親厚，則是以所賤事親也。』徐子以告夷子。夷子曰：『儒者之道，古之人「若保赤子」，此言何謂也？之則以爲愛無差等，施由親始。』

徐子以告孟子。

孟子曰：『夫夷子信以爲人之親其兄之子爲若親其鄰之赤子乎？彼有取爾也。赤子匍匐將入井，非赤子之罪也。且天之生物也，使之一本，而夷子二本故也。蓋上世嘗有不葬其親者，其親死，則舉而委之於壑。他日過之，狐狸食之，蠅蚋姑嘬之。其顙有泚，睨而不視。夫泚也，非爲人泚，中心達於面目。蓋歸反虆梩而掩之，掩之誠是也。則孝子仁人之掩其親，亦必有道矣。』

徐子以告夷子。夷子憮然爲間曰：『命之矣。』

陳代曰：『不見諸侯，宜若小然。今一見之，大則以王，小則以霸。且志曰：「枉尺而直尋。」宜若可爲也。』

孟子曰：『昔齊景公田，招虞人以旌，不至，將殺之。「志士不忘在溝壑，勇士不忘喪其元。」孔子奚取焉？取非其招不往也。如不待其招而往，何哉！且夫枉尺而直尋者，以利言也。如以利，則枉尋直尺而利，亦可爲與？昔者趙簡子使王良與嬖奚乘，終日而不獲一禽。嬖奚反命曰：「天下之賤工也。」或以告王良。良曰：「請復之。」彊而後可。一朝而獲十禽。嬖奚反命曰：「天下之良工也。」簡子曰：「我使掌與女乘。」謂王良，良不可，曰：「吾爲之範我馳驅，終日不獲一；爲之詭遇，一朝而獲十。詩云：『不失其馳，舍矢如破。』我不貫與小人乘，請辭。」御者且羞與射者比，比而得禽獸，雖若丘陵，弗爲也。如枉道而從彼，何也？且子過矣，枉己者未有能直人者也。』

景春曰：『公孫衍、張儀，豈不誠大丈夫哉！一怒而諸侯懼，安居而天下熄。』

孟子曰：『是焉得爲大丈夫乎？子未學禮乎？丈夫之冠也，父命之；女子之嫁也，母命之。往送之門，戒之曰：「往之女家，必敬必戒，無違夫子。」以順爲正者，妾婦之道也。居天下之廣居，立天下之正位，行天下之大道；得志，與民由之；不得志，獨行其道。富貴不能淫，貧賤不能移，威武不能屈，此之謂大丈夫。』

周霄問曰：『古之君子仕乎？』

孟子曰：『仕。傳曰：「孔子三月無君則皇皇如也，出疆必載質。」公明儀曰：「古之人三月無君則弔。」』

『三月無君則弔，不以急乎？』

曰：『士之失位也，猶諸侯之失國家也。禮曰：「諸侯耕助，以供粢盛；夫人蠶繅，以爲衣服。」犧牲不成，粢盛不潔，衣服不備，不敢以祭。「惟士無田，則亦不祭。」牲殺、器皿、衣服不備，不敢以祭，則不敢以宴，亦不足弔乎？」

『出疆必載質，何也？』

曰：『士之仕也，猶農夫之耕也，農夫豈爲出疆舍其耒耜哉？』

曰：『晉國亦仕國也，未嘗聞仕如此其急。仕如此其急也，君子之難仕，何也？』

曰：『丈夫生而願爲之有室，女子生而願爲之有家。父母之心，人皆有之。不待父母之命、媒妁之言，鑽穴隙相窺，踰牆相從，則父母國人皆賤之。古之人未嘗不欲仕也，又惡不由其道。不由其道而往者，與鑽穴隙之類也。』

公都子曰：『外人皆稱夫子好辯，敢問何也？』

孟子曰：『予豈好辯哉？予不得已也。天下之生久矣，一治一亂。當堯之時，水逆行，氾濫於中國，蛇龍居之，民無所定，下者爲巢，上者爲營窟。書曰：「洚水警余。」洚水者，洪水也。使禹治之。禹掘地而注之海，驅蛇龍而放之菹；水由地中行，江、淮、河、漢是也。險阻既遠，鳥獸之害人者消，然後人得平土而居之。

『堯舜既没，聖人之道衰，暴君代作，壞宮室以爲汙池，民無所安息。棄田以爲園囿，使民不得衣食，邪説暴行又作。園囿、汙池、沛澤多而禽獸至。及紂之身，天下又大亂。周公相武王誅紂，伐奄三年討其君，驅飛廉於海隅而戮之，滅國者五十，驅虎豹犀象而遠之。天下大悦。書曰：「丕顯哉！文王謨。丕承哉！武王烈。佑啓我後人，咸以正無缺。」

『世衰道微，邪説暴行有作，臣弑其君者有之，子弑其父者有之。孔子懼，作春秋。春秋，天子之事也。是故，孔子曰：「知我者，其惟春秋乎！罪我者，其惟春秋乎！」

『聖王不作，諸侯放恣。處士横議，楊朱、墨翟之言盈天下。天下之言，不歸楊，則歸墨。楊氏爲我，是無君也；墨氏兼愛，是無父也。無父無君，是禽獸也。公明儀曰：「庖有肥肉，廄有肥馬，民有飢色，野有餓莩，此率禽獸而食人也。」楊墨之道不息，孔子之道不著，是邪説誣民，充塞仁義也。仁義充塞，則率獸食人，人將相食。吾爲此懼，閑先聖之道，距楊墨，放淫辭，邪説者不得作。作於其心，害於其事；作於其事，害於其政。聖人復起，不易吾言矣。

『昔者禹抑洪水，而天下平；周公兼夷狄，驅猛獸，而百姓寧；孔子成春秋，而亂臣賊子懼。詩云：「戎狄是膺，荆舒是懲，則莫我敢承。」無父無君，是周公所膺也。我亦欲正人心，息邪説，距詖行，放淫辭，以承三聖者。豈好辯哉？予不得已也。能言距楊墨者，聖人之徒也。』

孟子節文卷之四

離婁章句 凡四十章

孟子曰：『愛人不親反其仁，治人不治反其智，禮人不答反其敬。行有不得者，皆反求諸己，其身正，而天下歸之。詩云：「永言配命，自求多福。」』

孟子曰：『自暴者，不可與有言也；自棄者，不可與有爲也。言非禮義，謂之自暴也；吾身不能居仁由義，謂之自棄也。仁，人之安宅也；義，人之正路也。曠安宅而弗居，舍正路而不由，哀哉！』

孟子曰：『道在爾而求諸遠，事在易而求之難。人人親其親，長其長，而天下平。』

孟子曰：『居下位而不獲於上，民不可得而治也。獲於上有道，不信於友，弗獲於上矣。信於友有道，事親弗悦，弗信於友矣。悦親有道，反身不誠，不悦於親矣。誠身有道，不明乎善，不誠其身矣。是故，誠者，天之道也；思誠者，人之道也。至誠而不動者，未之有也；不誠，未有能動者也。』

孟子曰：『存乎人者，莫良於眸子。眸子不能掩其惡。胸中正，則眸子瞭焉；胸中不正，則眸子眊焉。聽其言也，觀其眸子，人焉廋哉！』

淳于髡曰：『男女授受不親，禮與？』

孟子曰：『禮也。』

曰：『嫂溺則援之以手乎？』

曰：『嫂溺不援，是豺狼也。男女授受不親，禮也；嫂溺援之以手者，權也。』

曰：『今天下溺矣，夫子之不援，何也？』

曰：『天下溺，援之以道；嫂溺，援之以手。子欲手援天下乎？』

公孫丑曰：『君子之不教子，何也？』

孟子曰：『勢不行也。教者必以正，以正不行，繼之以怒。繼之以怒，則反夷矣。夫子教我以正，夫子未出於正也，則是父子相夷也。父子相夷，則惡矣。古者易子而教之，父子之間不責善。責善則離，離則不祥莫大焉。』

孟子曰：『事孰爲大？事親爲大。守孰爲大？守身爲大。不失其身而能事其親者，吾聞之矣。失其身而能事其親者，吾未之聞也。孰不爲事？事親，事之本也。孰不爲守？守身，守之本也。曾子養曾皙，必有酒肉；將徹，必請所與；問有餘，必曰有。曾皙死，曾元養曾子，必有酒肉；將徹，必請所與；問有餘，曰亡矣，將以復進也。此所謂養口體者也。若曾子，則可謂養志也。事親若曾子者，可也。』

孟子曰：『有不虞之譽，有求全之毁。』

孟子曰：『人之易其言也，無責耳矣。』

孟子曰：『人之患，在好爲人師。』

樂正子從於子敖之齊。

樂正子見孟子。孟子曰：『子亦來見我乎？』

曰：『先生何爲出此言也？』

曰：『子來幾日矣？』

曰：『昔者。』

曰：『昔者，則我出此言也，不亦宜乎？』

曰：『舍館未定。』

曰：『子聞之也，舍館定，然後求見長者乎？』

曰：『克有罪。』

孟子謂樂正子曰：『子之從於子敖來，徒餔啜也。我不意子學古之道而以餔啜也。』

孟子曰：『不孝有三，無後爲大。舜不告而娶，爲無後也。君子以爲猶告也。』

孟子曰：『仁之實，事親是也。義之實，從兄是也。智之實，知斯二者弗去是也。禮之實，節文斯二者是也。樂之實，樂斯二者，樂則生矣。生則惡可已也；惡可已，則不知足之蹈之，手之舞之。』

孟子曰：『天下大悅而將歸己，視天下悅而歸己，猶草芥也，惟舜爲然。不得乎親，不可以爲人；不順乎親，不可以爲子。舜盡事親之道，而瞽瞍底豫。瞽瞍底豫而天下化，瞽瞍底豫而天下之爲父子者定，此之謂大孝。』

孟子曰：『舜生於諸馮，遷於負夏，卒於鳴條，東夷之人也。文王生於岐周，卒於畢郢，西夷之人也。地之相去也，千有餘里；世之相後也，千有餘歲：得志行乎中國，若合符節。先聖後聖，其揆一也。』

子產聽鄭國之政，以其乘輿濟人於溱洧。

孟子曰：『惠而不知爲政。歲十一月徒杠成，十二月輿梁成，民未病涉也。君子平其政，行辟人可也，焉得人人而濟之？故爲政者，每人而悅之，日亦不足矣。』

孟子曰：『非禮之禮，非義之義，大人弗爲。』

孟子曰：『中也養不中，才也養不才，故人樂有賢父兄也。如中也棄不中，才也棄不才，則賢不肖之相去，其間不能以寸。』

孟子曰：『人有不爲也，而後可以有爲。』

孟子曰：『仲尼不爲已甚者。』

孟子曰：『大人者，言不必信，行不必果，惟義所在。』

孟子曰：『大人者，不失其赤子之心也。』

孟子曰：『養生者不足以當大事，惟送死可以當大事。』

孟子曰：『君子深造之以道，欲其自得之也。自得之，則居之安。居之安，則資之深。資之深，則取之左右逢其原。故君子欲其自得之也。』

孟子曰：『博學而詳説之，將以反説約也。』

孟子曰：『以善服人者，未有能服人者也。以善養人，然後能服天下。天下不心服而王者，未之有也。』

徐子曰：『仲尼亟稱於水，曰：「水哉！水哉！」何取於水也？』

孟子曰：『原泉混混，不舍晝夜，盈科而後進，放乎四海。有本者如是，是之取爾。苟爲無本，七八月之間雨集，溝澮皆盈，其涸也，可立而待也。故聲聞過情，君子恥之。』

孟子曰：『人之所以異於禽獸者幾希，庶民去之，君子存之。舜明於庶物，察於人倫；由仁義行，非行仁義也。』

孟子曰：『禹惡旨酒而好善言。湯執中，立賢無方。文王視民如傷，望道而未之見。武王不泄邇，不忘遠。周公思兼三王，以施四事。其有不合者，仰而思之，夜以繼日；幸而得之，坐以待旦。』

孟子曰：『王者之迹熄而詩亡，詩亡然後春秋作。晉之乘、楚之梼杌、魯之春秋，一也。其事則齊桓、晉文，其文則史。孔子曰：「其義則丘竊取之矣。」』

孟子曰：『可以取，可以無取，取傷廉。可以與，可以無與，與傷惠。可以死，可以無死，死傷勇。』

孟子曰：『西子蒙不潔，則人皆掩鼻而過之。雖有惡人，齊戒沐浴，則可以祀上帝。』

孟子曰：『天下之言性也，則故而已矣。故者，以利爲本。所惡於智者，爲其鑿也。如智者，若禹之行水也，則無惡於智矣。禹之行水也，行其所無事也。如智者亦行其所無事，則智亦大矣。天之高也，星辰之遠也，苟求其故，千歲之日至，可坐而致也。』

公行子有子之喪，右師往弔。入門，有進而與右師言者，有就右師之位而與右師言者。孟子不與右師言，右師不悦曰：『諸君子皆與驩言，孟子獨不與驩言，是簡驩也。』孟子聞之，曰：『禮：朝庭不歷位而相與言，不踰階而相揖也。我欲行禮，子敖以我爲簡，不亦異乎？』

孟子曰：『君子所以異於人者，以其存心也。君子以仁存心，以禮存心。仁者愛人，有禮者敬人。愛人者，人恒愛之；敬人者，人恒敬之。有人於此，其待我以横逆，則君子必自反也：「我必不仁也，必無禮也，此物奚宜至哉？」其自反而仁矣，自反而有禮矣。其横逆由是也，君子必自反也：「我必不忠。」自反而忠矣。其横逆由是也，君子曰：「此亦妄人也已矣。如此則與禽獸奚擇哉？於禽獸又何難焉？」是故君子有終身之憂，無一朝之患也。乃若所憂則有之。舜人也，我亦人也；舜爲法於天下，可傳於後世，我由未免爲鄉人也，是則可憂也。憂之如何？如舜而已矣。若夫君子所患則亡矣。非仁無爲也，非禮無行也。如有一朝之患，則君子不患矣。』

禹稷當平世，三過其門而不入，孔子賢之。顔子當亂世，居於陋巷，一簞食，一瓢飲，人不堪其憂，顔子不改其樂，孔子賢之。孟子曰：『禹、稷、顔回同道。禹思天下有溺者，由己溺之；稷思天下有飢者，由己飢之也：是以如是其急也。禹、稷、顔子易地則皆然。今有同室之人鬭者，救之，雖被髮纓冠而救之，可也。鄉鄰有鬭者，被髮纓冠而往救之，則惑也，雖閉户可也。』

公都子曰：『匡章，通國皆稱不孝焉。夫子與之遊，又從而禮貌之，敢問何也？』孟子曰：『世俗所謂不孝者五：惰其四支，不顧父母之養，一不孝也；博弈、好飲酒，不顧父母之養，二不孝也；好貨財、私妻子，不顧父母之養，三不孝也；從耳目之欲，以爲父母戮，四不孝也；好勇鬭狠，以危父母，五不孝也。章子有一於是乎？夫章子，子父責善而不相遇也。責善，朋友之道也。父子責善，賊恩之大者。夫章子豈不欲有夫妻子母之屬哉？爲得罪於父，不得近；出妻屏子，終身不養焉。其設心以爲不若是，是則罪之大者。是則章子已矣。』

曾子居武城，有越寇。或曰：『寇至，盍去諸？』曰：『無寓人於我室，毁傷其薪木。』寇退，則曰：『修我牆屋，我將反。』寇退，曾子反。左右曰：『待先生如此其忠且敬也，寇至則先去以爲民望，寇退則反，殆於不可。』沈猶行曰：『是非汝所知也。昔沈猶有負芻之禍，從先生者七十人，未有與焉。』

子思居於衛，有齊寇。或曰：『寇至，盍去諸？』子思曰：『如伋去，君誰與守？』

孟子曰：『曾子、子思同道。曾子，師也，父兄也；子思，臣也，微也。曾子、子思易地則皆然。』

孟子節文卷之五

萬章章句 凡七章

萬章問曰：『舜往於田，號泣於旻天。何爲其號泣也？』

孟子曰：『怨慕也。』

萬章曰：『父母愛之，喜而不忘；父母惡之，勞而不怨。然則舜怨乎？』

曰：『長息問於公明高曰：「舜往於田，則吾既得聞命矣。號泣於旻天，於父母，則吾不知也。」公明高曰：「是非爾所知也。」夫公明高以孝子之心，爲不若是恝；我竭力耕田，共爲子職而已矣。父母之不我愛，於我何哉！帝使其子九男二女，百官牛羊倉廩備，以事舜於畎畝之中，天下之士多就之者，帝將胥天下而遷之焉；爲不順於父母，如窮人無所歸。天下之士悅之，人之所欲也，而不足以解憂。好色，人之所欲，妻帝之二女，而不足以解憂。富，人之所欲，富有天下，而不足以解憂。貴，人之所欲，貴爲天子，而不足以解憂。人悅之，好色富貴，無足以解憂者；惟順於父母，可以解憂。人少則慕父母，知好色則慕少艾，有妻子則慕妻子，仕則慕君，不得於君則熱中。大孝終身慕父母，五十而慕者，予於大舜見之矣。』

咸丘蒙問曰：『語云：「盛德之士，君不得而臣，父不得而子。」舜南面而立，堯帥諸侯北面而朝之，瞽瞍亦北面而朝之。舜見瞽瞍，其容有蹙。孔子曰：「於斯時也，天下殆哉，岌岌乎！」不識此語誠然乎哉？』

孟子曰：『否。此非君子之言，齊東野人之語也。堯老而舜攝也。堯典曰：「二十有八載，放勳乃徂落，百姓如喪考妣，三年，四海遏密八音。」孔子曰：「天無二日，民無二王。」舜既爲天子矣，又帥天下諸侯以爲堯三年喪，是二天子矣！』

咸丘蒙曰：『舜之不臣堯，則吾既得聞命矣。詩云：「普天之下，莫非王土；率土之濱，莫非王臣。」而舜既爲天子矣，敢問瞽瞍之非臣如何？』

曰：『是詩也，非是之謂也，勞於王事，而不得養父母也。曰：「此莫非王事，我獨賢勞也。」故説詩者，不以文害辭，不以辭害志，以意逆志，是爲得之。如以辭而已矣，雲漢之詩曰：「周餘黎民，靡有孑遺。」信斯言也，是周無遺民也。孝子之至，莫大乎尊親；尊親之至，莫大乎以天下養。爲天子父，尊之至也；以天下養，養之至也。詩曰：「永言孝思，孝思維則。」此之謂也。書曰：「祗載見瞽瞍，夔夔齊栗，瞽瞍亦允若。」是爲父不得而子也？』

萬章問曰：『人有言，伊尹以割烹要湯，有諸？』

孟子曰：『否，不然。伊尹耕於有莘之野，而樂堯舜之道焉。非其義也，非其道也，祿之以天下，弗顧也。繫馬千駟，弗視也。非其義也，非其道也，一介不以與人，一介不以取諸人。湯使人以幣聘之，囂囂然曰：「我何以湯之聘幣爲哉？我豈若處畎畝之中，由是以樂堯舜之道哉？」湯三使往聘之，既而幡然改曰：「與我處畎畝之中，由是以樂堯舜之道，吾豈若使是君爲堯舜之君哉？吾豈若使是民爲堯舜之民哉？吾豈若於吾身親見之哉？天之生此民也，使先知覺後知，使先覺覺後覺也。予，天民之先覺者也，予將以斯道覺斯民也，非予覺之而誰也？」思天下之民，匹夫匹婦有不被堯舜之澤者，若己推而內之溝中，其自任以天下之重如此，故就湯而説之，以伐夏救民。吾未聞枉己而正人者也，況辱己以正天下者乎？聖人之行不同也，或遠或近，或去或不去，歸潔其身而已矣。吾聞其以堯舜之道要湯，未聞以割烹也。伊訓曰：「天誅造攻自牧宮，朕載自亳。」』

萬章問曰：『或謂孔子於衛主癰疽，於齊主侍人瘠環，有諸乎？』

孟子曰：『否，不然也，好事者爲之也。於衛主顔讎由。彌子之妻與子路之妻，兄弟也。彌子謂子路曰：「孔子主我，衛卿可得也。」子路以告，孔子曰：「有命。」孔子進以禮，退以義，得之不得曰「有命」。而主癰疽與侍人瘠環，是無義無命也。孔子不悦於魯衛，遭宋桓司馬，將要而殺之，微服而過宋。是時孔子當阨，主司城貞子，爲陳侯周臣。吾聞，觀近臣以其所爲主，觀遠臣以其所主。若孔子主癰疽與侍人瘠環，何以爲孔子？』

萬章問曰：『或曰：百里奚自鬻於秦牲者，五羊之皮食牛，以要秦穆公，信乎？』

孟子曰：『否，不然，好事者爲之也。百里奚，虞人也。晉人以垂棘之璧，與屈産之乘，假道於虞以伐虢。宮之奇諫，百里奚不諫。知虞公之不可諫而去之秦，年已七十矣，曾不知以食牛干秦穆公之爲汙也，可謂智乎？不可諫而不諫，可謂不智乎？知虞公之將亡而先去之，不可謂不智也。時舉於秦，知穆公之可與有行也而相之，可謂不智乎？相秦而顯其君於天下，可傳於後世，不賢而能之乎？自鬻以成其君，鄉黨自好者不爲，而謂賢者爲之乎？』

北宮錡問曰：『周室班爵禄也，如之何？』

孟子曰：『其詳不可得聞也。諸侯惡其害己也，而皆去其籍。然而軻也嘗聞其略也。

天子一位，公一位，侯一位，伯一位，子、男同一位，凡五等也。君一位，卿一位，大夫一位，上士一位，中士一位，下士一位，凡六等。天子之制地方千里，公侯皆方百里，伯七十里，子、男五十里，凡四等。不能五十里，不達於天子，附於諸侯，曰附庸。天子之卿受地視侯，大夫受地視伯，元士受地視子、男。大國地方百里，君十卿禄，卿禄四大夫，大夫倍上士，上士倍中士，中士倍下士，下士與庶人在官者同禄，禄足以代其耕也。次國地方七十里，君十卿禄，卿禄三大夫，大夫倍上士，上士倍中士，中士倍下士，下士與庶人在官者同禄，禄足以代其耕也。小國地方五十里，君十卿禄，卿禄二大夫，大夫倍上士，上士倍中士，中士倍下士，下士與庶人在官者同禄，禄足以代其耕也。耕者之所獲，一夫百畝；百畝之糞，上農夫食九人，上次食八人，中食七人，中次食六人，下食五人。庶人在官者，其禄以是爲差。』

孟子曰：『仕非爲貧也，而有時乎爲貧。娶妻非爲養也，而有時乎爲養。爲貧者，辭尊居卑，辭富居貧。辭尊居卑，辭富居貧，惡乎宜乎？抱關擊柝。孔子嘗爲委吏矣，曰：「會計當而已矣。」嘗爲乘田矣，曰：「牛羊茁壯長而已矣。」位卑而言高，罪也。立乎人之本朝而道不行，恥也。』

孟子謂萬章曰：『一鄉之善士，斯友一鄉之善士；一國之善士，斯友一國之善士；天下之善士，斯友天下之善士。以友天下之善士爲未足，又尚論古之人。頌其詩，讀其書，不知其人，可乎？是以論其世也。是尚友也。』

孟子節文卷之六

告子章句 凡三十一章

告子曰：『性，猶杞柳也；義，猶桮棬也。以人性爲仁義，猶以杞柳爲桮棬。』

孟子曰：『子能順杞柳之性而以爲桮棬乎？將戕賊杞柳而後以爲桮棬也？如將戕賊杞柳而以爲桮棬，則亦將戕賊人以爲仁義與？率天下之人而禍仁義者，必子之言夫！』

告子曰：『性猶湍水也，決諸東方則東流，決諸西方則西流。人性之無分於善不善也，猶水之無分於東西也。』

孟子曰：『水信無分於東西，無分於上下乎？人性之善也，猶水之就下也。人無有不善，水無有不下。今夫水，搏而躍之，可使過顙；激而行之，可使在山。是豈水之性哉？其勢則然也。人之可使爲不善，其性亦猶是也。』

告子曰：『生之謂性。』

孟子曰：『生之謂性也，猶白之謂白與？』

曰：『然。』

『白羽之白也，猶白雪之白；白雪之白，猶白玉之白與？』

曰：『然。』

『然則犬之性，猶牛之性；牛之性，猶人之性與？』

告子曰：『食色，性也。仁，内也，非外也；義，外也，非内也。』

孟子曰：『何以謂仁内義外也？』

曰：『彼長而我長之，非有長於我也。猶彼白而我白之，從其白於外也，故謂之外也。』

曰：『異於白馬之白也，無以異於白人之白也；不識長馬之長也，無以異於長人之長與？且謂長者義乎，長之者義乎？』

曰：『吾弟則愛之，秦人之弟則不愛也，是以我爲悦者也，故謂之内。長楚人之長，亦長吾之長，是以長爲悦者也，故謂之外也。』

曰：『耆秦人之炙，無以異於耆吾炙。夫物則亦有然者也，然則耆炙亦有外與？』

孟季子問公都子曰：『何以謂義内也？』

曰：『行吾敬，故謂之内也。』

『鄉人長於伯兄一歲，則誰敬？』

曰：『敬兄。』

『酌則誰先？』

曰：『先酌鄉人。』

『所敬在此，所長在彼，果在外，非由内也。』

公都子不能答，以告孟子。

孟子曰：『敬叔父乎，敬弟乎？彼將曰：「敬叔父。」曰：「弟爲尸，則誰敬？」彼將曰：「敬弟。」子曰：「惡在其敬叔父也？」彼將曰：「在位故也。」子亦曰：「在位故也。」庸敬在兄，斯須之敬在鄉人。』

季子聞之曰：『敬叔父則敬，敬弟則敬，果在外，非由内也。』

公都子曰：『冬日則飲湯，夏日則飲水，然則飲食亦在外也？』

公都子曰：『告子曰：「性無善無不善也。」或曰：「性可以爲善，可以爲不善。是故文武興，則民好善；幽厲興，則民好暴。」或曰：「有性善，有性不善。是故以堯爲君而有象，以瞽瞍爲父而有舜；以紂爲兄之子，且以爲君，而有微子啓、王子比干。」今曰性善，然則彼皆非與？』

孟子曰：『乃若其情，則可以爲善矣，乃所謂善也。若夫爲不善，非才之罪也。惻隱之心，人皆有之；羞惡之心，人皆有之；恭敬之心，人皆有之；是非之心，人皆有之。惻隱之心，仁也；羞惡之心，義也；恭敬之心，禮也；是非之心，智也。仁義禮智，非由外鑠我也，我固有之也，弗思耳矣。故曰：求則得之，舍則失之。或相倍蓰而無算者，不能盡其才者也。詩曰：「天生蒸民，有物有則。民之秉夷，好是懿德。」孔子曰：「爲此詩者，其知道乎！故有物必有則，民之秉夷也，故好是懿德。」』

孟子曰：『富歲子弟多賴，凶歲子弟多暴，非天之降才爾殊也，其所以陷溺其心者然也。今夫麰麥，播種而櫌之，其地同，樹之時又同，浡然而生，至於日至之時，皆熟矣。雖有不同，則地有肥磽，雨露之養、人事之不齊也。故凡同類者，舉相似也，何獨至於人而疑之？聖人與我同類者。故龍子曰：「不知足而爲屨，我知其不爲蕢也。」屨之相似，天下之足同也。口之於味，有同耆也。易牙先得我口之所耆者也。如使口之於味也，其性與人殊，若犬馬之與我不同類也，則天下何耆皆從易牙之於味也？至於味，天下期於易牙，是天下之口相似也。惟耳亦然。至於聲，天下期於師曠，是天下之耳相似也。惟目亦然。至於子都，天下莫不知其姣也。不知子都之姣者，無目者也。故曰：口之於味也，有同耆焉；耳之於聲也，有同聽焉；目之於色也，有同美焉。至於心，獨無所同然乎？心之所同然者何也？謂理也，義也。聖人先得我心之所同然耳。故理義之悅我心，猶芻豢之悅我口。』

孟子曰：『牛山之木嘗美矣，以其郊於大國也，斧斤伐之，可以爲美乎？是其日夜之所息，雨露之所潤，非無萌蘖之生焉，牛羊又從而牧之，是以若彼濯濯也。人見其濯濯也，以爲未嘗有材焉，此豈山之性也哉？雖存乎人者，豈無仁義之心哉？其所以放其良心者，亦猶斧斤之於木也，旦旦而伐之，可以爲美乎？其日夜之所息，平旦之氣，其好惡與人相近也者幾希，則其旦晝之所爲，有梏亡之矣。梏之反覆，則其夜氣不足以存；夜氣不足以存，則其違禽獸不遠矣。人見其禽獸也，而以爲未嘗有才焉者，是豈人之情也哉？故苟得其養，無物不長；苟失其養，無物不消。孔子曰：「操則存，舍則亡；出入無時，莫知其鄉。」惟心之謂與？』

孟子曰：『魚，我所欲也；熊掌，亦我所欲也。二者不可得兼，舍魚而取熊掌者也。

生，亦我所欲也；義，亦我所欲也。二者不可得兼，舍生而取義者也。生亦我所欲，所欲有甚於生者，故不爲苟得也；死亦我所惡，所惡有甚於死者，故患有所不辟也。如使人之所欲莫甚於生，則凡可以得生者，何不用也？使人之所惡莫甚於死者，則凡可以辟患者，何不爲也？由是則生而有不用也，由是則可以辟患而有不爲也。是故所欲有甚於生者，所惡有甚於死者，非獨賢者有是心也，人皆有之，賢者能勿喪耳。一簞食，一豆羹，得之則生，弗得則死。嘑爾而與之，行道之人弗受；蹴爾而與之，乞人不屑也。萬鍾則不辨禮義而受之，萬鍾於我何加焉？爲宫室之美、妻妾之奉、所識窮乏者得我與？鄉爲身死而不受，今爲宫室之美爲之；鄉爲身死而不受，今爲所識窮乏者得我而爲之，是亦不可以已乎？此之謂失其本心。』

孟子曰：『仁，人心也；義，人路也。舍其路而弗由，放其心而不知求，哀哉！人有鷄犬放，則知求之；有放心，而不知求。學問之道無他，求其放心而已矣。』

孟子曰：『今有無名之指，屈而不信，非疾痛害事也，如有能信之者，則不遠秦楚之路，爲指之不若人也。指不若人，則知惡之；心不若人，則不知惡：此之謂不知類也。』

孟子曰：『拱把之桐梓，人苟欲生之，皆知所以養之者。至於身，而不知所以養之者，豈愛身不若桐梓哉？弗思甚也。』

孟子曰：『人之於身也，兼所愛。兼所愛，則兼所養也。無尺寸之膚不愛焉，則無尺寸之膚不養也。所以考其善不善者，豈有他哉？於己取之而已矣。體有貴賤，有小大。無以小害大，無以賤害貴。養其小者爲小人，養其大者爲大人。今有場師，舍其梧檟，養其樲棘，則爲賤場師焉。養其一指而失其肩背，而不知也，則爲狼疾人也。飲食之人，則人賤之矣，爲其養小以失大也。飲食之人無有失也，則口腹豈適爲尺寸之膚哉？』

公都子問曰：『鈞是人也，或爲大人，或爲小人，何也？』

孟子曰：『從其大體爲大人，從其小體爲小人。』

曰：『鈞是人也，或從其大體，或從其小體，何也？』

曰：『耳目之官不思，而蔽於物。物交物，則引之而已矣。心之官則思，思則得之，不思則不得也。此天之所與我者，先立乎其大者，則其小者弗能奪也。此爲大人而已矣。』

孟子曰：『有天爵者，有人爵者。仁義忠信，樂善不倦，此天爵也；公卿大夫，此人爵也。古之人修其天爵，而人爵從之。今之人修其天爵，以要人爵；既得人爵，而棄其天爵，則惑之甚者也，終亦必亡而已矣。』

孟子曰：『欲貴者，人之同心也。人人有貴於己者，弗思耳矣。人之所貴者，非良貴也。趙孟之所貴，趙孟能賤之。『詩云：「既醉以酒，既飽以德。」言飽乎仁義也，所以不願人之膏粱之味也；令聞廣譽施於身，所以不願人之文繡也。』

孟子曰：『仁之勝不仁也，猶水勝火。今之爲仁者，猶以一杯水救一車薪之火也；不熄，則謂之水不勝火，此又與於不仁之甚者也，亦終必亡而已矣。』

孟子曰：『五穀者，種之美者也；苟爲不熟，不如荑稗。夫仁，亦在乎熟之而已矣。』

孟子曰：『羿之教人射，必志於彀，學者亦必志於彀。大匠誨人，必以規矩，學者亦必以規矩。』

任人有問屋廬子曰：『禮與食孰重？』

曰：『禮重。』

『色與禮孰重？』

曰：『禮重。』

曰：『以禮食，則飢而死；不以禮食，則得食，必以禮乎？親迎，則不得妻；不親迎，則得妻，必親迎乎？』

屋廬子不能對，明日之鄒，以告孟子。

孟子曰：『於答是也何有？不揣其本而齊其末，方寸之木可使高於岑樓。金重於羽者，豈謂一鈎金與一輿羽之謂哉？取食之重者與禮之輕者而比之，奚翅食重？取色之重者與禮之輕者而比之，奚翅色重？往應之曰：「紾兄之臂而奪之食，則得食；不紾，則不得食，則將紾之乎？踰東家牆而摟其處子，則得妻；不摟，則不得妻，則將摟之乎？」』

曹交問曰：『人皆可以爲堯舜，有諸？』

孟子曰：『然。』

『交聞文王十尺，湯九尺，今交九尺四寸以長，食粟而已，如何則可？』

曰：『奚有於是？亦爲之而已矣。有人於此，力不能勝一匹雛，則爲無力人矣；今曰舉百鈞，則爲有力人矣。然則舉烏獲之任，是亦爲烏獲而已矣。夫人豈以不勝爲患哉？弗爲耳。徐行後長者謂之弟，疾行先長者謂之不弟。夫徐行者，豈人所不能哉？所不爲也。堯舜之道，孝弟而已矣。子服堯之服，誦堯之言，行堯之行，是堯而已矣。子服桀之服，誦桀之言，行桀之行，是桀而已矣。』

曰：『交得見於鄒君，可以假館，願留而受業於門。』

曰：『夫道，若大路然，豈難知哉？人病不求耳。子歸而求之，有餘師。』

公孫丑問曰：『高子曰：「小弁，小人之詩也。」』

孟子曰：『何以言之？』

曰：『怨。』

曰：『固哉，高叟之爲詩也！有人於此，越人關弓而射之，則己談笑而道之，無他，疏之也。其兄關弓而射之，則己垂涕泣而道之，無他，戚之也。小弁之怨，親親也。親親，仁也。固矣夫，高叟之爲詩也！』

曰：『凱風何以不怨？』

曰：『凱風，親之過小者也；小弁，親之過大者也。親之過大而不怨，是愈疏也；親之過小而怨，是不可磯也。愈疏，不孝也；不可磯，亦不孝也。孔子曰：「舜其至孝矣，五十而慕。」』

孟子居鄒，季任爲任處守，以幣交，受之而不報。處於平陸，儲子爲相，以幣交，受之而不報。他日，由鄒之任，見季子；由平陸之齊，不見儲子。屋廬子喜曰：『連得間矣。』問曰：『夫子之任見季子，之齊不見儲子，爲其爲相與？』曰：『非也。書曰：「享多儀，儀不及物曰不享，惟不役志於享。」爲其不成享也。』屋廬子悦。或問之。屋廬子曰：『季子不得之鄒，儲子得之平陸。』

淳于髡曰：『先名實者，爲人也；後名實者，自爲也。夫子在三卿之中，名實未加於上下而去之，仁者固如是乎？』孟子曰：『居下位，不以賢事不肖者，伯夷也；五就湯，五就桀者，伊尹也；不惡汙君，不辭小官者，柳下惠也。三子者不同道，其趨一也。一者何也？曰：仁也。君子亦仁而已矣，何必同？』曰：『魯繆公之時，公儀子爲政，子柳、子思爲臣，魯之削也滋甚。若是乎賢者之無益於國也！』

曰：『虞不用百里奚而亡，秦穆公用之而霸。不用賢則亡，削何可得與？』

曰：『昔者王豹處於淇，而河西善謳；緜駒處於高唐，而齊右善歌；華周、杞梁之妻善哭其夫，而變國俗：有諸内必形諸外。爲其事而無其功者，髡未嘗覩之也。是故無賢者也，有則髡必識之。』

曰：『孔子爲魯司寇，不用，從而祭，燔肉不至，不税冕而行。不知者以爲爲肉也，其知者以爲爲無禮也。乃孔子則欲以微罪行，不欲爲苟去。君子之所爲，衆人固不識也。』

孟子曰：『五霸者，三王之罪人也；今之諸侯，五霸之罪人也；今之大夫，今之諸侯之罪人也。天子適諸侯曰巡狩，諸侯朝於天子曰述職。春省耕而補不足，秋省斂而助不給。入其疆，土地辟，田野治，養老尊賢，俊傑在位，則有慶，慶以地。入其疆，土地荒蕪，遺老失賢，掊克在位，則有讓。一不朝，則貶其爵；再不朝，則削其地；三不朝，則六師移之。是故天子討而不伐，諸侯伐而不討。五霸者，摟諸侯以伐諸侯者也，故曰：五霸者，三王之罪人也。五霸，桓公爲盛。葵丘之會，諸侯束牲、載書而不歃血。初命曰：誅不孝，無易樹子，無以妾爲妻。再命曰：尊賢育才，以彰有德。三命曰：敬老慈幼，無忘賓旅。四命曰：士無世官，官事無攝，取士必得，無專殺大夫。五命曰：無曲防，無遏糴，無有封而不告。曰：凡我同盟之人，既盟之後，言歸於好。今之諸侯，皆犯此五禁，故曰：今之諸侯，五霸之罪人也。長君之惡其罪小，逢君之惡其罪大。今之大夫皆逢君之惡，故曰：今之大夫，今之諸侯之罪人也。』

白圭曰：『吾欲二十而取一，何如？』

孟子曰：『子之道，貉道也。萬室之國，一人陶，則可乎？』

曰：『不可，器不足用也。』

曰：『夫貉，五穀不生，惟黍生之。無城郭、宫室、宗廟、祭祀之禮，無諸侯幣帛饔飧，無百官有司，故二十取一而足也。今居中國，去人倫，無君子，如之何其可也？陶以寡，且不可以爲國，況無君子乎？欲輕之於堯舜之道者，大貉小貉也；欲重之於堯舜之道者，大桀小桀也。』

白圭曰：『丹之治水也愈於禹。』

孟子曰：『子過矣。禹之治水，水之道也。是故禹以四海爲壑，今吾子以鄰國爲壑。水逆行，謂之洚水。洚水者，洪水也，仁人之所惡也。吾子過矣。』

孟子曰：『君子不亮，惡乎執？』

魯欲使樂正子爲政。孟子曰：『吾聞之，喜而不寐。』

公孫丑曰：『樂正子强乎？』

曰：『否。』

『有知慮乎？』

曰：『否。』

『多聞識乎？』

曰：『否。』

『然則奚爲喜而不寐？』

曰：『其爲人也好善。』

『好善足乎？』

曰：『好善優於天下，而况魯國乎？夫苟好善，則四海之内皆將輕千里而來，告之以善。夫苟不好善，則人將曰：「訑訑，予既已知之矣。」訑訑之聲音顔色，距人於千里之外。士止於千里之外，則讒諂面諛之人至矣。與讒諂面諛之人居，國欲治，可得乎？』

孟子曰：『舜發於畎畝之中，傅説舉於版築之間，膠鬲舉於魚鹽之中，管夷吾舉於士，孫叔敖舉於海，百里奚舉於市。故天將降大任於是人也，必先苦其心志，勞其筋骨，餓其體膚，空乏其身，行拂亂其所爲，所以動心忍性，曾益其所不能。人恒過，然後能改；困於心，衡於慮，而後作；徵於色，發於聲，而後喻。入則無法家拂士，出則無敵國外患者，國恒亡。然後知生於憂患而死於安樂也。』

孟子曰：『教亦多術矣，予不屑之教誨也者，是亦教誨之而已矣。』

孟子節文卷之七

盡心章句　凡六十七章

孟子曰：『盡其心者，知其性也。知其性，則知天矣。存其心，養其性，所以事天也。殀壽不貳，修身以俟之，所以立命也。』

孟子曰：『莫非命也，順受其正。是故知命者。』〔一〕

孟子謂宋句踐曰：『子好遊乎？吾語子遊。人知之亦囂囂，人不知亦囂囂。』

曰：『何如斯可以囂囂矣？』

曰：『尊德樂義，則可以囂囂矣。故士窮不失義，達不離道。窮不失義，故士得己焉；達不離道，故民不失望焉。古之人，得志，澤加於民；不得志，修身見於世。窮則獨善其身，達則兼善天下。』

孟子曰：『待文王而後興者，凡民也。若夫豪傑之士，雖無文王猶興。』

孟子曰：『附之以韓魏之家，如其自視欿然，則過人遠矣。』

孟子曰：『以佚道使民，雖勞不怨；以生道殺民，雖死不怨殺者。』

孟子曰：『霸者之民，驩虞如也；王者之民，皞皞如也。殺之而不怨，利之而不庸，民日遷善而不知爲之者。夫君子所過者化，所存者神，上下與天地同流，豈曰小補之哉？』

孟子曰：『仁言，不如仁聲之入人深也。善政，不如善教之得民也。善政民畏之，善教民愛之；善政得民財，善教得民心。』

孟子曰：『人之所不學而能者，其良能也；所不慮而知者，其良知也。孩提之童，無不知愛其親者；及其長也，無不知敬其兄也。親親，仁也；敬長，義也。無他，達之天下也。』

孟子曰：『舜之居深山之中，與木石居，與鹿豕遊，其所以異於深山之野人者幾希。及其聞一善言，見一善行，若決江河，沛然莫之能禦也。』

孟子曰：『無爲其所不爲，無欲其所不欲，如此而已矣。』

孟子曰：『人之有德慧術知者，恒存乎疢疾。獨孤臣孽子，其操心也危，其慮患也深，故達。』

孟子曰：『有事君人者，事是君，則爲容悦者也；有安社稷臣者，以安社稷爲悦者也；有天民者，達可行於天下，而後行之者也；有大人者，正己而物正者也。』

孟子曰：『君子有三樂，而王天下不與存焉：父母俱存，兄弟無故，一樂也；仰不愧於天，俯不怍於人，二樂也；得天下英才而教育之，三樂也。君子有三樂，而王天下不與存焉。』

孟子曰：『廣土衆民，君子欲之，所樂不存焉。中天下而立，定四海之民，君子樂之，所性不存焉。君子所性，雖大行不加焉，雖窮居不損焉，分定故也。君子所性，仁義禮智根於心。其生色也，睟然見於面，盎於背，施於四體，四體不言而喻。』

孟子曰：『伯夷辟紂，居北海之濱，聞文王作，興曰：「盍歸乎來！吾聞西伯善養老者。」太公辟紂，居東海之濱，聞文王作，興曰：「盍歸乎來！吾聞西伯善養老者。」天下有善養老，則仁人以爲己歸矣。五畝之宅，樹牆下以桑，匹婦蠶之，則老者足以衣帛矣。五母鷄，二母彘，無失其時，老者足以無失肉矣。百畝之田，匹夫耕之，八口之家足以無飢矣。所謂西伯善養老者，制其田里，教之樹畜，導其妻子，使養其老。五十非帛不煖，七十非肉不飽。不煖不飽，謂之凍餒。文王之民，無凍餒之老者，此之謂也。』

孟子曰：『易其田疇，薄其稅斂，民可使富也。食之以時，用之以禮，財不可勝用也。民非水火不生活，昏暮叩人之門户求水火，無弗與者，至足矣。聖人治天下，使有菽粟如水火。菽粟如水火，而民焉有不仁者乎？』

孟子曰：『孔子登東山而小魯，登太山而小天下。故觀於海者難爲水，遊於聖人之門者難爲言。觀水有術，必觀其瀾。日月有明，容光必照焉。流水之爲物也，不盈科不行；君子之志於道也，不成章不達。』

孟子曰：『鷄鳴而起，孳孳爲善者，舜之徒也。鷄鳴而起，孳孳爲利者，蹠之徒也。欲知舜與蹠之分，無他，利與善之間也。』

孟子曰：『楊子取爲我，拔一毛而利天下，不爲也。墨子兼愛，摩頂放踵，利天下，爲之。子莫執中，執中爲近之，執中無權，猶執一也。所惡執一者，爲其賊道也，舉一而廢百也。』

孟子曰：『飢者甘食，渴者甘飲，是未得飲食之正也，飢渴害之也。豈惟口腹有飢渴之害？人心亦皆有害。人能無以飢渴之害爲心害，則不及人不爲憂矣。』

孟子曰：『柳下惠不以三公易其介。』

孟子曰：『有爲者辟若掘井，掘井九軔而不及泉，猶爲棄井也。』

孟子曰：『堯舜，性之也；湯武，身之也；五霸，假之也。久假而不歸，惡知其非有也？』

公孫丑曰：『詩曰：「不素餐兮。」君子之不耕而食，何也？』

孟子曰：『君子居是國也，其君用之，則安富尊榮；其子弟從之，則孝弟忠信。「不素餐兮」，孰大於是？』

王子墊問曰：『士何事？』

孟子曰：『尚志。』

曰：『何謂尚志？』

曰：『仁義而已矣。殺一無罪，非仁也；非其有而取之，非義也。居惡在？仁是也。路惡在？義是也。居仁由義，大人之事備矣。』

孟子曰：『仲子，不義與之齊國而弗受，人皆信之，是舍簞食豆羹之義也。人莫大焉亡親戚、君臣、上下。以其小者，信其大者，奚可哉？』

孟子自範之齊，望見齊王之子，喟然歎曰：『居移氣，養移體，大哉居乎！夫非盡人之子與？』

孟子曰：『王子宮室、車馬、衣服，多與人同，而王子若彼者，其居使之然也；況居天下之廣居者乎？魯君之宋，呼於垤澤之門。守者曰：「此非吾君也，何其聲之似我君也？」此無他，居相似也。』

孟子曰：『食而弗愛，豕交之也；愛而不敬，獸畜之也。恭敬者，幣之未將者也。恭敬而無實，君子不可虛拘。』

孟子曰：『形色，天性也；惟聖人，然後可以踐形。』

齊宣王欲短喪。公孫丑曰：『爲期之喪，猶愈於已乎？』孟子曰：『是猶或紾其兄之臂，子謂之姑徐徐云爾，亦教之孝悌而已矣。』王子有其母死者，其傅爲之請數月之喪。公孫丑曰：『若此者，何如也？』曰：『是欲終之而不可得也。雖加一日愈於已，謂夫莫之禁而弗爲者也。』

孟子曰：『君子之所以教者五：有如時雨化之者，有成德者，有達財者，有答問者，有私淑艾者。此五者，君子之所以教也。』

公孫丑曰：『道則高矣，美矣，宜若登天然，似不可及也。何不使彼爲可幾及而日孳孳也？』孟子曰：『大匠不爲拙工改廢繩墨，羿不爲拙射變其彀率。君子引而不發，躍如也。中道而立，能者從之。』

孟子曰：『天下有道，以道殉身；天下無道，以身殉道。未聞以道殉乎人者也。』

孟子曰：『於不可已而已者，無所不已；於所厚者薄，無所不薄也。其進鋭者，其退速。』

孟子曰：『君子之於物也，愛之而弗仁；於民也，仁之而弗親。親親而仁民，仁民而愛物。』

孟子曰：『知者無不知也，當務之爲急；仁者無不愛也，急親賢之爲務。堯舜之知而不徧物，急先務也；堯舜之仁不徧愛人，急親賢也。不能三年之喪，而緦、小功之察；放飯流歠，而問無齒決，是之謂不知務。』

孟子曰：『春秋無義戰。彼善於此，則有之矣。征者，上伐下也，敵國不相征也。』

孟子曰：『盡信書，則不如無書。吾於武成，取二三策而已矣。仁人無敵於天下，以至仁伐至不仁，而何其血之流杵也？』

孟子曰：『梓匠輪輿，能與人規矩，不能使人巧。』

孟子曰：『舜之飯糗茹草也，若將終身焉；及其爲天子也，被袗衣，鼓琴，二女果，若固有之。』

孟子曰：『身不行道，不行於妻子；使人不以道，不能行於妻子。』

孟子曰：『周於利者，凶年不能殺；周於德者，邪世不能亂。』

孟子曰：『聖人，百世之師也，伯夷、柳下惠是也。故聞伯夷之風者，頑夫廉，懦夫有立志；聞柳下惠之風者，薄夫敦，鄙夫寬。奮乎百世之上，百世之下，聞者莫不興起也。非聖人而能若是乎？而况於親炙之者乎？』

孟子曰：『仁也者，人也。合而言之，道也。』

孟子曰：『孔子之去魯，曰：「遲遲吾行也。」去父母國之道也。去齊，接淅而行，去他國之道也。』

孟子曰：『君子之戹於陳蔡之間，無上下之交也。』

貉稽曰：『稽大不理於口。』

孟子曰：『無傷也。士憎兹多口。詩云：「憂心悄悄，愠於羣小。」孔子也。「肆不殄厥愠，亦不隕厥問。」文王也。』

孟子謂高子曰：『山徑之蹊，間介然用之而成路；爲間不用，則茅塞之矣。今茅塞子之心矣。』

高子曰：『禹之聲，尚文王之聲。』

孟子曰：『何以言之？』

曰：『以追蠡。』

曰：『是奚足哉？城門之軌，兩馬之力與？』

齊饑。陳臻曰：『國人皆以夫子將復爲發棠，殆不可復。』

孟子曰：『是爲馮婦也。晉人有馮婦者，善搏虎，卒爲善士。則之野，有衆逐虎。虎負嵎，莫之敢攖。望見馮婦，趨而迎之。馮婦攘臂下車。衆皆悦之，其爲士者笑之。』

孟子曰：『口之於味也，目之於色也，耳之於聲也，鼻之於臭也，四肢之於安佚也，性也，有命焉，君子不謂性也。仁之於父子也，義之於君臣也，禮之於賓主也，智之於賢者也，聖人之於天道也，命也，有性焉，君子不謂命也。』

浩生不害問曰：『樂正子何人也？』

孟子曰：『善人也，信人也。』

『何謂善？何謂信？』

曰：『可欲之謂善，有諸己之謂信。充實之謂美，充實而有光輝之謂大，大而化之之謂聖，聖而不可知之之謂神。樂正子，二之中，四之下也。』

孟子曰：『逃墨必歸於楊，逃楊必歸於儒。歸，斯受之而已矣。今之與楊墨辯者，如追放豚，既入其苙，又從而招之。』

盆成括仕於齊。孟子曰：『死矣盆成括！』

盆成括見殺。門人問曰：『夫子何以知其將見殺？』

曰：『其爲人也小有才，未聞君子之大道也，則足以殺其軀而已矣。』

孟子曰：『人皆有所不忍，達之於其所忍，仁也；人皆有所不爲，達之於其所爲，義也。

人能充無欲害人之心，而仁不可勝用也；人能充無穿踰之心，而義不可勝用也。人能充無受爾汝之實，無所往而不爲義也。士未可以言而言，是以言餂之也；可以言而不言，是以不言餂之也，是皆穿踰之類也。』

孟子曰：『言近而指遠者，善言也；守約而施博者，善道也。君子之言也，不下帶而道存焉。君子之守，修其身而天下平。人病舍其田而芸人之田，所求於人者重，而所以自任者輕。』

孟子曰：『堯舜，性者也；湯武，反之也。動容周旋中禮者，盛德之至也；哭死而哀，非爲生者也；經德不回，非以干禄也；言語必信，非以正行也。君子行法，以俟命而已矣。』

孟子曰：『養心莫善於寡欲。其爲人也寡欲，雖有不存焉者，寡矣；其爲人者多欲〔二〕，雖有存焉者，寡矣。』

曾皙嗜羊棗，而曾子不忍食羊棗。

公孫丑問曰：『膾炙與羊棗孰美？』

孟子曰：『膾炙哉！』

公孫丑曰：『然則曾子何爲食膾炙而不食羊棗？』

曰：『膾炙所同也，羊棗所獨也。諱名不諱姓，姓所同也，名所獨也。』

萬章問曰：『孔子在陳曰：「盍歸乎來！吾黨之士狂簡，進取，不忘其初。」孔子在陳，何思魯之狂士？』

孟子曰：『孔子「不得中道而與之，必也狂獧乎！狂者進取，獧者有所不爲也」。孔子豈不欲中道哉？不可必得，故思其次也。』

『敢問何如斯可謂狂矣？』

曰：『如琴張、曾皙、牧皮者，孔子之所謂狂矣。』

『何以謂之狂也？』

曰：『其志嘐嘐然，曰：古之人，古之人。夷考其行而不掩焉者也。狂者又不可得，欲得不屑不潔之士而與之，是獧也，是又其次也。孔子曰：「過我門而不入我室，我不憾焉者，其惟鄉原乎！鄉原，德之賊也。」』

曰：『何如斯可謂之鄉原矣？』

曰：『「何以是嘐嘐也？言不顧行，行不顧言，則曰：古之人，古之人。行何爲踽踽涼涼？生斯世也，爲斯世也，善斯可矣。」閹然媚於世者也，是鄉原也。』

萬章曰：『一鄉皆稱原人焉，無所往而不爲原人，孔子以爲德之賊，何哉？』

曰：『非之無舉也，刺之無刺也；同乎流俗，合乎汙世；居之似忠信，行之似廉潔；衆皆悦之，自以爲是，而不可與入堯舜之道，故曰「德之賊」也。孔子曰：「惡似而非者：惡莠，恐其亂苗也；惡佞，恐其亂義也；惡利口，恐其亂信也；惡鄭聲，恐其亂樂也；惡紫，恐其亂朱也；惡鄉原，恐其亂德也。」君子反經而已矣。經正，則庶民興；庶民興，斯無邪慝矣。』

孟子曰：『由堯舜至於湯，五百有餘歲，若禹、皋陶，則見而知之；若湯，則聞而知之。由湯至於文王，五百有餘歲，若伊尹、萊朱，則見而知之；若文王，則聞而知之。由文王至於孔子，五百有餘歲，若太公望、散宜生，則見而知之；若孔子，則聞而知之。由孔子而來至於今，百有餘歲，去聖人之世，若此其未遠也；近聖人之居，若此其甚也，然而無有乎爾，則亦無有乎爾。』

校記

〔一〕是故知命者　下闕「不立乎巖牆之下。盡其道而死者，正命也；桎梏死者，非正命也」。

〔二〕者　通行本作「也」。

附録　明太祖撰述目録

明太祖文集

楊士奇等文淵閣書目　國朝

御製文集。一部，六册，完全。御製文集。一部，六册，完全。御製文集。一部，六册，殘缺。御製文集。一部，六册，殘缺。御製文集。一部，七册，殘缺。御製文集。一部，四册，完全。御製文集。一部，四册，完全。御製文集。一部，二册，完全。御製文集。一部，二册，完全。御製文集。一部，二册，殘缺。御製文集。一部，二册，殘缺。御製文集。一部，二册，闕。御製文集。一部，二册，闕。御製文集。一部，二册，闕。御製文集。一部，一册，完全。御製文集。一部，一册，完全。御製文集。一部，一册，完全。御製文集。一部，一册，完全。御製文集。一部，一册，完全。御製文集。一部，三册，完全。御製文集。一部，二册，闕。御製文集。一部，五册，完全。御製文集。一部，十册，完全。

高儒百川書志　聖朝文集

御製文集二十九卷。甲集二卷，乙集三卷，丙集文十四卷，丙集詩，丁集十卷。洪武年製。

范邦甸等天一閣書目　別集類

御製文集二十卷。刊本。明太祖高皇帝文。

王圻續文獻通考經籍考集下

高皇帝御製文集，永樂元年命禮部遣監生三十餘人，分詣天下，採高皇帝詩文書翰録成。

張萱等内閣藏書目録聖制部

御製文集四册，全。太祖高皇帝敕諭羣臣及詔制祝祭文，并賜諸番敕書鈔本。

御製文集三册，全。高皇帝製。又五册，全。又二册，全。又二册，全。又一册，全。鈔本。又二册，全。鈔本。又一册，全。鈔本。又一册，全。鈔本。

又御製文集一束，共五十七册。高皇帝御製。皆首尾殘闕者。

御製文集四册，詩集二册，全。太祖高皇帝製。鈔本。

劉若愚内板經書紀略

御製文集。八本，七百十三葉。

黄虞稷千頃堂書目別集類

太祖高皇帝御製文集三十卷。甲集二卷，乙集三卷，丙集文十四卷、詩一卷，丁集十卷。

明史藝文志別集類

明太祖文集五十卷，詩集五卷。

四庫全書總目提要別集類二二

明太祖文集二十卷。兩江總督採進本。

明巡按直隸督學御史姚士觀、南京户部督儲主事沈鈇仝校刊。

分十六類：曰詔，曰制，曰誥，曰書，曰敕命，曰策問，曰敕問，曰論，曰樂章，曰樂歌，曰文，曰碑，曰記，曰序，曰説，曰雜著，曰祭文，曰詩。案太祖集初刻於洪武七年。劉基及宋濂文集所載序文俱云五卷，稱翰林學士樂韶鳳所編録。然黄虞稷千頃堂書目已不著録，所著録者有太祖文集三十卷，注曰：『甲集二卷，乙集三卷，丙集文十四卷、詩一卷，丁集十卷。』又太祖文集類編十二卷，又太祖詩集五卷，又太祖御製書稿三卷，均與此本不符。焦竑國史經籍志列太祖文集二十卷，又三十卷。此本卷數與竑所列前一本合，當即竑所著録歟？其刻在萬曆十四年，編次不知出誰手。目録之末有姚士觀等跋語，乃據舊本刻於中都，亦未能詳考所自來也。考朱彝尊明詩綜載有太祖祖鳳操一首，而集内無之，則亦未爲賅備。然所謂三十卷者，今未見傳本，其存佚均未可知。近時諸家所藏弆，大抵皆即士觀等所刻。今亦據以著録，存有明一代開國之著作焉。

御製詩文

楊士奇等文淵閣書目國朝

御製詩文。一部，五册，完全。

御製文集類編

高儒百川書志聖朝文集

御製文集類編二十卷。洪武年製。

黄虞稷千頃堂書目別集類

太祖高皇帝御製文集類編十二卷。

御製戊辰集

楊士奇等文淵閣書目國朝

御製戊辰集。一部，一册，闕。

御製祝文

楊士奇等文淵閣書目國朝

御製祝文。一部，三册，殘缺。

張萱等内閣藏書目録聖制部

祝文一册，不全。國初祭開國諸臣及各祀神祇。

御製戒酒文

楊士奇等文淵閣書目國朝

御製戒酒文。一部，一册，闕。

御製申明五常敕

楊士奇等文淵閣書目國朝

御製申明五常敕。一部，一册，完全。

賜諸番書

楊士奇等文淵閣書目國朝

賜諸番書。一部，一册。

御製書稿

黄虞稷千頃堂書目別集類

太祖高皇帝御製書稿三卷。

御製詩集

楊士奇等文淵閣書目國朝

御製詩集。一部，五册，殘缺。御製詩集。一木匣，完全。高皇帝詩。一部，四册，完全。御製詩集。一部，二册，殘缺。御製詩集。一部，一册，完全。御製詩集。一部，一册，完全。御製詩集。一部，一册，完全。御製詩集。一部，一册，完全。御製詩集。一部，一册，完全。御製詩集。一部，一册，完全。御製詩集。一部，一册，完全。御製詩集。一部，一册，完全。御製詩集。一部，三册，完全。御製詩集。一部，一册，闕。御製詩集。一部，一册，闕。御製詩集。一部，一册，闕。御製詩集。一部，一册，闕。御製詩集。一部，一册，闕。

高儒百川書志聖朝詩集

御製詩集一卷。洪武年製，六體一百三首。

張萱等内閣藏書目録聖制部

御製詩册一卷。高皇帝製。御製詩一册。高皇帝製。鈔本。又一册，全。又一册。又一册。

劉若愚内板經書紀略

御製詩集。二本，八十四葉。

黄虞稷千頃堂書目别集類

太祖高皇帝詩集五卷。

御製僧詩

楊士奇等文淵閣書目國朝

御製僧詩。一部，一册，闕。

御製賜詩

楊士奇等文淵閣書目 國朝

御製賜詩。一部，一册，闕。

御製豐年詩

楊士奇等文淵閣書目 國朝

御製豐年詩。一部，一册，闕。

喜雪詩

王圻續文獻通考 經籍考 詩集

喜雪詩。太祖因作詩示羣臣，以志豐年之兆。

御製詩

楊士奇等文淵閣書目 國朝

御製詩。一部，六册，完全。御製詩。一部，五册，殘缺。

御製詩木匾

楊士奇等文淵閣書目國朝

御製詩木匾。一片，闕。

良馬歌

王圻續文獻通考經籍考詩集

良馬歌。洪武九年賜宋濂，親爲製歌。

洪武實録

楊士奇等文淵閣書目史

洪武實録。十五套，二百四十册。

錢謙益等絳雲樓書目本朝實録

洪武實録。孝陵。二百五十七卷。胡廣等。

黄虞稷千頃堂書目國史類

太祖高皇帝實録二百五十七卷。建文元年正月，敕修太祖實録，命禮部侍郎董倫、王景等纂修。三年十二月書成。靖難後成祖命重修，以李景隆、茹瑺爲監修，解縉爲總裁。永樂元年六月，書成進呈。至九年，帝以景隆、瑺心術不正，又成於急促，未及精詳，乃命胡廣、胡儼、黄淮、楊榮爲總裁，楊士奇、金幼孜等爲纂修，而命姚廣孝、夏原吉監修。十六年五月，書成進上。始於元至正辛卯，終於洪武三十一年戊寅。

明史藝文志正史類

明太祖實録二百五十七卷。建文元年，董倫等修。永樂元年，解縉等重修。九年，胡廣等復修。起元至正辛卯，訖洪武三十一年戊寅，首尾四十八年。萬曆時，允科臣楊天民請，附建文帝元、二、三、四年事迹於後。

皇明實録

范邦甸等天一閣書目別史類

皇明實録一册。朱絲闌鈔本。卷首有『天一閣』『范欽之印』二圖章。明大學士胡廣等奉敕修。

明祖訓

四庫全書總目提要政書類

明祖訓一卷。浙江巡撫採進本。明洪武二年，命中書編次。其目十有三，一祖訓首章、一持守、一嚴祭祀、一謹出入、一慎國政、一禮儀、一法律、一内令、一内官、一職制、一兵衛、一營繕、一供用。至六年五月書成，太祖自爲序，復命宋濂序之，此本佚濂序，惟太祖之序載篇首。序稱『開導後人，立爲家法，大書揭於西廡，朝夕親覽，以求至當。首尾六年，凡七謄録稾，至今方定。翰林編輯成書，禮部刊印』云云。然則諸詞臣僅繕録排纂而已，其文詞悉太祖御撰也。其中多言親藩體制，大抵懲前代之失，欲兼用封建郡縣以相牽制，故親王與方鎮各掌兵，王不得預民事，官吏亦不得預王府事。尤諄諄以姦臣壅蔽離間爲慮，所以防之者甚至。如云：『若大臣行姦，不令王見天子，私下傳致其罪而遇不幸者，其長史司併護衛移文五軍都督府，索取姦臣，族滅其家。』又云：『如朝無正臣，内有姦惡，則親王訓兵待命，或領正兵討平。』然則靖難之事，肇釁於此。高煦、宸濠遂接踵傚尤。是亦矯枉過直，作法於涼之弊矣。皇甫録明記略云：『祖訓所以教戒後世者甚備，獨無委任閹人之禁，世以爲怪。或云本有此條，因販在司禮監削去耳。』然永樂大典所載亦與此本相同，則似非後來削去，録所云云，蓋以意揣之也。

臣戒録

黄虞稷千頃堂書目　政刑類

臣戒録一卷。洪武十三年正月，胡惟庸謀叛事覺，命翰林侍臣纂録歷代諸侯王、宗戚、宦官之屬悖逆不道者凡二百十二人，備其行事，以類書之。六月書成，頒佈中外。

御製大誥

楊士奇等文淵閣書目國朝

御製大誥。一部，三冊，完全。御製大誥。一部，三冊，完全。御製大誥。一部，三冊，殘缺。御製大誥。一部，三冊，闕。

高儒百川書志法令

御製大誥一卷。凡七十四條，洪武十八年十月頒。

黄虞稷千頃堂書目政刑類

御製大誥一卷。洪武十八年十月御製大誥成，又明年三月再爲續編，至十二月更爲三編。上以中外臣民染元之俗，往往不安職業，觸麗憲章，欲仿成周『乃洪大誥治』之制以訓誥之，凡爲三編。其意切至而辭益加詳，每編成，上親序之。

明史藝文志刑法類

太祖御製大誥一卷。

大誥續編

高儒百川書志法令

大誥續編一卷。洪武十九年三月頒，凡八十七條。

張萱等内閣藏書目録聖制部

御製大誥續編一册。太祖御製序，凡八十七條。又一册，全。又一册，全。

明史藝文志刑法類

大誥續編一卷。

大誥三編

高儒百川書志法令

大誥三編一卷。洪武十九年十月頒，凡四十二條，俱御製。

王圻續文獻通考經籍考法律

大誥三編。洪武十九年作。見前。

張萱等内閣藏書目録聖制部

御製大誥三編一册，全。又一册，全。又一册，全。又一册，全。

明史藝文志刑法類

大誥三編一卷。

大誥武臣

高儒百川書志　法令

大誥武臣六卷。皇朝洪武二十年製，大誥三十二條，四敕及武士訓戒一録。

張萱等内閣藏書目録　聖制部

大誥武臣一册。太祖高皇帝御製序，凡三十二條。又一册。

黄虞稷千頃堂書目　政刑類

大誥武臣一卷。洪武二十年十二月，上以武臣多出自行伍，罔知憲典，故所爲往往麗法，乃製大誥三十一篇以訓。

御製武臣敕諭

黄虞稷千頃堂書目　政刑類

御製武臣敕諭一卷。洪武二十一年八月頒行，凡八條。

明史藝文志　刑法類

武臣敕諭一卷。

武士訓戒録

黄虞稷千頃堂書目 政刑類

武士訓戒録一卷。洪武二十一年十月乙丑頒行。命儒臣編輯古今武臣善惡事，釋以直解，以訓武臣。

御製大誥條目

楊士奇等文淵閣書目 國朝

御製大誥條目。一部，一册，闕。

敕文武羣臣

楊士奇等文淵閣書目 國朝

敕文武羣臣。一部，一册，闕。

誥敕各衙門官

楊士奇等文淵閣書目 國朝

誥敕各衙門官。一部，一册，闕。

誥李善長文

楊士奇等文淵閣書目國朝

誥李善長文。一部，一册，完全。

御製敕文

楊士奇等文淵閣書目國朝

御製敕文。一部，一册，闕。

御製戒酒文

楊士奇等文淵閣書目國朝

御製戒酒文。一部，一册，闕。

御製申明五常敕

楊士奇等文淵閣書目國朝

御製申明五常敕。一部，一册，完全。

長史黄章等薄福不臣榜文

黄虞稷千頃堂書目政刑類

長史黄章等薄福不臣榜文一卷。章，福建人，爲文華殿直府長史。洪武三十年，與侍讀張信，侍講戴德彝，贊善王俊、華司憲，修撰陳郊，編修尹昌隆、劉謂等翻閲學士劉三吾主考會試落卷。以不用心批閲，且所進卷有『一氣交而萬物存，及至尊者君，至卑者臣』等語坐罪，皆寘於法，惟德彝與昌隆免。特榜其事以示戒。

大誥條例

楊士奇等文淵閣書目國朝

大誥條例。一部，一册，完全。

御注道德經

楊士奇等文淵閣書目道書類

御注道德經。一部，一册。

楊士奇等文淵閣書目天字號國朝

御注道德經。一部，一册，完全。

范邦佝等天一閣書目道家類

道德真經二卷。藍絲闌鈔本。明洪武七年御註。

張萱等内閣藏書目録聖製部

御製道德經一册，全。

劉若愚内板經書紀略

高皇帝道德經註解。一本，六十九葉。

黄虞稷千頃堂書目道家類

太祖御注道德經二卷。帝以諸家之注各有異見，因自爲注，以發其義。洪武七年成。

明史藝文志道家類

太祖注道德經二卷。

周顛仙傳

四庫全書總目提要道家類存目

周顛仙傳一卷。户部尚書王際華家藏本。　明太祖高皇帝御製，紀周顛仙事迹。顛仙，建昌人。少得狂病，其蹤迹甚怪。初謁太祖於南昌，隨至金陵，後從征陳友諒，旋即辭去。友諒既平，太祖遣使往廬山求之不得。洪武二十六年，太祖親製此傳，命中書舍人詹希庾書之，勒石廬山。後人録出別行，並附以太祖御製祭天眼尊者文一首，羣仙詩及赤脚僧詩各一首。明史方技傳敘周顛事，即據此文也。

孟子節文

楊士奇等文淵閣書目　四書

孟子節文。一部，一册，完全。　孟子節文。一部，一册，完全。　孟子節文。一部，一册，完全。

張萱等内閣藏書目録　經部

孟子節文二册。全。洪武間翰林學士劉三吾上言：『孟子一書，中間詞氣抑揚太過，請節去八十五條，課試不以命題，科舉不以取士。其餘存者，頒之學宫。』上可其奏，命曰節文。又二册，全。

黄虞稷千頃堂書目　孟子類

孟子節文二卷。全。洪武間翰林學士劉三吾上言：『孟子一書，中間詞氣抑揚太過，請節去八十五條，課試不以命題，科舉不以取士。餘存一百七十餘條，頒之學宫。』命曰節文。

附　安徽古籍叢書已版書目

舊聞隨筆
定本莊子故
張籍集注
文學研究法
桐城文學淵源考・撰述考
包拯集編年校補
康輶紀行・東槎紀略
北山樓集
桐城耆舊傳
疑庵詩
三餘札記
方望溪遺集
爾雅翼
識小録・寸陰叢録

東萊詩詞集
明太祖集
王侍郎奏議
程氏家塾讀書分年日程
朱楓林集
敬孚類稿
施愚山集（四册）
吴敬梓吴烺詩文合集
張孝祥詞箋校
竇山公家議校注
翠微南征録・北征録合集
阮大鋮戲曲四種
老子注三種
杜詩説

朱書集
論語解注合編
郭祥正集
皖人詩話八種
唐詩評三種
左傳微
續學堂詩文鈔
鈍齋詩選
老子注譯
莊子詮詁
説文假借義證
劉銘傳文集
包世臣全集（三册）
戴震全書（七册）

田間易學
莊屈合詁
田間詩集
田間文集
古事比（二册）
安徽出土金文訂補
秋崖詩詞校注
道聽途説
蘭茗館外史
青泥蓮花記
舌華録
明語林
夜雨秋燈録・續録（二册）
包拯集校注
毛詩後箋（二册）

劉文典全集（四册，列入特輯）
壹齋集（二册）
孟子講義
楊仁山全集
戣翁藏書年譜（列入附輯）
不得已附二種
歙事閑譚（二册）
惜抱軒詩集訓纂
張孝祥詩文集
吴汝綸全集（四册）
朱子全書（二十七册）
明實録安徽經濟史料類編（列入附輯）
姚瑩年譜（列入附輯）
青溪集
藏山閣集
田間詩學

俞正燮全集（三册）
皖人戲曲選刊・鄭之珍卷
詠懷堂詩集
所知録附四種
文選箋證（二册）
歙紀
方孝標文集
七頌堂集
劉文典全集補編（列入特輯）
程瑶田全集（四册）
皖人戲曲選刊・方成培卷
皖人戲曲選刊・龍燮卷
凌廷堪全集（四册）
黄生全集（四册）
東輶紀程

蕭雲從詩文輯注
程文炳文集
程恩培集
方畲山詩集（二冊）
趙紹祖金石學三種
小爾雅義證
勉行堂詩文集
貴池唐人集
龍眠風雅全編（十冊）
無爲集校箋
杜詩提要
分篇水經注（二冊）
松泉集（二冊）
梅鼎祚戲曲集
通鑒注商・新舊唐書互證

杜徵三友朋手札
吳應箕文集
舒鴻貽著述二種
皖雅初集（三冊）
桓譚新論校注
宛雅全編（二冊）
李宗棠文集・東游紀念
李宗棠文集・考察日本學校記（二冊）
李宗棠文集・光緒徵要録
李宗棠文集・奏議輯覽初編
李宗棠文集・學詩堂經解
李宗棠文集・千倉詩史初編
吳芝瑛集
施愚山集（增訂版　四冊）
桐城方氏七代遺書

方以智全書（十冊）
徽州杜詩學二種
白鹿山房詩集
金粟齋遺集
文字蒙求廣義
施愚山集外編二種
安徽文獻總目（六冊，列入特輯）
國朝詩品（二冊）
呂美蓀詩文集
姚鼐詩文集（三冊）
張潮全集（五冊）
朱書全集（二冊）
喻林（六冊）
張樹聲文集
廬江詩雋・廬州詩苑

馬其昶文集
徐子苓集
説文段注撰要
詩學女爲
古桐鄉詩選
朱景昭集
趙吉士集（三册）
金聲集
王尚辰集（二册）
明太祖集全編（三册）